IMMANUEL KANT
IN REDE UND GESPRÄCH

Herausgegeben und eingeleitet von
RUDOLF MALTER

FELIX MEINER VERLAG
HAMBURG

PHILOSOPHISCHE BIBLIOTHEK BAND 329

CIP-Titelaufnahme der Deutschen Bibliothek

Kant, Immanuel:
Immanuel Kant in Rede und Gespräch / hrsg. und eingel. von
Rudolf Malter. - Hamburg : Meiner, 1990
 (Philosophische Bibliothek ; Bd. 329)
 ISBN 3-7873-0919-5
NE: Malter, Rudolf [Hrsg.]; Kant, Immanuel: [Sammlung]; GT

© Felix Meiner Verlag GmbH, Hamburg 1990. Alle Rechte, auch die des auszugsweisen Nachdrucks, der fotomechanischen Wiedergabe und der Übersetzung, vorbehalten. Dies betrifft auch die Vervielfältigung und Übertragung einzelner Textabschnitte durch alle Verfahren wie Speicherung und Übertragung auf Papier, Transparente, Filme, Bänder, Platten und andere Medien, soweit es nicht §§ 53 und 54 URG ausdrücklich gestatten. Satz: Atelier Kusel, Hamburg. Druck: W. Carstens, Schneverdingen. Einbandgestaltung: Jens Peter Mardersteig. Gedruckt auf säurefreiem, alterungsbeständigem Werkdruckpapier. Einband: Hansa-Buchbinderei, Hamburg.

INHALT

Einleitung des Herausgebers VII

IMMANUEL KANT IN REDE UND GESPRÄCH

Vorblick	1	 3
1724–1754	2– 9	 12
1755–1769	10– 99	 24
1770–1795	100–497	 103
1796–1804	498–619	 427
Rückschau	620	 594

Siglen 600
Abgekürzt zitierte Literatur 601
Quellen 604
Zeittafel 610
Register 618
1. Personenregister 618
2. Sachregister 625
3. Kanttexte als Gesprächsquellen 629
4. Werke Kants 629
5. Vorlesungen und Kompendien 630

EINLEITUNG

»Fremde, welche sich nach den tiefsinnigen Werken des kritischen Philosophen ein Bild von deren Verfasser entworfen hatten, fanden sich gewöhnlich auf die angenehmste Art überrascht, wenn sie den Mann, den sie sich als einen finstern, in sich zurückgezogenen und der Welt abgestorbenen Denker gedacht hatten, als den heitersten und gebildetesten Gesellschafter kennen lernten«, schreibt Jachmann im 13. Brief seiner Kantbiographie (G, Nr. 1). Zeitgenossen, die aus unmittelbarer Begegnung über Kant berichten, bestätigen dies. Wie Jachmann bewundern sie den Ideenreichtum und die Lebendigkeit des redenden Kant: »Kant besaß die große Kunst, über eine jede Sache in der Welt auf eine interessante Art zu sprechen. Seine umfassende Gelehrsamkeit, welche sich bis auf die kleinsten Gegenstände des gemeinen Lebens erstreckte, lieferte ihm den mannigfaltigsten Stoff zur Unterhaltung und sein origineller Geist, der alles aus einem eigenen Gesichtspunkte ansah, kleidete diesen Stoff in eine neue, ihm eigentümliche Form. Es gibt keinen Gegenstand im menschlichen Leben, über den Kant nicht gelegentlich sprach; aber durch seine Behandlung gewann auch der gemeinste Gegenstand eine interessante Gestalt. Er wußte von allen Dingen die merkwürdigste und lehrreichste Seite aufzufassen; er besaß die Geschicklichkeit, ein jedes Ding durch den Kontrast zu heben; er verstand es, auch die kleinste Sache, ihrem vielseitigen Nutzen und den entferntesten Wirkungen nach darzustellen, unter seinen Händen war das Kleinste groß, das Unbedeutendste wichtig. Daher konnte er sich auch mit jedermann in der Gesellschaft unterhalten und seine Unterhaltung fand ein allgemeines Interesse. Er sprach mit dem Frauenzimmer über weibliche Geschäfte ebenso lehrreich und angenehm, als mit dem Gelehrten über wissenschaftliche Objekte. In seiner Gesellschaft stockte das Gespräch nie. Er durfte nur aus seiner reichen Kenntnisfülle irgend einen beliebigen Gegenstand auswählen, um an ihn den Faden zu einem unterhaltenden Gespräch zu knüpfen.« (G, Nr. 1). Eindrucksvoll wie in der gesellschaftlichen Unterhaltung sprach Kant auch in seinen Vorlesungen. Herder hat den lehrenden Kant beschrieben: »...die gedankenreichste

Rede floß von seinen Lippen; Scherz und Witz und Laune standen ihm zu Gebot und sein lehrender Vortrag war der unterhaltendste Umgang.« (G, Nr. 47).

Von diesem »lehrenden Vortrag« zeugen (freilich in qualitativ unterschiedlicher Weise und im ganzen sehr abgeblaßt) die mannigfachen Nachschriften der Vorlesungen, die Kant vier Jahrzehnte hindurch gehalten hat. Auch Kants Tischgespräche und sonstige mündliche Gelegenheitsäußerungen wurden aufgezeichnet und an verstreuten Stellen gedruckt. Sie finden sich in eigenen Gesprächsberichten, in Briefen, Reiseschilderungen, Lebenserinnerungen von Zeitgenossen und wurden teilweise auch in biographischen Kantdarstellungen benutzt, zu einer Würdigung ihres Quellenwertes und zur Publikation einer umfassenden Sammlung dieser Zeugnisse kam es jedoch nicht. Zur Vernachlässigung der mündlichen Äußerungen Kants hat sicher auch der Zweifel an der mangelnden Authentizität der überlieferten Texte beigetragen. In der Tat besteht dieser Zweifel prinzipiell zu Recht. Wenn Dilthey von den Vorlesungsnachschriften sagt, »nirgend (könne) ein solches Heft als eine authentische Urkunde über das von Kant gesprochene Wort angesehen werden« (Ak 1, S. XIII), so gilt dies analog auch von den Gesprächsaufzeichnungen und -berichten. Wie wortgetreu selbst gedächtnisstarke Gesprächspartner Aussagen Kants wiedergeben, läßt sich nicht mehr entscheiden. So bleiben die Gespräche ähnlich wie die Vorlesungen gegenüber den Kantischen Druckschriften, den Briefen und dem handschriftlichen Nachlaß sekundäre Quellen. Als solche jedoch erfüllen sie eine wichtige Ergänzungsfunktion für unsere Kenntnis von Kants Biographie und in gewissem Umfang auch von Kants Denken, ja hinsichtlich der Erforschung von Kants Leben kommt ihnen wegen der nur spärlichen autobiographischen Aufzeichnungen zusammen mit dem Briefwechsel (aus dem wiederum ein Teil der Gespräche stammt) eine primäre Bedeutung zu.

Die Sammlung umfaßt verschiedene Arten von Texten:
1. Texte mit direkten Aussagen: es werden Aussagen Kants *wörtlich* zitiert; hierzu gehören zwei Unterarten: a) unmittelbar wörtliche Aussagen, z.B.: Abegg berichtet, Kant habe in seinem Kolleg über die Folgen der Französischen Revolution gesagt: »Die Religion wird keinen Fortbestand mehr haben, und alles wird nach

freier Überzeugung geschehen.« (G, Nr. 520); b) mittelbar wörtliche Aussagen, d.h. jemand berichtet einem anderen (wobei der Berichtende prinzipiell auch Kant sein kann), Kant habe wörtlich etwas Bestimmtes gesagt, z.b. Pörschke sagt zu Abegg (der uns dies berichtet), Kant habe gesagt: »...die Leute glauben in meinen Schriften, die sie wie die Bibel nicht recht verstehen, zu finden, was sie suchen...« (G, Nr. 517).
2. Texte mit indirekten Aussagen: es wird berichtet, Kant habe über eine bestimmte Sache oder eine bestimmte Person etwas Bestimmtes gesagt (indirekte Rede); der Berichtende kann hierbei Kant selbst sein (als Briefschreiber) oder ein anderer, der in indirekter Rede sagt, was Kant gesagt hat; ebenfalls gehören hierher solche Aussagen, in denen jemand sagt, ein anderer habe ihm (in indirekter Rede) gesagt, was Kant gesagt habe; schließlich zählt zu diesem Typus indirekter Rede auch die einfache Bemerkung, daß jemand überhaupt den sprechenden Kant (ohne Erwähnung dessen, was Kant gesagt hat) erlebt habe.
3. Texte, die zwar weder direkt noch indirekt Äußerungen Kants referieren, die aber doch mit Gründen vermuten lassen, daß die im Texte gemachten Aussagen auf direkten oder indirekten Äußerungen Kants beruhen. Texte dieser Art findet man vor allem in Hamanns Briefwechsel (etwa Aussagen Hamanns über den Stand von Kants Arbeit an einem Werk).
Um das Bild des redenden Kant möglichst vollständig zu machen, werden aber nicht bloß Äußerungen Kants im genannten Sinne, also direkte, indirekte und erschlossene Gesprächsaussagen Kants gebracht, zum redenden Kant gehört auch nicht weniger zentral wie der sich mit Personen unterhaltende »Gesellschafter« der *Lehrer*, also Kant in seinen Vorlesungen. Es wurde daher versucht, möglichst umfassend auch Zeugnisse zu berücksichtigen, die uns einen Eindruck vom lehrenden Kant vermitteln. Glücklicherweise finden sich unter diesen Zeugnissen auch einige höchst aufschlußreiche autobiographische Dokumente, so z.B. die Bemerkung des jüngeren Kant über seine Vorlesungstätigkeit im Briefe an Lindner vom 28.10.1759 und die Stellungnahme des Emeritus zu seiner gesamten Lehrtätigkeit in der Erklärung über die Hippelsche Autorschaft aus dem Jahre 1796. Leider nur ganz fragmentarisch überliefert sind Zeugnisse über die (wenigen) offiziellen Reden, die

Kant gehalten hat; auch diese Zeugnisse sind in die Sammlung aufgenommen worden.

Besteht der Quellenwert der Vorlesungen in erster Linie darin, daß das von Kant in den Druckschriften Gelehrte und in handschriftlichen Aufzeichnungen Hinterlassene in philosophisch-systematischer, philosophiehistorischer und entwicklungsgeschichtlicher Hinsicht ergänzt und teilweise verdeutlicht wird, so liegt der Schwerpunkt der hier vorgelegten mündlichen Äußerungen Kants mehr auf dem Biographischen und Zeitgeschichtlichen. Gleichwohl enthalten sie eine Vielzahl von Ergänzungen auch zu Kants philosophischen Auffassungen, zum einfluß- und wirkungsgeschichtlichen Umfeld sowie zur Entwicklungsgeschichte seines Denkens. Prinzipiell hielt sich Kant in seinen Unterhaltungen an die von ihm selbst in der »Anthropologie« (§ 88) ausgesprochene Maxime, möglichst wenig über schwierige philosophische Themen mit anderen zu reden (und insbesondere über Themen seiner eigenen Philosophie), doch belegt die Textsammlung, daß er sich hin und wieder, auch gegenüber fremden Besuchern, philosophisch geäußert hat — es dürfte überraschen, daß er in einem Fall sogar regelmäßig und über längere Zeit über die ihn unmittelbar bewegenden Fragen der Kritik der reinen Vernunft gesprochen hat : mit seinem Freund Joseph Green in der Zeit der Entstehung des Hauptwerkes. Über den Mittelsmann Hamann erhalten wir auf mündliche Äußerungen zurückgehende Informationen über die Entstehung von Kants Schriften und über die ihn gerade beschäftigenden Probleme (z.B. im Jacobi-Mendelssohnschen Streit, in den Kant ursprünglich extensiver eintreten wollte, als er es dann getan hat). Wir erfahren weiterhin aufgrund mündlicher Mitteilungen etwas über Kants Bemühungen, sachkompetente Rezensenten für seine Schriften zu finden und von seinen Reaktionen auf erfolgte Besprechungen; in der späten Periode seines Lebens hören wir von seiner Enttäuschung über Mißverständnisse seines Kritizismus bei seinen Schülern und Anhängern (Reinhold, Beck, Fichte).

Ihren Hauptwert allerdings hat die vorliegende Textsammlung, wie bemerkt, darin, daß sie uns den Menschen Kant im redenden Umgang mit anderen Menschen vor Augen bringt. In den Texten beggnen wir fast allen Personen, die für Kant in mehr oder minder starkem Maße von Bedeutung sind: Gesprächspartnern sowohl als auch Menschen, die nur *in* den Gesprächen präsent sind, und unter ihnen wiederum solche, über die nur gesprochen wird (z.B. Kants Vater), und solche, die in den Unterhaltungen redend auftreten (wie z.B. Kants Lehrer F. A. Schultz) — wir erfahren vor allem aus Kants Mund direkt oder indirekt etwas über seine Stellung zu ihnen und darin meist Unausgesprochen-Entscheidendes über ihn selbst. Die frühen Biographen haben bei der Charakteristik von Kants Persönlichkeit und Lebensgang weitgehend aus ihren eigenen Unterhaltungen mit Kant, aus seinen Bemerkungen über die für ihn wichtigen Personen, die Eigenart seiner Beziehungen zu ihnen und den äußeren Rahmen, in den sie gehören, geschöpft.

Blicken wir etwas näher auf den Quellenwert der Gespräche für die Kenntnis von Kants Biographie. Er zeigt sich am deutlichsten, wenn es um die Erkundung der drei ersten Lebensjahrzehnte geht. Über diese Epoche gibt der Briefwechsel nur spärlichste Auskunft, andere biographische Quellen als diejenigen, die unmittelbar oder mittelbar auf den redenden Kant zurückgehen, finden sich (mit Ausnahme der autobiographischen Reflexion in der Vorrede zu seinem Erstlingswerk) nicht — so gewinnt in der Tat für diesen Lebensabschnitt unsere Sammlung den Rang einer primären Quelle. Die Quellensituation läge sicher anders, wäre Kant in einer gesellschaftlichen Umgebung aufgewachsen, für die das Literarisieren eine Selbstverständlichkeit gewesen wäre: wenn also etwa Tagebuchführen und eifriges Briefeschreiben schon zur Erziehunspraxis gehört und die schreibende Beschäftigung mit sich selbst, wie wir sie etwa aus Goethes Biographie kennen, einen Teil der Bildungsgeschichte eines jungen Menschen ausgemacht hätte. In Kants früher Lebenswelt erschöpfte sich das Aufschreiben persönlicher Dinge, wie wir aus den Forschungen Emil Arnoldts wissen, wohl weitgehend auf Eintragungen in das »Hausbuch« der Familie — in die zur Ausstattung jedes lutherischen Hausstandes gehörende Bibel. Aber das Fehlen von frühen unmittelbaren autobiographischen Zeugnissen rührt bei Kant nicht bloß aus mileubedingter Fremdheit gegenüber schreibender Selbstreflexion, tiefer wohl als diese Fremdheit dürfte in ihm eine charakterbedingte Scheu vor der schreibenden Beschäftigung mit der eigenen Person gewesen sein: vergleicht man die Briefe

Kants mit denen anderer berühmter Zeitgenossen in einem brieffreudigen Jahrhundert, so fällt der autobiographische Ertrag der Briefe auf der Seite Kants erstaunlich gering aus, und betrachtet man die auf die eigene Person bezogenen Passagen in den Vorreden der Druckschriften und in diesen selbst, so reduzieren sie sich weitgehend auf Vorgänge in Kants philosophierendem Intellekt und auf dessen an Problementfaltungen sich kundgebenden Entwicklung. Das Baconsche »de nobis ipsis silemus« steht nicht bloß als Motto über der »Kritik der reinen Vernunft«, es steht tendenziell über Kants gesamtem Leben.

Aber eben nur tendenziell. In seinen Unterhaltungen öffnet sich gleichsam zögernd und, wie glaubhaft berichtet wird, nur selten und daher umso auffälliger das ansonsten verschlossene Kantische Ich. Und erzählt er einmal von seiner frühen Kindheit, so zeigt er Züge, die ihn ganz anders erscheinen lassen als ihn seine Karikaturisten gern hätten: die weiche Seite seines Wesens, eine Gefühlsintensität, die selbst seine langjährigen Freunde überrascht, ist plötzlich in der Unterhaltung gegenwärtig. Diese bezieht sich freilich nicht explizit auf die Empfindungen, die das Reden selber begleiten — sie sind sachbezogen lebensgeschichtlich: sie handeln von Spaziergängen mit der Mutter in die freie Natur und von Gesprächen mit der Mutter über die Natur als Schöpfung, sie geben uns weiterhin Auskunft über die frühe Schulzeit, die langen Jahre im Collegium Fridericianum und über die Rolle, die der dort gepflegte Pietismus für sein Leben spielte — eine nicht global negative, wie häufig in einseitig oberflächlicher Auswertung der Gesprächsquellen behauptet wird, sondern eine ausgeglichen würdigende: der reife Mann konnte sehr wohl die »Schrecken seiner Jugend« von dem trennen, was er für sein Leben in der »Pietistenherberge« gewonnen hatte. Unentbehrlich sind Kants mündliche Äußerungen auch für die biographische Rekonstruktion seiner Studenten- und Hauslehrerjahre. Haben wir für die Universitätszeit neben (sporadischen) Mitteilungen Kants auch noch Bemerkungen von ehemaligen Kommilitonen, so sind wir für die außerhalb Königsbergs verbrachten ca. 7–8 Jahre fast ausschließlich auf Kant allein als Quelle angewiesen. So verwundert es nicht, daß bei der Verhaltenheit seines Naturells in persönlichen Angelegenheiten und darüberhinaus wohl auch bei seiner Abneigung gegen das Hofmeisterdasein nur wenig aus dieser Zeit von ihm wissen und insbesondere nicht wissen, was er damals gesprochen hat. Welch ein Gewinn wäre es, wäre von ihm oder anderen ein direktes oder zumindest ein indirektes Gespräch mit einem seiner Zöglinge hinten im »Litauischen« überliefert! Überliefert sind aber nur Äußerungen, die wenig Informationsgehalt besitzen — Kant hat sich über diese Zeit und über das, was er damals gesprochen hat, fast völlig ausgeschwiegen.

Fast schlagartig ändert sich die Lage mit Kants Eintritt in die universitäte Laufbahn. Die Schüler und Freunde beginnen zu berichten — über den »eleganten Magister« und seine gesellschaftlichen Unterhaltungen, Hamann, Herder und Hippel vor allem werden zu zentralen Gewährsleuten des redenden Kant. Später dann in der Zeit der Professur, also ab 1770, setzt das Gedächtnis der künftigen Biographen und derer ein, bei denen sie sich Auskünfte holen; mit steigendem Ruhm wird dieses Gedächtnis ergänzt durch die Erinnerungen von Besuchern aus dem In- und Ausland. Der redende Kant erscheint nun multiperspektiv: die einen erleben an ihm einen Gesellschafter, der sich lebhaft für die neuesten Entdeckungen auf dem Felde der Wissenschaften, für politisches Tagesgeschehen und Königsberger Alltäglichkeiten interessiert, andere haben das seltene Glück, von ihm über seine Philosophie belehrt zu werden oder gar etwas über seine tiefsten persönlichen Überzeugungen in Fragen der Religion zu erfahren.

Nicht weniger aufschlußreich wie für das, *was* Kant sagt, sind die Unterhaltungen mit Kant für die Art, in der er sich redend darstellt und (soweit dies überhaupt möglich ist) seine charakterliche Individualität offenbart. Am deutlichsten wird dies in den Texten, die von Kants geselliger Tischrunde handeln, die er nach Einrichtung einer eigenen »Ökonomie«, also ab Ostern 1787, Tag für Tag in seinem Haus um sich versammelte. Das »geschmackvolle Gastmahl«, bei dem die »Unterredung« der Zweck, das Essen das Mittel ist — so heißt es in § 88 der »Anthropologie« — gibt Gelegenheit, das »höchste moralisch-physische Gut«, d.i. *Humanität* als die »Denkungsart der Vereinigung des Wohllebens mit der Tugend im Umgange« zu verwirklichen. Vor dem Hintergrund dieser anthropologischen Reflexion erscheinen die in Kants Haus und die weiteren von ihm geführten Gespräche als Illustration — oder besser: als die geglückte Umsetzung der Regel in den konkreten Fall.

Zur Anordnung und Darbietung der Texte

Die Texte werden in der chronologischen Reihenfolge gebracht, in der die jeweiligen mündlichen Äußerungen von Kant ausgesprochen wurden. Hierbei gelten folgende besondere Regeln:

1. Texte, in denen Kant einem Gesprächspartner über zeitlich zurückliegende mündliche Äußerungen berichtet, werden in dem Zeitabschnitt gebracht, in dem die betreffenden Äußerungen gemacht wurden. Beispiel: Kant erzählt Jachmann von Gesprächen, die er mit seiner Mutter geführt hat. Dieser Text wird unter Kindheit eingeordnet.

2. Texte, in denen Kant sich bloß über Ereignisse aus früherer Zeit (nicht über damals geführte Gespräche) äußert, haben ihre Stelle in dem Zeitabschnitt, in dem Kant über die betreffenden Ereignisse berichtet. Beispiel: Kant berichtet Rink über seine Kindheit. Der Text wird unter dem Datum gebracht, an dem Rink mit Kant gesprochen hat.

Ein besonderes Problem bei der Zusammenstellung der Texte bildete die Datierung. Wo eine exakte Datierung nicht möglich war, wurde als Termin der größere Zeitraum angegeben, in welchem die Äußerungen höchstwahrscheinlich gemacht wurden. Konnte der Zeitpunkt ermittelt werden, an dem ein Gesprächspartner frühestens oder spätestens mit Kant gesprochen haben kann, so wurde für die Datierung der terminus a quo oder der terminus ad quem des Kontaktes des Gesprächspartners mit Kant gewählt. Häufig bot das Immatrikulationsdatum die einzige Möglichkeit, den ungefähren Zeitpunkt einer mündlichen Äußerung zu bestimmen.

Die Texte wurden durchlaufend numeriert (a, b... — Nummern bezeichnen Texte, die erst nach Ablauf der Sammlung aufgenommen werden konnten). Die am Ende eines Textes in eckigen Klammern hinzugefügte Ziffer bezeichnet die Quelle (mit Seiten- ggfs. mit Bandzahl). * bzw. *** hinter Großbuchstaben stehen für die Abkürzung eines Eigennamens. Die Anmerkungen beschränken sich auf das Nötigste.

Die Texte werden in ihrer Form nach der Originalfassung abgedruckt.

***

Der Herausgeber dankt den Herren W. Stark M.A., Dr. G. Richter und Prof. Dr. O. Bayer für freundliche Hilfe.

IMMANUEL KANT
IN REDE UND GESPRÄCH

VORBLICK

1. Jachmann[1] ab 1783

Alle Menschen, welche mit unserm Weltweisen umzugehen oder ihn in Gesellschaft zu sehen Gelegenheit hatten, haben die einstimmige Versicherung geäußert, daß Kant ihnen in keinem Verhältnis merkwürdiger erschienen wäre, als im gesellschaftlichen Umgange. Besonders Fremde, welche sich nach den tiefsinnigen Werken des kritischen Philosophen ein Bild von deren Verfasser entworfen hatten, fanden sich gewöhnlich auf die angenehmste Art überrascht, wenn sie den Mann, den sie sich als einen finstern, in sich zurückgezogenen und der Welt abgestorbenen Denker gedacht hatten, als den heitersten und gebildetesten Gesellschafter kennen lernten.[2]

Kant war in dieser Hinsicht auch ein wirklich seltener Mann, er hatte zwei, gewöhnlich nicht verschwisterte Eigenschaften, tiefsinnige Gelehrsamkeit und seine gesellschaftliche Politur aufs glücklichste in sich vereinigt. So wenig er seine Kenntnisse bloß aus Büchern geschöpft hatte, so wenig lebte er auch bloß für die Bücherwelt. Das Leben selbst war seine Schule gewesen, für das Leben benutzte er auch sein Wissen, er war ein Weiser für die Welt. — Und welch einen unbeschreiblichen Nutzen hat der unsterbliche Mann gerade dadurch gestiftet, daß er sich für die menschliche Gesellschaft ausgebildet hatte und daß er in ihr so gern lebte! Hier formte er die originellen Ideen seiner tiefsinnigen Philosophie in eine faßliche Lebensweisheit um und ward dadurch in dem engeren Kreise des geselligen Umganges noch lehrreicher als selbst durch seine Schriften und öffentliche Vorlesungen. Er, der als kritischer Philosoph nur wenigen Geweihten zugänglich war, er versammelte als Philosoph des Lebens Menschen aller Art um sich her und ward allen interessant und nützlich. Wer unsern Kant bloß aus seinen Schriften und aus seinen Vorlesungen kennt, der kennt ihn nur zur Hälfte; in der Gesellschaft zeigte er sich als den vollendeten Weltweisen. Lassen Sie uns ihn dorthin begleiten, damit Sie den großen Mann auch in seinem gesellschaftlichen Umgang kennen lernen.

Kant besaß die große Kunst, über eine jede Sache in der Welt auf eine interessante Art zu sprechen. Eine umfassende Gelehrsamkeit, welche sich bis auf die kleinsten Gegenstände des gemeinen Lebens erstreckte, lieferte ihm den mannigfaltigsten Stoff zur Unterhaltung und sein origineller Geist, der alles aus einem eigenen Gesichtspunkte ansah, kleidete diesen Stoff in eine neue, ihm eigentümliche Form. Es gibt keinen Gegenstand im menschlichen Leben, über den nicht Kant gelegentlich sprach; aber durch seine Behandlung gewann auch der gemeinste Gegenstand eine interessante Gestalt. Er wußte von allen Dingen die merkwürdigste und lehrreichste Seite aufzufassen; er besaß die Geschicklichkeit, ein jedes Ding durch den Kontrast zu heben; er verstand es, auch die kleinste Sache, ihrem vielseitigen Nutzen und den entferntesten Wirkungen nach darzustellen, unter seinen Händen war das Kleinste groß, das Unbedeutendste wichtig. Daher konnte er sich auch mit jedermann in der Gesellschaft unterhalten und seine Unterhaltung fand allgemeines Interesse. Er sprach mit dem Frauenzimmer über weibliche Geschäfte ebenso lehrreich und angenehm, als mit dem Gelehrten über wissenschaftliche Objekte. In seiner Gesellschaft stockte das Gespräch nie. Er durfte nur aus seiner reichen Kenntnisfülle irgend einen beliebigen Gegenstand auswählen, um an ihn den Faden zu einem unterhaltenden Gespräch zu knüpfen.

Kant vermied in großen Gesellschaften, selbst unter Gelehrten, Gespräche über eigentliche Schulgelehrsamkeit; am wenigsten hörte man ihn über Gegenstände seiner Philosophie argumentieren.[3] Ich erinnere mich nicht, daß er je in der Gesellschaft eine von seinen Schriften angeführt oder sich auf ihren Inhalt bezogen hätte. Sein gesellschaftliches Gespräch, selbst wenn wissenschaftliche und philosophische Objekte der Gegenstand desselben waren, enthielt bloß faßliche Resultate, welche er aufs Leben anwandte. So wie er es verstand, geringfügige Dinge durch den Gesichtspunkt, in welchem er sie aufhellte, zu heben, so verstand er es auch, erhabene Vernunftideen durch ihre Anwendung aufs Leben zu dem gemeinen Menschenverstande herabzuziehen. Es ist merkwürdig, daß der Mann, welcher sich so dunkel ausdrückte, wenn er philosophische Beweise aus den ersten Prinzipien herleitete, so lichtvoll in seinem Ausdrucke war, wenn er sich mit Anwendung philosophischer Resultate beschäftigte. In der Gesellschaft war der dunkle kritische Weltweise ein lichtvoller, populärer Philosoph. Er vermied ganz die Sprache der Schule und kleidete alle seine Gedanken in die Sprache des gemeinen Lebens. Er führte nicht schulgerechte Beweise, sondern sein Gespräch war ein Lustwandeln, das sich bald länger, bald kürzer bei verschiedenen Gegenständen verweilte, je nachdem er selbst und die Gesellschaft an ihrem Anblick Vergnügen fand.

Er war in seiner Unterhaltung besonders bei Tische ganz unerschöpflich. War die Gesellschaft nicht viel über die Zahl der Musen, so daß nur ein Gespräch am ganzen Tische herrschte, so führte er gewöhnlich das Wort, welches er aber sich nicht anmaßte, sondern welches ihm die Gesellschaft sehr gern überließ. Aber er machte bei Tische keineswegs den Professor, der einen zusammenhängenden Vortrag hielt, sondern er dirigierte gleichsam nur die wechselseitige Mitteilung der ganzen Gesellschaft. Einwendungen und Zweifel belebten sein Gespräch so sehr, daß es dadurch bisweilen bis zur größten Lebhaftigkeit erhoben wurde. Nur eigensinnige Widersprecher konnte er ebensowenig als gedankenlose Jaherrn ertragen. Er liebte muntere, aufgeweckte, gesprächige Gesellschafter, welche durch verständige Bemerkungen und Einwürfe ihm Gelegenheit gaben, seine Ideen zu entwickeln und befriedigend darzustellen.

Die Art seiner gesellschaftlichen Unterhaltung war teils disputierend, teils erzählend und belehrend. Bei letzterer wurde er bisweilen durch den Andrang seiner Ideen von dem interessanten Hauptgegenstande abgezogen und dann sah er gern, wenn man ihn durch eine Frage oder durch eine Bemerkung von einer solchen Digression wieder auf den Hauptgegenstand zurückführte. Wer ihm dieses abgemerkt hatte und den Faden des Gesprächs festhielt, den schien er in der Gesellschaft gern in seiner Nähe zu haben. Wenigstens ist mein Bruder[4], so wie ich selbst, sehr oft in der Gesellschaft von ihm aus diesem Grunde aufgefordert worden, in seiner Nähe am Tische Platz zu nehmen.

Seine gesellschaftlichen Gespräche aber wurden besonders anziehhend durch die muntere Laune, mit welcher er sie führte, durch die witzigen Einfälle, mit welchen er sie ausschmückte, und durch die passenden Anekdoten, welche er dabei einstreute. In der Gesellschaft, wo Kant war, herrschte eine geschmackvolle Fröhlichkeit. Jedermann verließ sie bereichert mit Kenntnissen und neuen

Ideen, zufrieden mit sich selbst und mit der Menschheit, gestärkt zu neuen Geschäften und gestimmt zur Beglückung seiner Mitmenschen. Wieviel wir in seinen gesellschaftlichen Unterhaltungen für Herz und Kopf fanden, das können Sie schon daraus schließen, daß mehrere mir bekannte Männer seine Tischgespräche jedesmal ebenso wie vormals seine Vorlesungen, zu Hause aufzeichneten und ausarbeiteten.[5] So viel ich weiß, urteilen auch alle seine Freunde ganz einstimmig, daß sie nie einen interessanteren Gesellschafter gekannt haben als ihn.

Zur Zeit der französischen Revolution verlor sein Gespräch etwas an Mannigfaltigkeit und Reichhaltigkeit. Die große Begebenheit beschäftigte seine Seele so sehr, daß er in Gesellschaften fast immer auf sie, wenigstens auf Politik, zurückkam; wobei er es freilich nie an neuen lehrreichen Bemerkungen über den Gang der Sache und über die Charaktere der mithandelnden Personen fehlen ließ.

Aber auch da noch wechselte er mit mehreren wichtigen Gegenständen aus dem Gebiete der Wissenschaften und des gemeinen Lebens ab. Nur in seinen letzten Lebensjahren, als sich gewisse Ideen in seiner Seele so festsetzten, daß er sie nicht mehr mit andern abwechseln lassen konnte, und als er immer mehr die Kombinationsgabe der Begriffe verlor, wurde sein Gespräch täglich einförmiger und verlor gänzlich das Interessante, das einstens Menschen aus allen Ständen so unwiderstehlich an sich zog.

Merkwürdig ist es, daß Kant sich nicht bloß durch seine Unterhaltungskunst, sondern auch durch sein feines Betragen in der Gesellschaft auszeichnete. Er hatte einen edlen freien Anstand und eine geschmackvolle Leichtigkeit in seinem Benehmen. Er war in keiner Gesellschaft verlegen und man sah es seinem ganzen Wesen an, daß er sich in und für Gesellschaft ausgebildet hatte. Sprache und Gebärden verrieten ein feines Gefühl für das Schickliche und Anständige. Er besaß ganz die gesellige Biegsamkeit und wußte sich in den passenden Ton einer jeden besondern Gesellschaft zu stimmen. Gegen das Frauenzimmer bewies er eine zuvorkommende Artigkeit, ohne dabei das mindeste Affektierte und Gezwungene zu äußern. Er ließ sich gern mit gebildeten Frauenzimmern in ein Gespräch ein und konnte sich mit ihnen auf eine sehr feine und gefällige Art unterhalten.[6] Er erschien überhaupt in der Gesellschaft als ein feiner Weltmann, dessen hohe innere Würde durch eine feine äußere Bildung emporgehoben wurde.

Das anständige und geschmackvolle Äußere, welches in einer Gesellschaft herrschte, wirkte gegenseitig auf sein Wohlbehagen und auf seine Unterhaltungsgabe. An einer mit wohlschmeckenden Speisen besetzten Tafel und bei einem guten Glase Wein erhöhte sich seine Munterkeit so sehr, daß er oft über der lebhaften Unterhaltung den Genuß der Speisen vergaß. Daher dauerte auch eine Tafel, an welcher Kant aß, mehrere Stunden, weil er die Tafel nur als ein Vereinigungsmittel, die Unterhaltung aber für den Zweck ansah und den Genuß der Speisen und Getränke nur als eine sinnliche Abwechselung und Erhöhung eines geistigen Vergnügens benutzte.[7]

In seinen jüngern Jahren hat Kant öffentliche Gasthäuser besucht und auch dort viele Unterhaltung gefunden. Er hat sich auch öfters hier sowie in Privatgesellschaften durch eine Partie L'hombre die Zeit verkürzt. Er war ein großer Freund dieses Spieles und erklärte es nicht allein für eine nützliche Verstandesübung, sondern auch, in anständiger Gesellschaft gespielt, selbst für eine Übung in der Selbstbeherrschung, mithin für eine Kultur der Moralität. Der freundschaftliche Umgang mit Green[8] unterbrach dieses Spiel auf immer. Er hatte aber auch schon zuvor den Entschluß gefaßt es aufzugeben, weil er sehr rasch spielte und das Zögern der Mitspielenden ihm öfters Langeweile machte. Bis zu seinem dreiundsechzigsten Jahre[9] hielt er für gewöhnlich seine Mittagstafel in einem Hotel, wo mehrere Männer von Stande, besonders angesehene Militärpersonen aßen, die sich auch größtenteils seinetwegen dort einfanden. Er ward aber häufig in Privatgesellschaften gebeten. Am öftesten besuchte er die Mittagsgesellschaften bei dem jetzigen Staatsminister v. Schrötter; bei den Gouverneurs von Preußen, Grafen Henkel von Donnersmark und General der Infanterie v. Brünneck; bei dem Herzoge von Holstein-Beck; bei dem Grafen v. Kaiserlingk; Kammerpräsident von Wagner; Geheimen Rat v. Hippel; Kriegsrat Scheffner; Bancodirektor Ruffmann und Kaufmann Motherby, bei welchem letztern er regelmäßig alle Sonntage aß.

Außerdem aber wurde er bei vielen feierlichen Gelegenheiten und von sehr vielen angesehenen Bewohnern Königsbergs öfters eingeladen. In früheren Jahren hat er mit den Generalen von Lossow und v. Meier auf einem besonders freundschaftlichen Fuß gelebt und vorzüglich an des letztern auserlesener Tafel sehr häufig die Versammlung geistreicher Männer vermehrt.

Mir ist nur ein einziges Haus bekannt, das in meilenweiter Entfernung von Königsberg sehr oft auf mehrere Tage von unserm Weltweisen besucht worden ist und wo er sich so ganz nach seinem Geschmack glücklich gefühlt hat, nämlich das väterliche Haus des Ministers und des Kanzlers v. Schrötter zu Wohnsdorf.[10] Kant wußte nicht genug zu rühmen, welche Humanität in diesem Hause seines Freundes geherrscht habe und mit welcher ausgezeichneten Freundschaft er von dem vortrefflichen Mann, gegen den er noch im Alter die größte Hochachtung hegte, stets aufgenommen worden ist. Besonders versicherte er deshalb hier die angenehmste ländliche Erholung gefunden zu haben, weil sein humaner Gastfreund ihn nie eingeschränkt habe, ganz wie in seinem eigenen Hause, nach seinem Geschmack zu leben.

Im dreiundsechzigsten Jahre richtete er seine eigene Ökonomie ein und bat sich selbst seine kleine Tischgesellschaft. Gewöhnlich hatte er einen oder zwei Tischgesellschafter; und wenn er große Tafeln gab, so bat er fünf Freunde; denn auf sechs Personen war sein Tisch und seine ganze Ökonomie nur eingerichtet. Bis 1794, solange ich in Königsberg lebte, waren der Geheime Rat v. Hippel, Kriminalrat Jensch, Regierungsrat Vigilantius, Doktor Hagen, Kriegsrat Scheffner, Doktor Rink, Professor Kraus, Professor Pörschke, Professor Gensichen, Bancodirektor Ruffmann, Ober-Stadtinspektor Brahl, Pfarrer Sommer, Kandidat Ehrenboth, Kaufmann Johann Conrad Jacobi, Kaufmann Motherby und mein Bruder, seine gewöhnlichen Gäste, von denen einige in der Woche regelmäßig ein- bis zweimal eingeladen wurden.

Einen besondern Zug von Feinheit und Humanität äußerte Kant durch die Art, wie er seine Freunde zu Tische einlud. Er ließ sie nur erst am Morgen desselben Tages zu Mittage bitten, weil er dann sicher zu sein glaubte, daß sie so spät kein anderes Engagement mehr bekommen würden und weil er wünschte, daß niemand seinetwegen eine andere Einladung ausschlagen möchte. Ich bleibe gern zuletzt, sprach der liebenswürdige bescheidene Mann, denn ich will nicht, daß meine Freunde, die so gut sind, mit mir vorlieb zu nehmen, meiner Einladung wegen irgendeine Aufopferung machen. Auch den Professor Kraus, wie dieser noch täglich mit ihm aß, ließ er doch jeden Morgen besonders einladen, weil er dieses für eine schickliche Höflichkeit hielt und weil er seinem Gast dadurch Gelegenheit zu geben glaubte, auch nach Gefallen absagen zu lassen. Allgemeine Einladungen auf einen bestimmten Tag, ohne diese höfliche Aufmerksamkeit, die für den Wirt und den Gast gleich nützlich ist, erklärte er für unschicklich. Diese Aufmerksamkeit verlangte er auch von seinen Freunden und rühmte sie sehr an seinem Freunde Motherby[11], der ihn auf jeden Sonntag besonders einladen ließ, obgleich dieser Tag schon ein- für allemal zur Aufnahme Kants bestimmt war.

Als Wirt zeigte sich Kant noch von einer interessanteren Seite; er verband dann mit seiner feinen gesellschaftlichen Bildung eine zuvorkommende Aufmerksamkeit und Gefälligkeit und bot alles auf, um seine Gäste auf die angenehmste Art zu unterhalten und zu vergnügen. Er war so aufmerksam auf seine Gäste, daß er sich sogar ihre Lieblingsgerichte merkte und diese für sie zubereiten ließ. Dann forderte er mit einer solchen freundlichen Gutmütigkeit zum Genuß auf und freute sich über den Appetit seiner Gäste so sehr, daß man schon deshalb seiner Tafel mehr wie gewöhnlich zusprach. Man war an seinem Tische auch ganz ungeniert; man äußerte freimütig seine Wünsche und erregte dadurch gerade die größte Freude. Der gefällige Wirt wußte seine Gäste so ganz von allem Zwange zu entbinden, daß ein jeder in seinem eignen Hause zu leben glaubte.

So wie er für den sinnlichen Genuß sorgte, ebenso sorgte er auch für die geistige Unterhaltung seiner Gäste. Gewöhnlich hatte er Briefe oder andere Neuigkeiten aufbewahrt, die er entweder schon vor Tische oder bei der Tafel seinen Freunden mitteilte und woran er das weitere Gespräch knüpfte. Die Unterhaltung an seinem Tische glich im ganzen der Unterhaltung in andern Gesellschaften, nur daß in den Gesprächen bei ihm noch mehr Vertraulichkeit und Offenheit herrschte. Hier sprach noch mehr das Herz mit, hier unterhielt sich der große Mann über seine und seiner Freunde Angelegenheiten; hier sah man, wie der Weltweise sich zur Erholung von seinen anstrengenden Kopfarbeiten alles Zwanges entledigte; hier faßte und verfolgte er frei eine jede Idee, die sich ihm darbot: hier faßte und verfolgte er frei eine jede Idee, die sich ihm darbot: hier überließ er sich zwanglos einem jeden Gefühl, das aus seinem Herzen floß, hier erschien Kant ganz in seiner natürlichen Gestalt. Und wie liebenswürdig, wie unbeschreiblich liebenswürdig erschien er hier! — Ich wünschte, ich könnte Ihnen ganz meinen Kant schildern, wie er sich uns in seinem Hause, an seinem Tische darstellte; aber ich fühle, daß es mir an Worten gebricht und ich glaube auch, daß keine Schilderung den Unerreichbaren erreichen wird. Man mußte ihn hier selbst sehen, das seltene Gepräge seines ganzen Wesens und Handelns unmittelbar in sein Herz aufnehmen, um von seiner Größe ganz durchdrungen zu werden. Das helle Licht der Weisheit und die milde Wärme einer teilnehmenden Herzensgüte, der ernste Hinblick auf die Leiden der Menschheit und die lachende Freude über das Schöne und Erfreuliche der Welt wechselten hier im mannigfaltigsten und lieblichsten Gemisch ab und waren die Würze an der einfachen Tafel des Weltweisen.   [29, S. 176–184]

[1] Jachmann, Reinhold Bernhard (1767–1843), Theologe, Schüler und Biograph Kants; immatrikuliert 11.4.1/83, 1787 Magister, 1794 Prediger in Marienburg, 1814 Regierungs- und Schulrat in Gumbinnen, 1832 Provinzialschulrat und Geh. Reg.-Rat in Königsberg und Thorn. ADB 13, S. 530; APB 2, S. 295. Zu seiner Schrift »Prüfung der Kantschen Religionsphilosophie« (Königsberg 1800) schrieb Kant die Vorrede (vgl. Ak 8, S. 441). Vom Plan einer Kant-Biographie, der auf ein Gespräch mit Kant zurückging, spricht Jachmann in seinem Schreiben an Kant vom 16. 9. 1800 (vgl. Ak 12, S. 321 ff.). Eine Antwort Kants auf die Liste der dem Brief beigelegten Fragen (»Materialien zu Herrn Professor Kants Biographie«) ist nicht erhalten. Jachmanns Biographie (»Immanuel Kant geschildert in Briefen an einen Freund«) erschien 1804 zusammen mit den Biographien Borowskis und Wasianskis unter dem Sammeltitel »Über Immanuel Kant« bei Nicolovius in Königsberg (vgl. Vorl., KB S. 13 f.).
[2] Vgl. Herders Schilderung G, Nr. 47, der Analoges auch vom lehrenden Kant berichtet. Zu Kant als Gesellschafter vgl. auch Vorl. II, S. 296 ff.; Emil Berthold: Kants Regeln eines geschmackvollen Gastmahls und seine Umgangstugenden, in: AM 32, 1895, S. 189–204.
[3] Einigen Gesprächspartnern gegenüber hat Kant sich freilich recht ausgiebig über seine Philosophie geäußert, vgl. G. Nr. n 257, 424, 449, 466.
[4] Jachmann, Johann Benjamin (1765–1832), Mediziner, Schüler Kants und zeitweise sein Amanuensis, immatrikuliert 28.9.1781; von seiner (u. a. durch Kant ermöglichten) Reise nach England, Schottland (Edinburgh) und Frankreich hat er Kant ausführlich berichtet (vor allem über das Frankreich der

Revolutionszeit); vgl. Ak 11, Nr. 354, 386, 452. Vgl. über ihn KB, S. 19 ff.; HaBr 5, S. 145; HaBr 7, S. 141, Arnoldt, Vorl. S. 278 f.

⁵ So wohl Hippel, Borowski, Wasianski, Rink, Hasse.

⁶Vgl. z.B. G, Nr. 272.

⁷ Vgl. den § 88 der Anthropologie: »Von dem höchsten moralisch-physischen Gut« (Ak 7, S. 277 ff.) und den Aufsatz von Berthold (s. Anm. 2).

⁸ Green, Joseph (1726–1786), Kants vertrautester Freund, betrieb seit 1751 (seit 1754 zusammen mit Motherby) ein Handelsgeschäft in Königsberg; vgl. über ihn APB 1, S. 225; NPPB 3, 1847; Vorl. I, S. 121 f.; II, S. 27 f.; Sembritzki S. 238 f.; Gause II, S. 192 f.; Gause (1964), S. 61 ff. — Zu dem von Jachmann überlieferten Bericht über den Beginn der Freundschaft zwischen Kant und Green vgl. G, Nr. 142.

⁹ Zur Einrichtung seiner eigenen Ökonomie Ostern 1787 vgl. G, Nr. 390.

¹⁰ Schroetter, Friedrich Leopold Reichsfreiherr von (1743–1815), ab 1791 Oberpräsident von Ost- und Westpreußen. Vgl. ADB 32, S. 579–582; APB 2, S. 638 f.; Mühlpfordt (1964) S. 175, Gottlieb Krause: Der preußische Provinzialminister Freiherr von Schroetter und sein Anteil an der Steinschen Reformgesetzgebung. Königsberg 1898; Kuhrke (1924), S. 45 ff.; Ludwig Goldstein: Kants Sommerfrische, in: KS 33, 1928, S. 421–427.

¹¹ Motherby, Robert (1736–1801), Kaufmann in Königsberg, schottischer Abstammung, Geschäftspartner von Green, seit 1754 in Königsberg, nach Greens Tod Alleininhaber der Firma, vermählt mit Charlotte Toussaint, eng mit Kant befreundet. Über ihn: APB 2, S. 447 f.; Caesar von Lengerke: R. M., in: Preußische Provinzialblätter 8, 1832, S. 640 ff.; August Hagen: Gedächtnisrede auf William Motherby, in: NPPB 3, 1847, S. 131 ff.; Sembritzki, S. 239 ff.; Gause (1959), S. 64 f.; Gause, II S. 193 f.

2. Wasianski[1] ab 1724

Die eigene Äußerung *Kants* gegen mich über den Vermögenszustand seiner Eltern, von denen man so verschieden spricht, verdienen hier eine Stelle. Seine Eltern waren nicht reich, aber auch durchaus nicht so arm, daß sie Mangel leiden durften; viel weniger, daß Not und Nahrungssorgen sie hätten drücken sollen. Sie verdienten so viel, als sie für ihr Hauswesen und die Erziehung ihrer Kinder nötig hatten. Dem ungeachtet erinnerte sich *Kant* jener, wenn gleich für die damalige Zeit nicht eben so bedeutenden Unterstützung, und der schonenden Delikatesse, mit welcher *Schulz*[2] sie seinen Eltern und ihm, da er auf der Akademie war, zufließen ließ, lobte seinen edlen Charakter, den er schon im Hause seiner Eltern, die *Schulz* oft besuchte, kennen gelernt hatte und verdankte ihm die Empfehlung an seine Eltern: auf die Talente ihres Sohnes aufmerksam zu sein und ihre Ausbildung zu befördern, mit vieler Rührung.

Mit den regesten Gefühlen einer aufrichtigen Verehrung und kindlichen Zärtlichkeit dachte *Kant* an seine Mutter.[3] Ich liefere die Geschichte so, wie ich sie aus einer doppelten Quelle geschöpft habe, teils wie sie mir Kant in den Stunden vertrauter Unterhaltung über Familienangelegenheiten, mit Weglassung der Umstände, deren Erwähnung seine Bescheidenheit verbot, erzählte, teils aus dem, was seine jetzt noch lebende Schwester[4] hinzufügte, der die Erzählung der zum Lobe *Kants* gereichenden Umstände eher anstand als ihm. Nach Kants Urteil war seine Mutter eine Frau von großem natürlichen Verstande, den ihr Sohn als mütterliches Erbteil von ihr erhielt, einem edlen Herzen und einer echten, durchaus nicht schwärmerischen Religiosität. Mit der innigsten Erkenntlichkeit verdankte *Kant* ihr ganz die erste Bildung seines Charakters und zum Teil die ersten Grundlagen zu dem, was er später wurde. Sie hatte ihre Anlagen selbst nicht vernachlässiget und besaß eine Art von Bildung, die sie wahrscheinlich sich selbst gegeben hatte. Sie schrieb, nach dem wenigen zu urteilen, was ich als Familiennachricht von ihrer Hand aufgezeichnet sah, ziemlich orthographisch. Für ihren Stand und ihr Zeitalter war das viel und selten.[5] Durch *Schulz* aufmerksam gemacht, entdeckte sie auch selbst bald die großen Fähigkeiten ihres Sohnes, die natürlich ihr mütterliches Herz an ihn fesselten und sie veranlaßten, auf seine Erziehung alle nur mögliche Sorgfalt zu verwenden. Da sie eine durchaus rechtliche Frau, ihr Gatte ein redlicher Mann und beide Freunde der Wahrheit waren; da aus ihrem Munde keine einzige Lüge ging; kein Mißverständnis die häusliche Eintracht störte; da endlich keine gegenseitigen Vorwürfe, in Gegenwart der Kinder, die Achtung derselben für ihre gutgesinnten Eltern schwächten: so wirkte dieses gute Beispiel sehr vorteilhaft auf *Kants* Charakter. Keine Fehler der Erziehung erschwerten ihm daher das Geschäft späterer Selbstbildung, die oft unvermögend ist, es gänzlich zu verhindern, daß jene nicht durchschimmern sollten. Seine Mutter nahm früh ihre Pflicht wahr: sie wußte bei ihrem Erziehungsgeschäfte Annehmlichkeit mit Nutzen zu verbinden, ging mit ihrem Manelchen (so verstümmelte mütterliche Zärtlichkeit den Namen Immanuel, mit dem sein Geburtstag, der 22. April, im Kalender bezeichnet ist), oft ins Freie, sie machte auf die Gegenstände in der Natur und manche Erscheinungen in derselben aufmerksam, lehrte ihn manche nützliche Kräuter kennen, sagte ihm sogar vom Bau des Himmels so viel, als sie selbst wußte, und bewunderte seinen Scharfsinn und seine Fassungskraft. Bei manchen Fragen ihres Sohnes geriet sie dann freilich oft etwas ins Gedränge. Wer aber sollte eine solche Verlegenheit sich nicht sehr gern gewünscht haben? Sobald Kant in die Schule ging, noch mehr aber, als er auf der Akademie[6] war, erhielten diese fortgesetzten Spaziergänge eine veränderte Gestalt. Was ihr unerklärbar war, konnte ihr Sohn ihr begreiflich machen. Daher eröffnete sich für diese glückliche Mutter eine doppelte Quelle der Freude: Sie erhielt neue, ihr unbekannte Aufschlüsse, nach denen sie so begierig war; sie erhielt sie von ihrem Sohne und mit denselben zugleich die Beweise seiner schnell gemachten Fortschritte, die ihre Aussichten für die Zukunft ungemein erheiterten. Wahrscheinlich waren bei aller mütterlichen Vorliebe, die die Erwartungen von Kindern so leicht zu vergrößern pflegt, doch dieselben nicht so weit gegangen, als *Kant* sie hernach übertraf, von denen sie aber den Zeitpunkt ihrer Erfüllung nicht erlebte. *Kant* bedauerte ihren Tod[7] mit der liebevollen, zärtlichen Wehmut eines gutartigen und dankbaren Sohnes, und war in seinem letzten Lebensjahre bei der Erzählung der ihn veranlassenden Umstände jedesmal noch innig über ihren, für ihn so frühen Verlust gerührt. Ein merkwürdiger Umstand hatte ihn beschleunigt. *Kants* Mutter hatte eine Freundin, die sie zärtlich liebte. Letztere war mit einem Manne verlobt, dem sie ihr ganzes Herz, doch ohne Verletzung ihrer Unschuld und Tugend, geschenkt hatte. Ungeachtet der gegebenen Versicherung, sie zu ehelichen, wurde er aber treulos und gab bald darauf einer andern die Hand. Die Folge davon, für die Getäuschte, war ein tödliches hitziges Fieber, in welches Gram und Schmerz sie stürzten. Sie weigerte sich in dieser Krankheit, die ihr verordneten Heilmittel zu nehmen. Ihre Freundin, die sie auf ihrem Sterbebette pflegte, reichte ihr den angefüllten Löffel hin. Die Kranke weigerte sich, die Arzenei zu nehmen und schützte vor, daß sie einen widerlichen Geschmack habe. *Kants* Mutter glaubte sie nicht besser vom Gegenteil überzeugen zu können, als wenn sie denselben Löffel mit Medizin, den die Kranke schon gekostet hatte, zu sich nehme. Ekel und kalter Schauder überfällt sie aber in dem Augenblick, als sie dieses getan hatte. Die Einbildungskraft vermehrt und erhöht beides, und da noch der Umstand hinzu kam, daß sie Flecken am Leibe ihrer Freundin entdeckte, die sie als Petechien[8] erkennt, so erklärt sie sofort: diese Veranlassung sei ihr Tod, legt sich noch an demselben Tage und stirbt bald darauf als ein Opfer der Freundschaft. [29, S. 250–253]

---

[1] Wasianski, Ehregott Andreas Christoph (1775–1831), Theologe, Schüler und Biograph Kants, immatr. 17.9.1772, Kants Zuhörer ab 1773 oder 1774, später Kants Amanuensis, verläßt nach achtjährigem Studium die Universität, zwischen 1780 und 1790 kein Kontakt mit Kant, Erneuerung der Bekanntschaft auf Pörschkes Hochzeit (1790), seit 1799 Kants täglicher Besucher und Helfer (u. a. Vermögensverwalter ab 1801), von ihm stammt die Anzeige von Kants Tod in der »Preußischen Staats-, Kriegs- und Friedenszeitung« vom 16.2.1804; seine Biographie Kants (»Immanuel Kant in seinen letzten Lebensjahren. Ein Beytrag zur Kenntniß seines Charakters und häuslichen Lebens aus dem täglichen Umgange mit ihm«) erschien 1804 in Königsberg (s. G, Nr. 1. Anm. 1). — Wasianski wurde 1786 Diakon, 1808 Pfarrer an der Tragheimer Kirche in Königsberg. Vgl. über ihn u. a. APB 2, S. 777; Vorl. II, S. 72, 319 ff.; Vorl. KB, S. 24 ff.; Mühlpfordt (1964), S. 125; Werner Stark: Eine Spur von Kants handschriftlichem Nachlaß: Wasianski, in: KF I, S. 201 f. (dort weitere Lit.-Angaben,

S. 222 ff.). Über die nicht gedruckten Stellen seiner Kant-Biographie vgl. Paul Czygan: Wasianskis Handexemplar seiner Schrift: Immanuel Kant in seinen letzten Lebensjahren, in: Sitzungsberichte der Altertumsgesellschaft Prussia, 17. Heft, Königsberg 1892; vgl. auch Gerhard Lehmann: Diaconus Wasianski. Unveröffentlichte Briefe, in: Kritik und Metaphysik. Studien. H. Heimsoeth zum 80. Geburtstag. Hrsg. v. Friedrich Kaulbach und Joachim Ritter 1966, S. 76, 98.

[2] Schultz, Franz Albert (1692–1763), Schüler Christian Wolffs, pietistischer Theologe, seit 1731 Konsistorialrat, 1732 Prof. d. Theol. in Königsberg, seit 1733 Direktor des Collegiums Fridericianum.; vgl. über ihn: APB 2, S. 643 f.; ADB 32, S. 705 f.; Arnoldt (1746) II, S. 187–189; Riedesel, S. 84 ff.; Konschel, S. 28 ff.; Schumacher (1948), S. 9 ff.; von Selle (1956), S. 143 ff. u. ö.; Vorl. I., S. 20 f.; 23 ff.; II, S. 379. Aus den zeitgenössischen Quellen vgl. Hippels Lebensbeschreibung (s. Q, Nr. 26, S. 95 ff.). Kant wollte seinem Förderer ein literarisches Denkmal setzen, kam aber offenbar nicht mehr dazu (vgl. G, Nr. 439).

[3] Reuter, Anna Regina (1697–1737); vgl. Vorl. I, S. 14 ff.; vgl. auch Bertha Kipfmüller: Kants Mutter, in: Frauenbildung 4, 1905, S. 49–59.

[4] Teyer (Theuer), Katharina Barbara (1731–1807); vgl. G, Nr. 601.

[5] Zum »Hausbuch« der Familie Kant vgl. Arnoldt, Jugend, S. 107 ff.; Teßmer, S. 111.

[6] Gemeint: das Collegium Fridericianum

[7] 18.12.1737.

[8] Punktförmige Hautblutungen

3. Jachmann   ab 1724

»Meine Mutter«, so äußerte sich oft Kant gegen mich, »war eine liebreiche, gefühlvolle, fromme und rechtschaffene Frau und eine zärtliche Mutter, welche ihre Kinder durch fromme Lehren und durch ein tugendhaftes Beispiel zur Gottesfurcht leitete. Sie führte mich oft außerhalb der Stadt, machte mich auf die Werke Gottes aufmerksam, ließ sich mit einem frommen Entzücken über seine Allmacht, Weisheit und Güte aus und drückte in mein Herz eine tiefe Ehrfurcht gegen den Schöpfer aller Dinge. Ich werde meine Mutter nie vergessen, denn sie pflanzte und nährte den ersten Keim des Guten in mir, sie öffnete mein Herz den Eindrücken der Natur; sie weckte und erweiterte meine Begriffe, und ihre Lehren haben einen immerwährenden heilsamen Einfluß auf mein Leben gehabt.« [29, S. 162–163]

4. Rink[1] ab 1724

Ohne daher in das Dunkel seiner Ahnen Licht tragen zu wollen, begnüge ich mich damit, hier nur dies zu bemerken, daß sein Vater Riemermeister zu Königsberg war. Er trug, auch in den spätesten Jahren noch, das dankbare Bild dieses seines Vaters[2] in seinem Herzen, doch, wenn möglich, mit noch größerer Zärtlichkeit, das seiner Mutter, von der er selbst es zu sagen pflegte, sie sey ihm im Aeußern unbeschreiblich ähnlich gewesen, sogar bis auf die nicht nur platte, sondern wirklich eingebogene Brust. Ein Umstand, dessen ich hier gar nicht gedenken würde, wenn er nicht andrer, weiterhin zu berührender Gründe wegen, eine Erwähnung verdiente.

Als einst die Rede auf seine Eltern und die in ihrem Hause verlebten Jugendjahre kann, floß sein Mund zum Lobe der erstern mit der warmen Beredsamkeit des Herzens über: »Waren auch die religiösen Vorstellungen der damahligen Zeit, sagte er, und die Begriffe von dem, was man Tugend und Frömmigkeit nannte, nichts weniger als deutlich und gnügend, so fand man doch wirklich die Sache. Man sage dem Pietismus[3] nach, was man will, genug! die Leute, denen er ein Ernst war, zeichneten sich auf eine ehrwürdige Weise aus. Sie besaßen das Höchste, was der Mensch besitzen kann, jene Ruhe, jene Heiterkeit, jenen inneren Frieden, die durch seine Leidenschaft beunruhigt wurden. Keine Noth, keine Verfolgung setzte sie in Mißmuth, keine Streitigkeit war vermögend sie zum Zorn und zur Feindschaft zu reizen. Mit einem Wort, auch der bloße Beobachter wurde unwillkürlich zur Achtung hingerissen. Noch entsinne ich es mich, setzte er hinzu, wie über ihre gegenseitigen Gerechtsame einst zwischen dem Riemer- und Sattlergewerke Streitigkeiten ausbrachen, unter denen auch mein Vater ziemlich wesentlich litte; aber desungeachtet wurde selbst bey der häuslichen Unterhaltung dieser Zwist mit solcher Schonung und Liebe in Betreff der Gegner, von meinen Eltern behandelt, und mit einem solchen festen Vertrauen auf die Vorsehung, daß der Gedanke daran, obwohl ich damahls ein Knabe war, mich dennoch nie verlassen wird.«[4] Und bey der Gelegenheit wurden dann in das Gespräch noch manche andere Züge des Charakters seiner Eltern verwebt, die nicht minder ihnen, als die lebhafte Erwähnung desselben dem Erzähler zur Ehre gereichten. [50, S. 13–15]

¹ Rink, Friedrich Theodor (1770–1811), Theologe, Kants Biograph, (s. Q, Nr. 50), immatr. 1.4.1789, Tischgenosse Kants seit 1792, gab aus Kants Nachlaß die »Physische Geographie«, die »Pädagogik« und die »Fortschritte der Metaphysik« heraus. 1792 Privatdozent für Theologie, Orientalische Sprachen und Griechisch, 1794 a. o. Prof. d. Philosophie, 1798 d. Theol., seit 1801 Prediger und Gymnasialdirektor in Danzig. Seine Kant-Biographie enthält, wie Vorländer nachwies, eine Reihe von chronologischen Irrtümern (vgl. Vorl., KB, S. 37f.). Über Rink vgl.: Memoria Theodori Frederici Rinkii. Danzig 1811; Vorl., KB, S. 36ff.; Arnoldt, Vorlesungen, S. 319.
² Kant, Johann Georg (1683–1746), Riemermeister, vgl. Vorl. I, S. 14ff.
³ Vgl. die Monographien von Riedesel, Konschel und Erdmann (1876), S. 11ff. und passim.
⁴ Vgl. Vorl. I, S. 19.

5. Borowski[1] ab 1732

Rhunkenius[2] in Leyden, dessen Name allen Literatoren bekannt ist, unser *Kant* und *Cunde*[3], ein Mann von herrlichen Talenten, besprachen sich, wenn sie zur gemeinschaftlichen Lesung klassischer Autoren zusammen waren, öfter darüber, wie sie, wenn sie einst Schriftsteller würden, sich auf den Titeln ihrer gelehrten Werke nennen wollten. Der Jenasche Theolog Budde schrieb sich immer *Buddeus*; Menken in Leipzig — *Menkenius*; *Canz* in Tübingen *Canzius* — und so wollte sich auf eine ähnliche Art dieses emporstrebende Schüler-Triumvirat dereinst Cundeus, Rhunkenius und Kantius nennen. [29, S. 15]

¹ Borowski, Ludwig Ernst (1740–1831), Theologe, Schüler und (erster) Biograph Kants, immatr. 20.3.1754, hört Kants erste Vorlesung (vgl. G, Nr. 12), 1762 Feldprediger im Regiment Lehwaldt, 1770 Erzpriester in Schaaken, 1782 Prediger an der Neuroßgärter Kirche in Königsberg (von da an Verkehr mit Kant, gehört aber nicht zu den engeren Tischfreunden), 1793 Kirchen- und Schulrat, 1812 Generalsuperintendent, 1815 Bischof, 1829 Erzbischof, 1831 Schwarzer Adlerorden, Denkmal in Königsberg (an der Nordseite der Neuroßgärter Kirche). Schriften u. a.: Ausgewählte Predigten und Reden in den Jahren 1762–1831, hrsg. von L. Volkmann, Königsberg 1833. Über ihn: APB 1, S. 73; ADB 3, S. 178; NDB 2, S. 473. Wendland: L. E. Borowski, in: Schriften der Synodalkommission für ostpreußische Kirchengeschichte, Heft 9, 1910; Mühlpfordt (1964), S. 98f. Speziell zur Beziehung Borowskis zu Kant vgl. Arnold

Kowalewski: Kant und Borowski, in: Königsberger Hartungsche Zeitung 20.4.1924. Der erste Teil von Borowskis 1804 erschienener Kantbiographie (»Darstellung des Lebens und Charakters Immanuel Kants«, vgl. Q, Nr. 29) wurde 1792 im Manuskript »Von Kant selbst genau revidiert und berichtigt« (so auch der Untertitel der Biographie). Die Biographie ging aus einem Vortrag hervor, den Borowski für die Königlich Deutsche Gesellschaft niedergeschrieben hatte (vgl. Nr. 29, S. 3 ff.; Ak 11, S. 373 f. und ebd. S. 379–381. Zur Kant-Biographie vgl. Vorl., KB, S. 14 ff.

[2] Ruhnken, David (1723–1798), Klass. Philologe, immatr. 28.4.1741, seit 1757 Prof. in Leiden. Vgl. Ak 10, S. 117–119. Über ihn: Vita Davidis Ruhnkenii auctore Daniele Wyttenbacho. Lugduni Batavorum et Amstelodami 1799; Fr. Th. Rink: Tiberius Hemsterhuys und David Ruhnken. Königsberg 1801; Franz Egermann, in: Pommersche Lebensbilder 3, 1939, S. 69 ff. (mit Lit.).

[3] Cunde, Johann (1724 oder 1725–1759), immatr. 24.3.1741, 1743 Lehrer am Collegium Fridericianum, 1756 Rektor in Rastenburg. Vgl. F. A. Gotthold: Andenken an Johann Cunde, in: NPPB, andere Folge, Bd. III, 1853, S. 241 ff.; Schumacher S. 13; Waschkies (1987), S. 430 f.

6. *Heilsberg*[1] ab 1741

Ich kam ein Jahr später auf die Academie als *Kant*, ins Haus des Dr. *Kowalewski*,[2] in welchem ich sechs Jahre hindurch seinen Unterricht genoß, aber auch den andern academischen Lehrern collegia zu hören, die Erlaubnis hatte.

Mein erster Bekannter auf der Academie war Studiosus *Wlömer*[3], mein Landsmann und Verwandter, welcher vor einigen Jahren als Geheimer Finanz Rath und Justitiarius beym General Directorio starb.

Dieser war ein vertrauter Freund von Kant, wohnte mit ihm viele Zeiten in einer Stube, und empfal mich demselben dermaassen, daß Kant mir seinen Beystand versprach, mir Bücher gab, die die neuere Philosophie betraffen, und alle collegia, die ich bei denen Professoren *Ammon*[4], Knutzen[5] und Teske[6] hörte, wenigstens die schwerste Stellen, mit mir wiederhohlte; Alles geschah aus Freundschaft.

Indessen unterrichtete er mehrere Studenten für eine billige Belohnung, die ein jeder aus freiem Willen gab. Unter andern befand sich mein Verwandter, der Studiosus *Laudien*[7], der einzige sehr be-

mittelte Sohn des Kaplan *Laudien* aus Tilsit, der ihn nicht nur in
Nothfällen unterstützte, sondern auch bei Zusammenkünften zum
Unterricht von den Erfrischungen, so stets in Kaffee und weiß Brodt
bestanden, die Kosten trug. Der jetzige Krieges Rath *Kallenberg*[8]
in Ragnit, gab ihm, da Wlömer nach Berlin ging, eine freie Wohnung und ansehnliche Unterstützung; Vom seeligen Dr. *Trummer*[9], den er auch unterrichtete, hatte er viele Beyhülfe, noch mehr
von dem ihm verwandten Fabricanten *Richter*[10], der die Kosten
der Magister Würde trug. Kant behalff sich sehr sparsam, ganzer
Mangel traf ihn nie, obgleich bißweilen, wenn er nothwendig auszugehen hatte, seine Kleidungs Stücke bey denen Handwerkern,
sich zur Reparatur befanden; alsdann blieb einer der Schüler, den
Tag über in seinem Quartier, und *Kant* ging mit einem gelehnten
Rock, Beinkleidern oder Stieffeln aus. Hatte ein Kleidungs Stück
ganz ausgedient, so mußte die Gesellschaft zusammenlegen, ohne
daß solches berechnet, oder jemals wiedergegeben wurde.

Kant liebte keine Belustigungen, noch weniger Schwärmereien,
gewöhnte auch seine Zuhörer unmerklich zu gleicher Gesinnung.
Das Billiard Spiel war seine eintzige Erholung; *Wlömer* und ich,
waren dabey stets seine Begleiter. Wir hatten die Geschicklichkeit
in diesem Spiel beynahe aufs höchste gebracht, giengen selten ohne Gewinn nach Hause; ich habe den französischen Sprachmeister
gantz von dieser Einnahme bezalt; Weil aber in der Folge Niemand
mehr mit uns spielen wollte; so gaben wir diesen Erwerbs Artickel
ganz auf, und wählten das l'ombre Spiel welches *Kant* gut spielte.
... Kant hatte eine merkliche Vorliebe gegen die Litthauer[11], weil
er nach seiner Erfarung bemerkt, daß sie wenig oder gar nicht
lachten, und zur Satyre Neigungen besäßen. Solche Menschen wären zum praktischen Handeln sehr gut, müssen sich aber nicht mit
tieffer Gelehrheit abgeben; weil diese, jene natürliche gute Talente
unterdrückte. Auf den ihm gemachten Vorwurff, daß er selbst, wenig oder gar nicht lachte: gestand er diesen Fehler, und fügte hinzu, wie kein Metaphysiker so viel Gutes in der Wellt stiften würde,
als *Erasmus* von Rotterdam, und der berühmte *Montagne*[12] in
Frankreich gestiftet hätten; empfal uns auch die Versuche des letzteren zur beständigen Lecture zu wählen; Er selbst konnte viele Stellen darin auswendig hersagen. [46, S. 48–49]

[1] Heilsberg, Christoph Friedrich (1726–1807), immatr. 19.5.1742, 1767 Kriegs- und Domänenrat, 1787 Schulrat in Königsberg. Der Text entstammt einem Brief Heilsbergs an S. G. Wald vom 17.4.1804 (vgl. Rudolf Reicke: Kant von einem seiner Jugendfreunde geschildert, in: NPPB 3. Folge, Bd. I. Königsberg 1858, S. 379–383. und Arnoldt, Jugend, S. 125 f.).

[2] Kowalewski, Coelestin (1700–1771), seit 1735 Prof. d. Beredsamkeit, 1752 Prof. d. Rechte, 1752 Kanzler der Albertina. Vgl. über ihn APB 1, S. 359; Arnoldt (1746) II, S. 411 f. Kant schrieb anläßlich seines Todes ein Gedenkgedicht (vgl. Ak 12, S. 395 f.)

[3] Wlömer, Johann Heinrich (1728–1797), Jurist, immatr. 30.9.1741, seit 1749 in Berlin, 1764 Kriegsrat, 1775 Justitiar des Generaldirektoriums. Vgl. F. Nicolai, in: NBM 7, 1802, S. 1–23; Arnoldt, Jugend, S. 126 und 151; APB 2, S. 819 f. Zu seiner späteren Beziehung zu Kant vgl. Ak 11, S. 129 f.; 251 und G, Nr. 423 b.

[4] Ammon, Christian Friedrich (1696–1742), Privatdozent (nicht: Professor); Vgl. Arnoldt (1746) II, S. 113 f.; Arnoldt Vorlesungen. S. 146 f.; Waschkies (1987), S. 24.

[5] Knutzen, Martin (1713–1751), Kants wichtigster Universitätslehrer, 1734 a. o. Prof. d. Logik und Metaphysik. Über ihn: ADB 16, S. 334; APB 1, S. 346; Arnoldt (1746) II, S. 424 f.; Arnoldt, Jugend S. 120 ff.; Erdmann (1876), S. 48 ff. und passim.

[6] Vgl. G, Nr. 117.

[7] Wahrscheinlich: Car. Ludov. Laudien aus Tilsen, immatr. 8.5.1743 (nach Erler).

[8] Kallenberg, Christoph Bernhard, immatr. 2.5.1746, vgl. Arnoldt Jugend, S. 155.

[9] Trummer, Johann Gerhard (1729–1793), Mediziner, immatr. 19.9.1740; vgl. Baczko (1787 ff.), S. 652; Arnoldt, Jugend, S. 152 ff. und G, Nr. 503.

[10] Richter, Oheim Kants, Schuhmacher in Königsberg.

[11] Vgl. Ak 8, S. 345.

[12] Vgl. Ferrari (1979), S. 125 ff.

7. *Heilsberg* ab 1743

Daß *Kant* eine Schul Lehrer Stelle in Königsberg gesucht, und nicht erhalten; will mir nicht recht beifallen, es kann in meiner Abwesenheit geschehen seyn.[1] Kant ist nie vorgesetzter Studiosus Theologiae gewesen.[2] Daß man ihn dafür hielt kam daher. Er führte dem *Wlömer* und mir, unter andern Lehren zum gemeinen Leben und Umgange zu Gemüthe; Man müsse suchen von allen Wissenschaften Kenntnisse zu nehmen, keine auszuschliessen, auch von der Theologie, wenn man dabey auch nicht sein Brodt suchte. Wir *Wlömer, Kant* und ich entschlossen daher im nechsten halben Jahr, die öffentliche Lese Stunden, des noch im besten Andenken stehenden Consistorial Rath Dr. *Schulz*, und Recht Pfarrer der Altstadt zu besuchen. Es geschah; wir versäumten keine Stunde, schrieben fleißig nach, wiederholten die Vorträge zu hause, und bestanden beym Examen, welches der würdige Mann oft anstelte unter der Menge von Zuhörern, so gut, daß er beym Schluß der letzten Lese Stunde, uns dreien befahl noch zurückzubleiben; frug uns nach unsern Nahmen, Sprachen Kenntnisse, Collegien Lehrern und Absichten beym studieren. *Kant* sagte, ein Medicus werden zu wollen.[3]

Wlömer versicherte ein Jurist zu werden, und ich gestand, noch keine völlige Bestimmung zu haben, ich müßte Glück und Gelegenheit abwarten, und wenn alles fehlschlüge, blieb mir ein schwartzer Husaren Pelz noch übrig. Der würdige Mann erwiederte mir: Mein Freund! das sind die Blüthen, welche bald abfallen; warten sie das Ansetzen zur Frucht ab, vielleicht entschliessen Sie anders: Warum hören sie denn Theologica (es war wo ich nicht irre Dogmatik) frug er allen dreien? *Kant* antwortete: aus Wißbegierde. Das Resultat des großen Mannes war: Wenn dem also ist, so habe ich nichts dagegen einzuwenden; Aber, sollten Sie biß zu ihrer Beförderung, auf andere Gedanken gerathen, und den geistlichen Stand wählen, so melden Sie sich mit Zutrauen bei mir; sie sollen die Wahl der Stellen, auf dem Lande und in den Städten haben; Ich kann ihnen das versprechen, und werde, wenn ich Lebe mein Wort halten. Hier haben sie meine Hand, und gehen in Frieden.[4]

---

[1] Vgl. Arthur Warda: Zur Frage nach Kants Bewerbung um eine Lehrstelle an der Kneiphöfischen Schule, in: AM 35, 1898, S. 578–614.
[2] Vgl. Vorl. I, S. 51 f.; Vorl. (⁴1986), S. 16 ff. speziell zur Heilsbergstelle vgl. Arnoldt, Jugend, S. 124 ff., 127 ff. und Bernhard Haagen: Auf den Spuren Kants in Judtschen. Ein Beitrag zur Lebensgeschichte des Philosophen, in: AM 48, 1911, S. 382–411; 528–556.
[3] Vgl. Arnoldt, Jugend, S. 127.
[4] Zum Gespräch Schultz' mit Kant vgl. Anm. 2.

8. Borowski ab 1743?

Hier hat K. folgende Stelle der Handschrift, ich weiß nicht warum, durchgestrichen. Da der Inhalt doch wahr ist, so mag sie hier stehen: »Übrigens bekannte sich K. *noch* zur Theologie[1], insofern doch jeder studierende Jüngling zu einer der oberen Fakultäten, wie man's nennt, sich bekennen muß. Er versuchte auch einige Male, in Landkirchen zu *predigen*[2]; entsagte aber, da er bei der Besetzung der untersten Schulkollegenstelle[3] bei der hiesigen Domschule einem andern, gewiß nicht geschickern, nachgesetzt ward, allen Ansprüchen auf ein geistliches Amt, wozu auch wohl die Schwäche seiner Brust mit beigetragen haben mag. Hier möchte ich mit Beziehung auf Kant dem guten Spalding nachsprechen, was dieser irgendwo von Klopstock sagt: »Gut, daß er *nicht* Prediger ward. Nicht, als ob dies Amt und Geschäfte irgend etwas einem großen Geiste Unanständiges hätte — ich halte es für eine der größten, edelsten Beschäftigungen für einen denkenden Kopf und für ein wohlwollendes Herz: aber es erfordert, wie es nun einmal ist, so viele Rücksicht auf kleine Details, zerstreut den, der fürs Ganze der Wissenschaften arbeiten will, zu sehr, in an sich nicht unwichtige, aber oft zu wiederholende Beschäftigungen u.f.«

[29, S. 17]

[1] Vgl. Anm. 2 zu G, Nr. 7.
[2] Vgl. Arnoldt, Jugend, S. 135–139 (wenn überhaupt, dann predigte Kant 1743). Vgl. L. W. von Kügelgen: Kant als Prediger und seine Stellung zur Homiletik, in: KS 1, 1897, S. 290–295.
[3] Vgl. G, Nr. 7, Anm. 1.

9. Heilsberg ab 50er Jahre

Er war kein großer Verehrer des weiblichen Geschlechts, behauptete auch, daß sie nirgends, als in ihrem Hause, durch häusliche Tugenden, Achtung verdienten; sprach selten von ihrer guten und schlechten Seite. Dem ohngeachtet hielt er den Ehestand für Bedürfniß und nothwendig. Ihm selbst waren die Auffmunterungen zum heirathen sehr zuwieder. Er ging mit Unwillen aus einer Gesellschaft, in welcher ihm auch nur im Schertz dazu Vorschläge geschahen. Indessen verrieth er, soviel ich weiß zweymal in seinem Leben, eine ernsthafte Absicht zum heirathen; einmal traff der Gedanke eine gut gezogene sanfte und schöne auswärtige Wittwe, die hier Anverwandte besuchte. Er leugnete nicht, daß es eine Frau wäre, mit der er gerne leben würde; berechnete Einnahme und Ausgabe; und schob die Entschliessung einen Tag nach dem andern auf. Die schöne Wittwe besuchte auch Freunde im Oberlande, und ward daselbst anderweitig verheirathet. Das zweyte mahl, rührte ihn ein hübsches Westphälisches Mädchen, welche von einer adlichen Dame, die Besitzungen in Preussen hatte, als Reise Gesellschafterin mitgebracht war; *Kant* war mit dieser artigen, zugleich häuslich erzogenen Person gerne in Gesellschaft; und ließ sichs oft merken, säumte aber wieder so sehr mit seinen Anträgen, daß er sich vornahm einen Besuch bey ihr abzustatten, da sie mit ihrer Gebieterin sich schon an der Westphälischen Grentze befand. Von der Zeit ab wurde nicht mehr an Heyrathen gedacht. Loben mag ich meinen Freund nicht, er war aber ein ausserordentlicher über alles Lob erhabener Mann.[1] [46, S. 50–51]

---

[1] Vgl. Vorl. I, S. 124 ff.; Jauch (1988).

10. Borowski 12.6.1755

Unser K. bestimmte sich, da er das dreißigste Jahr zurückgelegt hatte, immer eigentlicher dem Dienste der Universität. Um die gesammelten Kenntnisse für die Jünglinge, die auf derselben leben, nützlich anwenden zu können, suchte er die Magisterwürde. Ganz gerne hätte die philosophische Fakultät sie ihm schon sechs Jahre früher erteilt.[1] Nach dem gewöhnlichen Examen ward er 1755 am 12. Juni öffentlich promoviert.[2] Es war, ich erinnere mich's noch lebhaft, bei dem Promotionsakt ein seltener Zusammenfluß von hiesigen angesehenen und gelehrten Männern und bei der lateinischen Rede, die K. nach der Promotion hielt[3], legte das ganze Auditorium durch ausgezeichnete Stille und Aufmerksamkeit die Achtung an den Tag, mit der es den angehenden Magister aufnahm.

[29, S. 17]

[1] B. denkt wohl an die 1749 erschienenen »Gedanken über die wahre Schätzung der lebendigen Kräfte« als mögliche Grundlage der Magisterverleihung. Von einem Plan der Fakultät ist sonst nichts bekannt.
[2] Mit der Schrift »De igne«, vgl. Arnoldt, Jugend, S. 179f.
[3] Nicht erhalten.

11. Borowski 27.9.1755

Er disputierte am 27. Sept. desselben Jahres mit Beifall[1], fing bald darauf an, seine Vorlesungen über Logik nach *Meier*; — über Metaphysik zuerst nach *Baumeister*, dann nach dem gründlichern, aber schwerern *Baumgarten*; — über Physik nach *Eberhard*; über Mathematik nach *Wolf* zu halten; stellte auch Disputierübungen mit seinen Schülern an und ein ganz geräumiger Hörsaal faßte gleich am Anfange die Menge nicht ganz, die ihm zuströmte. Er war auch schon damals der äußerst drückenden Armut (von der Denina[2] spricht, der überhaupt von vielem spricht, das er nicht weiß oder doch nicht recht weiß) nicht ausgesetzt, wohnte ganz anständig und lebte, zwar nicht das Leben des, der Überfluß — aber doch eines Mannes, der für seinen Bedarf völlig genug hat, der keines, als seiner selbst bedurfte, den außerdem viele suchten und gerne in ihren Häusern und an ihrem Tische bei sich hatten, nicht etwa um seinen Hunger zu stillen, sondern weil er — Kant — war. Am liebsten und öftersten befand er sich in den damaligen Jahren bei dem, auch von Denina namentlich angeführten englischen Kaufmanne *Green*. — Zu jenen oben angezeigten Vorlesungen tat er in der Folge noch Vorträge über Naturrecht, Moral, natürliche Theologie, späterhin über Anthropologie und physische Geographie hinzu.[3] Sein Lehrerfleiß ward von den Aufsehern und Lehrern der Universität ganz anerkannt, und doch blieb er 15 Jahre hindurch Magister, ohne zum Professor aufsteigen zu können. Er suchte im April 1756 nach Knutzens Tode in dessen Stelle zu der extraordinären Profession der Philosophie zu kommen.[4] Es war ohne Erfolg, denn man hatte damals bei Hofe die Idee, die Art Professuren eingehen zu lassen.

[29, S. 17–18]

---

[1] Grundlage der Disputation war Kants Schrift »Primorum Principiorum metaphysicae cognitionis nova dilucidatio«. Königsberg 1755. Vgl. über die Disputation Arnoldt, Jugend, S. 178.

[2] Denina, Carlo (1731–1813), italienischer Historiker und Schriftsteller; vgl. über ihn C. G. Reina: Vita di C. D., Milano 1821, und Enciclopedia Italiana XII, S. 617. Die von Borowski erwähnte Bemerkung findet sich unter dem Stichwort »Kant« in Deninas Schrift »La Prusse Littéraire sous Fréderic II«, tome second, Berlin 1790, S. 305–308; speziell zur Armut Kants vgl. S. 306: »Il se soutint par des leçons particulières qu'il donnoit. La place de second bibliothécaire de Koenigsberg qu'il obtint en 1755, ne lui rapportoit peut-être pas de quoi payer le loyer de deux chambres. Il crut devoir manquer absolument du nécessaire lorsqu'il perdit un ami, négociant anglois, chez lequell il dînoit ordinairement.« Zu Kants Reaktion auf diesen teils falschen, teils schiefen Text vgl. Kants Brief an Lagarde vom 25.3.1790, Ak 11, S. 146. Vgl. aber Arnoldt, Jugend, S. 188 ff.

[3] Vgl. Arnoldt, Vorlesungen S. 177 ff.

[4] Vgl. Ak 10. S. 3; Arnoldt, Jugend, S. 182; Arthur Warda: Zwei Mitteilungen zur Biographie Kants, in: AM 48, 1911, S. 378–381.

12. *Borowski* nach 27.9.1755/ab WS 1755/56

Ich hörete ihn im Jahre 1755 in seiner ersten Vorlesungsstunde. Er wohnte damals in des Prof. Kypke Hause, auf der Neustadt und hatte hier einen geräumigen Hörsaal, der samt dem Vorhause und der Treppe mit einer beinahe unglaublichen Menge von Studierenden angefüllt war.[1] Dieses schien K. äußerst verlegen zu machen. Er, ungewöhnt der Sache, verlor beinahe die Fassung, sprach leiser noch als gewöhnlich, korrigierte sich selbst oft: aber gerade dieses gab unserer Bewunderung des Mannes, für den wir nun einmal die Präsumtion der umfänglichsten Gelehrsamkeit hatten und der uns hier bloß sehr bescheiden, nicht furchtsam vorkam, nur einen desto lebhafteren Schwung. In der nächstfolgenden Stunde war es schon ganz anders. Sein Vortrag war, wie er's auch in der Folge blieb, nicht allein gründlich, sondern auch freimütig und angenehm. Das Kompendium, welches er etwa zum Grunde legte, befolgte er nie strenge und nur insoferne, daß er seine Belehrungen nach der Ordnung des Autors anreihete. Oft führte ihn die Fülle seiner Kenntnisse auf Abschweifungen, die aber doch immer sehr interessant waren, von der Hauptsache. Wenn er bemerkte, daß er zu weit ausgewichen war, brach er geschwind mit einem »Und so weiter« oder »Und so fortan« ab und kehrte zur Hauptsache zurück. Oft brachte er ein besonderes handschriftliches Heft außer dem Kompendium mit. In diesem hatte er sich Marginalien beigezeichnet. — Freilich war rege Aufmerksamkeit bei seinen Vorträgen nötig. Die manchem Gelehrten ganz eigene Gabe, die vorkommenden Begriffe und Sachen ganz ins klare für jeden zu setzen, sie etwa durch Wiederholung in andern Ausdrücken auch dem versäumtern und zerstreutern Zuhörern doch faßlich zu machen, diesen, nach dem jetzt in Gang gebrachten Ausdrucke, gleichsam *zum Verstehen zu zwingen*, war K. freilich nicht eigen.[2] Es mußte auf alles, wie billig, genau gemerkt werden. — Dem Nachschreiben war er nicht hold. Es störte ihn, wenn er bemerkte, daß das Wichtigere oft übergangen und das Unwichtigere aufs Papier gebracht ward, so wie auch manche andre Kleinigkeit, z. B. eine auffallende Kleidungsart u. dgl. ihn störete. »Sie werden, das wiederholte er seinen Schülern unablässig, bei mir nicht Philosophie lernen, aber — *philosophieren*; nicht Gedanken bloß zum Nachsprechen, sondern *denken.*³ Aller Nachbeterei war er herzlich gram. Selten mögen Lehrer so oft und so ernstlich dafür warnen, als Kant tat. Dennoch hat er der Nachbeter seiner Meinungen, ohne diese selbst zu prüfen, vielleicht mehr gehabt, als irgendeiner: gewiß ist es, daß er sie nicht haben *wollte*. Selbst denken — selbst forschen, — auf seinen eigenen Füßen stehen, — waren Ausdrücke, die unablässig wieder vorkamen.⁴ Zweifel, die ihm zur Auflösung vorgelegt wurden; Bitten um etwas nähere Auseinandersetzungen nahm er in seinen jüngern Jahren sehr freundlich an. Sonst war seine Vorlesung — freier Diskurs, mit Witz und Laune gewürzt. Oft Zitate und Hinweisungen zu Schriften, die er eben gelesen hatte, bisweilen Anekdoten, die aber immer zur Sache gehörten. Nie habe ich eine Schlüpfrigkeit, durch die wohl mancher andrer Lehrer seinen Vortrag beleben will und gute, wohlgezogene Jünglinge aus seinem Hörsaal wegtreibt, in seinen Vorlesungen gehört. Dieses bezeugen mir auch seine späteren Schüler. Einer von diesen, jetzt ein Mann, gegen den K. bis an sein Ende sehr freundschaftlich dachte, lobte mir in diesen Tagen nur noch, daß K. in seinen Lehrstunden so höchst sorgfältig alles umgangen habe, was irgend der Jugend hätte nachteilig werden können. Z.B. in der physischen Geographie mußte er freilich der aqua tofana erwähnen, aber er verschwieg die Zubereitung und sagte nachher bei Tische: »Es könnte doch irgendeiner einmal davon Gebrauch machen.« Dagegen hörten wir oft väterliche Anmahnungen zum guten moralischen Sinn und Wandel, obwohl er sonst bei Jünglingen eine anständige Freiheit und manche Arten von Vergnügungen wohl begünstigte. Treibhauszucht wollte er, wie aus seiner Anthropologie bekannt ist, bei jungen Leuten nicht angewandt wissen. Oben ist in der Skizze gesagt, was er in jüngern und spätern Jahren aus dem Umfange der Wissenschaften vortrug.⁵ Das Zutrauen zu seinen Kenntnissen und der Wunsch, von ihm Unterricht zu erhalten, ging in seinen ersten Magisterjahren so weit, daß man glaubte, er könne und müsse *alles*, was man nur irgend zum Gebiet der sogenannten philosophischen Fakultät rechnet, lehren. So baten ihn einige, besonders kurländische Studierende damals um ein ästhetisches Kollegium und Übungen in Wohlredenheit und im deutschen Stil. Er hätte es gewiß vortrefflich gelesen, aber es lag ihm zu weit aus seinem Wege; er übertrug es aus gutem Zutrauen mir und unter seiner Direktion erteilte ich die beiden Winter 1759 und 1760 hindurch, einem Kreise von 15 bis 18 jungen Leuten, davon einige noch leben, Unterricht dieser Art. Vierzig Jahre und drüber war er ein durchaus verehrter Lehrer an unserm Orte, dessen Hörsaal man nie leer sah. Viele kamen freilich nur, um sagen zu können, daß sie bei ihm gehört hätten.

[29, S. 85–87]

[1] Vgl. Arnoldt, Jugend, S. 180 ff.
[2] Ein von Fichte häufig gebrauchter Ausdruck.
[3] Vgl. Ak 2, S. 306 ff.; KrV B 864 ff.
[4] Vgl. Ak 2, S. 306 ff.
[5] Vgl. G, Nr. 11

13. *Borowski* ab WS 1755

Er ward Lehrer auf unsrer Universität. Mit allen Kenntnissen für das Fach, in welchem er dozieren sollte, ausgerüstet, mit der anspruchslosesten Bescheidenheit erschien er in seinem Hörsaale, — erinnerte immer daran, daß er lehren würde nicht Philosophie, sondern philosophieren u. f. — bewies Gründlichkeit in seinem Vortrage und gesellte dieser Gründlichkeit noch Anmut und interessante Darstellung bei. Nie, nie nahm er zu dem elenden Behelf der Satyre oder der Anstichelungen auf andere Mitlehrer seine Zuflucht; nie, wie wir alle seit einer Reihe mehrerer Jahre mit unsern Augen sahen, schlug er irgend einen niedrigen Weg ein, um Applausus zu haben. Er las, ohne sich an das Kompendium, worüber er Vorlesungen anstellte, zu binden, oft ohne vorliegende Hefte, Logik, Metaphysik, Ethik u. f. ganz in der Art, wie es sein oben angeführtes Programm von 1765 erzählt, und fügte dann in der Folge noch physische Geographie und Anthropologie hinzu.[1] Jene Vorlesungen, für diejenigen, denen es um ein gelehrtes Wissen zu tun war; diese, für alle, die Kopf und Herz und auch ihren Umgang zu bilden und ihre Konversation mit andern anziehender und unterhaltender zu machen Lust hatten. Rege Aufmerksamkeit war freilich immer erforderlich. Ohne diese war sein Vortrag unverstanden, folglich verloren. Seinerseits wurden die Lehrstunden und werden auch heute noch mit Pünktlichkeit und gewissenhafter Treue, ohne andre, als die gesetzmäßigen Ferien zu erlauben, gehalten. — Konnte dieses denn wohl eine andere Folge haben, als die, daß von 1755 an bis heute, eine große Menge der Studierenden und unter diesen gerade die Wißbegierigsten und Edelsten ihm zuströmten, denen er auch, außer den Lehrstunden durch willige Auflösung ihrer etwannigen Zweifel, durch Auseinandersetzung dessen, was ihnen schwierig schien u. f. auf Spazierwegen und bei aller Gelegenheit gerne nützlich ward. Die jungen Theologen besonders lernen von ihm, jener falschen, windigen, viel prahlenden und nichts fruchtenden Aufklärung (wie mancher den Hang, von Bibel und dem darauf gegründeten System sich zu entfernen nennt) ausweichen, nicht bloß das System nachbeten, sondern über alles, folglich auch die theologischen Wahrheiten, selbst nachdenken; — sie überzeugen sich aus seinen Vorträgen, daß seine Moral besonders nicht im Widerspruch mit der christlichen Sittenlehre stehe, wenn auch gleich diejenige pünktliche Harmonie zwischen beiden nicht stattfinden sollte, die so manche, die durchaus Christum und die Apostel nur eins und dasselbe, was K. sagt, wollen sagen lassen, zu finden sich überreden. In den Resultaten, — das kann wohl nicht geleugnet werden, trifft die Kantsche Tugendlehre mit der christlichen ganz zusammen; die Motive sind bei der letztern anderswoher genommen und die Popularität und Faßlichkeit für alle kommt hier noch dazu. — Auch die Studierenden andrer Fakultäten strömen ihm zu und alle werden von ihm zur Selbst- und Menschenkenntnis, zum Streben nach Wahrheit und Sittlichkeit angeleitet. Sein viel wirkendes moralisches Beispiel kommt auch hinzu. So wurden nun seit vierzig Jahren in allen Ständen und Ämtern Männer angestellt, die nun seine Belehrungen und weisen Winke in ihrem Wirkungskreise benutzen und ihrem Kant größtenteils ihre nutzbare Tätigkeit und die guten Folgen davon verdanken. In der spätern Zeit flossen auch Männer von Jahren, wenn ihre Ämterverhältnisse es irgend erlaubten, seinem Hörsaal zu und erweiterten gerne den Vorrat ihrer schon gesammelten Kenntnisse. Es ist unstreitig; K. hat unaussprechlich viel gewirkt aufs Wohl unsrer Studierenden — und allgemeines Zutrauen und Liebe dieser aller war und blieb ihm. [29, S. 40–42]

[1] Vgl. Ak 2, S. 305ff.; Physische Geographie las Kant möglicherweise schon seit SS 1756 (vgl. Arnoldt, Vorlesung S. 180), die Anthropologie seit WS 1772/73.

14. Rink ab 1755

Im J. 1755 suchte er darauf bey der philosophischen Fakultät die Doctor- und Magister-Würde nach, welche ihm auch, am 12ten Juny desselben Jahres, durch den damahligen Decan jener Facultät, den Prof. der orientalischen Sprachen, Joh. Bernh. Hahn, feyerlich übertragen wurde[1], worauf er denn am 27. September seine Dissertation: Principiorum primorum cognitionis metaphysicae nova dilucidatio. 38 Seiten in 4. vertheidigte. Die zu dieser Promotion erforderlichen Kosten, soll sein Oheim Richter, ein wackerer Bürgersmann, hergegeben haben. So viel erhellet aus den noch vorhandenen Briefen von Kant's Bruder, daß die Richtersche Familie sich große Verdienste um ihn und seine Geschwister müsse erworben haben.[2]

Seine Lehrergeschicklichkeiten, wie seine mannigfaltigen Kenntnisse, die, weil sie in nächster Beziehung auf den Menschen standen, seinem Talente für die gesellschaftliche Unterhaltung einen um so größern Spielraum gaben, verbunden mit dem Ruhme, den ihm seine frühern Schriften schon, und nahmentlich die im Jahre 1755 erschienene *Allgemeine Naturgeschichte und Theorie des Himmels* erwarben,[3] machten nicht nur seinen Hörsaal, obwohl er bloßer Privatdocent war, in Kurzem zu einem der besuchtesten, sondern führten ihm auch außer demselben mehrere Schüler zu, und erwarben ihm viele und angesehene Freunde und Gönner. Zu den letztern gehörten, vieler Anderer nicht zu gedenken, die Generale von Meyer[4] und von Lossow,[5] und der Graf von Keyserling nebst seiner Gemahlin; Wie er öfter der Gesellschafter dieser zuletzt genannten Familie war, so war er fast der tägliche Tischgenosse auch des Generals von Meyer, eines helldenkenden Mannes, der es gerne sah, wenn die Officiere seines Regiments sich durch Kant's Privatunterricht, nahmentlich in der Mathematik, auszubilden suchten.

Das Alles indessen hob doch nicht ganz den Druck seiner häus-

lichen Lage, und es hat seine völlige Richtigkeit, daß er einst einem armen Studirenden, als dieser ihm das Honorarium abtrug, den ganzen Rest desselben wieder zurückgab, nachdem er, wie er selbst gesagt, zu völliger Tilgung seiner halbjährigen Miethe, nur etwas davon an sich behalten hatte. Diese Anecdote habe ich aus dem glaubwürdigen Munde jenes damahligen Studirenden, der itzt als würdiger Mann in einem angesehenen Amte steht. Aber eben so gewiß ist es auch, daß Kant späterhin oft versicherte, er habe immer dafür gesorgt, daß nie ein Gläubiger an seine Thüre habe klopfen, und ihn auf eine unangenehme Weise überraschen dürfen.
[50, S. 31–33]

[1] Vgl. das dem Bd. 13 der Akademie-Ausgabe beigegebene Faksimile von Kants Doktordiplom.
[2] Vgl. Ak 10, S. 221 f.; 11, S. 71 ff., 323 ff.
[3] Irrtum von Rink; wegen des Zusammenbruchs des Verlags Petersen blieb die Schrift »so gut wie unbekannt« (Ak 1, S. 545); vgl. jedoch Stark/Ludwig (1988) S. 10.
[4] Meyer, Karl Friedrich von (1708–1775), Chef eines Dragonerregiments; vgl. Arnoldt, Vorlesungen, S. 196 f.
[5] von Lossow, Daniel Friedrich (1722–1783), 1762 Chef des Bosniakenkorps in Goldap, 1766 Generalmajor und Amtshauptmann (Ak 13, S. 42); vgl. APB 2, S. 408; Kant hat von Lossow auf seinem Goldaper Gut besucht.

15. *Jachmann* ab 1755

Hier lehrte nun Kant Wissenschaften, mit welchen sich sein Geist schon längst unablässig beschäftigt hatte und sein Unterricht und seine Spekulation nützten sich wechselseitig, bis endlich die tiefe Weisheit von seinen Lippen floß, welche er in seinen Schriften zum ewigen Denkmal seines tiefforschenden Geistes aufbewahrt hat. Er lehrte mit unbeschreiblichem Beifall den Staat und die Menschheit heilbringende Weisheit, bis seinem Unterricht im Jahre 1794[1] Schranken gesetzt wurden, worauf sich Kant im Gefühl seiner Altersschwäche als Lehrer, als Schriftsteller und als Mensch von dem großen Schauplatz, auf welchem er bis dahin so tätig gewirkt hatte, ganz in seine stille Einsamkeit zurückzog. [29, S. 127]

[1] Das Datum stimmt nicht. Kant beendete seinen akademischen Unterricht am 23.7.1796; vgl. Arnoldt, Vorlesungen, S. 327 ff.

16. *Mortzfeld*[1] ab 1755

In einem großen Theil seiner Lebensperiode trug er die Mathematik in allen Theilen vor, welcher Wissenschaft er jederzeit zugethan blieb. In den ersten Zeiten seines Lehramtes trug er die Philosophie meistens nach dem *Wolfschen* System vor.

Humes Meisterwerk erfüllte seine ganze Seele, es schien seinem System eine gewisse Richtung zu geben, und er ging in seine Originalität hervor.

Seine vorzüglicheren späterhin vorgetragenen Vorlesungen, waren Metaphisik, Logik, physische Geographie, Rational-Theologie, Anthropologie, Physik u. s. w.

Selbst unter seinen Schülern hatte sich die Meinung verbreitet, daß seine Vorlesungen schwer zu fassen wären, weswegen die mehresten mit den Collegien der physischen Geographie, oder mit der philosophischen Moral anzufangen pflegten.

Ehe der Schüler seinen Vortrag gewohnt wurde, möchte es manchem freilich schwer geworden seyn, ihn ganz zu fassen; vorzüglich in den spätern Jahren, wo er zuweilen schwer zu folgen war. Jedoch trug er in seinen frühern Jahren, seine Vorlesungen jederzeit im harmonischen Ganzen vor, und versicherte jederzeit auf das vorzutragende sich wohl vorbereitet zu haben. Die Beschwerlichkeiten seines Alters verhinderten ihm seine Bemühungen bis zu dem lezten Augenblikke seines Lebens fortzusezzen, worüber er sich auch an einem Orte bitter beklagt.

Was er der gelehrten Welt geleistet, dies bedarf keiner Anpreisung, seine Werke sprechen für ihn selbst.

Die Richtung, welche er dem Denken seiner Schüler durch seinen Unterricht gab, wird lange noch bemerkbar bleiben, und wenn noch Dunkelheiten in den circulirenden Compendien seiner Vorlesungen sowohl, als in seinen Schriften obwalten sollten, so werden durch seinen Nachlaß die Herren *Jäsche* und *Rink* versprochener Maaßen der Nachwelt die günstige Aussicht eröfnen,

daß der Moden-Wechsel philosophischer Systeme nicht so leicht, als eine Tour falscher Haare zu verändern seyn möchte.
[42, S. 58—60]

[1] Mortzfeld, Johann Christoph, Arzt in Königsberg; seine Biographie (»Fragmente aus Kants Leben. Ein biographischer Versuch«) erschien 1802 anonym im Königsberger Verlag Hering und Haberland. Vgl. Vorl., KB, S. 10ff. (hier auch Beurteilung des — geringen — Wertes des Büchleins) —, Kants Reaktion auf Mortzfelds Schrift vgl. G, Nr. 569.

17. Mortzfeld ab 1755

Seine Lebensweise ist in ihrer Art einfach, jedoch nicht ganz ohne Abwechselung. In früheren Jahren speisete er an einer Table d'hote. Er wurde oft zu Tische gebethen, welche Einladungen (sobald seine Geschäfte es erlaubten) er auch annahm. Diese Tafel-Freuden waren fast seine einzige Erholung. Denn schloß er seine Gelehrsamkeit auf seiner Studierstube ein, und war Mensch, welcher sich nicht schämte Mensch zu seyn. Er sprach gerne und viel, er unterhielt die Gesellschaft durch seine in alle Fächer eindringende Kenntnisse, er war in jedem lehrreich. Er berührte oft scheinbar abgebrochen: bald Gegenstände der Litteratur, der Oeconomie, Künste und dergleichen, und erspähte dadurch bald den Geist der Gesellschaft. In dem für sie schiklichsten Ton stimmte er ein, und erregte durch dieses Hinneigen und Bequemen eine Fülle der Unterhaltung, woran jeder Theil nehmen konnte. Er war daher oft der Mittelpunkt, um den sich der Discour drehte. Er war Erzähler und Schiedsrichter, auf sein Urtheil war jeder begierig. Merkte er, daß eine gelehrte Unterhaltung nicht im allgemeinen Umlauf gebracht werden konnte, so brach er entweder von diesen ernsten Materien sogleich ab, oder er verwandelte das Resultat derselben in ein bon mot. *Kant* befand sich einst auf der Hochzeit eines von ihm geschäzten Freundes. Es waren mehrere Gelehrte so auch Personen anderen Standes versammelt. Er heftete die Aufmerksamkeit der ersteren durch eine vortreffliche Auseinandersezzung der Einheitslehre, alles sammlete sich um ihn, die Damen sahen sich verlassen. Kaum bemerkte dieses *Kant*, so eilte er zum Schlusse des Ganzen, und sagte, den Aufschluß haben wir ohne weitläuftiger zu werden vor uns. Das Beispiel durch Mann und Frau.

Nach dem Mittagessen promenirte er gewöhnlich nach dem holländischen Baum oder dem späterhin benannten philosophischen Gang oder dem Wege nach dem Dorfe Penarten.[1] Eine Bewegung vor dem Essen erlaubten ihm seine Geschäfte als Professor nicht. (Er hielt in früheren Jahren seines Lehramtes so viele Vorlesungen ab, daß ihm nur wenige Stunden des Vor- und Nachmittags übrig blieben, sich zu erholen. Diese Bewegung sollte einen diaetetischen Zweck haben, welchen er aber nicht erreichte. Denn oft sahen ihm seine Schüler an einem einsamen Seitenwege mit einem Portefeuille in der Hand sizzen, und die Resultate seines ernstesten Denkens niederschreiben.[2] [42, S. 110–113]

---

[1] Gemeint: Ponarthen.
[2] Wohl freie Erfindung, vgl. Vorl., KB, S. 12.

---

18. Borowski ab 1755

Vor mehr als 40 Jahren schon hatte K. es sich selbst und, bei Gelegenheit uns, seinen damaligen Zuhörern, eingeprägt, der Mensch müsse in der Kleidungsart nie ganz aus der Mode sein wollen; es sei, setzte er hinzu, durchaus Pflicht, keinem in der Welt einen widerlichen oder auch nur auffallenden Anblick zu machen. Er nannte das schon damals eine Maxime, die genau zu beobachten wäre, daß man unter andern in der Wahl der Farben zu Kleid und Weste sich genau nach den Blumen richten müsse. Die Natur, sagte er, bringt nichts hervor, das dem Auge nicht wohltut; die Farben, die sie aneinander reihet, passen sich auch immer zusammen. So gehöre z.B. zu einem braunen Oberkleide eine gelbe Weste; dieses wiesen uns die Aurikeln. K. kleidete sich auch immer anständig und gewählt. Späterhin liebte er besonders melierte Farben. Eine Zeitlang sah man ihn in Kleidern, deren Saum mit einem goldnen Schnürchen umfaßt war. Den Degen hielt er sich anständig, so lange ihn Geschäftsmänner trugen; legte ihn aber, da diese Sitte aufhörte, sehr

Borowski

gerne als ein ihm lästiges und sehr entbehrliches A[...]
nen Hut allein, so weit ich gemerkt habe, unter[...]
Gesetze der Mode. Dieser blieb bei allen Wand[...]
ner von diesen war seit länger als 20 Jahren v[...]
Die eine niedergeschlagene Krempe desselben [...]
beim Lesen und Schreiben statt eines Auges[...]
ser ward bei einer Versteigerung des Nach[...]
trächtlichen Summe Geldes bezahlt. Frei[...]
Form oder des innern Werts, sondern w[...]
war.

19. Borowski

Nebenbei bemerk ich, daß er [...]
tende Gedächtnisübungen seh[...]
sonders denen, die Pädagoge[...]
hierüber besonders bei ihren Zög[...]
In seinen ersten Magisterjahren empfan[...]
her saßen, den bis dahin etwa eingesammelte[...]
Vorrat uns als zerteilt in verschiedene Behältnisse [...]
fe zu gedenken — und dann, bei der Lesung eines Buchs [...]
nals, in welchem eine neue, uns bis dahin unbekannte Idee vork[...]
immer die Frage zur Hand zu haben: In *welches* Fach oder Behältnis gehört dies, das du nun eben liesest, hin — wo bringst du es
hin? — Hierdurch würde das Gelesene oder Neugelernte sich um
desto unauslöschlicher eindrücken; wir würden, wenn uns auch die
Idee selbst in der Folge entfiele, doch immer uns zurufen: Hier-
von oder davon ist etwas in dieses oder jenes Behältnis reponiert
— und bei einiger Anstrengung würde es sich alsdann wohl wieder
ganz darstellen. Er glaubte, daß solche Rubrizierung des Neuge-
lernten auch zu einem gehörigen Ordnen unsers Wissens viel beitrage. — Ich weiß nicht, ob ich diesen Kantschen Vorschlag hier
deutlich genug darstelle, aber das ist gewiß, daß das, was er darüber sagte (und er wiederholte diesen Vorschlag oft), auf uns, seine
damaligen Schüler, großen Eindruck machte und daß sehr viele ihm
die Schärfung und Treue ihres Gedächtnisses durch Anwendung

dieses Mittels, noch jetzt und lebenslang verdanken. Ebenso angelegentlich empfahl er uns auch, Miszellaneen nach den Wissenschaften geordnet, anzulegen, um auch hierdurch der etwannigen Untreue des Gedächtnisses zu Hilfe kommen zu können. Über den Nutzen, den ihm selbst seine in dieser Art frühe schon angelegte Sammlungen geschafft hätten, sprach er sehr gern.

[29, S. 74]

20. Borowski ab 1755

Bei denen die K. achten sollte, forderte er auch Pünktlichkeit, genaues Worthalten, auf die Stunde und den Augenblick, für welche man sein Wort gegeben hatte. Einst, in seinen ersten Lehrerjahren war ich mit Dr. Funck[1] während der Ferien in den Morgenstunden bei ihm. Ein Studierender hatte ihm auf diesen Vormittag die Abtragung des Honorars für gehörte Vorlesungen zugesagt. Wie oft und wie gerne er dieses vielen ganz oder teilweise erließ, wissen alle! Dieser aber hatte ein bestimmtes Versprechen gegeben. K. äußerte, daß er des Geldes gar nicht so sehr bedürfe. Allein nach jeder Viertelstunde kam er darauf zurück, daß der junge Mann sich doch — nicht einfinde! Nach ein paar Tagen erschien er. K. hielt's ihm so ernstlich vor und nahm ihn, da er sich zu seiner Opponentenstelle bei einer nächstens zu haltenden Disputation erbot, nicht dazu an mit der bitteren Bemerkung: »Sie möchten doch,« sagte er zu ihm, »nicht Wort halten, sich nicht zum Disputationsakt einfinden und — dann alles verderben!« Dieses ernste, obwohl sonst sanft ausgesprochene Wort schützte nachher diesen jungen Mann, — ich kannte ihn noch viele Jahre hindurch — vor jedem Fehler dieser Art.[2]   [29, S. 59–60]

[1] Funk, Johann Daniel (1721–1764), Prof. d. Rechte in Königsberg, vgl. Sembritzki, S. 307 ff.
[2] Vgl. zur Honorarfrage G, Nr. 190.

21. Borowski ab 1755

Mit seinen Blutsverwandten, den einzigen Bruder ausgenommen, sah ich ihn nie zusammen. Dieser, dessen oben schon erwähnt ist, ging nach Beendigung seiner akademischen Studien nach Kurland und kam, meines Wissens, nie, auch nicht einmal zu einem kurzen Besuch, wieder nach Königsberg.[1] Wäre dieser, gewiß auch originelle Kopf hier in seinem Vaterlande geblieben, er hätte Amt und Brot gewiß gefunden und in den spätern Jahren würden beide Brüder gewiß sich mehr und näher aneinander geknüpft haben. Es freuet mich, da ich dieses schreibe, heute noch das Andenken an die Stunden, die ich mit dem jüngern K. gelebt habe. Wir kamen oft, aber besonders jede Woche zweimal in der bestimmten Absicht zusammen, um einmal einen klassischen Autor, ein andermal, um ein theologisches Werk zu lesen. Damals eben erschien *Sacks* verteidigter Glaube der Christen[2] (freilich jetzt auch beinahe schon vergessen, aber doch immer voll bleibenden Werts) und dieses Werk belebte bei uns den Hang zum theologischen Studium. Gäbe doch irgend jemand von denen, die ihn in Kurland als Nachbar oder Freund näher kannten, etwa in einiger Zeitschrift einige Nachrichten von ihm, von seinem Charakter und Lieblingsstudium, von seiner Weise, seine Ämter zu verwalten usf. Es müßte, denk ich, sehr interessant sein, das Gemälde von beiden Brüdern beisammen gestellt zu sehen. Hier an unserm Orte erstreckte sich ihr Verhältnis und Umgang auf weiter nichts, als daß der Jüngere den Vorlesungen seines Bruders Immanuel beiwohnte und sie dann, nach Endigung derselben, etwa ein paar Worte miteinander wechselten.

[29, S. 63–64]

---

[1] Kants Bruder: Johann Heinrich Kant (1735–1800), Theologe, zuerst Hauslehrer in Kurland, 1775 Rektor der Stadtschule in Mitau, seit 1781 Pastor in Altrahden. Vgl. Victor Diederichs: Johann Heinrich Kant, in: Baltische Monatsschrift (Reval) 35, Jg., Bd. 40, 1893, S. 535–562.
[2] Friedrich Wilhelm Sack: Vertheidigter Glauben der Christen, 1748 ff. (1751).

22. Borowski
ab 1755

Freilich die Hauptlektüre waren bei ihm immer die Meisterwerke, die in seinem Hauptfache, in Philosophie und Mathematik erschienen. Wie vieles hierin er schon bis zu seinem zwanzigsten Jahre gelesen, zeigt der Erstling unter seinen schriftstellerischen Produkten.[1] In den Jahren, da ich zu seinen Schülern gehörte, waren ihm Hutcheson und Hume, jener im Fache der Moral, dieser in seinen tiefen philosophischen Untersuchungen ausnehmend wert. Durch Hume besonders bekam seine Denkkraft einen ganz neuen Schwung.[2] Er empfahl diese beiden Schriftsteller uns zum sorgfältigsten Studium. Außerdem interessierten damals schon und immer gute Reisebeschreibungen unsern K. — Des J. J. Rousseaus Werke kannte er alle und dessen Emil hielt ihn bei seiner ersten Erscheinung einige Tage von den gewöhnlichen Spaziergängen zurück.[3] Was soll ich hier weitläufiger sein? K. ließ nichts von dem, das zum Umfange des menschlichen Wissens durch gute Schriftsteller beigetragen wird, ungekostet und ungeprüft. Er ward, da er, wie schon erwähnt ist, keine Bibliothek sammelte, mit allem, was er lesen wollte, teils durch seine Freunde, teils und vornehmlich durch seine Verleger, hinreichend versorgt. [29, S. 78–79]

[1] Gedanken von der wahren Schätzung der lebendigen Kräfte, Königsberg 1746 [1749].
[2] Vgl. Gawlick/Kreimendahl, S. 174 ff.
[3] Vgl. Ferrari (1979), S. 169 ff.

23. Borowski
ab 1755

Auch gegen jede Vernachlässigung oder den Schein derselben, war K. selbst in jüngern Jahren schon, allerdings empfindlich. Er hielt gewiß, das wissen hier alle, nicht *mehr* — aber er hielt *das* auf sich, was ihm gebührte, von sich zu halten. Einladungen auch seiner vertrauteren Freunde, wenn sie an ihn ergingen, um ihn mit Reisenden, Vornehmen oder Gelehrten zusammen zu bringen, nahm er nicht leicht an, wenn die letztern ihn nicht besucht hatten. »Ich glaube, sagte er dann, »diesen eben nicht willkommen oder auch nur etwas interessant zu sein.« Dachte er wohl Unrecht hierin?

[29, S. 63]

24. *G. Schlegel*[1] an Kant 8.6.1796   ab 1755

Wohlgeborner und hochgelahrter Herr,
hochzuehrender Herr Professor!

Ein junger Kaufmann Kayser,[2] der das Glück gehabt hat, mehrere Male von Ew. Wohlgebornen Einsichten Nutzen zu ziehen, hat mich durch die Meldung Ihres geneigten Andenkens an mich sehr erfreuet, welches ihm der junge G. Motherby[3] mitgetheilt hatte. Was mich betrifft: so versichre ich Sie auf das theureste, daß mich bey meinem jetzt gleichfalls in die Höhe steigenden Alter die Erinnerung recht sehr ergötzt, wie ich in den jüngeren Jahren das Vergnügen genoßen habe, mit Ew. Wohlgebornen zu Königsberg zu leben und durch Ihr Beyspiel ermuntert worden zu seyn. Voll Unpartheylichkeit bekenne ich, Ihre Werke nicht allein studirt zu haben, sondern auch den Grundsätzen unbefangnen Beyfall zu geben. Der moralische Vernunft-Grundsatz, den Sie so warm und nachdrücklich empfohlen haben, ist immer von mir erkannt worden, wie einige in der Bibliothek des Prof. Lossius recensirte Schriften zeigen,[4] indem ich stets dem Princip der eignen Wohlfahrt abgeneigt gewesen bin; trage ihn auch in den theologischmoralischen Vorlesungen vor, pflege ihn aber also auszudrücken: Handle nach dem Ausspruch der Vernunft, zufolge einer lautern Betrachtung der Dinge. Ich habe darüber auch eine Abhandlung[5] aufgesetzt, worinn ich diese Vorstellung des Moralprincips erläutert habe. Ich habe oft gewünscht, daß Ew. Wohlgebornen einige Zweifel, die von manchen Gelehrten gegen etliche Lehrsätze gemacht worden sind, selbst aufzulösen belieben möchten.[31, Bd. 12, S. 85]

[1] Schlegel, Gottlieb (1739–1810), Theologe, immatr. 20.3.1755, seit 1765 Pfarrer an der Domkirche zu Riga, 1790 Generalsuperintendent und Prof. d. Theologie in Greifswald. Vgl. RN 4, S. 68–81; DBL, S. 681; APB 2, S. 613; ADB 31, S. 376f.; Johann Ernst Parow: Leben, Verdienste und Character Dr. Gott-

lieb Schlegel's. Greifswald 1811. Über seinen Aufenthalt in Königsberg im November 1782 (?), vgl. HaBr 4, S. 451.
[2] Kayser, Christoph, Kaufmann in Pillau; verh. mit Charlotte Motherby.
[3] Wohl Georg Motherby (geb. 1770), Sohn von Robert Motherby.
[4] Vgl. Ak 13, S. 429.
[5] Der Grundsatz der Vernunftmoral...Leipzig 1797 (nach Ak 13).

25. *Borowski* ab 1755(1756?)

Über Kants Sinn für schöne Kunst wäre — ein Wort nur, hier vielleicht am rechten Orte. Er hat zum Teil selbst schon in seiner Schrift über das Schöne und Erhabene[1] und in den spätern Werken hierüber vor dem Publikum sein Herz ausgeschüttet. — Musik hielt er vor unschuldige Sinnenlust. Mich selbst in meinem sechzehnten Jahre und mehrere seiner damaligen Schüler ermahnte er sehr herzlich, sich ihr nicht hinzugeben, indem viele Zeit zur Erlernung und noch mehrere zur Übung darin, um es zu einiger Fertigkeit zu bringen, immer zum Nachteil anderer ernsthafteren Wissenschaften erfordert würde. An Trauermusiken fand er nun vollends kein Behagen.[2] Er glaubte — und vielleicht mit Beistimmung mehrerer — daß, wenn man schon sein Ohr dieser Kunst hingebe, man wenigstens dadurch, daß Aufheiterung und Frohsein uns zuteil würde, belohnet werden müsse. — Auf Gemälde und Kupferstiche, auch von vorzüglicher Art schien er nie sehr zu achten. Ich habe nie bemerkt, daß er irgendwo, auch wo man allgemein gelobte und bewunderte Sammlungen hievon in den Sälen und Zimmern vorfand, seine Blicke besonders darauf gerichtet oder eine sich irgend wodurch auszeichnende Wertschätzung für die Hand des Künstlers gezeigt hätte. Außer J. J. Rousseaus Kupferstiche, der in seinem Wohnzimmer war, befand sich nichts von dieser Art in seinem ganzen Hause — und gewiß war auch dieses irgend ein Geschenk eines Freundes, in Ansehung dessen er die Aufbewahrung, als Pflicht, die ihm obläge, ansah.* [29, S. 80–81]

[1] Beobachtungen über das Gefühl des Schönen und Erhabenen. Königsberg 1764.
[2] Vgl. G, Nr. 335 (Trauermusik für Mendelssohn).

[3] Ruffmann, Wilhelm Ludwig (1737–1794), Direktor der Königlichen Bank in Königsberg, mit Kant, Green, Motherby befreundet. Vgl. APV 2, S. 575; Gause (1959), S. 55 f.
* Scheffner versichert, da ich ihm Obiges vorlese, daß es ein Geschenk Ruffmanns[3] sei — dieses edlen herrlichen Mannes, an den alle seine Freunde auch noch mit Rührung und Sehnsucht denken.

26. *Hippel*[1] nach WS 1755/56

Ich studirte Mathematik und Philosophie mit außerordentlichem Eifer, und da ich leider weder im Lateinischen, noch weniger im Griechischen weiter zu kommen Gelegenheit fand, so mußt' ich mich anstatt der lebendigen Lehrer, nach denen ich ausgegangen war, mit todten behelfen. Kant fing damals erst zu lesen an, und ich besuchte seine Schule nicht eher, als bis ich den ganzen sogenannten philosophischen Cursus bei Buck[2] gehört hatte.
[26, S. 91]

[1] Hippel, Theodor Gottlieb (von) (1741–1796), Jurist und Schriftsteller, immatr. 27.6.1756 (zuerst für Theologie), machte eine steile Beamtenkarriere vom Advokaten beim Königsberger Gericht (1765) zum Kriegsrat, Polizeipräsident bis zum dirigierenden Bürgermeister von Königsberg (1780; 1786 Geheimer Kriegsrat und Stadtpräsident); seit Ende der 60er Jahre bereits näherer Verkehr mit Kant (vgl. die Briefe an Scheffner im 13. Bd. der Hippel-Werkausgabe, S. Q, Nr. 17). Über Hippel und Kant vgl. u. a. Kohnen (1983), Bd. 1, S. 304; Bd. 2, S. 1029 ff.; Beck (1987), S. 99 ff., Jauch (1988), S. 203 ff. — Generell zu Hippel vgl. die umfassende Monographie Kohnens (mit reicher Literaturangabe); vgl. weiter APB 1, S. 277 f. — Über Kant als »Lehrer« Hippels vgl. Q, Nr. 27, Bd. 14, S. 212 f.
[2] Buck, Friedrich Johann, vgl. Nr. 33, Anm. 3.

27. *Anonym* ca. 1756–59[1]

Schon als Magister arbeitete er sich über die Nothdurft hinaus, durch mehrere Privatissima, die er las, selbst jungen Officieren, über die Fortifikation. Er pflegte zu erzählen, daß er schon damals immer bei Gelde und nie in Furcht gewesen, daß man ihn mahnen komme, wenn an seine Thür geklopft worden. Gleichwohl muß er es ganz im Anfange doch knapp gehabt haben. Um so mehr verdient ein Zug aus jener Zeit von ihm, aufbehalten zu werden. Er las über Baumeisters Metaphysik, als eben die Baumgartensche erschien, über die er lieber gelesen hätte. Indessen fand er nöthig, erst sein Auditorium darüber zu befragen. Auf dem Zettel, den er deshalb cirkuliren ließ, hatte sich Einer von seinen damaligen Zuhörern (jetzt ein würdiger Mann in einem öffentlichen Amte,) ganz besonders angelegentlich für Baumgarten erklärt. Der Lehrer kannte diesen Zuhörer persönlich nicht, bat diesen daher in der nächsten Stunde, sich ihm zu erkennen zu geben. Der that dies, und Kant versicherte ihn, daß er bei Zweifeln und Bedenklichkeiten ihn gerne noch privatim belehren würde. Der halbjährige Unterricht war zu Ende, und der junge Mensch, ausgebliebenen Geldes halber, nicht im Stande, das Honorar zu bezahlen. Ein glücklicher Zufall verhalf ihm endlich zu zwei Dukaten, wovon er nun sofort die Schuldigen vier Thaler seinem Lehrer brachte, bei dem er sich zugleich darüber, daß er so lange damit zurückgeblieben, durch die Verlegenheit entschuldigte, in der er bisher gewesen. »An meiner Miethe fehlt mir grade noch ein einziger Thaler« entdeckte sich ihm Kant, »diesen werde ich nehmen, das Uebrige behalten Sie doch nur.« 64, S. 171

[1] Zur Datierung vgl. Arnoldt, Vorlesungen, S. 275: »Einen Irrtum freilich enthält diese Erzählung sicherlich, nämlich den, daß in dieser Zeit Baumgartens Metaphysik erschienen sein sollte; sie war in erster Auflage schon 1739 erschienen; es müßte denn das Erscheinen einer neuen Auflage gemeint sein.« Nach Reicke stammt der Artikel, dem der zitierte Text entnommen ist, von Wasianski. Vgl. aber Starks berechtigte Zweifel (KF I, 1987, S. 222).

28. *Borowski* ab 1756

Hat Kant außer der Logik, Metaphysik, phys. Geographie, Anthropologie und Physik — noch Collegia gelesen? Und über welche
— Materien?
— Compendien?
— Wann hörte er zu lesen auf?

Ich habe selbst bei ihm — theoretische Physik im Jahre 1756 gehört. Er hielt auch anfänglich Disputatorien. Auch Moral hat er gelesen.

Ehe er den »Einzig möglichen Beweis des Daseins Gottes« herausgab, las er eine Critik der Beweise für die Existenz Gottes — ein halbes Jahr.

Logik anfänglich über Baumeister, dann über Meier, Metaphysik — Baumeister, dann Baumgarten, theoret. Physik — über Eberhard's Naturlehre.

Nachmittags las er nur in den ersten Jahren nach seiner Magisterpromotion; späterhin nur 2 Collegia, zuletzt (ich glaube es sind 8 oder 9 Jahr) hörte er ganz auf.[1]

[1] Vgl. Arnoldt, Vorlesungen, S. 177 ff.

29. *Hamann*[1] an Lindner 28.7.1756

Den HE. Ref. Wulf[2] habe besuchen müßen wo ich den HE, D. Funk & M. Kant fand. [16/Bd. 1, S. 224]

[1] Hamann, Johann Georg (1730–1788), Philosoph und Theologe, der »Magus in Norden«, immatr. 30.3.1746 (als Jurist?), 1752–1756 Hauslehrer in Livland, 1756–1758 Kaufmännische Tätigkeit im Rigaer Handelshaus Berens, 1757 Reise nach London, schwere innere religiöse Krise (vgl. »Biblische Betrachtungen« und »Gedanken über meinen Lebenslauf«), 1759 wieder in Riga, dann Rückkehr nach Königsberg, Sommer 1759 Zusammentreffen Hamanns mit Berens und Kant (»Sokratische Denkwürdigkeiten«), Mitarbeit Hamanns an den »Königsbergischen Gelehrten und Politischen Zeitungen« (1764–1767), Reise u. a. nach Frankfurt, Berlin; 1767 durch Kants Vermittlung Übersetzerstelle bei der Zollverwaltung, 1777 Packhofverwalter, 1787 Reise nach Münster, Tod am 21. Juni 1788 ebd. — Vgl. Nadlers Monographie und Joergensen (1976).

Die ersten Kontakte mit Kant fallen in die frühe MA-Zeit vgl. Arnoldt, Jugend, S. 191 ff., besonders intensiv werden die Beziehungen 1758/59 (vgl. Ak 10, Nr. 11, 14, 15, 17); auch für die folgende Zeit ist Hamanns Briefwechsel eine einmalige Quelle der Kantforschung, insonderheit eine Fundgrube für Kants Gespräche. Zu Hamann — Kant vgl. Rudolf Malter: Kant und Hamann oder Das eine geistige Antlitz Königsbergs, in: Nordost-Archiv (Lüneburg) Heft 73, 1984, 33–50 (dort auch wichtigste Lit. zum Thema, S. 50–52; zu ergänzen aus der folgenden Zeit: Hamann–Kant–Herder. Acta des vierten Internationalen Hamann-Kolloquiums im Herder-Institut zu Marburg/Lahn 1985, hrsg. von Bernhard Gajek; enthält zu Hamann–Kant Beiträge von Oswald Bayer und Josef Simon); Oswald Bayer: Metakritik in nuce. Hamanns Antwort auf Kants Kritik der reinen Vernunft, in: Neue Zeitschrift für systematische Theologie 30, 1988, S. 305–314.

[2] Studienfreund Hamanns, Justiziar (vgl. HaBr 1, S. 471).

30. *Hamann* an Lindner 4.8.1756 vor 4.8.1756

Wolson[1] scheint sehr vergnügt zu leben; mit ihm einmal in Schulzen Garten gewesen wo ich den M. Kant HE Schultz[2] [?] Freytag[3] & Prof. Kypke fand.[4]   [16/Bd. 1, S. 224]

[1] Wolson, Johann Christoph (1727–1765, Studienfreund Hamanns (vgl. HaBr 1, S. 477; APB 2, S. 824).
[2] Nichts ermittelt.
[3] Nichts ermittelt.
[4] Kypke, Georg David (1723–1779), 1746 a. o., 1755 ord. Prof. für orientalische Sprachen in Königsberg. Vgl. APB 1, S. 377; Meusel 7, S. 437.

30a. *Charlotte Amalie von Klingspor* an Kant, Februar 1772[1]
2. Hälfte der 50er Jahre

Hochedelgeborner Hochgelahrter HErr!
Insonders Hochzuehrender HErr Professor!
werther Freund!
Eine Lange Abwesenheit läst Bei denen möresten Menschen die Freundschaft erkalten; und was noch übeler ist gänzlich verlieren. Dieser Fehler aber kann nicht, Bei einem Philosophen; bei einem Mann! der das Menschliche Geschlecht vorzüglich lieben soll: stad finden. Von dieser Warheit überzeigt: so wie von der angenehmen gewißheit geschmeychelt, das Sie mein Freund sind: so wie Sie es ehe mahls waren schreib ich an Sie. werden Sie den inhalt meines Briefes, auch gerne Lesen, und deßen Erfüllung sich angelegen sein laßen?[2]

Ach ja! ich zweyfele nicht, in der Philosophie ist alles warheit; und in einem Philosophen lauterer Glaube ... Ist mir Ihre Gütige Anweisung nicht schon nützlich gewesen. Gedenken Sie, es sich noch, werther Freund! das Sie mich vor Langer Zeit, Erinnerungen an einer Freundin v. Kleist[3] schickten; da Sie die Gütige Absicht haten. ein Junges Frauenzimmer, durch angenehmen Unterhalt zu Bilden. Und Ihre Absicht wo nicht volkommen: so doch durch die Bemühung erreichten, das zu werden was ich noch Wünsche zu sein. Noch jetz mit Danck, dencke ich an diesen schönen Inhalt...

[31/Bd. 10, 127 f.]

[1] von Klingspor, Charlotte Amalie, geb. von Knobloch (1740–1804), seit 22.7.1764 verh. mit Friedrich von Klingspor. Die Freundschaft mit Kant fällt in die Zeit lange vor ihrer Verehelichung. Vgl. den an sie gerichteten Brief Kants vom 10.8.1763 (Ak 10, S. 43 ff.) Mit der Familie von Knobloch war Kant wahrscheinlich schon Mitte der 50er Jahre bekannt. Im März 1758 empfahl er dem Vater der Genannten, dem General und Erbherrn von Schulkeim Gottfried von Knobloch, seinen Schüler Borowski als Hauslehrer. (Vgl. Ak 13, S. 16; Vorl., KB, S. 14). Vgl. auch Kants Brief vom 6.6.1760 (Ak 10, S. 32), wo er von den »gnädigste Dames des von mir äußerst verehrten Schulkeimschen Hauses« spricht.
[2] Es geht in dem Brief um die Vermittlung eines Hofmeisters für ihren ältesten Sohn (Ak 10, S. 128).
[3] Gemeint: Wieland (nicht Kleists) »Erinnerungen an eine Freundin«. Zürich 1754.

31. Borowski ab 1758

In seinem Disputatorio hatte jemand 1758 die These zum Ventilieren gegeben: »daß der Umgang überhaupt, auch unter Studierenden besonders mit Grazie verknüpft sein müsse.« Er strich dieses nicht weg; setzte uns aber beim Disputieren mit einer Deutlichkeit und Feinheit, die mir diese Stunde bis jetzt unvergeßlich macht, auseinander, was zu einem Umgang mit Grazie eigentlich gehören könnte; zeigte uns, daß das Wort Höflichkeit eigentlich nur Hofmanieren in Worten und Gebärden bedeute; ermunterte uns zu dem, was man Urbanität nennt, die er der Höflichkeit weit vorzog u.f. Diese Stunde war sehr lehrreich für uns alle und man sah es ihm an, er gefiel sich selbst in jenen Auseinandersetzungen.

[29, S. 60]

32. *Wielkes*[1] ab 1758

So lange ich lebe, Mein geehrtester Lehrer und bester Freund! wird das Andenken, was ich Ihnen schuldig bin, in meiner Seele nicht erlöschen. Ihnen und Ihrem Unterricht danke ich die Weise meines Lebens und die ganze Faßung meines Gemüths Urtheilen Sie, wie sehr es mich schmeicheln muß, wenn Sie mich Ihrer Freundschaft versichern laßen! Diese ist mein Stolz. Ich würde der glücklichste Mensch seyn, wenn die Vorsehung mir noch erlauben wolte, Sie zu sehen, Sie zu sprechen. Mein Vorsatz auf vaterländischem Boden die letzte Ruhe zu genüßen ist vest: aber wie kan ich das große Buch fragen, welches unsere Schicksaale bestimt? — Was habe ich Ihnen nicht zu sagen! — was habe ich nicht von Ihnen zu hören! — Leben Sie theurer Mann noch lange! — Ihre Freunde, das ganze menschliche Geschlecht, bedürfen Ihrer. —

[31/Bd. 12, S. 70–71]

[1] Wielkes, Hieronymus Gottfried (1742—?), Hörer Kants, immatr. 10.5.1758, Promotion 1763 in Halle, Prof. beim Kadettenkorps in Berlin, später in Frankfurt a. d. Oder, dann Hofmeister der Prinzen Leo und Michael Wolkonski (Ak 13, S. 53). Vgl. Goldbeck, S. 205f.

33. *Borowski* ab Dezember 1758

Im Dezember 1758 starb der zeitherige ordentliche Lehrer der Logik und Metaphysik.[1] — *Schultz*, der schon mehrere Male genannt ist, wünschte, daß K. diese Stelle anvertrauet würde. Er hatte freilich seine Dogmatik ganz nach Wolfs philosophischem System gemodelt, aber dies behinderte ihn doch nicht, auf die damals aufkommenden Crusiusschen Behauptungen und auch besonders auf unsern K. aufmerksam zu werden, der, wie Schultz aus seiner

Schrift »Über die ersten Gründe der metaphysischen Erkenntnis« ganz richtig schloß, sich eine neue Bahn eröffnen wollte. Schultz ließ K. zu sich rufen, fragte ihn beim Eintritt ins Zimmer sehr feierlich: »Fürchten Sie auch Gott von Herzen?« — wodurch er dieses Mal wohl besonders nur ein Bekenntnis, daß er ehrlich und in Ansehung des ihm zu tuenden Vorschlages — gegen alle *verschwiegen* sein wolle, abforderte. Hierauf legte er es ihm als Pflicht auf, sich um diese Professur, bei der der Kandidaten mehrere waren, denen Schultz sie nicht wünschte, zu bewerben, und versprach ihm sein tätiges Mitwirken.[2] Die Stelle ward dem Dr. Buck,[3] der auch ein mehrjähriger fleißiger Privatlehrer war, anvertraut. K., der den Schickungen gern ihren Gang ließ; — der so wenig Mäzenaten suchte, daß ihm nicht einmal der Name des damaligen Oberkurators der preußischen Universitäten bekannt war; — der nach Berlin hin weder korrespondierte, noch seine Schriften seinen etwannigen Gönnern dedizierte, kurz, der jeden Schleichweg seiner unwürdig fand, auf dem er einen andern hätte verdrängen können, blieb ganz ruhig in seiner Lage und wirkte durch Vorlesungen und Schriften weiter fort. [29, S. 19–19]

[1] Gemeint ist: Kypke, Johann David (1692–1758), seit 1725 a. o., seit 1727 ord. Prof. d. Logik und Metaphysik und seit 1732 zusätzlich Prof. d. Theologie. Vgl. Arnoldt (1746) II, S. 190, 192 f., 426; Meusel 7, S. 438; APB 1, S. 377.
[2] Zu Kants Bewerbung um die Kypkesche Professur vgl. Ak 10, Nr. n 7–9 und Ak 13, S. 4 f.
[3] Buck, Johann Friedrich (1722–1786). Vgl. APB 1, S. 90; Goldbeck, S. 84 ff.; Metzger (1804), S. 43. Außer Kant und Buck hatten sich lt. Ak 13, S. 4 noch Flottwell, Hahn, Thiesen und Watson beworben. Buck wird 1758 a. o. Prof. d. Mathematik, 1759 Prof. d. Logik und Metaphysik, 1770 (nach Langhansens Tod) erhält er auf Vorschlag des Kanzlers von Korff die Langhansensche Mathematikprofessur, Kant die Professur für Logik und Metaphysik. Vgl. zu dem Stellentausch Ak 13, S. 43 f. und v. Selle (1956), S. 171.

34. *Wannowski*[1] ab 1759

Er hat viele rußische Officiere in der Mathematik — während des siebenjährigen Krieges privatim unterrichtet.[2]

Auf Fortification und überhaupt Architectura militaris und Pyrotechnie war er sehr aufmerksam. Er hat mir ein paar mahl zu erklären versucht, was der globe oder wohl die Globes de Compression wären, aber leider in diesem Fach und Fall einen ungelehrigen Schüler an mir gefunden.

Außer den benannten Collegien hat Kant noch öfters die Moralphilosophie, auch natürliche oder Vernunfttheologie gelesen. Ob er als Magister über mathematische Wissenschaften *öffentliche* Vorlesungen gehalten, ist mir unbekann, und eben so wenig, ob er so gleich oder nach einiger Zeit seine Professur mit dem seeligen *Buck* tauschte.

In *Ansehung der Materien und Compendien*. Er las mehrentheils über die Baumgartschen Compendia, dann auch über Meyersche — ob er etwa anfänglich Knutzen's Logik mag zum Grunde gelegt haben, ist mir unbekannt. — Ueberhaupt ging er — wie bekannt — stets seinen eigenen Gedankengang, und die zum Grunde gelegten Compendia brauchte er nur so pro forma und nicht als Canon.

[46, S. 40–41]

[1] Wannowski, Stephan (1749–1812), Theologe, seit 1772 Prediger am Kgl. Waisenhaus, seit 1775 Prediger an der polnischen reformierten Kirche, 1779 zugleich Rektor der reformierten lateinischen Schule. Vgl. APB 2, S. 775 f.; Hans von Müller: Die Königsberger Burgschule und ihr Rektor Wannowski, in: AM 44, 1907, S. 599–605.

[2] Zur Unterrichtung russischer Offiziere durch Kant vgl. Arnoldt, Vorlesungen, S. 191 ff. und Stavenhagen, S. 17 ff. — Generell zur russischen Okkupation vgl. G. von Frantzius: Die Okkupation Ostpreußens durch die Russen im Siebenjährigen Kriege. Diss. Berlin 1916; Xaver von Hasenkamp: Ostpreußen unter dem Doppelaar. Königsberg 1966; Gause II, S. 152 ff. — Augenzeugenberichte enthalten die folgenden Veröffentlichungen: Friedrich Wilhelm Schubert: Die Okkupation Königsbergs durch die Russen, in: NPPB 3. Folge 1, 1858; 2, 1859; Anna von Arseniew: Königsberger Bilder aus der Zeit der russischen Okkupation, in: Mitteilungen des Vereins für Geschichte von Ost- und Westpreußen 12, 1937; H. Weiss: Das Königsberg Kants in den Augen eines jungen Teilnehmers am Siebenjährigen Krieg, in: JK 17, 1967, S. 49–62.

35. Hamann an seinen Bruder, 12.7.1759   vor 12.7.1759

Ich bin am Anfange dieser Woche in Gesellschaft des Herrn B.[1] und Mag. Kant in der Windmühle gewesen, wo wir zusammen ein bäurisch Abendbrodt im dortigen Kruge gehalten; seitdem uns nicht wieder gesehen. Unter uns — unser Umgang hat noch nicht die vorige Vertraulichkeit, und wir legen uns beyde dadurch den grösten Zwang an, daß wir allen Schein deßelben vermeiden wollen. Die Entwicklung dieses Spieles sey Gott empfolen, deßen Regierung ich mich überlaße und von ihm Weisheit und Gedult dazu bitte und hoffe.   [16/Bd. 1, S. 362]

[1] Gemeint: Berens, Johann Christoph (1729–1792). Kaufmann in Riga, mit Kant und Hamann befreundet, immatr. 10.8.1748, studierte 1748–51 Jurisprudenz in Königsberg, 1751–53 in Göttingen, lebte seit 1754 wieder in Riga, dort 1771–1786 Ratsherr, dann Rückzug ins Privatleben. Zu seinem Verhältnis zu Kant vgl. (außer dem Kantischen Briefwechsel) Berens' Schrift »Bonhomien. Geschrieben bei der Eröffnung der neuerbauten Rigischen Stadtsbibliothek. Erstes Profil.« Mitau 1792, S. 79 ff. (zu dem Buch vgl. Ak 11, S. 387). Zu Berens: DBL, S. 46; ADB 2, S. 259–60; NDB 2, S. 71; RN 1, S. 108 ff.; Julius Eckardt: Livland im achtzehnten Jahrhundert, Umrisse zu einer livländischen Geschichte, Leipzig 1876, S. 496 ff. Nadler, S. 38, 47 ff., 93 ff.

36. Hamann an Lindner 18.8.1759   vor 18.8.1759

Er besuchte mich sehr lange — ich weiß die Zeit nicht, daß ich ihn gesehen — mit dem HE Mag. Kant, durch den er meine Bekehrung wie durch Sie versuchen wollte.[1] Es war eben Feyertag für mich, an dem ich meine Maske nicht brauchen wollte; und die Wahrheit zu sagen; (es war ein Glück für mich) ich hatte auch nichts weniger nöthig, denn die seinige war so zerlumpt, daß der weiße Engel beynahe von dem durchschlagenden schwarzen (Engel) Schatten eclipsirt wurde. Ich versprach mich bey seinem neuen Freunde in der Zeit von 2 Tagen zu einem Colloquio einzustellen. An statt selbst zu kommen, rief meine Muse den Kobold des Sokrates aus dem Monde herab und schickte ihn in meinem Namen mit einer Granate, die aus lauter kleinen Schwärmern bestund.[2] Weil ich seinen kleinen Magister so sehr liebe und hochschätze, als Ihr Freund; so macht ich ihm dies Schrecken, um zu verhindern, daß er sich nicht weiter einlaßen sollte. Sie sagen ganz recht: Mund gegen Mund, denn ist freylich die dritte Person nicht nöthig. Und dies gab ich auch dem kleinen Socrates und großen Alcibiades so gut zu verstehen als ich konnte. Alle meine Syrenenkünste sind umsonst; mein Ulysses hört nicht, die Ohren voll Wachs und am Mastbaum angebunden. Ich will alle Ihren guten Exempel folgen und weiter nichts stimmen.   [16/Bd. 1, S. 398–399]

[1] Vgl. hierzu Nadler, S. 93 ff.
[2] Anspielung auf Hamanns Brief an Kant vom 27. Juli 1759 (Ak 10, S. 7–16) vgl. hierzu Hamanns »Sokratische Denkwürdigkeiten« (SW 2, S. 57 ff.; vgl. Blanke (1959) und die gut kommentierte Ausgabe von Sven-Aage Jørgensen. Stuttgart 1968, ²1979); weiter: Nadler, S. 95 ff.; Jørgensen (1976) S. 38 ff.

37. *Kant* an Lindner[1], 28.10.1759

Ich bin recht sehr erfreut von jedermann zu erfahren daß Ew: Hochedelgeb. gewußt haben ihre Verdienste auf einem Schauplatze wo man vermögend ist sie zu schätzen u. zu belohnen zu zeigen und daß es Ihnen gelungen ist sich über die elende Buhlereyen um den Beyfall und die abgeschmackte Einschmeichelungskünste hinweg zu sehen welche hier großthuerische kleine Meister die höchstens nur schaden können denen auferlegen welche gerne ihre Belohnung verdienen und nicht erschleichen möchten. Ich meines theils sitze täglich vor dem Ambos meines Lehrpults und führe den schweeren Hammer sich selbst ähnlicher Vorlesungen in einerley tacte fort. Bisweilen reitzt mich irgendwo eine Neigung edlerer Art mich über diese enge Sphäre etwas auszudehnen allein der Mangel mit ungestühmer Stimme so gleich gegenwärtig mich anzufallen und immer warhaftig in seinen Drohungen treibt mich ohne Verzug zur schweren Arbeit zurück — — intentat angues atque intonat ore.[2]

Gleichwohl vor den Ort wo ich mich befinde und die kleine Aussichten des Uberflußes die ich mir erlaube befriedige ich mich end-

lich mit dem Beyfalle womit man mich begünstigt und mit den
Vortheilen die ich daraus ziehe, und träume mein Leben durch.³

[31/Bd. 10, S. 18–19]

¹ Lindner, Johann Gotthelf (1729–1776), Freund Hamanns und Kants, immatr. 26.9.1744, seit 1748 Lehrer am Collegium Fridericianum (vgl. Zippel, S. 134), 1750 Magister legens, 1755 Rektor und Inspektor der Domschule in Riga, 1765 Professor der Poesie in Königsberg, 1775 Kirchen- und Schulrat. Vgl. APB 1, S. 401; Meusel 8, S. 277 ff.; ADB 18, S. 704; RN 3, S. 8 ff.; Joseph Kohnen: J. G. Lindner. Pädagoge, Literat und Freimaurer in Königsberg und Riga, in: NOA 17, 1984, S. 34–48; Nadler, S. 38 ff.
² Vergil: Aeneis VI (Verbindung aus den Versen 572 und 607. Sch ³1986, S. 815: »Er hält mir Schlangen entgegen und donnert mich mit seiner Stimme an.«).
³ Dieser Auszug aus dem Brief Kants an Lindner wurde deswegen in die Gesprächs-Sammlung aufgenommen, weil er wohl der einzige Text ist, in dem sich Kant *stimmungsmäßig* über sein Leben und speziell über seine Vorlesungstätigkeit äußert.

38. Hamann an seinen Bruder 30.10.1759   29.10.1759

Mein Freund ist Sonntags abgereiset, und schickte gestern den Mag. Kant uns nochmals grüßen zu laßen. Ich preise Gott für alle Gnade, die Er mir erwiesen. Herr B.¹ hat mir alle ⟨mit⟩ die *Achtsamkeit, Redlichkeit* und *Zärtlichkeit* erwiesen, die gute Freunde sich schuldig sind, wenn sie sich gleich genöthigt sehen nach verschiednen Entwürfen zu leben. Ich kann ihm nichts darinn zur Last legen, muß aber die Ehre davon auch dem Geber aller guten Gaben, worunter auch das tägliche Brodt der Freundschaft gehört, allein zuschreiben.   [16/Bd. 1, S. 436]

¹ Gemeint: Berens.

39. Hamann an Lindner, 7.11.1759

HE. M. Kant wird erst heute Ihren Brief¹ erhalten, ich werde zu ihm gehen. Wir stehen so untereinander, daß ich bald ⟨in⟩ eine sehr nahe, oder sehr entfernte Verbindung mit ihm zu haben voraussehe. Er kennt keinen Schultz unter seinen Zuhörern.

[16/Bd. 1, S. 440]

[1] Kant hat den Brief Lindners (vom 28.10.1759, Ak 10, S. 16f.) bereits am 28.10.1759 beantwortet. Ein Antwortschreiben Lindners auf diesen Brief wiederum (falls ein solches gemeint ist) ist der Ak-Ausgabe nicht bekannt.

40. *Hamann* an Kant November 1759?

Die Gönner Ihrer Verdienste würden vor Mitleiden die Achseln zucken, wenn Sie wüßten, daß Sie mit einer *Kinderphysick*[1] schwanger giengen. Dieser Einfall würde manchem so kindisch vorkommen, daß er über die Unwißenheit Ihrer eigenen Kräfte, und den schlechten Gebrauch derselben spöttern oder wohl gar auffahren würde. Da ich nicht weiß, daß Sie Satyren über Ihre Lehrbücher lesen; so glaube ich auch nicht, daß Sie unter den Kindern Ihrer Naturlehre Leute von guter Gesellschaft verstehen.

Ich nehme also an, H.H. daß Sie in Ernst mit mir geredt[2], und diese Voraussetzung hat mich zu einem Gewebe von Betrachtungen verleitet, die mir nicht möglich ist auf einmal auseinander zu setzen. Sie werden das, was ich vor der Hand schreiben kann, wenigstens mit so viel Aufmerksamkeit ansehen, als wir neulich bemerkten, daß die Spiele der Kinder von vernünftigen Personen verdienen, und erhalten haben. Wenn nichts so *ungereimt* ist, das nicht ein Philosoph gelehrt, so muß einem Philosophen nichts so *ungereimt* vorkommen, das er nicht prüfen und untersuchen sollte, ehe er sich *unterstünde* es zu verwerfen. Der Eckel ist ein Merkmal eines verdorbenen Magens oder verwöhnter Einbildungskraft.

Sie wollen mein Herr M. Wunder thun. Ein gutes, nützliches und schönes Werk, das nicht ist, soll durch Ihre Feder entstehen. Wäre es da, oder wüßten Sie, daß es existirte, so würden Sie an diese Arbeit kaum denken. »Der Titel oder Name einer Kinderphysik ist da, sagen Sie, aber das Buch selbst fehlt.« Sie haben gewisse Gründe zu vermuthen, daß Ihnen etwas glücken wird, was so vielen nicht gelingen wollen. Sonst würden Sie das Herz nicht haben einen Weg einzuschlagen, von dem das Schicksal Ihrer Vorläufer Sie abschrecken könnte. Sie sind in Wahrheit ein Meister in Israel, wenn Sie es für eine Kleinigkeit halten, sich in ein Kind zu verwandeln, trotz Ihrer Gelehrsamkeit! Oder trauen Sie Kindern mehr zu, unterdessen Ihre erwachsene Zuhörer Mühe haben es in der Geduld und Geschwindigkeit des Denkens mit Ihnen auszuhalten? Da überdem zu Ihrem Entwurf eine verzügliche Kenntniß der *Kinderwelt* gehört, die sich weder in der galanten noch akademischen erwerben läßt; so kommt mir alles so wunderbar vor, daß ich aus bloßer Neigung zum Wunderbaren schon ein blaues Auge für einen dummkühnen Ritt wagen würde. [16/Bd. 1, S. 444–445]

[1] Vgl. zu dem Projekt Vorl. I, S. 92f.; Reiner Wild: Natur und Offenbarung. Hamanns und Kants gemeinsamer Plan zu einer Physik für Kinder, in: Geist und Zeichen. Festschrift für Arthur Henkel. Hrsg. v. Herbert Anton, Bernhard Gajek, Peter Pfaff. Heidelberg 1977, S. 452–468; Josef Simon: Spuren Hamanns bei Kant, in: Hamann–Kant–Herder (s. Anm. 1 zu Nr. 29) S. 89–110; Nadler, S. 123, 315.
[2] Möglicherweise hat das Gespräch am 7. Nov. stattgefunden (s. G, Nr. 39, wo Hamann ankündigt, er gehe zu Kant).

41. *Hamann* an F. H. Jacobi[1] 7.1.1785   November 1759?

Sollten sich auch die fehlenden Stücke[2] finden: so erlauben Sie mir wohl selbige an Sie, mein liebster bester J. ⟨an Sie⟩ zu addreßiren. Meine eigentl. Autorschaft hebt sich mit 759 u den *Sokr. Denkw.*[3] an. Die zween, welche mich feyerlich besuchten um mich zur Autorschaft zu verführen, sind der jetzige Rathsherr *Johann Christoph Berens* in Riga der an den Schicksalen meines Geschmacks u Lebens den grösten Antheil hat, und unser *Prof. Kant*, durch deßen und des seel. Geh. Commercien Rath Jacobi[4] [Hülfe], der mich damals noch gar nicht kannte, ich bey der neuen Provincial Accise- und Zoll Direction 67 die Stelle als Secretaire-Traducteur erhielt.[5] [16/Bd. 5, S. 315]

[1] Jacobi, Friedrich Heinrich (1743–1819), Philosoph und Schriftsteller, Freund Hamanns, Kritiker Kants.

[2] d. i. von Hamanns Schriften; Hamann zählt (Ha Br 5, S. 314f.) sechs seiner Schriften auf.
[3] Vgl. G, Nr. 36.
[4] Jacobi, Johann Konrad (1717–1774) Königsberger Kaufmann vgl. APB 1, S. 295f.; Gause II, S. 183, 189; Gause (1959) S. 57f.
[5] Vgl. Nadler, S. 171; Gause (1974) S. 75f.

42. *Rode*[1] an Kant, 7.7.1776   60er Jahre?

Ich freue mich recht sehr auf die Ankunft des Herrn Moderbey. Und noch mehr werd ich mich freuen, wenn ich von ihm hören werde, daß Sie, werthester Herr Profeßor! sich vollkommen wohl befinden, wie ich es innigst wünsche. Was machen die andern Herren unserer TischGesellschaft? Sie sind doch auch sämtlich wohl? Dies wünsche ich recht sehr! Empfehlen Sie mich gütigst alle denen Herren, die mir die Ehre erzeugen sich meiner geneigt zu erinnern.   [31/Bd. 10, S. 197]

[1] Rode, August (1751–1837), Lehrer am Dessauer Philanthropin (Ak 13, S. 671).

43. *Arndt*[1] an Kant, 15.11.1795   ab 3.6.1760

Das ist rein wahr. Doch nutze ich diese Gelegenheit, Ihnen für das viele Vergnügen zu danken, das ich in Ihrem so angenehmen als lehrreichen Umgange genoßen habe. Denn, was das utile dulce Ihrer Schriften anlangt, da greift ein jeder zu ohne zu fragen, und dankt bey sich. Leben Sie wohl, Verehrungswürdigster Mann, und behalten in geneigtem Andenken Ihren treu ergebnen Freund und Diener A.   [31/Bd. 12, S. 52]

[1] Arndt, Christian Gottlieb (1743–1829), Jurist, Schüler Kants, immatr. 3.6.1760, seit 1768 in russischen Diensten, 1780 Kollegienassessor beim Kaiserl.-russ. Kabinett. Vgl. APB 1, S. 18; Meusel 5. Ausg. I, 1796, S. 90f. Über seinen Umgang mit Kant vgl. G, Nr. 469.

44. Riesemann[1] *an Kant, 27.5.1773* ab SS 1760

Kaum errinnern Ew. HochEdelgeb. Sich noch eines Namens, den Sie in den letzt verstrichenen eilf Jahren vieleicht nur ein eintziges Mahl nennen gehört haben. Dennoch stand er glüklicher Weise ehedem unter der Zahl Ihrer Zuhörer und stets wird mir iener Zeit-Punkt schätzbar bleiben, in welchem ich nicht nur durch Ew. Hoch-Edelgeb. gütigen Unterricht die ersten Züge in den erhabensten Wissenschafften gethan, sondern auch Ihres täglichen eben so lehrreichen, als angenehmen Umganges genossen. [31/Bd. 10, S. 139]

[1] Riesemann, Johann Friedrich (1733–1790), Hörer Kants, immatr. 28.4.1760.

45. Kant an Borowski, 6.3.1761 5.3.1761

Ich habe gestern die operation an dem gewesenen Waysenvater dem Lieutenant Duncker[1] glüklich vollführen gesehen. Ich habe mit dem operateur von meinem Vorhaben wegen eines blind gebohrnen gesprochen.[2] Er fand sich willig die operation an ihm vorzunehmen wenn er ihn zuvor untersucht und dazu tüchtig gefunden haben würde. Es hat auch schon eine Gesellschaft guter Freunde sich engagirt die Kosten zu seiner Pflege so lange die Cur hier dauert herzugeben. Ich habe also keine Zeit zu verlieren. Ich bitte ergebenst berichten Sie mir doch den Nahmen dieses Jungen aus Lichtenhagen oder wie der Ort sonst heißen mag wovon letzlich geredet wurde, den Nahmen des Priesters unter welchem sein Vater gehöret und wo möglich den Nahmen und Aufenthalt des Edelmanns oder Amtmanns wer es auch ist welcher über dieses Dorf zu gebieten hat. Befehlen Sie meinem Bedienten, wenn er wieder kommen soll die Antwort von Ihnen abzuholen. Dies ist der Fall wo man nicht anders seine eigene Absichten erreichen kan als indem man die Glückseeligkeit eines andern befördert. Meine verbindlichste Empfehlung an ihren jungen Herren und meinen tiefen respect an die sämtliche gnädige Dames ihres Hauses.[3] [31/Bd. 10, S. 34]

¹ Nach Ak 13, S. 17: seit 1738 Waisenvater von Gumbinnen, später Kirchenrat in Königsberg.
² Name des Operateurs nicht ermittelt.
³ Borowski war auf Kants Empfehlung seit 1758 Hauslehrer der jüngeren Söhne des Generals von Knobloch (vgl. Wendland, S. 11 f.); s. G, Nr. 30a.

46. von Dillon¹ an Kant, 2.6.1789 1762

Es war ein glücklicher zufall da ich Ihre Nahmen in unsern zeitung erblickte und mit besondern vergnügen vernahme, daß Sie annoch im lande der lebenden befinden, daß Sie auch die gnade Ihres Königes genießen, der ohne hin, wohl weiß verdienste zu belohnen hiezu wünsche ich Ihnen viel glück —
Eben werfte ich auf das vergangene einige freüdige blicke. Die Erinnerung vieler sehr angenehme Stunden in Ihre geßellschaft zugebracht zu haben, erweckte in meinem gemüthe wahren vergnügen. Bey den Herrn G. u. C.² ja in unsern Clubs, sind tausend geistreiche schertzen hervor gekommen, ohne gelehrte unterhaltungen zu berühren, so für einem jungen menschen (. wie ich damahls war.) höchst dienlich gewesen. Kurtz, die güte so ich empfangen, und die leütseligkeit mit der ich begegnet wurde, machet Königsberg für mich schätzbahr und unvergeßlich.

[31/Bd. 11, S. 55]

¹ von Dillon, Franz (ca. 1733–1789), österreichischer Offizier, lt. eigener Angabe im Brief an Kant vom 2.6.1789 (Ak 10, S. 56) war er 1762 mit Kant näher bekannt (vgl. Stavenhagen, S. 19 f.) Stavenhagen hält die in Ak 13, S. 240 geäußerte Auffassung, von Dillon sei nach seiner Gefangennahme am 21.9.1759 in Königsberg von den Preußen interniert worden für falsch (a. a. O. S. 88 f.). Aus der Tatsache, daß Königsberg 1759–1762 in der Hand der Russen war, schließt Stavenhagen, daß von Dillons Wendung »in unsern Clubs« sich also nur auf »russische Casinos« (S. 89) beziehen könne. Stavenhagen kannte aber offensichtlich nicht die von Güttler beigebrachten Argumente, die eindeutig dafür sprechen, daß österreichische Soldaten tatsächlich in Königsberg interniert waren. Vgl. Hermann Güttler: »Sind während des Siebenjährigen Kriegs kriegsgefangene Österreicher in Königsberg untergebracht gewesen?« In: Mitteilungen des Vereins für die Geschichte von Ost- und Westpreußen 2, 1927, S. 2–4. Die Internierung dauerte vom Sommer 1762 bis zum Friedensschluß. Stavenhagen

hat also insofern recht, als der Terminus a quo nicht 1759 gewesen sein kann. Zu Dillons Königsbergaufenthalt vgl. Güttler S. 4.
² Nicht identifiziert.

47. *Herder*[1]   1762–1764

Ich habe das Glück genoßen, einen Philosophen zu kennen, der mein Lehrer war. Er in seinen blühendsten Jahren hatte die fröhliche Munterkeit eines Jünglinges, die, wie ich glaube, ihn auch in sein greisestes Alter begleitet. Seine offne, zum Denken gebauete Stirn war ein Sitz unzerstörbarer Heiterkeit und Freude; die Gedankenreichste Rede floß von seinen Lippen; Scherz und Witz und Laune standen ihm zu Gebot, und sein lehrender Vortrag war der unterhaltendste Umgang. Mit eben dem Geist, mit dem er *Leibnitz*, *Wolf*, *Baumgarten*, *Crusius*, *Hume* prüfte, und die Naturgesetze *Keplers*, *Newtons*, der *Physiker* verfolgte, nahm er auch die damals erscheinenden Schriften *Roußeau's*, seinen *Emil* und seine *Heloise*, so wie jede ihm bekannt gewordene Natur-Entdeckung auf, würdigte sie, und kam immer zurück auf unbefangene *Känntniß der Natur* und auf *moralischen Werth des Menschen*. Menschen = Völker = Naturgeschichte, Naturlehre, Mathematik und Erfahrung, waren die Quellen, aus denen er seinen Vortrag und Umgang belebte; nichts Wißenswürdiges war ihm gleichgültig; keine Kabale, keine Sekte, kein Vortheil, kein Namen-Ehrgeiz hatte je für ihn den mindesten Reiz gegen die Erweiterung und Aufhellung der Wahrheit. Er munterte auf, und zwang angenehm zum *Selbstdenken*; Despotismus war seinem Gemüth fremde. Dieser Mann, den ich mit größester Dankbarkeit und Hochachtung nenne, ist *Immanuel Kant*; sein Bild steht angenehm vor mir.

[17, S. 404]

[1] Herder, Johann Gottfried (1744–1804), Philosoph, Theologe, Dichter, immatr. 10.8.1762 (als stud. theol.), Hilfslehrer am Collegium Fridericianum, Schüler Kants (mehrere Vorlesungsnachschriften erhalten, vgl. IV. Abt. der Ak-Ausg. Bde 24 ff. und: Immanuel Kant. Aus den Vorlesungen 1762–1764. Aufgrund der Nachschriften J. G. Herders. Hrsg. v. H. D. Irmscher. Köln 1964.), später entschiedener Kant-Kritiker (u. a. Verstand und Erfahrung. Eine Metakritik zur

Kritik der reinen Vernunft, 1799).— Nach seinem Studium in Königsberg tritt Herder eine Stelle in Riga (Domschule) an; 1771 Konsistorialrat in Bückeburg, seit 1776 Generalsuperintendent in Weimar.

Zur Beziehung des jungen Herder (1762–1764) zu Kant vgl. u. a. Bernhard Suphan: Herder als Schüler Kants, in: Zeitschrift für Deutsche Philologie 4, 1872, S. 225–237; Rudolf Haym: Herder. Nach seinem Leben und seinen Werken. Bd. 1. Berlin 1880, S. 30ff.; Carl Siegel: Herder als Philosoph. Stuttgart Berlin 1907; Gottfried Martin: Herder als Schüler Kants, in: KS 41, 1936, S. 294–306; Jean Ferrari: Herder et Jacobi. Correspondants de Kant, in: EPh 1968, No. 2, S. 197–212; Wilhelm Dobbek: J. G. Herders Jugendzeit in Mohrungen und Königsberg. Würzburg 1961; zu den von Kant ausgehenden philosophischen Differenzen zwischen Herder und Kant vgl. Hans Dietrich Irmscher: Die geschichtsphilosophische Kontroverse zwischen Kant und Herder, in: Hamann-Kant-Herder, (S. Anm. 1 zu G, Nr. 29).

48. *Herder* 1762–1764

Mit dankbarer Freude erinnere ich mich aus meinen Jugendjahren der Bekanntschaft und des Unterrichts eines Philosophen, der mir ein wahrer *Lehrer der Humanität* war. Damals in seinen blühendsten Jahren hatte er die fröliche Munterkeit eines Jünglings, die, wie ich glaube, ihn in sein greisestes Alter begleiten wird. Seine offne, zum Denken gebauete Stirn war der Sitz der Heiterkeit; und die Gedankenreichste, angenehmste Rede floß von seinem gesprächigen Munde. Scherz, Witz und Laune standen ihm zu Gebot; immer aber zu rechter Zeit, und also daß wenn jedermann lachte, er dabei ernst blieb. Sein öffentlicher Vortrag war wie ein unter haltender Umgang; er sprach über seinen Autor, dachte aus sich selbst, oft über ihn hinaus; nie aber habe ich in den drei Jahren, da ich ihn täglich und über alle Philosophische Wißenschaften gehört, den kleinsten Zug der Arroganz an ihm bemerket. Er hatte einen Gegner, der ihn widerlegt haben wollte, und an den Er nie dachte; eine seiner Schriften, die um den Preis gestritten, und ihn [im höchsten Grad] sehr verdient hatte, bekam nur das accessit, welche Nachricht er [ohne Verziehung einer Gebehrde] mit der heitern Erklärung empfing, daß ihm nur um die Bekanntmachung seiner Sätze durch eine Akademie, mit nichten aber am Preise gelegen wäre.[1] Ich habe seine Urtheile über *Leibnitz, Newton, Wolf,*

Crusius, Baumgarten, Helvetius, Hume, Roußeau, deren einige damals neuere Schriftsteller waren, von ihm gehört, den Gebrauch den er von ihnen machte, bemerkt, und nichts anders als [den edelsten] einen edlen Eifer für die Wahrheit, den schönsten Enthusiasmus für wichtige Entdeckungen zum Besten der Menschheit, die Neidloseste, nur aus sich wirkende Nacheiferung alles Großen und Guten in ihm gefunden. Er wußte von keiner Kabale; der Parthei- und Sectengeist war ihm ganz fremde; sich Jünger zu erwerben, oder gar seinen Namen einer Jüngerschaft zu geben, war nicht der Kranz, wornach er strebte. Seine Philosophie weckte das eigne Denken auf, und ich kann mir beinah nichts Erleseners und Wirksameres hiezu vorstellen, als sein Vortrag war; seine Gedanken schienen eben jetzt in ihm zu entspriessen, man mußte mit ihm fortdenken; vom Dictiren, Dociren und Dogmatisiren wußte er nichts. Naturgeschichte und Naturlehre, Menschen und Völkergeschichte, Mathematik und Erfahrung waren seine Lieblingsquellen des menschlichen Wißens, aus denen er schöpfte, aus denen er alles belebte. Auf sie wieß er zurück; seine Seele lebte in der Gesellschaft, und noch erinnere ich mich der freundschaftlichen Worte, die er mir darüber beim Abschiede sagte — Dieser Mann, m. Fr., hieß *Immanuel Kant*; so steht sein Bild vor mir.

[20, S. 324–325]

[1] Vgl. Ak 10, S. 41f. (Kant an Formey, 28.6.1763). Herders Bemerkung dürfte sich wohl auf eine mündliche Äußerung Kants gründen.

48a. Herder 1762–1764

Vor mehr als dreißig Jahren habe ich einen Jüngling gekannt, der den *Urheber der kritischen Philosophie* selbst und zwar in seinen blühenden männlichen Jahren, alle seine Vorlesungen hindurch, mehrere wiederholt, hörte.*) Der Jüngling bewunderte des Lehrers dialektischen Witz, seinen politischen sowohl als wissenschaftlichen Scharfsinn, feine Beredsamkeit, sein Kenntnißvolles Gedächtniß; die Sprache stand dem Redenden immer zu Gebot; seine Vorlesungen waren sinnreiche Unterhaltungen mit sich selbst, angenehme

Conversationen. Bald aber merkte der Jüngling, daß, wenn er sich diesen Grazien des Vortrages überließe, er von einem seinen dialektischen Wortnetz umschlungen würde, innerhalb welchem er selbst nicht mehr dächte. Strenge legte ers sich also auf, nach jeder Stunde das sorgsam-Gehörte in seine eigne Sprache zu verwandeln, keinem Lieblingswort, keiner Wendung seines Lehrers nachzusehen und eben diese geflissentlich zu vermeiden. Zu solchem Zweck verband er mit dem Hören das Lesen der bewährtesten Schriftsteller alter und neuer Zeit mit gleicher Sorgfalt, und erwarb sich dadurch, wie er glaubte, die Fertigkeit, in der Seele jedes Schriftstellers auf einige Zeit wie in seinem Hause zu wohnen, alle dessen Hausrath bequem und nützlich zu gebrauchen, in allen Zeiten und in den verschiedensten Denkarten zu leben, aber auch ausziehen zu können und mit sich selbst zu wohnen. In dieser Uebung bestärkten ihn insonderheit *Plato, Baco, Shaftesburi, Leibnitz*. Nie also fühlte er sich freier und ferner vom System seines Lehrers, als wenn er dessen Witz und Scharfsinn scheu ehrte. *Young* giebt einen ähnlichen Rath, die Alten dadurch in ihrem Sinne nachzuahmen, daß man sich von ihnen entfernt.

Wer will, befolge den Rath; er wird sich dadurch frei, verjüngt, Herr über seinen Geist, über seine Feder und Zunge fühlen. Wer gegentheils selbst im gemeinen Gespräch kein Urtheil verstehen kann, bis er es sich mit augenscheinlicher Mühe in die kritische Sprache *übersetzte*, und es sodann von sich giebt »transscendental-kritisch,« wer selbst mit Gott und mit seinem Weibe nicht anders als »transscendental-kritisch« zu sprechen weiß, o der ist lahm, lahm an Worten, an Gedanken, und gewiß lahm in Führung des Lebens. Welcher Gott, welcher Heilige hilft ihm zum eignen Gebrauch seiner Glieder?

Ein schönes Zeichen der fortwährenden Jugendkraft des Urhebers der kritischen Philosophie wäre es, wenn Er selbst, nachdem er die über- oder gegen seinen Willen erfolgten Wirkungen seiner Philosophie erlebt hat, sich von ihnen lossagte, den Misbrauch derselben öffentlich bezeugte, und seinen primitiven Zweck erklärte, »Nutzlose Speculation abzuthun, nicht aber durch einen dem Schein nach immer vollendeten, der Wahrheit nach nie endenden Transscendentalismus Dornen ewiger Speculation zu pflanzen.« Die beste Absicht kann misrathen; ein offnes Geständniß, daß sie mis-

rathen sey, zeigt den Unternehmenden größer als sein Werk und
als seine Absicht. [21, S. 12–13]

*) In den Jahren 1762–65, in denen *die falsche Spitzfindigkeit der vier syllogistischen Figuren; der einzigmögliche Beweisgrund des Daseyns Gottes; der Versuch, den Begriff der negativen Größen in die Weltweisheit einzuführen; die Beobachtungen über das Gefühl des Schönen und Erhabenen u.s. erschienen.*

49. *Herder* (Seligo an Puttlich 10.8.1805)   vor 21.8.1762

Zufällig hatte derselbe [= Bock] dem Herrn Kirchenrath Borowsky erzählt, daß er ein akademischer Freund Herder's gewesen sey. Dieser theilte mir sogleich diese Nachricht mit, als ich am folgenden Tage ihm Ihr Schreiben einhändigte. Ich säumte daher auch nicht, zu ihm zu gehen, um im Namen der Wittwe ihn um Mitwirkung zu der größtmöglichen Vollständigkeit der Biographie Herder's zu bitten, theilte ihm auch zugleich mehrere darauf Bezug habende Briefe von Ihnen und der würdigen Wittwe mit. Er versprach mir auch, alles, was er nur irgend wissen würde, aufzuschreiben, allein die Zeit bis zum Abgange der Post war jetzt zu spät, er hat mir aber versichert, daß er den Aufsatz mir zuschicken würde, sobald er geendigt wäre. Aus seinen mündlichen Erzählungen habe ich Folgendes gehört. *Herder* sey von dem Regimentschirurg, da er zur Chirurgie keine Lust bezeigt, zu dem Buchhändler und ehemaligen Lotteriedirektor *Kanter*[1] in die Buchhandlung gegeben worden. Hier habe er nun den ganzen Tag gelesen, beinahe die Bücher verschlungen. Kanter, sein nachmaliger großer Gönner und Beförderer habe sehr bald den Geist, der Herdern belebte, geahnet und ihn seinem Freunde *Kant* empfohlen, indem er meinte, daß er zu schade in der Buchhandlung wäre und wohl eher für Studien taugte. Kant habe sich willfährig gefunden, gesagt, er müsse sodann vorher noch Unterricht in den Schulwissenschaften genießen, aber bei einem angestellten Examen habe sich gefunden, daß er dieselben völlig inne habe und zur Universität reif sey. Kant habe darauf umsonst ihn seine Vorlesungen besuchen lassen, auch bald dem

Inspektor Schiffert,[2] bei dem er keineswegs Famulus gewesen, zum Lehrer empfohlen.
[22, S. 126–127]

[1] Kanter, Johann Jakob (1738–1786), Buchhändler und Verleger in Königsberg, gab seit 1764 die »Königsberger Gelehrten und Politischen Zeitungen« heraus; sein Laden im Löbenichtschen Rathaus war der Treffpunkt der Königsberger Gelehrten; Kant wohnte mehrere Jahre (ca. ab 1766) im Kanterschen Haus (vgl. Vorl. I, S. 182); wegen geschäftlicher Schwierigkeiten mußte Kanter 1781 seine Buchhandlung aufgeben.
Vgl. Vorl. I, S. 811 f.; APB 1, S. 324; NPPB, S. 222; Carl Richard Dreher: Der Buchhandel und die Buchhändler zu Königsberg i. Pr. im 18. Jahrhundert, in: Archiv für Geschichte des deutschen Buchhandels 18, 1896; Kurt Forstreuter: Gräfe und Unzer. Zwei Jahrhunderte Königsberger Buchhandel. Königsberg 1932; Gause II, S. 210 f; 233 ff.
[2] Schiffert, Christoph (1689–1765), seit 1731 Inspektor des Collegiums Fridericianum; vgl. Vorl. I, S. 24 f.; Schumacher (1948) S. 9.

50. *Herder* (1762) 1763/1764

Aufsatz des Herrn Kriegsraths Bock[1] in Königsberg:
»Was mir von dem Anfange der literarischen Laufbahn
des verewigten Herder bekannt ist.«

Der verstorbene Lotterie-Direktor und Buchhändler *Kanter* hieselbst, ein Mann, den der regeste Eifer zur Beförderung alles Guten belebte, und der sich besonders die Aufnahme der Literatur in seiner Vaterstadt und die Aufmunterung junger Leute von Talent angelegen seyn ließ, nahm unsern *Herder*, nachdem das Projekt des russischen Regiments-Chirurgus mit demselben fehlgeschlagen war, in seine Buchhandlung als Lehrling auf. Hier konnte die unersättliche Wißbegierde des jungen Mannes, die in dem ansehnlichen Büchervorrathe ihre volle Nahrung fand, dem guten *Kanter* nicht entgehen, und er machte die Gelehrten, die täglich in seinem Hause verkehrten und dort gewissermaßen eine Akademie bildeten, ebenfalls auf selbigen aufmerksam.

Man entdeckte bald die ausserordentlichsten Geistesanlagen an ihm und fand, daß der vortreffliche Kopf von der Natur bestimmt sey, durch Genie und Gelehrsamkeit der Welt wohlthätig zu werden. Schon hatte er sich durch unermüdeten Fleiß zur Universität geschickt gemacht und *Kant* erbot sich, ihm alle seine Vorlesungen in der Logik, Metaphysik, Moral, Mathematik und physischen Geographie unentgeldlich hören zu lassen. Hier war es, wo ich ihn in den Jahren 1763 und 1764 kennen lernte. Wir hörten gemeinschaftlich die Kantischen Vorlesungen und er schrieb mir darüber noch unterm 11. Aug. 1788 auf dem Wege nach Italien aus Nürnberg: »Ich sehe Sie noch lebendig vor mir an dem Tisch sitzen, an welchem auch ich saß. Wo sind die Zeiten.«

Mit gespannter Aufmerksamkeit faßte er jede Idee, jedes Wort des großen Philosophen auf und ordnete zu Hause Gedanken und Ausdruck. Oft theilte er mir diese seine Nachschrift mit und wir besprachen uns darüber in einer abgelegenen Sommerlaube eines wenig besuchten öffentlichen Gartens an der Alt-Roßgärtschen Kirche...

Einst in einer heitern Frühstunde, wo *Kant* mit vorzüglicher Geisteserhebung, und, wenn die Materie die Hand bot, wohl gar mit poetischer Begeisterung zu sprechen und aus seinen Lieblings-Dichtern, *Pope* und *Haller*, Stellen anzuführen pflegte, war es, wo der geistvolle Mann sich über Zeit und Ewigkeit mit seinen kühnen Hypothesen ergoß. *Herder* wurde sichtbarlich und so mächtig davon betroffen, daß, als er nach Hause kam, er die Ideen seines Lehrers in Verse kleidete, die Hallern Ehre gemacht hätten. *Kant*, dem er sie am folgenden Morgen vor Eröffnung der Stunde überreichte, war eben so betroffen von dieser meisterhaften poetischen Darstellung seiner Gedanken und las sie mit lobpreisendem Feuer im Auditorium vor.[2] Wie sehr bedaure ich, daß dieses treffliche Fragment didaktischer Poesie, welches der Verfasser mir abschriftlich mittheilte,[3] bei der öftern Veränderung meines Wohnorts verloren gegangen ist! Vielleicht hat es sich unter *Kant's* handschriftlichem Nachlasse befunden und ist unbemerkt an die Seite gelegt oder wohl gar vernichtet worden*)[4]

Eben so hat sich ein Trauergedicht verloren, welches *Herder* auf *den Tod der Schwester seines Wohlthäters Kanter* in eben der Zeit verfertigte. —

Das Gespräch zweener Freunde in einer dunkeln Abendstunde und sein Gedicht über *die große Feuersbrunst zu Königsberg* im Jahr

1764 sind — wo ich in Ansehung des letztern nicht irre — in der Klotzischen Bibliothek aufbehalten.
Königsberg den 14. August 1805.

Bock,
Kriegs- und Admiralitätsrath.

[22, S. 132–136]

*) An dieses Gedicht hatte Herr Kriegsrath Bock schon früher meinen Vater selbst erinnert in einem Briefe vom 9. April 1788, mit welchem er ihm seine Uebersetzung von Virgil's Georgica zur Beurtheilung zusandte. Die darauf bezügliche Stelle dieses Briefes ist folgende:
Es war mir ausserordentlich schmeichelhaft, als unser gemeinschaftlicher Freund Reichard vor 2½ Jahren mich versicherte, Sie hätten sich jüngst meiner noch aus den akademischen Jahren und den Kantischen Stunden her erinnert. Es war ein elektrischer Funke, der mein ganzes Wesen durchdrang. Ich zwar, ehrwürdigster Mann! habe Sie seit jener Zeit, seit jenem ersten Ausfluge Ihres Geistes (ich meine jenes philosophische Gedicht, welches aus Kant's Vortrage über Zeit und Raum, wie aus Jupiters Kopf Minerva, entsprang) in keiner Zeit meines Lebens aus meinen Augen verloren u. s. w.

[1] Bock, Karl Gottlieb (1746–1829), Jurist und Schriftsteller, immatr. 27.9.1762, Schüler Kants, 1766 Advokat, 1795 Kommerzien- und Admiralitätsrat. Vgl. APB 1, S. 64 f.; Goldbeck S. 12, Haym 1, S. 66 f.; Dobbek, S. 138 f.; Sembritzki, Dichtung, S. 247 ff. Vgl. auch den entsprechenden Text in den »Erinnerungen aus dem Leben J. G. Herders« (s. Q, Nr. 23, S. 66–68).

[2] Vgl. Erinnerungen I, S. 68: »Wahrscheinlich ist dieses das Gedicht, dessen Kant in einem Brief an Herder gedenkt, und worauf Herder in seiner Antwort an Kant sagt: ›lassen Sie doch das dunkle rauhe Gedicht, an das Sie gedenken, in seiner Nacht umkommen.‹«. Bei den erwähnten Briefen handelt es sich um Kants Brief an Herder vom 9. Mai 1768 (Ak 10, S. 73 f.) und um Herders Brief an Kant vom Nov. 1768 (Ak 10, S. 75 ff.; das Herderzitat findet sich S. 77, Z. 21 f.)

[3] Vgl. Lebensbild I (Q, Nr. 22), S. 127.

[4] Das Gedicht ist verschollen. Herder hatte, wie aus seinem Brief an Scheffner vom 31.10.1767 hervorgeht, damals kein Exemplar mehr. Er schreibt: »Mein Philos. Lehrgedicht an Kant war das Aufstossen eines von den Rousseauschen Schriften überladenen Magens: indessen möchte ich es gern zurück haben: können sie es mir schaffen, so werde ich Ihnen sehr verbunden sey.« (Q, Nr. 53, Bd. 1, S. 274).

51. Herder 1762–1764

Aus dem Briefe eines Freundes von dem Herrn
Bürgermeister Carl Wilpert[1] in Riga an diesen.

Schwerlich werde ich Dir, mein Lieber, etwas von unserm *Herder* sagen können, was das, was seine Wittwe schon wissen wird, ergänzen könnte. Er kam aus Mohrungen, vermuthlich mit Trescho's[2] Empfehlung, in's Collegium Frideric. als Inspicient und nachmals auch als Lehrer. Ich hörte mit ihm bei *Kant* die Metaphysik, Moral und physische Geographie. Wir saßen an Einem Tisch; er war damals schüchtern und still; sein Gang war gebückt und schnell — seine Augen mehrentheils krank; seinem Aeußern sahe man es an, daß er arm war; sein Geist war aber schon damals reich, und wenn er sich über den Vortrag des Lehrers mittheilte, so war das so gründlich und entschieden, daß er seinen Commilitonen Achtung und Liebe abnöthigte. — Bei Dr. Lilienthal[3] hörten wir zusammen Dogmatik, sonst habe ich nicht nähern Umgang mit ihm gehabt.—
Er ließ damals bisweilen in der Königsberger Zeitung Gedichte einrücken, die mehrentheils etwas Schwärmerisches hatten. Ich erinnere mich, daß *Kant* einmal bei Gelegenheit eines Charfreitags-Gedichtes sagte: »Wenn das brausende Genie wird abgegohren haben, wird er mit seinen großen Talenten ein nützlicher Mann werden.«[4] [22, S. 137–138]

[1] Wilpert, Jakob Friedrich (nicht: Carl) (seit 1795 »von« W.), (1741–1812), Kaufmann, mit Herder befreundet, 1787 (und wieder 1797) Bürgermeister von Riga. Vgl. RN 4, S. 525 ff.; DBL, S. 742 f.; Dobbek, S. 92, 109.
[2] Trescho, Sebastian Friedrich (1733–1808), Theologe und Schriftsteller, Diakonus der Gemeinde Mohrungen seit 1760, Herders Lehrer. Vgl. APB 2, S. 742 f.; ADB 33, S. 574 f.; Dobbek, S. 35 ff.; Haym 1, S. 26 u. ö.; Johannes Sembritzki: J. S. Trescho... Sein Leben und seine Schriften, in: Oberländische Geschichtsblätter VII, 1905; ders., in: AM 41, 1904, S. 531–570.
[3] Lilienthal, Theodor Christoph (1712–1782), seit 1740 Prof. d, Theologie in Königsberg; vgl. Ak 13, S. 574.
[4] Vgl. »Erinnerungen« I, S. 66.

52. Herder
1762–1764

Herder selbst erzählte oft, er habe Kant zuweilen seine Ideen über seine Vorlesungen mitgetheilt, und so sehr seine Achtung und Vertrauen besessen, daß Kant ihm mehrere seiner Arbeiten in Manuskript, um seine Meinung darüber zu hören, mitgetheilt habe. Er habe Kant am liebsten reden gehört über Astronomie, physische Geographie, überhaupt über die großen Gesetze der Natur: da sey sein Vortrag vortrefflich gewesen; an seiner Metaphysik hingegen, die er richtiger gefaßt zu haben glaube als seine spätere Schule, und obwohl Kant sie damals noch in aller seiner Jugendberedsamkeit und in einer viel hellern Sprache als der spätern scholastischen Kunstsprache vortrug, weniger Geschmack gefunden, und nach mancher metaphysischen Vorlesung sey er mit einem Dichter oder mit Rousseau oder einem ähnlichen Schriftsteller in's Freie geeilt, um jener Eindrücke wieder los zu werden, die seinem Gemüth so wenig zusagten. Für Kant selbst, wo er seinen Geist wirklich unterrichtete, erhob und befriedigte, bezeugte Herder mündlich und schriftlich die größte Hochachtung, verbarg ihm aber seine eigene Art zu denken und zu empfinden niemals; sein blinder Schüler und Nachbeter konnte und wollte er niemals werden. Kants glückliche Gabe, schön und scharfsinnig zu reden, konnte Herdern nicht ganz befriedigen, und eine *Sympathie* beider Gemüther fand niemals statt. [23, S. 68–69]

53. Herder
1762–1764

In Königsberg studirte *Herder* und war ein fleißiger Schüler *Kants*, der ihn auch eines besondern Vertrauens werth hielt, indem er ihn öfter nach den Vorlesungen mit sich auf das Zimmer nahm und sich mit ihm über die abgehandelten Gegenstände besprach.
[25, S. 173]

54. Herder an Lavater   1762–1764

Von Kant, der mein Freund und Lehrer ist, dessen alle Lieblingsmeinungen ich nicht bloß so oft gehört und mich mit ihm besprochen, sondern der mir auch seine Träume[1] bogenweise überschickt hat etc., scheinen Sie sein erstes, recht Jünglingsbuch voll Ihrer Ideen nicht zu kennen. Es ist ohne Namen und heißt »Allgemeine Theorie des Himmels«[2], wo Sie sogar Ihre Mittelsonne finden, die auch ein Engländer[3] ordentlich astronomisch behauptet hat, wie ich Ihnen nebst manchen andern litterarischen Ideen, die mir beim Lesen aufgestoßen, und Ihnen fremde scheinen, ein andermal mittheilen kann.   [24, S. 24–25]

[1] Gemeint: Träume eines Geistersehers, Königsberg 1766.
[2] Allgemeine Naturgeschichte und Theorie des Himmels. Königsberg 1755 (vgl. Ak 1, S. 545).
[3] Gemeint: Thomas Wright von Durham: An Original Theory or New Hypothesis of the Universe. London 1751.

55. Herder an Hamann, April 1768   1762–1764

In der Reihe unsrer Betrachtungen über die sich aus einander wickelnde Zustände der Menschen fanden wir nirgends so sehr eine Lücke, als: wie wurden wir aus einem Geschöpf Gottes, das, was wir jetzt sind, ein Geschöpf der *Menschen*? Da unser jetzige Zustand doch wahrhaftig nicht der ursprüngliche seyn kann, wie ward er? wie *ward* das Uebel der Welt? — Sie wißen, was unsre Handwerksphilosophen für weise Sätze annehmen, wie es aus der Natur der Menschen hat entstehen *können*, u. ⟨aus⟩ nach der Natur Gottes hat entstehen *dörfen*? Der eine setzt ⟨es⟩ das Uebel der Welt da- der andre dorthin, nachdem ihn der Schuh drückte: u. so sann er auch drauf, seinen Wahn, wie er ihn ansahe, pro positu corporis sui[1] zu erklären.— *Roußeau* hat hierinn das Verdienst, wenigstens den *allgemeinsten* Zustand der Menschen, des Menschlichen Uebels, u. der Menschlichen Glückseligkeit zu nehmen, vermuthlich, weil dieser unglückliche Lehrer der Menschen, der weiseste des Pöbels unsrer Zeit, das Uebel und die Menschheit am rechten

Ort hat kennen lernen. Allein da selbst seine Anbeter nicht läugnen können, daß er seine Wahrheiten u. Wahrscheinlichkeiten nur immer in das schiefe Licht der paradoxen Sätze stellet: so ist es mir, selbst da ich noch ein so eifriger Roußeauianer war, nicht gelungen, den Mittelknoten in ihm aufgelöset zu finden: »wie ward es, daß der Mensch aus dem Zustande der Natur in das jetzige Uebel der Welt überging? wenn in seiner Natur der verschloßene Schatz von Fähigkeiten, von Neigungen u. s. w. lag, der zu seiner Glückseligkeit verschloßen bleiben muste, warum gab ihm Gott diesen Keim des Irrsals? wie keimte derselbe auf?« Ich erinnere mich, einmal Kant, den großen Schüler des Roußeau hierüber befragt zu haben; er antwortete aber, wie Onkel Tobias Shandy——[2]

[16/Bd. 2, S. 408–409]

[1] Geläufiger Ausdruck in Baumgartens »Metaphysica«.
[2] Gemeint: Kant antwortete ausweichend.

56. *Herder* an Hamann, 1766?   1762–1764

Meine ganze Bildung gehört zu der wiedernatürlichen, die uns zu Lehrern macht, da wir Schüler seyn sollten. Haben Sie Mitleiden mit mir, bester Freund, daß mich das Schicksal in einem pedantischen Mohrungen hat geboren werden laßen; daß ein *einseitiger* Trescho meinen ersten Funken weckte, daß ich in Königsb., mit dem Zepter des Korinthischen Dionys mir meine Galgenfrist zu stud irenhabe eriwuchern müßen. Hätte ich außer einem Kant *noch Pedanten* hören können, der meine Hitze hätten abkühlen, u. mir *Schulmethode* hätten lehren sollen; hätte ich durch den Umgang mir den Weltton angewöhnen können; hätte ich mehr Uniformes mit der Universität, u. dem Gros meines Stabes angenommen: so würde ich vielleicht *anders* denken, aber auch nicht dasselbe denken. Ein siebenmonatlicher Embryon muß viele Nachbildung u. Wartung haben, ehe er sich zur Luft der Menschen gewöhnt, u. ich gestehe gern, daß ich das Phlegma eines homme d'esprit, noch gar nicht mit dem Enthusiasmus des *Genies* zu verbinden weiß.—

[16/Bd. 2, S. 381]

57. *Herder* 1762–1764

Mit hoher Achtung hing Herder damals an seinem Lehrer Kant, dem er selbst vorzüglich durch ein Gedicht bekannt wurde, worin er einige Ideen desselben eingekleidet hatte. Kant, dem er es überreichte, las es öffentlich in seinem Hörsaale vor und scheint ihn noch in der Folge daran erinnert zu haben, und obgleich auch Kriegsrath Bock versichert, daß Haller dies Gedicht nicht seiner unwürdig gefunden haben würde, setzte doch Herder darauf so geringen Werth, daß er in seinem Briefe an Kant äußerte: »Lassen Sie doch ja das dunkle rauhe Gedicht, an das Sie gedenken, in seiner Nacht umkommen.«[1] Kant selbst aber blieb seinem alten Schüler noch äußerst geneigt und bestätigte in seiner Abhandlung vom ewigen Frieden, dessen Ideen vom Fortschreiten des Menschengeschlechts.

Aber leider war diese schöne Uebereinstimmung nicht bleibend. Herder trat vielmehr in der Folge als bestimmter Gegner der Kant'schen Philosophie auf und es ist nicht unwahrscheinlich, daß die wegwerfende Art und Weise, womit zuweilen von Herdern und seiner Art zu philosophiren, in den hiesigen Hörsälen gesprochen wurde, ihm nicht völlig unbekannt blieb, und vielleicht auch zur Herausgabe der Metakritik[2] bestimmte. Allein während seines Aufenthalts zu Königsberg wurde das Wohlwollen und die vortheilhafte Meinung, die man für Herdern hegte, noch durch die Theilnahme erhöht, die Kant und Hamann für ihn äußerten, und die Katechisationen, welche damals im Fridrichs-Collegio jeden Sonntag statt fanden, hatten, wenn sie von Herder gehalten wurden, zahlreiche Zuhörer, weil die Herzlichkeit und Wärme, womit er die Gegenstände vortrug, und die Bestimmtheit seiner Fragen, wodurch er die Begriffe seiner Schüler zu entwickeln wußte, ihm vielen Beifall erwarb. [22, S. 160–161]

[1] Vgl. G, Nr. 50.
[2] Vgl. Anm. 1 zu G, Nr. 47.

57a. Herder an Scheffner, 23.9.1766/4.10.1766   1762–64

Ich, der ich von Kant in die Rousseauiana, u Humiana gleichsam
eingeweihet bin...
[53/1, S. 258]

57b. Hamann an Herder, 10.5.1781   1762–1764

Ich bin neugierig Ihre Meinung von Kants *Meisterstück* zu hören.
Als ein gewesener Zuhörer von ihm werden Sie vieles geschwinder
übersehen können. Er verdient immer den Titel eines *preußischen
Hume.*
[16/Bd. 4, S. 293]

57c. Rink   1762–1764 (Herder) / ab 1792 (Rink)

Kant hatte nähmlich um dieselbe Zeit, als *Herder* zu seinen Zuhörern gehörte, die Begriffe *Raum, Zeit* und *Kraft* als die drey Grundbegriffe aller *Synthesis* aufgestellt und von denselben behauptet, dass sie die einzigen synthetischen Begriffe der Metaphysik, alle übrigen metaphysischen Ideen hingegen, z. B. die metaphysischen Grundbegriffe der Möglichkeit, Unmöglichkeit, Nothwendigkeit, Zufälligkeit, Einheit u.s. w. nur analytisch wären. —
 Kant erinnert sich noch gar wohl seiner ehemaligen noch dogmatischen Vorstellungsart dieser metaphysischen Grundbegriffe der Synthesis, bevor Er den critischen Gesichtspunct aller metaphysischen Speculation aufgefasst und aus demselben den wahren Ursprung und die Gültigkeit aller synthetischen Sätze a priori zuerst klar und bestimmt entdeckt hatte. Es musste ihn daher nicht wenig befremden, seine eigenen Hauptideen in der Metacritik wieder zu finden und zu seinem Erstaunen zu sehen, was Herr *Herder* nach seiner schon bekannten Manier für ein wunderliches Philosophem unter dem Titel einer Physiologie der menschlichen Seelenkräfte aus jenen Grundideen durch die sonderbarste Mischung und Composition derselben gemacht habe*).
[51, S. 63–64]

*) Indem wir hiermit die Quelle anzeigen, aus welcher der Metacritiker die Grundideen seines Philosophems geschöpft hat, können wir unsern Lesern versichern, dass wir den gedachten Umstand aus *Kant's* eigenem Munde erfahren und bey dieser Gelegenheit zugleich eine Handschrift von einer seiner Vorlesungen erhalten haben, die uns einen deutlichen Fingerzeig giebt über die Art, wie *Kant* bis zum Jahr 1770, als er seine Inaugural-Disputation schrieb (de mundi sensibilis atque intelligiblis forma et principiis), die gedachten Begriffe von Raum, Zeit und Kraft vorgestellt habe. Und diese noch dogmatische Vorstellungsart fällt also gerade in die Zeit, in welcher Herr *Herder*, der ohngefähr um die Mitte des 7. Decenniums in Königsberg studierte, die Kantischen Vorlesungen besucht hat. Es bedarf daher keines weiteren Zeugnisses, dass Herr *Herder* in seiner Metacritik[1], was die Hauptsache betrifft, den *neuen Kant* durch den *alten Kant* zu widerlegen sucht.

[1] s. G, Nr. 47.

58. *Borowski* an Kant, Frühjahr 1762

Ich würde mir die Freiheit nehmen, Eur. HochEdlen heute auf eine halbe Stunde nach 4 Uhr aufzuwarten. Ich wünschte nur zuvor, daß Sie mich durch den Uberbringer dieses versichern ließen, ob Eur. HochEdlen zu hause sein, und mein Besuch Ihnen überhaupt gelegen sein mögte. Ist dieses: so wird es mir ein Vergnügen sein; Sie zu sprechen, und besonders wegen eines Punctes, zu dem mich der Befehl meiner gnädigen Principalin[1], auffordert, mit Ihnen zu reden. Unterdeßen haben Sie die Gütigkeit, meinen Junker um 4 Uhr weggehen zu laßen. Der Inhalt meines Hauptgesprächs erfordert es, daß er nicht dabei ist. Laßen Sie ihm nichts merken und haben Sie die Gewogenheit für mich, selbst diesen Zettel zu cassiren; wenn Sie ihn durchgelesen. Ich erwarte durch den Uberbringer dieses Ihre gütige Antwort und Ihre Erklärung.

[31/Bd. 10, S. 39]

[1] Vgl. G, Nr. 30a.

59. Kant an Charlotte von Knobloch, vor 10.8.1763   Sommer 1762

Mittlerweile machte ich Bekanntschaft mit einem feinen Manne, einem Engländer[1], der sich verwichenen Sommer hier aufhielt, welchem ich, Kraft der Freundschaft, die wir zusammen aufgerichtet hatten, auftrug, bei seiner Reise nach Stockholm genauere Kundschaft wegen der Wundergabe des Hrn. v. Swed.[2] einzuziehen.

[31/Bd. 10, S. 45]

[1] Nichts ermittelt.
[2] Gemeint: Swedenborg, Emanuel (1688–1772), schwedischer Theosoph und Naturforscher, mit ihm setzt Kant sich in den »Träumen eines Geistersehers« auseinander. Zu der im Text angesprochenen »Wundergabe« — Telepathie — vgl. Ak 10, S. 43 ff. und Ak 13, S. 20 ff. — Zu Kant–Swedenborg vgl. die Literaturangaben und Beilagen in der Reclam-Ausgabe der »Träume«, hrsg. v. Rudolf Malter, Stuttgart ²1981, S. 87 ff.

60. Hamann an Nicolai, 21.12.1762   Dezember 1762?

Ew. HochEdelgeboren habe die Ehre meinen Verbindungen gemäß die Erstlinge meines Vaterlandes zu bewusten Gebrauche zu übersenden. Sollte alles Maculatur in den Augen der Kunstrichter seyn: so ist wenigstens meiner Pflicht und meinem Willen ein Genüge geschehen.

Das Wenigste von Beyliegendem habe bisher noch durchlesen können; und der einzige mögliche Beweisgrund[1] hat eben die Preße verlaßen. Eben der Verfaßer ist willens seine Vorlesungen über die *physische Geographie* drucken zu laßen.[2]

[16/Bd. 2, S. 181]

[1] Gemeint: Kants 1763 erschienene Schrift »Der einzig mögliche Beweisgrund zu einer Demonstration des Daseins Gottes«.
[2] Sie wurden erst durch Rink aus dem Nachlaß ediert (vgl. Ak Bd. IX).

61. Jensch[1] SS 1763

Jensch erzählte mir beim Weggehen, wie interessant Kant in seinen Vorlesungen gewesen sey. Wie in einer Begeisterung sey er aufgetreten, habe gesagt: da oder da sind wir stehen geblieben. Er habe sich die Hauptideen so tief und lebendig eingeprägt, daß er nun nach denselben und in denselben die ganze Stunde lebte, und oft wenig Rücksicht auf das Compend. nahm, worüber er las.

Er las über Baumgarten. Sein Exemplar ist aber von oben bis unten u. überall beschrieben. Hume, Leibniz, Montaigne und die englischen Romane von Fielding u. Richardson, Baumgarten und Wolff nennt Kant als die Schriften, aus welchen er am meisten gelernt habe. Den Tom Jones schätzte er sehr hoch.—

[1, S. 251]

[1] Jensch, Christian Friedrich († 1802), Hörer Kants, immatr. 23.9.1763, Kriminalrat in Königsberg, langjähriger Tischfreund Kants; vgl. Baczko (1787 ff.), S. 618.

62. Green ab 1763

Der Umgang mit dem originalen höchst rechtschaffenen Engländer *Green* hat gewiß nicht wenig Einfluß auf Kant's Denkart und besonders auf sein Studium englischer Schriftsteller gehabt. Er brachte bey *Green* in dessen letzten Jahren täglich einige Nachmittagsstunden zu, da *Green* podagrisch nicht ausgehen konnte.

[46, S. 60]

63. Forster[1] an Kant, 9.7.1797 ab 22.4.1763

Endesunterschriebener, von seiner Jugend an, ein eifriger Verehrer des HE. Profeßor Kant, und seiner Schriften, auch einst sein Zuhörer, wünscht, noch vor seinem Ende, sich gantz in den Geist der Kantischen Schriften einstudiren zu können, um in der andern Welt nicht gantz als ein Laye in der Philosophie anzukommen. Und dieses wünscht er in demjenigen Zeit Punkt seines Lebens, wo der Sturm der Leidenschaften sich schon geleget und an deren Stelle diejenige kalte Ueberlegung getreten, die allein geschikt ist, uns vor philosophische Wahrheiten empfänglich zu machen. Um aber hiebey zwekmäßig zu Werke zu gehen wünscht er von dem großen Weltweisen eine kurze Anweisung: in welcher Ordnung seine Schriften gelesen werden müßen, um in d. Metaphysik, Physik und Moral, deutliche und bestimmte Begriffe zu erlangen.

Dieser Wunsch ist umdesto verzeyhlicher, als ihn schon mehrere angesehene Männer, ja so gar Gelehrte von Profeßion geäußert haben. Er verlangt diese Anweisung nicht in Form eines Briefes, sondern allenfals nur auf ein Octav Blatt Papier die Kantische Schriften, nach der Ordnung aufgezeichnet, wie sie gelesen werden sollen.

Es ist dieß die eintzige und auch letzte Bitte an den verehrungswürdigen philosophischen Greiß, deren Erfüllung Endesunterschriebener als ein kostbares Andenken von ihm ansehn und schätzen wird.

Marienburg
den 9ᵗ July
1797 [31/Bd. 12, S. 180–181]

---

[1] Forster, Ernst Wilhelm Georg (1744–1808), Hörer Kants, immatr. 22.4.1763, Justiz-Kommissionsrat und Landrichter (Ak 13, S. 454).

64. Hamann an Lindner, 1.2.1764[1] WS 1763/64

Er hält jetzt ein Collegium für den Gen. Meyer und se. Officier, das ihm viel Ehre und Nutzen bringt, weil er fast tägl. speist und mit einer Kutsche zu sn Vorlesungen geholt wird in Mathesi und Geographia physica. Durch einen Strudel gesellschaftl. Zerstreuungen fortgerißen, hat er eine Menge Arbeiten im Kopf, *Sittlichkeit*, Versuch einer neuen Metaphysik, einen Auszug sr. Geographie Physik, und eine Menge kleiner Ideen, von denen ich auch zu gewinnen hoffe. Ob das wenigste eintreffen wird, muß noch immer zweifeln. [16/Bd. 2, S. 234]

¹ Vgl. G, Nr. 14, 65.

65. *Mortzfeld* WS 1763/64

Er mischte sich unter alle Stände, und erwarb sich unter diesen wahre Achtung und Zuneigung. Die englischen Kaufleute *Motherby*, *Green* und einige noch jezt lebende; achtungswürdige biederherzige Männer standen mit ihm in freundschaftlichen Verhältnissen. Mehrere hohe Militairpersonen, fanden in seinen Umgang die lehrreichste und angenehmste Unterhaltung. Unter mehreren, die Generale *von Meyer** und *von Lossow*: Zöglinge der Musen, Männer, deren Nichtseyn noch lange betrauert werden wird. Ausserdem war *Kant* in einem litterarischen sich selbst bildenden Zirkel introducirt, welchem die Welt vielleicht manche Reflectionen mit zu verdanken hat. In diesem befanden sich namentlich: *Haman, v. Hippel, Kanter,* und mehrere noch jezt lebende Personen.

[42, S. 88–89]

* Dieser lobenswürdige und gelehrte Mann (welcher noch bis jezt im ruhmwürdigen Andenken seiner Cameraden lebt,) war *Kants* Freund und grosser Verehrer. Er behandelte ihn als einen seiner vorzüglichsten Hausfreunde und Rathgeber. Dieser unter ihnen obwaltenden Vertraulichkeit gemäss, hatte mancher die Beförderung seines Glükkes zu verdanken.

65a. *August Hagen*¹ 1764

Der General *Meyer*, Chef eines Dragoner-Regiments in Königsberg und zugleich Gouverneur, war ein selten gebildeter Mann. *Kant*, der 1764 in seinem Hause vor einer Anzahl von Offizieren ein Collegium über Mathematik und physische Geographie hielt, wurde dazu stets feierlichst in einer Kutsche abgeholt. Sehr oft speiste er bei ihm, der wie er selbst unverheirathet gern Mittags-Gesellschaften gab. Neben Offizieren waren die vornehmsten Gelehrten dazu eingeladen. *Meyer* hielt viel auf Eleganz und nahm nicht Anstand, es den Offizieren mit einem strengen Blick zu verweisen, wenn sie durch Ungeschicktheit etwas bei der Tafel versahen. Demnach konnten sie eines Tags ihren Schreck nicht bergen, als *Kant*, dem der Wirth gegenübersaß, Rothwein auf das kostbare Gedeck vergoß. Dieser um einer Verlegenheit zu begegnen, warf absichtlich selbst sein volles Glas um und, da das Gespräch von den Dardanellen handelte, zeichnete er mit dem Finger im Wein ihre Richtung ab. Er that es mit, um den Offizieren zu zeigen, um wie viel höher dem General der Philosoph als einer von ihnen galt.

[65, S. 14]

[1] Hagen, August (1795–1880), erster Inhaber des Lehrstuhls für Kunstgeschichte an der Königsberger Universität, Sohn von Kants Kollegen und Tischfreund Karl Gottfried Hagen.

66. *Hamann* an Lindner, 16.3.1764   März 1764

M. Kant drung ungemein darauf an Ihre Zurückkunft gleich zu arbeiten und hat mir recht sehr angelegen meinem Verleger dies bey sn häufigen Besuchen bey v Brax. Exc.[1] aufzutragen. Wegen des Todesfalls wird er auf die Woche erst hingehen können.

[16/Bd. 2, S. 245]

[1] von Braxein, Fabian Abraham (1722–1798), 1763 Preußischer Etats- und Kriegsminister, 1768 seiner Ämter enthoben. Vgl. APB 1, S. 81.

67. *Hamann* an Lindner, 23.11.1764   vor 23.11.64

HE M. Kant besuchte mich vorige Woche und scheint mit Ihrer Rückkehr ⟨gleichfalls⟩ auch sehr zufrieden zu seyn. Die Regierung und ⟨Akademie⟩ der Senat haben gleichfalls die Erinnerung erhalten auf seine Versorgung bey der ersten gemäßen Gelegenheit bedacht zu seyn[1]; und weil die Einbildungskraft geistiger ist als die Sinne ⟨n⟩, so ist die *Hofnung* auch für Philosophen freylich ein größer Gut als Wünsche, die man wirklich erlebt. [16/Bd. 2, S. 273]

[1] Vgl. Ak 13, S. 23 ff.

68. *Herder* an Hamann, August 1764

Auch Kant scheint ganz retiré gegen mich zu seyn! von Ihnen aber spricht er mit Achtung; [16/Bd. 2, S. 265]

69. *Herder* vor 22.11.1764

Als Herder Königsberg verließ, sprach Kant mit dem damals 19jährigen Jünglinge und ermahnte ihn, er sollte doch nicht so viel über Bücher brüten, sondern vielmehr seinem Beispiel folgen. Er sei sehr gesellig und nur in der Welt könne man sich bilden. (Wirklich war damals Herr Magister Kant der galanteste Mann von der Welt, trug bordirte Kleider, einen postillon d'amour und besuchte alle Coterien.) Darauf erhielt Herder in Riga einen Brief von Kant, worin er ihn zur Theilnahme an einem neuen philosophischen System ermahnt, und erinnert, ob er auch seinem Rathe getreu viel in Gesellschaften komme u. s. w.[1] [5, S. 133]

[1] Brief Kants an Herder vom 9.5.1768 (Ak 10, S. 73 f.) und Herders Antwort vom Nov. 1768 (ebd., S. 75 ff.)

70. *Hamann* an Lindner, 19.12.1764

HE M. Kant kommt eben zu mir, und versichert Sie sr Freundschaft. [16/Bd. 2, S. 284]

71. Hamann an Lindner, 22.12.1764   vor 22.12.1764

HE. Mag. Kant hat kürzl. von einem Mag. Cleß[1], der Hofmeister bey dem jungen Printzen von Würtenberg ist und sich zu Treptau aufhält, eine ⟨6⟩ 7½ Bogen starke Disputation bekommen unter folgendem Titel: Obseruationes ad Commentationem Dni. Imanuclis Kant de vno possibili fundamento Demonstr. Exist. DEI von dem einzig moeglichen Beweisgrund zu einer Demonstr. des Daseyns Gottes quas praeside *Godofr. Plouquet* pp. pro rite consequendis Magisterii philosophici honoribus Dan. Fr. Hermann, Aldingensis zu Tubingen im Octobr. 1763. gehalten. Die Hälfte dieser Schrift besteht aus dem Text, der mit lateinischen Buchstaben gedruckt und die andere Hälfte aus Anmerkungen, worinn derselbe mit vieler Ehre ausgelegt, supplirt auch bisweilen wiederlegt wird.
[16/Bd. 2, S. 285]

[1] Cleß, Daniel Jonathan (1731–1803), Theologe, vgl. Ak 13, S. 25.

72. Hamann an Herder, April 1765

An Lamberts Organon[1] erinnere HE. M. Kant so oft ich Gelegenheit dazu habe.   [16/Bd. 2, S. 324]

[1] Johann Heinrich Lambert: Neues Organon oder Gedanken über die Erforschung und Bezeichnung des Wahren und dessen Unterscheidung vom Irrthum und Schein. Leipzig 1764.
In das Jahr 1765 fällt der Beginn von Kants Briefwechsel mit Lambert (1728–1777), vgl. Ak 10, Nr. 33, 34, 37, 39a, 57.
Vgl. zu Kant–Lambert die Literaturangaben in Sch ³1986, S. XXXIV f.

73. Reichardt[1] an Kant, 28.8.1790   SS 1765

Die grosse Verbindlichkeit, die ich Ihnen von Kindheit an habe, wächst mit jeder neuen Schrift von Ihnen über allen Ausdruck.

Ihr weiser gütiger Rath allein, half mir auf den Weg zur litterarischen Bildung, die mir bald meine Kunst aus einem höheren Gesichtspunckt ansehen ließ, und Ihre edle Uneigennützigkeit, mit der Sie mir die Freiheit ertheilten, Ihren Vorlesungen beiwohnen zu dürfen, verhalf mich, wenn gleich damals noch nicht zu der philosophischen Bildung, die ich izt gewiß aus Ihrer Nähe ziehen würde, dennoch zu der Aufmercksamkeit und Liebe zu eigenem Nachdenken, die mich izt besser in den Stand setzen aus Ihren vortrefflichen Werken mich zu unterrichten. [31/Bd. 11, S. 201]

[1] Reichardt, Johann Friedrich (1751–1814), Komponist und Schriftsteller, Schüler Kants, immatr. 5.5.1765, seit 1775 Kgl. Kapellmeister in Berlin. Vgl. APB 2, S. 544; ADB 27, S. 629 ff.; Dorow, Erlebtes, S. 53 ff.; Walter Westphal: Der Kantische Einschlag in der philosophischen Bildung des Musikers Johann Friedrich Reinhardt. Diss. Königsberg 1942.

74. *Reichardt* ab 1765

Kant war ein an Leib und Seele ganz trockner Mann. Magerer, ja dürrer als sein kleiner Körper hat vielleicht nie einer existirt; kälter, reiner in sich abgeschlossen wohl nie ein Weiser gelebt. Eine hohe, heitere Stirn, feine Nase und helle klare Augen zeichneten sein Gesicht vortheilhaft aus. Aber der untere Theil desselben war dagegen auch der vollkommenste Ausdruck grober Sinnlichkeit, die sich bei ihm besonders beim Essen und Trinken übermäßig zeigte. Das Bild vor dem Repertorium der allgemeinen Literaturzeitung[1] drückt diese Eigenschaften auch gut genug aus und ist das ähnlichste, das man von ihm hat. Er liebte sehr eine gute Tafel in fröhlicher Gesellschaft und war selbst ein angenehmer Gesellschafter, der durch sehr ausgebreitete Belesenheit, durch einen unerschöpflichen Vorrath von unterhaltenden und lustigen Anekdoten, die er ganz trocken, ohne je selbst dabei zu lachen, erzählte, und durch eigenen echten Humor in treffenden Repliken und Anmerkungen jede Gesellschaft aufheiterte und unterhielt, weil man solch einen Mann auch wohl gern allein sprechen hörte. Mancher, der sich oft in seiner Gesellschaft befand, mochte indeß sich auch wohl in dem Fall des braven, durch sein Unglück später bekannt gewordenen *Roland's* befinden. Als dieser nach fünftägigem Aufenthalt in *Voltaire's* Hause den geschwätzigen Greis mit seinem Reisegefährten verließ, rief dieser aus: »Könnt' ich doch fünf Wochen in des herrlichen Mannes Nähe so zubringen!« *Roland* aber erwiederte: »Ich hätt' es nicht noch fünf Stunden ausgehalten, denn ich mag auch wohl einmal das letzte Wort und Recht haben.« *Kant's* Gesellschaft wurde um so mehr von den besten Häusern und angesehensten Familien gesucht, da er sich durch die vollkommenste Rechtlichkeit und durch den echten Stolz, der ihm nicht nur als dem geistreichsten Manne seines Orts, sondern als einem der tiefsten Denker, die je die Menschheit geehrt haben, wohl anstand, überall in hoher Achtung zu erhalten wußte, auch im Aeußern nicht nur stets sauber, sondern sehr stattlich erschien. Gegen ihn, ja auch wohl nur in seiner Gesellschaft würde sich gewiß nicht leicht einer etwas Unanständiges erlaubt haben; *Kant* würd' es sicher nie ohne die strengste Rüge haben hingehen lassen. Er paßte auch um so mehr in jede große und kleine Gesellschaft, da er das Kartenspiel liebte und nicht gerne einen Abend ohne seine kleine L'hombreparthie zubrachte. Er hielt dieses für das einzige, stets sichere Mittel, den Kopf von angestrengtem Denken abzuziehen und zu beruhigen. Schöne Künste hatte er nie geübt und liebte sie auch nicht besonders; — denn wie sehr man sich auch laut für schöne Künste erklären mag, übt man sie nicht selbst, dringt man nicht einigermaßen in ihr inneres Wesen ein, so sind und bleiben sie doch nur meist eine angenehme Spielerei für einige Zeit. Ein sehr lebhaftes Gefühl, eine äußerst feine Sinnlichkeit und heiße Einbildungskraft können vielleicht einzelne, ganz ausgezeichnete Menschen zu lebenslangen, wirklich genießenden Enthusiasten für die Kunst machen, wenn sie solche auch gleich nicht selbst üben; jene Eigenschaften besaß *Kant* aber nicht. Es war vielmehr, als wär' er lauter reine Vernunft und tiefer Verstand, neben welchen man wohl nur selten auch ein so gränzenloses Gedächtniß antreffen wird, als *Kant* besaß. Seine Vorlesungen wurden auch dadurch äußerst interessant und lehrreich.

Von des Morgens um sechs oder sieben bis zwölf Uhr pflegte er hintereinander zu lesen, selten daß zwischeninne eine Freistunde blieb; noch seltener las er Nachmittags. Zwischen jeder Vorlesung, die er auf den Punkt schloß, ließ er sich zwanzig Minuten Zeit zur Vorbereitung für die folgende Vorlesung. Logik und Metaphysik las er gewöhnlich publice und auch privatim: dann noch abwechselnd Naturrecht, Physik, Ethik, Anthropologie und physische Geographie. Dieses war eine besonders angenehme und lehrreiche Vorlesung für junge Leute, durch die unermeßliche Belesenheit in Geschichte, Reisebeschreibungen, Biographien, Romanen und in allen Fächern, die nur je Materialien zu Bereicherung oder Erläuterung für jene Wissenschaft liefern konnten. Sein Gedächtniß zeigte sich dabei in seiner vollen Stärke: denn obgleich er die Hefte vor sich liegen hatte, sah er doch selten hinein und sagte oft ganze Reihen von Namen und Jahreszahlen frei aus dem Kopfe her. Er schien in allen Weltheilen zu Hause zu sein, obgleich er nie weiter als bis Pillau, sieben Meilen von Königsberg gekommen war.[2] Er war auch unermüdet in Nachtragung alles dessen, was seine ununterbrochene Lektüre Neues ihm gewährte, wovon man sich jetzt auch aus dem gedruckten Werke überzeugen kann, welches eigentlich nur aus seinen Heften besteht, nach welchen er die physische Geographie vortrug. Manches kommt daher im Drucke selbst auch doppelt vor, und vieles fehlt, was sein mündlicher Vortrag ergänzte.

Aber auch seine Vorlesungen über abstrakte Philosophie erhielten durch jenen Schatz von Erläuterungen und Beispielen, die ihm sein Gedächtniß darbot, große Klarheit und Deutlichkeit, und seine Schriften sind vielen wohl immer dadurch so dunkel und schwierig geblieben, weil er den Lesern philosophischer Schriften zu viel zutraute, als daß er jene hinzuzufügen hätte für nöthig erachten sollen. Wie sehr er sich darin aber betrog, hat er an dem langen, fast allgemeinen Schweigen der Kritik und an der Verkehrtheit der ersten Recensionen seiner Schriften wohl erkennen müssen, obgleich sie Männer wie *Garve* und *Eberhardt* zu Urhebern hatten, u. s. w.   [45a, S. 3–6]

---

[1] Es handelt sich um einen Stich von J. H. Lips nach dem Original von Vernet vor dem ersten Band des Allgemeinen Repetoriums der Literatur für die Jahre 1785–1790 (Jena 1793). Vgl. Minden, S. 29, Fußnote»n«.

[2] Irrtum Reichardts. Kants weiteste Reise war die nach Goldap zu General von Lossow.

75. Hamann an Herder, 18.5.1765

In Ansehung des *Problems*[1], an dem Sie arbeiten, besinne mich nicht mehr als was *Kant* davon zu sagen pflegt. Erfüllen Sie Ihr Versprechen mir näheren Bescheid darüber zu ertheilen, und vergeßen Sie Ihre *Fragmente*[2] nicht. [16/Bd. 2, S. 331]

[1] Es betrifft wohl Herders Bemerkung im Brief an Hamann vom 23.4./4.5.1765 (HaBr 2, S. 326), wo es heißt: »Ich bin eine Zeitlang totus in illo gewesen: eine Menge meiner Lieblingsideen unter das Thema zu bringen, wie die Philosophie zum Besten des Volkes allgemeiner u. nützlicher werden kann: besinnen Sie sich dieses Problems.« Leider teilt Hamann nicht mit, was Kant »davon zu sagen pflegt«.
[2] Gemeint: Herders Schrift »Über die neuere Deutsche Literatur. Fragmente, als Beilagen zu den Briefen, die neueste Literatur betreffend.« 1766–1767 ([2]1768).

76. Lüdecke[1] an Kant, 18.1.1781   ab WS 1765/66

Unter den so vielen, die Sie mit dem dankbarsten Herzen bey diesem Nahmen nennen, werden Sie sich freilich unmöglich auf einen Menschen besinnen können der länger als vor zehn Jahren das Glük hatte Ihr Schüler zu seyn. Allein so gewiß es ist daß sehr viele durch bekant gewordene und leuchtende Verdienste Ihnen mehr Ehre gemacht haben als ich, der ich nur in einem ganz kleinen Kreise geschäftig seyn kann, so ist es mir doch wenigstens gewiß daß es weder Einbildung noch blos fades Compliment ist, wenn ich sage daß keiner Sie mit stärkern Empfindungen der Hochachtung, die mit jedem Tage wächst je länger ich in dem Felde der Warheit mein Pläzchen bearbeite, verehret als ich. Ihnen allein habe ich die aufrichtigste Charte von dem so verwachsenem Gefilde der Philosophie zu danken und es bestätigt mir jezt meine tägliche Erfahrung das, was mir Sulzer[2] sagte, als ich bey meiner Zurükkunft in Berlin meinen Unwillen darüber aeußerte, daß ich Theologie hatte in Königsberg studieren müßen »Danken Sie Gott dafür,! was sie an Theologischen Reichtümern verloren haben, haben Sie dadurch gewinnen können, daß sie einen Kant genüzt haben. Das wird ihnen auch dereinst in der Theologie viel helfen.«

[31/Bd. 10, S. 263-264]

[1] Lüdecke, Johann Ernst (1746-1807), Theologe, Schüler Kants, immatr. 14.10.1765, seit 1776 Prediger an der Petrikirche in Berlin.
[2] Sulzer, Johann Georg (1720-1779), Ästhetiker, tätig bei der Berliner Akademie (1750-1779).

77. *Lüdecke* an Kant, 30.12.1797   ab 1765/66

Freilich ist es verwegen oder vielmehr *verwogen Ihnen,* auch nur einige Minuten durch mein sehr entbehrliches Schreiben zu rauben. Allein ein unwiderstehlicher Drang der innigsten Hochachtung, der immer wachsenden Dankbegierde, und einer wahrhaft kindlichen Liebe trieb mich schon lange zu dem Wunsch, mein Herz ergießen zu können. Ich dämmte meine Empfindung. Doch da mir neulich mein Freund Borowsky schrieb, daß Sie meiner noch nicht vergeßen hätten, da half kein Dämmen mehr.

O erlauben Sie es mir, daß ich Ihnen Verehrungswürdigster Greis sagen darf wie sehr ich Sie als den größesten Wohlthäter meiner Seele verehre. Es sind nun 32 Jahre daß ich das Glück mich Ihnen zu nähern hatte. Aber es ist mir jetzt dieses Glück noch viel beglückender, als damals, da mich mein Oncle, der Comerzienrath Hoyer zu Ihnen führte. Könnte ich doch mein Dankgefühl ganz ausdrücken. Hätte mich die Vorsehung in die Schriftsteller Welt verschlagen ich stehe nicht dafür daß ich Sie mit einer Menge Zueignungs Schriften gequälet hätte und mir dadurch ein gewißes Ansehen zu erdedicieren gesucht. Dafür hat Sie der Höchste bewahret.

[31/Bd. 12, S. 227]

78. *Kant* an Mendelssohn, 7.2.1766   WS 1765/66

HE. Mendel Koshmann[1] hat mir den jüdischen Studenten Leon[2] zusammt Dero Empfehlung zugeführt. Ich habe ihm sehr gerne meine Collegien und andere Dienstleistungen zugestanden. Allein vor einigen Tagen ist er zu mir gekommen und hat sich erklärt daß er sich der Gelegenheit welche die itzigen pohlnischen Zufuhren geben bedienen wolle um eine kleine Reise zu den seinigen zu thun von da er um Ostern allhier wieder einzutreffen gedenkt. Es scheint daß er sich bey der hiesigen jüdischen Gemeinde durch einige Vernachläßigung in der Observantz ihrer gesetzmäßigen Gebräuche nicht gänzlich zu seinem Vortheile gewiesen habe und da er ihrer nöthig hat so werden Sie ihm deswegen künftig die gehörige Vorschrift geben in Ansehung welcher ich ihm schon zum voraus einige Erinnerung die die Klugheit gebeut habe merken lassen.

[31/Bd. 10, S. 68]

[1] Nichts ermittelt.
[2] Ak 13, S. 34 erwägt: Gottlieb Ephraim Leo aus Piragienen bei Insterburg, immatr. 26.4.1765.

79. Borowski 1766–1769

Ich habe ihn in sechs Wohnungen gekannt und gesprochen.[1] Hier war — Ruhe im Hause und umher — der Grundsatz, von dem er bei der Wahl ausging. Da er Magister ward, hatte er auf der sogenannten Neustadt einige Zimmer inne; eine Zeitlang nachher wohnte er in der Magistergasse nach dem Pregel hin, wo freilich das Geräusch, das von den Schiffen und den polnischen Fahrzeugen herkam, ihm gar nicht recht war; er konnt's indessen damals nicht abändern. Eine Zeitlang wohnte er bei dem Direktor *Kanter*, aus dessen Hause ihn aber ein Nachbar vertrieb, der auf dem Hofe einen Hahn hielt, dessen Krähen unsern K. im Gange seiner Meditationen zu oft unterbrach. Für jeden Preis wollte er dieses laute Tier ihm abkaufen und sich dadurch Ruhe schaffen, aber es gelang ihm bei dem Eigensinn des Nachbars nicht, dem es gar nicht begreiflich war, wie der Hahn einen Weisen stören könnte. K. wich also aus. Er bezog dann eine Wohnung auf dem Ochsenmarkte; wieder eine andre nahe dem Holztore. [29, S. 56–57]

[1] Vgl. Gause II, S. 250; Gause (1974), S. 95 ff.; Kuhrke (1924), S. 25 ff.

80. *Mendelssohn*[1] an Kant, 25.12.1770   ab SS 1766

Herr Marcus Herz[2], der sich durch Ihren Unterricht, und, wie er mich selbst versichert, noch mehr durch Ihren weisen Umgang, zum Weltweisen gebildet hat, fährt rühmlich auf der Laufbahn fort, die er unter Ihren Augen zu betreten angefangen. So viel meine Freundschaft zu seinem guten Fortkommen beytragen kan, wird ihm nicht entstehen. Ich liebe ihn aufrichtig, und habe das Vergnügen fast täglich seines sehr unterhaltenden Umgangs zu genießen. Es ist wahr, die Natur hat viel für ihn gethan. Er besitzet einen hellen Verstand, ein weiches Herz, eine gemäßigte Einbildungskrafft, und eine gewisse Subtiligkeit des Geistes, die der Nation natürlich zu seyn scheinet. Allein welch ein Glük für ihn, daß eben dise Naturgaben so frühzeitig den Weg zum Wahren und Guten geführt worden sind. Wie mancher, der dises Glük nicht gehabt hat, ist in dem unermeßlichen Raume von Warheit und Irrthum sich selbst überlassen geblieben, und hat seine edle Zeit und seine besten Kräffte, durch hundert vergebliche Versuche, verzehren müssen, dergestalt daß ihm am Ende beides Zeit und Kräffte fehlen, auf dem Wege fortzufahren, den er, nach langem Herumtappen, endlich gefunden hat. Hätte ich vor meinem zwanzigsten Jahre einen Kant zum Freunde gehabt!   [31/Bd. 10, S. 113]

---

[1] Mendelssohn, Moses (1729–1786), Philosoph, eigenständiger Vertreter aufklärerischen Denkens, Kaufmann in Berlin, er besuchte Kant im Jahre 1777 (vgl. G, Nr. 149). Vgl. über ihn: Alexander Altmann: Moses Mendelssohn. A Biographical Study. London 1973.
Kant hat sich mit Mendelssohn mehrfach auseinandergesetzt, so in der 2. Aufl. der KrV (B 413 ff.: »Widerlegung des Mendelssohnschen Beweises der Beharrlichkeit der Seele«), in der Schrift »Was heißt: Sich im Denken orientieren?« (Ak 8, S. 131 ff.), in »Einige Bemerkungen zu L. H. Jakob's Prüfung der Mendelssohn'schen Morgenstunden« (Ak 8, S. 449 ff.) und im III. Teil des Aufsatzes »Über den Gemeinspruch...« (Ak 8, S. 307 ff.). Der Briefwechsel Mendelssohn-Kant ist eigens abgedruckt in der von Dominique Bourel besorgten Ausgabe der Mendelssohnschen »Morgenstunden« in Reclams UB (Stuttgart 1979, S. 203–222).
Zu Kant–Mendelssohn vgl. u. a. Walter Kinkel: Moses Mendelssohn und Immanuel Kant, in: KS 34, 1929, S. 391 ff.; H. M. Graupe: Kant und das Judentum, in: Zeitschrift für Religions- und Geistesgeschichte 13, 1961, S. 308 ff.; Frieder Lötzsch: Zur Genealogie der Frage ›Was ist Aufklärung?‹. Mendelssohn, Kant

und die Neologie, in: Theokratie. Jahrbuch des Institutum Judaicum Delitzschianum (Leiden) 1973, S. 307–322; ders.: Moses Mendelssohn und Immanuel Kant im Gespräch über die Aufklärung, in: Judentum im Zeitalter der Aufklärung (= Wolfenbütteler Studien zur Aufklärung, Bd. 4) Bremen 1977, S. 163–186; Norbert Hinske: Die Diskussion der Frage: Was ist Aufklärung? durch Mendelssohn und Kant im Licht der jüngsten Forschungen (= Nachwort zur zweiten Auflage von: Was ist Aufklärung? Beiträge aus der Berlinischen Monatsschrift, in Zusammenarbeit mit Michael Albrecht ausgewählt, eingeleitet und mit Anmerkungen versehen von Norbert Hinske, 2., um ein Nachwort erweiterte Auflage. Darmstadt 1977 (^{3}1983), S. 519–558; Gérard Raulet: Us et abus des lumières. Mendelssohn jugé par Kant, in: EPh 1978, 33, S. 297–313; Karol Bal: Aufklärung und Religion bei Menselssohn, Kant und dem jungen Hegel in: Deutsche Zeitschrift für Philosophie 27, 1979, S. 1248–1257; Nathan Rotenstreich: Enlightenment Between Mendelssohn and Kant, in: Studies in Jewish Religious and Intellectual History. Ed. by Siegfried Stein and Raphael Loewe. The University of Alabama Press 1979, S. 263–279; Alexander Altmann: Prinzipien politischer Theorie bei Mendelssohn und Kant, Trier 1981.

² Herz, Markus (1747–1803), Arzt, Schüler Kants, immatr. 10.4.1766, zeitweise engster philosophischer Unterredner Kants; er fungierte bei Kants Verteidigung der »Dissertation« am 24.8.1770 als »Respondent«. Nach seiner Abreise aus Königsberg im September 1770 wichtigster Korrespondent. An Herz ist der für die Entstehungsgeschichte der KrV entscheidende Brief gerichtet (21.2.1772, Ak 10, S. 129 ff.). Zu seinem Bezug zu Kant vgl. auch Herz' Schrift »Betrachtungen aus der spekulativen Weltweisheit«. Königsberg 1771. Nach Abschluß seines Studiums war Herz am jüdischen Krankenhaus in Berlin tätig, 1786 wurde er zum Professor der Philosophie ernannt.

Vgl. über ihn: ADB 12, S. 260 ff.; NDB 8, S. 729; Henriette Herz, in: Erinnerungen, Briefen, Zeugnissen. Hrsg. v. Rainer Schmitz. Frankfurt 1984, S. 21 ff. u. ö.; Schlichtegroll Jg. 1805, 3. Bd., S. 27–56; Dominique Bourel: Moses Mendelssohn, Markus Herz und die Akademie der Wissenschaften zu Berlin, in: Mendelssohn-Studien 4, 1979, S. 223–234; ders.: Die verweigerte Aufnahme des Markus Herz in die Berliner Akademie der Wissenschaften, in: Bulletin des Leo Baeck-Instituts (Jerusalem) 1984, S. 3–13.

81. Herz an Kant, 11.9.1770 ab SS 1766

Verzeihen Sie mir theuerster Herr Profeßor, daß ich, da ich mich schon seit Donnerstag allhier befinde, erst jezo meine Aufwartung mache; das ungewöhnliche Wachen, das fünftägige Fahren und die ununterbrochne Erschütterungen, die man auf dem Postwagen empfindet, hatten meinen zur Bequemlichkeit beynahe schon verwöhnten Körper dermaßen geschwächt, daß ich zu jeder andern wichtigen Sache untüchtig war, und um wie viel mehr zur Unterhaltung mit Ihnen? Der bloße Gedanken an Sie setzt meine Seele in eine Ehrfurchtvolle Erstaunung, u. mit vieler Mühe nur bin ich alsdenn fähig mein zerstreutes Bewustseyn wieder zu samlen, u. meine Gedanken fortzusetzen. Sie allein sind es dem ich meine glückliche Veränderung des Zustandes zu danken habe, dem ich ganz mich selbst schuldig bin; ohne Ihnen würde ich noch jezo gleich so vielen meiner Mitbrüder, gefeßelt am Wagen der Vorurtheile ein Leben führen, das einem jeden viehischen Leben nach zu setzen ist; ich würde eine Seele ohne Kräfte haben, ein Verstand ohne Thätigkeit, kurz ohne Ihnen wäre ich dies was ich vor vier Jahre war, das ist, ich wäre nichts. Freylich ist die Rolle die ich noch jezo spiele sehr klein, wenn ich meine Kentniße an u. für sich betrachte, oder sie mit vieler anderer ihre vergleiche; allein unendlich erhaben ist sie in vergleich mit derjenigen die ich selbst vor wenige Jahre spielte. Es mag immer der Trost der Unwißenden bleiben, daß wir mit alle unsere Wißenschaft nicht weiter als sie gelangen; es sey imer die Klage hypochondrischer Gelehrte, daß unsere Kentniße unser Unglück vermehren; ich verlache die erste u. bedaure die letzte, ich werde nie aufhören den Tag, an welchen ich mich den Wißenschaften übergab für den glücklichsten, u. denjenigen da Sie mein Lehrer wurden für den ersten meines Lebens zu halten. [31/Bd. 10, S. 99/100]

82. *Kant* an Herz, 11.5.1781 ab SS 1766

Von einem Manne aber der unter allen die mir das Glück als Zuhörer zugeführt hat am geschwindesten und genauesten meine Gedanken und Ideen begriff und einsah kan ich allein hoffen daß er in kurzer Zeit zu demienigen Begriffe meines Systems gelangen werde der allein ein entscheidendes Urtheil über dessen Werth möglich macht. [31/Bd. 10, S. 269]

83. Kant an Herz, 2.11.1785 ab SS 1766

Die Äußerungen der Freundschaft und Zuneigung, welche Sie für mich noch immer aufzubehalten so wohldenkend sind, haben desto größeren Reitz und Zugang zum Herzen, je seltener sie bey ehemaligen Zuhörern, zumal wenn sie selbst schon zum schriftstellerischen Ruhme gestiegen sind, angetroffen werden. Die Ehre, die dieses Ihrem Herzen macht, rechnet meine Eigenliebe sich auch zum Theil zu und findet darin noch süßere Befriedigung, als selbst in der, von der ersten Anleitung zum nachherigen Gelehrten Verdienste.

[31/Bd. 10, S. 429]

84. Herz an Kant, 25.11.1785 ab SS 1766

Lieber, theurer, verehrungswürdiger Lehrer! Daß Ihnen der Himmel noch so viele vergnügte und glückliche Jahre hinieden genießen lasse, als Ihr lieber Brief mir vergnügte und glückliche Stunden gemacht. Ich habe schon lange keinen von Ihnen gehabt, und mein Herz hängt noch so fest an Ihnen, lechzt noch so oft nach Unterredungen mit Ihnen, daß, ohne die Gegenwart Ihres Bildes[1] in meiner Stube, das ich bey jedem Denken und Forschen nach Wahrheit anstaune, und das mich für jede gedachte und erforschte anzulächlen scheint, ich es schwerlich fünfzehn Jahre ausgehalten haben würde, ohne einen Lauf nach Königsberg zu machen, um noch einmal in meinem Leben wenigstens vier u. zwanzig Stunden vor dem Munde meines würdigen Lehrers und Freundes zu zubringen. Ha! das waren Zeiten, da ich so ganz in der lieben ruhigen Philosophie und ihrem Kant lebte und webte, da ich mit jedem Tage mich vollkommener und gebildeter als den Tag vorher fühlte, da ohne Nahrungsgewerbe frey von Sorgen, *es werde mir meines Lehrers Beyfall und Aufmunterung gewährt*, mein einziger Morgen und Abendwunsch war, und der mir so oft gewährt wurde; das waren! — Aber die Zeiten sind vorüber, nun ist alles anders. Das praktische medicinische Leben ist das unruhigste und beschwerlichste für Geist und Körper.

[31/Bd. 10, S. 425]

[1] Es handelt sich um eine von Johann Christoph Frisch stammende Kopie des Beckerschen Kantbildes aus dem Jahre 1768. Vgl. Erich Biehahn: Das Berliner Kantbildnis, in: KS 50, 1958/59, S. 255–256; ders.: Zwei unbekannte Kantbildnisse der Deutschen Staatsbibliothek, in: KS 53, 1961/62, S. 127; eine Abb. findet sich in: Kunstwerke der Deutschen Staatsbibliothek. Im Auftrage der Hauptdirektion der Deutschen Staatsbibliothek bearbeitet von Erich Biehahn. Berlin 1961, S. 18 Abb. Nr. 21.

85. Herz an Kant, 27.2.1786   ab SS 1766

Verehrungswürdiger Lehrer.

Sie empfangen, theurster Lehrer, durch den HE. D. Joel[1] ein Exemplar meines *Versuchs über den Schwindel*[2], dessen ich in meinem Briefe vom 25^t Nov. Erwähnung gethan[3]. Die Hauptidee des ganzen Werks äußerte ich einst in einer jener glückseligen Unterredungen mit Ihnen, deren alle ich mich immer noch mit Entzücken erinnere. Da lag sie in meiner Seele wartend auf hinreichende physiologische Kenntnisse um mit diesen in ein Ganzes verwebt zu werden, und in ihrem Einflusse auf die Praxis, so schwach er vielleicht auch noch scheinen möchte, sich zeigen zu können. Sie sehen, theurster Mann, ich bin kein ganz Abtrünniger von Ihnen, bin vielmehr ein Überläufer der noch Ihre Uniform trägt, und bey andern Mächten, nicht Ihren Feinden, Ihren Dienst einzuführen sucht; oder, um mich minder preußisch auszudrücken, ich liebe das Umherwandeln in den Gränzörtern der beyden Länder, der Philosophie und der Medizin, und habe meine Freude daran, wenn ich da Vorschläge und Einrichtungen zu Gemeinregirungen entwerfen kann.   [31/Bd. 10, S. 431]

[1] Joel, Aaron Isaak (1747–1813), Mediziner, immatr. 16.4.1773, Schüler Kants, Arzt am Krankenhaus Chewra Kaddischem in Königsberg, zeitweise Hausarzt Kants. Vgl. Jolowicz, S. 103; Krüger 1966, S. 93.
[2] Berlin 1786. Vgl. zu Kants Reaktion auf das Buch G, Nr. 355.
[3] =Ak 10, S. 427.

86. Herz an Kant, 25.12.1797 ab SS 1766

Der große allen bekannte Meckel¹ verlangt dem großen alles kennenden Kant durch mich so wenig bekannten und so wenig kennenden Herz empfohlen zu seyn, und ich würde mit der Befriedigung dieses überflüßigen Verlangens großen Anstand genommen haben, wenn sie nicht zugleich eine so erwünschte Veranlassung wäre meinen Namen wieder einmal in dem Andenken meines unvergeßlichen Lehrers und Freundes aufzufrischen, und ihm wieder einmal zu sagen, welche Seeligkeit die Erinnerung an die ersten Jahre meiner Bildung unter seiner Leitung noch immer über mein ganzes Wesen verbreitet und wie brennend mein Wunsch ist ihn in diesem Leben noch einmal an mein Herz zu drücken! Warum bin ich nicht ein großer Geburtshelfer, Staarstecher oder Krebsheiler, der einmal über Königsberg zu einem vornehmen Russen gerufen wird? — Ach ich habe leider nichts in der Welt gelernt! Die wenige Geschicklichkeit die ich besitze ist auf jedem Dorfe in Kamschatka zehnfach zu haben, und darum muß ich in dem Berlin versauern und auf das Glück, Sie, ehe einer von uns die Erde verläßt, noch zu sehen, auf immer resigniren!

Um so stärkender ist mir dafür jede kleine Nachricht von Ihnen aus dem Munde eines Reisenden, jeder Gruß den ich aus dem Briefe eines Freundes von Ihnen erhalte. Laben Sie mich doch öfter mit diesen Erquikungen und erhalten mir noch lange Ihre Gesundheit und Freundschaft.

Berlin den 25ten Decemb.
1797. [31/Bd. 12, S. 225–226]

¹ Vgl. G, Nr. 512.

*87. Scheffner*¹ an Herder, 30.10.1766 1766?

Da ich einmal Anekdoten schreibe, so lesen Sie auch noch folgendes vom Hume u Rousseau, ersterer war bey der Gesandschafft in Paris, hat aber den Posten wegen seiner Blödigkeit im mündlichen Vortrage verlassen, u bekomt jezt von der Regierung 800 P Str. Er brachte den leztern nach London, u da er ihm zur Wohnung ein Wirthshauss anwies worin durch einen Zufall der Sohn des ärgsten Feindes den R — in G. hatte logirte, so brachte dieses R — auf den argwöhnischen Gedanken als ob H — es mit Fleiss gethan hätte vielleicht diesem jungen Menschen Gelegenheit zu geben den R — zu beleidigen od: ums Leben zu bringen. R — schrieb hierauf einen 18 Bogen langen harten Brief an den H — dessen Aussdrücke ihn so beleidigten dass er gegen seine Freunde sagte: R — müste entweder den Verstand verlohren haben, oder eine Schlange seyn, die er im eignen Busen ernährt hätte. R — ist bald drauf mit dem Frauenzimmer, so er bey sich hat, die schön gewesen, u sehr verständig auch sehr geachtet seyn soll, aufs Land gegangen, wo er sich für seine eigne jährl. Einkünfte von 50 P Str: eingedungen hat, wozu aber eine Grosse incognito dem Wirth Zulagen geben, die er selbst auf keine Weise annehmen will. Dieses hat mir Kant aus Herrn Greens Briefen erzählt. Vielleicht weiss ihr Anekdotenfabrikant ein mehreres. [53/Bd. 1, S. 260–261]

[1] Scheffner, Johann George (1736–1820), Jurist und Schriftsteller, Freund Kants und langjähriger Tischgenosse, immatr. 22.9.1752, zuerst Soldat (im Siebenjährigen Krieg), 1765 Sekretär der Königsberger Kammer, 1772 Kriegsrat in Marienwerder, seit 1775 Bewirthschaftung des Gutes Sprintlacken, später des Gutes Ebertswalde bei Kgb., 1795 wieder in Königsberg. Über Scheffner vgl. ADB 30, S. 685 ff.; APB 2, S. 600 f., Reusch (Q Nr. 48, S. 16 ff.); Rudolph Reicke: Aus dem Leben Scheffners, in: AM 1, 1864, S. 31–58; Paul Stettiner: J. G. Scheffner. Ein Lebensbild aus dem Zeitalter von Deutschlands Erhebung, in: Monatshefte der Comenius-Gesellschaft 13, 1904, S. 200–217; Johannes Sembritzki: Scheffner-Studien in: AM 48, 1911, S. 351–377; A. Plehwe: J. G. Scheffner. Diss. Königsberg 1934 (mit Bibl.) Auf Scheffners Initiative wurde 1809/10 die Grabstätte Kants würdig gestaltet. (»Stoa Kantiana«).

Vgl. außer den unter Quellen Nr. 52 und 53 aufgeführten Schriften und Briefe Scheffners noch die anonym erschienenen »Gedanken über manches im Dienst und über andere Gegenstände.« Bd. 1 Königsberg 1802, Bd. 2 ebd. 1806 (enthält auch Bemerkungen über Kant); Immanuel Kants Gedächtnisfeyer in Königsberg am 22sten April 1810. Königsberg 1811 (Sch.s Rede bei der Einweihung der Stoa Kantiana). Handschriftlich erhalten ist eine Rede auf Kant aus dem Jahre 1815 in der »Gesellschaft der Freunde Kants«, die unter Scheffners Beteiligung 1805 gegründet worden ist. Vgl. zur Stoa Kantiana: Wilhelm Lomber: Die Grabstätte Immanuel Kants. Königsberg 1924; Heinrich Borkowski: Kants Grabstätte — die Professorengruft — Die Stoa Kantiana, in: Mitteilungen des Vereins für die Geschichte Ost- und Westpreußens 10, 1936, S. 65 ff.

88. Hippel an Scheffner, 1767

Der Prof. *Lindner* hat sich auch magnifice aufgeführt, und den Prof. *Will*[1], *Amon, Kant, Hamann,* meine Wenigkeit und den Hrn. *Kanter* einen Abend bewirthet. In Friedrichstein war der W* recht in seiner Lage. Vergnügt wie ein Prinz, und witzig wie ein Dithyramben-Dichter. Wir ertemporirten eine Burleske, bei welcher er seine Rolle gut durchführte und mir die Neugierde, seine Sachen für's Theater zu sehen; einflößte. So viel mir K* davon erzählt hat, finde ich nichts neues und nichts besonderes daran. Sonst war W* sehr zurückhaltend und stolz nach der Meinung des M. *Kant* und des Münzmeisters[2], nach der meinigen aber kleinstädtisch. Die Frau *Kanterin,* der es ohne Zweifel nicht genehm war, daß alle Tage bei ihr gegessen und getrunken wurde, hat sich abscheulich aufgeführt. [27/Bd. 13, S. 15–16]

[1] Nichts ermittelt.
[2] Gemeint: Johann Julius Goeschen (1736–1798), seit 1760 in Königsberg, 1764 Münzdirektor. Vgl. Ak 13, S. 19; Vorl. I, 124; S. 134f.; Gause II, S. 204; Gause (1959), S. 58f.; APB 1, 219.

88a. Scheffner an Hippel ? 27.10.1767

Ich habe niemals Kanten bewegen können den Huart[1] zu lesen, er ist stets zu faul gewesen, das Gold aus dem Spanier abzusondern.[2]
[53/1, S. 271]

[1] Gemeint: der spanische Dichter Vincente Garcia de la Huerta (1734–1780).
[2] Vgl. Scheffner an Herder 7.1.1767 (Q, Nr. 53, Bd. 1, S. 263).

89. Lübeck[1] an Kant, 7.1.1788   ab SS 1768

Ew Wohlgebornen sind mir schon in meiner frühen Jugend verehrungswerth, u. zur Zeit meines Akademischen Aufenthalts mein

Lehrer gewesen. Diese Rücksichten, u. Dero mir in der Folgezeit bewiesene Freundschaftsäußerungen, schmeicheln mich mit der Hofnung einer gütigen Verzeihung, wenn ich mir Ew Wohlgeb. Rath u. Dafürhalten in Absicht des Dessauschen Philantropiens zu erbitten wage. [31/Bd. 10, S. 518]

[1] Lübeck, Ewald Egedius von (1753–1827), Kriegs- und Domänenrat, Schüler Kants, immatr. 28.3.1768.

90. Hamann an Herder, 23.5.1768 vor 23.5.1768

und da ich vor wenig Abenden bey meinem Freunde Green träumte, und Kant versichern hörte, daß man keine neue, wichtige Entdeckung in der Astronomie mehr erwarten könnte wegen ihrer Vollkommenheit[1], fiel es mir wie im Schlafe ein, daß ich den neuen Hypothesen der Sternkunst so gehässig war ohne sie zu verstehen, daß ich ihnen, ohne zu wissen warum, nach dem Leben stand, vielleicht weil sie mich bloß in meiner Andacht störten, womit ich eines meiner liebsten Abendlieder empfand und dachte, wo es heißt
 Also werd' ich auch stehen,
 Mann mich wird heißen gehen
 Mein Gott aus diesem Jammerthal.
[31/Bd. 2, S. 416–417]

[1] Zu Kants astronomischen Ansichten vgl. die Arbeit von Waschkies (1987).

91. Jachmann September 1768

Noch muß ich besonders der Delikatesse erwähnen, mit der Kant seine Freunde behandelte. Er mischte sich nie zudringlich in ihre Angelegenheiten; seinen Rat äußerte er mit dem feinsten Zartgefühl und gewöhnlich so, daß er auf einen andern Bezug zu haben schien. Von seinen Bemühungen um das Wohl seiner Freunde ließ er nie ein einziges Wort fallen. Er handelte oft zu ihrem Besten, ohne sich je merken zu lassen, daß er für sie tätig gewesen wäre. Er benahm sich überhaupt mit einer bewundernswürdigen Feinheit gegen seine Freunde nach ihren individuellen Charakteren. Wie ihn aber auch in seinen freundschaftlichen Verhältnissen unbefangene Vernunft, strenge Pflicht, Liebe zur Tugend und Humanität leitete, das werden Sie aus folgendem charakteristischen Zuge ersehen.

Kant hatte schon aus früheren Jahren her einen Freund, den G. R. J.[1], dessen Haus er oft besuchte und dessen Frau[2] er schätzte. Ein anderer Hausfreund dieses Mannes, der M. D. G.[3], der auch ein Freund Kants wurde, faßte gegen die Hausfrau Neigung, veranlaßte eine Ehescheidung, heiratete sie[4] und machte ein angenehmes Haus in Königsberg, das von sehr vielen Fremden besucht wurde. Kant wurde sehr häufig und sehr dringend hier eingeladen, aber er betrat nie die Schwelle dieses Hauses, aus Achtung für den ersten Mann, mit welchem er fortwährend in einem freundschaftlichen Umgange lebte. Er hielt es für unerlaubt, und für unschicklich, mit beiden Männern zugleich in einem freundschaftlichen Verhältnisse zu leben, glaubte den ersten dadurch zu beleidigen und dem andern den Glauben beizubringen, als wenn er sein tadelhaftes Benehmen gutheiße. Mir ist es bekannt, daß ihn jetzt, so wie er handelte, beide Männer schätzten und verehrten.

[29, S. 58–59]

---

[1] Gemeint: Jacobi, G, Nr. 41.
[2] Maria Charlotte Jacobi, geb. Schwinck (1739–1795) verheiratet mit J. K. Jacobi (bis 1768, ab 1769 mit Goeschen, s. G, Nr. 88); vgl. Ak 10, S. 57 ff. und Ak 13, S. 19. Vgl. Vorl. I, S. 132 ff.; Gause II, S. 190; Gause (1959), S. 56 f.
[3] Gemeint: Goeschen. S. G, Nr. 88.
[4] Scheidung 1768, Verheiratung mit Goeschen 1769, s. die G, Nr. 97, 98, 99.

92. Hamann an Herder, 27.12.1768   26.12.1768

Gestern haben mich HE Müntzmeister Goesche u Mag. Kant besucht.   [16/Bd. 2, S. 405]

93. Abegg ab ca. 1769

Kant u. Hippel beisammen soll eine herrliche Unterhaltung gewesen seyn. [1, S. 255]

94. Hippel ab ca. 1769

Uebrigens bin ich mit denen nicht einstimmig, welche die Kinderjahre für die glücklichsten des Lebens halten, indem ich so oft die Erfahrung zu machen Gelegenheit gehabt, daß diese Jahre gemeinhin wahrhafte ägyptische Dienstjahre zu seyn pflegen, wo man, wenn Kinder besonders in die Hände der Miethlinge kommen und nicht unter der Aufsicht der guten Hirten, Vater und Mutter, bleiben, außerordentlich tyrannisirt wird. Herr *Kant*, der diese Drangsale der Jugend auch in vollem Maaße empfunden hatte, obwohl er im Hause seiner Aeltern blieb und nur eine öffentliche Schule, die damals sogenannte Pietisten-Herberge, das Collegium Fridericianum, besuchte, pflegte zu sagen, daß ihn Schrecken und Bangigkeit überfiele, wenn er an jene Jugendsklaverei zurückdächte.
[26, S. 39–40]

95. Hippel ab ca. 1769

Sehr oft pflegte Kant zu behaupten, daß eine gewisse Freiheit auf Universitäten den Jünglingen äußerst nöthig wäre; und wenn ich gleich selbst nicht läugnen kann, daß Bäume, und zwar *Fruchtbäume*, wenn sie im Freien stehen, so lange sie im eigentlichen Wachsthum sind, weit herrlicher fortgehen, sich weiter ausdehnen und höher steigen, so ist doch hierbei auf die Frage Rücksicht zu nehmen, ob, wenn gleich sie mehr Schatten geben, sie auch mehr Früchte bringen würden? Wenigstens glaube ich, daß eine Beschneidung des Gärtners in Hinsicht des üppigen Wachsthums hier nicht undienlich sey; und so wünschte ich denn im Ernste, daß die akademische Freiheit, die so leicht nicht nur zur Ausgelassenheit, im

Punkt von wegen der Sitten, ausartet, sondern auch eine zu große Vernachlässigung des Studirens zur fast unausbleiblichen Folge hat, eingeschränket werden möge. [26, S. 86]

95a. Hippel ab 1769

Hr. *Kant* pflegt oft zu sagen, daß wenn der Mensch alles, was er dächte, sagen und schreiben wollte, nichts Schrecklicheres auf Gottes Erdboden wäre, als der Mensch. [26, S. 345]

95b. Hippel ab 1765?

Oft hab' ich mich mit *Kant* über das Gebet gestritten, und ich glaube fast, daß in dem gewöhnlichen Sinn, in welchem das Wort Gebet genommen wird, ihm, der nicht beten wollte, nicht viel entgegen zu setzen seyn wird. Dieser exemplarische Philosoph, dessen Umgang mir allemal sehr schätzbar und lehrreich gewesen, ist der Meinung, daß es der Schwärmerei Thür und Thor öffnen hieße, wenn man Etwas Unsichtbares anreden wollte. [26, S. 34 f.]

95c. Hippel ab 1769?

Es lag in der Art meines Gedächtnisses, daß ich von je her für Tagebücher war und daß ich nie dem Gebete untreu ward, welches ich als ein Tagebuch mit Gott ansah. Oft hab ich mich mit Kant über das Gebet gestritten, allein nie hab' ich mich von dem Gegentheil meiner Grundsätze überzeugen können.

[27/Bd. 12, S. 294]

95d. Hippel ab 1769?

Die Allgemeinheit und Uebereinstimmung der vorzutragenden Lehre beim öffentlichen Gottesdienst, die besonders Semler so sehr vertheidigt, indem dadurch jedem Denker die Hinterthür offen bleibt, ist eine Meinung, der Viele anhangen. Herr Kant, der denn doch gewiß nicht glaubt, was die Kirche glaubt, hat sie oft gegen mich vertheidiget. [27/Bd. 12, S. 305]

96. Hippel an Scheffner, 5.7.1769 vor 5.7.1769

Ich will Ihnen doch bei Gelegenheit einen kleinen Riß, einen Einfall von Riß, der noch dazu unvollkommen ist, überschreiben, den ich vor vielen Jahren gemacht habe. Ich bin durch den M. *Kant* dazu aufgemuntert worden, aus Aerger über *Arnolds* Kirchengeschichte[1], die wir im Manuscript gelesen haben. Wie hunzt der Mann die alten Heiden herunter! Das Genie, die Würdigkeit dieser Leute hätte er bestimmen sollen. Sie sind der Mann, der den Riß ausbauen kann. Ich müßte lange leben, wenn ich so glücklich würde. Es betrifft Polen, und hat einen so großen Einfluß auf Preußen bis auf die Zeit, da wir zu reden aufhören mußten. Mit M. *Kant* habe ich darüber weitläufig gesprochen. Auch seine Gedanken sollen Sie darüber von mir haben. [27/Bd. 13, S. 90]

[1] Daniel Heinrich Arnoldt: Kurzgefaßte Kirchengeschichte des Königreiches Preußen. Königsberg 1769; vgl. Helmut Motekat: Ostpreußische Literaturgeschichte mit Danzig und Westpreußen. München 1977, S. 126f. Zu den »alten Heiden« vgl. das Erste Buch des Arnoldtschen Werkes »Von der Religion der alten Preußen«, S. 3ff.

97. Hippel an Scheffner, 12.8.1769

Die ganze Stadt spricht: *Göschen* werde die J[1] heirathen, nur *Kant* und ich sprechen nichts davon: weil er uns keine Sylbe von dieser seiner Absicht anvertraut hat. Es währet alles eine kleine Zeit, nur unsere Freundschaft soll ewig währen, wenigstens wird es meine Redlichkeit seyn, mit der ich Ihre unschätzbare Geneigtheit zu verdienen suchen werde...

Sie wollen von Mad. J. etwas zuverlässiges wissen. Das Zuverlässigste ist, daß sie zwar nicht so viel erhalten wird, um, so wie vorher, Koch und Vorreiter zu halten, allein ordentlich und als die Tochter des verstorbenen S² wird sie ohnstreitig leben können. Die Auction, so von den J³'schen Mobilien gehalten wird, hat die vom Hofgericht bei der Scheidung festgesetzte Auseinandersetzung zum Grunde. Mad. J. zeigt sich nach meiner Meinung größer in einer kleinen Wohnung in der Landhofmeisterstraße, als ehemals in dem jetztmehrigen Geheimden Rath von *Groeben'schen* Palais. Sie wissen doch, daß der *Ponargen'sche Groeben* geheimder Rath ist, und im ehemaligen *Jacobi*schen Schlosse residiret. Er hat sich bei Prof. *Lindner* zum (Ehren) Mitglied der königl. deutschen Gesellschaft proponiren lassen. Das Einzige, was er nach der Promotion zum Geheimden Rath werden konnte! Mein Himmel, was für Thorheiten kommen doch zum Vorschein! Um wieder auf die J* zu kommen, so bewundere ich sie, daß sie sich diesen Winter ohne Komödie, Redouten, Conzerte und Privatbälle behelfen können, da sie doch vorher allen diesen Festen den eigentlichen Glanz gab. Man sagt, diese Resignation koste ihr nichts. Münzmeister geht noch zu ihr und das finde ich billig. Ob er sie heirathen wird, weiß ich nicht, denn mit mir und *Kant* spricht er nicht davon, und daran thut er uns beiden einen Gefallen. So vergeht die Welt mit allen ihren Schätzen! Der Graf *Keyserling*[4] ist (damit ich in meinem Zeitungsstyl bleibe) gestern schön besternt wieder eingetroffen. Adv. Bock[5] hat seine Entlassung gesucht und erhalten. In seine Stelle wird Herr Sekretarius bei des Ober-Marchalls v. *Groeben*[6] Excellenz, der sehr wohlgebildete Herr *Melzer*[7] recipirt werden. Was endlich die *Kanter*'sche Zeitung anbetrifft, so bekümmere ich mich so wenig darum, daß ich auch keine Sylbe dazu gebe, obschon ich dem *Megorlin*[8] recht gut bin, mit dem sich *Kanter* in Mascopie begraben sollte, wenn er wüßte, was zu seinem Frieden dienet. Mich dünkt, eben dieses sowohl als vieles andere ist vor seinen Augen verborgen. Meine große Empfehlung an die gnädige Frau, deren Großmuth und Güte mich so oft rührt, als ich daran zurückdenke, und der ich allen Segen des Himmels zu ewigen Zeiten wünsche. Herr Münzmeister und M. *Kant* haben mir aufgetragen, Ihnen Grüße zu bestellen. Dem Letzteren geht die Conföderation sehr zu Herzen, da er sich als polnischer Edelmann, vermöge seiner Magisterwürde, um den Schaden des polnischen Josephs bekümmern muß. *Göschen* ist noch beständig derselbe. Ich kenne ihn nicht anders, als von einer guten Seite und wünsche ihm die Ruhe, die ihm, wie Sie mit Recht bemerken, zuweilen zu fehlen scheint.

[27/Bd. 13, S. 103–105]

[1] Vgl. G, Nr. 91.
[2] Gemeint: Johann Philipp Schwinck, Kaufmann in Königsberg. Vgl. Gause II, S. 188; Gause (1959), S. 56 f.
[3] Gemeint: Jacobischen.
[4] Reichsgraf Heinrich Christian (1727–1787), seit 1763 verh. mit der Gräfin Keyserling (s. G, Nr. 125). Über seine enge Beziehung zu Kant vgl. u. a. die Briefe Ak 10, Nr. 148, 187, 219 und G, Nr. 125.
[5] S. G, Nr. 50.
[6] Wahrscheinlich: Groeben, Wilhelm Ludwig (1710–1785), Jurist, (Oberappellationsgerichtsrat); vgl. APB 1, S. 234.
[7] Melzer: nichts ermittelt.
[8] Megorlin: nichts ermittelt.

98. *Hippel* an Scheffner, 12.8.1769?   August 1769?

Wenn unsere kritischen Zeiten diese Wendung nehmen, so scheinen sie am Ende und am späten Abend zu seyn. Haben Sie den *Jacobi*schen Einfall wegen eines *Hornordens* (der Gedanke ist aus Sterne entlehnt von der hörnern Tabaksdose aus seinen Reisen) gelesen? M. *Kant* sagt, daß er dergleichen Imitationes auf S....*) gemacht habe.

[27/Bd. 13, S. 106]

*) Der Name ist unleserlich.

99. *Hippel* an Scheffner, 4.11.1769

Zuforderst mit einer kleinen Relation von dem Münzmeisterschen Myrthenfest. Der Schauplatz war in *Gerlachs*[1] neu von innen und außen gemachtem Pallästchen. Die gnädige Frau kennt dieses Wesen, und darf ich also in meiner Beschreibung nicht weitläuftiger seyn. *Personen.* 1. Herr Münz-Director. 2. Herr Münz-Rendant. 3. Münz-Buchhalter. 4. Rath Senftenberg[2]. 5. George Fried. S**, welcher jetzt als Makler in Eidespflicht genommen ist, und wegen seines Konkurses aus der Bürgerstube entlassen worden. 6. Hr. Gerlach mit der Frau Gemahlin. 7. oder 8. meine Wenigkeit, und daß Braut und Bräutigam zugegen gewesen, versteht sich von selbst. Der Tag wurde des Nachmittags um 5 Uhr mit einer Hochzeitrede des Hrn. *D. Reccard**)[3] eröffnet, welche die *Religion als eine nothwendige Führerin bei allen Unternehmungen* zum Thema hatte. Hr. *D. Reccard* konnte wegen des von der Sonne zurückgekommenen Cometen, welchen er (unstreitig weil es sich nicht eben schickt am Hochzeitstage vom Cometen wegen des Anhangs zu sprechen) beständig nur den schönen Stern nannte, nicht bleiben. In einer Parenthese sey mir erlaubt, zu fragen, ob Sie in Ihrem ungläubigen Gumbinnen etwas von *Reccards* Cometen-Predigt gehört haben, welche dem guten Mann — eine Mahlzeit bei des Hrn. Grafen von *Keyserling* Excellenz eingebracht hat. Nun wieder auf die neue Sorge.**) Es wurde an zwei Tischen gespielt, und des Abends von 9 bis 12 gegessen und getrunken. Alles war so still wie auf einem Leichenschmause. Ich, der ich ohnedem ganz krank war, hatte die Ehre bei Madame *Gerlach* zu sitzen, und mich, wie gewöhnlich, über die Falschheit der Welt zu unterhalten. Nach aufgehobener Hochzeitstafel wurde Hr. Münz-Buchhalter lustig. — Die Ursache hievon lag nicht in der Gesellschaft, sondern im Wein. Nach einigen von ihm angebrachten Späßen fuhren wir alle in die Münze und fanden den *Erasmus*[4] (ich glaube Sie werden den guten Mann kennen) mit Chocolade etc. fertig. Ich half den Bräutigam entkleiden (an die Braut wagte sich Niemand) und dieses brachte mich auf den Einfall, daß es Zeit sey, mich selbst auszukleiden. Ich schlich mich weg, und auf diese Art war der Schauplatz geschlossen.

Nach dieser Zeit bin ich zweimal beim neuen Ehepaar gewesen, die sich sehr *wohl zu begehen* scheinen. Sie bewies bei der Trauhandlung, bei Tisch sehr viel Verstand, er desgleichen. Man muß das Spiel so nehmen, wie es vorlag und in Rücksicht dessen bitte ich mich zu verstehen. Braut und Bräutigam waren ganz schlicht angekleidet. Ueberhaupt sah die Gesellschaft, wie zum Nachtage gebeten, aus. Das Festliche, so sehr hervorstach, war des Herrn Rendanten stark vergoldetes Kleid, des Buchhalters Degen und mein vortrefflich frisirter Kopf. Ich hatte den Puder nicht gespart, und bei meinem Toupé hätte mir einfallen können, was Sie von meinem sehr werthen Hr. Collegen Kl[5] anführen: wenn ich *NB*. verheirathet gewesen wäre. Noch hab ich die Ehre anzumerken, daß bei der Hochzeit, oder vielmehr Trauung, standesmäßig nicht gesungen worden. Hr. *D. Reccard* sprach sehr viel vom *Neide* gegen den Hrn. Bräutigam, bei welcher Stelle ich mich unter die Fenstergardinen versteckte, damit Niemand auch nur auf den Gedanken kommen möchte, als wäre ich's. Sie wollen mich eben nach dem Hrn. Magister *Kant* fragen? Das ist ein Lustspiel, bestehend in 5 Aufzügen, das ich heute unmöglich geben kann. Diesen Abend wollen wir mit einem Nachspiele beschließen. Doch so viel ins Ohr: Hr. M. *Kant*, der ein recht guter Junge und mein recht sehr guter Freund ist und bleibt, hat so viel Wunderliches von der jetzigen Frau Münzmeisterin, weiland Frau Geheimde Räthin, zu ihrem Gemahl gesagt, und sich wider diese Heirath so empört, daß er Bedenklichkeiten findet, sich bei ihr zu zeigen.[6] Ich, wie Sie sich leicht vorstellen können, bin durch die Hochzeit gleichfalls ziemlich verwaist; und da ich ohnedem in einer erbärmlichen Straße logire, so bin ich im Begriff ein gänzlicher Einfiedler zu werden. Noch 2 Anekdoten. *Gerlach* verredete sich am Tisch und nannte die *Braut*: Frau Münzmeisterin, *Erasmus* nach der Hochzeit: Frau *Geheimde* — Münzmeisterin. — *Sic transit gloria mundi.*

[27/Bd. 13, S. 118–121]

*) *D. Reccard* galt in seiner Zeit für einen guten Astronomen. Er hatte sich selbst eine Sternwarte bei seiner Wohnung eingerichtet.
**) Straße in Königsberg, wo das *Gerlach*'sche Haus lag.

[1] Gerlach, Gastwirt in Königsberg.
[2] Senftenberg: nichts ermittelt.
[3] Gotthilf Christian Reccard (1735–1798), seit 1765 in Königsberg, 1766 Prof. d. Theologie an der Universität, 1767 Pfarrer an der Sackheimer Kirche, 1776

Direktor des Fridericianum. Vgl. Goldbeck, S. 67f.; Metzger (1804), S. 36; APB 2, S. 539; Zippel, S. 145f.; Schumacher S. 14f.

[4] Erasmus: nichts ermittelt.

[5] Kl ?

[6] Vgl. Ak 13, S. 19 und G, Nr. 91.

1770–1795

100. Cabinetsordre Friedrich II., 31.3.1770

Wir thun solches auch hiermit und in Kraft dieses, dergestalt und also, daß Uns und Unserm Königl Hause derselbe treu, hold und gewärtig seyn; Unsern Nutzen und Höchstes Interesse suchen und befördern, Schaden und Nachtheil aber, soviel an ihm ist, verhüten und abwenden helfen; besonders das ihm aufgetragene Lehr Amt in der Logic und Metaphysic fleißig wahrnehmen, zu dem Ende die studierende Jugend publice und privatim, docendo et disputando ohnermüdet unterrichten, und davon tüchtige und geschickte Subjecta zu machen, sich bemühen, wie nicht weniger derselben mit gutem Exempel vorgehen, ferner bey denen in Facultate vorkommenden Sachen sein Votum mit guter Ueberlegung von sich geben, und sich nebst seinen Collegen, das Aufnehmen und Bestes der Universitaet äußerst angelegen seyn laßen, übrigens auch in allen Stücken sich so betragen und verhalten soll wie einem treuen, redlichen und geschickten Königl Diener und Professori bey ermeldeter unserer Universitaet wohl anstehet, eignet und gebühret.

[31/Bd. 10, S. 94]

101. Protokoll über Kants Einführung als Professor, 2.5.1770

Das Protokoll über Kants Einführung als Professor lautet: »Actum in Ordin: Senatus Acad: Consessu d. 2ten Maji 1770. Wenn nach eingegangenem Rescript Er. Hocherlauchten Königl. Regierung vom 19^t ej. praes: den 23ten April 1770 und Ein demselben beygefügten allerhöchsten Rescript d. d. Berlin den 31. Martii 1770 Sr. Kgl. Majest. Unser allergnädigster Herr, dem Herrn Mag: Immanuel Kant die Prof: Log. & Metaphys: Ordin. allerhuldreichst anzuvertrauen geruhet:

Als ist derselbe in dato von dem zeitigen Herrn Rectore Magnifico, dem Kgl. Pr. Consistorial Rath Doct u. Prof. Theol: wie auch

Philos: Ordin. Fridrich Samuel Bock, in pleno Consessu Senatus, in der gleichen Qvalité, mit einer auf diese Professor Stelle gerichteten u. sehr wohl gesetzten Rede introduciret, auch hiernechst dieser Introductions-Actus von dem nunmehrigen Herrn Prof. Log. et Metaph: Ord: Kant, da derselbe vorhero, das in den Statutis Acad: für die HEE. Prof: Publ. Ordin. befindl. Jurament geleistet, mit einer feyerlichen u. kurtzen Rede[1] beschloßen worden.

[31/Bd. 13, S. 43]

[1] Nicht bekannt.

102. Hamann an Nicolai, 12.7.1770   Juli 1770?

Ich war eben im Begrif mein Exemplar von des HE. Prof. Kant Disp.[1] für den HE Mendelsohn beyzulegen wenn ich mich nicht besonnen hätte, daß er selbige bereits längst durch den Respondenten[2] würde erhalten haben. [16/Bd. 3, S. 3]

[1] De mundi sensibilis atque intelligibilis forma et principiis. Königsberg 1770 (Ak 2, S. 385 ff.).
[2] Marcus Herz.

103. Kant an Herz, 21.2.1772   vor 10.8.1770

Wenn Sie über das gäntzliche Ausbleiben meiner Antworten unwillig werden, so thun Sie mir hierinn zwar nicht Unrecht; wenn Sie aber hieraus unangenehme Folgerungen ziehen, so wünschte ich mich desfals auf Ihre eigne Kenntnis von meiner Denckungsart berufen zu können. Statt aller Entschuldigung will ich Ihnen eine kleine Erzählung von der Art der Beschäftigung meiner Gedanken geben, welche in müssigen Stunden bey mir den Aufschub des Briefschreibens veranlassen. Nach Ihrer Abreise von Königsb:[1] sahe ich in denen Zwischenzeiten der Geschäfte und der Erholungen, die ich so nöthig habe, den Plan der Betrachtungen, über die wir disputirt hatten,[2] noch einmal an, um ihn an die gesammte Philosophie und übrige Erkentnis zu passen und dessen Ausdehnung und Schranken zu begreifen. [31/Bd. 10, S. 129]

[1] September 1770.
[2] Am 10. August 1770.

104. *Herz* an Kant, 11.9.1770 Mitte 1770

Mißvergnügt bin ich, daß Sie theurster Lehrer sich unpäßlich befinden, ist es den gar nicht möglich, daß Sie sich die Last ihrer collegien verringern können? wenn Sie nun die Helfte Nachmittag leseten oder überhaubt nicht mit so vieler anstrengung vortrügen? Denn diese allein u. nicht das Sitzen scheint mir die Ursache Ihrer Schwäche zu seyn. Es giebt ja Lehrer in Königsberg die von Morgen bis Abend sitzen u. ihr Mund bewegen, ohne daß sie jemals über ihre Leibesbeschaffenheit zu klagen haben. Wenn Sie für gut befinden, daß ich hiesige Aerzte consultire, so belieben Sie so gut zu seyn, u. schreiben mir umständlich den ganzen Zustand ihres Körpers, wie glücklich möchte ich mich schätzen, wenn ich auch nur das kleinste Werkzeug zu Ihrem Wolbefinden seyn könnte!
[31/Bd. 10, S. 101]

105. *Herz* an Kant, 9.7.1771 nach September 1770

Ihr letzter Brief hat mir außer dem gewöhnlichen Vergnügen, mich in dem Gedächtniße meines theuren Lehrers noch nicht verloschen zu sehen, noch ein ganz besonderes verschaft, daran Sie vielleicht weniger gedacht haben als es mir von Wichtigkeit ist. Mein Freund Herr Friedländer[1] sagte mir bey seiner Ankunft, daß Sie kein so großer Verehrer der speckulativen Weltweisheit mehr seyn als Sie es vormals waren, was sage ich kein Verehrer? daß Sie sie ihm bey einer gewißen Gelegenheit ausdrücklich für eine nutzenlose Grübeley ausgegeben, die von einigen Gelehrten in den Studirstuben verstanden wird, die aber zu weit von dem Getümmel der Welt entfernt sind, um da ihrer Theorie gemäße Verändrungen hervorzubringen; von dem übrigen größten Theil der Welt gar nicht verstanden wird, und daher auf ihr Wol nicht den mindesten Einfluß haben kann; die Moral für den gemeinen Mann, meynten Sie daher, wäre *allein* das einem Gelehrten angemeßene Studium; hier dringe er in das Herz ein, hier studire er die Empfindungen und suche dieselbe nach Regeln der gemeinen Erfahrung in Ordnung zu bringen. Wie zitterte ich bey dieser Nachricht! wie, dachte ich, war das also bloße Täuschung von meinem Lehrer, daß er mir bey so manigfaltiger Gelegenheit den Wert der Metaphisick so sehr anpries; oder empfand er damal wirklich das dafür was er zu empfinden vorgab, aber die Zeit hat ihm einen scharfern Blick in das Innere der Wißenschaft thun laßen, der auf einmal seine wärmsten Gesinnungen in einen kalten Widerwillen verwandelte; also ist das Schicksal aller unserer Vergnügungen daßelbe, körperliche oder Seele Vergnügungen, sie mögen Namen haben wie sie wollen, alle berauschen uns einige Augenblicke, setzen unser Blut in Wallung, laßen uns eine kurze Zeit Kinder des Himels seyn, aber bald darauf folgt die beschwerlichste von allen Martern, der Eckel und legt uns Reihen von Bußjahren für die flüchtigen Augenblicke des Genußes auf. Was macht man uns denn für Geschrey von den B[e]lustigungen des Geistes, was für Lerm von der Glükseligkeit die aus den Werken des Verstandes entspringet und der Götter ihre am nächsten ist? weg mit dem Plunder, wenn er nichts mehr vermag als was die Befriedigung einer jeden Begirde leisten kann, und gewiß noch weniger vermag er alsdenn, da der darauf folgende Eckel über die vergebens angewandte Mühe und Zeit, eine unaufhörliche Reue in uns erwecken muß. Und schon war ich wirklich entschloßen diesem Schicksale bey zeiten zu entgehen, alle Wißenschaften ferner zu entsagen und so gar mein schon halb zur Welt gebrachtes Kind[2] in der Geburt zu ersticken; allein Ihr Brief rief mich noch zu rechter Zeit von meiner Unbesonnenheit zurück: Sie sind noch derselbe Verehrer der Spekulation als jemals, nur eine mißliche Laune kann Ihnen einmal das Gegentheil haben sagen laßen, Sie sind wieder beschäfftigt der Welt ein großes Werk zu liefern, Sie sagen noch, daß der Glückseligkeit des menschlichen Geschlechts an den Wahrheiten läge die über den Grenzen der Erkenntniß festgesetzt werden, o welch ein sicheres Pfand ist dieses Geständniß von dem größten Menschenfreund in meinen Händen, daß er nie aufhören kann dasjenige zu beherzigen was zu ihrer Glückseligkeit das einzige Mittel ist.

[31/Bd. 10, S. 124–125]

[1] Friedländer, David F. (1750–1834), Kaufmann, seit 1771 in Berlin, Freund Mendelssohns. Vgl. ADB 7, S. 393 ff.; NDB 5, S. 452; Gause II, S. 201. Zur Familie Friedländer vgl. Krüger (1966), S. 18 ff.

[2] Herz' Schrift »Betrachtungen aus der spekulativen Weisheit«. Königsberg 1771.

106. A. Meyer[1]   1770

Die mehresten Lehrer dieser Universität haben in diesem Theile der Stadt ihre Auditorien: und da ich den angenehmen und aufgeweckten Professor Kant in verschiedenen Gesellschaften zu sprechen Gelegenheit hatte, so besuchte ich auch etlichemale das Kollegium dieses Gelehrten, und ich habe mich gewundert, daß ein Mann, der außer seinem Hörsaale der aufgeweckteste Gesellschafter ist, in demselben hingegen den ernsthaftesten und tiefstdenkenden Philosophen macht. [39, S. 75]

[1] Meyer, Andreas (aus Reval), mehr nicht ermittelt.

107. Krickende[1] *an Kant, 11.8.1794*   1770

Ob es gleich 25. Jahre her ist, daß ich das Vergnügen hatte, mit Ewr: Wohlgebornen bei dem Buchhändler Kanter zusammen zu seyn: so ist doch mein Andenken an dieses Vergnügen immer noch so lebhaft, als hätte ich es nur kürzlich genossen. Daß ich, wenn es mir heute zu Theil würde, bei weitem viel mehr Nutzen, als damals, zugleich einsammlen würde; ist allerdings wahr. Aber eben so wahr ist es auch leider, daß meine Lage mir es unmöglich macht, des Glückes theilhaftig zu werden. Unser uns immer noch theure

Sulzer hat ja auch nicht die Freude erleben sollen, Ewr: Wohlgeboren die Moral herausgeben zu sehen, nach der er vor 25. Jahren so sehnlich verlangt hatte. Und wie viel andre Wackere haben die Revolution nicht erleben dürfen, die Sie in der Philosophie veranlaßt haben! Sie findet auch hier immer mehrere Freunde, und ich kenne Manchen über 50. Jahre hinaus, der sich zu Ihren Füssen setzt, um von Ihnen philosophiren zu lernen.—

[31/Bd. 11, S. 519]

[1] Krickende, Johann Samuel (1733–1797), Theologe, Schüler Kants, immatr. 2.4.1751, 1765 Feldprediger bei General von Seydlitz, 1770 Aufenthalt in Königsberg, 1778 Pfarrer in Schlesien. Vgl. seinen Brief an Scheffner vom 9.11.1764, Nr. 53,/Bd. 1, S. 447 über Kants Ansehen in Berlin: »M. Kant ist hier in ungemeinem Kredit. Sack und Spalding haben ihm ohnlängst an unsrem Tische einen wahren Panegyrikus gehalten, u ihn für den feinsten philosophischen Kopf erkläret, der die Gabe hätte, die abstraktesten Wahrheiten aufs simpelste vorzutragen u Jedermann deutlich zu machen.«

107a. *August Hagen* ab 1770

Einst ließ er sich durch den Kaufmann *Motherby* französische Früchte kommen. Sehnsuchtsvoll sah er der Ladung entgegen und schon vorläufig waren einige Freunde zu einem Gericht Backobst mit Bauchspeck eingeladen. Allein das Schiff, das die edle Waare bringen sollte, wurde vom Sturm verschlagen. Die Schiffsmannschaft trieb lange auf dem Meer umher und da es an Lebensmitteln fehlte, so wurde alles verzehrt, was eßbar war. Das Schiff kam endlich nach Königsberg, aber ohne französische Früchte. *Kant* war darüber höchlich entrüstet und rief in seinem Zorn: das Volk hätte eher verhungern sollen als sich an die Früchte machen! *Motherby* sah ihn befremdet an und sagte: »Das ist nicht Ihr Ernst Herr Professor.« »»Mein völliger Ernst,«« erwiderte dieser und ging davon. *Motherby*, als er um einige Zeit mit ihm zusammenkam, brachte absichtlich wieder die Rede auf das französische Obst. *Kant*, dem die Aufforderung, sich ruhig auszusprechen, nicht unerwartet kam, erklärte gern, daß ihm jene lieblose Aeußerung leid thäte).

[65, S. 14]

108. Hippel ab 1770?

Die Philosophie ist nichts weiter, als eine gelehrte Sprache. Sehr freute ich mich über Professor Kant, der gewiß ein sehr großer philosophischer Sprachweiser ist und bleibt, da ihm Jemand bei'm Gespräch von der andern Welt sagte: »Sie wird man denn da wohl wenig habhaft werden können, wenn Sie in der Gesellschaft aller Weisen alter und neuer Zeit einen himmlischen Clubb schließen werden!« — »Ach Freund, bleiben Sie mir weg mit den Gelehrten! wenn ich in der andern Welt meinem Lampe (so hieß sein alter Bedienter) begegne, so werde ich froh seyn und ausrufen: Gott Lob, ich bin in guter Gesellschaft!«—
[26, S. 25]

109. Hippel ab 1770?

Ein ausgesuchter Anzug und eine ausgesuchte Tafel verrathen immer einen Mann, der sich ausnehmen will; und Ausnahmen sind nicht in der Liebe. Mein Tisch war immer so, wie meine Kleidung, einfach, und doch kann ich mit Wahrheit behaupten, daß es so froh bei ihm herging, als es möglich war. Wenigstens Ein vernünftiger Geistlicher war jederzeit dabei, wenn ein Mahl bei mir war; Professor *Kant* aß gern bei mir, und mehr als einmal saßen wir von Mittags um 1 bis Abends 8 Uhr, nicht aber um des Leibes, sondern um der Seele zu pflegen.
[26, S. 34–35]

109a. Abegg 70er Jahre?

Über diesen Herrn Freund[1] hörte ich einige sehr interessante Notizen von Kant, indem er lange vor der Herausgabe der Kritik der reinen Vernunft in Königsberg war, und in demselbigen Hause, wo damalen Kant wohnte, sehr bekannt war. Kant war sehr empfindlich. Wenn ihm, der 20 Jahre an der Kritik arbeitete, gesagt wurde, daß er dieses Werk doch vollenden solle, antwortete er: »Oh man hat ja so viele Störungen in diesem Hause.« Man gab ihm ein

Logis in einem abgelegenen Garten: »Oh, da ist mir's zu todt, zu einsam.« — Aber ein vortrefflicher Gesellschafter und Mensch sei er übrigens. [1, S. 91–92]

[1] Nichts ermittelt

110. Kraus[1] ab SS 1771

Er sah das damals schon hellleuchtende Licht des Nordens, Kant, hörte diesen mit wahrem Feuereifer, und wie immer die Liebe zur Wissenschaft in jungen Gemüthern auch Liebe zu den Pflegern und Inhabern der Wissenschaft erregt, so gab es wenige Menschen, denen Kraus inniger und herzlicher ergeben war, als dem großen Philosophen. [33, S. 22–23]

[1] Kraus, Christian Jacob (1753–1807), Philosoph und Kameralist, Schüler Kants, zeitweise sein engster Tischfreund, immatr. 13.4.1771, 1777–1778 Hauslehrer bei Keyserlings in Königsberg, 1779 Reise nach Berlin (vgl. Brief an Kant vom 2.3.1779, Ak 10, S. 249 ff.), Promotion in Halle, seit 1780 Prof. f. praktische Philosophie und Kameralistik in Königsberg. Seine Schriften wurden von seinem Freund von Auerswald herausgegeben: Christian Jacob Kraus: Vermischte Schriften über staatswirtschaftliche, philosophische und andere wissenschaftliche Gegenstände. Nach dessen Tod herausgegeben von Hans von Auerswald. Königsberg, 7 Teile, 1808 ff. (Ndr. Bruxelles 1970). Den 8. Teil bildet Voigts Biographie. Vgl. über ihn (außer den unter den Quellen aufgeführten Schriften Nr. 33 und 34) APB 1, S. 361; ADB 17, S. 66 ff.; NDB 12, S. 681 ff.; Vorl. II, S. 29 ff.; Goldbeck (1782), S. 85 f.; Metzger (1804), S. 65.; Blätter der Erinnerung an Christian Jacob Kraus. Mitgeteilt von Arthur Warda, in: AM 48, 1911, 24–36.; W. Stark: Kant und Kraus, in: KF 1, 1987, S. 165–200; Waschkies (1987), S. 75 ff.
Zur Charakteristik der Persönlichkeit von Kraus vgl. HaBr 6, S. 531 f. (auch passim in Hamanns Briefwechsel viele Bemerkungen über Kr.). Besonders bemerkenswert ist Kraus' spätere philosophische Distanzierung von Kant. Vgl. Brahls »Nachrichten« (Q, Nr. 70, S. 186). Vgl. auch Baggesens Brief an Erhard vom 7.10.1791 (Q, Nr. 11, Teil II, S. 18):
»Sie müssen es mir nicht übel nehmen, liebster Erhard, daß ich mit Ihrem Krause gar nichts zu machen weiß. Einen Mann, der die Kritik für nichts als Taschenspielerei, *Reinhold's Werke* für Spinnwebe (das Gleichniß wäre übrigens richtig in Ansehung des Hervorbringens, indem Reinhold alles aus Ich herausspinnt),

Schulze's Arbeiten für metaphysische Kontrebande, und um das Maß voll zu machen, Schiller's großen Sinn für Unsinn hält (Wieland, Klopstock, Shakespeare sind ihm wohl ganz verlorene Tollhäusler), — einen solchen Mann, glaube ich, würde mein Herz selbst nicht gut verstehen können, und es freut mich recht sehr, daß Ihr Verhältnis mit ihm gerade das umgekehrte von Ihrem Verhältniß mit mir«.

111. Kraus   ab SS 1771

So viel ich mich errinnere wurde K. regelmäßig alle Woche ein oder ein Paarmal nach dem Gräflich T—schen Gute C—*) abgeholt, um da, ich weiß nicht mehr worin den Grafen, der noch lebt, zu unterrichten.[1] Auf der Rückfahrt nach Königsberg, wäre ihm dann so manchmal eine Vergleichung zwischen seiner Erziehung und der im Gräflichen Hause eingefallen, sagte er mir. Kant's Eltern müssen höchst brave fromme Leute gewesen seyn. Ihr Ursprung aus Schottland würde nichts Befremdliches seyn[2], es fanden sich mehrere schottische Familien in Preußen ein...

[46, S. 59]

*) Kraus meint das Truchseß-Waldburgsche Gut Capustigall.

D. H.

[1] Vgl. zu dieser Stelle Emil Fromm: Das Kantbild der Gräfin Karoline Charlotte Amalie von Keyserling, in: KS 2, 1898, S. 145–160; Vol. I, S. 70, 196 ff.
[2] Vgl. Vorl. II, S. 395 ff.

112. Kraus   ab SS 1771

Kant erzählte mir, er habe da er in einem gräflichen Hause, unweit Königsberg, die Erziehung, die er zum Theil mit von Königsberg aus (als Magister, wenn ich nicht irre) besorgen half, näher angesehen, öfters mit inniger Rührung an die ungleich herrlichere Erziehung gedacht, die er selbst in seiner Eltern Hause genossen, wo er, wie er dankbar rühmte, nie etwas Unrechtes oder eine Unsittlichkeit gehört oder gesehen. (Das gräfliche Haus*), wohin er regelmäßig abgeholt wurde, werde ich mündlich nennen).

[46, S. 5]

*) *Es ist das Truchseß-Waldburgsche Haus* in dem 2 Meilen von Königsberg entfernten Schlosse *Capustigall; s. Schubert a.a. O. S. 37.*
Der Herausgeber [Reicke]

113. Kraus ab SS 1771

Eins aber hielt seinen Muth aufrecht, machte seinen Geist immer von neuem staark und trieb ihn auf seiner Bahn immer weiter und weiter; dies war die persönliche Bekanntschaft mit Kant. Kraus hatte bei diesem alles gehört, was er las, und Kanten war selbst unter der damals so großen Anzahl seiner Zuhörer Krausens ausgezeichnete Aufmerksamkeit, reges Interesse und musterhafter Eifer nicht entgangen. Weil Kraus nie bloß hörte, um gehört zu haben, sondern weil er hörte, um immer neuen Stoff zum Denken und Forschen zu gewinnen, so waren ihm über Kants Lehren allerlei Fragen, Bedenklichkeiten, Zweifel, Dunkelheiten und andere Gedanken aufgestoßen, die ihn unruhig und oft fast irre machten. Es war daher längst sein sehnlichster Wunsch gewesen, mit seinem Lehrer persönlich bekannt zu werden. Allein sein schüchternes, scheues Wesen hatte es ihn theils nicht wagen lassen, diese Bekanntschaft durch einen Besuch bei Kant einzuleiten, theils stand damals der academische Lehrer noch in zu schroffer Entfernung von seinem Zuhörer, so daß eine freundschaftliche Mittheilung zwischen dem Professor und den Studenten eine große Seltenheit war. Kraus gelangte indessen doch auf eine andere Weise zur Erfüllung seines Wunsches. Er wurde Mitglied in Kants Disputatorium und machte hier eines Tags dem großen Philosophen so tief durchdachte Einwürfe, that so scharf gefaßte Fragen, verrieth so viel Anlage zur Speculation, daß Kant über den jungen Mann erstaunt ihn nach der Stunde zu sich rief, um ihn genauer kennen zu lernen. So schien es fast, als habe Kant seinen Schüler aufgesucht: für den letztern ein Ereigniß von von der größten Wichtigkeit. Wie Kraus ohne die Belehrung und Leitung des Rectors Wilde auf der Universität nicht der regsam fleißige Jünger der Wissenschaft geworden wäre, so wäre Kraus ohne Kant, der nun sein Eins und Alles war, für sein ganzes nachfolgendes Leben vielleicht das nie geworden, was er ward. [33, S. 26–27]

114. Kraus ab SS 1771

Er hat mir versichert, sie stamme, so viel er wüßte, aus Schottland. — Auch schrieb sein Vater sich *Cant*. Von Schweden war nur in einem albernen Gerüchte, das seinen Vater zum Unterofficier machte, die Rede.[1] [46, S. 4]

[1] Vgl. hierzu den Brief von Carl Friedrich Canth vom 1.7.1797, Ak 12, S. 176 ff. Das »alberne Gerücht« dürfte sich auf diesen Brief beziehen. Zur Schreibweise. »Cant« vgl. Q, Nr. 64, S. 171.

115. Kraus ab SS 1771

Als einen der trefflichsten Lehrer hat er mir öfters einen *Kunde**)* genannt, der, trotz mancher Eigenheiten, der tiefsten Achtung von seinen Schülern genossen, weil sie die Sorgfalt sahen, mit welcher er informirte.[1] Auch Heidenreichs hat er gegen mich als eines eleganten Lateiners oft erwähnt. [46, S. 5]

*) *Kraus* irrt hier, denn *Cunde* ist *Kant's* Mitschüler und erst 1743, also 3 Jahre nach Kant's Abgange vom Fridericianum, erscheint er als Lehrer an demselben, aber nur ein halbes Jahr, dann später wieder von 1746–56, bis er als Rector nach Rastenburg ging, wo er 1759 starb. D. H. [Reicke]
[1] Zu Cunde vgl. G, Nr. 5.

116. Kraus ab SS 1771 / 2. Hälfte 90er Jahre

Kant sagte mir einmal, als ich mit ihm spazieren ging und *Trummer* ihm begegnete, hinterher über das *Dutzen*, daß es ihm überhaupt nicht gefalle, und daß er es nur leider nicht mehr ändern könne.

Er las auch noch in seinen Professor-Jahren *Seneca, Lucretius etc.* Die schönsten Sentenzen mochte er aus seinem Lieblinge *Montaigne,* der davon überfließt, herhaben. Sein Gedächtniß war so dauerhaft, daß ich ihn noch etwa 6 oder 8 Jahre vor seinem Ende ein ziemlich langes sehr witziges Hochzeitsgedicht von *Richey*[1] am Tisch aufsagen hörte, welches mit der Zeile anfing: *Mit einem strengen Amtsgesichte etc.* und welches vermuthlich unter Richey's, des bekannten Hamburgers, Schriften steht. [46, S. 6]

[1] Das Gedicht von Michael Richey (1678-1761) trägt den Titel: »Den zureichenden Grund des Satzes: *Man soll nicht freyen* suchte bei Gelegenheit des zu Hamburg gefeyerten Scheelschen Hochzeitfestes darzuthun ein Alter des löblichen Amtes der Glückwünsche. 1741.« Das Gedicht ist abgedruckt bei Hagen (Q, Nr. 65), S. 2-8. Zu Richey vgl. G. G. Gervinus: Geschichte der Deutschen Dichtung. 3. Bd. 4. Aufl. Leipzig 1853, S. 512ff.

117. Kraus ab SS 1771

Von *Teske*[1] hatte er eine geringe Meinung und mit Recht. Der einzige Lehrer, der auf sein Genie wirken konnte, war *Knutzen. Ammon* muß nach einer mathematischen Schrift, die ich von ihm gesehen habe, ein Stümper gewesen sein. [46, S. 7]

[1] Teske, Johann Gottfried (1704-1772), seit 1729 ord. Prof. d. Physik in Königsberg; vgl. Arnoldt, (1746) II, S. 396; APB 2, S. 723 f.; v. Selle (1956), S. 159; Arnoldt, Jugend, S. 120ff.

118. Kraus ab SS 1771

Franz Albert Schultz ließ einmal Kant zu sich bitten und stellte ihm vor, er möchte sich doch zu einer damaligen Vacanz melden; aber er that es nicht. Wie er zu der Schloßbibliothekarstelle gekommen, weiß ich nicht; aber ich wollte wohl alles wetten, daß er nicht darauf gefallen ist, darum zu bitten, sondern daß seine Freunde sie ihm so zu sagen in die Hände gespielt.[1] So viel ich weiß, hat Kant nie in seinem Leben um etwas für sich gebeten oder nachgesucht. [46, S. 8]

[1] Vgl. Vorl. I, S. 177 ff.; Arthur Warda: Kants Bewerbung um die Stelle eines Subbibliothekars an der Schloßbibliothek, in: AM 36, 1899, S. 473–524; Fromm (1894), S. 56–59.

119. Kraus ab SS 1771

Er hatte sich eine Idee vom öffentlichen Gottesdienst gemacht, die, wenn sie je realisirt worden wäre, ihn zum fleißigen Kirchengänger gemacht hätte. An Predigern tadelte er nur Anmaßung, zu wissen und zu können, was sie nicht wüßten und könnten; die Menschen, welche Prediger waren, schätzte er, wenn sie sonst schätzenswerth waren, eben so sehr, als wenn sie einen andern Beruf gehabt hätten. [46, S. 9]

120. Kraus ab SS 1771

Alle echt wissenschaftlichen Studien, wie Mathematik etc. machen Willkühr widerlich. Und so gings auch Kanten in Absicht des Geschäftslebens, wo immer Willkühr unterläuft, die er nicht leiden konnte. Ein solcher Kopf, der Willkühr nicht leiden kann, muß entweder sich pünktlich an die Satzungen und Vorschriften halten oder seinem Raisonnement folgen. Aber das Raisonnement *solches Kopfs* stimmt gewöhnlich gar schlecht mit den Satzungen; er darf es also nicht zum Führer nehmen, ohne überall gegen Convenienz, die er so wenig als Willkühr leiden kann, zu verstoßen.

[46, S. 13]

120a. Herz an Kant 9.7.1771 vor 9.7.1771

Mein Freund Herr Friedländer sagte mir bey seiner Ankunft, daß Sie kein so großer Verehrer der speculativen Weltweisheit mehr seyn als Sie es vormals waren, was sage ich kein Verehrer? daß Sie sie ihm bey einer gewißen Gelegenheit ausdrücklich für eine nutzenlose Grübeley ausgegeben, die von einigen Gelehrten in den Studirstuben verstanden wird, die aber zu weit von dem Getümmel der Welt entfernt sind, um da ihrer Theorie gemäße Veränderungen hervorzubringen; von dem übrigen größten Theil der Welt gar nicht verstanden wird, und daher auf ihr Wol nicht den mindesten Einfluß haben kann; die Moral für den gemeinen Mann, meynten Sie daher, wäre *allein* das einem Gelehrten angemeßene Studium; hier dringe er in das Herz ein, hier studire er die Empfindungen und suche dieselbe nach Regeln der gemeinen Erfahrung in Ordnung zu bringen. Wie zitterte ich bey dieser Nachricht! wie, dachte ich, war das also bloße Täuschung von meinem Lehrer, daß er mir bey so manigfaltiger Gelegenheit den Wert der Metaphisick so sehr anpries; oder empfand er damal wirklich das dafür was er zu empfinden vorgab, aber die Zeit hat ihm einen scharfern Blick in das Innere der Wißenschaft thun laßen, der auf einmal seine wärmsten Gesinnungen in einen kalten Widerwillen verwandelte; also ist das Schicksal aller unserer Vergnügungen daßelbe, körperliche oder Seele Vergnügungen, sie mögen Namen haben wie sie wollen, alle berauschen uns einige Augenblicke, setzen unser Blut in Wallung, laßen uns eine kurze Zeit Kinder des Himels seyn, aber bald darauf folgt die beschwerlichste von allen Martern, der Eckel und legt uns Reihen von Bußjahren für die flüchtigen Augenblicke des Genußes auf. Was macht man uns denn für Geschrey von den B[e]lustigungen des Geistes, was für Lerm von der Glükseligkeit die aus den Werken des Verstandes entspringet und der Götter ihre am nächsten ist? weg mit dem Plunder, wenn er nichts mehr vermag als was die Befriedigung einer jeden Begirde leisten kann, und gewiß noch weniger vermag er alsdenn, da der darauf folgende Eckel über die vergebens angewandte Mühe und Zeit, eine unaufhörliche Reue in uns erwecken muß. Und schon war ich wirklich entschloßen diesem Schicksale bey zeiten zu entgehen, alle Wißenschaften ferner zu entsagen und so gar mein schon halb zur Welt gebrachtes Kind in der Geburt zu ersticken; allein Ihr Brief rief mich noch zu rechter Zeit von meiner Unbesonnenheit zurück: Sie sind noch derselbe Verehrer der Spekulation als jemals, nur eine mißliche Laune kann Ihnen einmal das Gegentheil haben sagen laßen, Sie sind wieder beschäftigt der Welt ein großes Werk zu liefren, Sie sagen noch, daß der Glückseligkeit des menschlichen Geschlechts an den Wahrheiten läge die über den Grenzen der Erkenntniß festgesetzt werden, o welch ein sicheres Pfand ist dieses Geständniß von dem größten Menschenfreund in meinen Händen, daß er nie aufhören kann dasjenige zu beherzigen was zu ihrer Glückseligkeit das einzige Mittel ist. [31/Bd. 10, S. 124f.]

121. *Kraus* ca. 1772

Ich weiß nur von einer Person, die er, wie mir mein Freund *Philippi*[1] schon etwa A. 1772 erzählt hat, zu heirathen wünschte; die war aber, soviel ich weiß, eine Königsbergerin. Ich kann noch das Haus zeigen, wo sie wohnte. Was Kant einmal darüber fallen ließ, ging darauf hinaus, daß bei näherer Ansicht das Gleißende sehr geschwunden sei, d. h. daß Kant eine seiner würdige weibliche Seele da nicht gefunden habe.[2] [46, S. 12]

[1] Philippi, Wilhelm Albert Ferdinand (ca. 1752–1828), Schüler von Kant und Freund von Kraus, immatr. 25.3.1771; vgl. Stark, in: KF I, 1987, S. 133f.
[2] Vgl. Vorl. I, S. 124ff., 192ff. (zu Kants Eheplänen), Vorländer geht allerdings auf die Kraussche Stelle nicht ein.

122. *von Baczko*[1] ab 1772

Kant hatte damals seine glänzendste Periode angetreten. Er las, als ich auf die Akademie kam, die Metaphysik unentgeldlich. Ich besuchte nun diese Vorlesung und verstand sie nicht. Bei der Achtung für Kants Ruf und dem Mißtrauen, das ich jederzeit in meine Kräfte setzte, glaubte ich selbst, mehr studiren zu müssen. Daher fragte ich jeden meiner Bekannten; ob er nicht eine Methaphysik oder ein anderes Werk philosophischen Inhalts besäße. Bald erhielt ich die Werke von Wolf, Meyer und Baumgarten; aber auch manche höchst erbärmliche Bücher, die ich mit großer Anstrengung durchlas. Ich durchwachte ganze Nächte, brachte, diese miteingeschlossen, zwanzig und mehrere Stunden ununterbrochen beim Buche zu und lernte nichts.

Einem andern meine Unwissenheit einzugestehen, und ihn um Rath zu fragen, hiezu mangelte mir Gelegenheit; theils hinderte mich auch Stolz und Eigensinn. Dieser letzte vermehrte sich bei mir, ich weiß nicht aus welchem Grunde; aber schon seit der Zeit, da ich ins Fridericianum gekommen war, wurde es mein sehnlicher Wunsch, jeden Zweck ohne fremde Hülfe zu erlangen. Dies verleitete mich selbst zu Thorheiten und zwecklosen Anstrengungen. So war ich anfänglich in den Straßen Königsbergs unbekannt, und nahm es mir vor, aus dem Fridericiano in die krumme Grube zu gehen, ohne jemanden zu fragen. Da ich aber den Schloßberg hinabging, wandte ich mich statt nach der linken Seite zu gehen, nach der rechten; kam hiedurch in den Kneiphof und die Vorstadt; wandte mich, da ich an das Brandenburgische Thor kam, links; entdeckte in der Nachbarschaft des friedländischen Thors daß dies der Weg wäre, auf dem ich in die Stadt gekommen war, und kam nun über den Ochsenmarkt in die krumme Grube. Allein der weite ungewohnte Weg hatte mich angegriffen; ich bekam Seitenstiche und mußte einige Tage lang das Bett hüten. — Wenn ich in solchen Fällen zuletzt merkte, daß es nicht gehen wollte, so warf ich alles weg. So ging es denn auch mit der Metaphysik, besonders da ich einsah, daß manche Zuhörer von Kant noch weniger als ich wußten. Ich fing an zu glauben, daß die Leute in Kants Vorlesungen liefen, um sich ein Ansehen zu geben; begann, manchen damit zu necken und alle Philosophie für unnütz zu erklären.

[2, S. 187–188]

[1] von Baczko, Ludwig (1756–1823), Historiker und Schriftsteller, Hörer Kants, immatr. 4.4.1772, 1775 Erblindung, 1799 Prof. an der Artillerieakademie

und Divisionsschule in Königsberg. Über ihn vgl. APB 1, S. 25 f.; ADB 1, S. 758 F.; NDB 1, S. 509; Motekat, S. 184 f.

123. von Baczko ab 1772

Philosophie hoffte ich, sollte mir eine neue Stütze werden, und ich wurde zu diesem Studium durch die Bekanntschaft des Professor Kant aufgefordert, der damals im Kanterschen Hause wohnte; und weil ich sein fleißiger Zuhörer war, meine mannigfache und ausgebreitete Lectüre das Studium der Antropologie in sofern begünstigt hatte, daß mir eine Menge von Beispielen zu Gebote stand, so erregte ich hiedurch seine Aufmerksamkeit. Er munterte mich zum Studium der Antropologie auf und sagte mir in spätern Jahren, da wir verschiedentlich über antropologische Gegenstände sprachen, daß ich mich doch auf diese Wissenschaft, in der ich vielleicht etwas Vorzügliches leisten würde, legen möchte.[1] Ich würde diesen Rath befolgt und selbst Vorlesungen über Antropologie gehalten haben, wenn mir nicht die hiesige Universität..., meiner Religion wegen, die Promotion verweigert hätte[2], und ich habe, wenigstens als Probe, ob ich etwas darin zu leisten im Stande gewesen wäre, einen Aufsatz unter dem Titel: Versuch eines Commentars zu Kants Antropologie, im vierten Stück der Vesta abdrucken lassen.

[2, S. 220–221]

[1] Kants erste Vorlesung über Anthropologie fällt ins WS 1772/73.
[2] von Baczko war katholisch und konnte daher an der Albertina nicht Professor werden. Vgl. Geschichte meines Lebens, Bd. II, S. 83 ff.

124. von Baczko ab

Es wohnten damals auch einige Studirende bei Kantern, hierunter der verstorbene Professor Kraus. Für diesen fühlte ich bald herzliche Anhänglichkeit, und wir waren während unserer akademischen Jahre unzertrennliche Freunde, wenn gleich unsere erste Bekanntschaft auf eine etwas sonderbare Weise entsprang. Ich befand mich in einer so bedrückten Lage, daß ich mein Zimmer zu heizen nicht im Stande war. Daher zog ich sogleich, wenn ich nach Hause kam, die Stiefel aus und einen alten Ueberrock an, setzte mich in das Bett, und legte, wenn ich schreiben wollte, ein Brett, welches ich hiezu vorräthig hielt, auf das Deckbett. Da nun Kant sein Auditorium vorzüglich gut heizen ließ, ich bei ihm von 8 bis 9 Uhr ein Collegium, und von 10 bis 11 ein Collegium bei Jester[1] hörte, so blieb ich oft die Stunde von 9 bis 10 in dem Hörsaale des Professor Kant, der in dieser Stunde nicht las, und wo ich daher von niemanden bemerkt wurde. Ich brachte alsdann, um mich während dieser Stunde zu beschäftigen, irgend ein Buch mit. Kraus, der eine eigenthümliche, etwas auffallende Lebhaftigkeit hatte, sah, ehe Kant noch seine Vorlesungen anfing ein Buch vor mir liegen. Er nahm es sogleich in die Hand, und da es ihm vielleicht auffiel, daß ich, der ich nie mit Kenntnissen prahlte, und den er daher für einen höchst unbedeutenden, vielleicht unwissenden Menschen hielt, Segners Cursus mathematici[2] hier mitgebracht hatte; so fragte er mit seinem besondern Tone: Liebe Seele, was machen Sie mit diesem Buche? Die Frage verdroß mich und ich antwortete daher beinahe in dem nämlichen Tone: Ich singe daraus, wenn ich commercire. Er sah mich an und lachte; ich lachte mit. Er hatte dem Professor Reusch in seiner Dissertation De luce et coloribus mit Beifall opponirt,[3] daher schätzte ich ihn bereits. Ich besaß im mündlichen Ausdrucke der Lateinischen Sprache eine vorzügliche Fertigkeit, und als Kant die Stunde geschlossen hatte und Kraus vielleicht um mich näher kennen zu lernen, zurückblieb, knüpften wir ein Gespräch an, wozu Segner die Veranlassung gab.

[2, S. 222–223]

---

[1] Jester, Wilhelm Bernhard (1736–1785), Jurist, 1773 ord. Prof. d. Rechte, seit 1779 Kanzler der Universität Königsberg. Vgl. APB 1, S. 303 f.; ADB 13, 730 f.

[2] Johann Andreas Segner: Cursus methematici pars I. Halle 1756, ed. nova 1767.

[3] Vgl. Krause (Q, Nr. 34), S. 60. Die Disputation ging über Reuschs Abhandlung »Meditationes physicae circa systemata Euleri et Neutoni de luce et coloribus.«

125. Kraus ab 1772 (1758?)

Der vieljährige ununterbrochene Umgang im *Keyserlingschen* Hause, dessen Krone, die geistreiche Gräfin[1], an Kant's Gesellschaft so ausnehmend Geschmack fand, ist eben so sehr ein Beweis von der feinen Lebensart worauf er sich verstand, als derselbe auf diese seine für einen so tiefdenkenden Gelehrten seltene feine Lebensart Gewandtheit und Delicatesse zurückgewirkt haben mag. Allemal saß Kant an Keyserling's Tisch auf der Ehrenstelle unmittelbar der Gräfin zur Seite; es müßte denn ein ganz Fremder da gewesen seyn, dem man convenienzmäßig diese Stelle einräumen mußte.[2]

[46, S. 60]

---

[1] von Keyserling, Caroline Charlotte Amalia, geb. Reichsgräfin von Truchsess-Waldburg (1729–1791), in erster Ehe verheiratet mit Johann Gebhardt Frhr. von Keyserling (1699–1761), in zweiter Ehe verheiratet mit Heinrich Christian von Keyserling (Neffe des Vorigen). Seit 1772 wohnten die Keyserlings in ihrem Königsberger Palais auf dem Vorderroßgarten und entfalteten dort ein reges kulturelles Leben. Das Palais wurde 1796 verkauft, ab 1809 befand es sich in königlichem Besitz; vgl. die Abbildung bei Kuhrke (1924), S. 42 f., weiter Q, Nr. 4, S. 68 ff. und vor allem H. M. Mühlpfordt (1981), S. 1–23. Zur Familie vgl. Stammtafeln, Nachrichten u. Urkunden von dem Geschlecht derer von Keyserlingk. Berlin 1853, weiter: Georg Conradt: Beiträge zur Biographie des Kaiserlich Geheimen Rates Heinrich Christian Reichsgrafen von Keyserling und seiner zweiten Gemahling Charlotte Caroline Amélie..., in: AM 48, 1911, S. 77–114, 185–220; Otto Frhr. v. Taube: Das Buch der Keyserlinge. 1944. — Zur Biographie der Gräfin vgl. u. a. APB 1, S. 333; NDB 11, S. 563; RN 2, S. 426; Meusel 6, S. 483 f.; Wilhelm Salewski: Kants Idealbild einer Frau. Versuch einer Biographie der Gräfin Caroline Charlotte Amalie von Keyserling..., in: JK 25/26, 1986, S. 27–62. — Zu ihrer künstlerischen Begabung, die ihr die Mitgliedschaft der Berliner Kgl. Akademie der Künste eintrug vgl. K. G. Nagler: Neues allgemeines Künstler-Lexikon, Leipzig 1835–1852, Bd. IV, S. 546 und Bd. XIX, S. 137; Conradt, S. 112 ff.; Mühlpfordt (1981), S. 12 ff.; Salewski, S. 41 ff.; zu Musikpflege in ihrem Haus vgl. Güttler, S. 124 ff. — Eine lebendige Schilderung der geistigen Regsamkeit der Gräfin gibt Kraus (Q, Nr. 33, S. 62 ff.).

[2] »Mein alter Freund Kant ist ein alter vertrauter im Keyserlingschen Hause...« schreibt Hamann am 6.1.1785 an Jacobi (HaBr 5, S. 312); vgl. auch den Bericht Elisa v. d. Reckes, G, Nr. 272; Arnoldt, Jugend, S. 174 ff.; Vorl. I, S. 196 ff.; Gause (II), S. 65 ff.; Stavenhagen S. 81 ff. Die Bekanntschaft mit der Familie von Keyserling reicht möglicherweise in Kants Hauslehrerperiode zurück (vgl. Borowski, S. 16), doch ist es nach Vorl. I, S. 70 »sehr zweifelhaft«, »ob Kant...noch eine dritte Hauslehrerstelle im Hause des Grafen von Keyserling-

Rautenburg im Kreise Tilsit-Niederung bekleidet hat.« Mit Sicherheit nachweisbar ist Kants Beziehung zur Familie von Keyserling in der frühen Magisterzeit (vgl. den Bericht von Kraus über Kants Unterrichtsbesuche auf Schloß Capustigal, G, Nr. 111, 112); Kant unterrichtete einen der beiden Stiefsöhne der Gräfin oder sogar beide (vgl. zur Hauslehrerfrage Arnoldt, Jugend, S. 165 ff.; Conradt, S. 92; Waschkies (1987), S. 76 f.).

Aus der frühen Zeit der Bekanntschaft Kants mit der Gräfin stammt das älteste überlieferte Kantbildnis, eine Kreidezeichnung, die durch Kriegsfolgen verschollen ist. Vgl. zu dem Bild u. a. Eduard Anderson: Das Kantbild der Gräfin...Keyserling, in: Mitteilungen des Vereins für Geschichte von Ost- und Westpreußen 18, 1943, S. 21 ff.; Clasen, S. 9 f.; Emil Fromm: Das Kantbildnis der Gräfin von Keyserling, in: KS 2, 1898, S. 145–160; (hierzu: Max Frischeisen-Köhler: Probleme und Aufgaben der Kant-Forschung, in: Reichls Philosophischer Almanach auf das Jahr 1924, S. 46 ff.); Rudolf Reicke: Das Kant-Portrait der Gräfin Keyserling auf Rautenburg, in: Sitzungsberichte der Altertumsgesellschaft Prussia, Heft 20 1895/96, S. 109 ff.; Stavenhagen, S. 68 f.

Nach einer Familientradition ist Kant auch auf einer der Miniaturen abgebildet, die die Gräfin im Rahmen eines Kalenderzyklus 1782 gemalt hat (»Almanach domestique de Cléon et de Javotte avec des tableaux qui représentent leur vie privée«); vgl. hierzu den Katalog der Berliner Kant-Ausstellung 1974 »Immanuel Kant. Leben, Umwelt, Werk. Zusammenstellung: Friedrich Benninghoven. Berlin 1974, S. 121 f.; Ulrich Albinus: Immanuel Kant und Duisburg, in: Duisburger Journal 4, 1980, S. 22 f; Rudolf Malter: Kant im Keyserlingschen Haus, in: KS 72, 1981, S. 88–95 (mit Abb.); Salewski, S. 41 f.; Sigrid von Moisy: Der »Almanach domestique« der Gräfin Caroline Amalie von Keyserling, in: Einladung ins 18. Jahrhundert. Ein Almanach aus dem Verlag C. H. Beck im 225. Jahr seines Bestehens. München 1988, S. 504–506.

Kants Hochschätzung der Gräfin kommt zum Ausdruck, wenn er sie in der Anthropologie (Ausg. PhB. S. 198 Anm.) »eine Zierde ihres Geschlechts« nennt. Er erzählt dort eine humoristische Geschichte, die er aus ihrem Munde gehört hat.

Von der guten Beziehung Kants zu ihrem zweiten Gemahl zeugen die zwischen beiden gewechselten Briefe, vor allem beweist das lange Schreiben des Grafen an Kant vom 29.12.1782 über die lamentablen Zustände in Kurland, daß zwischen beiden ein enges Vertrauensverhältnis bestanden haben muß (vgl. Ak 10, S. 295–304); vgl. auch G, Nr. 97, S. 127, 162.

126. *Mortzfeld* ab 1772

Selbst einige Damen bewiesen durch ihren Umgang mit *Kant*, daß die Wissenschaften, welchen er oblag, ihnen nicht gleichgültig waren. Die verstorbene Gräfin *von Kayserling*, eine der schäzbarsten und verehrungswürdigsten Frauen, eine Zierde ihres Geschlechts, befand sich in ähnlichen freundschaftlichen und gelehrten Verhältnissen, in welchen sich vormals *Leibniz* mit jener hohen Person befand. Diese Dame, welcher *Kant* selbst in seiner Anthropologie ein Ehrendenkmal sezte[1], fand in dem Umgange der Gelehrten die Annehmlichkeiten, welche die Wissenschaften geben können. Einige noch jetzt lebende, unter den Verstorbenen der Professor *Kreutzfeld*[2] (welcher seines vortreflichen Characters sowohl als seiner Kenntnisse wegen in dem Herzen seiner Schüler noch lebt, und dessen früher Tod ein wesentlicher Verlust für die Welt war) hatten zu ihrem damals glänzenden Hause freien Zutritt.

[42, S. 89–90]

[1] Vgl. G, Nr. 125, Anm. 2.
[2] Kreutzfeld, Johann Gottlieb (1745–1784), seit 1776 Prof. der Poesie in Königsberg, 1779 Zweiter Bibliothekar an der Schloßbibliothek. Vgl. APB 1, S. 364; Goldbeck, S. 85.
Bei der zweiten Disputation anläßlich der Übernahme der Dichtungsprofessur am 28.2.1777 (vgl. HaBr 3, S. 260, 272, 304) opponierte Kant. Die Handschrift von Kants Opponentenrede zu Kreutzfelds Dissertation »De principiis fictionum generalioribus« befindet sich in der UB Dorpat (Abdruck in Ak 15, S. 903 ff.); vgl. auch Rudolf Malter: Kantiana in Estland, in: KS 78, 1987, S. 515 (mit Faksimile der latein. Kanthandschrift).

127. Jachmann ab 1772

Ganz besonders zeichnete er sich noch durch Festigkeit des Charakters, durch Selbstbeherrschung und durch Seelenstärke aus. Diese hervorstechenden Eigenschaften seines Charakters waren ganz ein Werk der Kunst und gerade durch die natürliche Weichheit der Nachgiebigkeit seines Herzens veranlaßt. Kant war von Natur geneigt, immer dem ersten Eindruck zu folgen. Weil er aber dadurch oft wider seinen Willen, ja selbst wider seine Neigung handelte und weil die Folgen seiner Nachgiebigkeit gegen sich selbst und gegen andere ihm häufig mißfielen, so gab jeder einzelne Vorfall im Leben, bei dem er sich von seinem weichen Herzen hatte hinreißen lassen, Veranlassung, sich darüber eine Maxime zu entwerfen, die er dann aber auch mit der unerschütterlichsten Festigkeit befolgte. Auf diese Art war nach und nach sein ganzes Leben eine Kette von Maximen geworden, die endlich ein festes System des Charakters bildete. Sie werden vielleicht einige Beispiele dieser Art zu hören wünschen, um sich selbst zu überzeugen, daß Kant ein Mann von Maxime war.

Eines Tages kommt Kant von seinem gewöhnlichen Spaziergange zurück und eben, wie er in die Straße seiner Wohnung gehen will, wird ihn der Graf***[1] gewahr, welcher auf einem Kabriolet dieselbe Straße fährt. Der Graf, ein äußerst artiger Mann, hält sogleich an, steigt herab und bittet unsern Kant, mit ihm bei dem schönen Wetter eine kleine Spazierfahrt zu machen. Kant gibt ohne weitere Überlegung dem ersten Eindruck der Artigkeit Gehör, und besteigt das Kabriolet. Das Wiehern der raschen Hengste und das Zurufen des Grafen macht ihn bald bedenklich, obgleich der Graf das Kurtschieren vollkommen zu verstehen versichert. Der Graf fährt nun über einige bei der Stadt gelegene Güter, endlich macht er ihm noch den Vorschlag, einen guten Freund eine Meile von der Stadt zu besuchen und Kant muß aus Höflichkeit sich in alles ergeben, so daß er ganz gegen seine Lebensweise erst gegen zehn Uhr voll Angst und Unzufriedenheit bei seiner Wohnung abgesetzt wird. — Aber nun faßte er auch die Maxime, nie wieder in einen Wagen zu steigen, den er nicht selbst gemietet hätte und über den er nicht selbst disponieren könnte, und sich nie von jemanden zu einer Spazierfahrt mitnehmen zu lassen. Sobald er eine solche Maxime gefaßt hatte, so war er mit sich selbst einig, wußte, wie er sich in einem ähnlichen Falle zu benehmen habe, und nichts in der Welt wäre imstande gewesen, ihn von seiner Maxime abzubringen. [29, S. 149–150]

[1] Gemeint: Der Graf von Keyserling (s. Anm. 2 zu Nr. 125).

128. Herder an Hamann, 1.8. 1772   August 1772?

Ihr Kant. z. E. ist ein so eckelhafter Plauderer auch auf voriger Meße gewesen, u. Ihre beiden nördlichen Freunde scheinen schon so viel geschwatzt zu haben daß ich mich wie ein Hypochondr. vor dem Schatten fürchte. Ich will jetzt durchaus vergeßen seyn, u. in einer Höle liegen, bis ich herauskommen werde.

[16/Bd. 3, S. 14]

129. Gisevius[1]   ab WS 1772

Mit dem herzlichsten ehrerbietigsten Danke habe ich die belehrenden Aufschlüße gelesen, welche Euer Hochwürden[2] mir über unsern *großen Kant* zu geben die Geneigtheit hatten. Ich respectire innigst diesen Mann, den die ganze gelehrte Welt so hoch achtet und den die neue Philosophie ihren Vater nennt. ich ehre ihn um desto williger als ein dankbarer Schüler, dem auch einst das Glück ward, zu den Füßen dieses Gamaliels zu sitzen. Nur seine Religion in d. G. d. V.[3] ist nun einmahl für mich nicht, und bey aller unendlichen Hochachtung gegen diesen wahrlich großen Mann, sey es mir erlaubt zu sagen, daß seine Schriften denn doch würklich viel, sehr viel schaden, weil sie so viele Menschen lesen, die sie durchaus nicht verstehen, und sie dennoch zu verstehen glauben. Es ist einmahl Mode, Thon der gebildeten Welt, Kanten zu lesen und über Kanten zu sprechen, und so lesen und sprechen Menschen allerley Standes auch sogar weibl. Geschlechts Kantens $\alpha\rho\rho\eta\tau\alpha$ $\rho\eta\mu\alpha\tau\alpha$ — Auch das, daß Kant seine Philosophie in einer zum Theil neugeschaffenen unverständl. Sprache vorträgt, kann ich nicht billigen. Was soll ich mit einer Philosophie, zu deren Existenz ich allererst den Schlüssel eines besondern Wörterbuchs haben muß? Ueberhaupt scheint mir diese geflißentl. dunkle, in Bildern und Gleichnissen sich verbergende Sprache eine verderbliche Sucht unseres ZeitAlters werden zu wollen, von der auch die schätzbarsten Männer, ein Ewald[4], ein Herder etc. nicht frey sind.

[15, S. 31]

---

[1] Gisevius, Timotheus (1756–1817), Theologe, Schüler Kants, immatr. 12.11.1772 seit 1787 Erzpriester in Lyck, seit 1813 Konsistorialrat in Gumbinnen. Vgl. APB 1, S. 215; Rosenheyn: Der Lycker Erzpriester Timotheus Gisevius, in: Unser Masurenland 1934, Nr. 11.

[2] Gemeint: Borowski.

[3] Die Religion innerhalb der Grenzen der bloßen Vernunft. Königsberg 1793.

[4] Ewald, Johann Ludwig (1747–1809), Theologe, Herausgeber der Monatsschrift »Urania für Kopf und Herz« (Hannover 1794–1796).

130. Hamann an Herder, 13.1.1773   Januar 1773?

Büsching[1] hat durch die Herausgabe dieses kleinen Phaenomenon, wie er Kant nennt, in meinen Augen seine Sünde einer Dedictions Schrift zu den historicis selectis de main de maitre ausgesöhnt.
[16/Bd. 3, S. 32]

[1] Büsching, Anton Friedrich (1724–1783), Theologe und Geograph.

131. Hippel an Scheffner, Mitte 1773?

Und hiermit befehle ich Sie und Ihre theuerste Frau Gemahlin dem Schutze des Himmels. Der *Thomas Knaut*[1] kann doch wohl ins Kopei-Buch kommen. — Haben Sie diesen Roman gelesen? *Hamann, Lindner, Kant* und meine Wenigkeit stimmen überein.
[27/Bd. 13, S. 182]

[1] Gemeint: »Lebensgeschichte des Tobias Knauts des Weisen, sonst der Stammler genannt« (4 Bde, 1774/75), Roman von Johann Karl Wezel (1747–1819).

132. Kant an Herz, gegen Ende 1773   WS 1773/74

Ich lese in diesem Winter zum zweyten mal ein collegium privatum der Anthropologie welches ich ietzt zu einer ordentlichen academischen disciplin zu machen gedenke.[1] Allein mein Plan ist gantz anders. Die Absicht die ich habe ist durch dieselbe die Qvellen aller Wissenschaften die der Sitten der Geschiklichkeit des Umganges der Methode Menschen zu bilden u. zu regiren mithin alles Praktischen zu eröfnen. Da suche ich alsdenn mehr Phänomena u. ihre Gesetze als die erste Gründe der Möglichkeit der modification der menschlichen Natur überhaupt. Daher die subtile u. in meinen Augen auf ewig vergebliche Untersuchung über die Art wie die organe des Korper mit den Gedanken in Verbindung stehen ganz wegfällt. Ich bin unabläßig so bey der Beobachtung selbst im gemeinen Leben daß meine Zuhörer vom ersten Anfange bis zu Ende niemals eine trokene sondern durch den Anlaß den sie haben unaufhörlich ihre gewöhnliche Erfahrung mit meinen Bemerkungen zu vergleichen iederzeit eine unterhaltende Beschäftigung habe. Ich arbeite in Zwischenzeiten daran, aus dieser in meinen Augen sehr angenehmen Beobachtungslehre eine Vorübung der Geschiklichkeit der Klugheit und selbst der Weisheit vor die academische Jugend zu machen welche nebst der physischen geographie von aller andern Unterweisung unterschieden ist und die Kentnis der Welt heissen kan. [31/Bd. 10, S. 145]

[1] Das erste Anthropologie-Kolleg fand im WS 1772/73 statt. Vgl. die Ausgabe der »Anthropologie in pragmatischer Hinsicht« in der PhB, S. 315 ff.

133. *Hartmann*[1]   Juni 1774

Kant in Königsberg ist ein vortrefflicher Mann, der mir vieles versprochen hat, das ich nun von ihm erwarte. Aber seine Gesundheit ist sehr schwach. [17, S. 93]

[1] Hartmann, Gottlob David (1752–1775), 1774 Prof. der Philosophie am Akademischen Gymnasium Mitau. Vgl. über ihn (außer den Angaben in Quelle Nr. 17): RN 2, S. 194–196; DBL, S. 300; E. Jehnisch: G. D. Hartmann und die Mitauer Akademie, in: Baltische Monatsschrift 1927, S. 71 ff. Zu seinem Besuch bei Kant vgl. Baczko Bd. 1, S. 221 (= Q, Nr. 2) und HaBr 3, S. 111, 113.; Jehnisch, S. 92.

134. Hartmann an Kant, 4.9.1774   Juni 1774

Ich habe mir von Ihnen, mein theurster Herr Professor, die Erlaubniß ausgebeten, mich mit Ihnen schriftlich zu unterhalten, und nun bin ich schon so lange hier, schreibe tagtäglich im Sinn an Sie — Aber nun Einmal mache ich mir Vorwürfe darüber, und nun muß ich auch meiner Pflicht Genüge leisten.

Ich bereue es sehr, daß ich nicht länger in Königsberg geblieben bin, um Ihres Umgangs zu geniessen; und mir Ihren Rath in Verschiedenen Arbeiten, welche ich vor mir habe, zu erbitten. Ihre Critik der reinen Vernunft, aus welcher Sie mir so Manches erzählt haben, hat mich bisher recht lange und oft beschäftigt.

Wenn Sie denn einmal diß Werk[1] vollendet haben, so hat, wie mich dünkt, die Philosophie eine ganz andere Gestalt zu erwarten. Sie werden uns Beweis und Gegenbeweis über manche Sätze geben; sie werden bauen, und niederreissen, was Sie gebaut haben, um zu beweisen, daß man bisher nicht den Weg, der der natürlichste war, gewählt hat.

Mich dünkt, das Resultat von allem, wird die mir immer mehr sich darstellende Grundwahrheit seyn, daß für die ganze Menschenclasse etwas wahr seyn kann, was für niedere oder höhere nicht ist. Die Eigenschaften der Dinge haben immer Wahrheit, aber man muß nur das Verhältniß betrachten, in welchem sie stehen.

Ich habe Gelegenheit gehabt, diß auf verschiedene Sätze schon anzuwenden, und damit ewige Zweifelsucht, oder Wanken zwischen Grund und Gegengrund vermieden.

Es sollte mir sehr angenehm seyn, wenn Sie ihr gethanes Versprechen, mir von Zeit zu Zeit von ihren Arbeiten etwas mitzutheilen, erfüllen würden. Mein hiesiges Amt fordert von mir auf dergleichen Arbeiten, wie ihre Critik der reinen Vernunft recht aufmerksam zu seyn.

Die Periodische Schrift[2], von welcher ich mit Ihnen sprach soll nun mit dem Anfang des künftigen Jahres ihren Anfang nehmen; und dem zu folge, was ich schon habe, und was ich noch, besonders von ihnen hoffe, soll diese Schrift wichtig genug werden.

[31/Bd. 10, S. 169–170]

[1] Gemeint: die Kritik der reinen Vernunft.
[2] Vgl. Jehnisch, S. 91f. [s. Nr. 133].

135. Hamann an Herder, 4.10.1774   Juni 1774/Ende September
Anfang Oktober 1774

Ich besuchte vorige Woche zufällig unsern Kant, der mir einen Brief von Hartm. zu lesen gab[1] und über seine litterarische Briefe laß. Wir dachten sehr gleichförmig über diesen Mann, und über seine Wichtigkeit, die ⟨ihm⟩ ersterm so furchtbar als mir verächtlich vorkam. Sein Anliegen war die Subscription zu⟨m⟩ Fulda Wurzelbuch[2] und deßen Ankündigung in der Mitauschen Zeitung, in der gar kein sensus communis war, weil er seinen Namen unterzeichnet hatte und man im Text garnicht unterscheiden konnte, ob Fulda oder Hartm. redte.

Er besuchte mich bey sr Durchreise. Ich führte ihn zu Kant und es schien daß wir uns einander zu gefallen anfiengen. Er bot sich von *selbst* an, an mich zu schreiben, hat aber nicht an mich gedacht. Ich habe ihn in einigen Briefen an Hintz[3] zu reitzen gesucht, wo ich vermuthen konnte, daß er Antheil nehmen würde. An Kant hat er gantz cavalierement und en confrere geschrieben, der diesen Ton auch nicht von einem jungen Mann der sein Schüler seyn könnte, recht zu goutiren scheint.   [16/Bd. 3, S. 111]

---

[1] Brief vom 4.9.1774, Ak 10, S. 169f.
[2] Gemeint: Johann Friedrich Karl Fulda (1724–1788) Theologe, Historiker und Sprachwissenschaftler; gemeint ist seine »Sammlung und Abstammung germanischer Wurzelwürter«, Halle 1776.
[3] Hintz, Jakob Friedrich (1743–1787), seit 1762 Buchhändler in Riga (zusammen mit Hartknoch), dann in Mitau, später juristische Tätigkeit. Vgl. RN 2, S. 313, Nadler, S. 301f. u. ö.

136. Kraus   1774

Von den übrigen Lehrern der Universität zog ihn keiner besonders an, und Krausens erster Entschluß, die Jurisprudenz zu studieren, war von ihm zum Theil auch wegen der Lehrer aufgegeben worden, welche dieses Fach nicht auf die angenehmste und beßte Weise vortrugen; zum Theil scheint Kraus in dieser Wissenschaft auch schon früh die Art des Stoffs zum Denken und Forschen nicht gefunden zu haben, den seine Eigenthümlichkeit des Geistes suchte. Kant dagegen gewährte ihm in dieser Hinsicht alles, was er forderte. An den Ernst des Studiums durch seine Lectüre der Alten gewöhnt, geübt dem Schriftsteller von Satz zu Satz nicht bloß lesend und auffassend, sondern selbst denkend und weiter dringend zu folgen, wurde es ihm leicht, dem mathematisch genauen und scharfen Denker von Behauptung zu Behauptung, von Schlüssen zu Schlüssen, von Gedanken und Ideen in die immer höher steigenden Sphären der Philosophie nachzukommen. Hier war die rechte Nahrung für seine Forschungsgabe, für seine Neigung des Selbstdenkens; hier legte er den Grundstein seiner philosophischen Ausbildung.

Kant nahm sich seiner nun auch in Rücksicht seiner äußern drückenden Verhältnisse an, und um seine Lage zu verbessern empfahl er ihn im J. 1774 zur Führung des jungen Barons von Schlippenbach aus Kurland, wofür ihm ein sehr ansehnliches Honorar zugesichert wurde. Allein Kraus wollte nie etwas verdienen ohne Verdienst, und Verdienste konnte er sich an dem jungen Herrn wenig erwerben, da er geringen Erfolg von seinen Bemühungen sah. Dieses Verhältniß kränkte ihn so sehr, daß er es nach einem halben Jahre wieder aufgab; man wollte ihm das andere halbjährige Honorar abbezahlen, er weigerte sich aber durchaus es anzunehmen, und als man es ihm endlich aufdrang, verwandt er es zur Abzahlung der Schulden seines Zöglings, welcher Königsberg verließ. Wäre des jungen Barons Bediente der Herr und der Herr von Schlippenbach der Bediente gewesen, so hätte Kraus an seinem Zöglinge wahrscheinlich mehr Freude erlebt, denn von diesem Bedienten, den er wegen seiner Treue, seines gesunden Verstandes, natürlichen Mutterwitzes und richtigen Urtheils sehr lieb gewonnen hatte, sprach er späterhin noch mit großem Interesse. Er erzählte von ihm sehr gerne folgende Geschichte. Kraus wohnte damals mit dem jungen Baron in einem Hause mit Kant, und das Zimmer, worin dieser seine Vorlesungen hielt, stieß an des Barons Wohnzimmer an. Als nun eines Morgens der Bediente seinen Herrn frisirte und Kanten im Nebenzimmer dociren hörte, that er die naive Frage: »warum doch die Herren Studenten alle so weit herkämen, um Kanten zuzuhören und nicht lieber da lernten, wo der Professor gelernt habe? Dem Hören könnten sie doch unmöglich eine so große Kraft zuschreiben!« Mochte diese Aeußerung Krausen zum weitern Nachdenken veranlassen, oder mochte sie mit seiner Stimmung und Meinung harmoniren; kurz die academischen Vorlesungen hatten jetzt nicht mehr großen Reiz für ihn. Er besuchte zwar noch einige, allein er sah immer mehr, daß der academische Unterricht für ihn nicht mehr den großen Nutzen habe, und als man ihn vielleicht aus Veranlassung einer Aeußerung darüber in einem juristischen Examinatorium einmal sehr empfindlich kränkte, gab er plötzlich allen Besuch der Vorlesungen auf, um für sich zu studiren.

[33, S. 28–30]

137. Wannowski ab 1775

Unter seinen Schülern waren ihm vorzüglich werth *v. Funck*, nach dessen Tode — er starb als Student in Königsberg — K. ein Trostschreiben an seine Mutter ergehen[1] ließ, welches Herr *Dr. Rinck* in der Sammlung kleiner Schriften von K. aufs neue hat abdrucken lassen.[2] Vielfältig hat er auch gegen mich gerühmt einen Polen, Herrn *v. Orsetti aus Waniewo,*[3] der als ein junger Herr im Sommer auf seinen Gütern wirthschaftete, im Winter aber sich in Königsberg aufhielt und sich von Kant, als damahligem Magister *privatim*, besonders in den mathematischen Wissenschaften unterrichten ließ. Er konnte den Mann bis in sein hohes Alter nicht vergessen. Ob *Hr. H.-Pr. Schultz* unter seine *Auditores* zu zählen sey, weiß ich nicht. Er müßte denn bei Kant als Magister *Collegia* gehört haben, denn als Kant Professor wurde und seine *Disp. de mundo sensibili et intelligibili* schrieb, war jener schon Prediger in Löwenhagen, von wo aus er eine Recension dieser Disputation in die damahlige Kantersche Zeitung unter die gelehrten Artikel einrücken ließ. Hippel war sein dankbarster Schüler, und nachgehends sein intimster Freund.

[46, S. 39–40]

[1] von Funk, Johann Friedrich (gest. 4.5.1760), Schüler Kants, immatr. 15.6.1759; vgl. Kants Schrift »Gedanken bei dem frühzeitigen Ableben des...Herrn Johann Friedrich von Funk« (Ak 2, S. 37–44 und die Erläuterung Ak 2, S. 464).
[2] »Sammlung einiger bisher unbekannt gebliebener kleinerer Schriften von Immanuel Kant«. Hrsg. v. Fr. Th. Rink. Königsberg 1800, S. 24–33.

138. *Hippel* an Scheffner, 17.8.1775 — August 1775?

Nur Schade, daß die Sibyllen[1] sich so unverständlich ausdrücken, und daß man — maçonique ist, so viel ich verstehe, — und da ist freilich von Herders Urkunde[2] weniger als von der Maurerey nichts in diesem Ehrenwerke. Wenn 7 und 8 das Maçonique ausmachen, so bist du! weißes Einmaleins, der höchste Grad. Es ist aber gut, wenn die Leute alles, was sie nicht verstehen, Maçonique heißen. Die Sache gewinnt dabei. Dem *Kant* gefällt die Urkunde nicht im mindesten, und mein Trost ist, daß er sie auch nicht überall verstehet. [27/Bd. 14, S. 8]

[1] Gemeint: Hamanns Schrift »Versuch einer Sibylle über die Ehe«.
[2] Gemeint: Herders Schrift »Älteste Urkunde des Menschengeschlechts«.

138a. *Scheffner* — seit 1775?

Da ich alle Weihnachten und Ostern *Hippeln* besuchte, so erneuerte sich auch bey ihm meine ehemalige Bekanntschaft mit *Kant*, der, wie nun die ganze Welt lesen kann, Scherz und Ernst in der Gesellschaft zu vereinen wußte, und bey dem wir vielmal zwischen 7–8 Abends sehr frohe Unterhaltung fanden.

[52/S. 205–206]

139. *Mortzfeld* — ab SS 1776

Man machte *Kant* den Vorwurf, daß wenn er in der Tour Decan[1] war, er die jungen Leute, welche von den Schulen kamen nicht strenge genug examinirte. Seine Gutmüthigkeit ließ ihm die Aengstlichkeit dieser nur fühlen, — und es schien ihm hinlänglich zu seyn, wenn sie nicht gänzliche Vernachlässigung verriethen. Ebenmäßig beschränkte er nicht die academische Freiheit studierender Jünglinge, sondern liebte eine anständige ihnen ertheilte Freiheit, welche jedoch nie in Zügellosigkeit ausarten mußte.

Er sagte, Bäume, wenn sie im Freien stehen, und im Wachsthum begriffen sind, gedeihen besser, und tragen einst herrlichere Früchte, als wenn sie durch Künsteleien, Treibhäuser und confiscirte Formen dazu gebracht werden sollen.

Auch nahm er an denen in älteren Zeiten oft mit vieler Galle geführten academischen Streitigkeiten, keinen wesentlichen Antheil.

[42, S. 90–92]

[1] Kants 1. Dekanat fiel ins SS 1776; insgesamt war Kant sechs Mal Dekan (vgl. Reicke, Kantiana, S. 52) (= Q, Nr. 46).

140. Kraus ab SS 1776

Wenn er als Decan nicht scharf examinirte, so war es, weil ihm das ganze Geschäft höchst zuwider war und einem solchen Geiste bei seinen Arbeiten zuwider sein mußte. Das Rectorat war ihm vollends fatal bei so manchen Exempeln von Unredlichkeit, die er im *officio rectorali* kennen lernte. Aber Züge von Unredlichkeit und Unsittlichkeit waren ihm äußerst verhaßt. [46, S.19]

141. Borowski ab SS 1776

In spätern Jahren gingen zu seinen Vorträgen auch bedeutende Geschäftsmänner, Offiziere und andere, die ihre Kenntnisse berichtigen und erweitern wollten. Er hielt sich dadurch wohl nicht geehrter: es war ihm aber doch Freude, auch Mehreren nützlich zu werden. Fleißigen, jungen Leuten erlaubte er in frühern Jahren gerne den Zutritt; ward ihr Förderer und viele, viele danken ihm ihre jetzige zufriedene Lage. Bei den Prüfungen der Studierenden, wenn er Dekan und Rektor war, soll er vorzüglich auf Talent und Gewandtheit des Kopfs gesehen — und dann immer sehr väterlich ermahnt haben, jenes ja durch anhaltenden Fleiß zu excolieren. — Seine Philosophie, wenigstens der Name derselben kann, wie gesagt, verdrängt werden; der gute Eindruck aber, der durch seine Pünktlichkeit und Lehrertreue auf Tausende gemacht ist, wird nie verwischt werden; — hat schon viele, in den verschiedensten Ämtern und Lagen, zur Nachfolge K. aufgemuntert und — wird durch diese auch noch auf die künftigen Generationen wirken. [29, S. 87–88]

142. Jachmann 1776?

Der innigste und vertrauteste Freund, den Kant in seinem Leben gehabt hat, war der nun schon zwanzig Jahre verstorbene englische Kaufmann Green, ein Mann, dessen eigentümlichen Wert und dessen wichtigen Einfluß auf unsern Weltweisen Sie aus der Schilderung dieses einzigen Freundschaftsbundes werden kennen lernen. Ein eigner Zufall, der bei der ersten Bekanntschaft einen Todhaß zwischen diesen beiden Männern erzeugen zu wollen schien, gab zu dem innigsten Freundschaftsbündnisse Veranlassung.

Zur Zeit des Englisch-Nordamerikanischen Krieges ging Kant eines Nachmittags in dem Dänhofschen Garten spazieren und blieb vor einer Laube stehen, in welcher er einen seiner Bekannten in Gesellschaft einiger ihm unbekannter Männer entdeckte. Er ließ sich mit diesen in ein Gespräch ein, an welchem auch die übrigen teilnahmen. Bald fiel ihr Gespräch auf die merkwürdige Zeitgeschichte. Kant nahm sich der Amerikaner an, verfocht mit Wärme ihre gerechte Sache und ließ sich mit einiger Bitterkeit über das Benehmen der Engländer aus. Auf einmal springt ganz voll Wut ein Mann aus der Gesellschaft auf, tritt vor Kant hin, sagt, daß er ein Engländer sei, erklärt seine ganze Nation und sich selbst durch seine Äußerungen für beleidigt und verlangt in der größten Hitze eine Genugtuung durch einen blutigen Zweikampf. Kant ließ sich durch den Zorn des Mannes nicht im mindesten aus seiner Fassung bringen, sondern setzte sein Gespräch fort und fing an, seine politischen Grundsätze und Meinungen und den Gesichtspunkt, aus welchem jeder Mensch als Weltbürger, seinem Patriotismus unbeschadet, dergleichen Weltbegebenheiten beurteilen müsse, mit einer solchen hinreißenden Beredsamkeit zu schildern, daß Green — dies war der Engländer — ganz voll Erstaunen ihm freundschaftlich die Hand reichte, den hohen Ideen Kants beipflichtete, ihn wegen seiner Hitze um Verzeihung bat, ihn am Abende bis an seine Wohnung begleitete und ihn zu einem freundschaftlichen Besuch einlud. Der nun auch schon verstorbene Kaufmann Motherby, ein Associé von Green, war Augenzeuge dieses Vorfalles gewesen und hat mich oft versichert, daß Kant ihm und allen Anwesenden bei dieser Rede wie von einer himmlischen Kraft begeistert erschienen wäre und ihr Herz auf immer an sich gefesselt hätte.[1]

Kant und Green schlossen nun wirklich eine vertraute Freundschaft, die auf Weisheit und gegenseitige Achtung gegründet war, die täglich fester und inniger wurde und deren Trennung durch den frühen Tod Greens unserm Weltweisen eine Wunde schlug, die er zwar durch Seelengröße linderte, aber nie ganz verschmerzte.

Kant fand in Green einen Mann von vielen Kenntnissen und von so großem Verstande, daß er mir selbst versicherte, er habe in seiner Kritik der reinen Vernunft keinen einzigen Satz niedergeschrieben, den er nicht zuvor seinem Green vorgetragen und von dessen unbefangenem und an kein System gebundenem Verstande hätte beurteilen lassen. Green war seinem Charakter nach ein seltener Mann, ausgezeichnet durch strenge Rechtschaffenheit und durch wirklichen Edelmut; aber voll von den sonderbarsten Eigenheiten, ein wahrer whimsical man, dessen Lebenstage nach einer unabänderlichen, launenhaften Regel dahinflossen. Hippel hat seinen Mann nach der Uhr nach Green gezeichnet, woraus Sie ihn mehr kennen lernen können. Ich will nur noch einen Zug hinzufügen. Kant hatte eines Abends dem Green versprochen, ihn am folgenden Morgen um acht Uhr auf einer Spazierfahrt zu begleiten. Green, der bei solcher Gelegenheit schon um dreiviertel mit der Uhr in der Hand in der Stube herumging, mit der funfzigsten Minute seinen Hut aufsetzte, in der fünfundfunfzigsten seinen Stock nahm und mit dem ersten Glockenschlage den Wagen öffnete, fuhr fort und sah unterwegs den Kant, der sich etwa zwei Minuten verspätet hatte, ihm entgegenkommen, hielt aber nicht an, weil dies gegen seine Abrede und gegen seine Regel war.

In der Gesellschaft dieses geistreichen, edelgesinnten und sonderbaren Mannes fand Kant so viele Nahrung für seinen Geist und für sein Herz, daß er sein täglicher Gesellschafter wurde und viele Jahre hindurch mehrere Stunden des Tages bei ihm zubrachte. Kant ging jeden Nachmittag hin, fand Green in einem Lehnstuhle schlafen, setzte sich neben ihm, hing seinen Gedanken nach und schlief auch ein; dann kam gewöhnlich Bancodirektor Ruffmann und tat ein Gleiches, bis endlich Motherby zu einer bestimmten Zeit ins Zimmer trat und die Gesellschaft weckte, die sich dann bis sieben Uhr mit den interessantesten Gesprächen unterhielt. Diese Gesellschaft ging so pünktlich um sieben Uhr auseinander, daß ich öfters die Bewohner der Straße sagen hörte: es könne noch nicht sieben sein, weil der Professor Kant noch nicht vorbeigegangen wäre. Am Sonnabende blieben die Freunde, zu welchen sich denn noch der schottische Kaufmann Hay und einige andere gesellten, zum Abendessen versammelt, welches aus einer sehr frugalen kalten Küche bestand.

Dieser freundschaftliche Umgang fiel in das Mittelalter unseres Weltweisen und hat unstreitig auf sein Herz und auf seinen Charakter einen entscheidenden Einfluß gehabt. Greens Tod veränderte auch Kants Lebensweise so sehr, daß er seit dieser Zeit nie mehr eine Abendgesellschaft besuchte und dem Abendessen gänzlich entsagte. Es schien, als wenn er diese Zeit, die einst der vertrautesten Freundschaft geheiligt war, zum Opfer für den abgeschiedenen Busenfreund bis an sein Lebensende in stiller Einsamkeit verbringen wollte. [29, S. 153–155]

[1] Da die Freundschaft Kants mit Green nachweislich lange vor dem englisch-amerikanischen Krieg begonnen hatte, muß es sich bei Jachmanns Bericht um einen Irrtum handeln. Vgl. KB, S. 25 f.

143. Kraus vor 9.5.1776

Es traten noch im Jahr 1776 Verhältnisse ein, welche Krausen aus dem Kreise dieser Freunde herauszureißen drohten. Eine ihm angebotene Condition in Liefland schlug er auf Kants Anrathen aus, um bessere Vorschläge abzuwarten, und wie nachfolgender Brief*) an Herrn v. Auerswald ausweiset, war Kant bemüht, ihm einen andern Wirkungskreis zu eröffnen.

»Was machen Sie denn, haben Sie auch Zeit zum Lesen? Ich meinerseits brüte wieder über meinen unsterblichen Grillen, und denke an all mein Elend nicht, seitdem Kant mir versprochen, mich ins Basedowsche Philantropäum zu schicken. [33, S. 49–50]

*) Vom 9ten Mai 1776.

144. *Metzger*[1] ab 1777

Kant war nämlich zugleich auch *Mysogyn*, d.i. er hatte keine günstige Meinung von dem Glück des Ehestandes und von der Gabe des Weibes, dem Manne, wenn sie will, Blumen auf den Pfad seines Lebens zu streuen*). Er behauptete, das Wort *conjugium* beweise schon hinlänglich, daß beyde Eheleute an einem *Joch* tragen; und in ein Joch gespannt seyn, könne doch keine Glückseligkeit genannt werden. In diesen Gesinnungen bestärkte ihn vielleicht noch mehr das Beispiel seines intimen Freundes *Hippel*, dessen Abneigung gegen den Ehestand aber vielleicht noch andere Gründe hatte, als bey *Kant*... Was aber die egoistische Stimmung seines Gemüths am meisten behördern mußte, dies war die allgemeine Verehrung aller Stände für ihn. Wer war mehr gesucht, geehrt, fetirt als *Kant* bey Gastmalen, wo man ihn immer gern als den angenehmsten Tischgesellschafter sah, und wo ihn ein jeder, der Gesellschaft gab, gerne haben wollte. Und dann bey solchen Gelegenheiten die Stille, womit er angehört, und die Ehrerbietung, womit seine Reden aufgenommen wurden! Welcher Sterbliche hätte allen diesen Veranlassungen, ein vollkommener Egoist zu werden, widerstehen können? Diesen Ursachen mochte es denn auch wohl zuzuschreiben seyn, daß *Kant* keinen Widerspruch vertragen konnte; und wer ihm in Gesellschaft widersprach, es mochte einen Gegenstand betreffen, welchen es wollte, der mußte seine Einwürfe unter der schonenden Gestalt von Zweifeln, Schwierigkeiten u. dergl. anbringen, wenn er nicht *Kants* Unwillen erregen oder sich wohl gar einer Unhöflichkeit aussetzen wollte. Der Verf. dieser Blätter war gegenwärtig, als *Kant* einen geschätzten Schriftsteller, dessen von der seinigen verschiedene Meinung man ihm entgegen stellte, einen *Windbeutel* nannte. [38, S. 10–13]

*) In Gesellschaften war *Kant* sehr höflich gegen das weibliche Geschlecht; auch wohl scherzhaft. Er bewies den Damen aus der Bibel, daß sie nicht in den Himmel kämen; denn es hieße in einer Stelle der Offenb. Joh. es sey im Himmel eine Stille gewesen von einer halben Stunde. So was ließe sich aber, wo Frauenzimmer sind, gar nicht als möglich denken.

[1] Metzger, Johann Daniel (1739–1805), seit 1777 Prof. d. Medizin in Königsberg; Metzger trat wohl schon ziemlich früh mit Kant in Verbindung (vgl. Ak 10, S. 281f.; Ak 11, S. 185, 385), doch trübte sich später das Verhältnis. Metzgers Kantbiographie erschien 1804 anonym (in Königsberg, Q, Nr. 38). Über diese Biographie vgl. Vorl. KB, S. 33–36; vgl. auch Metzgers Schrift »Über die Universität Königsberg« (1804) (zu Kant vgl. S. 44ff.); zu Metzger und speziell zu seinem Verhältnis zu Kant vgl. APB 2, S. 433; ADB 21, S. 530; W. G. Kelch: Oratio in memoriam J. D. Metzger I. II. Universitätsprogramm Königsberg 1808; E. Braatz: J. D. Metzger in Königsberg, in: Verhandlungen der Gesellschaft deutscher Naturforscher und Ärzte. 82. Versammlung zu Kgb. 20.×26. Sept. 1910, 2. Hälfte, hrsg. v. L. von Criegern, Leipzig 1911, S. 93–98; Hallervorden: Kants Stellung zu Metzger, in: Deutsche Medizinische Wochenschrift (Leipzig) 33, 1907, S. 2198; Heinrich Kolbow: J. D. Metzger: Arzt und Lehrer an der Albertus-Universität zur Zeit Kants, in: Jk 10, 1960, S. 91–96.

145. Metzger ab 1777

Diese, der Unwissenheit gleich zu stellende Denkungsart, rührt mehrntheils von der allzufrühen ausschließlichen Bestimmung der studirenden Jünglinge zu einem Fache her, wodurch bey ihnen eine gewisse Gleichgültigkeit gegen alles, was nicht zu ihrem Brotstudium gehört, erzeugt und genährt wird. Daher jene Stimmung bey vielen bejahrten Gelehrten und Geschäftsmännern, welche in andern Wissenschaften, außer der ihrigen, so unwissend sind, als der Laye. Dies konnte aber der Fall bey einem Manne, wie *Kant,* nicht seyn, der sich in seinen Nebenstunden bemüht hatte, den Umfang des menschlichen Wissens kennen zu lernen, und der als Philosoph unpartheyisch genug seyn mußte, um jede Wissenschaft nach Ihrem wahren Werth zu schätzen. Dies Vorausgesetzt, so entsteht die Frage: was war — und was konnte die Ursache der Abneigung, ja gar der Art von Mißachtung *Kants* gegen die Theologie seyn, wovon er öfters in Gesellschaften Proben ablegte, und wovon man Beweise in seinem Buch *Streit der Facultäten*, im ersten Abschnitt findet? Denn eigentlich sollte doch die Theologie als diejenige Wissenschaft, die sich mit göttlichen Dingen beschäftigt, für die wichtigste von allen übrigen gehalten werden. Allein — wer weiß, ob nicht *Kant*, bey seinem vieljährigen Nachdenken über die Religion, auf solche Zweifel gegen dieselbe stieß, die er sich nie wieder lösen konnte, ungeachtet er sich hierüber nie ausdrücklich äußerte? Wenigstens hat *Kant* in vielen Jahren keine Predigt gehört, keine religiöse Gebräuche beobachtet, und sich folglich — um das wenigste zu sagen — zum Indifferentismus in der Religion bekannt. Sollte unsere Vermuthung richtig seyn, so war *Kants* Abneigung gegen die Theologie, als eine Wissenschaft, die sich nach seiner Meinung mit einem problematischen Gegenstand beschäftige, leicht erklärbar. Da dies indessen nur eine Vermuthung ist, so können wir *Kants* Gesinnungen über Theologie und Religion hier weder rechtfertigen noch verdammen. Wir überlassen dies dem, der Herzen und Nieren prüft, und ziehen den Vorhang über diesen Gegenstand.

Von der Rechtsgelehrsamkeit hatte *Kant* eben auch nicht vortheilhafte Begriffe. Sie schien ihm zu trocken und zu sehr auf das Positive eingeschränkt... Es traf sich zufällig, daß zu eben derselben Zeit, als die kritische Philosophie das Haupt empor hob, auch Lavoisier durch sein System die bekannte Revolution in der Chemie bewirkte. Ob es gerade dieser Umstand war, der *Kanten* für die Chemie einnahm[1], oder ob er durch die ausgebreitete Gemeinnützigkeit dieser Wissenschaft angelockt wurde, wollen wir nicht untersuchen. Genug, daß *Kant* zu der Zeit, als das System *Lavoisiers*[2] noch neu war, nicht allein den Hauptstoff seiner Gespräche daraus machte, sondern auch alle diejenigen, besonders Hrn. Prof. *Hagen*[3], sehr auszeichnete, welche seinen Heishunger nach neuen chemischen Entdeckungen zu befriedigen vermochten.

[38, S. 22–25; 29–30]

[1] Zu Kant und die Chemie vgl. Heinz Heimsoeth: Kants Erfahrungen mit den Erfahrungswissenschaften, in: ders.: Studien zur Philosophie Immanuel Kants. Bonn 1970, S. 58 ff.

² Lavoisier, Antoine Laurent (1743–1794), französischer Chemiker, einer der Begründer der modernen Chemie, vor allem bekannt geworden durch seine Verbrennungstheorie (Sauerstoff). Vgl. über seine Bedeutung für die Entwicklung der neuzeitliche Chemie Elisabeth Ströker: Denkwege der Chemie. Elemente ihrer Wissenschaftstheorie. Freiburg-München 1967, S. 127 ff.
³ Hagen, Carl Gottfried (1749–1829), Pharmakologe, seit 1779 a. o. Prof. d. Physik, Chemie, Mineralogie und Botanik, 1778 ord. Prof. an der Universität Königsberg, Begründer der wissenschaftlichen Pharmazie, schrieb u. a.: »Grundsätze der Chemie« (1786 u. ö.), sein Hauptwerk ist das 1778 (⁸1839) erschienene »Lehrbuch der Apothekerkunst«. Vgl. über ihn ADB 10, S. 340. NDB 7, S. 473 f.; APB 1, S. 244; F. Ph. Dulk: Gedächtnisschrift. Königsberg 1849; August Hagen: K. G. Hagen, in: NPPB 9, 1850, S. 46 ff.; Hermann Matthes: 150 Jahre pharmazeutische Chemie an der Universität Königsberg in: Pharmazeutische Zeitung 73, 1928, S. 1041 ff.; G. E. Dann: Die Apotheker der Familie Hagen, in: ebd. 101, 1956 S. 371 ff. — Zu Kants Verhältnis zu Hagen vgl. Ak 12, S. 301 f.; H. Valentin: K. G. Hagen und Kant, in: Die Vorträge der Hauptversammlung der Internationalen Gesellschaft für Geschichte der Pharmazie, in Hamburg-Harburg 1949. 1950, S. 75 ff.; Mühlpfordt (1981), S. 53 ff. (speziell S. 56, 62, 67).

146. *Kant* an Regge¹, 22.3.1777   20.3.1777

Ich behielt mir vor, Ihre Entschließung zuvor zu vernehmen und zu berichten, und darauf die Einwilligung (was den iungen Maclean betrift) darüber einzuholen.² Seit vorgestern habe nun HEn Simpson³ selbst gesprochen, der zu dieser Reise mit aller Ihrer Gemächlichkeit alle Kosten sehr gerne hergeben will und der, da, wie er sagt, einer Ihrer Anverwandten bey seiner Handlung engeagirt ist, wünscht, daß er das Vergnügen haben können Sie in Memel bey sich zu sehen, um alles zu verabreden. Sie würden die Nächte ruhig schlafen und die Pflege Ihres Körpers besorgen können. Wenn es auch rathsam scheinen möchte, daß neben einem kränklichen Manne noch ein gesunder auf allen Fall mitginge, so habe ich einen artigen iungen Mann, der gerne diese Reise nach Dessau als seiner Vaterstadt mit thun möchte.

Vielleicht ließe sich auch der reiche hiesige Comm: R: Fahr[enheid]⁴ welcher vor etwa einem Jahre so freygebig erböthig war, Candidaten des paedagogii auf seine Kosten in Dessau zu unterhalten und der ietzt, ob er gleich die Sache selbst noch immer gut findet, sich schwierig zu zeigen anfängt, noch bewegen, ihre edle Absichten durch seinen Beytrag zu unterstützen. Ich werde zum wenigsten die schiklichste Maasregeln ergreifen, ihn dazu zu bewegen. Gleichwohl müste Ihre Entschließung, die Sie mir zu erklären belieben, auch ohne diesen Umstand, mit Sicherheit an das Philanthropin berichtet werden können.

Die Krankheit bleibt immer die wichtigste Hindernis, darüber freylich Sie selbst und Ihr Arzt am besten urtheilen können, ob solche die Reise möglich mache, oder nicht. Daß man in Berlin bey der Durchreise bey angesehenen Ärtzten sich Raths erholen könne ist ein Nebenvortheil.

Ich habe bey Herren Motherby eine mit einem Briefe an das *Philanthropin* gerichtete und von Ihnen gesammelte ansehnliche Collekte angetroffen. Eine Bemühung, die Ihnen beym Philanthropin und bey iedem Menschenfreunde wahre Ehre bringen muß. Ich habe es indessen gewagt Herren Motherby zu bereden: daß er mit Abschickung derselben einen Posttag überschlagen möge, damit diese Sache zusammt Ihrer, wie ich wünsche, günstigen Erklärung über meinen Antrag zugleich ankommen mögen.

[31/Bd. 10, S. 202]

---

[1] Regge, Friedrich Wilhelm (1749–1778), immatr. 23.9.1766; durch Unterstützung Motherbys, Kants und der Drei-Kronen-Loge wurde ihm 1777 ein Besuch des Philanthropins ermöglicht (Ak 13, S. 81). Zu Kants Verhältnis zum Dessauer Institut vgl. die »Aufsätze, das Philanthropin betreffend« Ak 2, S. 445 ff. und Th. Fritzsch: Kant und die Philanthropisten, in: Pädagogische Studien. Neue Folge 45, 1924, S. 129–147 ff.; Vorl. I, S. 200.

[2] Maclean, Johann M. (1763–1799), Sohn des schottischen Kaufmanns Archibald M. aus Memel (Ak 13, S. 81).

[3] Simpson, Johann S. (1737–1811), Großkaufmann in Memel (Ak 13, S. 81).

[4] Fa(h)renheid, Reinhold Friedrich (1703–1781), Stadtrat und Kommerzienrat. Vgl. Georg Krüger: Beiträge zur Geschichte der Familie Fa(h)renheid. Königsberg 1900; Gause II, S. 230, Gause (1959), S. 50.

147. Hamann an Herder, 18.5.1777　　　　　　　　vor 18.5.1777

Der Mittw. war unser Bußtag und ich führte ihn[1] zu Kant, wo eben Krause war und mit dem er bey Grafen Kayserlingk speisen sollte und bis den späten Abend da geblieben war. Donnerstags besuchte er mich Morgens u Nachmittags, unser Nachtgespräch war abermal Widerspruch, aber mit überlegener Laune ...
　　　　　　　　　　　　　　　　　　　　　　　[16/Bd. 3, S. 347]

[1] Kaufmann, Christoph (1753–1795). Vgl. HaBr 3, S. 288, 339f., 343–349, 362ff., 373.

148. Hamann an Herder, 23.6.1777　　　　　　　　vor 23.6.1777

Am Fest *Trinitatis* besuchte ich Kant der mir den März u April des deutschen Musäi mittheilte worinn er auch die Frage des Mercurs zu beantworten versucht— muste Kant *nolens volens* Recht geben, der mit dem Versuch sehr unzufrieden war.
　　　　　　　　　　　　　　　　　　　　　　　[16/Bd. 3, S. 360]

149. Kant an Herz, 20.8.1777　　　　　　　　　　　18.8.1777

Heute reiset Ihr und, wie ich mir schmeichle, auch mein würdiger Freund Herr Mendelssohn von hier ab.[1] Einen solchen Mann, von so sanfter Gemüthsart, guter Laune und hellem Kopfe in Königsberg zum beständigen und innerlichen Umgange zu haben, würde dieienige Nahrung der Seele seyn, deren ich hier so gänzlich entbehren muß und die ich mit der Zunahme der Jahre vornehmlich vermisse; denn, was die des Körpers betrift, so werden Sie mich deshalb schon kennen, daß ich daran nur zuletzt und ohne Sorge oder Bekümmernis denke und mit meinem Antheil an den Glücksgütern völlig zufrieden bin. Ich habe es indessen nicht so einzurichten gewußt, daß ich von dieser einzigen Gelegenheit, einen so seltenen Mann zu genießen, recht hätte Gebrauch machen können,

zum Theil aus Besorgnis ihm etwa in seinen hiesigen Geschäften hinderlich zu werden. Er that mir vorgestern die Ehre zween meiner Vorlesungen beyzuwohnen, *a la fortune du pot,* wie man sagen könte, indem der Tisch auf einen so ansehnlichen Gast nicht eingerichtet war. Etwas tumultuarisch muß ihm der Vortrag diesmal vorgekommen seyn; indem die durch die *ferien* abgebrochene *praelection* zum theil summarisch wiederholt werden muste und dieses auch den größten Theil der Stunden wegnahm; wobey Deutlichkeit und Ordnung des ersten Vortrages großen theils vermißt wird. Ich bitte Sie, mir die Freundschaft dieses würdigen Mannes ferner zu erhalten.
[31/Bd. 10, S. 211]

[1] Mendelssohn besuchte am 18. August Kants Vorlesung; er war am 24. Juli in Königsberg angekommen. Vgl. zu seinem Königsberg- und Kantbesuch: Arnoldt, Vorlesungen, S. 223 f. (nach Arnoldt läßt sich nicht klar ermitteln, an welcher Vorlesung Mendelssohn teilnahm); vgl. weiter HaBr 2, S. 360, 377, 384 ff.; HaBr 4, S. 4; HaBr 6, S. 223.

150. Kraus 21.8.1777

Donnerstags kam Mendelssohn an. Ich reiste eben mit dem Hofgerichtsrath Grafen Dohna, der mich seiner Freundschaft in einem höhern Grade, als ichs werth bin, würdigt, aufs Land, kam aber Sonnabends wieder. Sonntags ließ mich Kant zu sich rufen und sagte mir, Mendelssohn sey bei ihm gewesen und habe mit ihm unter andern auch von mir gesprochen, ob ich nehmlich nicht Professor in Halle in Meiers[1] Stelle, der kürzlich gestorben, werden wollte. Zedlitz[2] habe ihm (Mendelssohnen) aufgetragen, einen zu der Stelle vorzuschlagen und er wolle es auf Kant ankommen lassen. Natürlich war mein erstes, daß ich Kanten sagte: Herr Professor, ich bin noch nicht reif. Er meinte es dann auch, sagte mir aber dabei, ich sollte doch nur sehen, aufs erste etwas philosophisches auszuarbeiten und Zedlitzen zu dediciren; Mendelssohn würde es dann mit seinem Ansehen unterstützen, und mir, da Meiers Stelle für mich noch nicht wäre, zu einer andern helfen. Dieß geschah Vormittag, und ich war kaum von Kant zurück, da ich schon zu meiner Gräfin, die mich wie meine Mutter liebt, ging und ihr alles haarklein erzählte. Ach Gott, sagte sie, Professor ist doch auch so — dann sind Sie ja auf einmal, was Sie seyn können. Und doch ist dieß mein einziger Wunsch, versetzte ich. Ja, wenn Sie so erst die Welt besehen könnten, fiel sie ein; Graf Mußin Puschkin (es ist der russische Gesandte am englischen Hofe, dem ich bei seinem Hierseyn durch das Auswendiglernen meines englischen Lexicons gefiel) hatte Lust, Sie mit nach London zu nehmen, und so etwas findet sich wohl wieder.

[33, S. 68–69]

[1] Meier, Georg Friedrich (1718–1777), Prof. d. Philosophie an der Universität Halle, Schüler Baumgartens, Kant las mit wenigen Ausnahmen Logik über Meiers »Auszug aus der Vernunftlehre« (vgl. den Abdruck in Bd. 16 der Ak-Ausgabe).
[2] Zedlitz, Karl Abraham (1731–1783), seit 1771 Preußischer Minister der Kirchen- und Unterrichtsangelegenheiten; vgl. ADB 44, S. 744 ff.; Kant erfreute sich seiner besonderen Hochschätzung; er widmet ihm die Kritik der reinen Vernunft. Vgl. Vorl. I, S. 203 ff.

151. *von Zedlitz* an Kant, 21.2.1778

Februar 1778

Ich höre jezt ein Collegium über die Phisische Geographie bey Ihnen, mein lieber Herr P. Kant. u. das wenigste was ich thun kann ist wohl daß ich Ihnen meinen Dank dafür abstatte. So wunderbar Ihnen dieses bey einer Entfernung von etl. 80 Meilen vorkommen wird, so muß ich auch würklich gestehn, daß ich in dem Fall eines Studenten bin, der entweder sehr weit vom Katheder sizt, oder der der Aussprache des *Professors* noch nicht gewohnt ist; denn das *Msct* des HE. *Philippi*, das ich jezt lese, ist etwas undeutlich u. machmal auch unrichtig geschrieben u. er scheint bey manchen Stellen so sehr auf Ihren Vortrag Acht gehabt zu haben, daß er bey vielen würklich wichtigen Gegenständen nur eben so viel angemerkt hat, daß Sie solche erklärt haben, wie aber — das war eben der Vorteil des nahe sitzenden Zuhörers den ich nicht habe. Indeßen wächst durch das was ich entziffre der heißeste Wunsch auch das übrige zu wißen. Ihnen zuzumuten daß Sie Ihr *Collegium* drucken ließen das wäre Ihnen vielleicht unangenehm, aber die Bitte, dächt ich, könten Sie mir nicht versagen, daß Sie mir zu einer Abschrift eines

sorgfältiger nachgeschriebenen Vortrags behülflich wären. u. können Sie mir dieses auch gegen die heiligste Versicherung das *Msct* nie aus meinen Händen zu geben nicht gewähren, so diene dieses Schreiben wenigstens dazu Ihnen die Versicherung zu geben, daß ich Sie u. Ihre Kenntniße ganz unaussprechlich hochschätze u. daß ich mit einer diesen Verdiensten entsprechenden Verehrung bin
EW. HochEdelgeb.

Berlin den 21 Feb 78.

ganz ergbst. Diener
Zedlitz
[31/Bd. 10, S. 222–223]

152. von Zedlitz an Kant 28.2.1778

Erwiese ich Ihnen, mein lieber Herr *Professor Kant*, einen Gefallen wenn ich Sie mit 600 rth. Gehalt zum *Prof. Philosophiae* nach Halle dem Könige vorschlüge. Mir erzeigen Sie sicher einen Gefallen wenn Sie diesen Antrag annehmen.

Meine neulige Bitte wegen der phisischen Geographie bleibt aber dem ungeachtet bey Kräften. Der böse Schreiber macht mir zwar gottloß zu schaffen, wenn er von *Kamtschaka* redet, ist er mit ein mal unter eben dieser Rubrike in der Vorstadt von *Astracan.* er hat nichts unwichtiges niederschreiben *können* aber unter einander hat er es gemischt wie der Gukuck.

Aber was er mit den Käfern *Kakerlacks* genannt, auf der Insel *Java* will, u. daß diese Käfer die Menschen anfreßen, das ist mir würklich als eine Unrichtigkeit vorkommen, da meines Wißens die *Kakerlaks* die *homines nocturni* des *Buffons* sind, die auch in dem *Collegio* vorher *incidenter* einmal beschrieben sind u. von denen gesagt wird, daß sie ein *lusus naturæ*, wie weiße Raben, wären, u. ihre Kinder Schwarze würden. ich freue mich im Voraus das ganze *Collegium* noch ein mal nach einem *correctern* Exemplar durchzustudiren. Nach dem aber was ich von *Astracan* u. *Kamtschaka* angeführt habe, werden Sie merken daß ich morgen oder übermorgen fertig bin, also bitte ich sehr sich meiner Begierde gütigst anzunehmen, so wie ich hoffe daß Sie mir auf den gegenwärtigen Antrag ganz offenherzig u. bald antworten werden. Sie kennen den *Königsbg. Univ.-Fond* u. wißen also daß ich Ihnen dort zu keiner Ver-

beßrung Hoffnung machen kann u. in Halle kann ich das immer wenn Sie auch nur 600 rth. zu Anfang haben.[1]
Ich bin

Ew. HEdelgeb.

Berlin d. 28 Feb. 78 [31/Bd. 10, S. 224–225]

[1] Kant lehnte ab. Vgl. Ak 10, S. 228f., 232. Vgl. Reicke, Kantiana, S. 59 (= G, Nr. 155).

153. *Kraus* nach 28.2.1778

Kanten fiel es nie ein, um etwas für sich zu bitten oder zu ambiren. Ob er als Magister einen Ruf nach Jena erhalten, wie ich von andern gehört, weiß ich nicht: er selbst hielt es nie der Mühe werth von so etwas zu sprechen. Nach Meyer's Tode in Halle trug ihm Zedlitz diesen Lehrstuhl mit einem sehr ansehnlichen Gehalt mit dem Titel: Hofrath und andern Aussichten an, und da Kant alles ablehnte, faßte ihn Zedlitz von der empfindlichsten Seite: wie können Sie, schrieb er, es vor ihrem Gewissen verantworten, lieber in Königsberg auf 300 als in Halle auf 1000 Studirende zu wirken: aber Kant blieb, und zwar gerade aus einer *reineren* Gewissenhaftigkeit in seiner Vaterstadt. Wie *Zedlitz* überhaupt ein *herzlicher* und *geistreicher* Mann war, so war auch der Ton in seinen Briefen an Kant.

[61, S. 59]

154. *Bernoulli*[1] 1.7.1778

Ich speisete des Mittags bey dem Grafen *von Kayserling*, mit einem Gelehrten, welchen die königsberger Universität als eine ihrer größten Zierden verehret, dem Herrn Professor *Kant*. Dieser berühmte Philosoph ist im Umgange ein so lebhafter und artiger Mann, und von so feiner Lebensart, daß man den tiefforschenden Geist nicht so leicht bey ihm vermuthen würde; viel Witz aber verrathen sogleich seine Augen und seine Gesichtszüge, und die Aehnlichkeit derselben mit d'Alembert war mir besonders auffallend. Dieser Gelehrte hat in Königsberg viele Anhänger; und daß hier, wie mich dünkt, mehr Metaphysiker sind, als auf andern hohen Schulen, dazu mag er wohl vieles beytragen. Er las nun ein Collegium, welches grossen Beyfall fand, und zum Endzweck hatte, seinen Zuhörern richtige Begriffe von den Menschen, ihren Thaten, und von den mannichfaltigen im menschlichen Leben sich ereignenden Vorfällen, Handlungen u.s.w. beyzubringen; untermischte Geschichte und Anekdoten von allerley Leuten und Ländern würzten diese Vorlesungen, und machten sie noch lehrreicher und beliebter.[2] Von Herrn *Kants* philosophischen Schriften war nun schon lange nichts im Druck erschienen, er versprach aber nächstens wieder ein Bändchen herauszugeben.[3]

Herr Professor *Kant* und ein Paar andere Herren begleiteten mich nach Tische auf die königliche Schloßbibliothek, die ein Paar Mal in der Woche offen steht, und von welcher Herr Konsistorialrath *Bock*[4] erster Aufseher ist; sie giebt an der Zahl der Bücher den vorhererwähnten wenig oder nichts nach, und wird desto leichter vermehrt, da alle in Preussen gedruckte Bücher auf dieselbe geliefert werden müssen; übrigend aber soll das ausgesetzte jährliche Quantum zur Unterhaltung der Bibliothek und Anschaffung neuer Bücher so gering seyn, daß es nicht einmal hinreicht, die umsonst auf dieselbe gelieferten Bücher binden zu lassen....

Von der Schloßbibliothek begab ich mich mit dem Herrn *Bode*[5], *Kant* und andern, nach dem sartoriusschen Garten[6], wo das schon erwähnte große Naturalienkabinet aufbewahret wird. Herr D. *Bode* hat es nicht mehrunter seiner Aufsicht, weil sich die Umstände des Eigenthümers verändert hatten, wodurch auch das Kabinet selbst in andere Hände gerathen dürfte. Es verdient wirklich besehen zu werden, und wird den vornehmsten durch Königsberg reisenden Fremden als eine der Hauptmerkwürdigkeiten dieser Stadt, und die mit am besten für jedermann in die Augen fällt, gezeigt; auch hält man ein eigenes Buch, in welchem sich die, welche dieses Kabinet besuchen, einschreiben; es prangte seit kurzer Zeit mit dem Namen des preußischen Helden, *Heinrichs*, und des Grosfürsten von Rußland.

[4, S. 45–47, 66–67]

---

[1] Bernoulli, Johann (1744–1807), Astronom und Geograph, hielt sich auf seiner Europareise vom 29.6.–2.7.1778 in Königsberg auf (vgl. Krause, S. 82 ff. = Q, Nr. 34); vgl. zu Bernoulli: ADB 2, S. 482; NDB 2, S. 131; zu seinem Besuch bei den Keyserlings vgl. Mühlpfordt 1981, S. 4 ff.

² Zum Besuch der Vorlesung Kants (über Physische Geographie) vgl. Arnoldt, Vorlesungen, S. 246f.
³ Gemeint: die Kritik der reinen Vernunft?
⁴ Bock, Friedrich Samuel (1716–1785). Prof. der Theologie in Königsberg, vgl. APB 1, S. 64; ADB 2, S. 766; Vorl. I, S. 118; v. Selle (1956), S. 185, 188 u. ö.; Goldbeck, S. 68, 82; Metzger (1804), S. 42.
⁵ Bode: nach Mühlpfordt »Ein Namensirrtum Bernoullis. Er meinte Prof. Bock.« (Mühlpfordt 1981, S. 117).
⁶ Gemeint: der »Saturgussche Garten«, vgl. Mühlpfordt (1981), S. 95–117 (speziell zur Bernoullistelle: S. 109f.).

155. *Kant* an Herz 28.8.1778

Ihrem Verlangen, vornemlich bey einer Absicht, die mit meinem eigenen Interesse in Verbindung steht, zu willfahren, kan mir nicht anders als sehr angenehm seyn. So geschwinde aber, als Sie es fodern, kan dieses unmöglich geschehen. Alles, was auf den Fleiß und die Geschiklichkeit meiner Zuhörer ankömmt, ist iederzeit mißlich, weil es ein Glück ist, in einem gewissen Zeitlaufe aufmerksame und fähige Zuhörer zu haben und weil auch die, so man vor kurzem gehabt hat, sich verstieben und nicht leicht wieder aufzufinden seyn. Seine eigene Nachschrift wegzugeben, dazu kan man selten einen bereden. Ich werde aber zusehen es so bald als möglich auszuwirken. Von der Logik möchte sich noch hie oder da etwas ausführliches finden. Aber Metaphysik ist ein Collegium, was ich seit den letztern Jahren so bearbeitet habe, daß ich besorge, es möchte auch einem scharfsinnigen Kopfe schwer werden, aus dem Nachgeschriebenen die Idee *praecise* herauszubekommen, die im Vortrage zwar meinem Bedüncken nach verständlich war, aber, da sie von einem Anfänger aufgefaßt worden und von meinen Vormaligen und den gemein angenommenen Begriffen sehr abweicht, einen so guten Kopf als den Ihrigen erfordern würde, systematisch und begreiflich darzustellen.

Wenn ich mein Handbuch über diesen Theil der Weltweisheit, als woran ich noch unermüdet arbeite, fertig habe, welches ich ietzt bald im Stande zu seyn glaube, so wird eine iede dergleichen Nachschrift, durch die Deutlichkeit des Planes, auch völlig verständlich werden. Ich werde mich indeß bemühen, so gut als es sich thun läßt, eine Ihren Absichten dienliche Abschrift aufzufinden. HE. Kraus ist seit einigen Wochen in Elbing, wird aber in kurzem zurückkommen und ich werde ihn darüber besprechen. Fangen Sie immer nur die Logik an. Binnen dem Fortgange derselben werden die *materialien* zu dem übrigen schon gesammelt seyn. Wiewohl, da dieses eine Beschäftigung des Winters werden soll, so kan dieser Vorrath vielleicht noch vor Ablauf des Sommers herbeygeschaffet werden und ihnen Zeit zur Vorbereitung...

[31/Bd. 10, S. 240–241]

155a. Kraus an seinen Bruder, 11.10.1778 Oktober 1778

...Der Professor Kant ermahnt mich, so oft ich ihn sehe, doch nur fest auf meinem Vorhaben zu bestehen, und die Reise[1] nicht weiter auszusetzen. Er sagt mir der Minister[2] hätte ihn um einige seiner Schriften gebethen[3], er habe sie auch schon fertig liegen, wollte sie aber nicht über die Post schicken, sondern mir wenn ich abreise mitgeben, damit ich dadurch um so mehr Gelegenheit hätte den Minister selbst zu sprechen.« [34, S. 201]

[1] Zum Reiseplan von Kraus vgl. seinen Brief an Kant vom 11.8.1778 (Ak 10, S. 239 f.). Kraus reiste am 11.12.1778 nach Berlin (vgl. Ak 10, S. 245, 248 f.), Ende April ist er in Göttingen (vgl. Ak 10, S. 253; HaBr 4, S. 80 f., 133, 146; Voigt, S. 72 ff., 87). Auf der Rückreise nach Königsberg wird er in Halle zum Magister promoviert (vgl. Voigt, S. 89 f.).
[2] Gemeint: von Zedlitz.
[3] Vgl. Ak 10, S. 235 f., 247.

156. Kant an Herz, 20.10.1778 WS 1778/79

Meinem rechtschaffenen und mit seinem Talente so unverdrossen thätigen Freunde vornemlich in einem Geschäfte woraus etwas von dem dadurch erworbenen Beyfall auf mich zurück fließt, zu Diensten zu seyn ist mir iederzeit angenehm und wichtig. Indessen hat die Bewirkung dessen was Sie mir auftragen viel Schwierigkeit. Dieienige von meinen Zuhörern die am meisten Fahigkeit besitzen alles wohl zu fassen sind gerade die so am wenigsten ausführlich

u. dictatenmäßig nachschreiben sondern sich nur Hauptpunkte notiren welchen sie hernach nachdenken. Die so im Nachschreiben weitläuftig sind haben selten Urtheilskraft das wichtige vom unwichtigen zu unterscheiden und häufen eine Menge misverstandenes Zeug unter das was sie etwa richtig auffassen möchten. Uberdem habe ich mit meinen Auditoren fast gar keine Privatbekantschaft und es ist mir schweer auch nur die aufzufinden die hierinn etwas taugliches geleistet haben möchten. Empirische Psychologie fasse ich ietzo kürzer nachdem ich *Anthropologie* lese.[1] Allein da von Jhr zu Jahr mein Vortrag einige Verbesserung oder auch Erweiterung erhält vornemlich in der systematischen und wenn ich sagen soll Architektonischen Form und Anordnung dessen was in den Umfang einer Wissenschaft gehöret so können die Zuhörer sich nicht so leicht damit daß einer dem andern nachschreibt helfen.

Ich gebe indessen die Hofnung Ihnen zu willfahren noch nicht auf vornemlich wenn Herr *Kraus* mir dazu behülflich ist der gegen Ende des *November*Monaths zu *Berlin* eintreffen wird und ein von mir geliebter und geschickter Zuhörer ist. Bisdahin bitte also Geduld zu haben.
[31/Bd. 10, S. 242–243]

[1] Die Anthropologie-Vorlesung ist aus der Vorlesung über Empirische Psychologie hervorgegangen. Vgl. die Ausgabe der »Anthropologie« in der PhB, S. 315 ff.

157. *Herz* an Kant, 24.11.1778 WS 1778/79

Ich genieße diesen Winter eine Glückseligkeit, zu welcher meine Phantasie nie in ihren Wünschen hatte versteigen können. Ich verkündige heute bereits zum zwanzigsten mahl ofentlich Ihre philosophische Lehren mit einem Beyfall, der über alle meine Erwartung gehet. Die Anzahl meiner Zuhörer nimmt täglich zu, sie ist schon bis auf einige u. dreyßig herangewachsen, lauter Leute vom Stande und Gelahrte von Profeßion. Profeßores der Medizin, Prediger Geheimräthe, Bergräthe, u. s. w. unter denen unser würdiger Minister[1] das Haupt ist; er ist imer der erste auf meiner Stube u. der letzte der hinweg gehet, und hat bisher, so wie keiner von den übrigen noch nie eine Stunde versäumt. Ich muß es gestehen mein theurster Lehrer, daß dieses *Collegium* von vielen Seiten betrachtet, eine der merkwürdigsten Erscheinungen ist; und es vergehet kein Tag, wo ich nicht darüber nachdenke, wie unmöglich es ist, daß ich durch alle meine Handlungen in der Welt, den zehnten Theil der Glückseligkeit Ihnen vergelten könnte, die ich durch Sie, bloß u. allein durch Sie, in einer einzigen Stunde genieße!

Ich habe nun die helfte der *Logic* zurückgelegt, u. denke bis *Januarius* mit der andern Helfte zu Ende zu kommen. Ich besitze einige sehr vollkommene Heften Ihrer logischen Vorlesungen, u. diesen habe ich den Beyfall zu danken; nur hier u. da haben mich Ihre so fruchtbarn Ideen, auf Aussichten geführt, die meinen Zuhörern gefallen. Der Grund zu allen liegt in Ihnen.

Es wird nunmehr lediglich von Ihnen abhängen, ob ich mich in der Metaphisick werde erhalten könen. Ich besitze auch nicht einmahl unvollständige Abschriften von Ihren Vorlesungen; u. gleichwohl wird mir das ganze Geschäfft ohne diese fast unmöglich werden. Von Grund auf, so ganz ungerichtet, allein zu bauen, dazu habe ich weder Kräfte, noch Zeit davon der größte Theil von meinen praktischen Geschäfften mir entrissen wird.

Ich bitte also nochmahls, mir mit erster Post, wenn es nun mit den sehr vollständigen Heften schon noch einigen Anstand haben muß, wenigstens einige unvollständigen zu schicken. Die Verschiedenheit, denke ich, wird die Unvollständigkeit einigermaßen ersetzen; indem jeder doch Etwas anders sich merkt. Vorzüglich bitte ich vor der Hand um eine *Ontologie* u. *Cosmologie*. [33/Bd. 10, S. 244]

[1] Gemeint: von Zedlitz. Zur politischen Stellung des Ministers zu Herz vgl. Q, Nr. 34, S. 200f.

158. Kant an Herz, 15.12.1778 Dezember 1778

Ich bin Ihres Auftrages nicht uneingedenk gewesen ob ich gleich nicht sogleich demselben ein Gnüge thun können. Denn kaum ist es mir möglich gewesen eine Nachschrift von einem *collegio* der *philos: Encyclop:* aufzutreiben aber ohne Zeit zu haben es durchzusehen oder was daran zu ändern. Ich überschicke es gleichwohl weil darinn vielleicht etwas gefunden oder daraus errathen werden kan was einen systematischen Begriff der reinen Verstandeserkentnisse so fern sie wirklich aus einem *princip* in uns entspringen erleichtern könte. HE. Kraus dem ich dieses mitgegeben habe hat mir versprochen eine, vielleicht auch zwey Abschriften des *Metaph: Collegii* auf seiner Reise aufzutreiben und Ihnen abzugeben. Da er sich seit seinem Anfange in meinen Stunden nachdem auf andere Wissenschaften gelegt hat so wird er sich mit Ihren Vorlesungen gar nicht befassen welches ich auch am rathsamsten finde weil dergleichen in Materien von dieser Art nur einen Schauplatz von Streitigkeiten eröfnen würde.

Ich empfehle ihn als einen wohldenkenden und hofnungsvollen iungen Mann Ihrer Freundschaft auf das inständigste. Die Ursache weswegen ich mit Herbeyschaffung ausführlicher Abschriften nicht glücklich gewesen bin ist diese weil ich seit 1770 *Logic* u. *Metaph:* nur *publice* gelesen habe wo ich sehr wenige meiner *auditor*en kenne die sich auch bald ohne daß man sie auffinden kan verliehren. Gleichwohl wünschete ich vornemlich *Prolegomena* der *Metaph:* u. die *Ontologie* nach meinem neuen Vortrage Ihnen verschaffen zu kennen in welchem die Natur dieses Wissens oder Vernünftelns weit besser wie sonst aus einander gesetzt ist und manches eingeflossen an dessen Bekanntmachung ich ietzt arbeite.

[31/Bd. 10, S. 245–246]

159. *Pörschke* ab 1778

Ich selbst habe in den 26 Jahren da ich mit ihm umging, ihn nie gehört, allgemein verachtend von den Predigern u. s. w. sprechen, er schätzte einige wohl sehr hoch, und lobte die Theologen sehr oft, als die Bewahrer der echten Gelehrsamkeit. [46, S. 63]

159a. *Abegg* ab 1778

Aber«, fügte Pörschke hinzu, »mit Kants Glaube sieht es sehr windig aus. Da ich ihn so lange kenne, sein vieljähriger Schüler gewesen bin, noch wöchentlich bei ihm esse: so glaube ich ihn hierüber genau zu kennen. Daß er manchmal so erbaulich spricht, ist ihm noch von früheren Eindrücken übrig geblieben. Er hat mich oft versichert, er sey schon lange Magister gewesen und habe noch an keinem Satze des Christentums gezweifelt. Nach und nach sey ein Stück ums andere abgefallen. [1, S. 184]

160. *Kant* an *Herz*, Jan. 1779 Januar 1779?

Durch Herren v. Nolten[1], einen angenehmen iungen *cavalier*, habe die *Paste* von HE. *Mendelsohns Medaille*[2], als Ihr gütiges Geschenk, erhalten und sage davor den ergebensten Dank.

Herr *D. Heintz*[3] versichert mich aus Briefen von HE, *Secret: Biester*[4], daß Ihre Vorlesungen mit allgemeinem und ungewöhnlichen Beyfall aufgenommen würden. Ebendasselbe und das durchgängige Ansehen, welches Sie sich im *berlin*ischen *Publico* erworben haben, berichtet mir ietzt HE. Kraus. Daß mir dieses ausnehmende Freude erwecke, brauche ich nicht zu versichern; Es versteht sich von selbst. Das Unerwartete stekt hier aber nicht in der Geschiklichkeit und Einsicht, auf die ich ohnedem alles Vertrauen zu setzen Ursache habe, sondern in der Popularität, in Ansehung deren mir bey einer solchen Unternehmung würde bange geworden seyn. Seit einiger Zeit sinne ich, in gewissen müssigen Zeiten, auf die Grundsätze der Popularität in Wissenschaften überhaupt (es versteht sich in solchen die deren fahig seyn, denn die Mathematik ist es nicht) vornemlich in der Philosophie und ich glaube nicht allein aus diesem Gesichtpunkt eine andere Auswahl, sondern auch eine ganz andere Ordnung bestimmen zu können, als sie die schulgerechte *Methode*, die doch immer das Fundament bleibt, erfodert. Indessen zeigt der Erfolg, daß es Ihnen hierinn gelinge und zwar sogleich bey dem ersten Versuche.

Wie gerne wünschete ich, daß ich mit etwas besserem als das Manuscript ist, was Ihnen HE. Kraus einhändigen wird, dienen könte. Hätte ich dergleichen im Winter voriges Jahres voraus sehen können, so würde darüber bey meinen *Autito*ren einige Anstalt getroffen haben. Jetzt wird es Blutwenig seyn was Sie aus diesen armseligen Papieren herausfinden können das gleichwohl ihr *genie* wuchernd machen kan. Wen sie Ihnen nichts weiter nutzen so wird HE *Toussaint*, der sich itzt in Berlin aufhält, solche sich von Ihnen ausbitten, um sie kurz vor Ostern zurück zu bringen. [31/Bd. 10, S. 247]

[1] von Nolten: nichts ermittelt.
[2] Vgl. Ak 13, S. 93.
[3] Heintz, Karl Reinhold (1745–1807), seit 1779 Prof. d. Rechte in Königsberg.
[4] Biester, Johann Erich (1749–1816), Sekretär des Ministers von Zedlitz, seit 1784 Bibliothekar der Kgl. Bibliothek in Berlin, Herausgeber der »Berlinischen Monatsschrift«. Vgl. ADB 2, S. 632f.; Alfred Hass: Johann Erich Biester. Sein Leben und sein Wirken. Ein Beitrag zur Geschichte der Aufklärung in Preußen Diss. Frankfurt 1925.

161. *Hamann* an Herder, 21.2.1779   Februar 1779?

Kant, den ich wider zu besuchen anfange findet in den Lebensläufen[1] hundert Winke aus seinen Vorlesungen[2]. Man muß das Ende abwarten. [16/Bd. 4, S. 55]

[1] Gemeint: Hippels Roman »Lebensläufe nach aufsteigender Linie«. Berlin 1778–1781.
[2] Vgl. Hippels Autobiographie (Q, Nr. 27/Bd. 12), S. 403 ff.; HaBr 4, S. 33 f. 40; Arnoldt, Vorlesungen, S. 182 f.; G. Lehmann, in: Ak 24/2, S. 958. — Hippel hat selber gegenüber Scheffner, der als einziger in Hippels »Schriftstellergeheimnis« eingeweiht war, die (relative) Abhängigkeit der Lebensläufe von Kant zugegeben; vgl. Q, Nr. 27, Bd. 14, S. 212 f. (dort heißt es u. a.: »Welch ein Narr mußt ich seyn, leugnen zu wollen, daß *Kant* mein Lehrer gewesen...« 10.4.1781).
Zu Kants späterer Stellung betr. die Verwertung seiner Gedanken in Hippels Roman vgl. die »Erklärung wegen der *Hippelschen* Autorschaft« (6.12.1796), Ak 12, S. 360 f. und 13, S. 536–542.
Zum Gesamtkomplex der Frage nach Kants Einfluß auf die »Lebensläufe« und seiner Stellungnahme von 1796 vgl. F. J. Schneider: Th G. von Hippel in den Jahren 1741–1781 und die erste Epoche seiner literarischen Tätigkeit. Prag 1911; i. ders.: Studien zu Hippels »Lebensläufen«, in: Euphorion 23, S. 23–33; 180–190; Alois Riehl: Der philosophische Kritizismus. Bd. 1, 3. Auflage Leipzig 1924, S. 371; Hans Vaihinger: Als Ob-Stellen bei Th. G. von Hippel, in: Annalen der Philosophie und der philosophischen Kritik 4, 1924, S. 296–271; Th. C. van Stockum: Theodor Gottlieb von Hippel und sein Roman »Lebensläufe nach aufsteigender Linie« (1778–1781), in: Mededelingen der Koninklijke Nederlandse Akademie van Wetenschappen, Afd. Letterkunde Nieuwe Reeks, Deel 22, No. 7 Amsterdam 1959, S. 251–266; Kohnen (1983) Bd. 1, S. 304 ff., 423 ff., Bd. 2, S. 1029 ff.; Beck (1987), S. 99 ff.; Jauch (1988), S. 203 ff.; A. Warda, in: AM 41, 1904, S. 60 ff.

162. Graf von Keyserling[1] *an Kant, 12.3.1779*   10.3.1779

Ew: HochEdelgeb: haben mich Vorgestern so geschwinde nach dem Eßen ihrer Gesellschafft beraubt, daß mir die Gelegenheit entgieng außer Dero lehrreichen *conversation* mich mit *Denenselben* über eine *Materie* zu unterhalten in welcher ich mir *Dero* Rath und einige Auskunfft von *Denen*selben zu verlangen vorgesetzet hatte.

Es betrifft solches einen Pohlnischen Herrn, der mein GutAchten über die Erziehung seiner beyden Söhne begehret, dabey auf die hiesige *Universitæt reflecti*ret und unter vielen Andern Punkten folgende von mir zu beantworten bittet

1 mo   Ob man in Koenigsberg der Jugend in denen *Phylologischen* Wißenschafften und besonders in der *Geographie* und Historie einen guten Unterricht geben kan.

2 do   Ob man ohne Pedantische methode im Lateinischen und Griechischen Unterweisung giebt.

3 tio   Ob die Jugend in der *Mathematic, Logic, Metaphysic* ingleichen in der *Ingenieur* und *Fortifications* Kunst was zu lernen Gelegenheit hat.

4 to   Ob auch in Koenigsberg in Ansehung des *oeconomie* Wesens, Ackerbaues, LandWirtschafft und *Politique* was zu erlernen ist.

Über alle diese Fragen wünschte ich eine Auskunfft geben können und zwar in solcher Art, daß sie der *Universitæt* Koenigsberg zum Vortheil gereichte, weil ich wünsche, daß sie empor kommen mögte.

Wann *Ew. HochEdelgeb.* auf den Montag bey mir eine Suppe eßen wollten so würden wir mündlich mit einander darüber sprechen können.

Kgsb. den 12 Mertz 1779.   GvKeyserling.

Der Friede ist gewiß meine heutigen Briefe aus Sachßen bestättigen solches. Das in Sachßen Stehende *Corps* rücket bereits in die Qvartiere die sie den Winter über inne hatten.

[31/Bd. 10, S. 251–252]

---

[1] Vgl. Anm. 2 zu G, Nr. 125.

163. Biester an Kant, 11.4.1779   Anfang April 1779

Herz hat diese Woche, nach einer Pause, die Psychologie angefangen, die er ununterbrochen in einem Vierteljahr zu enden denkt. Unser Minister (ich bin stolz, daß ich Ihn auch *meinen* nennen kann) versäumt keine Stunde. Zuweilen bittet Er auch Krausen auf eine philosophische Unterredung zu sich. —— In dem Abglanz dieser beiden erkennen wir Ihr Licht. [31/Bd. 10, S. 254]

164. Hamann an Kraus, 17.4.1779   vor 17.4.1779

Um *Traldo*[1] habe neul. den *Prof. Kt* gebeten; er hat ihn aber in Ihr altes Schloß gegeben und nicht zurück erhalten. *C'est un gouffre* — wollt er ungefehr sagen. [16/Bd. 4, S. 73]

[1] Joseph (Giuseppe) Toaldo, Witterungslehre für den Feldbau; eine Preisschrift aus dem Ital. (von J. G. Steudel). Berlin 1777.

165. Hamann an Herder, 18.4.1779   18.4.1779

Habe heute Kant besucht, der diesen Donnerstag sein 56. oder 57 Jahr antritt und voller Lebens- und Todesgedanken war.

[16/Bd. 4, S. 70]

166. Hamann an Herder, 6.5.1779   Anfang Mai 1779

Vorige Woche habe die 10 ersten Bogen von Nathan[1] gelesen und mich recht daran geweidet. Kant hat sie aus Berl. erhalten der sie blos als den 2 Theil der Juden beurtheilt und keinen Helden aus diesem Volk leiden kann. So göttlich streng ist unsere Philosophie in ihren Vorurtheilen bey aller ihrer Tolerantz und Unpartheylichkeit! [16/Bd. 4, S. 77]

[1] Lessings »Nathan der Weise« (1779).

167. Hamann an Herder, 17.5.1779 vor 17.5.1779

K. arbeitet frisch drauf los an seiner Moral der ⟨ges⟩ reinen Vernunft und Tetens[1] liegt immer vor ihm. Er wies mir einen Brief von Feder[2], den ich fast gar nicht kenne, aber sein Werk über den Willen[3] lesen will. [16/Bd. 4, S. 81]

[1] Tetens, Johann Nikolaus (1736–1807), Prof. d. Philosophie in Kiel. Gemeint sind die »Philosophischen Versuche über die menschliche Natur«. 2 Bde Leipzig 1776/77. Vgl. zu Kants Beziehung zu Tetens u. a. Ak 10, S. 232, vor allem S. 270, wo es hinsichtlich des Verständnisses der Kritik der reinen Vernunft (speziell der Antinomik) heißt: »...Er (Mendelssohn) ist unter allen, die die Welt in diesem Punkte aufklären könnten der wichtigste Mann, und auf *ihn*, Hen *Tetens* und *Sie* (= Herz) ... habe ich unter allen am meisten gerechnet.«
Vgl. zu Kant-Tetens u. a. Otto Ziegler: J. N. T.s Erkenntnistheorie in Beziehung auf Kant. Diss. Leipzig 1888; Arthur Apitzsch: Die psychologischen Voraussetzungen der Erkenntniskritik Kants dargestellt und auf ihre Abhängigkeit von der Psychologie Chr. Wolffs und Tetens' geprüft. Diss. Halle 1897; W. Uebele: J. N. T. nach seiner Gesamtentwicklung betrachtet, mit besonderer Berücksichtigung des Verhältnisses zu Kant. Berlin 1911; A. Seidel: Tetens' Einfluß auf die kritische Philosophie Kants. Diss. Leipzig 1932; H. J. de Vleeschauwer: L'évolution de la pensée kantienne. Paris 1939, S. 93 ff.; L. W. Beck: Early German Philosophy. Kant and His Predecessors. Cambridge (Mass.) 1969, S. 412 ff.; Manfred Kuehn: Scottish Common Sense in Germany, 1768–1800. A Contribution to the History of Critical Philosophy, Kingston and Montreal 1987, S. 119 ff.
[2] Feder, Johann Heinrich (1740–1821), seit 1768 Prof. d. Phil. in Göttingen. »Brief«: wohl vom 28.3.1779 (Ak 10, S. 252 f.).
[3] »Untersuchungen über den menschlichen Willen«, Berlin Bd. 1, S. 177.

168. Rink ab 1780

Sein mündlicher Vortrag selbst war simpel und ungesucht. In der physischen Geographie ward er durch das allgemeinere Interesse des Gegenstandes, und durch sein Erzähler-Talent, in der Anthropologie aber durch seine eingestreuten feinen Beobachtungen, die er aus seiner eignen Erfahrung oder aus der Lectüre, wie z. B. nahmentlich der besten englischen Romanenschreiber, entlehnt hatte, belebt. Nie verließ man unbelehrt und ohne angenehme Unterhaltung diese Vorlesungen. Dasselbe galt für den, welcher ihm zu folgen im Stande war, auch von seiner Logik und Metaphysik, aber der größere Theil seiner Zuhörer mag dennoch wohl, bey allem Fleiße, diesen Stunden für sein Bedürfniß ein größeres Interesse gewünscht haben. Und, zu leugnen ist es nicht, schon in den Jahren achtzig des letztvergangenen Jahrhunderts, verlor sein Vortrag zuweilen an Lebhaftigkeit in der Art, daß man hätte glauben mögen, er werde einschlummern; in welcher Meynung man bestärkt werden mußte, wenn man in seiner Körperbewegung dann mit einem Mahl ein plötzliches Zusammennehmen seiner abgespannt scheinenden Kräfte wahrnahm. Desungeachtet blieb er bis in die späteste Zeit ein sehr gewissenhafter Lehrer, und ich bin nicht im Stande, mir ein einziges Mahl den Fall in das Gedächtniß zurückzurufen, daß er, die gewöhnlichen Ferien ausgenommen, auch nur eine Stunde hätte ausfallen lassen. [50, S. 46–47]

169. Jenisch[1] *an Kant, 14.5.1787*   ab SS 1/80

Wäre mir von allen Rükerinnerungen an mein Vaterland, diejenige, Ew. Wohlgebornen so wohlthätigen Unterricht genoßen zu haben, nicht schon an und für sich selbst die süßeste und theureste: so müste sie es mir in meiner gegenwärtigen Lage gewis werden, da ich selten mich in der Gesellschaft einiger der hiesigen Gelehrten finde, ohne Ihren Namen erwehnen zu hören.
...Ich selbst mein Herr Prof., bin durch so viele Erinnerungen an Sie, und ihre Philosophie, da ich, wie Sie sehen, von allen Seiten her mit ihrer Philosophie gleichsam umringt bin, aus meinem lethargischen Schlummer, in welchen ich in Königsberg die lezten anderthalb Jahre über ihr System, unter manchen ganz ungleichartigen Beschäftigungen, bey aller Vorliebe u. Überzeugung von Ihrem System, gerathen war, aufgewacht: denn was konte ich anders?
[31/Bd. 10, S. 485]

[1] Jenisch, Daniel (1762–1804), Theologe und satirischer Schriftsteller, Schüler Kants, immatr. 8.3.1780, später Prediger an der Berliner Nicolaikirche.

169a. Jenisch ab SS 1780

Verehrungswürdiger Greis!
Innigst-geliebter Lehrer!

Denn des unschätzbaren Glücks erfreue ich mich, den ersten Tiefdenker des Jahrhunderts, den σοφον Teutschlands, als denjenigen nennen zu können, dessen Lehren, von ihm selbst vorgetragen mit jener Stimme der durch ihre eigne Anspruchlosigkeit überzeugenden Wahrheit, mit jenem Ernst, jener Würde, womit die Weisheit selbst ihre Zuhörer ermahnen würde, den ungebildeten Geist des sechzehnjährigen Jünglings erleuchteten; dessen Hand mich in das Gefilde der Wissenschaften einführte, welches damals so ausgearbeitet vor mir lag, und, durch die Geringfügigkeit meiner Kräfte, in der Folge für mich so enge beschränkt ward; dessen edle Theilnahme endlich gewisse wesentliche Abschnitte des sich selbst überlassenen Jünglings, und durch diese, auch des Mannes, bestimmte.

Wäre der, von Teutschland immer mit Ehrfurcht ausgesprochene, Name Kant, seit mehr als einem Dezennium insbesondere, auch nicht die Losung des ungetheiltesten Ruhms und litterarischer Verdienste, wie er es nun, so allgemein-anerkannt, ist: so würde noch der Gedanke, zu den Füßen *dieses Weisen* gesessen zu haben, mich immer begeistern: so würde das Gefühl, daß *er* es einst würdigte, mich seiner Theilnehmung nicht ganz gleichgültig seyn zu lassen, noch ein Stolz für mein Herz seyn.

Denn so viele Jünglinge, denen Sie vorsorgender Vater waren; so viele Wohlthaten, deren Segen der Genießer empfand, ohne die Hand zu kennen, aus welcher sie ihm zuflossen; so viele Handlungen der anspruchlosesten Gemeinnützigkeit, der reinsten Wahrheit- und Tugendliebe, reden es laut, daß Kant, der *Weise*, der *Mensch*, eben so sehr die Achtung der Welt, als, der *Tiefdenker*, ihre Bewunderung seyn muß; daß er jene erhabene Sittenlehre, die er vorträgt, aus seinem eigenen Herzen abschrieb; daß er der kategorische Imperativ seines eigenen Systems ist. [66, S. V/VI]

170. Hamann an Herder, 11.6.1780 vor 11.6.1780

Diese Woche ist der alte *Christiani*[1] als *Magnificus* gestorben, besuchte deshalb Kant, den ich seit langer Zeit nicht gesehen und der zum guten Glück eben an den Minister schrieb[2], der ihm Engels Vorlesungen über Platon mitgetheilt[3], und noch denselben Abend vorm Schlafengehen gab ich Nachricht dem Kraus, dem die erste Stelle zugedacht ist.[4] Ich hab ihn zugl. gebeten seinen Rückweg über Weimar zu nehmen. Sie sehen, daß ich fleißig an Sie denke — und denken ist alles, was ich *thun* kann.—

[16/Bd. 4, S. 193]

[1] Christiani, Carl Andreas (1707–1780), seit 1735 a. o., 1749 Prof. der praktischen Phil. in Königsberg; vgl. HaBr 4, S. 199; Arnoldt (1746) II, S. 425; APB 1, S. 104.
[2] Brief nicht bekannt (Ak 156 a).
[3] Johann Jakob Engel: Versuch einer Methode, die Vernunftlehre aus Platonischen Dialogen zu entwickeln, 1780.
[4] Vgl. Voigt, S. 90 (Q, Nr. 33).

171. Hamann an Kraus, 22.6.1780 vor 22.6.1780

Unsern Prof. Kant hab ich so lang nicht gesehen, als wir uns ein ander nicht geschrieben haben. Gerüchte von Ihrer Rückkunft nach Berlin machten mich selbst in Ansehung Ihres gegenwärtigen Auffenthalts ungewiß. *D. Joel*[1] ist seit 14 Tagen hier, hat *en galanthomme* zu seinem Besuch Hofnung machen laßen, aber *en* Scheerenschleifer Wort gehalten. Mein Drang u Sturm an Sie zu schreiben war der Tod des zeitigen *Rectoris Magnifici Christiani*, der diese Woche plötzlich verschieden u todt in seinem Bette gefunden worden, ohngeachtet er noch den Abend vorher munter in seinem Garten zugebracht haben soll. Dieser Vorfall also war der *medius terminus* zu meinem Besuch bey unserm Kant; der eben im Begriff war an Ihren Mäcen zu schreiben, der ihm Engels Versuch über eine platonische Dialectick zugeschickt hatte und Sr. Excell. an die gegenwärtige *Vacantz* für Sie *praeveniren* wollte.[2] Zugl. wurde mir aufgetragen, nur getrost nach Göttingen unter Ihrer alten *Addresse* dies gleichfalls zu melden um das Nöthige von Ihrer Seite auch zu thun.

Ihr Heimweh nach dem gelobten Lande und seiner *Alma Mater Albertina* kann so groß nicht seyn als unsere Lüsternheit und Sehnsucht Ihnen zu Fuß und zu Pferde entgegen zu wallen. Ihr Freund Biester wird Ihnen den nöthigen *Termin* oder Gelegenheit zu Ihrer Ankunft auch bewürken können, nebst *der Erlaubnis* dort mit weniger Kosten den Magister*gradum* zu erhalten u mitzubringen...³
HE Prof. Kant meynt, daß es für Sie oekonomischer seyn würde dort zu *magistri*ren, weil es hier 50 rth kostet. Hiezu muß aber die Erlaubnis des Ministers gewißermaßen nöthig seyn. Erfreuen Sie mich bald mit den besten Nachrichten von Ihrer Gesundheit u Ihren Entschlüßungen. Und hiemit Gott empfohlen.

[16/Bd. 4, S. 199–200]

[1] S. G, Nr. 85.
[2] S. das vorherige Gespräch.
[3] Vgl. Voigt, S. 89f. (Q, Nr. 33).

172. Hamann an Herder, 26.6.1780   Juni 1780

Kant arbeitet noch immerweg an seiner Moral der gesunden Vernunft und Metaphysik¹, so viel ich weiß, und thut sich auf seinen Verzug was zu gut, weil selbiger zur Vollkommenheit seiner Absicht beytragen wird. [16/Bd. 4, S. 196]

[1] Gemeint: die Kritik der reinen Vernunft.

173. Hamann an Hartknoch, 29.7.1780   Juli 1780

Kant hofft gegen Michaelis mit seiner *Kritik der reinen Vernunft* fertig zu werden; *Metaphysik der Sitten — und der Natur* werden denn auch bald nachfolgen. [16/Bd. 4, S. 206]

174. Hamann an Herder, 13.8.1780   August 1780

Kant denkt mit Michaelis fertig zu werden mit seiner *Kritik der reinen Vernunft. Metaphysik der Sitten,* die sehr kurz gerathen wird, und *Metaphys. der Natur* werden drauf folgen. Ich bin recht neugierig, wie auf Leßings Briefe, nach denen ich schon doppelte Conunißion gegeben habe. [16/Bd. 4, S. 210]

175. Hamann an Hartknoch, 18.8.1780 August 1780

Kant arbeitet in rechtem Ernst, neulich war er ungewiß ob er Ihnen oder Hartung sein Werk geben sollte — nachdem hab ich aber, ich weiß nicht wo? gehört, daß Sie Verleger wären. Sind Sie es, so wünsche Ihnen Glück, und leiste Ihnen allenfalls Bürgschaft, daß er diesmal Wort halten wird. [16/Bd. 4, S. 213]

176. Hamann an Hartknoch, 13.9.1780 September 1780

Prof. Kant wird auch *Termin* halten u diesen Michaelis sein *Mst.* vollenden. Er *balanc*irt zwischen Ihnen u Hartung, und wünschte sehr den Druck hiesigen Orts. ...
Kant sagte mir etwas von einem häusl. Unglück, das Sie mit Ihrer Caße gehabt hätten; habe nichts weiter davon erfahren können. Gesetzt auch das ärgste; so schenke Ihnen Gott nur Gesundheit, Er kann alles *in triplo* ersetzen. So wenig Gewinn es für den Thäter seyn wird: so wenig wirklicher Schade für Sie. Am Ende dient alles zu unserm Besten. [16/Bd. 4, S. 222–223]

177. Hamann an Hartknoch, 6.10.1780 nach 25.9.1780

Den *25 pr* erhielte Ihren dicken Brief des Abends; des Morgens drauf bestellte Einl. durch *Me Courtan*[1] an Ihren HE Bruder, der zugl. die Besorgung nach Berl. u Warschau übernommen. Hofpr. Schultz habe selbst eingehändigt wie auch Pr. Kant. Ersterer hat mir seine Antwort gestern zugeschickt. Kant versprach selbst zu antworten.
[16/Bd. 4, S. 224]

---

[1] Courtan, Sophie Marianne, geb. Toussaint, Gattin des Königsberger Kaufmannes Courtan, des Schwagers von Hartknoch; vgl. Gause II, S. 190f.; Gause (1959), S. 52f.

178. Hamann an Herder, 25.10.1780   vor 25.10.1780

Meine Uebersetzung des Hume habe *reponirt ad Acta*[1], da mit künftiger Meße eine andere erscheinen wird.[2] Kant, Lauson[3], *Kreutzfeld*, Hippel haben meine durchgesehen und ihr *vû bon* gegeben, wiewol nur einer im stande gewesen sie mit dem Engl. zu vergleichen.   [16/Bd. 4, S. 229]

[1] Gemeint: Hamann Übersetzung von Hume's »Dialogues...« erschien posthum (SW 3, S. 245 ff.; vgl. Gawlick-Kreimendahl, S. 35 f.); zu Hamanns Arbeit an der Übersetzung HaBr 4, S. 205 f., 208 f., 214, 222 ff.; 262 f. (Kant hat sie durchgesehen, Jan. 1781), 289, 294, 298, 305, 309, 343; Nadler, S. 337 ff. Zur Entstehung der Hamannschen Hume-Übersetzung vgl. Margarete Pöttinger: Hamanns Hume-Übersetzung. Diss. masch. Wien 1939.
[2] Gemeint: die Übersetzung von K. G. Schreiter, vgl. Gawlick-Kreimendahl, S. 36 f.
[3] Lauson, Johann Friedrich (1727–1783), Königsberger Dichter (der »Wasserpoet«), vgl. APB 1, S. 385; ADB 18, S. 71; Motekat, S. 175; Joseph Kohnen: Der Königsberger Lokaldichter J. F. Lauson, in: NOA 19, 1986, Heft 81, S. 1–18.

179. Hamann an Herder, 29.10.1780   28.10.1780

Kant war gestern sehr unzufrieden seit 14 Tagen noch keine Antwort von Hartknoch erhalten zu haben. Ich u *Green* beruhigten ihn damit, daß er seinen Brief nicht erhalten haben müste, u er wollte deßhalb auf der Post Erkundigung einziehen u noch einmal schreiben, welches ich auch zu thun versprochen.
         [16/Bd. 4, S. 231–232]

180. Hamann an Hartknoch, 2.11.1780   Oktober/Nov. 1780?

Lichtenbergs *Deduction* über Ziehens Weißagungen[1] werde zu einer Beyl. uns. Zeitungen zu befördern suchen. Er urtheilt über die astronomische Kenntniße des Propheten, wie Pr. Kant u *D.* Reccard.   [16/Bd. 4, S. 233]

[1] Vgl. G. Chr. Lichtenberg: »Über die Weissagung des verstorbenen Herrn Superintendenten Ziehen zu Zellerfeld« und »Noch ein Wort über Herrn Ziehens Weissagungen«, in: Gesammelte Werke. Hrsg. u. eingeleitet v. Wilhelm Grenzmann, Baden-Baden o. J. Bd. II, S. 311 ff.

181. Hamann an Hartknoch, 16.12.1780   Dezember 1780

Nun noch auf Ihr letztes zu kommen welches den *20 pr.* erhalten so freut es mich von Grund der Seelen, daß Sie Kantens Verleger geworden. Ist es Ihnen mögl. mir die Hälfte des Abdrucks vor der Hand zukommen zu laßen durch *Spener*[1] auf meine Kosten, *so wäre mir unendl. daran gelegen,* wie auch ihn wegen der *zu erwartenden Uebersetzung der Humischen Dialogen* zu erinnern *selbige so feucht u. warm als mögl. an mich zu befördern,* nebst einer etwanigen Nachricht, wer der Uebersetzer dieser Schrift seyn mag. Meine ist schlechterdings *ad Acta reponirt,* und *abgemacht ist abgemacht,* so wol Ihrent als meiner Selbst wegen. Kant hat mich darum gebeten, u liest sie jetzt zum 2ten mal.—   [16/Bd. 4, S. 249]

[1] Spener, Johann Karl Philipp (1749–1827), Buchhändler in Berlin.

182. Hogendorp[1]   ab 1780

Je poursuivois toujours mes études, et je parvins à me rendre facile la pratique des relevés sur le terrain et des dessins topographiques, talent presqu'indispensable dans la carrière que j'avois embrassée. Je ne négligeai pas non plus les ressources que m'offroit l'université de Koenigsberg. Le célèbre Kant en étoit alors un des professeurs. J'avois fait sa connaissance à la maison de Keyserling, où il venoit souvent. C'étoit un homme simple et aimable; sa conversation, sans pédanterie et sans prétentions, fesoit presque oublier l'homme de génie. Je lui manifestai mon désir de l'entendre en public; et sur son conseil je suivis ses cours d'anthropologie[2]. C'est là que j'ai puisé les principes qui ont servi depuis à me diriger dans mes relations avec les hommes; et j'en ai reconnu la justesse par les applications heureuses que j'en ai faites plusieurs fois.

Je ne parlerai pas ici du système philosophique de ce grand et excellent homme. Peu de gens l'ont conçu bien distinctement à travers ce voile d'obscurité répandu sur ses écrits: ce que je puis assurer par expérience, c'est qu'il en développoit lui-même des fragments dans ses cours avec beaucoup de clarté, et que son élocution facile avoit à peine besoin des explications qu'on lui demandoit quelquefois et qu'il donnoit toujours avec toute la complaisance imaginable.

[28, S. 15–16]

[1] Van Hogendorp, Dirk (1761–1822), Holländer, als Leutnant in preußischen Diensten, 1780–1782 (Sommer) in Königsberg, später holländischer General, Gesandter, Adjunkt Napoleons.
Vgl. Kants Brief an Biester vom 27.6.1782 (Ak 10, S. 285 f.) zu diesem Brief vgl.: Ein unbekannter Brief Kants an Biester über Dirk van Hogendorp. Mitgeteilt von E. F. Kossmann, in: AM 41, 1904 S. 94–100. Vgl. auch HaBr 4, S. 315, 322, 357, 399; zu Hamann-Hogendorp vgl. Nadler, S. 287 f. zur Biographie Hogendorps und seinen Königsbergaufenthalt vgl. J. A. Sillem: Dirk van Hogendorp. Naar grotendeels onuitgegeven bronnen bewerkt. Amsterdam 1890. Informativ für van Hogendorps Königsgaufenthalt und seine Bekanntschaft mit Kant und der Familie von Keyserling sind die von seinem Bruder Gijsbert Karel (1762–1836) aus Königsberg (Juli/August 1781) geschriebenen Briefe: Brieven en Gedenkschriften van Gijsbert van Hogendorp. Uitgegeven door zijn jongsten, thans eenigen zoon. 's Gravenhage 1866, BD. I, S. 128 ff.
[2] Vgl. Arnoldt, Vorlesungen, S. 258.

183. Kraus ab 1780

Und wenn endlich Kants Urtheil als das Urtheil eines vertrauten Freundes manchem vielleicht auch zu viel zu sagen scheinen könnte, indem er Kraus für einen der größten Köpfe hielt, welche die Welt hervorgebracht habe; wenn Kant kein Bedenken trug, ihn mit Kepplern zu vergleichen, so ist, glaube ich alles gesagt, was über Krausens philosophischen Geist gesagt werden kann.

Dieses Urtheil Kants über Kraus war das Resultat eines langen und sehr vertrauten Umgangs und einer innigen Freundschaft beider Männer. In den ersten Jahren seiner öffentlichen Anstellung[1] hatte Kraus in Kant immer nur noch den Lehrer hochgeschätzt und bewundert. Kant aber hatte ihn immer näher an sich gezogen und öfters zu Tisch geladen. Sehr oft war Kraus Kants einziger Tischgenosse; bald lud letzterer auch einige andere Freunde hinzu. Ihre Gespräche betrafen theils philosophische Gegenstände, theils Politik, oder gemeinnützige Angelegenheiten. Selten fand zwischen beiden ein Widerspruch statt. Kanten war diese Unterhaltung von so großem Werth, daß er bald den Wunsch äußerte, Kraus möge außer Sonntags alle übrigen Tage bei ihm speisen. Einige Zeit hatten daher beide eine gemeinschaftliche Oeconomie[2], als Kant aber mehrere Gäste an seinen Tisch zog, suchte sich Kraus allmählich zurückzuziehen. Ueber den Grund dieses Zurückziehens hat er sich nie ganz offen geäußert, wohl aber klagte er öfters, daß ihm das lange Sitzen bei Tische, wie es bei Kant gewöhnlich war, nicht behage und seinen Arbeiten zu viel Zeit entziehe. Indessen waren beide noch viel bei einander, gingen mit einander spazieren, saßen in Gesellschaften bei Tische mehrentheils dicht neben einander, und beide von fast gleicher Körpergröße, beide gleich hager waren sie nicht selten der Gegenstand der Bewunderung ihrer Mitbürger. Kraus war im Gespräch außerordentlich lebhaft und konnte über manchen witzigen Einfall herzlich lachen. Kant lachte fast nie. Selbst wenn er durch Erzählung mancher lächerlichen Anecdote alle seine Zuhörer zum Lachen brachte, blieb er ernsthaft. Wie das Gespräch, so war auch Krausens Gang rasch und lebendig, nur wenn er Kanten begleitete, gingen beide sehr langsam, Kant den Kopf fast beständig zur Erde geneigt und auf eine Seite hängend, seine Beutelperücke fast immer in Unordnung und auf einer Achsel liegend. Mehrmals gab Kraus Kants wegen seine Ferienreisen auf. Als ihn einst der Herr v. Auerswald[3] auf sein Landgut Faulen eingeladen hatte, schrieb ihm Kraus: »Es liegt bloß daran, daß mein Kant in meiner Abwesenheit gar keinen Tischgenossen hätte; welches immer ein sehr starkes Gegenargument zur Reise ist.« In einem spätern Briefe schrieb er bei einer ähnlichen Gelegenheit: »Mit der Reise zu Ihnen sieht es noch immer mißlich aus, da ich nicht weiß, wie ich meinen trefflichen Vater Kant verlassen soll.« Und bei einer nochmaligen Einladung: »Ich muß leider gleich heraus erklären, daß ich diese Ferien bei meinem alten Lehrer Kant zubringen muß.« Der beständige Umgang mochte aber eine Erschöpfung der

Gesprächsgegenstände zur Folge haben, und je mehr Krausens Abneigung gegen die speculative Philosophie zunahm, je mehr er es vermied, mit Kant über philosophische Gegenstände zu sprechen, je mehr mit dem Alter beiderseitige Rechthaberei zunahm — eine Sache, die Krausens etwas eigensinniger Character nicht wohl vertragen konnte — desto mehr zog sich letzterer von Kant zurück. Kraus ließ daher eines Tags Kants berühmt gewordenem Bedienten, Lampe wissen, er möge ihn nicht mehr zum Mittagstisch bei Kant bitten. Kant war darüber sehr betroffen und unruhig, erzählte es seinen Tischgenossen, und äußerte mit einer gewissen Aengstlichkeit: wenn er nur den Grund wissen solle, warum sich Kraus so zurückziehe, er werde sich dann leichter beruhigen; er wisse aber gar nicht, wodurch er Krausen solle beleidigt haben. Die Freunde beider Männer suchten allerlei Ursachen dieser Trennung auf. Der eine wollte wissen, Kant habe sich geweigert, Krausens Anerbieten eines Beitrags zu den Kosten der Mittagstafel anzunehmen; Kraus aber habe nicht länger bloßer Gast bei ihm seyn wollen und sich deshalb zurückgezogen. Andere fanden den Grund in den Gegenständen der Unterhaltung, wobei Kraus und Kant einander widersprechend sich oft begegneten. Nach einer Nachricht entstand der Streit zwischen beiden am letzten Mittag, wo Kraus bei Kant zu Tische war, in einem Gespräch über die Juden, indem Kraus dieses Volk als eine sehr geistreiche und talentvolle Nation schilderte, Kant dagegen behauptete, die Juden hätten noch kein eigentliches Genie, keinen wahrhaft großen Mann aufzuweisen; alle ihre Talente und Kenntnisse drehten sich um Ränke, Kniffe und Pfiffe, mit einem Worte, sie hätten alle nur einen Judenverstand etc. und dieser Streit habe zu so heftigen Aeußerungen geführt, daß Kraus sich vorgenommen habe, nicht wieder an Kants Tisch zu erscheinen. Wenn diese Nachricht auch deshalb zweifelhaft seyn mag, weil Kraus nie in seinem Leben die Juden vertheidigte, vielmehr öfters behauptete, es werde unmöglich seyn, aus den Juden gute Bürger zu erziehen, und seine Abneigung gegen sie so weit ging, daß selbst geschätzte und gebildete Juden, wie David Friedländer[4] in Berlin, ihm fast unausstehlich waren; so ist wohl glaublich, daß überhaupt mehrere Ursachen statt gefunden haben, welche beide Männer von einander trennten, wenn man auch nicht schon Lessings Bemerkung im Nathan, »daß große Bäume, zu nahe gepflanzt, sich einander die Aeste zerschlagen« auf sie anwenden wollte.

In Kants Gesinnungen gegen Kraus hatte diese Spaltung aber nicht die geringste Aenderung zur Folge; noch immer sprach er mit der ausgezeichnetsten Hochachtung von Krausens Talenten und Geistesstärke, und mit wahrer Bewunderung von dessen fast beispielloser Gelehrsamkeit. Eben so wenig ließ es je Kraus öffentlich merken, daß die vertraute Freundschaft merklich erkaltet sey. In Kraus sprach sich seitdem die Achtung, die er immer noch in hohem Grade gegen Kant hegte, nur weniger laut aus. Kraus erkannte immer noch an und erklärte es auch oft vor vertrauten Freunden, daß er Kanten und seinem Hamann alles verdanke, daß er ohne beide schwerlich geworden seyn würde, was er sey. Er vergaß es nie, daß Kant durch seine empfehlenden Briefe nach Berlin ihm dort Gönner und Freunde verschafft. Und wenn Kant in der Folge auch immer eifriger und sichtbarer an Kraus sich wieder anzuschließen bemüht war, als man ein solches Streben an Kraus bemerkte, so erwachte doch in der nachfolgenden Zeit, als sich die Erinnerung an die Trennung schon etwas verloren hatte, bei Kraus auch wieder eine, wie es scheint, bedeutendere Zuneigung. Wenn er indessen Kanten auch bis an sein Ende sehr hochschätzte, so hat er diese seine Hochachtung nie so offen ausgesprochen als Kant that, denn Kants eigene Worte über Kraus noch aus späterer Zeit zeugen von der größten Anerkennung dessen, was Kraus bei seinem weitumfassenden Geiste in sich trug. »Unter allen Menschen«, sagte Kant zu einem seiner Freunde, »die ich in meinem Leben gekannt habe, finde ich niemanden mit solchen Talenten, alles zu fassen und alles zu lernen und doch in jeder Sache als vortrefflich und ausgezeichnet dazustehen, als unser Prof. Kraus. Er ist ein ganz einziger Mensch.« Kant wünschte nur, daß er ein förmliches Buch herausgäbe, theils damit doch auch die Welt ihn kennen lerne, theils aber auch damit man ihn fassen könne; denn so dürfe er über alles hoch wegfahren ohne die Gefahr einer Erwiederung. — Wo sich beide am dritten Orte trafen, empfingen sie sich mit aller Achtung, Vertraulichkeit und Herzlichkeit. In Gesellschaften wußten sie es immer so zu fügen, daß sie bei Tische neben einander sitzen und mit einander sprechen konnten. Kraus war am letzten Geburtstag Kants noch unter der Zahl der Mittagsgäste, welche dieser zur Feier des

Tags gebetet hatte. Er besuchte auch seinen alten Freund, als dieser immer schwächer und hinfälliger zu werden anfing, nicht selten, bat die gewöhnlichen Tischgenossen Kants mit aller der ihm eigenen Aengstlichkeit, ihn, den alten Philosophen, der ihnen bei dem ungeheuren Umfang seiner Kenntnisse, bei der unendlichen Tiefe seines Geistes, bei seinem allumfassenden Genie (welche Kraus auch in der letztern Zeit nicht genug erheben konnte*) wenig Unterhaltung mehr darbieten könne, doch ja nicht zu verlassen. Denn einen Baum, der tausendfältig gefruchtet, lasse der Besitzer, wenn ihn Stürme und Alter gebeugt, nicht hinsinken ohne Hülfe; auch wenn er nicht mehr trage, stützte er ihn dankbar bis er in sich selbst zusammen falle. Für wenige war die Nachricht von Kants Tod, auf welche doch Kants immer zunehmende Hinfälligkeit längst vorbereitet hatte, eine so erschütternde Nachricht als für Kraus, und noch am Begräbnißtage seines Freundes gab Kraus einen Beweis seines warmen, freundschaftlichen Gefühls. Kants Freund Wasiansky stellte ihm Kants Schwester vor, die er noch nicht kannte.[5] Von tiefer Rührung ergriffen wollte er dem guten Mütterchen die Hand küssen; da sie es aber nicht zulassen wollte, sondern nach der seinigen griff und Kraus sich ebenfalls weigerte, so fielen beide sich in die Arme und weinten um den hingestorbenen Freund und Bruder heiße Thränen. Daß ihm das Andenken seines Lehrers immer theuer und heilig blieb, bewies er auch dadurch, daß er der Feier von Kants Geburtstag**) jedesmal beiwohnte.

[33, S. 128–137]

*) Nach dem Zeugniß der vertrautesten Freunde Krausens haben also die ganz unrecht oder haben Krausen wenigstens ganz mißverstanden, die da sagen: Kraus habe sich öfters Aeußerungen erlaubt, die darauf hingezielt hätten, Kants Verdienste nicht bloß um seine eigene Bildung, sondern auch um die Wissenschaften überhaupt herabzusetzen. Wenn Kraus die speculative Philosophie als ein Studium verdammte, welches ihm nur Zeit und Kraft gekostet und wenig Nutzen gebracht, wie leicht konnte einer hinter dieser speculativen Philosophie Kanten versteckt glauben!

**) Königsberg ehrt das Glück, einen der größten Philosophen unseres Volks in seinen Mauern gehabt zu haben, noch bis diesen Tag. Es war ein glücklicher Gedanke seines Freundes, des K. R. Scheffner, ihm eine Halle (Die s. g. *stoa Kantiana* im *Collegio Albertino*) zuzuweisen, wo seine aufgestellte Büste jeden, der das Universitätsgebäude betritt, immer wieder an das größte Licht dieses Musensitzes erinnert. Jedes Jahr aber feiern Kants noch übrigen Freunde und andere Beförderer der Wissenschaften seinen Geburtstag durch ein besonderes Fest.[6]

[1] seit 1780.

[2] ab Osterdienstag 1787.

[3] von Auerswald, Hans Jakob (1757–1833), 1774–1783 in der preußischen Armee, seit 1810 Oberpräsident von Ostpreußen. Vgl. APB 1, S. 22; ADB 1, S. 645 ff.; NDB 1, S. 437; Johannes Voigt: Beiträge zur Geschichte der Familie von Auerswald aus urkundlichen Quellen. Königsberg 1824.

[4] vgl. G, Nr. 105.

[5] vgl. G, Nr. 2.

[6] Über die »Gesellschaft der Freunde Kants« vgl. u. a. August Hensche: Kant und die Kantgesellschaft, in: AM 4, 1867, S. 238–248; Alfred Döhring: Rückblick auf die ersten hundert Jahre der Gesellschaft der Freunde Kants, in: AM 108, 1905, S. 403–432; Rudolf Unger: Zur Geschichte der »Gesellschaft der Freunde Kants« in Königsberg i. Pr. in: Festgabe, Philipp Strauch zum 80. Geburtstag. Hrsg. v. Georg Baesecke und Ferdinand Joseph Schneider. Halle 1932, S. 137–144; Mühlpfordt, Königsberg von A bis Z München ²1976, S. 47 f.; Albinus, Lexikon, S. 102.

184. Kraus ab 1780

Kant, der ihn gleichfalls nicht selten zum Schreiben ermunterte, schrieb in seinen spätern Jahren, nach Krausens Aeußerung, deswegen so viel, weil er Abends nicht mehr in Gesellschaft ging und seine Gedanken doch gerne los seyn mochte. Kraus fühlte, wie er oft gestand, das nehmliche Bedürfniß, begnügte sich aber mit dessen Befriedigung im Auditorium, wo sich späterhin so viele angesehene Personen einfanden. Er erklärte daher mehrmals: »In Männern, die ihm ihre Bildung verdankten, wünschte er fortzuleben, nicht aber in todten Büchern.« Und kam es in der Unterhaltung mit seinen Freunden auf diesen Punkt, so gedachte er mit innigstem Vergnügen und mit größter Seelenfreude des Antheils, den er an der Bildung und Belehrung von Männern gehabt, die selbst an der Spitze der Staatsverwaltung standen. Verdienten Schriftsteller-Ruhm achtete er hoch und prieß ihn, wo er ihn fand. Wahren Ruhm gestand er aber bloß den Schriftstellern zu, die der Wissenschaft oder der Kunst reellen Zuwachs und wirkliche Erweiterung verschafften, denn er theilte mit Kant den Grundsatz, daß jeder, der mit Ehren über irgend einen Gegenstand schreiben wolle, diesen wirklich neu bereichern, neu beleuchten, überhaupt fruchtbar und originel behandeln und ihn in jeder Hinsicht weiter fördern müsse, als die Vorgänger gethan. Diese Strenge in Rücksicht der Schriftstellerei hatte aber einmal die Folge, daß nicht bloß junge Schriftsteller, denen er oft selbst gerathen hatte, sich durch eine literärische Arbeit bekannt zu machen, sondern daß auch schon bewährte Autoren ihm ihre Manuscripte zur Critik mittheilten, daß sogar Prediger ihm ihre Predigten zur Durchsicht und Abänderung zuschickten. Zweitens ging aus diesen strengen Grundsätzen über die Autorschaft auch seine schneidend scharfe Critik und sein völlig schonungsloses Urtheil über solche Schriften hervor, die weder die Wissenschaft in irgend einer Hinsicht fördern, noch den Namen der deutschen Gelehrsamkeit im Auslande erhöhen konnten. Gegen ein solches handwerksmäßiges Büchermacherwesen war seine Abneigung, man kann sagen, sein Eckel ohne Gränzen.

[33, S. 154–155]

185. Kraus ab 1780 (1771?)

Ein noch lebender Freund von ihm, der Geheime Rath Gervais[1] erzählte mir, daß Kraus in einem Kränzchen, wovon beide Mitglieder waren und an dem auch Kant Antheil nahm, durch seinen schlagenden Witz, treffenden Scharfsinn, durch seine erstaunende Gelehrsamkeit und fortreißende Lebendigkeit seiner Unterhaltung oftmals der Gegenstand aller Bewunderung geworden sey, so daß man sich keine herrlichere Unterhaltung habe denken können, als wenn Kant und Kraus in einen gelehrten Disput gerathen seyen.

[33, S. 172–173]

[1] Gervais, Bernhard Konrad Ludwig († 1829), Jurist, seit 1796 Nachfolger Hippels als Stadtpräsident von Königsberg. Vgl. APB 1, S. 211.

186. *Kraus* ab 1780 (1771?)

Sehr viel ging er mit Kant, und um in ihrem Gespräch nicht unterbrochen zu werden, zogen sie einsame Gegenden den besuchteren vor.
[33, S. 196]

187. *Kraus* ab 1780?

»Was meine Geldsachen betrift, so muß ich Ihnen vor allen Dingen sagen, daß ich, so wie jeder andere hiesige Professor jährlich 86 Thaler und etliche 70 Gr. Zulage erhalten habe, die mich in den Stand setzen wird, künftig jährlich 200 Thaler bei Seite zu legen und zum Capital zu sammeln, eine Sache, die ich nunmehr nach Kants Rath und Beispiel ernstlich betreiben will.
[33, S. 260]

188. *Kraus* ab 1780?

Die reine Speculation*⁾, die gleichsam über dem Leben schwebend das Leben nur in speculative Betrachtung nahm, sah Kraus in Kants Vorlesungen von dem größten Meister der Zeit mit einem unerreichten Geiste, mit einer bis dahin unerhörten Tiefe und Schärfe betrieben; es schien ihm daher auch aus diesem Grunde schon nothwendig, auf der Universität, auf welcher er lehrte, die Philosophie zur Anwendung auf das Leben zurückführen. »So lange daher Kant noch geistig lebte, sagte der Herausgeber von Krausens encyclopädischen Ansichten einiger Zweige der Gelehrsamkeit, der jetzige Staatsrath Süvern[1], bildete er und Kraus gleichsam die beiden Pole für die Studien der Königsbergischen Universität, als einer gemeinschaftlichen Sphäre, indem jener, in den Tiefen des Geistes wohnend, das rein speculative, dieser, weit in der Außenwelt umher sein Auge werfend und Ihre Erscheinungen philosophisch combinirend, das realistisch-rationale Princip für sie repräsentirte. In den Studien der Universität aber brachte dieß Verhältniß ihrer

Hauptlehrer eine gewisse richtige Organisation und ein Gleichgewicht hervor, das sich erst bei Kants zunehmender Altersschwäche auflöste, so daß von der Zeit an Kraus in Lehre und Ansehen ein unlängbares Uebergewicht auf derselben bekam und späterhin auch behauptete.« [33, S. 375–376]

*) Die er in seiner schon früher erwähnten Abhandlung: »Ueber die Hoffnung, daß es besser werde mit dem Menschengeschlecht« ausgesprochen hat.
[1] Süvern, Johann Wilhelm (1775–1829), 1806 Prof. d. Klass. Philologie in Königsberg, 1808 Staatsrat, seit 1817 im preußischen Kultusministerium. Vgl. APB 2, S. 718.

189. Kraus ab 1780?

Zu diesem weiten Umfang von Kenntnissen war auch sein Gedächtniß[1] bis zu einem wunderbaren Grade gestärkt und ausgebildet; alles, was er vor langen Jahren gelesen oder gehört, war ihm beständig auf den Augenblick gegenwärtig. Oefters äußerte er auch: »es ist mir manchmal recht lästig, daß ich gar nichts vergessen kann.« Dieses treue Gedächtniß machte ihn zum Orakel in Gesellschaften, wenn im Gespräch etwa Verschiedenheit der Meinungen über Begebenheiten, Namen oder Zahlen statt fand. Er kam darüber mit Kant zuweilen in kleine Streitigkeiten, da sich des letztern Gedächtniß in spätern Jahren so verminderte, daß er, was ihm früher nie begegnet war, Zeitbegebenheiten verwirrte, Namen und Zahlen veränderte und Thatsachen mit einander verwechselte. Kraus dagegen konnte sich bis auf seine letzten Tage auf sein Gedächtniß fest verlassen, es täuschte ihn fast nie. Daher auch die erstaunende Gelehrsamkeit in fast allen Fächern des menschlichen Wissens, die er in seinen Vorlesungen vor seinen Zuhörern entwickelte.

[33, S. 404]

[1] Die Rede ist von Kraus.

190. Kraus ab 1780

Wenn auch selbst Staatsmänner seinen Vorlesungen[1] beiwohnten, so brachte die Beschaffenheit seines Lehrgegenstands doch immer nur eine beschränktere Zahl von Zuhörern mit sich. Das Einkommen an Honoraren war daher gegen sonst immer gering, wozu kam, daß Kraus, in der Meinung für sein nöthiges Auskommen genug zu besitzen, nicht einmal streng auf die Zahlung der Honorare sah. Er und Kant blieben hierin bis auf die letzten Zeiten ganz verschiedener Meinung, denn letzterer hielt die Nachsicht gegen schlechtbezahlende Zuhörer für durchaus tadelnswerth. »Sie werden dadurch verschwenderisch und gewissenlos, sagte er; wenn sie den Lehrer verabsäumen und betrügen, so lernen sie auch andere Menschen betrügen. Der zum ordentlichen Zahlen angehaltene Zuhörer wird dadurch gewissermaßen immer auch zum Fleiß genöthigt; wer dagegen durch läßige Nachsicht die Privatvorlesungen vernichtet, der bringt die Universität selbst in einen elenden Stand; umsonst opfert niemand in der Welt seine Kräfte auf u. s. w.« So wenig Kraus sonst gewohnt war, über seine öconomischen Umstände zu klagen, so äußerte er doch einmal gegen Pörschke: »Wer sich der Königsbergischen Universität widmet, legt ein Gelübde der Armuth ab.« [33, S. 436–437]

[1] Gemeint: die Vorlesungen von Kraus.

191. Hippel ab 1780

Der wahre Weg, jungen Leuten allen Muth zum Selbstdenken abzuschneiden, und sie zu Wachspuppen zu machen, die von den Händen einer und derselben Menschen fabricirt werden. Wo sollen die armen Menschen hingehen vor dem Geist dieser hochwürdigen Herren, wo hinfliehen vor ihrem Angesicht? Der General-Superintendent und Oberhofprediger[1] (ein Mann, der im Waisenhause, wo er Schullehrer war, an Ort und Stelle sich befand, von dem mir sein Vetter, der Prof. Kraus, nur in diesen Tagen versicherte, daß er ihn, Gott Lob, zum selbsteigenen Geständniß gebracht hätte, nicht den mindesten Geschmack zu besitzen, (im Febr. 1791), obgleich er auch zur Provinzial-Schul-Commission gehört und hier *summus imperans* ist) hat auch die Meinung, daß man in Collegiis einen jungen Menschen gelehrt machen müßte, und hält so viel auf die eignen Worte, daß Kant und Kraus mir versichert haben, daß ihnen bei den *Examinibus alumnorum* grün und gelb vor den Augen würde. Kraus fiel wirklich einmal in Ohnmacht, und mußte herausgetragen werden. Wer nicht die *ipsissima verba* dieses Hohenpriesters trifft, der wird so lange gefoltert, bis er denn endlich das Wort erhascht, — hinter dem denn freilich ein doppelsinniger Verstand im Verborgenen sein mag, der indessen oft nur in der Vorstellung des *summi magistri* sich befindet, oft aber der Rede nicht werth ist. Wer wird überhaupt *in verba magistri* schwören lassen? und Worte zu solch einer Hochwürde heben? Gewiß Niemand als ein Wortmännlein. [26, S. 303–304]

[1] s. G, Nr 403.

192. Kraus ab 1781

Er forderte gar kein Honorar für seine Kritik. Hartknoch gab ihm von selbst *vier* Thaler p. Bogen und Kant sah es als ein Geschenk an, daß Hartknoch ihm jede Auflage besonders bezahlte. Dem verstorbenen Hartung hatte er das Werk angeboten, aber der wollte sich nicht damit befassen, da Kant ihm ganz treuherzig gesagt, er wisse nicht, ob er (Hartung) zu seinen Kosten kommen würde. Die Critik ist dem Minister *Zedlitz* dedicirt. Nur bei der spätern Schrift über den ewigen Frieden erklärte er geradezu: unter 200 Thlrn. wollte er sie nicht geben. Die Ursache war, weil N—[1] eine Art von Anrecht auf die Kantischen Schriften zu haben irgend wie geäußert hatte und Kant darüber unzufrieden war.

[46, S. 21]

[1] Gemeint: der Buchhändler und Verleger Nicolovius.

193. J. F. Gentz[1] *an Kant, 16.4.1783* 1781

Das Andenken von der vor 2 Jahren mit Ew. Wohlgeb. errichteten Bekanntschaft ist meinem Gemüthe noch immer gegenwärtig, so wie es einen Theil der Freude meines Lebens ausmacht. Sie, theurester Mann, brachten meinen wankenden Entschluß, den ich damahls faßte, meinen Sohn[2] auf Ihre Akademie zu schicken zur Reife; und wie sehr preise ich die Vorsehung, daß sie mich den glücklichen Zeitpunkt erleben laßen, ihn zur Ausführung zu bringen.
[31/Bd. 10, S. 314–315]

[1] Gentz, Johann Friedrich (1726–1810), Generalmünzdirektor in Berlin. Vgl. über seinen Königsbergaufenthalt 1781: Gause (1959) S. 59.
[2] Vgl. G, Nr. 237 und 238.

194. Hamann an Herder, 14.1.1781 vor 14.1.1781

Kant sprach auch vorige Woche bey meiner großen Tour die ich gemacht. Er meldete mir daß sein Werk nicht zu Berl. gedruckt werden könnte, sondern zu Halle, worüber er zu einem verdrüsl. Briefwechsel mit dem Verleger gekommen, scheint aber alles nach Herzenswunsch beygelegt zu seyn. An Hartkn. Außenbleiben verliere viel, Gott woll ihn doch noch erhalten....
Auf meine Autorschaft zu kommen: so wars auf Hartknochs ausdrückl. Verlangen, daß die Ankündigung der Humischen Uebersetzung[1] geschah, und weil ihm damit ein Gefallen geschah, so wars auch mir lieb. Zwar hat er seine erste Erklärung zurückgenommen, da er von einer andern Uebersetzung hörte: ich mag aber gern bey einer Farbe bleiben, und den armen Kranken nicht von neuen mit abgemachten Sachen beunruhigen. Kant hat mir gestern das *Mst.* zurückgeschickt, weil Hippel u Pleßing[2] mich darum ersucht. [16/Bd. 4, S. 262]

[1] Vgl. Gawlick-Kreimendahl, S. 36, Anm. 139.
[2] Plessing, Friedrich Victor Lebrecht (1749–1808), immatr. 22.10.1779, 1783 Magister, seit 1788 Professor d. Philosophie in Duisburg. Vgl. Otto Drude (Hrsg.):

F. V. L. Plessing. Briefe von ihm und an ihn. Duisburg 1970; Günter von Roden: Die Universität Duisburg. Duisburg 1968, S. 228 f.; ADB 26, S. 279 ff. Über sein Verhältnis zu Kant vgl. Ak 13, S. 116–118 und Ritzel, S. 85 ff.

195. Hamann an Hartknoch, 25.2.1781   Februar 1781

Nun fehlt also nichts als noch die Probebogen von Kant[1] um all das Gute, welches mir zugedacht, wirklich zu haben u zu genüßen. Der Autor scheint erst vor kurzem eine Probe der Schrift erhalten zu haben, womit er sehr zufrieden gewesen seyn soll. Daher wünschte ich, daß die Sache so eingerichtet werden könnte, damit der Verf. nicht einen Argwohn von meinem *parallelen* Empfang schöpfte, wodurch er vielleicht zu einer kleinen Eifersucht gereitzt werden könnte. Um dies zu vermeiden, möchte ich *lieber nachstehen* oder indirecter die Bogen erhalten. Sollte HE Spener nicht etwa die Bogen durch Ihren HE Schwager oder den dortigen Friedländer an das hiesige *Comptoir spedi*ren können. Letzteres Haus ist ziemlich gefällig gegen mich, und sobald ich Ihre Meinung darüber wüste, wollte ich selbst deshalb Abrede nehmen die dortigen bogen in Empfang zu nehmen u ihren öfteren *Remessen* beypacken zu laßen. Wenigstens wünschte ich, falls Sie an Spener schrieben, ihm den Wink zu geben, daß ich nicht unter Kantens Einschluß die Bogen selbst erhielte, sondern *quouis alio modo*. Erinnern Sie ihn doch auch die Beförderung der Humischen Ueberseztung, so bald selbige herauskommen sollte, nicht zu versäumen; will gern lieber das *Porto* für Kant zahlen.   [16/Bd. 4, S. 267–268]

[1] Probebogen der Kritik der reinen Vernunft.

196. Cruse[1] an Kant, 25.10.1798   ab SS 1781

... ich wende mich demnach an Ew Wohlgebornen mit der Bitte, mir ein Zeugnis auszuwirken, daß ich in der Periode meiner akademischen Laufbahn vom Jahr 1781 bis 1784 mich vorzüglich auf das Studium der Geschichte und Mathematik gelegt habe. Freylich glaube ich nicht, daß sich darüber ein förmliches *Facultaets* Zeugnis wird geben lassen; indessen glaube ich, mich auf die Bekanntschaft von Ew. Wohlgebornen und der HErren Professoren *Kraus* und *Schulz* berufen zu dörfen, die in den beyden genannten Fächern meine Führer waren und deren Beyfalls ich mir damals schmeichelte.[2]

Wäre die Zeit nicht so kurz, daß ich sogar die Ausfertigung dieses Zeugnisses möglichst zu beschleunigen bitten mus; so würde ich Ew Wohlgebornen bitten mir die Bedingungen gütigst anzuzeigen, unter welchen ich in Abwesenheit den *Gradum Magistri Philosophiae* erhalten könnte. So aber darf ich mich itzt blos darauf beziehen, daß ich das Glück habe, Ew Wohlgebornen von Seiten meines Charackters bekannt zu seyn und daß dieser es mir nicht erlauben würde, das Zeugnis ehrwürdiger Männer aufzufordern, wenn ich mir nicht bewust wäre, daß ich den Posten, um welchen ich werbe, mit Nutzen ausfüllen werde und daß dieses Zeugnis mir ein neuer Antrieb seyn wird durch verdoppelte Thätigkeit meinen unvergeßlichen Lehrern Ehre zu machen

ich wiederhohle meine Bitte um möglichste Beschleunigung der Sache, weil man in Mitau alle Professuren besetzt zu haben wünscht, ehe über den Ort der neuen Universität entschieden wird und erwarte von Ew Wohlgebornen sonst geäußerten gütigen Gesinnungen gegen mich, daß Sie derselben gütigst willfahren werden.

ich habe die Ehre mit der allervollkommensten Hochachtung zu seyn

Ew. Wohlgebornen

Riga, gehorsamst ergebenster
den *14* October Carl Wilhelm Cruse
25 aus Königsberg in Preußen
1798 [31/Bd. 12, S. 260]

---

[1] Cruse, Karl Wilhelm (1765–1834), immatr. 6.4.1781, Schüler Kants seit 1799, Lehrer am Mitauischen Gymnasium. Vgl. RN 1, S. 383; DBL, S. 153.
[2] Vgl. zum Fakultätszeugnis Ak 13, S. 488.

197. Cruse an Kant, vor 12.9.1799 ab SS 1781

Sehr oft habe ich Gelegenheit, mich zu erinnern und mich glücklich zu schätzen, daß ich Ihre Lehren aus Ihrem Munde hörte. Zwar gibt es der Freunde der Weisheit hier, wie überall nicht viele; indessen habe ich doch an dem hiesigen Professor der Wohlredenheit HErrn *Sahlfeldt*¹ einen fleißigen, denkenden und tiefeindringenden Leser Ihrer Werke gefunden. Er hat vorzüglich versucht, die Grundsätze der kritischen Philosophie auf die Erfindung einer allgemeinen Theorie der Sprache anzuwenden und äußert zuweilen den Wunsch seine Versuche, wenn er dieselben sorgfältig geordnet und noch reiflicher durchdacht haben wird, Ihrem Urtheil zu unterwerfen, ehe er dieselben dem großen Publikum mittheilt. Ihre Humanität hat mich bewegt, HErrn *Sahlfeldt* hoffen zu lassen, daß Sie diesen Beweis seines Zutrauens nicht für Zudringlichkeit, sondern für das, was es wirklich ist, bescheidenes Mistrauen in seine Kräfte ansehen werden und diese Aussicht stärkt und ermuntert ihn bey der Fortsetzung seiner angefangenen Arbeit. Ob ich zuviel habe hoffen lassen, darüber erwarte ich Ihre Entscheidung. [31/Bd. 12, S. 286]

¹ von Sahlfeldt, Georg Friedrich (1769–1817), seit 1798 Prof. am Mitauischen Gymnasium, später in St. Petersburg. Vgl. RN 4, S. 8ff.; DBL, S. 661f.

198. Hamann an Hartknoch, 8.4.1781 vor 8.4.1781

Hier haben wir einen *Silhouetteur* Namens *Sydow*¹ und eine *Silhouetrice*, Polkähnin². Dem ersten habe ich u. Hänschen auch gesessen diesen Montag. Ob was draus werden wird, weiß ich nicht. Weil mein Barbierer ausgeblieben, so war ihm mein langer Bart und meine *wilden* Augenbräunen, wie er mir zu verstehen gab, im Wege. *Me Courtan* erzählte mir *post factum*, daß er Ihren Autor Kant um die Erlaubnis gebeten ihn *gratis* abzeichnen zu können³. Er gab mir auch so etwas zu verstehen, weil er, ich weiß nicht wie, erfahren daß ich in seiner ⟨philos⟩ physiognomischen Bibliothek, die er mit sich führt, stünde; ich mag aber für meine Thorheiten lieber büßen als selbige *gratis* begehen. Daher weiß ich nicht, wie wir uns einander einigen werden, und trage solange das *honorarium programmaticum* in der Tasche herum bis zur ausgemachten Sache; worauf es beruht, ob ich meine 4 Fräulein; die 3 Mädchens mit ihrer Mutter der *Silhouetrice* anvertrauen werde oder nicht.

[16/Bd. 4, S. 282]

[1] Nichts ermittelt.
[2] Nichts ermittelt.
[3] Über eine Sydow-Silhouette ist nichts bekannt.

199. Hamann an Herder, 10.5.1781 vor 10.5.1781

Sonntags erhielte wieder 18 Bogen von Kant — aber noch nicht zu Ende, welches kaum in 10 Bogen abzusehen ist, in welchem Fall das Buch dicker wird als die beyden Theile von Lamberts Architectonik in Einem Bande, der einer der monströsesten in meiner Bibl. ist. Ein so korpulentes Buch ist weder des Autors Statur noch dem Begrif der reinen Vernunft angemeßen, welche er der *faulen und ärschlichen* = meiner entgegensetzt, welche die *vim inertiae* und das ὕστερον πρότερον aus Geschmack u Absicht liebt. Seit gestern fang ihn an zu studieren, weil der erste Theil, die transcendentale Elementarlehre zu Ende. Der zweyte fängt sich mit S. 700 an u enthält die tr. Methodenlehre. [16/Bd. 4, S. 292–293]

200. Hamann an Hartknoch, 31.5.1781 21.5.1781

Seit dem 6 *huj.* von der Kritik nichts erhalten, warte auf Anfang u Ende. Den 21. brachte Kant den Meßkatalog, der auch den Verzug mit den Meßgeschäften entschuldigte. Gestern habe gehört, daß schon 2 Exempl. in der Hartungschen Buchhandl. wirklich hier gewesen seyn sollen, welches mir aber kaum vorstellen kann, weil Kant auf Verlangen seiner Zuhörer und die Nachricht, daß Hartung wenige Exempl. mitbringen würde, einen *Subscriptions*zettel herumgehen laßen, auf dem HE. *Courtan* selbst auf 2 Exempl. *subscribi*rt, u deren Anzahl auf 75 bis 100 versichert wird. Zu gl. Zeit hat Friedrich hier auf einen solcher Zeddel gleichfalls 50 verschrieben. Wenn das in Deutschl. so geht, wie hier: so wünsch ich Ihnen von Herzen Glück und daß die Auflage stark genug seyn mag den ersten Anlauf zu befriedigen... [16/Bd. 4, S. 297]

201. Hamann an Hartknoch, 31.5.1781 Mai 1781

Von Hume's Uebersetzung ist nichts im Meßkatalog zu finden, warte daher mit desto mehr Ungedult, da ich HE Spener gebeten mir deßhalb Nachricht zu ertheilen. Kant muntert mich zur Ausgabe auf, ohne zu bedenken, daß ich den engl. Hume nicht übersetzt zu liefern im stande bin, ohne dem Preuß. zu nahe zu kommen, und das Speer gegen die ganze Transcendentalphilosophie u sein System der reinen Vernunft zu brechen...
[16/Bd. 4, S. 298]

202. Hamann an Hartknoch, 7.6.1781 bis 7.6.1781

Biß *dato* haben weder Kant noch ich den Anfang u das Ende des Abdrucks erhalten; unterdeßen schon Exemplaria genug hier sind u verkauft werden. Wie Spener auf einmal untreu wird, versteh ich auch nicht. Daß Kant ein wenig unzufrieden ist, läßt sich leicht erachten. [16/Bd. 4, S. 308]

203. Hamann an Hartknoch, 19.6.1781 Anfang Juni 1781

Weder HE Prof. Kant noch ich haben bis *dato* den Rest der Bogen erhalten. Ich habe ersteren am Sonntag vor 8 Tagen besucht und er schien etwas unzufrieden zu seyn, wiewol er so billig war den ersten Verzug des Speners mit den Meßgeschäften zu entschuldigen.

Da ich nicht vermuthen kann, daß er etwas erhalten seit der Zeit und ich ausgeschloßen seyn sollte; ich aber bis zum Anfang des Jahrmarkts gewartet: so seh ich es für nöthig u zuträgl. an Ihnen zu melden. Der Verf. scheint wegen des *Dedications*Exemplars ein wenig verlegen zu seyn, wird aber wol vermuthl. deshalb schon selbst nach Berl. geschrieben haben. Was meinen Rest anbetrifft: so käme selbiger zeitig gnug ⟨nach⟩ über Riga hieher um mein bisher *defect*es Exemplar zu ergänzen, das mir sonst unnütz bleiben würde.

[16/Bd. 4, S. 380]

204. Hamann an Hartknoch, 11.8.1781   August 1781

Kant redt von einem Auszuge seiner Kritik im populairen Geschmack[1], die er für die Layen herauszugeben verspricht. Ich wünschte sehr, liebster Freund, daß Sie sich nicht abschrecken ⟨ließen⟩, wenigstens keine Gleichgültigkeit gegen ihn merken ließen, und sich um seine fernere Autorschaft, soviel sich thun läst, zu bekümmern schienen. Wenigstens ist er *bona fide* mit Ihnen zu Werk gegangen und schmeichelt sich damit, daß je älter sein Werk werden, desto mehr Leser finden wird. Der Zug von der Michaelismeße wird Ihnen Licht geben und vielleicht Anlaß — ⟨auch⟩ etwa eine kleinere populairere Schrift zu Ihrer Schadloshaltung von ihm zu [er]bitten, und ihn mit *reinem Wein* zu berauschen oder aufzumuntern zu einem kleineren ⟨Werk⟩ Buch, das mehr nach dem Geschmack des Publici ist; denn dies war zu abstract und zu kostbar für den großen Haufen.

[16/Bd. 4, S. 323]

[1] Betrifft die Entstehungsgeschichte von Kants »Prolegomena«. Vgl. Ak 4, S. 598 ff. und Benno Erdmann: Untersuchungen über Kants Prolegomena. Halle 1904 (Ndr. Hildesheim 1975).

205. Hamann an Herder, 12.8.1781   9.8.1781

Dom. IX. den 12
Nun, mein liebster bester Freund, eine ganze Woche lavirt, auf guten

Wind gelauert. Die Hitze scheint Nerven und Fibern ausgetrocknet zu haben. Vorgestern ist der junge *Hogendorp*[1] abgegangen, noch den Tag vorher bey Kayserling in Gesellschaft des Prof Kant gespeist. [16/Bd. 4, S. 318]

[1] Vgl. G, Nr. 182.

206. Hamann an Hartknoch, 14.9.1781   September 1781

Die Kantsche Exemplarien sind vertheilt und der Autor hat mir die Versicherung gegeben, daß Sie den kurzen Auszug[1] noch haben sollten. Wegen seiner übrigen Werke konnte er aber die hiesigen Anfänger nicht vorbey gehen, deren Laden er sich zu Nutze machte... Kant, den ich beynahe glaube vor den Kopf gestoßen zu haben, versicherte mich daß sein Auszug nur aus sehr wenigen Bogen bestehen würde. Melden Sie mir doch, wenn es so weit kommt — Ich mag nicht eher anfangen, biß andere ganz ausgeredt haben. Mein *Sturm und Drang* hängt von der Ausgabe der Humischen Uebersetzung und von der Vollendung der Kantschen Arbeit ab. Hier liegt der Knoten, der erst aufgelöst werden muß.

[16/Bd. 4, S. 331/333]

[1] Vgl. G, Nr. 204, Anm. 1

207. Hamann an Herder, 10.10.1781   Anfang Oktober 1781?

Zwey meiner Bekannten haben gräßl. Anfälle von der Gicht, worunter einer Green, dem sie in den Unterleib u Gemächte getreten, aber durch die hitzigste Weine in die Füße verbannt. Neulich traf *Kant* bey ihm, mit dem ich wegen des Plattner- u Weygandschen Grußes zu sprechen wünschte. Er war sehr vertraut mit mir, ohngeachtet ich ihm das vorigemal ein wenig stutzig gemacht hatte, da ich seine Kritik billigte aber die darinn enthaltene Mystik verwarf. Er wuste garnicht, wie er zur *Mystik* kam. Mich hat es sehr gefreut, daß L. eine gleichförmige Sprache mit Kant führt — Ein neuer Beweiß für mich, daß alle Philosophen Schwärmer, und umgekehrt sind, ohne es zu wißen. Bin in meiner dritten Lectur des Kantschen Werks im Stecken gerathen; werd es wol zum 4ten mal durchgehen müßen. Will ihn aber ausreden laßen und sein nächstes Werk abwarten, welches ein Auszug oder Lesebuch seyn soll.

[16/Bd. 4, S. 355–356]

208. Hamann an Hartknoch, 23.10.1781   vor 23.10.1781

Wie hält es mit Kantens Schrift? Ist das *Mst* schon fertig und in der Mache? Einige sagen, und er selbst, es wäre ein Auszug der Kritik; andere hingegen behaupten daß es ein Lesebuch über die Metaph. seyn soll, auch aus seinem Munde. Bitte mir soviel Sie wißen, mitzutheilen, und wenn es heraus ist, und Exemplare herkommen, auch an mich zu denken.

[16/Bd. 4, S. 341]

209. Hamann an Herder, 17.12.1781   vor 17.12.1781

Ich war durch diesen *Deum ex machina*[1] so gestärkt, daß ich ihn bey *Green* begleitete, der noch in *praesepio* doch ohne Schmerzen lag, wo wir auch den Pr. *Kant* fanden, der mir die frohe Bothschaft Humens Dialogen von Hartung erhalten zu haben und zugl. das Versprechen gab mir morgen selbige zukommen zu laßen — aber nicht sonderl. mit der Arbeit zufrieden zu seyn schien.

[16/Bd. 4, S. 359]

[1] Gemeint: Hamanns Freund George Berens.

210. Borowski   nach 1781

Hier nur noch der eigentliche Geburtsort des Entwurfs zu seiner Kritik der reinen Vernunft! — Dieser ist unser sogenannte philosophische Gang, auf dem Kant damals fleißig spazierte. Einst, wie *Pfarrer Sommer*[1] mir erzählt, wird er gefragt, wie sich denn eigentlich die Idee in diesem Werke entsponnen habe usf. Und da gab K. die Erklärung, daß der Entwurf dazu dort hauptsächlich gemacht sei, wo man bei dem herumwandelnden Philosophen eher Erholung und Abspannung von der Arbeit, als solche tiefe Spekulationen geahnt hätte. [29, S. 88]

[1] Sommer, Georg Michael (1754–1826), Theologe, immatr. 16.10.1771, Schüler Kants und später häufiger Tischgenosse, seit 1784 Subinspektor des Collegiums Fridericianum, 1793 Pfarrer an der Haberberger Kirche, übersetzte Herschels »Über den Bau des Himmels« vgl. APB 2, S. 683.

211. Hamann an Hartknoch, 11.1.1782   Januar 1782

Kant arbeitet an der *Metaphysik der Sitten*[1] — für weßen Verlag weiß ich nicht. Mit seiner kleinen Schrift denkt er auch gegen Ostern fertig zu seyn. [16/Bd. 4, S. 364]

[1] Gemeint: die »Grundlegung zur Metaphysik der Sitten«.

211a. Anonym   ca. 8.–17.4.1782

Dies erklärt sich durch die Schwäche Kant's, sehr viel auf Rang und Titel zu halten. Als der ehemals durch Kopf und Schicksal bekannte Schmohl[1] eine Zeitlang in Königsberg lebt, und da denn auch mit Kant in Gesellschaft ist, macht dieser eine ungemein hohe Miene, und spricht durchaus nicht mit dem Hrn. Schmohl schlechtweg. Schmohl, der etwas besseres, als eines Titels wegen Selbstgefühl hat, nimmt das, wie es ieder vernünftige Mensch genommen haben würde; und sagt, laut genug, um es an den rechten Mann zu bringen: Nun, so will ich doch mit diesem Prof. Kant nicht eher wieder ein Wort sprechen, als bis ich auch einen Titel habe! — Darauf ist Kant herablassender geworden. [67, S. 460]

¹ Schmohl, Johann Christian (Pseudonym: William Becker/Bicker) (1756–1783), Schriftsteller, Vetter von Johann Friedrich Reichardt, hielt sich im April 1782 in Königsberg bei Hamann auf (vgl. HaBr 4, S. 370 f.); über sein Pseudonym und seine Schriftstellerei vgl. HaBr 4, S. 398 f.; im April 1782 reiste er nach Amerika, über seinen Unfalltod bei den Bermudas vgl. HaBr 5, S. 353; Nadler, S. 308.

212. *Puttlich*¹ ab SS 1782

15. April ging in das erste Kollegium in die Logik bey dem HE. Professor Kant um 6½ Uhr Morgens.
16. April. Vormittag bat ich den HE. Professor Kant das Kollegium der physischen Geographie gratis zu hören u. ich erhielt es auch.
17. April sollte ich zwar das physisch geographische Kollegium schon von 8 bis 10 Uhr hören....
20. April. Morgens wiederholte noch nicht der HE. Professor Kant die Logik sondern er las nur von 8 bis 10 die phys. Geogr.

[44, S. 275]

¹ Puttlich, Christian Friedrich (1763–1836), Theologe, immatr. 23.3.1782, Schüler Kants, 1787–1793 Hauslehrer, dann 1795 Einrichtung einer Privatschule in Königsberg, 1803 Pfarrer in Herzogswalde, 1817 in Böttchersdorf. Vgl. über ihn A. Warda (Q, Nr. 44); APB 2, S. 524 f.

213. *Hamann* an Reichardt, 23.5. vor 23.5.1782

Am ersten Pfingstfeyertage besuchte mich HE. *Prof.* Kant mit einer Nachricht, die mich auch nicht wenig gerührt, und an der Sie auch einigen Antheil nehmen werden, weil Sie den jungen *Berens*¹ auf dem *Philanthropino* gekannt, den sein Vater nach vollbrachten schlechten Lauf nach Liebau geschickt, um die Handlung auszulernen. Da macht er tumme Streiche, verschreibt sich Waaren auf seiner Familie Namen. Sein Herr erfährt dieses, wird natürlicher Weise ungehalten. Der junge Mensch läuft weg und kommt hieher vor ein paar Wochen, giebt seinem Vater von seinem Aufenthalt Nachricht. Dieser wendet sich an Kant (u zum Theil an mich) hat die Absicht den Ungehorsam seines Sohns wenigstens durch einen kleinen Schreck abzustrafen. Eben wie man willens ist den Entwurf des Vaters auszuführen, stirbt der junge Mensch an einer heftigen Krankheit plötzlich. Wäre der Brief einen Posttag eher angekommen, so hatte die ganze Welt diesen unvermutheten Todesfall der angelegten *Alteration* zugeschrieben, und der Vater sich vielleicht aus seinem harmlosen Einfall die grösten Scrupel gemacht. Nun ist alles *zu rechter Zeit geschehen* für den Todten u die Lebendigen.[2]

Die beste Erziehungsanstalt ist wol der liebe Tod für unser ganzes Geschlecht. [16/Bd. 4, S. 382–383]

[1] Berens, Johann Heinrich, Sohn von Johann Christoph Berens.
[2] Vgl. zum Schicksal des jungen Berens Ak 10, S. 282 ff.; Reinhold Berens: Geschichte der Familie Berens. Riga 1812.

214. Hamann an Herder, 9.6.1782   Juni 1782 (Pfingstsonntag)

Unsers Rathsherren *X*stoph Berens Sohn ist hier am ersten Pfingstfeyertage gestorben und Prof. Kant besuchte mich denselben Tag um diesen Todesfall anzumelden, der mich ungemein bestürzte, weil ich nicht das geringste von seinem Hierseyn gehört hatte, welches nicht lange gewesen. Der arme unglückl. war aus Liebau heiml. fortgegangen, giebt seinem Vater Nachricht von seinem neuen Aufenthalt u bittet mehr um Genehmigung als Verzeihung. Dieser hat die Absicht ihn wenigstens durch einen kleinen Schreck für seinen Leichtsinn zu bestrafen, und Kant wird zum Unterhändler gemacht. Indem das *Corrections*Spiel eben ausgeführt werden soll, stirbt der Patient zu seinem u aller Intereßenten Glück, weil man sich immer hatte Vorwürfe machen können den Scherz zu weit getrieben zu haben. Dies ist leider! der *zweite* Berens, der seinen würdigen Eltern aus der Art geschlagen. [16/Bd. 4, S. 386]

215. Hamann an Reichardt, 30.6.1782 ungefähr 23.5.1782

Noch muß ich Ihnen die unangenehme Nachricht mittheilen, daß durch die *verrathene Autorschaft* der hier im Verlag herausgekommenen und bereits in unsern Zeitungen recensirten Schrift das ganze Geheimnis ruchbar worden, und Prof. Kant mir zu meinem großen Befremden vor 8 Tagen bey *Green* den Namen zu sagen wuste.[1] Selbst Ihre *Verschwiegenheit* ist kein fügliches Mittel gewesen die Sache geheim zu halten. Die kleine Schrift enthält so viel redende Züge besonders für einen, der das *Corpus delicti* gelesen, wovon hier mehr wie ein Exemplar seyn muß, und wonach Kant durch das ungewöhnliche *Rescript* eben so lüstern gemacht worden, wie ich es selbst damals schon gewesen bin, nur daß es mir an Gelegenheit gefehlt meine Neugierde zu befriedigen. Hätten Sie es Hartknoch oder Wedel in Danzig zum Verlage gegeben; oder hätte ich nur muthmaaßen können von dem Zusammenhange der Sache, und daß Ihre Sicherheit wenigstens eben so sehr im Spiel wäre, als Ihre bloße *Delicatesse:* so traue ich mir noch Einfluß genug in den Buchladen zu, daß ich dem gemeinen Eigennutz ein paar Exemplaria mehr loß zu werden durch ein Anecdotchen vom Verfaßer, der sich rätzelhaft gemacht, hätte Einhalt thun können. Unterdeßen hoffe ich, daß das ganze Gewäsch von keiner Wichtigkeit noch Folgen seyn wird. Ich habe schon den Einfall gehabt mit Kant deswegen zu sprechen — Ihm seine *Conjectur* auszureden, geht wol nicht füglich an — und aus Achtsamkeit ihm ein Stillschweigen anzurathen möchte auch zu spät seyn. Im Kayserlingschen Hause hat er auch schon die Sache ruchbar gemacht, wie ich aus einem gestrigen Besuche des *p* Schröters vernommen. Wegen einer ziemlich starken Stelle gegen Frankreich prophezeyt K. dem Verfaßer eben den Ostracismum in der neuen Welt — wenigstens hab ich unsern Vetter gewarnt vor der *Demomanie.* [16/Bd. 4, S. 396]

---

[1] Zu Hippels Autorschaft vgl. die in Anm. 2 zu G, Nr. 161 angegebene Literatur, speziell noch: F. J. Schneider: Th. G. von Hippels Schriftstellergeheimnis, in: AM 51, 1914, .

216. Weiß[1] an Kant, 3.5.1788   ab 1782/83

Ew. Wohlgebohrnen haben mir wärend meines academischen Lebens in meiner Vaterstad, so auffallende und häuffige Beweise Ihrer Gewogenheit gegeben, daß ich nicht anders, als mit dem grösten Gefühl der Dankbarkeit, mich hierann zurück erinnern kann. Es würde nicht möglich seyn, diese Gefühle auszudrücken, wenn ich auch glauben möchte, diesen Versuch wagen zu dürfen. Aber was soll ich jetzt sagen, da nur noch vor kurzem, die redensten Beweise dargethan haben, daß auch in meiner Abwesenheit Ew. Wohlgebohrnen den gütigsten Antheil, an meine künftigen Verhältniße nehmen. Ich würde es mir nie vergeben können, den Rath Ew. Wohlgebohrnen in Rücksicht meines studierens nicht befolgt zu haben, wenn nicht ein schon vor langer Zeit gemachter Plan, der besonders durch eine Verbindung mit einem jungen Mann unzertrennlich war, mich hievon zurück gehalten hätte. Es ist Ew. Wohlgebohrnen bekant, daß ich immer gewünscht habe, *Goettingen* zu besuchen, und durch die vielen dasigen HülfsMittel meine Studien fortsetzen zu können.   [31/Bd. 10, S. 537]

[1] Weiß, Reinhold Friedrich (1765–?), Schüler Kants, immatr. 15.8.1782, vgl. auch den Brief Kants an Weiß vom 15.6.1788 (vollständiger Abdruck in: Sch ³1986, S. 936f.).

217. Herder an Hamann, 11.7.1782

Roußeaus *Confessionen*[1] werden Sie gelesen haben; wie bist du vom Himmel gefallen, du Morgenstern! u. was wird Kant zum Leben seines ehemaligen Helden sagen![2]

[16/Bd. 4, S. 404]

[1] Nach Ferrari erschienen 1782 zwei deutsche Übersetzungen (vgl. Ferrari 1979, S. 285); Herder spielt nach Ferrari auf die anonym publizierte Übersetzung an, die bei Friedrich Unger in Berlin herausgekommen war (ebd.).
[2] Vgl. Ferrari (1979): »Kant a-t-il lu les confessions de J. J. Rousseau?« (S. 285 ff.). Es läßt sich Ferrari zufolge nicht mit Sicherheit nachweisen, daß Kant die autobiographische Schrift Rousseaus gekannt hat.

218. Hamann an Herder, 25.8.1782　　　　　　25.8.1782

Kant ... von dem ich heute gehört, daß er seine neue Abhandl. schon abschreiben läßt, welche vermuthl. dem Göttingschen Rec. angehen wird — aber wie es scheint unter einem *andern* Titel als: Prolegomena einer Metaphysik die noch geschrieben werden soll — den ich Ihnen angegeben.　　　　　　　　　　　　[16/Bd. 4, S. 418]

219. Puttlich　　　　　　　　　　　　　　September 1782

21. September. Der HE. Professor Kant schloß die physische Geographie.
14. October. Der HE. Professor Kant fing von 7–8 die Metaphysik an.
15. October. Ich ging um 9 mit dem HE. Nicolovius zum HE. Prof. Kant. Ich bat mir das Kollegium trey aus u. HE. Nicolovius pränumirirte u. subskribirte.
16. October. Der HE. Professor Kant fing die Anthropologie an.
[44, S. 275]

220. Kant an Reichardt, 22.10.1782　　　　　　21.10.1782

Vorgestern Abends traf hier HE. Professor Mangelsdorff[1] ein und gestern zu Mittage machte ich mit ihm die erste persönliche Bekantschaft (durch Briefe, welche mir einige Besorgungen vor ihn auftrugen, waren wir schon vorher in gewisse Verbindung gekommen) an dem Tische des HEn. Oberburggraf *v. Rohd.*[2] Der Unmuth, der ihm auf das stärkste in seinem Gesichte gemahlt war, ergoß sich in bittere Klagen[3], über die nicht erfüllte Verheissungen, die ihn bewogen hätten Halle zu verlassen und die ihm HE. *D. Biester* im Rahmen des HEn. Obercurators gegeben hätte: daß namlich, ausser denen in seiner Bestallung specificirten Gefällen, noch andere *emolumente* mit seiner Stelle verbunden wären, die wohl eben so viel austrügen. Gegen mich erklärte er: daß ihm HE.

D. Biester in einem Briefe versichert hätte, von mir dieses *mündlich* vernommen zu haben. Nun kan dieses wohl nichts anderes bedeuten, als das, was ich Ew. Wohlgeb. mündlich zu eröfnen die Ehre hatte, als ich meinen Wunsch äußerte: daß Herr *D. Biester* diese Stelle annehmen möchte, indem ich glaubte, daß *erstlich* die *emolumente* wegen gewisser oratorischer *actuum*, meinem Überschlage nach, wohl nahe an hundert Thaler kommen möchten (welches aber füglich vor übernehmung des Amts näher hätte erkundigt werden müssen) *zweytens* und vorzüglich daß, da HE *D. Biester* Doctor Juris ist, es ihm wohl gelingen möchte, die *Professionem ordinariam tertiam* der Juristenfacultät die durch den Tod des seel: *D. Braun* erledigt worden, die zwischen 4 und 500 fl preuß: trägt, mit seiner Stelle zu verbinden (der bestimmte Ertrag hätte auch vorher einberichtet werden müssen) und so der Gehalt, meinem Ueberschlage nach, vor Hrn. *D. Biester* wohl zwischen 500 und 600 rthlr. gesteigert werden könne. Ob nun HE. Biester diese lediglich sich auf Ihn und zwar noch mit Ungewisheit bezogene Hofnung durch Vergessenheit mit dem Ertrage der historischen Stelle verwechselt hat und dadurch veranlaßt worden, Hrn Mange[l]sdorff diese Einkunft zu versprechen, oder, woher die Irrung kommen möge, weiß ich nicht; bitte aber ganz ergebenst Sich an diesen in unserer Unterredung vorgekommenen Umstand gütigst zu erinnern und mich dadurch bey HE. *D. Biester* ausser allen Verdacht zu bringen, als hätte ich an diesem Misverständnisse irgend einige Schuld. Sie werden mich sehr verbinden, wenn Sie mich hierüber mit einer baldigen Antwort beehren wollen, als Ihren alten Freund und ergebensten Diener

I Kant.
[31/Bd. 10, S. 290–291]

---

[1] Mangelsdorff, Carl Ehregott (1748–1802), Historiker und Philologe, seit 1782 Prof. der Geschichte, 1784 der Poesie in Königsberg. Vgl. Baczko (1787 ff.), S. 626 ff.; APB 2, S. 417; Vorl. II, S. 88 f.

[2] von Rohd, Jakob Friedrich (1704–1784), Etatsminister in Königsberg, vgl. Gause II, S. 227–260.

[3] Vgl. HaBr 4, S. 434.

221. Hamann an Hartknoch, 5.11.1782 4.11.1782

Pr. Kant habe gestern bey HE Green gesprochen, wol an das ihm *dedici*rte Buch vom Weg zur Weisheit[1], aber nicht an seine Autorschaft gedacht. Seine *Gemme* wird allgemein bewundert, von *Collin à l'anglaise componi*rt, kostet aber 2 rth und ich habe selbige noch nicht zu sehen bekommen.[2] [16/Bd. 4, S. 439]

[1] Vgl. J. M. G. Beseke: Buch der Weisheit und der Tugend; ein Lehrbuch für Jünglinge von 10 bis 20 Jahren; oder auch für jeden, dem daran gelegen ist, weise und tugendhaft zu seyn. Dessau 1783.
[2] »Gemme«: gemeint ist das von Collin geschaffene Relief vgl. G, Nr. 236.

222. Puttlich 5.11.1782

5. November. Ich war pro hospite in der philosophischen Moral beim HE. Prof. Kant. [44, S. 275]

222a. L. F. W. von Kerzen 20.12.1782

Die Witterung in Ost-Preußen ist ganz die Englische. Einige Engländer, die sich hier Jahre lang aufhielten, behaupten, daß sie *noch* veränderlicher wäre. Wenn *Preußen* und *Britannien* gleiche Witterung haben und es ausgemacht ist, daß das Wetter einen ohnfehlbaren Einfluß auf den Character und dieser unmittelbar, Zusammenhang mit der Geisteskraft hat, so ist es natürlich, daß man sich in Preußen so wie in England, nach einer Reihe großer Männer umsieht. — Ich habe nicht viel Chroniken gelesen und bin mit der neuesten Geschichte hiesiger merkwürdiger Männer zu wenig bekannt, als daß ich zur Behauptung dieser Wahrheit hier ein Verzeichniß von ihnen hersezzen könnte. Die Medisance sagt, die monarchische Regierungsform unterdrükte den launigen originellen brittischen Geist und zwängt sie unter der Classe der Alltagsgeschöpfe. Hier ist das Land der Köpfe, sagte ein Wizling, die selbst nicht wissen, ob sie kalt oder warm sind. Selten keimt hier das Genie und noch seltener erklimmt es die Höhe, wo es auf die Bewunderung des Nachbarn Ansprüche machen darf. Auf ausländischen Boden soll es besser gedeien und unter milderer Beherrschung würde auch hier vielleicht jenes heilige Feuer zu glühen anfangen, welches Geistern künftiger Jahrhunderte noch wie das Licht des Firmamens leuchtete. Ein Beweis der Möglichkeit dieser Behauptung ist der hier lebende Philosoph *Kant*, ein seltenes Product, auf Ost-Preußischen Boden gezeugt, der sich eigner Pflege überlassen, alle die tiefen Kenntniße erwarb, die ihn zu einem der ersten Männer seiner Zeit machen und ihm die Ehrerbietung aller der Personen versichern, die ihn durch seine Schriften und Umgang genau kennen lernen. — *Herder* auch ein Ostpreußischer Kopf von Kant gebildet ist verpflanzt. [68, S. 51/52]

223. Hamann an Hartknoch, 27.12.1782   Dezember 1782

Noch keine *Prolegomena* von Kant; der sich beschweren *soll*, daß er die lateinsche Uebersetzung seiner Kritik selbst nicht versteht. Es soll ein Pf. Bobrüch seyn[1]. Es geschieht dem *Autor* recht, die Verlegenheit seiner Leser an sich selbst zu fühlen u zu erfahren. Gott sey mit Ihnen und Ihrem alten Freunde Landsmann, *Autor* und Uebersetzer zu dienen. [16/Bd. 4, S. 472]

[1] Gemeint: Bobrik, Johann (1753–1830), Theologe, immatr. 18.8.1769, Feldprediger in Marienburg. Zu seiner Übersetzung vgl. Ak 10, S. 293 f. und Ak 13, S. 110.

224. Borowski ab 1782

Unser Kant ward zu Königsberg in Preußen 1724 am 22. April geboren. Von dem Orte der Geburt, von unsern Eltern, von der Schule, die man besucht, von manchen äußern, oft ganz unbedeutend scheinenden Umständen, unter welchen man aufwuchs, von unsern frühern Lehrern und Mitschülern u. dgl. hängt größtenteils die ganze Richtung ab, die unsre Denk- und Verfahrensart unser ganzes Leben hindurch nimmt. Ob dies der Fall auch bei Kant war, wird sich gleich zeigen. — Der Vater unsers Weltweisen*) war ein sehr rechtschaffener Bürger unsers Orts, der seinem Sohn zwar keine eigne Beihilfe, um dessen Verstand auszubilden, geben konnte, der aber des offnen geraden Verstandes völlig genug hatte, um für diesen fremde und gute Beihilfe aufzusuchen und auch Willigkeit, dazu einen solchen Kostenaufwand zu machen, als sein Handwerk (er war ein Sattlermeister, in der sogenannten Sattlergasse wohnhaft) ihm zuließ. Seine Mutter hatte einen mehr ausgezeichneten Charakter. Bei einem richtigen Verstande — empfindungsvoll, — zum Aufschwunge zu warmen Gefühlen im Christentum geneigt, — durch den damals unter uns viel geltenden Pietismus für förmliche Betstunden, die sie strenge beobachtete und dazu sie auch ihre Kinder anhielt, gestimmet —, eine unablässige Zuhörerin und herzliche Anhängerin des sel. *Dr.* Franz Albert *Schultz***), der gerade damals der Kaltblütigkeit der Orthodoxen, die diese gegen tätiges, eifriges Christentum ihm zu beweisen schienen (sie kämpften wirklich nur immer für Rechtgläubigkeit und hatten damit alle Hände voll zu tun) — durch Anempfehlung festgesetzter Betstunden, der Aufsuchung Bekehrungstermins, des Kampfs bis zum Durchbruche u.f. entgegen ging, obwohl er sonst ein sehr kluger, vortrefflicher Kopf und ein durchaus rechtschaffener Mann war. Von diesen Eltern bekam K. seine früheste Bildung. Der Vater — drang auf einen fleißigen und durchaus redlich denkenden Sohn; die Mutter wollte in ihm *auch* einen — frommen Sohn, nach dem Schema, das sie sich von Frömmigkeit machte, haben. Der Vater forderte Arbeit und Ehrlichkeit, besonders Vermeidung jeder Lüge; — die Mutter auch noch *Heiligkeit* dazu. So wuchs K. vor ihren Augen auf, bei dem gerade das, was ich eben von seiner Mutter erzählte, dahin gewirkt haben mag, in seiner Moral eine unerbittliche Strenge, wie ganz recht ist, zu beweisen und das Prinzip der Heiligkeit hoch aufzustellen, das bei seiner Unerreichbarkeit uns die Gewißheit einer andern Welt zusichert. Diese Forderung seiner reinen praktischen Vernunft, heilig zu sein, war schon sehr frühe die Forderung seiner guten Mutter an ihn selbst***).

Mir ist K. — aber auch in einem ähnlichen Grade sind mir seine Eltern ehrwürdig. Wie oft hab' ich es aus seinem Munde gehöret: »Nie, auch nicht ein einzigesmal hab' ich von meinen Eltern irgend etwas Unanständiges anhören dürfen, nie etwas Unwürdiges gesehen.« Er gesteht selbst, daß vielleicht nur wenigen Kindern, besonders in diesem unsern Zeitalter der Rückblick auf ihre Eltern in der Folge, so wohltuend sein dürfte, als er ihm immer war und noch ist. [29, S. 12–14]

*) Dieser, wie sich Kant von ihm gehört zu haben oft erinnerte, stammte von Vorfahren her, die in Schottland gelebt hatten. Er schrieb sich *Cant*: der Sohn brauchte das K. schon frühe in seinem Namen.

**) Einige der Schriften dieses *Schultz* findet man in Ludovicis Geschichte der Wolfschen Philosophie, mit vorzüglichem Lobe angeführt.

***) Hier erinnere ich besonders daran, daß K. diese Stelle in meiner Handschrift nicht abgeändert, nichts dabei notiert, folglich gebilligt hat. Sie gibt über den Rigorismus seiner Moral ein gewiß nicht — unbedeutendes Licht.

225. Borowski ab 1782

Am öftesten und längsten hielt er sich in dem Forsthause Moditten, eine Meile von Königsberg auf. Der Oberförster Wobser, der da wohnte, war ein Wirt, wie er ihn sich beim ländlichen Aufenthalt wünschte, ohne die mindeste Künstelei im Ausdruck und in Manieren, von sehr gutem natürlichen Verstande und edlem, gutem Herzen. Bei ihm hielt er sich während der akademischen Ferien gerne und auch wohl über eine ganze Woche auf. Hier, in diesem Moditten, ward das Werk über das Schöne und Erhabene[1] (vielleicht die gelesenste von allen Kantischen Schriften) ausgearbeitet; hier mußte ihm der Oberförster Wobser zu dem Bilde sitzen, das K. in der eben genannten Schrift vom Charakter des *deutschen* Mannes entwarf. Nie vergaß er seinen Wobser und das

Gespräch ward dann sehr lebhaft, wenn er auf diesen Mann, auch lange nach seinem Tode zurückkam. [29, S. 58]

[1] Beobachtungen über das Schöne und Erhabene. Königsberg 1764.

226. *Borowski* ab 1782

Was befolgte dann unser K. für eine Maxime in Ansehung derer, die sich seine Achtung, sein Zutrauen und seine Freundschaft wünschten? Beinahe gar zu oft äußerte er's in seinen frühern Jahren und immerfort, daß er hier strenge Zuverlässigkeit und festes Hangen an Wahrheit ganz unerläßlich fordere. K. verlangte gerade nicht Übereinstimmung mit seiner ihm eigenen Denk- und Handlungsweise; — sah wenig oder gar nicht auf die von den seinigen etwa verschiedenen Ansichten in der Philosophie; — merkte nicht auf den Unterschied des Standes, der Jahre und am wenigsten der Konfession; achtete nicht die Verschiedenheit — der Meinungen über die politischen Ereignisse (nur in Ansehung der französischen Revolution sah er völlige Differenz von *seiner* Ansicht ungern). Aber dafür galt ihm — Zuverlässigkeit auch in unwichtig scheinenden Dingen bei jedem Menschen über alles! Sich selbst hielt er nie eine Abweichung von der Wahrheit zu gut; — war er selbst über eine Kleinigkeit irgend einmal falsch berichtet und hatte es dann wieder erzählt, so ergriff er die nächste Zusammenkunft, um sagen zu können: »So und so hatte ich's gehört — aber es ist anders!« Sogar jede Zweideutigkeit, jede Versteckung des wahren Sinns unter Ausdrücke, die so oder anders genommen werden konnten, war ihm unerträglich. Eben deswegen fiel es manchen seiner Leser doch sehr auf, daß, da er den König Friedrich Wilhelm II., ohne daß dieser ihn einmal dazu aufgefordert hätte, die Zusage getan »sich aller öffentlichen Vorträge, die christliche Religion betreffend, in Vorlesungen und Schriften, *als Sr. Majestät getreuester Untertan, zu enthalten*«, er doch nachher in dem Streit der Fakultäten mit einer Art von Wohlbehagen es selbst erzählte, daß er bei dem Hinschreiben jener Worte, die durchschossen gedruckt sind, bei sich gedacht habe: »So lange ich nämlich Sr. Majestät getreuester Untertan sein kann und muß, das ist, so lange dieser König lebt« und nach dessen Tode auch wirklich seines Versprechens ganz entbunden zu sein glaubte. War dieses wirklich eine einmalige Abweichung von seiner Maxime? war's Selbsttäuschung? Beurteile jeder es, wie er will; ich möchte mich dafür verbürgen, daß vielleicht dieses einemal nur in seinem langen Leben jene Maxime ihm nicht ganz vorschwebte. Wer reiner zu sein glaubt, werfe den ersten Stein auf ihn!

[29, S. 58–59]

227. Borowski ab 1782

Seine Asche segnen noch viele der Armen, die er erquickte. Bettlern gab er, wenn sie ihm in den Weg kamen, durchaus nichts. Einst riß er mir auf einem Spaziergange, wo wir, von einem losen Betteljungen verfolgt, durchaus nicht miteinander sprechen konnten, ein paar Pfennige aus der Hand weg, durch die ich mich und ihn von dem Jungen losmachen wollte. Er, unser K. gab ihm dagegen mit seinem Stock einen Schlag, den er — *nicht* fühlte; denn nun lief er mit Lachen davon. An wahre Arme spendete er gerne aus. Zu den jährlichen freiwilligen Beiträgen zur General-Armenkasse unsers Orts zahlte er verhältnisweise eine beträchtliche Summe. Sonst hatte er den Grundsatz (und mit ganzer Seele stimme ich ihm bei), daß jede Generation *ihre* Armen versorgen müsse; — daß nicht für die Zukunft Kapitalien gesammelt und Armenfonds, währenddem die gegenwärtigen leiden, für die Nachkommen etabliert werden sollten; daß wir's unsern Kindern und Kindeskindern zutrauen sollten, daß auch sie sich der Armen *ihrer* Zeit schon annehmen werden u.f.

[29, S. 66]

228. Borowski ab 1782

Um Titel und äußerliche Ehrenzeichen bekümmerte Kant sich durchaus gar nicht; ehrte aber die Professorswürde an seinen Kollegen und an ihm selbst sehr. Zu seinem einfachen »Immanuel Kant«

setzte er in spätern Jahren nichts weiter an der Spitze seiner Schriften hinzu. Er bedurfte es auch nicht. An die Akademie der Wissenschaften in Berlin[1], in die er aufgenommen war und an die zu Siena[2], die ihn, als auswärtiges Mitglied, zum Mitarbeiten einlud, hat er, soviel ich weiß, nichts Handschriftliches je eingeschickt. Er gab, was er schrieb, der Welt hin, ohne sich in die engen Schranken irgend einer gelehrten Gesellschaft je einzwingen zu lassen. Auch zu keiner Ordensverbindung, welchen Namen diese auch haben mag, gehörte unser Kant. Oft, wie schon oben in der Skizze gesagt ist, klagte er über die Leiden, die der Zelebrität des Namens auf dem Fuße zu folgen pflegten. Wenn er hierüber sprach (— und die zeittötenden Besuche auch von unbedeutenden Reisenden — die Briefe, die bei ihm einliefen, hier, um einen Einwurf gegen seine Philosophie aufzulösen, dort, um ein mitkommendes bogenreiches Manuskript zu zensieren, da, um über Gewissensfragen zu entscheiden u. dgl. gaben nur zu häufige Veranlassung dazu), dann bedauerte ich den hochberühmten und dabei sattgeplagten K. jedesmal aufs innigste. Die Äußerungen darüber strömten ihm so ganz unmittelbar aus dem Herzen. Hier war gewiß keine *erkünstelte* Bescheidenheit! kein Stolz, der Demut bloß — *vorspiegelt!*

Warum aber sahen wir Kant nie in ehelicher Verbindung? Eine Frage, die oft genug bei seinen Lebzeiten von Höhern und Niedrigen, von Freunden und auch solchen, die sonst gegen ihn gleichgültig waren, aufgeworfen ward. Wenn diese Frage an ihn selbst, besonders in seinen spätern Jahren gebracht ward, empfand er's nicht gut; — wich dem Gespräche darüber, das er mit Fug und Recht als Zudringlichkeit ansah, aus; — äußerte auch wohl nachdrucksvoll, ihn mit Heiratsanträgen zu verschonen. Sollte aber Kant, der doch selbst bisweilen für seine Freunde Heiratspläne (aber freilich fast immer nur, um ihre ökonomische Lage zu bessern oder zu sichern) entwarf, sollte er selbst denn nie geliebt haben? stand ihm vielleicht hier auch eine Maxime im Wege? —— Nein, nein, denn Kant — hat geliebt. Mir sind zwei seiner ganz würdige Frauenzimmer (wem kann an den Namen etwas gelegen sein!) bekannt, die nacheinander sein Herz und seine Neigung an sich zogen. Aber freilich war er da nicht mehr im Jünglingsalter, wo man sich schnell bestimmt und rasch wählt. Er verfuhr zu bedächtlich, zögerte mit dem Antrage, der wohl nicht abgewiesen worden wäre und — darüber zog eine von diesen in eine entferntere Gegend und die andere gab einem rechtschaffenen Manne sich hin, der schneller als Kant im Entschließen und Zusagefordern war. Sein Leben war (keiner seiner Vertrautesten von Jugend auf, wird mir hier widersprechen) im strengsten Verstande züchtig, aber deswegen war er nicht etwa ein Feind des andern Geschlechts. Er befand sich im Umgange mit den Gebildetern darunter sehr wohl; verlangte auch von denen, die bei ihm für Gebildete gelten sollten, durchaus nicht Gelehrsamkeit, aber was man gute gesunde Vernunft nennt; dann Natürlichkeit, Heiterkeit, Häuslichkeit und die mit der Häuslichkeit gewöhnlich verknüpfte tätige Aufsicht aufs Haus- und Küchenwesen. Gerne kam er in der Unterhaltung mit solchen, auf Angelegenheiten, die zu dem Letztern gehören, hin. Von einem weiblichen Wesen, das ihn an seine Kritik der reinen Vernunft erinnert, oder über die französische Revolution, davon er sonst in männlicher Gesellschaft sich leidenschaftlich unterhielt, mit ihm ein Gespräch hätte anketten wollen, würd' er sicher augenblicklich sich weggewendet haben. Einmal ließ er gegen eine vornehme Dame, die durchaus mit ihm ganz gelehrt sprechen wollte und, da sie bemerkte, daß er immer auswich, fortwährend behauptete, daß Damen doch auch wohl eben so gelehrt sein könnten, als Männer, und daß es wirklich gelehrte Frauen gegeben hätte, sich den freilich etwas derben Ausdruck entfallen: »Nun ja, es ist auch darnach«. Ein andermal in meinem Beisein, da eben sein Gespräch über Zubereitung der Speisen etwas ausführlich ward, sagte ihm eine würdige, auch von ihm sehr geschätzte Dame: »Es ist doch, lieber Herr Professor, wirklich, als ob sie uns alle bloß für Köchinnen ansehen.« Und da war es nun eine Freude zu hören, mit welcher Gewandtheit und Feinheit Kant es auseinandersetzte, daß Kenntnis des Küchenwesens und die Direktion davon jeder Frauen wahre Ehre sei; — daß durch Erfreuungen und Erquickungen des Mannes, der von seinem geschäftsvollen Vormittage nun müde und matt an den Tisch käme, sie eigentlich sich selbst Erfreuungen für ihr Herz, erheiternde Tischgespräche usf. verschaffe. Wirklich, er zog die Herzen aller Damen durch diese Auseinandersetzungen, die er lebhaft und launigt vortrug, ganz an sich. Jede wollte nun von ihrem Manne das Zeugnis an den Professor haben, daß sie eine *solche Frau* sei; jede in der Gesellschaft bot sich dazu an, ihm, wenn er Fragen, die zum Haus-

und Küchenwesen gehörten, ihnen vorlegen wollte, diese willig und prompt zu beantworten. [29, S. 66–69]

[1] Die Aufnahme erfolgte am 7.12.1786. Vgl. Ak 10, S. 472 und Ak 13, S. 189f.; vgl. HaBr 7, S. 90.
[2] Vgl. den Brief von Edouard Romeo Comte de Vargas-Bedemar vom 4.4.1798 an Kant (Ak 12, S. 239 und Ak 13, S. 478f.).

229. Borowski ab 1782

Aber stille, ganz geräuschlose und eben deswegen um so herzlichere Erweise des Andenkens und der dankbaren Erinnerung solcher Männer, die ehedem seinen Lehrerstuhl umgaben, waren ihm auch um so willkommener. Ich erinnre mich noch heute mit Vergnügen der herzlichen Rührung, mit welcher er die Briefe meines Freundes, des rechtschaffnen Predigers *Lüdeke* bei der Petrikirche in Berlin, aus meinen Händen aufnahm, — mit welcher innigen Freundlichkeit er dann den dargereichten Brief höchst vorsichtig, damit kein Wort durch Einreißen etwa verloren ginge, eröffnete, — wie er mich dann bat, ihn ganz langsam vorzulesen und welche warme Dankbezeugungen an Lüdeke, den er sehr schätzte, er mir auftrug. Bei dem Mittagstische teilte er dann die Briefe meines Freundes, als Würze der Tischgespräche, höchstvergnügt mit.
[29, S. 71]

230. Borowski ab 1782

Von seinem herrlichen Gedächtnisse kann, außer dem, was die physische Geographie u.f. darüber zutage legt, auch dieses ein Beweis sein, daß er im spätern Alter noch die ehedem in seiner Jugend sich eingeprägten Stellen aus klassischen Dichtern, Rednern, usw. ganz ohne Anstoß hersagen oder, wenn andre sie rezitierten, die Auslassungen oder die verfehlten Worte gleich auf der Stelle berichtigen konnte. Welch eine unglaubliche Menge von, auch oft unwichtig scheinenden Anekdoten ihm jedesmal zur Aufheiterung eines freundschaftlichen Zirkels zu Dienste standen, wissen alle, die an diesem teilnahmen. [29, S. 73]

231. Borowski ab 1782

In seiner frühern Kindheit sei er, das gestand er selbst zu, in manchen Dingen, die besonders den Schulfleiß nicht affizierten, vergeßsam gewesen; — in ganz unbeträchtlichen und von ihm für unbeträchtlich gehaltenen Dingen war er es auch wohl in höhern Jahren; — zuletzt machte er sich Denk- und Erinnerungszettel.
[29, S. 73–74]

232. Borowski ab 1782

Von K. eigenen natürlichen Anlagen kein Wort weiter — aber die Tendenz nun, die er diesen gab. In der frühern Jugend, in seinen Schuljahren war er den humanistischen Studien ausschließlich ergeben. Darin eben hatte das Friedrichs-Kollegium damals an Heydenreich einen für jene Zeit ganz vorzüglichen Lehrer. — An den in der Logik und Mathematik von Siehr, Cucholovius u. f. in der Schule erteilten Unterricht dachte K. in seinen mittleren Jahren nicht ohne Lachen. »Diese Herren,« sagte er einmal zu seinem ehemaligen Mitschüler Cunde, »konnten wohl keinen Funken, der in uns zum Studium der Philosophie oder Mathese lag, zur Flamme bringen!« — Ausblasen, erstricken konnten sie ihn wohl, — antwortete der sehr ernsthafte Cunde. Mit Rhunken lasen diese beide, die ich hier eben nannte, auch außer den Schulstunden die klassischen Autoren, und zwar in guten Ausgaben, zu deren Anschaffung Rhunken, der der Bemitteltste war, das Geld gab. Auch Kypke, der nachher die lateinische und die orientalischen Sprachen mit ausnehmendem Beifall auf unsrer Universität lehrte und sich, wie er's auch ganz verdiente, einen berühmten Namen selbst im Auslande machte, trat, jedoch selten, weil er in der sonstigen Denkart und Sitten nicht ganz zu jenen passete, zu diesen Privatübungen auch hinzu. Kypke — ich segne heute noch sein Andenken mit innigem Dank an ihn, hat mir mehrere Male, da K. schon viel geschrieben hatte, gesagt, daß man in der Schule nicht die mindeste Ahnung gehabt hätte, auch wohl nicht hätte haben können, daß dieser sich je ins philosophische Fach werfen würde.

[29, S. 74–75]

233. Borowski ab 1782 (ab 1755?)

Dagegen einen sehr geringen Wert nur setzte K. auf Beredsamkeit. Er schätzte Wohlredenheit und bedauerte es, diese ebensowenig als den klaren, gleich faßlichen Ausdruck (den er auch in gelehrten Vorträgen eben nicht so sehr nötig hielt, damit dem Leser doch auch etwas zu eigenem Nachdenken verbleibe) sich in seinen Schriften ganz eigen machen zu können. Beredsamkeit war unsern K. weiter nichts, als die Kunst zu überreden, den Zuhörer zu beschwatzen. Ein andermal nannte er sie die Beflissenheit, andre zu täuschen, zu überlisten, damit das, was doch keine überzeugende Beweisgründe sind, wenigstens dafür angesehen werde. Bei jeder Gelegenheit kam er auf diese Äußerung zurück. Der Geistliche, setzte er dann hinzu, soll Prediger, soll Lehrer sein, der sich auf Gründe stützt; aber nie muß er heilige Reden halten, welche Art von Benennung in seiner früheren Lebenszeit von Mosheim u. a. m. den Kanzelvorträgen — freilich ungeschickt genug! — gegeben zu werden pflegte. Doch sprach er, wenn er Reden halten mußte, sehr gut. ... — Freund war dagegen unser K. von Sprachuntersuchungen, von Etymologisieren; war ein oft treffender, bisweilen aber auch ein sehr verunglückter Deuter der Provinzialismen u. f. Vor wenigen Tagen fiel mir die meines Dafürhaltens gegründete Mißbilligung der Allg. Jen. Lit. Zeit. (1804. Int.-Bl. Nr. 51 S. 407) wegen der in der Anthropologie (S. 100) vorkommenden Bemerkung über *Ahnen* und *Ahnden* ins Auge. Es ließe sich ein Mehreres hierüber sagen: allein, sollt's nicht an Mikrologie grenzen? — Auch echte *Satiren* der Älteren und Neueren galten bei K. sehr viel. Vom Erasmus von Rotterdam sagte er mehrmals, daß dessen Satiren der Welt mehr Gutes gebracht hätten, als die Spekulationen der Metaphysiker zusammen genommen. *Liscov* (jetzt vielleicht den Mehresten auch dem Namen nach schon unbekannt), der im vierten Jahrzehend des vorigen Säkuls lebte und mit dem hallischen Professor Philippi immer viel zu hadern hatte, war ihm immer noch mehr wert, als der spätere Rabener. Aus jenem hat er mir mehrmals lange Stellen mit ausnehmendem Wohlgefallen rezitiert. Freilich — in den letztern Jahren ging ihm Lichtenberg noch weit über seinen geliebten Liscov. — Poesie schätzte er sehr hoch. Er selbst machte nur kleine, ganz unbedeutende Versuche darin, wenn ihm etwa zu den Gedächtnisschriften der Universität auf verstorbene Professoren z.B. Langhansen, Kowalewski und andere einige Reihen abgefordert wurden.[1] Außer den klassischen Dichtern des Altertums (im hohen Alter schon lobte er mir einmal den Persius, aus welchem er ganze Stellen hersagte, da ich ihm erzählte, daß ich auf einer Auktion eine sehr gute Ausgabe gekauft hätte), war ihm Milton und Pope vorzüglich lieb. Das verlorne Paradies des erstern hielt er für wahre, ganz eigentliche Poesie und setzte dabei unsern Klopstock weit unter Milton. Aus Pope wählte er besonders gerne Mottos zu seinen Schriften, z.B. zur Naturgeschichte des Himmels. Jener schien ihm in Erfindung und Ausmalung seiner Bilder; dieser im Lehrgedicht unübertrefflich. Youngs Nachtgedanken, die hier in den Jahren 1757 usw. sehr häufig gelesen wurden, konnte er keinen Geschmack abgewinnen. Unter den deutschen Dichtern befriedigte ihn Haller vorzüglich; er wußte ihn größtenteils auswendig. Späterhin las er gerne einige der Meisterwerke Wielands. Nur von Herders Gedichten und auch von seinen prosaischen Schriften nahm er weiter keine Notiz, nachdem er dessen Ideen zur Geschichte der Menschheit nicht hatte goutieren können. Wahrlich war hieran nicht die Herdersche Metakritik schuld, die K. nur und dies auch ganz vorübergehend, durchgeblättert hat. [29, S. 77–78]

---

[1] Vgl. Ak 12, S. 293 ff.

234. Borowski ab 1782

Nur theologische Untersuchungen, welcher Art sie auch waren, besonders diejenigen, die Exegese und Dogmatik betrafen, berührte er nie; — fand an Ernestis theologischen Werken so wenig Geschmack, als an dessen *Opusculis oratoriis*, in denen er kein echt ciceronisches Latein finden zu können behauptete; wußte von den weiteren Forschungen Semlers, Tellers[1] u. a. und den Resultaten derselben sehr wenig nur. Einst fand er einen seiner Schüler im Buchladen, der sich Jerusalems Betrachtungen über die Religion[2] kaufte; er erkundigte sich, wer denn dieser Jerusalem wäre, ob er sonst etwas geschrieben hätte und erwähnte dabei, daß er vor mehreren Jahren wohl Stapfers Grundlegung der Religion[3] gelesen habe. — Wirklich reichte sein Wissen in diesem Fache nicht über die Zeit der bei dem *D.* Schultz in den Jahren 1742, 1743 angehörten dogmatischen Vorlesungen, in welcher auch jenes Stapfersche Buch erschien, hinaus.[4] — Vielleicht findet mancher die sichere Anekdote merkwürdig, daß K. ehe er die Religion innerhalb usf. zum Abdruck gehen ließ, einen unserer ältesten Katechismen »Grundlegung der christlichen Lehre« (ohngefähr aus den Jahren 1732, 1733)[5] ganz genau durchlas. Hieraus wird sich die Sonderbarkeit mancher Behauptungen in dieser Schrift und die darin hervorstechende Neigung, seine Philosopheme der in den benannten Jahren herrschenden Terminologie und Exegese unterzulegen, ganz leicht erklären lassen. — Nur einzig das Studium der Kirchengeschichte zog ihn in den spätern Jahren sehr an sich. Des ehrwürdigen Planck[6] dahin gehörige Werke befriedigten ihn ganz vorzüglich.

Einstmals trat ich in sein Zimmer und, indem er sich zu mir umwandte, sagte er: »Nun, da leg ich eben den siebenzehnten Band der *Schröckhschen* Kirchengeschichte weg.«[7] Auf meine Nachfrage, ob er sich durch die siebzehn Bände mit Behagen durchgebracht hätte, versicherte er ganz ernstlich (und, was sein Mund aussprach, war zuverlässig), daß er Wort für Wort gelesen hätte. Von Spaldings Predigten[8] hatte er einmal zufällig Notiz genommen und in den Vorlesungen hernach gerühmt, daß sie viel Menschenkenntnis enthielten. Noch späterhin, etwa 7 oder 8 Jahre vor seinem Tode, ließ er sich einmal Blairs Predigten[9] geben und äußerte über das, was er darin gelesen, Zufriedenheit. [29, S. 79–80]

[1] Ernesti, Johann August (1707–1781), seit 1759 Prof. d. Theol. in Leipzig; Semler, Johann Salomo (1725–1791), prot. Theol.; seit 1752 Prof. d. Theologie in Altdorf; Teller, Wilhelm Abraham (1734–1804), prot. Theologe, seit 1767 Oberkonsistorialrat in Berlin und Propst von Köln.

[2] Jerusalem, Johann Friedrich Wilhelm: Betrachtungen über die vornehmsten Wahrheiten der Religion. Braunschweig 1768–1779. Nach Bohatec hat Kant Jerusalem gelesen. (S. 542, Anm. 10) Zu Jerusalems Stellung zu Kant vgl. Ak 10, S. 485.

[3] Stapfer, Johann Friedrich (1707–1775), reformierter Theologe, seine »Grundlegung zur wahren Religion« erschien 1746–1753; vgl. Bohatec, S. 28 ff.

[4] Vgl. zu dieser Stelle kritisch Bohatec, S. 29.

[5] Zu dieser Stelle vgl. Bohatec, S. 20 ff.

[6] Planck, Gottlieb Jakob (1751–1833), prot. Theologe, seit 1784 Prof. d. Theologie in Göttingen, schrieb u. a.: Geschichte der Entstehung, der Veränderungen und der Bildung unseres prot. Lehrbegriffes vom Anfang der Reformation bis zur Einführung der Konkordienformel, 6 Bde., 1781–1800; Abriß einer historischen und vergleichenden Darstellung der dogmatischen Systeme unserer verschieden christlichen Hauptparteien...(1796); Neueste Religionsgeschichte, 3 Teile, 1787–1793.

[7] Schröckh, Johann Matthias (1733–1808), prot. Theologe, seit 1775 Prof. d. Geschichte in Wittenberg. Gemeint wohl: »Christliche Kirchengeschichte« (45 Bde), 1768–1812.

[8] Spalding, Johann Joachim (1714–1804), prot. Theologe, seit 1764 erster Pastor an der Nikolai- und Marienkirche und Oberkonsistorialrat in Berlin, berühmter Kanzelredner, Predigtsammlungen erschienen u. a. 1763 (²1768, ³1775); Neue Predigten, 2 Teile. Berlin 1768 (1784); Festpredigten 1792; Predigten bei außerordentlichen Fällen gehalten. Frankfurt 1775. Zum Verhältnis Spaldings zu Kant vgl. Nr. 266.

[9] Blair, Hugo (1718–1800), schott. Theologe, Prof. d. Eloquenz in Edinburgh, seine Predigten in englischer Sprache erschienen 1777 ff., in deutscher Übersetzung 1781–1802; vgl. von Kügelgen, S. 292 (Anm. 2 zu G, Nr. 8).

235. Borowski ab 1782?

Eine porzellänene Teetasse von vorzüglichem Werte mit seinem Bilde gab er lange schon vor seiner Vollendung seinem treuen Hausfreunde, dem Diak. Wasianski[1]. In frühern Jahren besuchte er das Schauspiel gerne, späterhin gar nicht. Daß von Tanz, Jagd o. dgl. hier wenig oder gar nichts zu sagen ist, wird man schon vermuten: aber der Berührung dürfte es doch wohl wert sein, daß unser K.

sonst ein Künstlergenie sehr schätzte. Da lebte unter uns — *Collin*[2], der die Fayancefabrik hatte und zuletzt Mäkler ward. Ohne je Unterricht erhalten zu haben, arbeitete er, aus Trieb für die Sache, unvergleichlich — und von ihm ist die Paste, worin Kant am besten getroffen ist[3] und nach welcher Abramssohn[4] die oben schon erwähnte Medaille fertigte. Gegen diesen Collin, der sein sonntäglicher Mitgesellschafter an Motherbys Tische war, bewies K. ungemeine Wertschätzung und dachte oft daran, wieviel die Kunst durch seinen frühen Tod verloren habe. Um ein Gespräch an Kants Tische auch in seinen letzten Lebensjahren recht lebhaft zu machen, bedurfte es weiter nichts, als an diesen Collin oder den schon oben genannten Wobser zu erinnern. Da raffte dann der schon abgestumpfte Weise noch jede übrige Kraft zusammen, um ihr Lob zu sprechen. [29, S. 81–82]

---

[1] Heute im Haus Königsberg Duisburg. Das »Bild« gibt Vernets Kantbild wieder.

[2] Collin, Paul Heinrich (1748–1789) gründet 1776 zusammen mit seinem Bruder in Königsberg eine Fayence- und Steingutfabrik (1785 wieder geschlossen) vgl. über ihn Ulbrich II, S. 740ff.; APB 1, S. 108f.

[3] Das Kant-Relief stammt aus dem Jahre 1782 (vgl. HaBr 4, S. 439, 456); zur »treffendsten Ähnlichkeit« vgl. auch Borowski, S. 46. — Zu Collin-Kant-Darstellung vgl. Ulbrich II, S. 740ff., Clasen, S. 13f. und Hans Vaihinger: Das Collin'sche Kantrelief, in: KS 7, 1902, S. 382ff. und ebd. S. 505; Mühlpfordt (1970), S. 55ff.

[4] Abramson, Abraham (1754–1781), Medailleur und Stempelschneider in Berlin. Zur Medaille vgl. Borowski, S. 45f.; Wasianski, S. 246f., Hans Vaihinger: Die Kantmedaille mit dem schiefen Turm von Pisa, in: KS 2, 1898, S. 109–115, 376f.; Mühlpfordt (1970), S. 11f. (mit Kurzbiographie A.s); Kisch, S. 13f.; Michael Friedländer: Münze auf Kant, in: NBM 13, 1805, S. 398–400.
Die Medaille wurde unter Mendelssohns Mitwirkung hergestellt (vgl. M.s Brief an Herz vom 18.11.1783, in: Mendelssohn, Werke, Bd. V, S. 614. Zu Kants Urteil über die Medaille vgl. Ak 10, S. 468f. und Ak 13, S. 134. Kant vermachte sie lt. Schreiben vom 8.11.1801 »dem Diakonus Wasianski zum Andenken« (Ak 12, S. 392); vgl. Wasianski a. a. O.

236. Brandes[1]   1782

Auch den berühmten Professor *Kant* lernte ich in dem Hause des Kriegsrates *von Hippel* kennen und fand in diesem großen Philosophen zugleich einen sehr angenehmen Gesellschafter.

[7/Bd. 2, S. 345]

[1] Brandes, Johann Christian (1735–1799), Schauspieler und Dramaturg, kommt auf der Reise nach Riga 1782 durch Königsberg, wo er auch Kant kennenlernt. Vgl. über ihn ADB 3, S. 243 f.; NDB 2, S. 52 ff.; Max Wittig: Johann Christian Brandes. Ein Beitrag zur Geschichte der Literatur des Theaters im 18. Jahrhundert, in: XI. Jahresbericht des Königlichen Gymnasiums zu Schneeberg. Schneeberg 1899; J. Klopffleisch: J. Ch. B. Diss. Heidelberg 1906; K. Garsen, in: Pommersche Lebensbilder 3, 1939, S. 129 ff.; Gause II, S. 276. Zum Aufenthalt Brandes' in Königsberg vgl. Ernst August Hagen: Geschichte des Theaters in Preußen. Königsberg 1854, S. 255 ff.

237. *Kant* an Mendelssohn, 16.8.1783   ab SS 1783

Allerdings konnte keine wirksamere Empfehlung vor den hoffnungsvollen Jüngling den Sohn des HEn *Gentz*[1] gefunden werden, als die, von einem Manne, dessen Talente und Charakter ich vorzüglich hochschätze und liebe, von welcher Gesinnung gegen Sie, es mir reitzend ist zu sehen, daß Sie solche in mir voraussetzen und darauf rechnen, ohne daß ich nöthig hätte Sie davon zu versichern. Auch kan ich jetzt dem würdigen Vater dieses jungen Menschen, den ich in meine nähere Bekanntschaft aufgenommen habe, mit Zuversicht die seinen Wünschen vollkommen entsprechende Hofnung geben, ihn dereinst von unserer *Vniversitaet* an Geist und Herz sehr wohl ausgebildet zurück zu erhalten; bis ich dieses thun konte, ist meine sonst vorlängst schuldige Antwort auf Ihr gütiges Schreiben aufgeschoben worden.[2]   [31/Bd. 10, S. 344]

[1] von Gentz, Friedrich (1764–1832), Publizist und Politiker, Schüler Kants, immatr. 26.4.1783, vgl. über ihn u. a. ADB 8, S. 977 ff.; NDB 6, S. 190 ff.; Golo Mann: Friedrich von Gentz. Geschichte eines europäischen Staatsmannes. Zürich 1972; E. Schmidt-Weissenfeld: F. v. Gentz, Prag 1859.

Über seine Beziehung zu Kant vgl. Q, Nr. 14, / Bd. I, S. 141, 153, 155; II,
S. 123; Arnoldt, Vorlesungen, S. 268; Vorl. II, S. 71; Gause (1959), S. 59f.
[2] Vgl. G, Nr. 238.

238. Fr. Gentz an Garve, 8.10.1784   ab SS 1783

Es schickt sich für mich nicht, am wenigsten gegen einen Mann,
wie Sie, Herr Professor, Universitäten zu vergleichen, oder mein
vollständiges Urteil über die zu sagen, auf welcher ich mich befinde; aber soviel ist vermutlich auch bei Ihnen ausgemacht, daß die
Königsbergsche an dem Professor Kant einen der ersten deutschen
Philosophen ehrt. Der Unterricht und zugleich der nähere Umgang dieses vortrefflichen Manns hat den großen Hang zur Philosophie, den ich seit mehrern Jahren in mir empfunden habe, so
erhöht und ausgebildet, daß ein Buch wie Ihre Übersetzung des
Cicero mit philosophischen Anmerkungen und Abhandlungen[1]
für mich ein Geschenk von ganz unschätzbarem Wert war.

[14, S. 140]

[1] Garve, Christian: Philosophische Anmerkungen und Abhandlungen zu
Cicero's Büchern von den Pflichten, 1.–3. Buch. Breslau 1783.

239. von Miloszewski[1] *an Kant*, 12.6.1795   1783

Da ich mir schmeichle noch in gutem Andenken bey Ihnen zu stehen, muß ich Ihnen doch melden, daß ich hier in einer sehr angenehmen Gegend, bey einem Freunde, dem Director *Bernoulli*[2] (der
sich Ihnen höflichst empfiehlet) mich niedergelassen habe, und meine [Tage] ruhig zu verleben hoffe. So lange als Raum, [Zeit] Bewußtseyn und Moralität in der Welt existiren [oder] wenigstens so
lange als mir auf dieser zu leben [und] Kants Verehrer zu seyn bescheeret ist, bin ich [mit] unbegränzter Liebe und Hochachtung

[31/Bd. 12, S. 24–25]

[1] von Miloszewski, Gottfried Samuel (1738–1796), hält sich 1783 als Capitain im Infanterieregiment Schott in Königsberg auf, 1789 in Köpenick. Näheres vgl. G, Nr. 240.
[2] Vgl. G, Nr. 156.

240. von Miloszewski 1783

Einige Nachrichten aus dem Leben des Herrn
Hauptmann von *Miloszewsky.*
Am 19ten März d. J. starb zu *Köpenick* an einem auszehrenden Husten, im 58sten Jahre, der pensionirte Hauptmann, Herr *Gottfried Samuel v. Miloszewsky,* welcher bis vor 7 Jahren eine Grenadier-Kompagnie im Herzog Hollstein-Beckschen Regimente zu *Königsberg* in Preussen kommandirt hatte. Er war aus einer in der Gegend von *Krakau* angesessen gewesenen Dissidenten-Familie. Verfolgung nöthigte seine Eltern nach *Conitz* zu ziehen, wo sein Vater aber, der Handel trieb, noch mehr herunter kam, so daß er diesen Sohn zu einem Bauer that, bei welchem derselbe bis in das 13te Jahr seines Alters die niedrigsten Beschäftigungen hatte. Hiernächst kam er in das Waisenhaus zu Königsberg, und wurde nur erst nach 2 oder 3 Jahren, bei der Gelegenheit, da er bei einem Professor und Vorsteher des Waisenhauses Famulus-Dienste verrichtete, von anwesenden Fremden aus der Krakauschen Gegend, für einen jungen Menschen von gutem Adel erkannt, zufolge dessen er sogleich einige diesem Stande ertheilte Vorzüge genoß. Mittlerweile war der siebenjährige Krieg angegangen, und unser *Miloszewski* wurde, 17 Jahre alt, als Fahnenjunker zur Armee gebracht. In diesem Kriege hat er fünf Hauptschlachten und zwei Belagerungen beigewohnt. In der Schlacht bei *Zorndorf* wurde er siebenmal verwundet, und entgieng auf eine wunderbare Art dem Tode; denn er lag Stundenlang in der Gefahr, von der neben und über ihm reitenden bald Russischen, bald Preußischen Kavallerie zertreten zu werden. Nach erfolgtem Frieden wurde er mehrere Jahre auf Werbungen im Reiche, mit des Königs Zufriedenheit gebraucht. Nun gelangte er zur Kompagnie, stand zu *Königsberg* in Garnison, lernte vor 10 Jahren, an einer Wirthstafel, den großen Philosophen *Kant*

kennen[1], der damals gewöhnlich an derselben Tafel speisete, und faßte zu diesem eben so liebenswürdigem als tiefdenkendem Gelehrten eine solche Zuneigung daß er von der Zeit an unaufhörlich dessen philosophisches System zu verstehen und sich eigen zu machen bestrebete. Dies erforderte von ihm, bei mittelmäßigen Geistesfähigkeiten, um so mehr Anstrengung, als er weder in seinen Jugendjahren, noch in seiner spätern Lage, die wissenschaftlichen Kenntnisse die ihm dieses Studium würden erleichtert haben, erlangt hatte. Seinen durch das Meditiren erschöpften Kräften aufzuhelfen, und den oft ausbleibenden Schlaf zu befördern, pflegte er mehr Wein zu sich zu nehmen als seiner Gesundheit dienlich war, und so wurden durch eine seltsame Vereinigung *Kant* und *Bachus* die Urheber des frühzeitigen Todes eines Mannes dessen körperliche Beschaffnheit ein längeres Leben versprach. — Von seinem nicht beträchtlichen Vermögen, das an einen Stiefbruder als Haupterben fällt, hat er der K. Akademie der Wissenschaften zu Berlin, ein in der K. Banque stehendes Capital von 1000 Thlr. Kurant legirt, wovon »die Zinsen zur Untersuchung philosophischer Wahrheiten, und besonders des Regressus verwandt und solchen Gelehrten zufließen sollen, die sich darum verdient machen.«

[40, S. 653–654]

[1] Nach der Chronologie des Berichts wäre Miloszewski erst 1786 in Königsberg gewesen; richtiges Datum: 1783.

241. *von Baczko* ab 1783

...war ich von guten redlichen Menschen umgeben, und bald kam noch ein dritter hinzu. Dieser hieß von Schorn[1]. Sein zu Braunschweig wohnender Vater wünschte, daß er eine Schule in Königsberg besuchen und nachher studieren sollte. Der Kaufmann Motherby, mit dem er in einiger Verbindung stand, hatte ihn vor vielen Jahren zu Braunsberg besucht und den Professor Kant diese kleine Reise mitzumachen bewegt. Schorn wandte sich nun an den Professor Kant mit der Bitte, seinen Sohn unterzubringen. Kant, der eine, — ich weiß nicht aus welchem Grunde erzeugte — Abneigung gegen Blinde hatte, mir dies selbst gestand, aber auch hinzusetzte, ich wäre kein Blinder, weil ich hinlängliche Begriffe aus der Anschauung und auch Hülfsmittel besäße, die Mängel des Gesichts zu überwinden, war so gütig mich zu besuchen und mir den Antrag zu thun, daß ich den jungen Schorn unter meine Aufsicht nehmen sollte. Kant rieth mir sogar, wenn die Sache gut von Statten gehen würde, eine Pensions-Anstalt zu errichten; denn er meinte, meine unglücklichen Schicksale und meine Lebhaftigkeit würden die Jünglinge bald an mich fesseln, ich dagegen, durch keine andere Verhältnisse zerstreut, und durch meine Blindheit zur Verdoppelung der Aufmerksamkeit gezwungen, sie genauer als der Sehende beobachten, und mein Umgang mit ihnen würde häufiger, als der jedes andern Mannes sein, den Geschäfte hindern, und der durch seinen Umgang oft zerstreut und aus seinem Hause abwesend wäre. Dieser Gedanke Kants und das Beispiel des blinden Pfeffel[2], der bekanntlich zu Colmar eine Erziehungsanstalt angelegt hatte, reizten mich, der Sache weiter nachzuhängen. 2, S. 13–14]

[1] von Schorn, Ludwig Heinrich Vincenz, immatr. 1.10.1783; vgl. Ak 10, S. 369f.
[2] Pfeffel, Gottlieb Konrad (1736–1809), Pädagoge und Dichter, früh erblindet, gründete 1773 die »Ecole militaire« in Colmar, eine Erziehungsanstalt für protestantische Knaben.

242. Borowski ab 1783

Äußerst tätig war er für lebende Freunde, wo er irgend etwas für diese wirken konnte. Vor allen aber nahm er sich junger Männer an, denen er geneigt zu sein, einmal Ursache gefunden hatte oder gefunden zu haben glaubte. Ich selbst verdanke ihm allein die gute Richtung, die er meiner irdischen Laufbahn gab; mehrere andere von meinen frühern Bekannten gleichfalls. — Auch in höher gestiegenen Jahren, wie tätig war er, um nur einige zu nennen, für den, viel zu früh verstorbenen *Ehrenboth*[1], der als Inspektor der hiesigen Armenschulen hinwelkte und den K. so gerne in einem seinen Kenntnissen angemessenen Posten gesehen hätte. Der Tod zerriß seines Gönners Pläne für ihn. Beider *Jachmanns*, seiner sehr würdigen jungen Freunde, nahm er sich aufs tätigste an. Der ältere, *Dr. med.*[2] lag eben sehr gefährlich krank, da ich K. zufällig besuchte. Mit welcher Wärme sprach er seine Wünsche für dessen Genesung aus und sagte zu mir »Dreimal des Tages muß mir genaue Nachricht vom Gange der Krankheit gegeben werden.« Zur Förderung einer zufriedenen Laufbahn des Jüngern[3] (jetzt Direktors des Jenkauschen Erziehungsinstituts) wirkte er, seitdem er seine Anlagen und seinen Fleiß kannte, unablässig, wie dieser es dem Publikum in seiner Denkschrift auf K. gewiß selbst sagen wird.

[29, S. 61–62]

[1] Ehrenboth, Friedrich Ludovicus († 1800), Armenschule-Direktor, immatr. 16.10.1780.
[2] Gemeint: Johann Benjamin Jachmann.
[3] Gemeint: Reinhold Bernhard Jachmann.

243. Jachmann an Kant, 30.5.1795   ab 1783

Schon seit geraumer Zeit bin ich mit mir zu Rathe gegangen, ob ich mich wohl erdreisten sollte, Ihnen theuerster Herr *Professor*, mit einem Briefe von mir beschwerlich zu fallen. Die Freundschaft, mit welcher Sie mich von jeher beehrten, Ihre thätige Vorsorge für mein Bestes, Ihre so gütige Theilnahme an meinem Schicksal, welche Sie beständig gegen mich äußerten, schienen es mir einerseits zur Pflicht zu machen, Ihnen eine eigenhändige Nachricht von meinem jetzigen Leben zu ertheilen. Andrerseits aber scheute ich mich, die große Zahl von Briefen, mit welchen Sie fast täglich beschwert werden, noch mit meinem unbedeutenden Schreiben zu vermehren. Nur mein Wunsch, Ihnen schriftlich zu versichern, daß ich dem Andenken an Sie und an Ihre mündliche Belehrungen und dem *Studio* Ihrer Schriften, alle bey meinem Amt noch übrige Stunden gewidmet habe und hieraus eben so viel Freude als Nutzen für mich und andere ziehe, gab den erstern Gründen den Ausschlag und bestimmten mich zur Abfassung dieses Briefes. [31/Bd. 12, S. 19]

244. Jachmann
ab 1783

Ich führe Sie zuerst in die frühe Jugend des Weltweisen, von welcher leider! vielleicht allen jetzt lebenden Menschen wenig bekannt ist. Wieviel würde die Psychologie gewinnen, wenn man alle von früher Jugend an zufällig und absichtlich mitwirkenden Umstände zur Weckung und Ausbildung eines solchen Geistes genau angeben könnte. Aber dies konnte kein anderer als Kant selbst, der detaillierte Gespräche über seine Jugend absichtlich zu vermeiden schien und nur gelegentlich eine Bemerkung darüber fallen ließ.

Kant wurde am 22. April 1724 zu Königsber in Preußen in der vordern Vorstadt, in dem Hause neben der Sattlerstraße, von Eltern aus dem niedern Bürgerstande geboren. Sein Vater war ein Riemermeister, namens Johann George Kant, und seine Mutter hieß Regina Dorothea geb. Reuter. Sein Vater war bei Memel gebürtig und seine Voreltern väterlicher Seite stammten aus Schottland ab. Der Vater seiner Mutter war aus Nürnberg gebürtig. Kants Eltern verehelichten sich im Jahre 1715 und erzeugten sechs Kinder, vier Töchter und zwei Söhne.[1] Das erstgeborne Kind war eine Tochter, die schon in der Jugend starb. Dann wurde unser Weltweise im neunten Jahre der Ehe geboren. Sein Bruder, der vor einigen Jahren als Prediger in Kurland starb und Kinder hinterließ, war der jüngste unter den Geschwistern. Seine Schwestern waren an Kleinbürger in Königsberg verheiratet und leben noch jetzt mit ihren Familien. Seine Mutter starb im Jahre 1737, als Kant dreizehn Jahre alt war, und sein Vater 1746. Von seinem Oheim mütterlicher Seite, einem wohlhabenden Schuhmachermeister, namens Richter, wurde Kant noch bei Lebzeiten seiner Eltern in seinen Studien und nachmals selbst bei seiner Magisterpromotion unterstützt.

Den ersten Unterricht im Lesen und Schreiben genoß er in der Vorstädtschen Hospitalschule; nachher besuchte er das Kollegium Fridericianum, dem damals der bekannte Pietist Schiffert als erster Inspektor vorstand; aus welchem er auch im Jahre 1740 auf die Universität dimittiert wurde. Seine Erziehung sowohl im väterlichen Hause, als auch in der Schule war ganz pietistisch.

Kant pflegte dies öfters von sich anzuführen und diese pietistische Erziehung als eine Schutzwehr für Herz und Sitten gegen lasterhafte Eindrücke aus seiner eigenen Erfahrung zu rühmen. Von seinen jugendlichen Lieblingsbeschäftigungen und Spielen ist mir ebensowenig etwas bekannt, als von seiner jugendlichen Gemütsstimmung und herrschenden Neigung. Er muß als Knabe zerstreut und vergeßsam gewesen sein; denn er erzählte mir, daß er einmal auf dem Wege nach der Schule sich auf der Straße mit seinen Schulkameraden in ein Spiel eingelassen, seine Bücher deshalb niedergelegt, sie daselbst vergessen und nicht eher vermißt habe, als bis er in der Schule zu ihrem Gebrauch aufgefordert wurde, welches ihm auch eine Strafe zuzog. Auf der andern Seite verrät ein Umstand aus seinem jugendlichen Leben viele Geistesgegenwart und Besonnenheit. Kant war als Knabe auf einen Baumstamm gegangen, der quer über einem mit Wasser gefüllten breiten Graben lag. Als er einige Schritte gemacht hatte, fing der Stamm durch die Bewegung an, sich unter seinen Füßen herumzurollen und er selbst schwindlig zu werden. Er konnte, ohne Gefahr herunterzufallen, weder stehen bleiben, noch sich umkehren. Er faßte also genau nach der Richtung des Holzes einen festen Punkt am andern Rande des Grabens scharf ins Auge, lief, ohne nach unten zu sehen, langs dem Stamme gerade auf den Punkt hin und kam glücklich ans entgegengesetzte Ufer.

Daß Kant in seinen Schuljahren vielen Eifer für Wissenschaften gehabt habe, folgere ich unter andern aus einem Gespräche, welches wir über die Mittel führten, wodurch ein Lehrer sich bei seinen Schülern in Ansehen setzen könne. Er versicherte, daß unter seinen Lehrern, die alle durch Strenge Ruhe und Ordnung in den Klassen zu erhalten suchten und sie bei der schlechten Schuldisziplin doch nicht erhielten, ein Lehrer mit einem gebrechlichen und possierlich gestalteten Körper gewesen wäre, dem er und einige andere Schüler immer sehr viele Aufmerksamkeit, Folgsamkeit und Achtung bewiesen hätten, weil sie in seinen Lektionen viel hätten lernen können. Schwerlich würde auch der Vater und der Oheim Kants in ihrem Stande ihn zum Studieren bestimmt haben, wenn sie und die Lehrer nicht ausgezeichnete Fähigkeiten und besondere Fortschritte an ihm bemerkt hätten. Höchstwahrscheinlich war der damalige Direktor des Collegii Fridericiani, der berühmte Pietist *D.* Albert Schulz, der Kants Eltern ihrer Frömmigkeit wegen liebte und unterstützte, die vorzüglichste Veranlassung, daß Kant studierte. Aber gewiß ahnete man damals ebensowenig in ihm den größten Weltweisen seiner Zeit, als man bei dem damaligen Zustande des Schulwesens methodisch auf eine zweckmäßige Ausbildung seines Geistes hinarbeitete. Kant gehörte zu den Menschen, die keiner Erziehung fähig, aber auch keiner bedürftig sind. Er ward alles durch sich selbst. [29, S. 122–124]

[1] Irrtum Jachmanns; die Familie hatte 9 Kinder, vgl. Vorl. II, S. 385, KB, S. 23.

245. Jachmann ab 1783

Nach vollendeten Universitätsjahren nahm Kant eine Hauslehrerstelle bei einem Herrn v. Hüllesen auf Arnsdorf bei Mohrungen an und kehrte nach neun Jahren wieder nach Königsberg zurück.[1] Er pflegte über sein Hofmeisterleben zu scherzen und zu versichern, daß in der Welt vielleicht nie ein schlechterer Hofmeister gewesen wäre als er. Er hielt es für eine große Kunst, sich zweckmäßig mit Kindern zu beschäftigen, und sich zu ihren Begriffen herabzustimmen, aber er erklärte auch, daß es ihm nie möglich gewesen wäre, sich diese Kunst zu eigen zu machen. [29, S. 125]

[1] Zur Unexaktheit dieser Angabe vgl. Vorl., KB, S. 23; Jachmann übergeht die Hauslehrerzeit beim Prediger Andersch in Judtschen (vgl. Haagens in Anm. 2 zu G, Nr. 7 zitierter Beitrag).

246. Jachmann ab 1783

Kant besaß ein seltenes Sach- und Wortgedächtnis und eine bewunderungswürdige innere Anschauungs- und Vorstellungskraft. Diese Geistesvermögen behielt er auch bis nach seinem siebzigsten Jahre in voller Tätigkeit. Er zitierte oft lange Stellen aus alten und neuen Schriften, besonders aus Dichtern, von welchen unter den neuern Hagedorn und Bürger am meisten seinem Gedächtnis eingedrückt zu sein schienen. Ebenso erinnerte er sich an historische Gegenstände mit der größten Genauigkeit. Er schilderte z. B. eines

Tages in Gegenwart eines gebornen Londoners die Westminsterbrücke nach ihrer Gestalt und Einrichtung, nach Länge, Breite und Höhe und den Maßbestimmungen aller einzelnen Teile so genau, daß der Engländer ihn fragte, wieviel Jahre er doch in London gelebt und ob er sich besonders der Architektur gewidmet habe, worauf ihm versichert wurde, daß Kant weder die Grenzen Preußens überschritten hätte, noch ein Architekt von Profession wäre. Ebenso detailliert soll er sich mit Brydone[1] über Italien unterhalten haben, so daß dieser sich ebenfalls erkundigte, wie lange er sich in Italien aufgehalten hätte. [29, S. 128]

[1] Brydane, Patrick (1741-1818), englischer Reisender, erwähnt in Ak 9, S. 266.

247. Jachmann ab 1783

Wenn Kant in seiner Anthropologie sagt: der Verstand fragt, was will ich als wahr behaupten? die Urteilskraft: worauf kommt's an? und die Vernunft: was kommt heraus? und er die Köpfe in der Fähigkeit, diese drei Fragen zu beantworten, sehr verschieden findet, so gebührt ihm, nach meiner Überzeugung, die Fähigkeit, die erste und dritte Frage zu beantworten, in einem höheren Grade, als irgend einem Wesen in der Welt, aber in einem verhältnismäßig geringeren Grade die Fähigkeit zur Beantwortung der zweiten; wenigstens fehlte ihr die erstaunenswürdige Schnelligkeit, mit welcher sein Verstandes- und Vernunftsvermögen wirkte.

Sein eigenes Geständnis hierüber äußerte er mir eines Tages in einem Gespräche über die unentbehrliche Eigenschaft eines Kriminalrichters, auf der Stelle unter tausend angeführten Umständen zu wissen, worauf es ankomme, und erklärte, daß er dessen nicht so fähig sein würde, als sein vieljähriger Freund, der verstorbene Kriminalrat Jensch, dessen schnelle Urteilskraft er besonders rühmte.

Noch muß ich Ihnen zur Charakteristik des Kantischen Geistes bemerken, daß Kant sehr vielen Witz besaß. Sein Witz war leicht, launigt und sinnreich. Es waren Blitze, die am heitern Himmel spielten, und er würzte durch ihn nicht allein seine gesellschaftlichen Gespräche, sondern auch seine Vorlesungen. Sein Witz gab dem ernsten tiefdenkenden Geiste ein gefälliges Gewand, und zog ihn oft aus den hohen Sphären der Spekulation zur Aufheiterung seiner angestrengten Zuhörer in die Regionen des irdischen Lebens herab. [29, S. 130–131]

248. Jachmann ab 1783

Die im vorigen Briefe entworfene Charakteristik des Kantischen Geistes gibt mir Veranlassung, Sie mit der Art bekannt zu machen, wie Kant sein Lehramt auf der Universität verwaltete. Als Privatdozent und in den ersten Jahren seines ordentlichen Lehramts hat Kant mehrere Stunden des Tages Vorlesungen gehalten und auch für Standespersonen, z. B. für den Herzog von Holstein-Beck u. a. m. Privatissima gelesen.[1] In der Folge las er täglich nur zwei Stunden, und zwar außer den öffentlichen Vorlesungen über Logik, Metaphysik und, wenn die Reihe in der philosophischen Fakultät an ihn kam, über Pädagogik, las er noch Privatkollegia über Physik, Naturrecht, Moral, rationale Theologie, Anthropologie und physische Geographie. In den letzten Jahren beschränkte er sich bloß auf seine öffentlichen Vorlesungen und auf die Anthropologie und physische Geographie. Zu diesem Unterricht wählte er viermal in der Woche die Frühstunden von sieben bis neun und zweimal wöchentlich von acht bis zehn, weil er Sonnabends von sieben bis acht das Repititorium hielt.[2]

Kant war ein Muster von Pünktlichkeit in allen seinen Vorlesungen. Mir ist in den neun Jahren, in welchen ich seinem Unterrichte beiwohnte, nicht ein Fall erinnerlich, daß er hätte eine Stunde ausfallen lassen, oder daß er auch nur eine Viertelstunde versäumt hätte. Seine Vorträge waren ganz frei. In vielen Stunden bediente er sich nicht einmal eines Heftes, sondern er hatte sich auf dem Rande seiner Lehrbücher einiges notiert, das ihm zum Leitfaden diente. Oft brachte er nur ein ganz kleines Blättchen in die Stunde mit, worauf er seine Gedanken in kleiner, abgekürzter Schrift verzeichnet hatte. Die Logik las er über Meier, die Metaphysik über

Baumgarten; aber er benutzte diese Bücher zu nichts weiterm, als daß er ihrer Haupteinteilung folgte und daß er bisweilen Gelegenheit nahm, das Unstatthafte ihrer Behauptungen zu beweisen. Er nahm sich einmal vor: Schulzens Erläuterungen über seine Kritik der reinen Vernunft für die Metaphysik zum Lehrbuche zu wählen, aber er führte seinen Vorsatz nicht aus. Für seine übrigen Vorlesungen hatte er sich besondere Hefte ausgearbeitet; nur bei der Physik legte er den Erxleben zum Grunde.[3]

Sein Vortrag war immer dem Gegenstande vollkommen angemessen, aber er war nicht ein memorierter, sondern ein stets neu gedachter Erguß des Geistes. Unter seinen philosophischen Vorlesungen war Kant am leichtesten in der Logik zu fassen; nur war Kants Absicht nie, eine Logik seinen Zuhörern beizubringen, sondern sie denken zu lehren.

Auch sein metaphysischer Unterricht war, die Schwierigkeit des Gegenstandes für den anfangenden Denker abgerechnet, lichtvoll und anziehend. Eine besondere Kunst bewies Kant bei der Aufstellung und Definition metaphysischer Begriffe dadurch, daß er vor seinen Zuhörern gleichsam Versuche anstellte, als wenn er selbst anfinge, über den Gegenstand nachzudenken, allmählich neue bestimmende Begriffe hinzufügte, schon versuchte Erklärungen nach und nach verbesserte, endlich zum völligen Abschluß des vollkommen erschöpften und von allen Seiten beleuchteten Begriffes überging, und so den strenge aufmerksamen Zuhörer nicht allein mit dem Gegenstande bekannt machte, sondern ihn auch zum methodischen Denken anleitete. Wer diesen Gang seines Vortrages ihm nicht abgelernt hatte, seine erste Erklärung gleich für die richtige und völlig erschöpfende annahm, ihm nicht angestrengt weiterfolgte, der sammelte bloß halbe Wahrheiten ein, wie mich davon mehrere Nachschriften seiner Zuhörer überzeugt haben. Bei diesen metaphysischen Spekulationen ereignete es sich aber öfters, daß Kant von seiner Geisteskraft hingerissen, einzelne Begriffe zu weit verfolgte und in dieser Digression den Gegenstand aus dem Auge verlor, wo er denn gewöhnlich mit dem Ausdrucke: *in summa* meine Herren! plötzlich abbrach und auf das Hauptmoment wieder eiligst zurückkehrte. Dies erschwerte seinen Vortrag. Kant wußte auch selbst sehr wohl, daß sein philosophischer Unterricht für den Anfänger nicht leicht war, und forderte deshalb öffentlich die Studierenden auf, sich durch die Vorlesungen des Professor Pörschke darauf vorzubereiten.

Vor allen andern aber, mein Teuerster, hätten Sie seine Moral hören sollen! Hier war Kant nicht bloß spekulativer Philosoph, hier war er auch geistvoller Redner, der Herz und Gefühl ebenso mit sich hinriß, als er den Verstand befriedigte. Ja es gewährte ein himmlisches Entzücken, diese reine und erhabene Tugendlehre mit solcher kraftvollen philosophischen Beredsamkeit aus dem Munde ihres Urhebers selbst anzuhören. Ach, wie oft rührte er uns bis zu Tränen, wie oft erschütterte er gewaltsam unser Herz, wie oft erhob er unsern Geist und unser Gefühl aus den Fesseln des selbstsüchtigen Eudämonismus zu dem hohen Selbstbewußtsein der reinen Willensfreiheit, zum unbedingten Gehorsam gegen das Vernunftgesetz und zu dem Hochgefühl einer uneigennützigen Pflichterfüllung! Der unsterbliche Weltweise schien uns dann von himmlischer Kraft begeistert zu sein und begeisterte auch uns, die wir ihn voll Verwunderung anhörten. Seine Zuhörer verließen gewiß keine Stunde seine Sittenlehre, ohne besser geworden zu sein.

Durch seine Vorlesungen über rationale Theologie wollte er vorzüglich zu einer vernünftigen Aufklärung in Sachen der Religion beitragen, daher er dies Kollegium am liebsten las, wenn viele Theologen seine Zuhörer waren. In einem halben Jahre fanden sich nur so wenige Zuhörer für diese Vorlesung, daß er sie schon aufgeben wollte; als er aber erfuhr, daß die versammelten Zuhörer fast alle Theologen wären, so las er sie doch gegen ein geringes Honorar. Er hegte die Hoffnung, daß gerade aus diesem Kollegio, in welchem er so lichtvoll und überzeugend sprach, sich das helle Licht vernünftiger Religionsüberzeugungen über sein ganzes Vaterland verbreiten würde, und er täuschte sich nicht; denn viele Apostel gingen von dannen aus und lehrten das Evangelium vom Reiche der Vernunft.

Eine leichtere aber äußerst anziehende Belehrung gewährte sein Vortrag über Anthropologie und physische Geographie, welche auch am häufigsten besucht wurden. Hier sah man den hohen Denker in der Sinnenwelt umherwandeln und Menschen und Natur mit der Fackel einer originellen Vernunft beleuchten. Seine scharfsinnigen Bemerkungen, welche das Gepräge einer tiefen Menschen- und Naturkenntnis an sich trugen, waren in einem mit Witz und

Genialität gefüllten Vortrage eingekleidet, der einen jeden Zuhörer entzückte. Es war eine Freude, zu sehen, wie hier Jünglinge sich der neuen Ansicht erfreuten, welche ihnen über Menschen und Natur eröffnet wurde und neben ihnen so gelehrte und kenntnisreiche Geschäftsmänner, als der Geheime Justiz- und Regierungsrat Morgenbesser[4] und andere saßen und auch für ihren Geist volle Nahrung fanden.

In diesen Vorträgen war Kant allen alles und hat vielleicht durch sie den größten Nutzen fürs gemeine Leben gestiftet.

In den öffentlichen Vorlesungen konnte sein Hörsaal, besonders im Anfange des halben Jahres, die große Zahl seiner Zuhörer nicht fassen, sondern viele mußten eine Nebenstube und die Hausflur einnehmen. Da seine Stimme schwach war, so herrschte in seinem Hörsaale die größte Stille, um ihn nur in einiger Entfernung verstehen zu können. Kant saß etwas erhaben vor einem niedrigen Pulte, über welches er fortsehen konnte. Er faßte bei seinem Vortrage gewöhnlich einen nahe vor ihm sitzenden Zuhörer ins Auge und las gleichsam aus dessen Gesicht, ob er verstanden wäre. Dann konnte ihn aber auch die geringste Kleinigkeit stören, besonders wenn dadurch eine natürliche oder angenommene Ordnung unterbrochen wurde, die dann gleichfalls die Ordnung seiner Ideen unterbrach. In einer Stunde fiel mir seine Zerstreutheit ganz besonders auf. Am Mittage versicherte mir Kant, er wäre immer in seinen Gedanken unterbrochen worden, weil einem dicht vor ihm sitzenden Zuhörer ein Knopf am Rocke gefehlt hätte. Unwillkürlich wären seine Augen und seine Gedanken auf diese Lücke hingezogen worden und dies hätte ihn so zerstreut. Er machte dabei zugleich die Bemerkung, daß dieses mehr oder weniger einem jeden Menschen so ginge, und daß z. B., wenn die Reihe Zähne eines Menschen durch eine Zahnlücke unterbrochen wäre, man gerade immer nach dieser Lücke hinsehe. Diese Bemerkung hat er auch mehrmals in seiner Anthropologie angeführt.

Ebenso zerstreute ihn ein auffallendes und sogenanntes geniemäßiges Äußere an einem nahesitzenden Zuhörer, z. B. die damals noch ungewöhnlichen, über Stirn und Nacken los hängenden Haare, ein unbedeckter Hals und eine offene Brust oder die Figur eines nachmaligen Inkroyable.

Seiner großen Vorzüge wegen genoß Kant als Professor von seinen

Zuhörern und allen akademischen Bürgern eine so hohe Achtung und Ehrfurcht, als vielleicht selten ein akademischer Lehrer. Auf ihn paßt gewiß das Sprichwort nicht: daß der Prophet in seinem Vaterlande nicht gilt. Er wurde von seinen Zuhörern fast vergöttert, und es wurde von ihnen jede Gelegenheit ergriffen, ihm dies zu beweisen. Aber er war auch gegenseitig ein wahrer Freund der studierenden Jugend. Er hatte seine Freude an dem freimütigen, liberalen, geschmackvollen Wesen und Betragen, wodurch sich der akademische Bürger vor andern Ständen auszeichnete, und er mißbilligte es an einigen studierenden Kaufmannssöhnen, daß sie in ihrem Äußern den Studenten verleugneten und sich wie Kaufdiener kleideten. Daher nahm er auch an allem, was zur Sittenverfeinerung und Bildung der Studierenden beitrug, lebhaften Anteil. Er billigte die Einrichtung der damals gewiß sehr geschmackvollen akademischen Konzerte und Bälle so sehr, daß er sich wirklich vornahm, sie einmal selbst zu besuchen. Auch jede Ehrensache, wodurch sich die studierende Jugend geschmackvoll auszeichnete, z. B. die Aufzüge bei den Huldigungen, interessierten ihn ungemein, und er ließ sich nicht allein ihre Einrichtungen schon zuvor umständlich mitteilen, sondern nach dem geschmackvollen Aufzuge bei der Huldigung des hochseligen Königs mußte ihn sogar einer von den akademischen Bürgern in der Adjutantenuniform besuchen, damit er sie selbst sehen könnte.

Vor allen Dingen freute er sich über den Fleiß und die guten Sitten der studierenden Jünglinge. In seinem Repetitorio Beweise des Fleißes und der Aufmerksamkeit abzulegen, war der sicherste Weg, sich als Student seine Gunst zu erwerben. Aber er äußerte auch im Auditorio ganz unverhohlen seinen Unwillen, wenn seine Zuhörer in der Wiederholungsstunde nichts zu antworten wußten.

Er stand in dem Rufe, als Dekan der philosophischen Fakultät ein strenger Examinator zu sein, aber er forderte von den ankommenden Studierenden gewiß nicht mehr, als sich bei dem damaligen Zustande der gelehrten Schulen erwarten ließ. Ich hatte selbst das Glück, bei meinem Eintritt auf die Universität von ihm als Dekan geprüft zu werden. Nach einigen Jahren zwang ich ihm ein herzliches Lächeln ab, als ich ihm erzählte, daß unser guter alter Rektor Daubler seinetwegen eine wahre Herzensangst über unser Examen gehabt hätte, besonders weil wir in der Schule die Philo-

sophie von einem Crusianer und erklärten Gegner Kants gelernt
hätten, und daß der Inspektor der Schule aus eben der Besorgnis
bei unserm Tentamen vor der Dimission sich die Mühe gegeben
hätte, uns, der Nachfrage wegen, noch eine andere Logik beizubringen. Kant war aber selbst zu sehr Philosoph, als daß er Schüler weder in der Crusianischen noch in irgend einer andern Philosophie
hätte examinieren sollen.

Das Rektorat der Universität verwaltete er mit Würde, ohne
drückende Strenge. Die Studierenden schienen schon aus Achtung
für den großen Mann sich grober Vergehungen zu enthalten, und
er selbst behandelte verzeihliche Verirrungen mit väterlicher Milde.

[29, S. 131–137]

[1] Holstein-Beck, Friedrich Karl Ludwig, Herzog von (1757–1816), hört 1772/73 ein Privatissimum bei Kant über Physische Geographie, vgl. Adickes (1911), S. 18. Über ihn Ak 13, S. 77 und APB 2, S. 285.

[2] Vgl. Arnoldt, Vorlesungen, passim.

[3] Erxleben, Johann Christian Polykarp: Anfangsgründe der Naturlehre Göttingen 1772 u. ö. vgl. Ak 13, S. 285 und Gerhard Lehmanns Einleitung zur Physikvorlesung Kants, in: Immanuel Kant: Vorlesungen über Enzyklopädie und Logik. Bd. 1, Berlin 1961, S. 112 ff.

[4] Morgenbesser, Ernst Gottlob (1755–1824), Jurist 1782 Rat bei der ostpreußischen Regierung, 1786 geh. Justizrat, 1819 Präsident des Oberlandesgerichts in Königsberg. Vgl. APB 2, S. 446.

249. Jachmann ab 1783

Eine besondre Aufmerksamkeit widmete er den Idiotismen und
den verstümmelten Ausdrücken in seiner Muttersprache, um den
eigentlichen Sinn derselben aufzusuchen, worin er auch wirklich
ein Meister war; z. B. Karmaus erklärte er für Kram aus; Helpolium für Help hol em u. a. m. Mit diesen Sprachforschungen unterhielt er oft seine Freunde und die Gesellschaften, welche er besuchte,
und erregte durch den dabei geäußerten Witz und Scharfsinn Bewunderung und Vergnügen.

[29, S. 139]

250. Jachmann ab 1783

Kants Gutmütigkeit artete oft in eine zu ängstliche Besorgnis aus, jeden auch nur möglichen Schaden zu verhüten, wie Sie dies aus folgendem Zuge werden abnehmen können. Eines Tages stieß sein Bedienter an ein Weinglas und zerbrach es. Kant ließ sorgfältig alle Stücke des Glases auf einen Teller zusammenlesen und vor sich hinsetzen. Kaum hatten wir abgegessen, so wünschte er, daß wir selbst das Glas vergraben möchten, weil er dieses unmöglich seinem Bedienten anvertrauen könnte. Dieser mußte einen Spaten holen und inzwischen gingen wir allenthalben im Garten umher, um einen schicklichen Platz für das zerbrochene Glas aufzusuchen. Bei jedem Vorschlage machte er den Einwand, es wäre doch möglich, daß einmal ein Mensch daran Schaden nehmen könnte, bis endlich nach vieler Überlegung an einer alten Mauer eine Stelle dazu ausgefunden und eine tiefe Grube gegraben wurde, wo die Glasstücke in unserm Beisein sorgfältig verscharrt wurden. Mir sind mehrere ähnliche Züge von seiner ängstlichen Gutmütigkeit bekannt. [29, S. 142]

251. Jachmann ab 1783

Von unserm Weltweisen kann man mit völliger Gewißheit behaupten: es ist kein Betrug in seinem Munde erfunden; denn wenn je ein Mensch der Wahrheit huldigte, diese Huldigung durch sein ganzes Wesen offenbarte und auch an andern über alles schätzte, so war es Kant. Er selbst wollte nie anders scheinen, als er wirklich war, aber ihm war auch nichts so sehr zuwider, als wenn er eitle Anmaßungen an andern Menschen bemerkte. So sehr er wirkliche Verdienste ehrte, so sehr verachtete er den gleißnerischen Schein derselben. Besonders ward seine Seele mit tiefem Unwillen erfüllt, wenn er selbst von andern zum Mittel einer eitlen Ruhmsucht gemißbraucht wurde. Mir sind Fälle bekannt, daß er dergleichen Anmaßungen in öffentlichen Blättern rügen wollte. Doch nicht bloß das hochmütige Brüsten über ungegründete Verdienste war ihm zuwider, sondern sein gerader, wahrheitliebender Sinn konnte ebensowenig die entgegengesetzte Abweichung ertragen, weil er auch in ihr weiter nichts als Stolz in der Demut, wenigstens eine tadelhafte Unklugheit fand. So tadelte er es, wenn junge Leute hinter ein affektiert schlichtes Äußere ihre wirklichen Vorzüge verbergen wollten, weil wir nach seiner Meinung keinem Menschen das Urteil über uns erschweren oder wohl gar zu unserm Nachteil irreleiten müssen, und weil es ein stolzes Verlangen verrate, daß Menschen, ungeachtet der von uns geflissentlich angenommenen rauhen und unpolierten Schale, doch den gesunden Kern in uns aufsuchen sollen. Seine Strenge hierin artete wirklich bis zur Schwachheit aus, obgleich dabei nichts anderes als ein menschenfreundliches Wohlwollen zum Grunde lag. Er wünschte nämlich, daß jeder Mensch nicht allein innerlich, sondern auch äußerlich folglich seine Bildung vollenden möchte, weil auch letzteres zur Erreichung vernünftiger Zwecke im Leben unentbehrlich, folglich auch Pflicht wäre. Er war aus vielfältiger Erfahrung überzeugt, daß viele edeldenkende und geschickte Jünglinge durch ein solches unpoliertes und geniemäßiges Äußere ihr ganzes Lebensglück verscherzen und sich für die bürgerliche Gesellschaft unbrauchbar machen. Und dies war es eben, was seinem menschenfreundlichen Herzen wehe tat.

Aus diesem vernünftigen Grunde riet er auch seinen jungen Freunden an, den Umgang mit gebildeten Frauenzimmern, so oft sich dazu nur Gelegenheit darböte, aufs sorgfältigste zu benutzen, weil dieses das einzige Mittel wäre, ihre Sitten zu verfeinern und zu veredeln. Ja er hielt die Benutzung dieses Bildungsmittels für eben so notwendig, als die Sorge für die Ausbildung des Geistes und für die Vermehrung von Kenntnissen und Geschicklichkeiten und war daher der Meinung, daß ein junger Mann, der sich für die Welt ausbilden will, Gesellschaften gebildeter Damen so oft besuchen müsse, als nicht besondere höhere Pflichten es ihm verbieten.

Wie sehr ihm übrigens alles affektierte Wesen mißfiel, beweiset noch sein Tadel über jede Ziererei in der Sprache. Wer beim mündlichen Gespräch Worte suchte, nach schönen Redensarten haschte, diese gar, ohne Ausländer zu sein, nach einer fremden Mundart aussprach, mit dem unterhielt sich Kant nicht gern. Er sah die Konversationssprache bloß als ein Mittel an, unsere Gedanken leicht gegeneinander auszutauschen; sie müßte also wie die Scheidemünze, zum allgemeinen leichten Verkehr kein anderes als das Gepräge des Landes haben. Daher war er in seiner Sprache selbst so sorglos, daß er Provinzialismen im Munde führte und bei mehreren Wörtern der fehlerhaften Aussprache der Provinz folgte. Ebenso strenge blieb er auch bei der in seiner Jugend gewöhnlichen und allgemein angenommenen Orthographie und verwarf alle affektierte Veränderung derselben als eine unnütze Beschwerde für den Leser.

[29, S. 145–146]

252. Jachmann ab 1783

Schon von Jugend auf hat der große Mann das Bestreben gehabt, sich selbständig und von jedermann unabhängig zu machen, damit er nicht den Menschen, sondern sich selbst und seiner Pflicht leben durfte. Diese freie Unabhängigkeit erklärte er auch noch in seinem Alter für die Grundlage alles Lebensglückes und versicherte, daß es ihn von jeher viel glücklicher gemacht habe, zu entbehren, als durch den Genuß ein Schuldner des andern zu werden. In seinen Magisterjahren ist sein einziger Rock schon so abgetragen gewesen, daß einige wohlhabende Freunde, unter andern der geheime Rat J...., es für nötig geachtet haben, ihm auf eine sehr diskrete Art Geld zu einer neuen Kleidung anzutragen. Kant freute sich aber noch im Alter, daß er Stärke genug gehabt habe, dieses Anerbieten auszuschlagen und das Anstößige einer schlechten, aber doch reinen Kleidung der drückenden Last der Schuld und Abhängigkeit vorzuziehen. Er hielt sich deshalb auch für ganz vorzüglich glücklich, daß er nie in seinem Leben irgend einem Menschen einen Heller schuldig gewesen ist. Mit ruhigem und freudigem Herzen konnte ich immer: herein! rufen, wenn jemand an meiner Tür klopfte, pflegte der vortreffliche Mann oft zu erzählen, denn ich war gewiß, daß kein Gläubiger draußen stand. [29, S. 148–149]

253. Jachmann ab 1783

Ich besaß auch in der Tat die erwünschteste Gelegenheit, den merkwürdigen Mann in den mannigfaltigsten Verhältnissen seines Lebens zu beobachten. Ich hatte zu jeder Stunde des Tages Zutritt in sein Haus, wo sich Kant mir in seiner ganz natürlichen Gestalt zeigte. Er ließ mich nicht bloß an seinen gelehrten, sondern auch an seinen häuslichen Angelegenheiten teilnehmen und eben dadurch bekam ich Gelegenheit, tiefer in sein Leben zu blicken. Ich wurde sehr häufig zu den Gesellschaften eingeladen, die Kant besuchte, wo ich ihn von der merkwürdigen Seite seines geselligen Umgangs beobachten konnte. Überhaupt gab mir sein freundschaftliches Zutrauen viele Veranlassung, seine wahre Denkungsart kennen zu lernen.

[29, S. 119]

254. Jachmann

ab 1783

Kant hegte die größte Hochachtung selbst für seine jungen Freunde. Er verweilte gern bei ihren Vorzügen; er sprach gern von ihren vorzüglichen Eigenschaften und Verdiensten; er gab ihnen seine Wertschätzung durch schmeichelhafte und ehrenvolle Beweise zu erkennen und fühlte sich selbst geehrt durch die Ehre und den Beifall, den seine Freunde genossen. Aber er beförderte auch diese, sowie das ganze Lebensglück seiner Freunde, nach allen Kräften. Er war ein tätiger Freund, der oft eine ängstliche Vorsorge für diejenigen bewies, denen er seine vertraute Freundschaft geschenkt hatte und deren Schicksal ihn interessierte. Aus folgenden kleinen Zügen werden Sie besonders abnehmen, wie der liebenswürdige Mann für seine Freunde tätig besorgt war.

Ich kenne einen Mann, der schon in seinen ersten Jünglingsjahren sich Kants ausgezeichnete Liebe erwarb.[1] Kant lernte ihn besonders in seinem Repetitorio kennen, rief ihn zu sich, gab ihm die Erlaubnis, sich über schwierige Gegenstände der Philosophie mit ihm besonders unterhalten zu können, zog ihn endlich in seinen nähern Umgang, nahm ihn unter die Zahl seiner Freunde auf und äußerte überall für ihn eine väterliche Vorsorge, mit der größten Delikatesse verbunden. Diesen empfahl er vor mehreren Jahren persönlich dem Chef eines Regiments zu einer erledigten Feldpredigerstelle. Wenige Tage vor der Probepredigt ließ er den Kandidaten zu einer ungewöhnlichen Morgenstunde zu sich bitten und leitete mit der größten Feinheit ein Gespräch über den Probetext ein, nach welchem er sich besonders hatte erkundigen lassen. Und — denken Sie sich den liebenswürdigen Mann! — aus Liebe zu seinem Freunde hatte sich der tiefe Denker in ein ganz neues Feld gemacht und sich die Mühe gegeben, eine förmliche Disposition zu einer Predigt in Gedanken zu entwerfen, über welche er mit ihm sprach und wobei er viele fruchtbare Gedanken äußerte.[2] Am Tage der Predigt hatte er einen andern Freund mit dem Auftrage in die Kirche gesandt, ihm am Schlusse der Rede über den Eindruck derselben eiligst Nachricht zu erteilen. Das heißt doch, an dem Schicksale seiner Freunde herzlichen und tätigen Anteil nehmen!

Eben diesem Manne hatte er einige Jahre zuvor, ganz aus freiem Antriebe, ein Stipendium von dem akademischen Senat verschafft[3]. Er kam darüber, an dem Tage, als es ihm konferiert worden war, so herzlich froh nach Hause, daß er nicht allein dem Bruder desselben, der den Mittag bei ihm aß, diese Nachricht sogleich mit der größten Freude mitteilte, sondern sogar eine Bouteille Champagner heraufholen ließ, um auf das Wohl seines Günstlings zu trinken und sich ganz dem Gefühl der Freude zu überlassen.

Kant und Hippel bewogen eben denselben Mann vor mehreren Jahren, ein Privaterziehungsinstitut zu übernehmen, welches der geschickte Pädagog Böttcher[4] in Königsberg errichtet hatte und nachmals wegen eines Rufs nach Magdeburg aufgab. Kant nahm an dieser Versorgung seines Freundes, die er dessen Talenten vorzüglich angemessen hielt, das lebhafteste Interesse. Er ging selbst zu den Eltern der Zöglinge des Instituts hin, um sie zu bewegen, ihre Kinder auch bei dem neuen Entrepreneur in der Anstalt zu lassen; er nahm es selbst über sich, den Kriegsrat v. Fahrenheid[5] zum Ankauf eines Hauses für diesen wohltätigen Zweck geneigt zu machen und erbot sich selbst zur kräftigen Unterstützung dieses nützlichen Unternehmens. [29, S. 157–158]

---

[1] Nach Vorl. KB, S. 21 »höchstwahrscheinlich Jachmann selber«.
[2] Vgl. Ak 12, S. 209 ff.
[3] Vgl. Vorl. KB, S. 20 f.

⁴ Bötticher, Johann Gottlieb (1754–1792), Leiter eines Erziehungsinstituts in Königsberg, vgl. Baczko (1787(f.), S. 595f.; Gause II, S. 268ff.

⁵ von Fahrenheid, Johann Friedrich (1747–1834), er vergrößerte 1782 die von seinem Vater Friedrich Reinhold von Fahrenheid (1703–1781) im Jahre 1764 gegründete Stiftung (»Fahrenheidsches Armenhaus«). Vgl. Albinus, Lexikon, S. 80f. G, Nr. 146.

255. Jachmann ab 1783

Gern möchte ich Sie jetzt von Kants Liebe unterhalten, aber ich kann statt dessen Ihnen bloß mein herzliches Bedauern mitteilen, daß von diesem so charakterisierenden Gefühl aus dem Leben des Weltweisen nie etwas zu meiner Kenntnis gekommen ist. Daß Kant in seiner Jugend geliebt habe, das möchte ich nach seinem Temperamente und nach seinem gefühlvollen Herzen beinahe mit völliger Gewißheit zu behaupten wagen. Wie sollte auch ein Mann, der so ein warmes Herz für Freundschaft hatte, nicht auch ein warmes Gefühl für Liebe gehegt haben? Ob aber seine erste Liebe sich keiner Gegenliebe zu erfreuen hatte, oder ob seine körperliche Beschaffenheit und sein entschiedener Hang nach metaphysischen Spekulationen und wissenschaftlichen Beschäftigungen ihm anrieten, der Ehe zu entsagen, dies muß ich unentschieden lassen. In seinem Alter schien mir Kant eben nicht große Begriffe von der Liebe zu hegen, wenigstens äußerte er oft gegen seine unverheirateten Freunde den Rat: sie möchten bei der Wahl ihrer künftigen Gattin ja lieber vernünftigen Gründen als einer leidenschaftlichen Neigung folgen. Diesen Rat unterstützte er noch durch das Urteil anderer, in der Sache erfahrner Männer, dem er seinerseits gänzlich beipflichtete. Er pflegte öfters anzuführen, ein verständiger Mann, Herr C., habe zweimal geheiratet. Die erste Frau, welche nichts weniger als wohlgestaltet gewesen, habe er vorzüglich ihres Vermögens wegen gewählt; die andere, ein schönes Frauenzimmer, habe er aus herzlicher Liebe genommen; am Ende aber doch gefunden, daß er mit beiden gleich glücklich gewesen wäre. Kant war daher der Meinung, daß, wenn man bei der Wahl einer Gattin außer den guten Qualitäten der Hausfrau und Mutter noch auf ein sinnliches Motiv sehen wolle, man lieber auf Geld Rücksicht nehmen möchte, weil dieses länger als alle Schönheit und aller Reiz vorhalte, zum soliden Lebensglück sehr viel beitrage und selbst das Band der Ehe fester knüpfe, weil der Wohlstand, in welchen sich der Mann dadurch versetzt sieht, ihn wenigstens mit liebenswürdiger Dankbarkeit gegen seine Gattin erfülle. Übrigens dachte er über den Ehestand ganz wie der Apostel Paulus I. Korinther 7, 7, 8 und bestätigte dies noch durch das Urteil einer sehr verständigen Ehefrau, welche ihm öfters gesagt hätte: ist dir wohl, so bleibe davon!

Doch wer kann aus dem Räsonnement eines sechzig- bis siebenzigjährigen Metaphysikers auf dessen Gefühle in einem zwanzigjährigen Alter mit Sicherheit zurückschließen, und wie ganz anders würde Kant geurteilt haben, wenn er in einer glücklichen Ehe alt geworden wäre!

Er war auch keineswegs ein abgesagter Feind des Ehestandes, sondern er riet selbst seinen Freunden, die er durch eine gute Partie zu beglücken wünschte und deren Stand die Ehe rätlich machte, freilich nach seinen Grundsätzen die Heirat an und sorgte sogar selbst für eine gute Wahl. Für meinen Bruder z. B. hatte er schon mehrere Monate vor dessen Zurückkunft aus England, Demoiselle B..., damals eines der reichsten Mädchen in Königsberg, ausgesucht, und schon am ersten Tage seines Besuchs legte ihm Kant diese Wahl mit solcher Teilnahme ans Herz und erbot sich selbst so dringend zum Freiwerber, daß meines Bruders Geständnis: er habe bereits nach seinem Herzen gewählt, ihm wirklich unangenehm war.

Obgleich aber Kant im Zölibat lebte, diesen Zustand sehr behaglich fand und, wenn man sich verehelichen wollte, den Heiraten aus Spekulation vor allen übrigen den Vorzug erteilte, so hatte er doch selbst in seinem höchsten Alter noch Sinn und Gefühl für weibliche Schönheit und Reize. An Miß A..., welche sich einige Zeit im Hause seines Freundes Motherby aufhielt und für dessen ältesten Sohn zur Braut bestimmt war, fand Kant noch nach seinem siebzigsten Jahre ein so besonderes Wohlgefallen, daß er sie bei Tische stets auf der Seite seines gesunden Auges neben ihm Platz zu nehmen bat. Hier spekulierte aber nicht der Philosoph über Heiratsvorteile, sondern hier folgte er als Mensch dem Schönheitsgefühl, das er in seinem ganzen Leben geschmackvoll kultiviert hatte und das selbst im hohen Alter nicht in seiner Seele erstarb. [29, S. 159–161]

256. Jachmann

ab 1783

Heute, mein teurer Freund, will ich Sie mit dem ästhetischen Geschmack unseres Weltweisen unterhalten. Seine Theorie der Ästhetik kennen sie aus seiner Kritik der Urteilskraft. Aber Kant war nicht bloß Theoretiker, er hatte auch einen gebildeten Kunstsinn. Den meisten Geschmack hatte er für Dichtkunst und Beredsamkeit. In der erstern hat er sich selbst versucht und die kleinen Proben seiner Muse, welche mir zu Gesichte gekommen sind, zeichnen sich durch Gedankenfülle und durch kraftvollen Ausdruck aus. Leichte Versifikation war ihm, nächst dem poetischen Inhalt, ein Haupterfordernis eines schönen Gedichts. Er ließ auch kein Gedicht als solches gelten, das nicht gereimt, wenigstens nicht metrisch war. Eine reimlose Poesie nannte er eine tollgewordene Prosa und konnte an ihr durchaus keinen Geschmack finden.

Daß er noch gerne im Alter Dichter las, wissen Sie schon. Ich mußte ihm noch in seinem achtundsechzigsten Jahre Wielands Oberon zur Lektüre bringen, weil ich ihm sehr oft dieses Meisterwerk gerühmt hatte. Aber er konnte an ihm doch nicht den Geschmack finden, als an den Göttergesprächen und andern Werken Wielands, den er übrigens als den größten deutschen Dichter zu rühmen pflegte.

Die Beredsamkeit kannte er nicht bloß der Theorie nach, sondern er hatte sich für sie auch praktisch ausgebildet. Seine Vorlesungen über die Moral lieferten oft schöne Proben eines meisterhaften Vortrages. Und daß er übrigens die Sprache in seiner Gewalt hatte und daß er seinem Ausdruck das passende Kolorit zu geben wußte, davon zeugen selbst seine gesellschaftlichen Unterhaltungen. Er fand auch vielen Geschmack an den alten und neuern rhetorischen Meisterwerken. Ja er versicherte mich auch, daß er die trefflich ausgearbeiteten Kanzelreden seines Freundes, des verstorbenen Pfarrers Fischer[1], öfters gern angehört hätte, wenn er nicht durch seine dringenden literarischen Geschäfte davon wäre abgehalten worden.

Von den übrigen Künsten schien Kant mehr Liebhaber als Kenner zu sein. Den wenigsten Sinn hatte er für Musik, obgleich er doch bisweilen Konzerte großer Meister besucht hat. Er selbst spielte kein Instrument, auch riet er keinem, der sich den Wissenschaften widmete, zur Musik an, weil man durch sie zu leicht von wissenschaftlichen Beschäftigungen abgehalten würde. Er räumte der Musik auch durchaus keinen Ausdruck intellektueller Begriffe ein, wobei sich etwas denken lasse, sondern bloß einen Ausdruck sinnlicher Gefühle, wobei man bloß empfinden könne und sich seine Gedanken nebenbei machen müsse. Daher fand er auch mehr Geschmack an der Musik, wenn sie mit der Dichtkunst verbunden war.

Abgesehen von dem wirklichen Kunstsinn, war Kant überhaupt ein geschmackvoller Mann. Er bewies dieses durch sein ganzes Betragen, besonders durch seine Kleidung und überhaupt durch alles, was auf seine Person Bezug hatte. Seinen Grundsatz: man muß lieber ein Narr in der Mode, als außer der Mode sein, befolgte er mit einer geschmackvollen Rücksicht auf seinen Stand, auf sein Alter und auf die Umstände, unter welchen er sich jedesmal befand.

[29, S. 165–167]

[1] Fischer, Karl Gottlieb (1745–1801), Theologe, Hörer Kants, immatr. 7.10.1763; seit 1779 Pfarrer an der Hospitalkirche in Königsberg, Vgl. APB 1, S. 185; Nek 1802, Bd. 2, S. 225 ff.; vgl. die Schrift »Dem Andenken K. G. Fischers«. Königsberg 1801. Vgl. auch Scheffner (Q., Nr. 53), S. 382 f.; 1795 erschienen von ihm drei Bände Homilien.

257. Jachmann ab 1783

Da aus seinem Moralsystem auch der Glaube an eine ewige Fortdauer fließt, in welcher wir uns der unerreichbaren Idee der Heiligkeit in einem unendlichen Fortschritte nähern können, so könnte ich diesen Glauben Kants mit Stillschweigen übergehen, wenn ich Ihnen nicht noch eine sehr merkwürdige Äußerung des großen Mannes hierüber mitzuteilen hätte.

Wir kamen eines Tages in einem vertrauten Gespräche auf diesen

Gegenstand, und Kant legte mir die Frage vor: was ein vernünftiger Mensch mit voller Besonnenheit und reifer Überlegung wohl wählen sollte, wenn ihm vor seinem Lebensende ein Engel vom Himmel, mit aller Macht über sein künftiges Schicksal ausgerüstet, erschiene und ihm die unwiderrufliche Wahl vorlegte und es in seinen Willen stellte, ob er eine Ewigkeit hindurch existieren oder mit seinem Lebensende gänzlich aufhören wolle? und er war der Meinung, daß es höchst gewagt wäre, sich für einen völlig unbekannten und doch ewig dauernden Zustand zu entscheiden und sich willkürlich einem ungewissen Schicksal zu übergeben, das ungeachtet aller Reue über die getroffene Wahl, ungeachtet alles Überdrusses über das endlose Einerlei und ungeachtet aller Sehnsucht nach einem Wechsel dennoch unabänderlich und ewig wäre. Sie sehen wohl ohne mein Bemerken, daß dieses pragmatische Räsonnement mit seinem moralischen Vernunftglauben in gar keinem Widerspruche steht, denn letzteres kann etwas anzunehmen gebieten, was der Mensch selbst nicht wünschen mag.

Wahrscheinlich hat der Mann, welcher im »Freimütigen«[1] Kant geradehin den Glauben an Gott und an eine künftige Existenz abspricht, diese oder eine ähnliche Äußerung Kants mißverstanden oder mißgedeutet. Kant war weder Atheist noch Materialist, und ich bin gewiß, daß derjenige, welcher dieses behauptet, den großen Mann entweder nicht persönlich gekannt oder doch nicht begriffen hat. Wie oft ließ sich Kant, wenn er mit seinen Freunden über den Bau des Weltgebäudes sprach, mit wahrem Entzücken über Gottes Weisheit, Güte und Macht aus! wie oft sprach er mit Rührung über die Seligkeit eines bessern Lebens! und hier sprach dann das Herz des Weltweisen und Menschen als ein unleugbarer Zeuge des innern Gefühls und der aufrichtigen Überzeugung. Ein einziges solches Gespräch über Astronomie, wobei Kant stets in eine hohe Begeisterung geriet, mußte nicht allein einen jeden überzeugen, daß Kant an einen Gott und an eine Vorsehung glaubte, sondern es hätte selbst den Gottesleugner in einen Gläubigen umwandeln müssen.[2]

Daß Kant mit dem eiteln Spiel des irdischen Lebens nicht so zufrieden war, daß er seine Rolle noch einmal zu spielen wünschte, sich nach einem Himmel sehnte, dessen Bewohner sich nicht wie hier das Leben einander verleiden, sondern durch Rechtschaffen heit beglücken, läßt sich aus seiner Versicherung schließen, die er einstmals in einer Gesellschaft äußerte, daß er es für kein übles Zeichen seines künftigen Wohnorts ansehen würde, wenn ihm sein damaliger treuer Diener Lampe und andere ihm ähnliche ehrliche Menschen entgegenkämen. Nach einer künftigen Gemeinschaft mit großen Geistern strebte der Mann mit großem Geiste nicht, sondern nach einer Gemeinschaft mit Edeln und Rechtschaffenen. Vielleicht daß er sich mit seiner jetzigen Vernunfteinsicht begnügte; vielleicht daß sein großer Geist durch andere keine Aufschlüsse höherer Erkenntnis zu erhalten hoffte; soviel ist gewiß: Kant suchte seine künftige Seligkeit nicht in der wechselseitigen Mitteilung höherer Weisheit, sondern in dem Umgange mit reinen, tugendhaften Seelen. [29, S. 171–173]

[1] Q, Nr. 64.
[2] Zu diesem Gespräch vgl. Malter (1986), S. 13 ff.

258. Jachmann ab SS 1783

Oblgeich Kant nie seinen Geist zum Gegenstande seines Gesprächs wählte und auch jedes Gespräch darüber absichtlich vermied, so sprach er desto mehr von seinem Körper. Er rezensierte sehr oft seine körperliche Beschaffenheit, er teilte seinen Freunden jedes körperliche Gefühl und jede Veränderung mit, die sich mit seinem Körper zutrug. Besonders sprach er ganz gewöhnlich über das Übel, welches ihn öfters drückte und auf seinen Kopf so vielen Einfluß hatte. Er brachte dabei sehr viele gelehrte und scharfsinnige Erklärungen an und pflegte bei der Gelegenheit darüber zu scherzen, daß man in unsern Zeiten, selbst in großen Gesellschaften, dergleichen Gespräche über natürliche Angelegenheiten, z. B. über Hämorrhoiden, nicht mehr für unschicklich halte, da man sich ehemals als ein Geheimnis ins Ohr geraunt, daß jemand die güldne Ader habe. Überhaupt scherzte er öfters über seine körperlichen Schwächen. So gab er eines Tages den Grund an, weshalb er keine schwarze Strümpfe trage, weil in schwarzen Strümpfen die Waden dünner, als sie sind, erschienen und er eben keinen sträflichen Überfluß an Waden habe, um sie noch dünner erscheinen zu lassen. er lachte auch herzlich darüber, daß sein alter Diener nie hinter seinem Stuhl bei Tische vorbeiging, ohne ihm mit der ernsthaftesten Miene von der Welt den Haarbeutel, der immer von dem höheren Schulterblatte auf das niedrigere herabgleitete, in die Mitte des Rückens zu legen, um diese Deformität nicht bemerkbar werden zu lassen. [29, 186–187]

259. *Jachmann* ab SS 1783

Kant trank nichts anders als Wein und Wasser. Das Biertrinken nannte er ein Essen, weil das Bier so viele nährende Teile enthält, daß die Liebhaber desselben sich dadurch sättigen und sich den Appetit zum Essen verderben. Er trank in der Regel einen leichten roten Wein, gewöhnlich Medoc. Er und jeder Gast hatte eine kleine Viertelstofbouteille mit Wein vor sich stehen und gewöhnlich wurde auch nicht mehr als dieses kleine Maß geleert, obgleich immer noch einige Reservebouteillen in der Nähe standen. Eine Zeit hindurch hatte Kant auch noch eine ebenso kleine Bouteille mit weißem Wein in seiner Nähe, um bisweilen, wenn er den roten zu adstringierend fand, mit einem Glase weißen abzuwechseln. Weil er in seinem lebhaften Gespräch sehr leicht vergaß, ob er soeben getrunken hatte, und wenn das Glas gefüllt vor ihm stand, zur Wiederholung versucht wurde, so hatte er die Gewohnheit, nur so viel in sein Glas zu gießen, als er jedesmal austrank. In Gesellschaften, wie z. B. bei Hippel, wo der aufwartende Bediente den Wein eingoß, wurde er dadurch zum öftern Trinken veranlaßt, wobei er aber doch nie sein Maß überschritt.

Kant galt besonders beim Frauenzimmer für einen Mann, der eine sehr delikate Zunge und einen schwer zu befriedigenden Geschmack hätte. Es ist nicht zu leugnen, daß er gut gewählte und wohl zubereitete Speisen liebte, aber nach seinem, von ihm selbst angeordneten Tisch zu urteilen, mochte er am liebsten eine gute Hausmannskost ohne alle Delikatessen. Ich habe mich oft an seinem eigenen Tische gewundert, wie ein Mann, der sich zu Hause Speisen, welche nicht einmal immer gut zubereitet waren, sehr gut schmecken ließ, in den Ruf eines überfeinen Sinnengeschmacks kommen konnte. Diesen Ruf hat auch wohl am meisten sein Räsonnement über die Kochkunst und über die Ausbildung eines Frauenzimmers zur Kochkunst erzeugt. Abgerechnet, daß er so wie jeder Mensch mit gesunden Sinnen, bisweilen wenn dazu in Gesellschaften Gelegenheit war, etwas Wohlschmeckendes recht gern aß, so pflegte er noch mit der Wirtin darüber zu sprechen, sich aus Artigkeit nach der Zubereitung der Speise zu erkundigen und seinen Beifall darüber zu bezeigen. Außerdem liebte er überhaupt das Gespräch über die Kochkunst, hatte selbst viele Kenntnisse darin und suchte sie durch seine Unterhaltung mit den Damen noch zu vermehren. Deshalb fürchtete jede Wirtin diesen scharfen Kritiker und war ängstlich bemüht, seinen feinen Kennergeschmack zu befriedigen.

Daß er einen Wert auf wohlschmeckende Speisen legte, verriet noch sein Urteil über die weibliche Erziehung. Er hatte gewiß alle Achtung für das weibliche Geschlecht und schätzte viele talentvolle und kenntnisreiche Damen als seine Freundinnen; aber eben deshalb meinte er: ein jedes Frauenzimmer müßte seiner allgemeinen Ausbildung unbeschadet, sich noch für die speziellen Zwecke als Gattin und Hauswirtin gehörig ausbilden, um ihre künftige Bestimmung ganz zu erfüllen. Zu dem Ende hielt er es für rätlich, daß man seine Tochter ebenso von einem Koch eine Stunde in der Kochkunst unterrichten lassen möchte, als von dem Musikmeister in der Tonkunst, weil sie sich bei ihrem künftigen Manne, er sei wer er wolle, Gelehrter oder Geschäftsmann, weit mehr Achtung und Liebe erwerben würde, wenn sie ihn nach vollbrachter Arbeit mit einer wohlschmeckenden Schüssel ohne Musik, als mit einer schlechtschmeckenden mit Musik aufnehmen möchte. Die Erzählung meines Bruders, daß in Schottland in den besten Häusern der Gebrauch, den Töchtern in der Kochkunst von einem Koche Lektionen geben zu lassen, wirklich stattfinde, hörte er nicht allein mit Vergnügen, sondern er pflegte sie auch öfters zur Bekräftigung seines Rats anzuführen, um jeden Hausvater zur Benutzung dieses Bildungsmittels bei seinen Töchtern desto geneigter zu machen. Seiner Meinung nach könnte es auch dem geistreichsten Mann, und wäre er selbst Dichter und Künstler, nicht gefallen, wenn seine Frau, anstatt ihm ein gehöriges Essen vorzusetzen, ihn mit einem Gedichte oder Gemälde entschädigen wollte, das sie zu der Zeit ver-

fertigte, als sie sich der Küche annehmen sollte. Urteilen Sie selbst, ob Kant nicht recht hatte! Aber seine Meinung mag mancher Dame mißfallen haben, daher sie sich dafür an seiner Zunge zu rächen suchte.
[29, S. 191–193]

260. *Jachmann* ab 1783

Bei dieser Gelegenheit muß ich Ihnen noch einige Züge aus Kants Benehmen gegen seine Dienstboten anführen. So sehr er seines Lampes Rechtschaffenheit, Ehrlichkeit und Anhänglichkeit an seine Person schätzte, so wenig verkannte er auch dessen völlig eingeschränkten Verstand. Er mußte daher jede Kleinigkeit selbst anordnen, die dann Lampe maschinenmäßig auszuführen hatte. Anfänglich war mir der scheltende und verdrießliche Ton auffallend, mit welchem Kant seinen Bedienten stets behandelte, aber ich überzeugte mich am Ende, daß Lampe nicht anders behandelt werden konnte; denn bei aller seiner Eingeschränktheit dünkte er sich überklug, hatte selbst aus seinem Dienste bei dem großen Philosophen eine gewisse Meinung von sich gefaßt, benahm sich dabei öfter links und possierlich und mußte daher von seinem Herrn mit einem strengen Tone in seine Schranken und auf seine Eingeschränktheit zurückgeführt werden.

Kant kleidete seinen Bedienten in einen weißen Rock mit einem roten Kragen und hielt strenge darauf, daß gerade diese und keine andere Kleidung getragen würde. Eines Tages entdeckte er einen gelben Rock bei seinem Bedienten, welchen dieser aus einer Trödelbude gekauft hatte und wurde darüber so entrüstet, daß er ihn zwang, den Rock sogleich wieder für jeden Preis und auf seines Herrn Schadenersatz zu verkaufen. Bei dieser Gelegenheit erfuhr Kant zu seiner Verwunderung, daß der alte Diener am morgenden Tage zum zweitenmal heiraten wollte, und daß der gelbe Rock eben zu diesem Fest bestimmt wäre, ja er erfuhr da erst zu seiner noch größern Verwunderung, daß Lampe schon viele Jahre lang verheiratet gewesen war.
[29, S. 196–197]

261. *Jachmann* ab 1783

Alles, was das Auge angriff, war ihm unangenehm und besonders ärgerlich ein schlechter, blasser Druck einer Schrift und blasse Tinte. — Eine seiner eigenen Schriften bekam er eines Tages blaß gedruckt zu Gesichte und entrüstete sich nicht wenig darüber, indem er sagte: es sei doch abscheulich, daß man ihn auf diese Weise verhindere, sich selbst zu verstehen.

Sehr gerne unterhielt er sich über den Bau und die Verrichtungen des Auges und freute sich besonders über die künstliche Einrichtung der Hornhaut, die man vermöge der schiebbaren Lamellen bald flächer bald konvexer machen könne, je nachdem man in die Ferne hinaus oder deutlich in der Nähe sehen wolle.

Das Gehör blieb bei Kant bis zuletzt wohl gut und deutlich, und wenn er oft auf alles nicht richtig oder rasch antwortete, so kam dies mehr von einer gewissen eifrigen Beschäftigung mit sich selbst als von einer veränderten Empfindlichkeit dieses Organs her.

Kant war an sich sehr klein von Knochen und mager, nahm aber in den letzten Jahren in allen Teilen seines Körpers, das Gesicht ausgenommen, auffallend ab. Fast täglich wies er dies seinen Tischfreunden, und sagte jedesmal, wie er nun glaube, das Minimum von Muskularsubstanz erreicht zu haben.

Über den gänzlichen Mangel des Hintern scherzte er oft und behauptete, auf diesem Punkt durchaus alle Eminenz verloren zu haben. Sein Stuhl mußte daher sehr hoch und konvex gepolstert sein, um ihn nicht zu drücken; aber bei seinem Tode sah man in der Tat, wie seine Muskeln auch so ganz geschwunden waren, daß seine Schenkel nichts als die bloßen Röhrenknochen zeigten, die man mit einer kleinen Hand leicht umspannen konnte. Nie hätte sich wohl ein Körper in jeder Rücksicht besser zur Einbalsamierung geschickt, als der seine, der nur hätte exenteriert werden dürfen, um nicht in Fäulnis überzugehen. [29, S. 209–210]

262. Puttlich 24.1.1783

21. Januar, [Königs Geburtstag] ... von 11–12 hielt ein Junker vom Henkelschen Regiment Engel Ludwich Stach a Golzheim, der auch die physische Geographie bey Kant gehört hatte, eine lateinische Rede.
20. März. HE. Prof. Kant schloß die Anthropologie.

[44, S. 276]

263. Hamann an Herder, 18.4.1783 18.4.1783

Ich besuchte heute unsern Kant, der ein sehr sorgfältiger Beobachter seiner *Evacuationen* ist, und diese Materie ungemein und oft am sehr unrechten Ort widerkaut, daß man öfters in Versuchung komt ihm ins Gesicht zu lachen. Beynahe wäre es mir heute auch so gegangen; ich versicherte ihm daß mir die kleinste mündl. u schriftl. Evacuation eben so viel zu schaffen machte, als die seinigen *a posteriori*. Er schrieb mir ein langes *Billet* wegen der alten Grille, das *Konxompax* aus dem *Thibetani*schen[1] herzuleiten, die ihm gantz neu aufgestoßen war und die mir jetzt eben so lächerlich vorkomt als das Kursche oder Lettsche wegen der Ähnlichkeit des Wortes *Kunks*. Unser Hofprediger u M. Schultz arbeitet an einem Versuch die Kritik der reinen Vernunft aufzuklären u im verjüngten Maasstab zu bringen.[2] Bin neugierig zu wißen was der Göttingsche *Recen*sent zu den *Prolegomenis*[3] sagen wird.

[16/Bd. 5, S. 36]

[1] Der Brief an Hamann ist nicht bekannt (vgl. Ak 10, Nr. 190 b, S. 309).
[2] Schultz, Johann (1739–1805), Theologe und Mathematiker, seit 1776 Zweiter Hofprediger an der Schloßkirche, 1787 ord. Prof. d. Mathematik, einer der engsten Freunde Kants. Über ihn: APB 2, S. 646; Meusel 7, S. 361f.; speziell zu seinem Verhältnis zu Kant vgl. den Briefwechsel Kants und Vorl. II, S. 32ff.; Stark, in KF I, 1988, S. 179ff.
Mit dem Versuch ist gemeint: Erläuterungen über des Herrn Professor Kant's Kritik der reinen Vernunft. Königsberg 1784 (2. Aufl. 1791, Ndr. 1968). Zu dem Werk vgl. Erdmann (1904), S. 21f.; Adickes, Bibliography I Nr. 195, S. 42. Über

Schultz's Arbeit an den Erläuterungen berichtet Hamann vgl. HaBr 5, S. 71, 87, 108, 123 f., 131, 134, 217. Zu Schultz als Kantianer vgl. Rosenkranz (1987), S. 242 ff. (u. ö.) und Erdmann (1876), S. 102 ff.
[3] Vgl. Ak 10, S. 328 ff.

264. *Puttlich*   7.5.1783

7. Mai. Morgens um 8 Uhr ging ich zu HE. Prof. Kant der die physische Geographie zu lesen anfing. Entschloß mich aber zugleich wegen Kürze der Zeit nicht dies Sommerhalbe Jahr zu wiederholen.

[44, S. 276]

265. *Dosse*[1] an Kant, 26.7.1783   vor 26.7.1783

Verehrungswürdigster Herr Professor
Ich wills nicht unterlassen, auch nur mit ein paar Worten anzuzeigen, daß ich bey jedesmaliger Erinnerung der Unterstützung, die ich als Verunglükter in Ihrer Stadt so wohl als auch auswärts durch Ihre Fürsprache fand, mich zugleich Ihrer mit Hochachtung und Dankbarkeit erinnert habe, und jederzeit erinnern werde. Immer werd ich Sie unter der Zahl der Ädlen, — der Weisen und Menschenfreunde, die ich auf der Reise hieher kennen zu lernen das Glück gehabt habe, vorzüglich hochschäzen und verehren.

[31/Bd. 12, S. 334]

[1] Dosse, Nathanel Gottlob, weiter nichts ermittelt.

266. *Hamann* an Herder, 26.10.1783   WS 1783/84

Garvens Beurtheilung von Kants Kritik habe noch nicht gelesen.[1] Daß sie sich einander nicht verstehen würden, hab ich schon aus dem Briefe den er durch Spalding an ihn schrieb[2], absehen können. Er liest jetzt über die philosophische Theologie[3] mit erstaunenden Zulaufe — arbeitet wie es scheint an der Ausgabe seiner übrigen Werke und *conferirt* mit M. u Hofprediger Schultz der auch etwas über die Kritik schreibt.[4] [16/Bd. 5, S. 87]

[1] Gemeint ist die von Garve verfaßte, noch nicht von Feder gekürzte und überarbeitete Rezension der Kritik der reinen Vernunft. Vgl. Ak 10, S. 328 ff. und 336 ff.; HaBr 5, S. 71, 87. Die Rezension ist abgedruckt in der Allgemeinen Deutschen Bibliothek, Anhang zum 36.–52. Bd., Abt. 2, S. 838–862 (Wiederabdruck in der von R. Malter edierten Ausgabe der »Prolegomena« in Reclams Universal-Bibliothek. Stuttgart 1989, S. 219 ff.). Vgl. Jean Ferrari: Kant et la récension Garve-Feder de la Critique de la Raison Pure, in: EPh 1964, S. 11–32.
[2] Vgl. Spaldings Briefe an Kant vom 20.7.1783 (Ak 10, S. 333 f.) und vom 16.8.1783 (Ak 10, S. 347 f.). Über Kants Reaktion auf Garves Originalrezension vgl. Kants Brief an Schultz vom 22.8.1783, Ak 10, S. 349.
[3] Vgl. Arnoldt, Vorlesungen, S. 269 ff.
[4] Vgl. Anm. 2 zu G, Nr. 236.

267. *Beck*[1] an Kant, 24.8.1793   ab WS 1783/84

Erlauben Sie mir, Ihnen sagen zu dürfen, daß meine Seele, noch nie einem Gelehrten sich so verbunden gefühlt hat, als Ihnen, ehrwürdiger Mann. Ich habe seit der Zeit, da ich Ihren mündlichen Vortrag anhörte, sehr viel Vertrauen zu Ihnen gehabt; aber ich gestehe auch, daß bey den Schwierigkeiten die mich lange gedruckt haben, dieses Vertrauen öfters zwischen dem zu Ihnen und dem, zu mir selbst gewankt hat. [31/Bd. 11, S. 442]

[1] Beck, Jacob Sigismund (1761–1840), Schüler Kants, immatr. 8.10.1783, seit 1789 in Halle 1799, Prof. d. Philosophie in Rostock. Über ihn: ADB 2, S. 214; NDB 1, S. 702; APB 1, S. 37; AM 22, S. 398 ff. — Über sein Verhältnis zu Kant vgl. den Briefwechsel der 90er Jahre und Becks Vorrede zu seiner Schrift »Erläuternder Auszug aus den critischen Schriften des Herrn Prof. Kant.« Bd. 1, Riga 1793. — Zu seinem Kantverständnis vgl. Rosenkranz (1987), S. 338 f. u. ö.; Josef Schmucker-Hartmann: Der Widerspruch von Vorstellung und Gegenstand. Zum Kantverständnis von Jakob Sigismund Beck. Meisenheim 1976 (mit Lit.).

268. *Hamann* an Herder, 8.12.1783   Dezember 1783

Vorige Woche habe erst Gelegenheit gehabt die Garvesche Recension über die Kritik zu erhalten, ohngeachtet sie schon vor vielen Wochen ihm zugeschickt worden u ich ihn deshalb besuchte. Ich war aber zu blöde und zu schamhaft ihn darum anzusprechen. Er soll nicht damit zufrieden seyn u sich beklagen wie ein *imbecille* behandelt zu werden. Antworten wird er nicht; hingegen dem Göttingschen Recensenten, wenn er sich noch einmal auch an die Prol. wagen sollte.   [16/Bd. 5, S. 106]

269. *Hamann* an Herder, 8.12.1783   Dezember 1783

M. und Hofprediger (nicht der *D.* u Oberhofpr.) Schultz hat seine Theorie der Parallellinien ausgegeben[1], verspricht auch seine *Theoriam situs.* Daß er über Kants ⟨Th⟩Kritik schreiben wird, hab ich Ihnen gemeldet und daß dieser mit der Darstellung seines Systems völlig zufrieden ist.   [16/Bd. 5, S. 108]

[1] Schultz, Johann: Entdeckte Theorie der Parallelen nebst einer Untersuchung über den Ursprung ihrer bisherigen Schwierigkeit. Königsberg 1784. Vgl. Kants Brief an Schultz vom 17.2.1784, Ak 10, S. 368; vgl. Waschkies, in: KF I, 1987, S. 67ff.

270. *Rink*   ab Dezember 1783

Jene Lebensart Kant's litt indessen eine Abänderung, als er sich im Jahre 1783 durch Vermittelung des seligen Geheimenrath von Hippel ein eignes Haus kaufte, und nun auch seine eigne Oekonomie zu führen begann.[1] Obwohl er noch Gesellschaften besuchte, so geschah dies doch von der Zeit an nur des Mittags. Morgens um 5 Uhr stand er nach wie vor auf, trank seinen Thee und rauchte eine Pfeife Tabak dazu. Die Zeit, welche er dazu brauchte, war der Meditation gewidmet. Hierauf arbeitete er bis 7 Uhr. Kam er dann aus seinen Vorlesungen wieder auf seine Studirstube, so arbeitete oder schrieb er bis 12 Uhr Mittags. Dann kleidete er sich an, und ging entweder um 1 Uhr in die Gesellschaft, zu der er eingeladen war, oder erwartete seine Tischfreunde bey sich. Nach Tische, d. h. um 4 Uhr, denn so lange speisete er gewöhnlich zu Hause, promenirte er, seit alten Zeiten im sogenannten philosophischen Gange, welchen Spatziergang er indessen weiterhin mit einem kürzern vertauschte*), bis er endlich seit dem Jahre 1798 gar nicht mehr ausging, sondern höchst selten nur einmahl zu bereden war, eine Spatzierfahrt in Gesellschaft eines oder zweyer guter Freunde zu machen.

[50, S. 82–82]

*) In den Jahrbüchern der Preußischen Monarchie[2] wurde, wenn ich nicht irre, als Ursache dieser Vertauschung angegeben, daß einst ein Fleischergeselle ihm, mit dem Vorsatze ihn zu ermorden, im philosophischen Gange aufgelauert, aber glücklicherweise ihn verfehlt habe. Eine solche Sage ging wirklich ein Paar Tage in Königsberg, aber sie hatte nicht nur keinen Grund, sondern Kant lernte sie auch erst aus jenem Journale kennen. Die wahre Ursache jenes Umtausches war, daß Kant jedem Bettler einen blanken Preußischen Groschen gab, zu welchem Ende er sich dergleichen kleines Geld aus der Münze holen ließ. Es war ein Groschen, also drey Mahl soviel, als ein Schilling, die gewöhnliche Gabe anderer Leute, und dazu ein ganz neuer blanker Groschen. Weil Kant nun täglich jene Promenade besuchte, so versammelte sich allmählich dort eine so große Anzahl von Bettlern, die ihn antraten, daß er es nicht mehr ausdauern konnte, und diesen Spatziergang aufgab. Dies ist die wahre Ursache, wie er sie mir selbst erzählt hat.

[1] Zu Hauskauf vgl. Anm. 2 zu G, Nr. 274. Kant zog zwar 1784 in sein Haus ein, eine eigene »Ökonomie« führte er aber erst seit Ostern 1787.
[2] Vgl. G, Nr. 522.

271. *Hamann* an Reichardt, 15.12.1783   12.12.1783

Mein erster Gang war zu unserm würdigen Oberbürgermeister[1], der mich wider meine Absicht zu Mittag nöthigte — von da eilte zu unserm Kreutzfeld, den ich kaum mehr lebend zu finden glaubte, weil er den Tag vorher von Kant Abschied genommen —

[16/Bd. 5, S. 111]

[1] Gemeint: Hippel.

272. Kant: Entwürfe in einer Streitsache mit Carl Georg Burckhardt.[1]

ca. 1784–1786

Wenn *Burckh[ardt]* sagt es sey abgemacht so muß er doch auch sagen können wie es abgemacht sey

Ich habe keinen Bewegungsgrund des *interese* gehabt da ich das Logis das ihm bestimt war einer armen Wittwe gratis überlassen.

Ich habe es ehe eine halbe Stunde verlaufen zu Hause und bey Gerlachs HEn *Müller* erzählt. nachdem ich kurz vorher gesagt haben soll wir sind einig

Worinn sind wir aber einig gewesen?

ists in allem, warum wurde der *contract* nicht unterschrieben ists in einigen welche wurden denn abgeändert. Warum blieb der *contract* bey mir ungeändert?

Er fodert aus einer mündlichen Verabredung warum ließ er mir denn ein *contract* zur Untersuchung und unterschrift.

Man kan bey einer *Summe* die unter 30 rthlr. ist wählen ob man durch Schriftlichen *Contract* oder mündliche Verabredung dabey zu werke gehen wolle ist aber das Verfahren durch den Schriftlichen Verfahren gewehlt worden so kan nicht einer von beyden die bloße Rede auffassen um sie als gültig zum mündlichen *contracte* anzunehmen sondern wenn der *contract* nicht von beyden Theilen unterschrieben ist oder wenn nicht das Verfahren durch *contract* formlich verworfen und mit beyderseitiger Einstimung der mündliche gewehlt worden so ist gar kein *contract* zu stande gekommen.

Ich sagte: ich wolle mit dem Preise zufrieden seyn indem ich weiter fortlas wo das Proiect des *contracts* denn herauslaufen würde ob er die Benennung von Miethe nicht durch Einschränkung näher bestimen wolte.

Wenn ein schriftlicher *Contract* abgefaßt ist und man geht davon ab so muß man vorher sagen daß man [in] einen mündlichen eintreten wolle denn man kan ihn nicht durch *reservationem mentalem* im Sinne haben.

Dieses alles sind ausdrücke nicht nach Durchlesung sondern während derselben können also nichts bewirken.

Aus dieser Zwikmühle von mündl: u. schriftl: *contract* entspringt nun der Anschlag sich der Worte die mitten im Lesen gesprochen worden indem man glaubte einen schriftlichen *contract* zu lesen also komme es noch aufs unterschreiben an als zum mündl: *Contract* gehörig anzusehen.

Ich sagte indem sie den kleinsten vorgeschlagenen Preis gewählt hatten und doch so viel unter dem Nahmen Miethe begriffen hatte[n] nach einiger Verwunderung daß es darauf nicht ankomme ich wolte erst sehen wie diese Miethe würde bestimmt werden. folglich wenn es auch ein mündlicher *contract* hätte heißen sollen so wäre dieses doch nicht verbindlich wenn beym Ende man mit den *conditionen* nicht zufrieden wäre. Es fehlt das zu allem *contract* erforderlich ist daß wir nach Vernehmung aller *condition*en einig sind

2. Damit irgend ein Versprechen im *contract* verbindlich werde dazu wird nothwendig erfordert daß der *contract* geschlossen d. i. nach Vernehmung aller seiner Bedingungen für angenommen durch beyderseitigen Willen erklärt werde. Nun ist der *Contract* niemals geschlossen sondern vielmehr durch einen deutlich erklärten Unwillen über die vorgeschlagene Bedingungen des Käufers alle Einstimmung abgebrochen worden etc.

Die Einräumung des kleinen Miethzinses betraf nur einen Theil und es versteht sich von selbst daß der Vermiether mit den übrigen Bedingungen zufrieden seyn müßte um an jene Einwilligung gebunden zu seyn. Dadurch ward also an sich noch kein *contract* geschlossen

Wie ich auf die Herabsetzung des Miethzinses kam machte ich zwar die Anmerkung daß es gerade die kleinste Summe sey sagte aber das machte es nicht aus ich hatte zwar bemerkt daß neue Forderungen vorher gegangen wären aber darüber wolte ich mich nicht eher erklären als bis ich zu Ende gelesen hatte bis ich auf die Stelle von dem mir erlaubten Gebrauch des Gartens kam welche allen Unterredungen über diese Materie und hiemit auch der Betreibung des *Contract*s ein Ende machte.

Ich war damit zufrieden das ich 25 rthlr Zins bekäme denn das hatte ich in einem Billette declarirt aber nicht mit dem was er sich davor ausbedung welches ich ihm um gar keinen Preis accordiret hätte und wovon auch die Rede niemals gewesen war Ich hatte aber nicht nöthig ihm diese meine Meinung zu sagen sondern konte sie bis zu Ende der Durchsicht des *contract*s aussetzen Als ich aber auf die Stelle kam —— so riß mir die Geduld aus — und das Geschäfte des *contrahi*rens wurde abgebrochen und die Antwort schriftlich zu geben versprochen.

Was den Preis der Miethe betrift aus dessen Bewilligung der Kläger so große Folgerungen zieht so konte ich ihn allerdings zum voraus einräumen bevor ich noch die Bedingungen oder die Art wie er [seine] vorgeschlagenen Bedingungen bestimmen würde vollig durchgesehen hatte. Denn ich hatte schon vorher angekündigt wie viel ich für diesen Preis lassen könnte war nun die Bestimung der Bedingungen die noch weiterhin im *contract* folgen würden meinem Vorhaben nicht gemäß so verwarf ich sie und mit ihnen fiel auch der Preis Der Preis war nicht auf alle mögliche Bedingungen festgesetzt sondern die welche mit meinem Plane übereinkommen würden die oder deren nähere Bestimmung ich noch im Begriffe war zu lesen.

Er hätte können einen mündlichen oder Schriftlichen *contract* vorschlagen. Den ersteren hätte ich niemals eingeschlagen weil ich das Drehen schon kenne und ohne daß es vorher abgemacht worden wie der *contract* abgefaßt werden solte konte der Gegner nicht das im Discurse gesagte darüber man seine Meinung mehrmalen verändern kan nicht für einen mündlichen *Contract* ausgeben. Man müßte sagen diese oder jene Abrede sey statt *contract*s Allein dieser Zweydeutigkeit hat mich mein angeblicher Miether überhoben. Er sagt deutlich daß der *contract* schriftlich solte errichtet werden welches gar nicht wieder das Gesetz ist. Denn obgleich über einen Wohnzins der unter 30 rthlr. ist ein nicht schriftlicher *contract* erlaubt ist so ist darum nicht ein schriftlicher verboten und da dieser sich als ein solcher ankündigt so war es mir erlaubt ihn als einen solchen zu behandeln.

Unsere Unterredung über den *contract* endigt sich damit daß ich das *proiect* desselben bey mir behalte und meine Entschließung schriftlich zu schiken verspreche welches denn auch den zweyten Tag nachher geschahe Ich wollte immer noch für 25 rthlr. vermieten aber nach demselben Plan den ich vorgeschlagen hatte und erwartete nähere Bestimmung Was ich noch in der Erwartung wie die Sache ausgehen würde sagte kan nicht wie förml[iche] erklärung angesehen werden. Es geht auch nur auf einen Theil.

Es muß davon angefangen werden daß dieses *Proiect* sich selbst als ein schriftlicher *Contract* ankündige und da er als ein solcher nicht unterschrieben ist hat er keine Kraft. Um aber auch zu zeigen daß ich mir nicht dieses Vortheils bediene um ein wirkliches obgleich rechtlich hier nicht gültiges Versprechen zu brechen so merke ich nur an daß ich hier wie sonst *proiect* und *contract* zuerst flüchtig gelesen also auch vieles anfänglich übersehen habe.

Die Zeit ist nicht bestimt: es kan ¹/₄ Jahr seyn. Also hat es nicht einmal die *reqvisita* eines mündlichen *contracts*.

Er hat keinen Entschluß oder Abmachung bey sich sondern nur Stücke e. g. den Preis aber nicht welche Bedingung.

Wie ich den Entwurf las so war ich mir bewust ich läse einen Entwurf zum schriftlichen und nicht zum mündlichen *contract* mithin daß er nicht eher gültig seyn würde als bis ich ihn durchgelesen approbirt er selbst nachher von mir unterschrieben seyn würde Ich war mir bewust ich könte ihn nochmals nach aller Musse stükweise durchdenken und mit meinen Freunden überlegen. Ich laß ihn also flüchtig durch *attend*irte auf einige Puncte z. B. daß er gerade die kleinste Summe genommen hatte fiel zuletzt auf die Freyheit im Garten zu *promen*iren wobey ich aufhörete und zwar schon fest entschlossen war ihn zu verwerfen doch aber erst den gantzen Plan mit guten Freunden überlegen wolte. Meine Flüchtigkeit konte mir nichts schaden denn es solte ja der wie er selbst aussagt ein schriftlicher *contract* seyn der nicht eher gültig seyn kan als bis er unterschrieben ist.

Ich habe nicht zuletzt nachdem ich den *contract* gelesen sondern nur bey Lesung der Stelle von Zins geredet weil ich nicht wußte wie das würde bestimmt werden daher ich als die Stelle vom Garten bestimt wurde mit Unwillen aufhörte.

Einen mündlichen würde ich auch niemals eingegangen seyn und auch der einfältigste Mensch wird bey mündlicher Hausmiethe doch wenigstens so weit alle Formalien beobachten daß er zuletzt sagt wir sind einig und die Puncte hernennt welches alles nicht geschehen

Aus der Miethssumme von 25 rthlr. (siehe mein billet) will er schließen es sey ein mündlicher Vertrag darum weil die Gesetze sagen daß ein solcher *contract* mundlich seyn dürfe aber darum doch nicht gebieten daß er mündlich seyn müsse. Daher denn dieser ein Entwurf zum schriftlichen *Contract* ist wie der Schluß zeigt mithin alles an ihm nach den Gesetzen von *Contrac*ten die schriftlich abgefaßt werden beurtheilt werden muß

Auch ein mündlicher *Contract* muß seine Vollständigkeit der Abrede enthalten sonst verbindet er nicht.

Daß er als *aggressor dolosus* in alle gerichtliche und außergerichtliche Kosten von welchen letztern die *specification* folgt imgleichen in eine Gestehung wegen der Beleidigung die ich [mir] durch sein *billet* zugefügt worden *condemnirt* werde welche letztere mir um desto schmerzhafter ist da sie mir von einem ehemaligen *Auditor* von dem ich Achtung und Dankbarkeit erwarten solte wiederfahren ist Warum habe ich nach der lesung des *contracts* ihm nicht solgeich aufgesagt? Darum weil ich und zwar mit Recht aufgebracht war da ieder eine solche Zumuthung als einem Kinde [?] für Beleidigung aufnehmen mußte und sich die darauf gehörige Antwort sich besser schriftlich als mündlich thun ließ (ich war heiser und dazu nicht im Stande) wovon ich doch hernach abging

Da wir auch annahmen es hatte ein mündlicher Vertrag werden sollen, und er hatte seine Meinung mir nur vorgelesen

Daß ich über den von ihm angenommenen Miethpreis stutzte und doch ihm zugleich einwilligte hat seine völlige Richtigkeit. Dieses geschah aber nur da ich noch auf der ersten Seite las, und noch nicht wuste wie er die *condition*en dieser vorgeschlagenen Miethe näher bestimmen würde. Zur Aufklärung dieses Puncts gehort daß ich durch ein vorhergehendes *Billet* in welchem ich ihm die letzte vorgeschlagene Bedingungen (ich glaube es sey die von Erweiterung der Gelegenheit) abschlug da ich sagte ich wolle mit 30 ja 25 Thaler zufrieden seyn wenn jemand mit meinen Bedingungen die ich auf die untere Gelegenheit eine Dachkammer und einen Aufenthalt eines Gastes im Sommer auf 3 oder 4 Tage im Sommer in einer noch anzulegenden Erkerstube zufrieden seyn wolte. Aber da ich die Seite umschlug und die Bestimung seiner vorgeschlagenen Miethe von der Art wie er sich des Gartens zu bedienen dachte einsah verwarf ich diese mit Unwillen welchen ich ihm auch in folgenden Worten erklärete —— worauf da er erwiederte ich könte ihn doch nach Belieben brauchen ich aber nichts weiter hinzu that als daß ich den *contract* zurückbehalten und meine Entschließung ihm schriftlich bekant machen wolte Also war auch selbst nach dem nothwendigen Erforderniss eines mündlichen *Contracts* derselbe noch himmelweit von seiner Schließung entfernt vielmehr war ich damals fest entschlossen alle Verhandlungen darüber gäntzlich aufzuheben welches ich auch sogleich that ihm aber nachdem ein Tag dazwischen nämlich der Mittwoch verflossen war schriftlich und in den bescheidensten Ausdrücken eröfnete.

[31/Bd. 12, S. 375–380]

[1] Näheres über diese offenbar in einem längeren Gespräch verhandelte Streitsache nicht zu ermitteln.

273. *von der Recke*[1] ab 1784 (1786?)

Indem ich dies schreibe, läuft die Nachricht ein, daß auch Kant sein irdisches Ziel vollendet hat. Er, den Mendelssohn den alles Zermalmenden nannte! er, der unsrer Denkungsart einen erschütternden Schwung gab, — ihn kenne ich durch seine Schriften nicht, weil ich dem Rathe meines väterlichen Freundes treu blieb, nie ein Buch zu lesen, *dessen Inhalt nicht helle Gedanken* in meine Seele strahlt. Kants metaphysische Speculation ging, so wie er sie in seinenseit 20 Jahren erschienenen Schriften vortrug, über den Horizont meines Faßungsvermögens. Aber schöne geistvolle Unterhaltungen danke ich dem interessanten persönlichen Umgange dieses berühmten Mannes, auf den sein deutsches Vaterland stolz ist; täglich sprach ich diesen liebenswürdigen Gesellschafter im Hause meines verstorbenen Vetters, des Reichsgrafen von Kaiserlingk, zu Königsberg. Kant war der 30jährige Freund dieses Hauses, in welchem die liebenswürdigste Geselligkeit herrschte und Männer von ausgezeichnetem Geiste einheimisch waren, so bald ihr moralischer Charakter eben so sehr als ihr Kopf geschätzt wurde. Kant liebte den Umgang der verstorbenen Reichsgräfin, die eine sehr geistreiche Frau war. Oft sah ich ihn da, so liebenswürdig unterhaltend, daß man nimmer den tief abstrakten Denker in ihn geahnet hätte, der eine solche Revolution in der Philosophie hervorbrachte. Im gesellschaftlichen Gespräch wußte er bisweilen, so gar abstrakte Ideen in ein liebliches Gewand zu kleiden; und klar setzte er jede Meinung auseinander, die er behauptete. Anmuthsvoller Witz stand ihm zu Gebote; und bisweilen war sein Gespräch mit leichter Satyre gewürzt, die er immer, mit der trockensten Miene, anspruchlos hervorbrachte.

[45, S. 108–119]

[1] von der Recke, Charlotte Elisabetha Constantia (1754–1833), Schriftstellerin. Vgl. RN 3, S. 480 ff.; DBL S. 612 f.; H. Diederichs: E. v. d. Recke, in: Baltische Monatsschrift 51, 1901, S. 321 ff.; ders.: E. v. d. Recke in den Jahren 1776–1793, in: ebd. 55, 103, S. 167 ff.; Dorow (1845), S. 195 ff.; Baggesen, Briefe I, S. 348 ff.; vgl. das Vorwort zu: Elisa von der Recke: Tagebücher und Selbstzeugnisse. Hrsg. u. mit einem Vorwort versehen von Christine Träger. München 1984. Elisa weilte nachweislich auf ihrer Reise zu M. Claudius im Sommer 1784 in Königsberg. Vgl. HaBr 5, S. 177, 184, *229*, 460 f. — Vgl. zu ihrem Aufenthalt in Königsberg 1788, G, Nr. 422.

274. *von Baczko*   nach 18.1.1784

Als daher Kreutzfeld[1], Professor der Beredsamkeit und Dichtkunst starb, begab ich mich zum Professor Kant, der mich nicht bloß als seinen alten Zuhörer sondern auch persönlich kannte, und sagte ihm mit der mir jederzeit eigenen Freimüthigkeit: ich wünsche die erledigte Stelle, wolle mich aber auch nicht gern einer Unverschämtheit schuldig machen, oder einen Würdigern verdrängen; daher bäte ich ihn, der mich und meine Kenntnisse zu beurtheilen wüßte, um seinen gütigen Rath, und versprach, sobald Kant solches zweckmäßig fände, in dieser Sache auch keinen Schritt weiter zu thun. Es sind, sagte Kant, zwei Männer, auf welche man wohl bei dieser Stelle einige Rücksicht nehmen wird, nemlich der ehemalige Rector Kuhnke[2], und der Pfarrer Kahle[3]. Beide besitzen Kenntnisse der klassischen Litteratur, und Kuhnke ist Ihnen darin überlegen; allein was Geschmack, Kenntniß der neuern Sprachen, und Dichter-Talent anbetrifft, so haben Sie wieder Vorzüge, und daher rathe ich Ihnen, sich zu dieser Stelle zu melden. Ja er ging nun in seiner Güte so weit, mir eine Empfehlung an Biester zuzusagen, die ich auch wirklich erhielt.   [2, S. 58–59]

[1] Am 18.1.1784.
[2] Nichts ermittelt.
[3] Kahle, Daniel Wilhelm (∗1742) Theologe, seit 1777 Diakonus an der Altroßgärtschen Kirche in Königsberg. Vgl. Baczko (1787 ff.), S. 621.

275. *Hamann* an Herder, 8.2.1784   Ende Januar 1784

Kant soll an einer Antikritik — doch er weiß den Titel noch selbst nicht — über Garvens Cicero arbeiten.[1] Ich besuchte ihn heut vor 8 Tagen. Er studierte im Garve, dachte aber nicht an eine Gegenschrift, gegen mich. Er hat sich des Maler Beckers Haus gekauft[2] — Der Verf. des Horus soll also Wünsch seyn, der seine Theorie der Athmosphäre u kosmologische Unterhaltungen anführt, die ich gern kennen lernen möchte. Was sagen Sie zu Gleims Reisegespräche? Er hat 100 Exempl. an Kanter geschickt. Unser Hofprediger *M.* Schultz wird etwas über die Kritik der reinen Vernunft herausgeben.[3] Er hat in einigen Bogen das ganze System ausgezogen, welches Kant für seinen Sinn erkannt, aber immer noch einige Erläuterungen verspricht, welche das Resultat und Vollendung zur Ausgabe verzögern. *Pour la rareté du fait,* will ich bis gegen Hartknochs Ankunft fortfahren in meinem *Golgatha* über Jerusalem. Wird nichts draus, und werd ich denn nicht fertig: so will ich *rude donatus* keine Feder mehr an die Hand nehmen und an kein Büchlein mehr denken. Meine *Metakritik*[4] soll auch davon abhängen.

[16/Bd. 5, S. 123–124]

[1] Vgl. Ak 5, S. 626 ff.
[2] Zum Kauf des Hauses Prinzessinstraße 3 vgl. Hippels Brief an Kant vom 24.12.1783, Ak 10, S. 362 (vgl. Ak 13, S. 128); vgl. auch HaBr 5, S. 123, 129. Die Verkäuferin des Hauses war die Witwe von Johannes Gottlieb Becker, der Kant 1768 für Kanter gemalt hatte (vgl. Clasen, S. 10 ff.). Zu Kants Haus vgl. Walter Kuhrke: Kants Wohnhaus. Königsberg 1924.
[3] Gemeint: Die »Erläuterungen«, S. G, Nr. 263.
[4] Hamanns »Metakritik über den Purism der reinen Vernunft« erschien posthum 1800 (vgl. SW 3, S. 281 ff.) Vgl. u.a. Nadler, S. 348 ff.; vgl. weiter die Literaturangaben zu G, Nr. 29, Anm. 1.

276. *Hamann* an Herder, 8.2.1784   Januar/Februar 1784

Hemsterhuis Schriften[1] habe auch erst kürzl. zu lesen bekommen können, und die *Lettre sur l'homme*[2] in der Grundsprache. Es ist ich weis nicht was, das mir widersteht, selbst bey allen Reitzungen des Dialogs, die Kant ungemein bewundert³. Ich hätte gern die Uebersetzungen ein wenig vergl. theils mit ihrer theils mit dem einen Original. Ich hatte aber nicht Zeit dazu und muste das Buch zurück geben, eher ich es dachte. [16/Bd. 5, S. 125]

¹ Hemsterhuis, Frans (1721–1790), holländischer Philosoph, von besonderer Bedeutung für den Hamann nahestehenden Münsterner Kreis um die Gräfin Gallitzin. Vgl. Siegfried Sudhof (Hrsg.): Der Kreis von Münster. Briefe und Aufzeichnungen Fürstenbergs, der Gräfin Gallitzin und ihrer Freunde. I/1 Münster 1962; I/2 Münster 1964. Mit »Schriften« ist gemeint: Vermischte philosophische Schriften, 3 Bde, 1783–1792.
² Lettres sur l'homme et ses rapports. Paris 1772.
³ Äußerungen Kants über Hemsterhuis liegen nicht vor. Einen vergleichenden Beitrag zur Ästhetik von Kant und Hemsterhuis bietet: Christian Gotthilf Herrmann: Kant und Hemsterhuis in Rücksicht ihrer Definitionen der Schönheit. Erfurt 1791 (Bruxelles 1969).

277. Hamann an Scheffner, 18.2.1784   Februar 1784

Einer Sage nach arbeitet unser liebe PrKant der sich des Maler Becker Haus gekauft an einer Antikritik — doch der Titel ist noch nicht ausgemacht — gegen Garvens Cicero¹ als eine indirecte Antwort auf deßelben Recension in der A.d.Bibl.² Seine Absicht ist es auch gewesen in die Berl. Monatsschrift Etwas über die Schönheit zu liefern.³ [16/Bd. 5, S. 129–130]

¹ Vgl. G, Nr. 275
² Vgl. G, Nr. 266
³ Nicht zustande gekommen.

278. Hamann an Scheffner, 15.3.1784   3.3.1784

Die goldene Medaille, welche dem Prof. Kant vorigen Mittwoch überreicht worden, hat das Jahr seiner Geburt 23 statt 24. und einige Kleinigkeiten mehr die auch seine Freude über die ihm erzeigte Ehre gedämpft.[1] In den Gothaischen Zeitungen soll es schon stehen daß Hofprediger *M.* Schultz sein System *populair* darstellen wird. Die Antikritik wird nicht unmittelbar gegen die Garvesche Recension, sondern eigentl. gegen seinen Cicero gerichtet seyn, und vermittelst deßen eine Genugthuung für jene werden.

[16/Bd. 5, S. 134]

[1] Vgl. G, Nr. 236.

279. *Hamann* an J. G. Müller, 30.4.1784   April 1784

Kant arbeitet an einem *Prodromo* zur Moral[1], den er anfängl. *Antikritik* betiteln wollte und auf Garvens Cicero Beziehung haben soll.   [16/Bd. 5, S. 141]

[1] Gemeint: die »Grundlegung zur Metaphysik der Sitten«.

280. *von Baczko*   SS 1784

Das von ihm[1] abgefaßte Gutachten[2], welches manche Ausfälle gegen mich enthielt, wurde von den Professoren Kraus und Reusch, dem Professor Mangelsdorf, mit dem ich damals, welches dem ganzen akademischen Senat bekannt war, den Streit wegen der Censur hatte, und dem Professor Kant, der nie bey Pluralität widersprach und sich selten die Zeit nahm, ein Actenstück der philosophischen Facultät durchzulesen, unterschrieben. Hiedurch war es folglich von der Pluralität der Facultät unterzeichnet und wurde dem Geheimen Rath von Hippel zugesandt, der es nun von mir forderte, daß ich öffentlich widerrufen, den Blitzableiter für vollkommen erklären, oder mich einem Rechtsstreite aussetzen sollte.

[2, S. 137–138]

[1] C. D. Reusch
[2] Betrifft den Blitzableiter auf der Haberbergschen Kirche. Vgl. Ak 10, S. 262f.; 1 3, S. 129.

281. Hamann an Herder, 2.5.1784 April/Mai 1784

In einer elenden Compilation welche den Titel führt: *Auszug aus dem Tagebuch eines Rußen auf seiner Reise nach Riga*[1], stehen Sie auch und Kant angeführt. Dieser wird sein neues Haus gegen Ende dieses Monats beziehen und fein repariren[2]. Mit der Metakritik über den Purismum der Vernunft komm ich noch Zeit gnug. Er arbeitet scharf an der Vollendung seines Systems. Die Antikritik über Garvens Cicero hat sich in einen Prodromum der Moral verwandelt. [16/Bd. 5, S. 147]

---

[1] Gemeint: das anonym erschienene Buch von Ludwig Wilhelm von Kerzen: Auszug aus dem Tagebuch eines Russen auf seiner Reise nach Riga. o. O. (Riga?) 1783. Vgl. G, Nr. 219a.
[2] Aufgrund des von Werner Stark aufgefundenen Briefes Kants an Fetter vom 28. April 1784 läßt sich Kants Einzug in sein Haus ziemlich genau datieren (spätestens 22. Mai 1784, vgl. Sch (^{3}1986) Nr. 126a, S. 933 f.).

282. Puttlich vor 24.5.1784

Brahl[1] erzählte, daß Prof. Kant gesagt haben sollte: Der Geiz bey Reichen wäre von ganz andrer Art als der bey Geringeren. Letztere nehml. lebten ganz karg u. verschließen sich ganz einsam um keinen Aufwand zu machen. Erstere aber haben oft große Gesellschaft bey Tisch traktiren herrlich aber auf Kosten der Untergebenen u. andrer Leute, denen sie von ihrem Verdienst etwas abzuziehen suchen. [44, S. 277]

---

[1] Brahl, Johann (1753–1812), Mitarbeiter der Königsbergischen Gelehrten und Politischen Zeitungen, seit 1782 in städtischen Diensten, später Stadtacciseinspektor; vgl. über ihn: Baczko (1781 ff.), S. 597 f.; APB 1, S. 76 und Werner Stark, in: KF I, 1987, S. 168, 192. Über seinen Umgang mit Kant vgl. vor allem Abeggs Bericht (s. Q, Nr. 1); vgl. G, Nr. n 514 u. ff.

283. Hamann an Scheffner, 8.6.1784 Anfang Juni 1784

Vorige Woche besuchte mich ein Prof. Werther oder Werthes[1] in Gesellschaft unsers Mangelsdorf und Mohr[2]. — Er kam von Petersburg und geht nach Wien. Er brachte mir die unangenehme Nachricht mit, daß Hartknoch über Lübeck zur See gegangen seyn sollte; welches ich mir noch nicht vorstellen kann. Seine Begleitung und andere Umstände machten mich in Ansehung seiner verlegen und mistrauisch. Gegen Kant soll er gesagt haben bey Wieland im Hause gelebt zu haben — und mir versicherte er Herder noch zu Bückeburg gut gekannt zu haben. Nunmehr sagt man, daß es der Uebersetzer des Ariost p seyn soll.

[16/Bd. 5, S. 158–159]

[1] Werthes, Friedrich August Clemens (1748–1817), 1782 Prof. für Ästhetik an der Stuttgarter Karlsschule, seit 1784 Prof. in Pest. Vgl. ADB 42, S. 132f.
[2] Mohr, Friedrich Samuel (geb. 1753).

284. Borowski ab Mai 1784

Noch eifriger beinahe schüttete er seine Galle im Gespräch mit seinen Freunden darüber aus, daß von den Straßenjungen häufig Steine über den Zaun seines Gartens geworfen wurden. Er fand es possierlich und sehr verdrießlich, da einige der Polizeiunterbedienten ihn versicherten, daß diesem Übel nicht füglich abgeholfen werden könnte, da doch weder er noch jemand seiner Leute dadurch verwundet oder beschädigt wäre. Also, sagte er einmal im Unwillen, *dann* ist erst Recht zu strafen da, wenn ich krank oder tot bin! — In allen diesen Wohnungen keine Meublen von einiger, auch nur der mindesten Erheblichkeit. Alles erträglich rein, aber schmucklos! Nur ein paar Tische und einige Stühle ohne Wert in jedem Zimmer. Er bedurfte nichts mehr. [29, S. 57]

285. Hamann an Herder, 6.8.1784   Anfang Juni 1784

Man sagte hier, daß er[1] über Lübeck zu Waßer nach Hause gegangen; endlich kam er den *14 Iun.* an kränklich und übelaufgeräumt, brachte mir aber Ihren *Monboddo*[2] mit, und verehrte das Exemplar Ihrer Ideen, welches er mir zugedacht, Ihrem u meinem Wink zufolge dem Prof. Kant, dem Ihr doppeltes Andenken sehr schmeichelhaft zu seyn schien.   [16/Bd. 5, S. 174–175]

[1] Gemeint: Hartknoch.
[2] Des Lord Monboddo Werk von dem Ursprunge und Fortgange der Sprache übersetzt von Ernst August Schmid. Mit einer Vorrede des Herrn Generalsuperintendenten Herder, 1. 2. Riga 1784.

286. Borowski   Juli 1784

Zuletzt erkaufte er sich in einer ziemlich geräuschlosen Gegend der Stadt, nahe dem Schlosse ein Haus, wobei ein kleiner Garten war und welches ihm, bei seinen hierin sehr mäßigen Wünschen, genügete. Bloß das Singen in einem unweit davon liegenden Gefängnisse verleidete ihm auch hier manche Augenblicke. Er wollte durch Hippeln und die Polizei auf die Abstellung des Unfugs, wie er *dieses* Singen nannte, wirken. Es ging nicht ganz, wie er's wünschte: doch richtete er so viel aus, daß die Gefangenen angehalten wurden, bei verschlossenen Fenstern ihre Singelust zu treiben.[1]
[29, S. 57]

[1] Vgl. Kants Beschwerdebrief an Hippel Ak 10, S. 391 (vom 9.7.1784). Vgl. Jachmann, S. 195 f.

287. Hamann an Herder, 8.8.1784   August 1784

Kant arbeitet wacker an einem *Prodromo seiner Metaphysik der Sitten*. Er wartet mit eben so viel Ungedult wie ich selbst auf des Heinekens Versprechen.[1]   [16/Bd. 5, S. 176]

[1] Gemeint: Heinicke, Samuel (1729 (35?)–1790), Pädagoge, seit 1778 Direktor der Taubstummenanstalt in Leipzig. Vgl. ADB 11, S. 369f.

288. *Hamann* an Hartknoch, 10.8.1784 August 1784

Noch einen Auftrag von Prof. Kraus, der sich erbietet Ihnen die *Philosophical Arrangements Lond. 75*[1] zu übersetzen, so gut als es irgend einer zu leisten im stande ist. Mendelssohn hat mir dies Buch sehr empfohlen, Kraus mir zu Gefallen bey seinem damaligen Aufenthalt in Berl. einen Auszug daraus gemacht und Kant *desider*irt sehr etwas über dies Geheimnis des Aristoteles.[2]

[16/Bd. 5, S. 181]

[1] James Harris (1709–1780), Philosophical Arrangements. London 1775. Vgl. Gildemeister 2, S. 459.
[2] Gemeint: die aristotelische Kategorienlehre. Vgl. Gildemeister 3, S. 45.

289. *Hamann* an Hartknoch, 18.8.1784 16.8.1784

Vorgestern erhielt Ihr Päckchen[1] mit der Post und den Auftrag mich mit HE Pr. Kant zu theilen. Ich brachte ihm noch denselben Abend selbst 2 schon etwas angeschnittene Stücke und entschuldigte mich ⟨aufs beste⟩ so gut ich konnte mit meiner *bona fide*, die ihm gern die *beste* und *gröste Hälfte* mitgetheilt hätte. Er nahm meine Entschuldigungen sehr freundschaftlich auf, und sagte mir herzlichen Dank, daß ich ihm noch soviel übrig gelaßen hätte, schien auch recht lüstern nach dem Gericht zu seyn; daher mir mein Versehen, mit dem ungerechten Mammon Freunde gemacht zu haben, desto mehr leid that.

[16/Bd. 5, S. 185]

[1] Vgl. Gildemeister 3, S. 25f.: Hamann erhielt als Honorar für sein »Golgatha und Scheblimini« eine Sendung »in Lachs und andern Leckerbissen.« (S. 26).

290. Hamann an Herder, 15.9.1784   Mitte September 1784

Schütz[1] aus Jena hat hier an Kant geschrieben u zu(r) einer litterarischen Zeitung ihn eingeladen mit der Anerbietung von 3 Louisd'or oder 6# per Bogen.[2]   [16/Bd. 5, S. 219]

[1] Schütz, Christian Gottlieb (1747–1832), seit 1779 Prof. der Beredsamkeit und Dichtung in Jena. Vgl. ADB 33, 111 ff. Vorl. II, S. 407 f.
[2] Die ALZ, von Schütz mitgegründet und von ihm redigiert, wurde zu einem wichtigen Verbreitungsorgan der Philosophie Kants seit 1785. Die erste Nr. brachte Kants Herder-Rezension. Vgl. Vorl. II S. 407 ff.; Paul Feldkeller: Das philosophische Journal in Deutschland, in: Reichls philosophischer Almanach auf das Jahr 1924. Immanuel Kant zum Gedächtnis. Darmstadt 1924, S. 328 ff.

291. Hamann an Scheffner, 19.–20.9.1784   Mitte September 1784

Kant hat das Mst. seiner Grundlegung zur Metaph. der Sitten abgeschickt und arbeitet jetzt an Beyträgen zu D. Biesters Berlinschen Monatsschrift.   [16/Bd. 5, S. 222]

292. Hamann an Lindner, 13.10.1784   Anfang Oktober 1784

Kantens Prolegom. zur *neuen Metaphysik der Sitten*[1] werden in Halle gedruckt u Ihnen wol eher wie mir anheimfallen.
    [16/Bd. 5, S. 230]

[1] Gemeint: die »Grundlegung zur Metaphysik der Sitten«.

293. Hamann an Scheffner, 16.10.1784   Mitte Oktober 1784

Kant hat bey aller Kritik seiner reinen Vernunft die Grille dem Halunken[1] zu glauben und seinem Zeugniße zu trauen.
    [16/Bd. 5, S. 233]

[1] Gemeint ist: Hartung, Gottlieb Lebrecht (1747–1797), Buchhändler und Verleger in Königsberg, übernahm 1781 Kanters Buchhandlung; vgl. APB 1, S. 253 und Kurt Forstreuter: Zwei Jahrhunderte Königsberger Buchhandel. Königsberg, 1932, S. 63 ff.

Die Bemerkung Hamanns bezieht sich auf ein unkorrektes Vorgehen Hartungs bei der Heraugabe von Kraus' Morczinni-Schrift. Vgl. HaBr 5, S. 323 f.

294. Hamann an Hartknoch, 18.10.1784   Mitte Oktober 1784

Er[= Kant] hat bisher wacker für die Berlinische Monatsschrift gearbeitet.[1]   [16/Bd. 5, S. 238]

[1] Vgl. Ak 8, S. 470 ff.

295. Duisburg[1]   WS 1784/85

... besonders hat der unsterbliche *Kant* viel auf die Bildung der Königsberger gewirkt. Er, der in jede Gesellschaft gern eintrat, in jeder Gesellschaft dem Unterhaltungston eine Stimmung zu geben wußte, die angenehm unterhielt und doch auch den Kopf beschäftigte; er, der den Professor und den abstrakten Denker an seinem Pulte zurückließ und in der Gesellschaft den aufgeweckten heitern, unterhaltenden Mann von Welt producirte; er gab den Königsbergern eine Verfeinerung, einen Geschmack, eine Tendenz, die sie sehr vorteilhaft unterscheidet.   [47, S. 3]

[1] Duisburg, Friedrich Karl Gottlieb (1764–1824), Theologe, Hörer Kants, immatr. 20.9.1784; seit 1790 Lehrer an der Petrischule in Danzig, später Pfarrer in Memel; vgl. über ihn APB I, S. 153 und Reicke, in: Q, Nr. 47, S. 2 f.

296. Sprengel[1] an Kant, 18.10.1801   WS 1784/85

Einer von Ew. Wohlgeborn dankbaren Schülern, der aber seinen Nahmen nicht genannt wissen will, erinnerte sich in diesen Tagen, daß er Ew. Wohlgeborn noch für ein *Collegium* 4 rthlr. schuldig sei. Ich übernahm die Besorgung dieser Sache um so lieber, weil ich dadurch Gelegenheit erhalte, Ew. Wohlgeborn ein recht frohes und glükliches Alter zu wünschen, Sie meiner ewigen Dankbarkeit und Schülerliebe zu versichern und mit treuster Ehrfurcht mich zu nennen

Memel 1801.
Oct. 18.

Ew. Wohlgeborn
ganz gehors. *Dr. Sprengel,*
Ev[an]g. Pr[ediger].
[31/Bd. 12, S. 336–337]

[1] Sprengel, Victor (1763–1831), Schüler Kants, immatr. 12.10.1784, Pfarrer in Memel; vgl. Ak 13, S. 681.

297. Hamann an F. H. Jacobi, 5.12.1784   Dezember 1974

Unser Kant bewundert ungemein die Kunst seines Dialogs[1] — aber auch was unser Freund in W. übersetzt, ist nicht recht nach meinem Geschmack *non possum dicere quare?* Gnug zum *Vehiculo* des mir anvertrauten. Das übrige in Gottes Ohr und von dort in Ihr freundschaftliches Herz!   [16/Bd. 5, S. 276]

[1] Gemeint: Hemsterhuis.

298. Hamann an Bucholtz, 20.12.1784   Dezember 1784

Ich habe Gottlob! weder Schulden noch Feinde, aber desto mehr Freunde...[1] Auch gehören zwey Profeßoren in diese Gallerie — mein Freund Kraus, der Morczinimastix[2] und Kant, der kosmopolitische Chiliast.[3]   [16/Bd. 5, S. 287–288]

[1] Hamann zählt auf: Hippel, Deutsch, Scheffner, Hennings, Lindner.
[2] Bezieht sich auf die Morczinni-Schrift von Kraus.
[3] Epitheton Hamanns für den Geschichtsphilosophen Kant. Vgl. Hamanns scharfe Auseinandersetzung mit Kants Aufklärungsdefinition und mit seinem »kosmopolitisch platonischen Chiliasmus« (in der »Idee zu allgemeinen Ge-

schichte in weltbürgerlicher Absicht«) im Brief an Kraus vom 18.2.1784, HaBr 5,
S. 289 ff.

299. *Hippel* an Scheffner, 1.1.1785 vor 1.1.1785

Sie sehen wie weit ich gestern und heute geschrieben. Eben geht Herr *Böttcher*[1] von mir, dem *Kant* einen Engländer[2] aufbinden wollen, den aber *Böttcher* ausgeschlagen und ausschlagen müssen, weil der Vater aufs dritte Gebot pünktlich, oder eigentlicher unpünktlich, bestanden, und kein Gehör der Musik einst am Sonntage gestatten wollen, da er ein Methodist ist. — Noch einmal leben Sie wohl und bleiben Sie gut Ihrem eigenen

Th.
[27/Bd. 14, S. 333]

[1] s. G, Nr. 254.
[2] Name nicht ermittelt.

300. *Puttlich* 23.1.1785

Gegen Mittag genoß ich die Freude, meinen würdigen Usko bey mir zu sehen. Er konnte nur eine Weile bey mir bleiben, weil er Mittags zu Prof. Kant eingeladen war. [44, S. 303]

301. *Hamann* an Herder, 4.2.1785 4.2.1785

Ich habe heute Kant zum ersten mal im Jahr im vorbeygehen versprochen. Statt der Neujahrswünsche Ihnen auch Druckfehler zugezählt. Gott gebe Ihnen nur Gesundheit, Geist und Stärke zur

Ausarbeitung Ihrer Ideen. Kant ist von seinem System zu voll um Sie unparteyisch beurtheilen zu können — und auch noch keiner im Stande Ihren Plan zu übersehen. Ich getraue mir niemals zu, ein unvollendetes Buch zu richten.[1] [16/Bd. 5, S. 352]

[1] Gemeint: Herders »Ideen zu einer Geschichte der Menschheit« (Teil I, 1784). Der I. Teil des Buchs wurde von Kant in No. 4 1785 der ALZ rezensiert. Vgl. Ak 8, S. 471f.

302. Zimmermann[1] an Kant, 12.12.1793   ab SS 1785

Ew. Wohlgebohrnen haben mir während meinem Aufenthalte in Königsberg so viele Beweise Ihrer Gewogenheit gegeben, daß ich mich erdreistet habe Dero Aufmerksamkeit von den wichtigern Geschäften auf einige Augenblicke zu entreißen. Durch Ihre Großmuth war ich in den Stand gesetzt, mir meine wenigen Kenntnisse dadurch zu erwerben, daß Sie mich würdigten allen Vorlesungen der moralischen und speculativen Philosophie ohne Ausnahme beyzuwohnen; und Ihre wohlthätige Hand reichte mir in meinen früheren academischen Jahren, durch ein Stipendium, das ich drey Jahre lang genoß, die Mittel dar meine ersten Bedürfnisse befriedigen zu können; ja Sie ertheilten mir selbst die gütige Erlaubniß, mich Ihres unschätzbaren Rathes bedienen zu können, wenn sich mir Gegenstände der Philosophie darböten, wo die Anstrengung meiner Kräfte nicht hinreichend war, dieselben von ihrer Dunkelheit oder ihren Zweifeln zu befreyen. Von so viel unverdient genossener Güte gerührt, bin ich zu gring die Erkenntlichkeit an den Tag zu legen; die ich Ew. Wohlgebohrnen schuldig bin und zu unfähig die Gefühle des Dankes auszudrücken, von welchen mein Herz erfüllt ist, und die durch keine Zeit können geschwächt werden. O wie glücklich würde ich mich schätzen, wenn ich mir auch noch in der Entfernung schmeicheln dürfte, daß Ew. Wohlgebornen mir diese Güte zu statten kommen ließen, wann ich bey manchen philosophischen Untersuchungen keinen Ausweg vor mir sähe und ohne höhere Einsicht in ein Labyrinth zu gerathen befürchten müßte! Durch die Abwesenheit, sagt Cicero, lernen wir den

Werth dessen was uns theuer und schätzbar ist erst recht schmerzhaft empfinden. Die Lage in welcher ich bin, seitdem ich Königsberg verlassen habe, hat mich von dieser Wahrheit vollkommen überführt, da ich mich ausser Stand gesetzt sehe, an den mündlichen Vorträgen des großen Lehrers und meines unvergeßlichen Wohlthäters Antheil nehmen zu können, dessen unsterbliche Werke Europa in Erstaunen setzen und die Bewunderung und Ehrfurcht aller denkenden Köpfe in den entferntesten Norden, wie hier an den Ufern der Spree erzwingen. Ich bin in Petersburg und in andern nördlichen Provinzen Europa's gewesen und bin dadurch ein Zeuge von der gerechten Achtung geworden, von welcher sich jeder denkende Geist bey dero Nahmen durchdrungen fühlt; und nur die Furcht diesen Zeilen den Anschein der Schmeicheley zu geben, die vor der Weisheit flieht untersagt es mir hier einen Gebrauch von dem zu machen, weßen mich die Erfahrung belehrt hat. Dieses alles aber überzeugt mich wie groß der Verlust ist, den ich seit meiner Abreise erlitten habe und wie unaussprechlich meine Freude seyn wird, wenn ich erfahre, daß E.w. Wohlgebohrnen mir noch Dero fernere Gewogenheit in dieser Rücksicht schenken wollen. [31/Bd. 11, S. 474–475]

[1] Zimmermann, Christian Gottlieb (1769–1841), Mathematiker, Schüler Kants, immatr. 18.3.1785, seit 1789 Lehrer am Collegium Fridericianum, seit 1795 am Friederich-Werder-Gymnasium in Berlin. Vgl. APB 2, S. 842; ADB 45, S. 251.

303. Puttlich 13.4.1785

13. April. ...ging um $7^{1/2}$ Uhr zu Herrn Prof. Kant, um die Vorlesungen in der Physischen Geographie zum erstenmahl zu wiederholen. Ich sprach da auch den Nikolovius u. den Fleischer. Der Hörsaal war sehr voll Zuhörer. [44, S. 279]

304. Puttlich 18.4.1785

18. April. Ich versuchte nach dem philosophischen Gange zu gehen u. glaubte es würde noch Eis, Schnee oder viel Wasser u. also schlecht zu gehen seyn, allein wie sehr verwunderte ich mich mit innrer Freude, als ich den Gang so trocken wie auf der Diele fand. Ich begegnete viele Leute u. auch den Herrn Prof. Kant, der einsam in Gedanken vertieft, auch hier wandelte... Um 6 Uhr kam ich nach Hause. [44, S. 279]

305. Puttlich 30.4.1785

30. April. Bey Kant mußten sich die Repetenten u. die Gratuiti zur physischen Geographie unterzeichnen, damit die Repetenten nicht noch einmal wiederholen sollten. Denen die sie zum 2ten mahl nun wiederholen wollten, wurde es versagt. Es meklete sich auch keiner davon. Ich wiederholte sie nun auch zum erstenmal, da ich sie seit 2 Jahren nicht gehört. Kant machte diese Einrichtung um der Zuhörer willen, die die physische Geographie nun zum erstenmal hörten. Kant hatte seine Stuben gar nicht ausmöblirt, nur Rousseaus Bildniß hing über seinem Schreibpult. Das was er heute von dem Gewässer u. dem Kontinent unsrer Erde sagte, was mir größtenteils aus Bergmanns physikalischer Weltbeschreibung[1] bekannt, die er sehr benutzte. [44, S. 280]

[1] Bergmann, Torbern Olov: Physikalische Beschreibung der Erdkugel. Upsala 1766. Dt. Übersetzung von Röhl 1769 (Teil 1), 1774 (Teil 2).

306. Hamann an Herder, 14.4.1785 April 1785

Hartknoch ist vorigen Freytag angekommen, und diesen Montag abgereiset. Ich habe ihm Hippels Abdruck in seinem Namen, und in Hinzens seinem Kants, u in Hofr. Metzgers seine *Disp.* über das *Gnothi seauton*[1] abgegeben, und in meinem eigenen nichts als *bona verba* — Mit dem Verleger zugl. sind 4 Exempl. der *Grundlegung zur Metaphysik der Sitten* aus Halle für den Verfaßer angekommen. Hippel hat auch eins davon ⟨zu⟩ erhalten, weil Kant eben Sonnabends einem großen Schmause beywohnte, dem Kr. Deutsch[2] zu Ehren, der seinen Sohn auf die Akademie gebracht. Meiner überraschte mich einen Tag früher mit dem Gepäcke. Sonntags frühe, wie H. eben bey mir war, erhielt Hippels Exemplar zum Durchlesen, womit ich auch in einigen Stunden fertig wurde — Sie können sich leicht vorstellen, wie? und es noch denselben Tag wider zu Hause schickte. Statt der *reinen Vernunft* ist hier von einem andern Hirngespinst und Idol die Rede, dem *guten Willen.* Daß K. einer unserer *scharfsinnigsten* Köpfe ist, muß ihm auch sein Feind einräumen, aber leider! ist dieser Scharfsinn sein böser Dämon, fast wie Leßings seiner; denn eine neue Scholastik und ein neues Pabstum sind die beyden Midasohren unsers herrschenden *Seculi.* Ich freue mich auf den *zweiten* Theil Ihrer Ideen, und hoffe, daß selbiger fertig geworden seyn wird — Bin gestern zum ersten mal ausgegangen, werde aber noch nicht so bald nach der Stadt kommen können. Mein Kopf ist sehr schwach, und die Hypochondrie drückt alle meine Eingeweide und beklemmt meine Brust. Selbst der Antheil, den ich an der neuen Laufbahn meines Sohns nehme, und seine nahe Gegenwart, da ich ihm keine eigene Stube einräumen kann, ist Unruhe für mich, und vielleicht noch mehr für ihn. Er hört Logik u. die physische Geographie u über Karstens Physik bey Kant, ⟨Physik und⟩ Experimentalphysik.[3] [16/Bd. 5, S. 418]

---

[1] Autor: Johann Daniel Metzger; Schrift nicht ermittelt, vielleicht unter seinen medizinischen und physiologischen Schriften.
[2] Deutsch, Christian Wilhelm (1743–1816), Kriegsrat in Königsberg, mit Kant befreundet.
[3] Vgl. Arnoldt, Vorlesungen, S. 280f.

307. Hamann an Scheffner, 22.4.1785　　　　　April 1785

Habe am vorigen Bußtage meinen Kirchengang gehalten und den ersten Besuch in der Stadt bey HE Kr.R.Hippel abgelegt und bey

HE Pr.Kant. Beim ersten mein Gelübde wie St. Johannes weder zu eßen noch zu trinken, leider! weidlich gebrochen und vom letzten — wo nicht ohne alle mein Verdienst und Würdigkeit, doch wider und über alle ERwartung — mit einem noch für kein Geld feilem Exemplar seiner Grundlegung zur Metaphysik der Sitten, beehrt und erfreut worden. [16/Bd. 5, S. 421]

308. Hamann an Herder, 8.5.1785 Mai 1785

Kant hat mich auch durch *Erkenntlichkeit* für meinen Sohn gefeßelt, um eben wie Sie jedes Misverhältnis zu vermeiden. Den *alten Adam* seiner Autorschaft bey Seite gesetzt, ist er wirklich ein dienstfertiger, uneigennütziger und im Grunde gut- und edelgesinnter Mann von Talenten und Verdiensten. [16/Bd. 5, S. 432]

309. Hamann an Scheffner, 12.5.1785 SS 1785

Ernst und Raphael hören mit meinem Sohn gemeinschaftl. bey Pr. Kant die *physische Geographie u. Logik* —
[16/Bd. 5, S. 435]

310. Hamann an F. H. Jacobi, 17.5.1785 Mai 1785

Aber mein Gedächtnis ist lauter Löschpapier, und meine Säfte lauter zäher Schleim. Was *Jarige über den Spinozisme* geschrieben, habe auch in den *Memoires* der *Academie* zu Berl.[1] aufgesucht. Es fehlt aber der *dritte* Abschnitt, und in seinem *Eloge* ist gar nicht daran gedacht. *Kant* hat mich auf diese Abhandl. aufmerksam gemacht. Er ist aber nicht Verf. der kleinen Schrift über das Fundament der Kräfte, sondern ein Herr *von Elditten*[2] (auf Wickerau) deßen Familie ich in meiner Kindheit genau gekannt habe, und unser Kritiker soll nicht zufrieden gewesen seyn, sondern alle Anführungen seines *Organi* castrirt haben, ich weiß nicht ob als *Censor publicus* oder ⟨als Freund⟩ *privatus* des Verf. Ich sahe diese Bogen an, wie sie aus der Preße gekommen waren, und es ist mir lieb, daß Sie mich daran erinnern. Uebrigens hab ich so wenig Geschmack als unser Herder und der Pfarrer im Merkur an das Schulidol dieser ganzen Wißenschaft — Ob es mir je glücken wird Sie von dem abgeschmackten und leeren Wortkram im Aristoteles, Cartes und Spinoza zu überführen, wird die Zeit lehren. Hier liegt der *Erbschade* unserer *Philosophie* und *Philologie,* wie ich *reine Vernunft* übersetzt habe — ich kann aber mit meinen Begriffen darüber auch nicht ins reine kommen.

[16/Bd. 5, S. 440]

[1] Vgl. Ph. J. Pandin de Jariges: Examen du Spinozisme et des Objections de Mr. Bayle contre ce système. 1754. Seconde partie 1746.

[2] von Elditten, Ernst Ludwig (1728–1797), Geheimer Justizrat, schrieb »Betrachtungen über das Fundament der Kräfte und die Methoden, welche die Vernunft anwenden kann, darüber zu urtheilen« Königsberg 1784. Vgl. Ak 10, S. 335f. und 13, S. 123f.

311. Hamann an F. H. Jacobi, 1.6.1785   31.5.1785

Kant fand gestern bei HE *Green,* einem engl. Kaufmann, wo er alle Nachmittage bis 7 Uhr zubringt. Er sagte mir mit dem HE von Elditten über sein Fundament der Kräfte correspondirt zu haben, der sich die Freyheit genommen Stellen aus seinem Briefe einzurücken, ohne ihn um seine Erlaubnis gefragt zu haben.[1] Als *Decanus* hatte er zum Glück die *Censur* dieser Schrift gehabt und hätte diesen Unfug verboten. Die Schrift selbst ist mir versprochen worden, und gehört zu meiner jetzigen Samml.

[16/Bd. 5, S. 448]

[1] Vgl. G. Nr. 310. Kants Brief an Elditten ist nicht erh. (Ak 10, Nr. 204 a).

312. Hamann an Herder, 18.8.1785 August 1785

Ich besuchte gestern einmal unsern Oberhofprediger Schultz, der mir die *Acten* einer Erscheinung zu lesen gab, welche viel Aufsehens macht. Es betrifft ⟨die⟩ eine Bande von Religionsspöttern, die aus 50 ⟨meistens⟩ Studenten der Theol. bestehen soll. Sie geben sich für *Kantianer* ⟨h.⟩ aus, könnten eher *Schultzianer* von dem berüchtigten Gegner Mendelssohns heißen, aber noch ⟨beßer⟩ eigentlicher *Domnauer*. Ein Creyß*calculator* in Domnau hat einen Sohn *Friedr. Wilh. Schultz*, der sich bey seinem Vater aufhält mit dem dortigen *Pfarrer Riedel* in Bekanntschaft komt. Dieser würdige Mann, von dem ich viel Gutes gehört, empfiehlt ihn zum Hofmeister bey einem Edelmann. Wie sein Untergebener eingeseegnet wird; platzt sein Lehrmeister mit seiner bisher heimlichen Weisheit auf einmal heraus, vermahnt ihn alles bisher gelernte, als Pfaffengeschwätz zu vergeßen und sich nunmehr der moralischen Führung seines Hofmeisters zu überlaßen. Dieser Unfug wird immer offentlicher und lauter von ihm getrieben, selbst in der Kirche. Der Pfarrer schreibt einen ganz vernünftigen und gesetzten Brief an ihn, kündigt ihm allen bisherigen Umgang und Zutritt in seinem Hause auf, und beklagt es ihn zum Hofmeister in Vorschlag gebracht zu haben. Hierauf komt eine Antwort *entre chien et loup*; worauf wider eine gesetzte und gründliche *Relique* vom Pfarrer erfolgt, die der junge Mensch mit Wuth und Unverschämtheit erwiedert, worauf sich *Riedel* gemüßigt sieht die ganze *Speciem facti* nebst den Abschriften des Briefwechsels an das *Consistorium* zu *refer*iren. Der Urheber dieses ganzen Handels hat alles gestanden, und sich mit 4 seines Gelichters unterschrieben, daß keine Sittenlehre noch gesunde Vernunft noch öffentl. Glückseeligkeit mit dem *X*stentum bestehen könnte.[1] Ob Kant von diesem eben so ärgerl. als lächerl. Vorfall unterrichtet ist, weiß ich nicht, noch wie er sich dabey verhalten wird. Er hat das Unglück gehabt sich seine rechte Hand zu verlähmen, daß er nicht im stande seyn soll die Feder zu führen, wozu er währender Hundstagferien die beste Muße hat, besonders da seine Metaphysik der Körper auf Michaelis erscheinen ⟨wird⟩ soll.[2].

[16/Bd. 6, S. 55]

[1] »Domnauer«: vgl. Arnoldt, Vorlesungen, S. 282 f.
[2] Gemeint: Metaphysische Anfangsgründe der Naturwissenschaft. Riga 1786.

313. Puttlich   17.9.1785

17. September. Kant schloß heute die Vorlesungen über die physische Geographie. Er eilte sehr am Ende u. schien mit großer Nachlässigkeit zu lesen.   [44, S. 282]

314. Hamann an F. H. Jacobi, 28.9.1785   27.9.1785

Kant liest alles, sammelt aber gar keine Bücher. Vorgestern war er im Senat, ich fand ihn also nicht zu Hause. Ich gieng gestern zu ihm, und legte ihm den *Casum*[1] offenherzig vor. Er freute sich sehr über die Aufschrift, war sehr neugierig selbige zu lesen, und eben so willig sie morgen im Kayserlingschen Hause einzureichen, weil er gewöhnlich Donnerstags daselbst speist.
[16/Bd. 6, S. 74]

[1] Jacobi hatte Hamann unter dem 12.9.1785 drei Exemplare seines Spinozabuches übersandt: »eines für Sie, Eines für Hippel, u Eines für wen Sie wollen« (HaBr 6, S. 60). Für das dritte Exemplar hatte Hamann vier »Kandidaten«, unter ihnen auch Kant. Da Kant keine Bücher sammelte, kam er für Hamann als Empfänger nicht weiter in Frage.

315. Nitsch[1] an Kant, 25.7.1794   ab WS 1785

Ich bin so glücklich eine gute Gelegenheit ausgefunden zu haben, die mich in den Stand setzt an meine Freunde und Wohlthäter in Königsberg zu schreiben, ohne den kostbaren Weg der Post von London aus einschlagen zu dürfen. Und da ich nun eine solche gute Gelegenheit habe; so würde ich es mir nie verzeihen können, wenn ich sie vorbey gehen ließe, ohne an Dieselben zu schreiben. Dieselben sind mein Lehrer gewesen, haben mir einen freuen Zutritt zu Dero Vorlesungen gegeben, haben meinen Kopf aufgehellt, haben meine Grundsätze und mein Herz verbessert und veredelt, haben mich empfohlen und das nicht allein in Königsberg, sondern auch in Berlin. Ich habe alle diese Puncte häufig überdacht, und finde, daß, wenn ich etwas Gutes an mir habe, wenn meine Einsichten in Sachen der Pflicht richtig sind, wenn ich jetzt, auf dem vorher wüsten und trostlosen Felde der speculativen Vernunft, mit Sicherheit gehen und andere mit Sicherheit durchführen kan, und wenn ich etwas Gutes in der Welt gestiftet habe, oder stiften werde, ich es lediglich Dero Unterricht, Beyspiel und so wohlthätigen Gesinnungen gegen mich zu verdanken habe. Ich habe alles dieses bedacht, und sollte nicht schreiben? — sollte nicht einige Merkmale der Dankbarkeit blicken lassen und zwar gegen einen Mann, den Jahrtausende ehren werden und ehren müssen, und der mein Lehrer, mein Freund und mein Wohlthäter war. Gott, ich wäre ein Bösewicht im Fall ich so etwas unterlassen könnte; ich wäre ein gedankenloser Mensch, wenn ich mich nicht täglich darüber freuen sollte, und wäre so gefühllos wie die Feder mit der ich schreibe, wenn nicht Trähnen des innigsten Dankes in meinen Augen die Achtung und Liebe bezeugten. Welche einem so großen Manne einer so großen Freundschaft, und einer so großen Theilnahme an mein Glück gebührt. [31/Bd. 11, S. 517–518]

[1] Nitsch, Friedrich August (1767–?), Schüler Kants und einer der ersten Verbreiter der Kantischen Philosophie in England. Seit 1792 in London, 1796 hält er Vorlesungen über Kant. Vgl. sein Buch »A General and introductory View of Professor Kant's Principles concerning Man, the World and the Deity«. London 1796. Vgl. Adolf Poschmann: Die ersten Kantianer in England. Friedrich August Nitsch aus Gumbinnen und Dr. Anton Willich aus Rößel. In: Studien zur Geschichte des Preußenlandes. Festschrift für Erich Keyser. Hrsg. v. Ernst Bahr. Marburg 1963, S. 469–481; René Wellek: Immanuel Kant in England 1793–1838. Princeton 1931, S. 7–11; Karl Vorländer: Immanuel Kant. Der Mann und das Werk. ²1977, II, S. 249f.

316. Hamann an F. H. Jacobi, 3.10.1785　　　　　　　Herbst 1785

Kant ist mit Ihrem Vortrag und dem Inhalt der ganzen Aufgabe sehr zufrieden. Aus dem System des Spinoza hat er niemals einen Sinn ziehen können — und mit *Kraus* ein langes und breites drüber gesprochen, der aber Ihre Schrift noch nicht gelesen. ... Da liegt Michaelis Dogmatik[1] — ⟨L'In⟩ an der Kant so viel Geschmack gefunden — *L'Inconnue, histoire véritable* — Was für ein Nahrungssaft aus solcher Diät entstehen kann, läßt sich erachten. Nichts schmeckt, nichts will herunter — und ich komme nicht vom Fleck.

[16/Bd. 6, S. 77–78]

[1] Johann David Michaelis: Compendium Theologiae Dogmaticae 1760 (dt. ²1784).

317. Hamann an F. H. Jacobi, 28.10.1785　　　　　　　Oktober 1785

Kraus sagte mir, daß Kant sich vorgenommen Mendelssohn zu widerlegen, und den ersten Versuch einer polemischen Schrift gegen ihn zu wagen.[1] Er hätte ihm aber gestanden, daß es ihm eben so wie Mendelssohn gienge, und Ihre Auslegung so wenig als den Text des Spinoza sich selbst verständlich machen könnte. Mir selbst scheint der *helle reine Kopf* des Kabbalisten und Cartesianers noch eine sehr willkührliche Voraussetzung. Ich will erst mit meinem *Monboddo* fertig seyn — und dann zum *Spinoza* wider zurückkehren. Aus dem *Protocoll* meiner Briefe können Sie die Lage meiner Seele und Umstände, von denen ich nicht Herr bin, beurtheilen. Kant werde, wo mir immer mögl. auf den Sonntag besuchen. Er war sehr neugierig Ihre Schrift[2] zu lesen, ehe er sie im Kayserlingschen Hause abgeben würde, und schien mir auch mit der Art, wie Sie den *statum causae exponi*rt und dargestellt hätten, vergnügt zu seyn. Mehr konnte ich damals nicht herausbringen.

[16/Bd. 6, S. 107]

[1] Kant hatte aber, wie aus Ak 10, S. 451 hervorgeht, eine Widerlegung der »Morgenstunden« gar nicht vor. Lediglich eine Bemerkung gegenüber Schütz

(Ak 10, S. 428 f.; Ak 13, S. 259 f.) wurde in der ALZ 1786 I, S. 55 f. veröffentlicht. In den Umkreis der Auseinandersetzungen mit Mendelssohn gehören der Aufsatz »Was heißt: Sich im Denken orientieren?« (1786) und »Einige Bemerkungen zu L. H. Jakob's Prüfung der Mendelssohnschen Morgenstunden« (1786). Vgl. Anm. 1 zu G, Nr. 80.
[2] Gemeint: Jacobis Schrift »Über die Lehre des Spinoza« (1785).

318. Hamann an F. H. Jacobi, 5.11.1785   3.11.1785

Vorgestern besuchte Kant, und gab mir den Brief des Mendelssohns[1] zu lesen, mit dem er ihm seine Vorlesungen[2] zugeschickt unter 17 Oct. Ich versprach ihm keinen Misbrauch davon zu machen, und muß Ihnen im *Vertrauen* sagen, daß man dort über Ihr Büchlein[3] sehr erbittert und aufgebracht zu seyn scheint. Dieses melde ich Ihnen mit widerholter Bitte, sich nicht aufbringen noch in Harnisch jagen zu laßen: sondern desto gleichgiltiger zu seyn.—

Ich glaube daß die *Recension* des Schiblemini[4] schon mehr Licht geben wird für uns beyde. Kant wunderte sich selbst — Er hat Hip. schon diesen Brief mitgetheilt, der mir nicht eine Sylbe davon gesagt und sich über K. Vertraulichkeit wunder.[5] Sie merken hieraus das Verhältnis des *Politici* gegen den Philosophen u Philologen, nicht eben zu unserm beiderseitigen Vortheil. Nehmen Sie sich alles *ad notam*, machen Sie aber keinen Gebrauch, auch selbst bitte ich um Verschwiegenheit gegen Ihre u unsere Freunde. Kant hat sich vorgenommen, *mit aller Kälte*, sich in einen Gang mit Mendelssohn einzulaßen, woran ich viel Antheil nehme und ihn dazu aufgemuntert habe. Eine kleine *Diversion* kann Ihrer guten Sache auch nicht schaden. Ich bitte also nochmals, enthalten Sie sich, entziehen Sie sich, so viel Sie können.   [16/Bd. 6, S. 119]

[1] Vgl. Ak 10, Nr. 248, 16.10.1795, S. 413 f.; vgl. Ak 13, S. 151 ff.
[2] Mendelssohns »Morgenstunden oder Vorlesungen über das Dasein Gottes« Berlin 1785.
[3] s. G, Nr. 317, Anm. 2.
[4] Vgl. Gildemeister 3, S. 129 ff., 137 ff.
[5] Mendelssohns Brief an Kant vom 16.10.1785.

319. Hamann an Scheffner, 6.11.1785   Anfang November 1785

Unsern lieben Kant hab ich auch vorige Woche besucht, um den 2ten Theil der Ideen abzuholen, die ich noch nicht recht gelesen, und Metzgers Ungedult erst befriedigen müßen, der sie mir gl. den andern Tag wider schickte. Aus Kants ungewöhnl. Langsamkeit vermuthe ich, daß er auch diesen Theil recensirt.[1] Er hat ihn eine ganze Woche behalten, und ich erwarte ihn erst heute zu Hause.

[16/Bd. 6, S. 123]

[1] Die Rezension des 2. Teils der »Ideen« erschien in der ALZ 1785, Nr. 271, IV, S. 153a–156b.

320. Hamann an Scheffner, 6.11.1785   Anfang November 1785

Den 26 war ich mit meinem ganzen Hause bey Miltz zu Gast; in meiner Abwesenheit giebt bey mir HE*Fueßli* mit einem Grafen *Rasumowski*, wo ich nicht irre, ein Päckchen von Hartknoch ab, in dem auch der *zweyte Theil Ihrer Ideen* enthalten war. Nun waren alle meine Wünsche erfüllt. Hartung hat nun auch schon einige Exempl. erhalten. Meins habe gleich beym Empfange verschlungen, und da ich von Hofr. Metzger schon einige mal darum gemahnt worden, muste ichs ihm auf ein paar Tage überlaßen. Kant ließ mich auch durch seinen Zuhörer darum ersuchen, und behielt es wider seine Gewohnheit über eine Woche. Er schien mit den 2 ersten Büchern sehr zufrieden, die er beßer als [ich] zu beurtheilen im stande bin.

[16/Bd. 6, S. 125]

321. Hamann an Herder, 10.11.1785   Anfang November

Kant ist entschloßen wie er mir versichert, trotz seiner Abneigung vor polemischen Schriften, den Mendelssohn zu widerlegen.[1]

[16/Bd. 6, S. 127]

[1] Vgl. G, Nr. 317, 318, 323, 324.

322. Hamann an F. H. Jacobi, 12.11.1785

Wie Kant noch Magister war, pflegt er ⟨im⟩ oft im Scherz zu erzählen, daß er immer *Happelii Relationes curiosas*[1] lesen muste vorm Schlafen gehen. Darnach kam die Reyhe an Basedows Philalethie[2] u.s.w. [16/Bd. 6, S. 133–134]

[1] E. G. Happelii »Größte Denkwürdigkeit der Welt Oder so-genannte Relationes Curiosae«. Hamburg 5 Bde. 1663–91.
[2] Basedow, Johann Bernhard: Philalethie, neue Aussichten in die Wahrheiten der Religion und Vernunft. 1764.

323. Hippel an Scheffner, 17.11.1785   November 1785

Kant ist zwar halb und halb entschlossen, dem Herrn *Mendelson* ein Wort zu seiner Zeit zu erwiedern, weil er die Existenz Gottes zu demonstriren sich herausgenommen, welches wider *Kants* Kritik ist; indessen ist *halb* und *halb* noch nicht zuverlässig.[1]
[27/Bd. 14, S. 380]

[1] Vgl. G, Nr. 318.

324. Hamann an F. H. Jacobi, 28.11.1785   November 1785

Kant hat seinen Vorsatz geändert, und denkt jetzt mit einer bloßen Recension der Morgenstunden abzukommen.[1]
[16/Bd. 6, S. 152]

[1] Nicht zustande gekommen.

325. Hamann an F. H. Jacobi, 30.11.1785 November 1785

Es soll Ihnen nicht gelingen mich auf meine *opuscula perfligata* und *Praeludia* meiner Autorschaft eitel zu machen. Kant war mit der Apologie des Buchstabens H. so zufrieden, daß er mir wünschte diesen Ton zum *Muster* zu *adoptiren*.[1] Meine beyde Motto aus Mose nach M. Uebersetzung und aus dem Jer. nach der Lutherschen sind wie zwey Leuchtthürme. [16/Bd. 6, S. 159]

[1] Gemeint: Neue Apologie des Buchstabens h (SW 3, S. 89 ff.).

326. Hamann an F. H. Jacobi, Anfang Dez. 1785
November/Dezember 1785?

Am II. Adventssonntage.
Kant hat mir gestanden den Spinoza niemals recht studirt zu haben und von seinem eigenen System eingenommen hat er weder Lust noch Zeit in fremde sich einzulaßen. Mit Ihrem Vortrag war er sehr zufrieden[1], und diesen beneidet er auch dem Mendelssohn. Er ist ein sehr angenehmer Schwätzer in Gesellschaften, und könnte es noch unterhaltender für das Publicum seyn. Er liest alles Neue besonders im historischen u geographischen Fache und hat ein sehr glückliches Gedächtnis die schwersten Namen zu behalten.
[16/Bd. 6, S. 161]

[1] Vgl. Jacobis Anfrage im Brief vom 17.11.1785 über sein »näheres(n) Urtheil über mein Spinoza Büchlein«. (HaBr 6, S. 145).

327. Hamann an Jacobi, 28.12.1785 Dezember 1785?

Vor einigen Wochen erhielt ich einen Brief von einem Geistlichen bey Emden[1], der sich auch als einen Freund u Schüler unsers Johannes[2] anmeldete eines mir bekannten Juden wegen, der über die Kantsche Philosophie seine 5 Sinne verlor, und jetzt ein Proselyt werden will[3]. Kant u sein Exeget der Hofprediger M. Schultz, haben gl. geantwortet mit verguldeten Pillen.[4]

[16/Bd. 6, S. 199]

[1] Brief an Hamann nicht bekannt.
[2] Gemeint: Scheffner.
[3] Weiter nichts ermittelt.
[4] Weiter nichts ermittelt.

328. Hamann an F. H. Jacobi, 14.12.1785   Dezember 1785

Vorige Woche, konnte ich erst den gewöhnl. Sonnabendsbesuch bey *Me Courtan* abstaten, wo ich des Kants *amanuensem* fand, der mir sagte, daß K. sich mit Mend. nicht einlassen wollte, weil 1.) die Morgenstunden ihn eigentl. nicht selbst beträfen, wie er anfängl. gedacht, u 2) mit seinen eignen Arbeiten zu sehr beschäftigt wäre. Die Metaphysik der Natur oder Körper würde unter dem Namen *Phoronomie*[1] erscheinen u an ⟨die⟩ eine Metaphys. der Aesthetik[2] dächte er auch zur Ostermeße. Die Recension hatte ihm Schütz abgeschrieben, weil er sie selbst für die allg. L.Z. liefern würde. Dies war wieder ein kleiner Qveerstrich durch meine Rechnung. Vorgestern besuchte mich Kraus u versicherte oder meynte wenigstens daß er die Morgenstunden vor sich an etwas gearbeitet hätte. Es scheint also noch nichts ausgemacht und entschieden zu seyn.

[16/Bd. 6, S. 181]

[1] »Phoronomie« ist in Kants »Metaphysischen Anfangsgründen der Naturwissenschaft« der Titel des ersten Hauptstückes.
[2] Gemeint: die Kritik der Urteilskraft.

329. Jachmann   1786

Sich selbst maß Kant nach einem verhältnismäßig kleinen Maßstabe und sein Sinn für Lauterkeit und Wahrheit, den er durch sein ganzes Leben äußerte, neigte sich bei der Beurteilung seiner selbst zu einer liebenswürdigen Bescheidenheit hin. Er sprach von den verdienten Gelehten und Staatsbeamten seiner Zeit und der Vorzeit stets in Ausdrücken einer besondern Achtung, und wenn er sich mit ihnen in Vergleichung stellte, so war sein Urteil über sich selbst jederzeit so anspruchslos und bescheiden, daß ich hierin schon als Jüngling die wahre echte Größe des unsterblichen Mannes erkannte und bewunderte. Ich werde es nie vergessen, wie Kant, als er eines Tages über Newton sprach und hierauf den Gang, welchen er selbst in der Naturwissenschaft genommen, mit jenem des Newton in Vergleichung stellen wollte, mit einer rührenden Bescheidenheit hinzufügte: wofern sich etwas Kleines mit etwas Großem vergleichen läßt. Und so sprach Kant in dem Alter seiner vollendeten Größe zu mir in meinem zwanzigsten Jahre ohne Beisein anderer Zeugen. Auch über Philosophen, welche einem andern Systeme folgten, ja selbst über seine Gegner, wenn sie wirklich Wahrheit suchten und keine des Gelehrten unwürdige Absichten verrieten, sprach er stets mit einer unparteiischen Würdigung ihrer Verdienste. Ja er suchte sich selbst zu erklären, wie seine bescheidenen Gegner sehr natürlich anderer Meinung sein konnten und lebte im vollen Vertrauen auf den endlichen Sieg der Wahrheit.

[29, S. 146–147]

330. Jachmann ab 1786

Kant war ein warmer, herzlicher, teilnehmender Freund und behielt dies warme, herzliche Freundschaftsgefühl bis in sein spätes Alter. Seine gefühlvolle Seele beschäftigte sich unablässig mit allem, was seine Freunde betraf; er nahm die kleinsten Umstände ihres Lebens zu Herzen; er war innigst besorgt bei ihren mißlichen Vorfällen und herzlich erfreut, wenn drohende Gefahren einen glücklichen Ausgang nahmen. Der nach Greens Tod mit Motherby ebenso freundschaftlich fortgesetzte Umgang liefert für alles dieses die rührendsten Belege. Besonders muß ich der tödlichen Krankheit erwähnen, von welcher sein edler Freund Motherby vor mehreren Jahren angegriffen wurde, weil sich dabei das teilnehmende Herz des großen Mannes in seiner ganzen liebenswürdigen Natur zeigte. Kant äußerte eine wirklich tiefgefühlte Traurigkeit. Ich mußte ihm täglich zweimal von dem Befinden des Kranken und dem Urteil der Ärzte umständlichen Bericht abstatten, und er verriet jedesmal bei meiner Ankunft eine unruhige Besorgnis. Als ich an dem gefährlichsten Tage ihm eröffnete, daß man nun alle Hoffnung für sein Leben aufgegeben habe, so rief er mit wahrer Betrübnis aus: soll ich denn alle meine alten Freunde vor mir ins Grab gehen sehen! — Die gefährliche Krankheit meines Bruders ging ihm ebenso zu Herzen, und der Tod Ruffmanns rührte ihn so sehr, daß er sich seitdem immer mehr aus dem gesellschaftlichen Umgange zurückzog. [29, S. 156]

331. *Hasse* ab 1786

Von der Zeit meines Aufenthalts in Königsberg, (von 1786) an, wo er noch ziemlich lebhaft, sehr gesellig und unterhaltend war, auch wohl gern das Wort allein führte, bin ich zwar öfters bey ihm,* er bey mir, und ich mit ihm am dritten Orte zusammen gewesen; ich schäzte aber damahls seine Schriften mehr, als seine Reden, (wie man denn in Gesellschaften, wenn man nicht gerade bey ihm saß, auch wenig von seinem Gespräche profitiren konnte, weil sein Ton zu leise war) aber in den lezten drey Jahren war ich wöchentlich ein oder zweymahl sein Gast, und habe ihn in seinen Unterredungen erst recht vertraulich und belehrend gefunden. Seit 1793[1] hielt er keine Vorlesungen mehr, sondern arbeitete vielmehr seine lezten Schriften aus. Er stand regelmäßig früh 5 Uhr auf, trank etwas Thee und rauchte eine Pfeiffe Taback. Dann sezte er sich an seinen Arbeits-Tisch bis gegen halb ein Uhr, wo er sich zum Essen anzog. Von 1 bis 3 Uhr, bisweilen etwas länger, wurde gespeißt, und nun gieng er etwa eine Stunde, und zwar allein spatzieren, (er wollte im Gehen nicht sprechen) im Winter und Sommer, im Regen und Schmutz, Schnee und Eis. Im leztern Fall begleitete ihn der Bediente, und er beobachtete, wenn es glatt war, wie er sagte, den *Trampel-Gang*, d. i. er hob die Füße hoch auf, und machte äußerst kleine Schritte, um nicht zu fallen; welches er, so wie seine übrigen Rathschläge, die aus seinem Streit der Fakultäten, in dem Schreiben an Herrn Geheimerath *Hufeland* bekannt sind, allen dringend empfahl. Wenn er davon zurück kehrte, that er noch einige hausliche Geschäfte ab, las gelehrte, politische Zeitungen (bey leztern unterbrach er auch wohl seine Vormittags-Arbeiten, und viel mit Heis-Hunger über sie) und Journale, gieng dann im Zimmer auf und ab, dachte sonst über seine Vorlesungen, und jetzt über seine Schriften nach, schrieb sich das merkwürdigste auf kleine Zettelchen, und eilte, ohne etwas zu Abend zu genießen, um 9, im Sommer $^1/_2$10 Uhr zu Bette. Seit 1798 aß er selten mehr auswärts, und machte auch einen immer kürzern Spatzier-Gang; bis er gegen 1800 auch diesen aufgab, und sich an seinen Tisch mit seinen Freunden zurückzog. Er hatte deren *gewöhnlich* nur 2, den einen Tag nur einen um sich, und hier öffnete sich sein Mund zu den süßesten Vertraulichkeiten. Ich schätzte mich ausserordentlich glücklich, in die Zahl seiner Tisch-Freunde mich aufgenommen zu sehen.

[18, S. 12–13]

* Wo immer eine Elite von interessanten Männern, z. B. Geh. Rath von *Hippel* u.a.m. waren.
[1] Irrtum Hasses; seine letzte Vorlesung hielt Kant am 23. Juli 1796.

332. Abegg 1786

Insp. Dunker[1] speiste mit uns zu Nacht. Der Mann ist unerschöpflich an Einfällen und Anecdoten, und stets lehrreich und interessant. Von Robespierre sagte er: »Solange er nicht den Befehl bewürkte, keinem Engländer Pardon zu geben, hielt ich viel auf ihn, nun nicht mehr, denn jetzo fand ich, daß seine Leidenschaft stärker sey als seine Vernunft. Nur ein unvernünftiger kann Befehle geben, die übertreten werden *müssen*, wodurch auch die Übertretung solcher, die es nicht *sollten*, und beobachtet werden könnten, vorbereitet wird.«— Der Glave[2] welcher in Wien den Vorfall mit Bernadotte in Druck erzählt hat, war ehemals hier in Königsberg ein Kriegsrath mit außerordentlichem Ansehen, aber ein nichtswürdiger Mensch. Viele machte er brotlos, andere in Festung, indem er die strengste Ordnungsliebe tractirte, aber endlich traf es ihn selbst. Friedrich II. ließ ihn in die Festung einsperren, und er mußte einen Karren ziehen. — Dunker ging, wie Glave in der Festung saß, mit Kant spazieren. »Glauben sie denn«, sagte Kant, »daß dieser Glave ein so großer Bösewicht ist?« — »Ja wohl!« — »Nicht doch, der Mann hat zu viel Vernunft, um sich einer fremden Willkür gerades weges zu unterwerfen. Wenn ein Jurist noch so richtig räsonirt-geschlossen hat, und es kommt ein: Berlin de dato u.s.w., so muß er seine eigene Vernunft gefangen nehmen und sich unterordnen. Daher greifen denn diese Menschen gerne in das Räderwerk ein, weil sie es kaum aushalten können, daß es nicht nach ihrem Sinne gedreht wird. Wäre Glave ein Necker geworden, so würde es nicht von ihm geschehen seyn, denn nun hätte seine Geschichte doch vernünftigen Zusammenhang gehabt und behalten.« —

[1, S. 165–177]

[1] Dunker, J. A. (1743–?), Inspektor im Königsberger Handelshaus Abegg.
[2] Glave, Karl George Gottfried (1752–1831), 1778 Hofgerichtsrat in Königsberg, 1786 wegen Dienstvergehens Verurteilung zu zweijähriger Festungshaft, später in Warschau und Wien lebend. Kant kannte ihn persönlich (vgl. Hippel, Q, Nr. 27/Bd. 14, S. 145). Über ihn: HaBr 4, S. 255; HaBr 6, S. 235, 382; Ferdinand Joseph Schneider: Th. G. v. Hippel und C. G. G. Glave, in: Euphorion 19, 1912, S. 735–745; Johannes Sembritzki: C. G. G. Glave, in: AM 51, 1914, S. 162 ff.

333. Kraus   1786

Mein Project ist, ein trefflich gelehrtes Werk über die Zigeuner zu schreiben, wenn Sie mir erlauben, daß ich mich darüber um einige der interessantesten Materialien an Sie wenden darf. Seine Autorschaft mit einer Spitzbubengeschichte (des Mortczinni[1]) anfangen und mit Untersuchungen über die Zigeuner fortsetzen —— ich weiß nicht, was ich von dem Kopf oder dem Herzen denken soll, der das wollte. Aber so geht's; man muß oft manches wollen, worüber man sich selbst wundert, wie man es wollen kann. Was nun diese Zigeuner betrift, so werde ich von meinen Freunden Kant und Biester, nachdem ich ihnen einige meiner Bemerkungen gesagt, unablässig gedrillt, daß ich fortmachen soll; und nun muß ich im Ernst thun, was ich nur im Spaß sagte.[2]

[33, S. 213]

[1] Kraus' anonym erschienene Erzählung »Die geistlichen Abentheurer oder der als Ueberwinder im Glauben und als Virtuose im Predigen herumfahrende Ritter des H. Stephan-Ordens Freiherr von Morczinni. Königsberg 1784 (zit. nach Stark, in: KF I, 1987, S. 197).
[2] Zu Kants Interesse an den Zigeunern vgl. Ak 6, S. 136 f.; Ak 8, S. 105 und Erläuterung S. 480.

334. Kraus 1786

»Was mich eigentlich jetzt zum Schreiben treibt, ist mein Zigeuneranliegen. Meine Freunde Prof. Kant und Doctor Biester drillen mich auch jetzt noch unablässig, ich soll doch fortmachen und je eher je lieber einen Aufsatz in die Monatsschrift liefern; auch verlangt mich selbst endlich einmal an die Arbeit zu gehen und zu sehen, was sich daraus wird machen lassen. [33, S. 231]

335. Wannowski nach dem 4.1.1786

Musikalisch muß er nicht gewesen sein. Doch mochte er gern eine gute Musik hören. — Hier ein kleines Anekdötchen. Als die hiesige Judenschaft wegen des Todes des *Moses Mendelsohn*[1] eine Trauermusik aufführte, so beredete ihn *Hippel* mit hineinzukommen. Aber Kanten hat sie gar nicht gefallen. Sein Grund dazu war: es war von Anfang bis zu Ende lauter Trauer- und Klageton. Das ist nichts, sagt er mit entscheidendem Ton. Eine Trauermusik muß sich freylich traurig anfangen, aber zuletzt munter und belebend werden, und das Gemüth nicht beängstigen. — Ueberhaupt behauptete er, daß die Musik die Menschen *weichlich* mache. [46, S. 41–42]

[1] M. starb am 4. Januar 1786.

336. Hamann an F. H. Jacobi, 15.1.1786   13. oder 14.1.1786?

...Kant meynte, die Christen hätten nichts, desto mehr seine eigene Nation verloren, um die er sich auch in Handlungsgeschäften und offentl. Sachen sehr verdient gemacht haben soll durch sein gesundes practisches Urtheil. Von seiner Schreibart ist er gantz eingenommen, bewunderte einst *sein* Jerusalem wie ein unwiderlegliches Buch, ist noch willens mit der Zeit über die Morgenstunden etwas herauszugeben, eilt jetzt mit der Ausgabe seiner eignen Werke. Ich mag darüber nicht ein Wort gegen Kant verlieren, weil er von der Ueberlegenheit seines Systems eben so überzeugt ist, als ich Mistrauen dagegen habe. Hippel meynte es würde unserm Kant bald eben so ergehen. [16/Bd. 6, S. 228]

337. Hamann an F. H. Jacobi, 18.1.1786   17.1.1786

Hier hält sich ein verlaufener Mönch seit 14 Tagen [auf] der sich Prof. der orientalischen Sprachen und *Wiener*[1] nennt. Der Abgang unsers Pr. Köhlers[2] machte auf diesen Mann aufmerksam unsere Policey. Man erfuhr, daß er sehr kümmerl. in einem schlechten Wirthshause lebte. Meine Neugierde hat sich schon ziemlich abgekühlt, und jetzt mag ich vollends mich um nichts bekümmern. Hill[3] hat ich vor ein paar Tagen ⟨ein⟩ den Auftrag, nähere Nachricht einzuziehen. Kant u Kraus haben gestern so nachtheilig von diesem Umtreiber gesprochen, daß er auch wenig Lust dazu hatte. Zu Mittag bringt mir mein Sohn die Nachricht, daß er aus Münster seyn soll. Können Sie etwas, liebster J. von diesem Menschen erfahren: so könnte es auf allen Fall dienen mich darnach zu richten. Er soll aus Polen gebürtig, im Osterreichschen gewesen seyn, und giebt vor eine *Professur orient L L.* zu Münster wirkl. gehabt zu haben die er wegen geschmälerten Gehalts aufgeben müßen. Schon dieser Umstand ist mir verdächtig, und es liegt mir eben so viel daran unnützes verlogenes Gesindel fortzuschaffen, als für unglückl. Mitleiden zu befördern. Erkundigen Sie sich also nach einem dort *eclipsi*rten *Pater* oder Prof. *Wiener*, und Hill soll noch heute seine Herberge oder *Praesepium* ausfragen. Hat er was in seinem Fach gethan, so soll *Hill* Stunden bey ihm nehmen. Man hat an ihn gedacht bey bevorstehender *Vacantz*; Kraus hat weniger Vertrauen zu ihm als Kant, und ich kann beyden nicht widersprechen. Ihr Namensvetter hat an diesem jungen Menschen einen Schatz für seine Kinder——wenn er ihn nur dafür erkennt——

[16/Bd. 6, S. 237]

[1] Nichts ermittelt.
[2] Köhler, Johann Bernhard (1742–1802); 1781–1786 Prof. d. griechischen und morgenländischen Sprache in Königsberg vgl. Goldbeck, S. 86; Metzger (1804), S. 55f.
[3] Hill, Johannes Christian (+ 1809), Theologiestudent, immatr. 25.9.1778; vgl. Nadler, passim.

338. Hamann an F. H. Jacobi, 6.2.1786

Alles was Sie mir vom Charakter des G. mittheilen vermehrt meine gute Meinung und überführt mich, daß alles auf ein Misverständnis hinausläuft. Halten Sie mir den Einfall eines pommerschen Pfarrers zu gut, den Kant sehr mimisch zu erzälen weiß. Unsre Uebereilung aus jungen Leuten Engel zu machen, vermehrt die Reimendung mit dem fatalen Buchstaben B. Kinder müßen sich selbst erziehen, und durch eigene Erfahrung klug werden. Laßt das Unkraut wachsen, sagt das gestrige Evangelium. Sehen Sie ihm einige Wochen oder Monathe mit der äußersten Gleichgiltigkeit zu, und überlaßen Sie ihm seinen eigenen Geschmack.

[16/Bd. 6, S. 261]

339. Hamann an F. H. Jacobi, 18.2.1786   Februar 1786

Auf die Woche bin ich willens die *Vorlesungen*[1] zu widerholen, über die Kant auch noch das letzte mal, wie ich ihn besuchte, zu schreiben willens war, so bald er in dem, was zu seinem jetzigen *Cursu* der Autorschaft gehört, weiter seyn würde.

[16/Bd. 6, S. 276]

[1] Gemeint: Mendelssohns »Morgenstunden«.

340. Hamann an F. H. Jacobi, 4.3.1786   Anfang März 1786

Kant hat den Verdruß gehabt gantz abscheulich in Kupfer gestochen zu werden von einem Juden Löwe oder Löve[1], dem er einen Injurienproceß ankündigen will, wenn er ihn verkauft. Er soll dem Pan oder Pastor Polyphemus ähnlich sehen. Der Künstler ist ein *protegé* des H.[2] wo ich das *monstrum horrendum* auch nächstens in Augenschein zu nehmen denke. —   [16/Bd. 6, S. 303]

[1] Es handelt sich um Townleys Stich (1786) von Lowes, wahrscheinlich 1784 entstandener, Kantminiatur. Vgl. hierzu: Rudolf Malter: Zu Lowes Kantminiatur aus dem Jahre 1784 (?), in: KS 73, 1982, S. 261–270.
[2] Hippel?

341. Hamann an F. H. Jacobi, 6.3.1786   5.3.1786

Ich habe gestern Kanter, deßen starke Natur kaum einen dritten Stoß aushalten möchte, *Me Courtan*, auch Kant besucht der voll von der Mendelssohnschen Sache zu seyn schien. Wir waren weit von einander in unsern Urtheilen, und wurden durch einen Besuch gestört der ihm so wenig als mir angenehm zu seyn schien.

[16/Bd. 6, S. 303]

342. Hamann an F. H. Jacobi, 11.3.1786   10.3.1786

Viel Glück, liebster Jacobi, wenn Sie arbeiten und schreiben. Wenigstens wär es mir lieber und beßer als krank zu seyn. Diesen Mittwoch lief ich voller Ungedult zu Fischer[1], anstatt eines Briefes von Ihnen wurde ich mit den 2 Recensionen unsers lieben Cl.[2] erfreut, welche ich zum Dessert des Haselhünerschmauses erhielt. Ungeachtet keine Zeile dabey war, danken Sie ihm doch herzlich in meinem Namen. Er hat seine Sachen so gut gemacht, als es keiner ihm nachthun wird. Die beyden Bogen circuliren noch immer; Kant erhielt sie erst gestern Abend, und ließ mir durch meinen Sohn sagen, daß er sie noch gestern mit vielem Vergnügen durchgelesen.

[16/Bd. 6, S. 308]

[1] Fischer, Carl Konrad, Kommerzienrat in Königsberg (Vater der Elisabeth Stägemann); vgl. Gause (1959), S. 60; Gause II, S. 189.
[2] Gemeint: Matthias Claudius.

343. Hamann an F. H. Jacobi, 15.3.1786   März 1786

Kant hat wahrscheinl. dem Schütze alles das geschrieben was er mir u andern hier gesagt, und Schütze hat blos seine Wendung daher genommen ihn zu Erfüllung seines Vorhabens aufzumuntern.

[16/Bd. 6, S. 317]

344. Hamann an F. H. Jacobi   Ende WS 1785/86 (März 1786)

Kant kein Herkules, sondern ein wahrer Jünger des Prometheus, welcher aber gegenwärtig in seinen Vorlesungen der Offenbarung ein Haufen *Douceurs* sagt. Maske! Maske! eine sehr wahre Weißagung im Munde Mendelssohns, wie er selbst der Aethiopier, der Sie als einen Berliner beurtheilt, aber durch Ihre eigene *Schuld* und *Politik*.

[16/Bd. 6, S. 318]

345. Rink SS 1786

Wie wenig ihn diese Verhältnisse, selbst wenn sie ihn persönlich betrafen, kümmerten, leuchtet daraus hervor, daß, als ihn im Jahr 1786 zum ersten und einzigen Mahl das Rectorat traf[1], dagegen aber einige Einwendungen[2] gemacht wurden, er schon bereit war nachzugeben, und auch nachgegeben haben würde, wenn nicht die Vorstellungen eines andern Senats-Mitgliedes aus der philosophischen Facultät,[3] und eines in diesen Geschäften eben so gewiegten als Kenntnißvollen und gelehrten Mannes, ihn endlich zum Gegentheil bestimmt hätten. Dieser Mann[4] übersandte ihm die belegte Auseinandersetzung der Ordnung, in welcher das Rectorat wechseln mußte, und schrieb ihm dabey in einem Billet[5]: »Da ist meine Theorie vom Turnus. Jeden andern würde es mir weniger Mühe kosten, von seinem Rechte zu überzeugen; und ich wünschte daher die Sache recht scharf und klar aus einander setzen zu können. Aber so wenig es mir auch gelungen sey, hoffe ich doch, Sie werden erkennen, daß Sie den Senat eine Ungerechtigkeit begehen lassen, wenn Sie gestatten, daß ein Andrer, als Sie selbst, zum Rector gewählt werde.«   [50, S. 48–49]

[1] Irrtum Rinks: Kant war 1788 noch einmal Rektor.
[2] Vgl. auch G, Nr. 346 und Arnoldt, Vorl., S. 286 ff.
[3] Es handelt sich um das Gutachten von Reusch; vgl. R.s Gutachten Ak 13, S. 168–170.
[4] Gemeint: Kraus.
[5] Vgl. das »Pro-Memoria«, in: Ak 13, S. 166 ff.

346. Hamann an F. H. Jacobi, 25.3.1786   vor dem 25.3.1786

Kant wird zum ersten mal *Rector Magnificus,* und der *Actus* geschieht am Sonntage *Quasimodogeniti,* den Tag nach seinem Geburtstage.[1] Bey seiner Wahl sind viele Schwierigkeiten gewesen, die Kraus durch eine meisterhafte *Deduction* erläutert und gehoben, welche ich ohne sein Wißen zu lesen bekommen[2]. Kant hat sich auf eine sehr edle philosophische Art dabey betragen, die seinem guten Character, den ihm niemand absprechen kann, Ehren macht. Er arbeitet jetzt an einer neuen Auflage seiner Kritik, und hat den Verdruß gehabt von einem jüdischen Maler *Löwe* auf eine gantz abscheuliche Art in Kupfer gestochen zu werden, nach dem er wie ein wahres *Monstrum* aussieht, und der beste Physiognomist ein *air de reprouvé* ihm zusprechen würde. Ich vermuthe doch, daß einige Abdrücke davon nach Berlin gekomen seyn mögen, ohngeachtet der *Debit* eines solchen *Pasquils* verhindert worden und der Geck *ad vivum pinxit* die Unverschämtheit gehabt drauf zu setzen.[3]

[16/Bd. 6, S. 330]

[1] Am 23. April.
[2] Vgl. Ak Nr. 262 und 263 (Ak 10, S. 433 ff. und 13, S. 165 ff.).
[3] Vgl. HaBr 6, S. 332 und Anm. 1 zu Nr. 340.

347. Hamann an F. H. Jacobi, 26.3.1786   März 1786?

Mendelssohn war gewohnt mit Leidenschaften und ihren Masken umzugehen, beßer wie wir beyde.
Quid rides? mutato nomine de te Fabula narratur.
Er war selbst der Afrikaner, der sich an Johannes wie an Fritz irrte. In meinem Golgatha war es mir darum zu thun, die Philosophische Maske den Berlinern abzureißen. Daß es ihnen an Instinct nicht gefehlt diese Absicht zu errathen, davon habe ich *indicia* genug erhalten. Nun liegt mir noch der Beweiß auf, daß die *Vorlesungen*[1] anstatt den Verdacht des atheistischen, heidnischen, naturalistischen Fanatismus zu widerlegen, lauter apodictische Beweise deßelben sind. Kant hat nicht Unrecht, wenn er diese Metten für ein reines *System der Täuschung* ausgiebt.

[16/Bd. 6, S. 331]

[1] Gemeint: Mendelssohns »Morgenstunden«.

348. Hamann an F. H. Jacobi, 27.3.1786 vor dem 27.3.1786

Born's Schrift ist keine *Disp.* sondern ein *Programm* — zu seinen *Lectionibus cursoriis,* als *Prof. extraord.* ist schon im *Sept. p.a.* herausgekommen.[1] Es fehlt dem Mann weder an Styl noch Geschmack. Er führt noch eine *Disp.* von sich *de natura fortuiti cum necessario comparata* [an].[2] Kant würde einen vernünftigeren u glücklicheren Uebersetzer an ihm haben als ein hiesiger Landpfarrer[3] gewesen seyn soll, in deßen lateinischen Versuch er sich selbst nicht verstand, so er sich drauf freute auch in Engl. Fr. u Holl. gelesen zu werden. *Vielleicht* besuche ich ihn morgen — Ich habe ihn seitdem nicht gesehen noch etwas gehört, u ich besann mich nicht seinen *Amanuensem* auszuholen, mit dem er auch nicht eben mag darüber gesprochen haben. Ja ich geh morgen. Diesen Augenblick erfahre, daß seine metaphysischen Grundsätze der Physik angekommen sind.[4] [16/Bd. 6, S. 407]

[1] Friedrich Gottlieb Born: De notione existentiae. Lipsiae 1783.
[2] Friedrich Gottlieb Born: De natura fortuiti cum necessario comparata. Lipsiae 1783.
[3] Gemeint: Bobrik, s. Anm. zu G, Nr. 223.
[4] Gemeint: Metaphysische Anfangsgründe der Naturwissenschaft.

349. Wannowski an Kant, 31.3.1786 vor dem 31.3.1786

Ew. Wohlgeboren gütiges Billet[1] an mich sehe ich mit dem schuldigsten Dank für ein besonderes Zeichen Dero Wohlgewogenheit gegen mich an, die mir so schätzbar ist. Ich kenne die Schwäche der beyden von Ew. Wohlgeboren tentirten iungen Leute in Ansehung der Latinität zu wohl, als daß ich solche zu beschönigen suchen sollte. Aber da es mit ihnen schon so weit gekommen ist, daß wenn sie gänzlich abgewiesen würden, ein Schimpf auf ihnen, und vielleicht auch auf der Schule, aus der sie kommen, haften würde, so nehme ich das gütige Anerbieten Ew. Wohlgeboren, sie zur Akademie zuzulaßen und desto größerer Dankbarkeit an, weil solches mich aus einer großen Verlegenheit reißen wird, in die ich sonst in die ich sonst in Ansehung der Aeltern der beyden iungen Leute kommen würde, denen ich die *Dimension* ihrer Söhne auf Ostern habe versprechen müßen.

Dürfte ich wohl also Ew. Wohlgeboren die Beschwerde anmuthen, diese iungen Leute noch einmahl zu tentiren. Ich habe ihnen aufgegeben die zwey Plinianischen Briefe durchzulesen, die Ew. Wohlgeboren hatten exponiren laßen. Vielleicht wird es nun beßer gehen, und Ew. Wohlgeboren wenigstens in so fern zufriedener seyn, daß sie solche wenn nicht unvorbereitet, doch wenigstens nach der Präparation zu verstehen im Stande sind. Sie entschuldigten sich gegen mich mit Schüchternheit, die sie befallen hätte, welche ich ihnen gänzlich auszureden mir Mühe gegeben habe. Sie werden morgen nach zehn Uhr die Ehre haben sich zu stellen. Auch noch eine Bitte, die sie an mich thaten, erdreiste ich mich vor Ew. Wohlgeboren zu bringen. Eine gerechte Beschämung, die sie schon erfahren haben, macht sie besorgt noch einer größeren ausgesetzt zu werden, wenn sie etwa in Gegenwart anderer iungen Leute sollten examinirt werden. Und daß dies nicht geschehen möchte, ist meine ganz ergebenste Bitte. Beschämung ist doch schon der Anfang zur Beßerung. Diese iungen Leute sind sonst wohlgeartet, und beyde nicht ohne Fähigkeit das etwa noch versäumte durch eigenen Fleiß und akademischen Unterricht nachzuhohlen.

[31/Bd. 10, S. 439–440]

[1] Ak 10, Nr. 264a.

350. Rink ab SS 1786

Der Beyfall, den er als academischer Lehrer fortwährend, und bis zu seinem letzten Auftritte auf dem Katheder, den er seit der Mitte des Jahres 1795[1] nicht wieder betrat, behauptete, war ausgezeichnet. Jeder Studirende würde sich selbst für compromittirt gehalten haben, wäre er nicht wenigstens durch die Schule dieses Philosophen — gelaufen. Manche, die sonst schwerlich Königsberg jemahls würden besucht haben, kamen allein in der Absicht dahin, seines Unterrichtes zu genießen, und wenn unter der großen Zahl derer, die ihn in seinem Hörsale umringten, auch nur wenige Einzelne in den tiefern Sinn seiner Vorträge eindrangen: so wirkte doch auch der mildere Strahl, dem das Auge Mehrerer zugänglich war, und hat er nicht lauter Metaphysiker durch seinen mündlichen Unterricht gebildet: so gereicht es ihm dagegen vielleicht zu einem um so schönern Ruhme, daß das Vaterland, wie das Ausland, aus seiner Schule, viele denkende Geschäftsmänner, und rechtschaffene Bürger erhielt.

Nie hat Kant dessen bedurft, sich durch kleinliche Mittel, wie sie leider! gar oft noch itzt auf Universitäten im Schwange gehen, Zuhörer zu verschaffen. Nie hat er auf die Verkleinerung seiner Collegen seine eigne Größe gegründet, nie durch Rodomontaden zu imponiren gesucht, nie durch Beyfall haschende Witzeleyen und schlüpfrige Einfälle die schöne Blüthe der Schamhaftigkeit auf den Wangen des schuldlosen Jünglings zum Hinwelken, und die Stimme der Tugend in dem Busen desselben zum Verstummen gebracht. Im Gegentheil aber wurde er sichtbar wärmer, sein Auge lebendiger, seine Worte eindringlicher, wenn sich die Gelegenheit ihm darbot, der versammelten Jugend Wahrheit und Sittlichkeit zu empfehlen. Es ist noch immer ein kränkendes Gefühl für mich, wenn ich daran denke, wie ein sonst achtungswürdiger Mann, der einst selbst dem Allen als Augen- und Ohrenzeuge mit beygewohnt hatte, sich durch Leidenschaft konnte hinreißen lassen, den Charakter des edeln Weisen, und seiner Philosophie in ein entgegengesetztes, minder günstiges Licht zu stellen.[2] Gott! was ist der Mensch, oft auch der bessere, welches hier der Fall war. Hätte doch Niemand schwache Augenblicke seines Lebens zu bereuen! Eine Reue, die dem edlern Herzen besonders fühlbar wird. Doch, Friede sey mit der Asche Beyder! Beyde rangen, aber in einem ganz verschiedenen Charakter, nach Wahrheit; hier trafen sie nicht als verschwisterte Gestirne zusammen; jenseits werden sie es!

Nicht ganz so friedliebend als Kant neben seinen Collegen hinging, verfuhren diese durchweg, und in ältern Zeiten gegen ihn; indessen waren es nur wenige Einzelne, die sich von ihm verdunkelt sahen, und nur gelegentlich eine Insinuation gegen ihn in den Kreis ihres Publicums warfen, von der sie glauben wagten, daß sie in ihren Folgen die wirksamste seyn werde. Sein unbescholtener sittlicher Charakter bot der Anklage keine Blöße dar, es galt also seine religiösen Grundsätze, und wenn diese zuweilen von seinen

Mitbürgern richtiger hätten können gewürdigt werden: so ist es doch nicht zu leugnen, daß Kant durch eine gewisse scheinbare Gleichgültigkeit gegen den äußern Cultus, selbst die Veranlassung dazu hergab. Von allen seinen jüngern Collegen übrigens, deren die Meisten seine Schüler gewesen waren, lebte er geliebt und geachtet.

[50, S. 40–43]

[1] Irrtum Rinks; richtig: 23. Juli 1796.
[2] Gemeint wohl: Metzger.

351. *Rink* ab 1786

Ein zweyter hier zu bemerkender Umstand ist, daß Kant auf einem, wenn ich mich dessen noch gehörig erinnere, dem linken Auge, nur wenig sah, dabey aber behauptete, er entsinne sich noch ganz wohl, wie er ehedes auf diesem Auge eben so wohl, als auf dem andern gesehen habe. Er schrieb dies einer Austrocknung des Sehnerven zu; und wirklich verwarf er dieses Auge zuweilen, welches eine gewisse Schwäche desselben zu verrathen schien. Das Gefühl dieser Schwäche war denn auch wohl die Ursache, daß er einen so warmen Antheil an den Debatten nahm, die man vor einigen Jahren, über Blässe und Schwärze der Lettern, über den Gebrauch teutscher oder lateinischer Schrift, so wie über hellweißes oder graues Papier beym Druck der Bücher führte. Bey der mündlichen Unterhaltung insbesondre ereiferte er sich oft in sehr starken Ausdrücken über das zur Mode werdende graue Papier und den nicht minder gewöhnlichen bleichen Druck.

[50, S. 90–91]

352. *Hamann* an Jacobi, 4.3.86 Anfang März 1786

Ob ich dem andern der Zween, neml Kant selbst oder durch unsern gemeinschaftl. Verleger Hartknoch auch ein Exemplar[1] übergeben werde, weiß ich nicht. Ich bin auf jeden Fall bereit und willig dazu. Denn jede Freundschaft ist beynahe in meinen Augen unzertrennlich. Eben höre ich, daß Schütz aus Jena[2] ihm geschrieben haben soll, wie der Verdacht des Atheismi gegen ihn dort zunehme, und wie aus den von Ihnen angeführten Stellen Sie auch diesen Argwohn zu bestätigen schienen. 16/Bd. 6, S. 302]

[1] Gemeint: Hamanns »Fliegender Brief«, vgl. SW 3, S. 349ff.
[2] Vgl. Ak 10, S. 430 (Febr. 1786).

353. Hamann an Herder, 2.4.1786 vor dem 2.4.1786

Kant soll über des Hofpredigers Schultz *Recension* des Ulrichschen Lehrbuchs empfindlich gewesen seyn, aber nicht so sehr, wie hier erzählt wurde.[1] Er wird diese Ostern zum ersten nmal *Rector Magnificus*. Er wird sich in der Vorrede zur *Phoronomie*[2] gegen jene *Recension* verantworten. Er hat das Unglück gehabt von einem Juden *Löwe* in Kupfer auf eine gantz abscheuliche Art verunstaltet zu werden und den *Debit* eines solchen monströsen *ad vivum pinxit* untersagt.[3] Er arbeitet an einer verbeßerten Ausgabe seiner Kritik. 16/Bd. 6, S. 338]

[1] Ulrich, Johann August Heinrich: Institutiones Logicae et Metaphysicae, Jena 1785; die Schultzsche Rezension erschien in der ALZ 13, Dez. 1785, S. 297–299 (vgl. Ak 10, S. 421 und Ak 13, S. 146f., 157f.).
[2] Gemeint: Metaphysische Anfangsgründe der Naturwissenschaft; zu Ulrich vgl. dort die Fußnote, Ak 4, S. 474ff.
[3] s. G, Nr. 340.

354. Ewerbeck[1] an Kant, 3.4.1787 Anfang April 1786

Verzeihen Ew. Wohlgebohrnen, daß ich mir die Freyheit nehme, Ihnen mit einem Briefe beschwerlich zu fallen, ohne eine wichtigere Veranlaßung zu haben, als denenselben die mitfolgende kleine Schrift[2] zu überreichen. Freylich bin ich es mir nur zu sehr bewust, wie unbedeutend dieselbe ist, und wie wenig sie eines solchen Mannes Aufmerksamkeit verdient: indeßen waren ja Ew. Wohlgebohrnen gütig genung, sich gerade vor einem Jahre mündlich mit mir zu unterhalten, und auf meine geringfügigen Urtheile zu achten; ich darf also auch itzt wohl nicht die schmeichelhafte Hofnung ganz aufgeben, daß meine Disputation von Ew. Wohlgebohrnen ein wenig durchblättert werden wird.

[31/Bd. 10, S. 481]

[1] Ewerbeck, Christian Gottfried (1761–1837), immatr. 2.4.1778, seit 1788 a. o. Prof. d. Philosophie in Halle, 1789 Prof. d. Mathematik und 1790 der Philosophie am Danziger Gymnasium. Vgl. APB 1, S. 171f.; Meusel 2, 1796, S. 206.
[2] Nach Ak 13, S. 194: »Super doctrinae de moribus historia, ejus e fontibus conscribendae ratione et utilitate«. Halle 1787.

355. Borowski   zwischen 27.2.1786 und 7.4.1786

Ebenso lebhaft erfreute er sich aber auch seiner für die Welt nutzbar gewordnen und dabei — gegen ihn dankbaren Schüler. Freilich *solcher* Art Beehrungen, als Abendmusiken der Studierenden, Überreichung von Gedichten u. dgl. sind, wich er wohl, so lang ich ihn kenne, recht geflissentlich aus. Ebensowenig galten bei ihm Zueignungsschriften vor den schriftstellerischen Produkten seiner ehemaligen Schüler, die bisweilen auch wirklich weiter nichts, als Schülerwerke (in einem andern Sinne) waren. Kant sagte es wohl nie laut, daß diese durch die Anreihung ihrer Namen an den seinigen im Grunde nur — sich selbst und nicht ihn beehren wollten: aber willkommen waren sie ihm nicht. Ich bin Bürge dafür, daß er die mehresten solcher Dedikationen nicht einmal durchlas. Einst war ich eben bei ihm, da ihm Marcus *Herz* eine Schrift über den Schwindel zuschickte, vor der Kants Name stand. Kaum hatte er den Titel angesehen und dabei geäußert, daß er vom Schwindel frei sei, als er dem Diener auch schon befahl, es zu seinen übrigen Büchern (er sagte nie, in seine Bibliothek) zu tragen. Sicher hat er die Zueignungsschrift nie gelesen, obwohl er aus Herzens Briefe wußte, daß sie da hinter dem Titelblatt stand.[1]

[29, S. 70–71]

[1] Herz' Schrift »Versuch über den Schwindel« erschien 1786 in Berlin. Vgl.

zur Abhängigkeit der Schrift von einer Unterredung H.' mit Kant: Ak 10, S. 431 f.; zu Kants Reaktion auf die Zusendung der Schrift vgl. Ak 10, S. 442 und Ak 13, S. 161 f. sowie HaBr 6, S. 353. Hinsichtlich der Widmung irrt sich Borowski; das Buch enthält keine Zueignung an Kant, vgl. [Friedländer]: Kant und Herz, in: NBM 1805, Bd. 13, S. 149–153.

356. Kant an Herz, 7.4.1786   vor dem 7.4.1786

Mein Freund Heilsberg findet sich jetzt beynahe ganz genesen. Ich habe ihm seine Versäumnis eines Berichts an Sie vorgehalten und er versprach alsbald hierinn seine Schuldigkeit zu beobachten.

[31/Bd. 10, S. 442]

357. Hamann an F. H. Jacobi, 9.4.1786   4. April 1786

Scheller[1] hat seinen Freunden hier den auf den 4 angesetzten Hochzeittag angekündigt und die Ausstattung sollte in Graventihn geschehen. Hippel feyerte diesen Tag und Michael[2] als sein Schüler war auch eingeladen. Kant war auch zugegen, Raphael[3] war eben aufgestanden, wie das Gespräch auf Mendelssohn gekommen, deßen Ausgang er daher nicht abwarten können, und gieng deswegen zu Hippel der mir alles ersetzt. Von Brahl, den ich lange nicht gesehen, und der auch bey mir ansprach erhielte den vorläufigen Wink, daß Kant sollte ersucht worden seyn aus Berlin den *Schiedsrichter* abzugeben; wozu er denn wohl zu klug ist. Er soll sich aber auch soetwas haben entfahren laßen, und es ist wahrscheinlich, daß er von seinem gewesenen Schüler und Vorläufer *D. Herz* darum ersucht worden.[4] Kant hat erklärt, daß er etwa in die Monatsschrift über die *Verdienste Mendelssohns um die jüdische u christl. Religion* wollte einrücken laßen, wenn es dort aufgenommen würde — und bis zur Schwärmerey von M. Originalgenie und seinem Jerusalem eingenommen gewesen. Das erste soll er in die Geschicklichkeit gesetzt haben, mit der M. die Kunst sich jedes Umstandes zu Nutz zu machen gewußt, jede Hypothese in ihr günstigstes Licht zu setzen. Der Wortwechsel soll so heftig geworden seyn, daß Kant voller Unmuths weggegangen, und sich beynahe gegen den Bancodirector Ruffmann ungezogen und grob aufgeführt, worüber sich Hippel selbst wunderte und eben damit nicht sonderlich zufrieden war.⁵

Kant ist ein Mann von eben so großen Talenten, als guten und edeln Gesinnungen, der sich von Vorurtheilen sehr begeistern läßt, aber sich nicht schämt selbige zu wiederruffen, abzulegen und zu verleugnen. Man muß ihm nur dazu Zeit laßen, selbst in sich zu gehen. Er plaudert lieber, als er hört. *In puncto* seines Systems und dadurch erworbenen Ruhms ist er gegenwärtig ein wenig kützlicher und eingenommener, wie Sie selbst leicht erachten können. Das ist nicht gantz seine, sondern vornehmlich des lieben Publici schuld. Man kann es ihm also nicht gantz verargen.

Hofprediger Schultz, mit deßen Recension des Ulrichschen *Compendii* er ungemein misvergnügt gewesen, ist ihm zuvorgekommen, und hat ihn neulich besucht. Die Unterredung hat lange gewährt; Kant scheint mit dem Ausgange zufrieden gewesen [zu] seyn.⁶ Gestern kam einer unserer besten Köpfe, *Jenisch*⁷ zu mir, der ein Vertrauter des Hauses ist, und durch deßen Wink der Hofprediger zu diesem Besuche vielleicht bewogen worden — Aus dem was er mir erzählen konnte, merkte ich daß der Geistliche dem φφεnen in die Karte geguckt — und daß K. in der ersten Hitze erbitterter gewesen seyn muß, als es ihm selbst lieb gewesen. Diese Schwachheit kam durch seinen *Amanuen*sen heraus und wurde hernach bemäntelt. Kant ist überhaupt bey aller seiner Lebhatigkeit ein treuherziger unschuldiger Mann. Aber schweigen kann er so wenig als *Jachmann*, der von gl. Schlage ist und dabey ein sehr junger und sanguinischer Mensch.⁸ Beyde sind meine u meines Sohns Freunde, Jenisch, ein nur etwas zubrausender Kopf übt sich mit ⟨R⟩ Michael u Raphael im Griechischen, wo sie jetzt den *Aeschylum* lesen. Beyde gehen nächstens nach Berlin *Jachmann* seinen *Cursum medicum* auszuführen, *Jenisch* als ein philologico-theologischer Glücksritter, wozu er gute Aussichten hat. Dieser geht mich näher an, als jener.

Auf unsern Kritiker bauen Sie nicht und haben es auch gar nicht nöthig. Er ist wie sein System, kein Fels sondern Sand, in dem [man] bald müde wird weiter zu gehen. Laßen Sie der Wahrheit ⟨J⟩ ihren geraden Lauf, und jedem seine Freyheit. Sie fahren dadurch am sichersten und besten. — Mir ist eben so viel daran gelegen, daß er mit seiner Arbeit herausrückt, als Ihnen nur seyn kann. Die Verdienste des Todten gehen uns beyde nichts an; ich habe es bloß mit der *berlinschen Schätzung* derselben zu thun. Jede Anhänglichkeit eines Systems ist ein Sauerteig für die reine lautere Wahrheit, welche ⟨uns⟩ sich mit ihrer Milchspeise nicht verträgt. Entwöhnt vom System müßen wir werden; und für Säuglinge taugt kein starker Wein.

Also Kants *Neutralität* laßen Sie sich gar nicht beunruhigen. Alle meine Verbindlichkeiten die ich ihm schuldig bin, und daß Michael alle seine *Collegia* die Erlaubnis hat zu hören, soll mich nicht abhalten, ⟨anders⟩ so zu schreiben, als ich denke — und ich besorge von mir keinen Neid noch Eifersucht auf seinen Ruhm. Ich habe schon manchen harten Strauß mit ihm, und bisweilen offenbar Unrecht gehabt; er ist darum immer mein *Freund* geblieben, und Sie werden ihn auch nicht zum Feinde machen, wenn Sie der Wahrheit die Ehre geben, die Sie schuldig sind u ihr angelobt haben. Von jedem Systematiker mußen Sie eben die Denkungsart erwarten, daß er von seinem System wie ein römisch Katholischer von seiner einzigen Kirche denkt; und eben das Principium, das in Leßing u Mendelssohn war, scheint auch K. πρωτον ψευδος zu seyn, wiewohl er, wie ich vermuthe, ohne Heucheley von Offenbarung bescheidener redt u selbige mit in sein Intereße zu ziehen scheint. Der Auftritt mit den jungen Leuten, von dem ich Ihnen gemeldet, die sich bald von ihm bald von Schultz ⟨w?en⟩ nannten, hat ihn glaub ich behutsamer gemacht.[9]   [16/Bd. 6, S. 348–350]

---

[1] Scheller, Hofmeister bei Deutsch in Graventhin. Vgl. Gildemeister 3, S. 188 ff. (HaBr 6, S. 600).

[2] Gemeint: Hamanns Sohn Johann Michael.

[3] Gemeint: Raphael Hippel, Vetter Th. G. Hippels. Vgl. Walther von Hippel: Geschichte der Familie von Hippel. Teil 1; Berlin 1898; Teil 2: Königsberg 1912.

[4] Die Vermutung Hamanns trifft zu; vgl. Ak 10, S. 432 und Ak 13, S. 162 ff.

[5] Über Kants Stellung zum Jacobi-Mendelssohnschen Streit vgl. die Schrift »Was heißt: Sich im Denken orientieren?« Vgl. Vorl. I; S. 329 ff.; vgl. zum Streit im ganzen: Kurt Christ: Jacobi und Mendelssohn. Eine Analyse des Spinozastreits. Würzburg 1988. — Speziell zum »Wortwechsel«, Gildemeister 3, S. 188 f.

[6] Vgl. G, Nr. 325.

[7] Vgl. G, Nr. 167.
[8] Johann Benjamin Jachmann.
[9] s. G, Nr. 312.

358. Hamann an F. H. Jacobi, 9.4.1786　　　Anfang April 1786

Freund *Crispus*[1] besucht mich, und meynt auch, daß Sie wegen Kants nichts zu besorgen hätten. Er giebt sich mit seinen persönlichen Handeln ab, und würde höchstens seine Meinung über die Sache sagen, das Ihnen auf keinerley Weise nachtheilig seyn könnte. Er hätte damals auch schreiben wollen, über das *Recept* des Mendelssohn gegen Aberglauben u Schwärmerey, das ihm lächerlich vorgekommen wäre. Das Jerusalem wäre ihm immer als ein unwiderlegliches buch vorgekommen. *D.* Marcus Herz hatte ihm sein ⟨dunk⟩ dickes Buch über den Schwindel zugeschickt, das er nicht lesen könnte, weil es zu psychologisch wäre.[2] Er war hier sein bester Schüler und *Respondent,* beklagte sich aber über die Misverständniße seiner Philosophie ziemlich laut, die er ihm aufgebürdet in den *Betrachtungen aus der speculativen Weltweisheit* Kgsb. 771.[3] Kehren Sie sich an alles das Geschwätz nicht. Als Philosoph hält er es mit Mendelssohn, aber gewiß nicht als mit einem Wolfianer und mit dem Juden nur in so fern er Naturalist ihm scheint. Es geht allen den weisen Rathans wie dem Aethiopier. Sie verwechseln das Gesicht mit der Maske, und umgekehrt, um im Grunde über sich selbst zu lachen.　　　[16/Bd. 6, S. 353–354]

[1] Gemeint: Kraus.
[2] Vgl. G, Nr. 355.
[3] Vgl. zu Kants Reaktion Ak 10, S. 133, 142, 146.

359. Hamann an Scheffner, 12.4.1786　　　Anfang April 1786

Kant ist auch willens über M.M. Predigten von der jüdischen u xstl. Religion zu schreiben — und ich damit auch was thue, bin

ein leidiger Zuschauer auf einem Strohstuhl, weil der Großvaterstuhl einen seiner 4 Füße verloren u auf den Boden *promou*irt werden müßen.
[16/Bd. 6, S. 357]

360. Jachmann vor dem 23.4.1786

Zur Feierlichkeit bei dem Antritt seines ersten Rektorats ließ er sich eine neue Kleidung machen, weil er vergessen hatte, daß man dabei schwarz erscheinen müsse. Einige Tage zuvor führte er mich ans Fenster, zeigte mir eine Tuchprobe, machte mich auf die drei verschiedenen Farben des melierten Tuches aufmerksam und ersuchte mich, daß ich ihm ein seidenes Futter aussuchen möchte, das gerade in diese drei Farben spielte. Dem großen Manne war eine solche Kleinigkeit nicht zu klein, weil er die Meinung hegte, daß man auch durch seine Kleidung die Gesellschaft, in welcher man sich befände, ehren und auch schon um sein selbst willen sich äußerlich den Menschen von einer gefälligen Seite zeigen müsse.
[29, S. 167]

361. Hamann an F. H. Jacobi, 23.4.1786 23.4.1786

Kant ist heute *Rector Magnificus* geworden, und ich habe ihn gestern zu seinem Geburts⟨?⟩tag der zugl. sein Namenstag nach unsern Almanachs ist, Glück gewünscht, welches er sehr gut aufzunehmen schien, ich konnte u wollte mich aber gar nicht aufhalten laßen. Ein gestörter *Cand. Medic.* hat durch einen närrischen Auftritt den heutigen *Actum* unterbrochen, hat sich auf den Katheder gedrängt und seine *Lectione*s ankündigen wollen.
[16/Bd. 6, S. 361]

362. Rink   23.4.1786

Uebrigens traf es sich zufällig, daß sein Rectorat, von Ostern bis Michaelis 1786 eines der Geräuschvollesten war; und so kündigte es sich gewissermaßen gleich anfänglich an, indem, als der abgehende damahlige Prorector, der verstorbne Doctor und Professor Holzhauer, seine Abdankungsrede gehalten, und Kant seine Antrittsrede[1] eben angefangen hatte, sich ein ehemahliger Studirender, der aber seines Verstandes nicht mächtig war, schnell zwischen den Zuhörern durchdrängte, sich neben den letztern, auf dem obern Catheder des größern academischen Hörsaales hinstellte, ein Papier hervorzog, und in dem Augenblicke seine Vorlesungen ankündigte, als er auch schon wieder durch eine überlegnere Zahl von Händen, von dieser nicht für ihn besttimmten Stelle entfernt ward.   [50, S. 49–50]

[1] Nicht erhalten.

363. Jachmann   23.4.1786

An dem Tage, als er zum ersten Male das Rektorat der Universität antrat, überraschte ihn sehr angenehm unser Morgenbesuch. Ich hielt eine kurze Rede an ihn, wobei er mich mehrere Male durch die Versicherung unterbrach, daß er ganz außer Fassung wäre. Und mit welcher herzlichen Freude empfing er uns, als Professor Kiesewetter und ich ihm an seinem sechsundsechzigsten Geburtstage unsern Glückwunsch in einem kleinen Gedichte[1] überreichten! Der große Mann erschien dann immer am liebenswürdigsten, wenn er zeigte, daß er menschliche Gefühle habe.

[16/Bd. 6, S. 148]

[1] »An den Professor Kant, da er zum erstenmal Rector der Königsbergischen Universität wurde. Von einigen seiner Schüler.« Königsberg, den XXIII. April 1786; vgl. Ak 12, S. 404–406 und Ak 13, S. 576f.; vgl. auch HaBr 6, S. 364 und Arnoldt, Vorlesungen, S. 287f.

364. Hippel ab 23.4.1786

Herr Kant hat nur Sprachkenntnisse fürs Haus, — und dies könnte freilich beweisen, was zu erweisen war; indessen ist sein Gedächniß auf der andern Seite von einer wunderbaren Stärke. Die unerhörtesten Namenregister faßt er blitzschnell; auch recitirt er Stellen aus Büchern, ich weiß nicht, ob ich *fast* wörtlich, oder wörtlich *geradezu* sagen soll. Sein Leben war in Mathematik und Philosophie getheilt (Reisebeschreibungen, Geographie und Geschichte waren seine Erholungen) und doch pflegt er mir oft zu klagen, daß er nicht drei zu zählen im Stande sei, das heißt, daß er nicht drei Sachen, die im akademischen Rektorat vorfielen, und die an sich gewiß äußerst einfach und klein ihrer Natur nach sind, zu übersehen vermöge, deren ich doch oft in einem Vormittage bis sechshundert zu überblicken verbunden bin, von denen wenigstens zwei Drittheile ihren Knoten haben, der nicht zerhauen, sondern mühsam aufgelöst werden muß. [26, S. 292–293]

365. Hamann an Jacobi, 27.4.1786 April 1786?

Noch eines, das mir Hippel erzählte, und ich Ihnen zu melden versprach. Kant hat einen Juden Theodor[1] unter seinen *liebsten* Zuhörern, wie *D.* Herz damals war und ein Elkana[2], der aber gestört wurde. Theodor hat ihm mit viel Umständen das Misvergnügen vorgehalten daß die hiesige Judenschaft darüber bezeigte, weil er sich über die Berlinische *Collecte* zum Monument aufgehalten hätte.[3] Kant ist darüber ungemein empfindlich geworden, und hat der Judenschaft sagen laßen, daß sie von Rechts wegen die Kosten *allein* tragen sollte für die Ehre die man einem jüdischen φφen anthäte ihm unter solchen Männern einen Platz einzuräumen. Was unser Alter *decret*irt sowohl in dieser Sache, als in der gegenwärtigen zu Berlin herrschenden Schwärmerey alle Bediente durch *Livrée* zu unterscheiden, hat mir sehr gefallen. *Man sollte ihn mit dergl. Narrenspoßen ungeschoren laßen.* [16/Bd. 6, S. 368–369]

[1] Vgl. Krüger 1966, S. 95 f.

² Elkana, Ruben, vgl. Ak 10, S. 475 und Ak 13, S. 191; weiter HaBr 6, S. 368; HaBr 7, S. 94, 104 und Arnoldt, Vorlesungen, S. 264f. Krüger (1966), S. 94f.
³ Vgl. den diesbezüglichen Briefwechsel zwischen Herz und Kant: Ak 10, S. 432 (und Ak 13, S. 165); Ak 10, S. 267.

366. *Hamann* an F. H. Jacobi 3.5.1786

Der vorgestrige Rausch, von dem die letzten Zeilen sichtbare Zeugen sind, hat meiner Gesundheit sehr wohl gethan. Ich habe darauf wie ein Taglöhner geschlafen und hatte den Morgen drauf eine Oeffnung, wie ich sie in langer Zeit nicht gehabt. Dies ist eine von den Hauptanekdoten, womit unser lieber Kritiker des Morgens seine Besucher unterhält, auch selbst der Gr Kayserlingk vor der Tafel nicht ermangelt zu *referi*ren zum herzl. Gelächter meines Freunds mit der satyrischen Hippe. [16/Bd. 6, S. 376]

367. *Hamann* an Jacobi, 4.5.1786   4.5.1786/SS 1786

Gieng schon um 6 Uhr mit meinem Michel aus, der zu Kant eine Stunde früher, als er liest, einen Platz sich aussuchen muß wenigstens die ersten Monathe beym Anfang eines *Seme*ster so gewaltig ist sein Zulauf, [16/Bd. 6, S. 380]

368. *Kraus*   Mai 1786

»Aber sagen Sie mir, haben Sie wohl schon das unbarmherzige Pasquill auf den seligen Kreutzfeld und Ihren armen Kraus gelesen, welches der weiland Minister von Braxein nur eben jetzt herausgegeben und im Intelligenzblatt *Nro.* 44 allen Bürgern und Edelleuten, Patrioten, Dilettanten und Kennern für 67$^{1}/_{2}$ Groschen preußisch zum Kauf angepriesen hat? Ich konnte nicht anders als darüber lachen und das Ding verachten; und fand in mir auch nicht die allermindeste Anwandlung von Lust darauf zu antworten. Aber mein scharfsinniger Freund Müller sagt: Ob eine Antwort darauf nöthig sey, darüber müsse ich nicht meine Privatmeinung, sondern die Meinung des gescheiten Theils vom Publico entscheiden lassen, und da höre ich denn nun freilich, daß Kant und Hamann, Hippel und Scheffner, der Oberhofprediger Schulz und Diaconus Kraft*) insgesammt eine Beantwortung für nöthig halten.[1]

[33, S. 147–148]

*) Bei der Altstädtischen Kirche in Königsberg.
[1] Da Kreutzfeld in einer Schrift »gegen die 1782 erschienene Schrift ›Historisch-genealogische bisher ungedruckte Geschlechts-Nachrichten der alten hochadlichen ostpreußischen National-Familie von Braxein‹ erklärt hatte, so ließ der Staatsminister a. D. Fabian v. Braxein eine heftige Gegenschrift ›Historisch-critischer Beleuchtung der unerwiesenen Meynung des Prof. Kreutzfeld vom Adel der alten Preußen‹ etc. (Leipzig 1785) erscheinen. Kraus' sämmtliche Freunde riethen ihm zu einer Antwort auf das ›unbarmherzige Pasquill‹, wie er selbst (Leben pg. 147) es nennt, aber er zog es schließlich doch vor, zu schweigen; ›denn Belehrung sehe ich doch nicht viel von meiner Arbeit ab, und Vergnügen wahrlich auch nicht‹ (ibid. pg. 149).« Sembritzki, S. 280.

369. *Hamann* an F. H. Jacobi, 13.5.1786   13.5.1786

Vorgestern Abend höre ich, wie von ohngefähr, daß Brahl das erste ⅓ oder ¼ das bey mir zur Revision liegt von seiner Uebersetzung[1] durch Jenisch nach Berl. schicken will, der reisefertig ist. Ich wie ein Wetter über sein *Mst* her, an dem sich schon *Crispus* fast müde gqvält, und wurde gestern Abend spät fertig, daß es mein Michael mir heute aus den Augen schaffen muste. Habe noch gnug gefunden, und so flüchtig verglichen, daß gnug noch übergeblieben seyn wird. Diese Arbeit konnte ich am besten auf meinem *telonio* thun. Eben wie ich drüber sitze, kommt Hill um 11 Uhr um zu wißen, warum ich nach ihm geschickt hätte. Ich weiß von nichts; es ahnete mir aber gleich, daß es ein Bote aus seiner Nachbarschaft seyn muste, neml. von Fischer, wohin ich ihn verwies. In einer Viertelstunde brachte er mir gegen 12 Mittags Deine 2 *Ded.* Exempl.[2] Ich laufe stehendes Fußes zu Kant, der sich schon darnach bey *Crispus* erkundigt und auf die beyden Wonsen ⟨unterrichtet⟩ zubereitet war. Er freute sich sehr mich zu sehen und auf das Buch. Eine Autorangelegenheit gieng ihm auch im Kopf herum die er mir sogl. mittheilte. Es ist die Tübingsche *Recension* seiner Moral. Schütz hatte ihn auf eine Widerlegung eines Kirchenraths Tittel vor ⟨s⟩ bereitet, der ein *Commentator* des *Feders* seyn soll, der mir gantz unbekannt bisher geblieben ist. Vielleicht ist die ganze Widerlegung diese kahle *Recension*, die Kanten nicht anficht, und für wichtig gnug von schwachen Freunden gehalten worden, sie ihm zu Gefallen hier nicht circuliren zu laßen.[3] Er muste sich ankleiden, in sein nahes SpeiseQvartier zu gehen, und ich lief zum HE Namensvetter. Was Kant selbst zu der Schrift sagen wird, werde ich durch *Crispum* u anders woher erfahren, wie auch von ihm selbst. Er hat ein reines unversehrtes uncastrirtes Exemplar erhalten. [16/Bd. 6, S. 389–390]

[1] Gemeint: Imberts philosophische Erzählungen, aus dem Französischen übersetzt, Berlin und Liebau 1786. (Zit. nach Baczko (1787ff.), S. 597).

[2] Gemeint: Jacobis »Wider Mendelssohns Beschuldigungen in dessen Schreiben an die Freunde Lessings« (1786).

[3] Vgl. zur Rezension der »Grundlegung« in der Tübinger Gelehrten Anzeigen und zu Tittel Ak 5, S. 506f.

370. Hamann an F. H. Jacobi, 25.5.1786   April/Mai 1786

Mit der letzten Post haben die Juden von *D.* Herz eine fröhl. Nachricht erhalten, die ich noch nicht für gantz kauscher ansehe. Daß Ihr Prophet Moses doch erhöht werden wird. Was ich davon gehört, war sehr lächerlich u abgeschmackt. Hab ich Dir nicht, lieber Fritz geschrieben, daß das hiesige Israel mit unserm Kunstrichter verfallen ist, u dieser ihnen das Geschmier derb aufgedrückt. Er denkt an keine Abhandl. mehr von den Verdiensten die er einmal einen gantzen Mittag bey Hippel ausgekramt und beynah gegen einen Mann, den er sonst schätzt, wider seine Gewohnheit heftig geworden. Es war *Ruffmann.* Der *Amanuensis* versicherte mir gestern, daß er keine Feder wider für die *Luna* angesetzt. Sein alter

Freund *Green*, wo er jeden Tag bis auf den Schlag 7 und Sonnabends bis 0 zu Hause ist, liegt so gut wie verrechnet, und ist nicht mehr im Stande sein Bett zu verlaßen, in dem er allein sich erträgl. findet, geht ihm sehr nahe. Ob er sein Exemplar wider an Kayserlingk abgegeben weiß ich noch nicht.

16/Bd. 6, S. 400–401]

371. Hamann an F. H. Jacobi, 25.5.1786 25.5.1786

Kant läßt mir diesen Augenblick durch seinen *Amanuensem* sagen, daß er eben *Born*[1] antwortete und ich morgen um 9 Uhr die Abhandl.[2] haben sollte. *Ecce Crisp[us]*—! [16/Bd. 6, S. 402]

[1] Nur Borns Brief ist erhalten (Ak 10, S. 470f.).
[2] Gemeint: »Was heißt: Sich im Denken orientieren?«

372. Hamann an F. H. Jacobi, 28.5.1786 28.5.1786

Ich wollte noch in der Kirche wenigstens ansprechen wie Miltz[1] schon herauskam. Ich fuhr in meine Kleider u besuchte Kant, bey dem seinen Lieblingszuhörer den Juden Theodor fand. Es betrifft ein Anliegen in eines Freundes u in meinem eignen Namen, worüber ich Ihr Ja oder Nein ausbitte. [16/Bd. 6, S. 408]

[1] Miltz, Andreas, Schulkamerad Hamanns; vgl. Nadler, S. 311.

373. Hamann an F. H. Jacobi, 28.5.1786 28.5.1786

Kant hat durch die Briefe über Sp.[1] wie er mir erzählt, ein Vorurtheil gefaßt von dem er durch die letzte Schrift[2] zurück gekommen, mit der er ⟨sich⟩ stärker gegen *Cr.* als gegen mich seine Zufriedenheit bezeigt haben soll. Er soll nachdrückl. an Biester ebenfalls darüber geschrieben haben u. das gantze Verfahren in der Mendelssohnschen Sache gemisbilligt haben.

[16/Bd. 6, S. 409–410]

[1] Gemeint: Jacobis.
[2] Gemeint: »Was heißt: Sich im Denken zu orientieren?«

374. Hamann an F. H. Jacobi, 22.6.1786   20.6.1786

Kant klagt mir vorgestern Abend seine bittere Noth, daß er seinen *Sphincter* nicht zur Oeffnung bewegen könnte. Er schreibt über das Mendelssohnsche *Orientieren* etwas — aber ist Dein Freund u des Resultatenmachers.[1]   [16/Bd. 6, S. 472]

[1] Gemeint: Wizenmann

375. Hamann an Schenk, 12.7.1786   10.7.1786?

Kant hat auch vorgestern den Anfang mit den Kämpfschen Mitteln machen wollen, klagte mir aber gleichfalls seine Noth — und ich werde ihn ehstens aufsuchen, welches ich desto nöthiger habe, weil ich erfuhr, daß er etwas für die Berl. Monatsschrift arbeitet über das Mendelssohnsche *Orientiren.* Er mag so verschieden denken als er wolle, so hoffe ich und bin gewiß, daß unser Freund und sein Apologist mit seinem Ton zufrieden seyn werden. Ich glaube kaum, daß es vor den *Sept.* eingerückt werden wird.

[16/Bd. 6, S. 465]

376. Hamann an Kraus, 7.8.1786   7.8.1786

Ich gieng heute gegen Abend nach dem philosophischen Gange um HE Pr. Kant zu begegnen, den ich zu Hause zu stöhren befürchte, und war so glückl. ihn eben auf dem Rückwege zu begegnen. Er hat nichts als seinen Gruß zu bestellen und wünscht, daß Ihnen die Ausflucht heilsam seyn möge. Von Berl. weiß er nichts.

[16/Bd. 6, S. 524]

377. Hamann an F. H. Jacobi, 23.8.1786   22.8.1786

Der junge Mensch[1] hat hier viel Beyfall gefunden, eben so aufmerksam als zurückhaltend, ein würdiger *Successor* seines Vaters. Vorgestern hat Hippel einen Schmaus ihm zu Ehren gegeben, und wie ich höre, ist er bereits abgereiset. Es thut mir leid daß Kraus ihn nicht gesehen, bey dem er einer Vorlesung über den Homer beywohnen wollte, wie er gestern auch bey Kant gethan. Auch diese Erscheinung ist nicht überflüßig gewesen, mich in Ansehung meiner Autorschaft zu *orientiren*.   [16/Bd. 6, S. 531]

[1] Gemeint: der Sohn Friedrich Nicolais.

378. Jachmann   19.9.1786

Selbsterworbene Vorzüge und Verdienste vermehrten seine Achtung gegen Menschen. Er selbst voll hohen Werts durfte keinen erniedrigen, um sich selbst zu heben. Das tat er auch nie, sondern er ehrte im Gegenteil die Talente, die Wissenschaften, die sittlichen Vollkommenheiten und selbst die dadurch erworbene bürgerliche Würde anderer Menschen und gab dies auch auf eine den Verdiensten eines jeden angemessene Art zu erkennen. Aber sein eigner hoher Wert bewahrte ihn andrerseits vor Kriecherei und Menschenscheu. Selbst seinem Könige Friedrich Wilhelm dem Zweiten, der ihn bei der Huldigung[1] zu sich einlud, stellte sich Kant mit einem bescheidenen, aber edeln Selbstgefühl dar.² Er besuchte die Gesellschaften der ersten Staatsbeamten im Militär- und Zivilstande; aber auch hier verleugnete Kant seinen Charakter nie, sondern er äußerte seine wahren Überzeugungen und Grundsätze ebenso freimütig und betrug sich mit eben dem edeln Anstande als zu Hause oder in der Gesellschaft seiner Freunde. Ja er hatte edles Selbstgefühl genug, selbst ehrenvolle Bekanntschaften abzubrechen, wenn er bemerkte, daß seine Grundsätze mißgedeutet wurden, und daß man ihm dies durch ein verändertes Betragen fühlbar machen wollte. Kant war in sich selbst zu groß, als daß er je auf Kosten der Wahrheit eine äußere Ehre hätte erkaufen sollen.

[29, S. 143–144]

¹ Die Huldigung anläßlich der Krönung Friedrich Wilhelm II. fand am 19.9.1786 in Königsberg statt. Vgl. [Manitius]: Historische Nachrichten von denen Feyerlichkeiten..bey der am 19. September 1786 zu Königsberg i/P... eingenommenen Erbhuldigung. Königsberg 1786 (zit. nach Ak 13, S. 589) und L. Friedländer: Die Huldigungen und Krönungen in Königsberg von 1663 bis 1861, in: Deutsche Rundschau III, 1876, S. 101–118 (Zu 1786: S. 111f.). Vgl. weiter Puttlich (Q, Nr. 44), S. 286 ff.; Voigt (Q, Nr. 33), S. 161 ff.; Gause II, S. 218 ff.
² Vgl. auch Borowski (Q, Nr. 29), S. 20f. — Über Kants Funktion als Rektor bei der Erbhuldigung vgl. Ak 13, S. 430 ff. u. 13, S. 589 ff.

379. Hamann an Hartknoch, 25.9.1786   17.9.–21.9.1786

Unser verdiente Kritiker ist vom Min. Herzberg ungemein gnädig u unterscheidend aufgenommen worden¹, so auch vom König², der ihm, wie es heißt, eine Stelle bey der Akademie zugedacht haben soll.³

[16/Bd. 7, S. 15]

¹ Hertzberg, Ernst Friedrich, Graf von (1725–1795), seit 1763 preußischer Staatsminister, seit 1786 Kurator der Berliner Akademie. Vgl. ADB 12, S. 241 ff.; NDB 12, S. 715 ff. Über seinen Umgang mit Kant während seines Königsberger Aufenthaltes im Sept. 1786 vgl. Borowski (Q, Nr. 29), S. 20 f.; vgl. weiter das Schreiben des Oberburggrafen Melchior Ernst von Knobloch an Kant vom 17.9.1796 (Ak 12, S. 433).
² Vgl. G, Nr. 378.
³ Vgl. G, Nr. 228.

380. Puttlich September 1786?

14. September. [*Nicolovius*] erzählte mir, daß unter des jetzigen Königs Regierung die Heterodoxie nicht überhand nehmen würde u. daß Prof. Kant schon befürchtete (aus Hypochondrie) von seinem Brod zu kommen. [44, S. 285]

381. Hamann an F. H. Jacobi, 25.10.1786 Oktober 1786

Kant harmonirt gar nicht mit den Berlinern; sondern hat vielmehr Ursache mit ihnen unzufrieden zu seyn. Eben hör ich von der Vorrede zu einem M. Jacob[1], der ihn drum ersucht, ohne an seinem Buch weiter Antheil zu nehmen. [16/Bd. 7, S. 24]

[1] Jakob, Heinrich Ludwig (1759–1827), Prof. d. Philosophie in Halle, Anhänger Kants.

382. Hamann an F. H. Jacobi, 8.11.1786 November 1786

Kant hat einige Probebogen im *Mst* von *M.* Jakob erhalten, und die Abhandl. statt einer Vorrede und *hedera* hält einige Bemerkungen über 2 Maximen in den Vorlesungen. Diese beyde Maximen nennt Kant ein paar Kunststücke, deren sich auch beqweme Richter zu bedienen pflegen, wenn sie nemlich den Streit entweder gütlich *beyzulegen,* oder ihn als für gar keinen Gerichtshof gehörig *abzuweisen* suchen. Er verweist auf S. 214 u 116 der Morgenstunden nach der alten Ausgabe. Es ist ein ewiges αυτος εφα. Man muß die Leute nur fortreden [lassen], sie werden sich schon selbst widerlegen. Dem Vorwurf der logomachie setzt der Kritiker Logodädalie entgegen und verräth seine eigene Blöße und die ganze Schwäche seines Systems. [1] [16/Bd. 7, S. 44–45]

[1] Vgl. Ak 8, S. 149–156: »Einige Bemerkungen zu L. H. Jakob's Prüfung der Mendelssohnschen Morgenstunden«, 1786. (Zur Erläuterung vgl. Ak 8, S. 485 f.). Kants »Bemerkungen« stehen *hinter* der Vorrede von Jakob.

383. Hamann an F. H. Jacobi, 11.11.1786   November 1786

Von M. Jakob weiß ich nichts als was ich neul. geschrieben. Kant kennt ihn auch nicht u hat sehr gleichgültig von ihm gesprochen. Ich hatte blos die Neugierde zu wißen, ob sie[1] Dich auch angienge, und habe sie nur auf wenige Stunden in meinem Hause gehabt. Die Hamb. Zeitung Garve betreffend habe nicht auftreiben können auch noch nicht die Gött. Recension, welche von Feder seyn soll, der auch gegen Kant zu Felde ziehn wird. Jakob ist Dir blos nöthig, insofern Du an der Kantschen φφie und ihren Misverständnißen Antheil nimmst. Kants Stoltz ist der *unschuldigste* von der Welt. Feder soll seine ganze Kritik für *Ironie* anfängl. gehalten haben.   [16/Bd. 7, S. 54]

[1] Gemeint: die in Nr. 383 erwähnte Schrift Jakobs.

384. Kraus   23.11.1786 oder vorher

Aber wissen Sie wohl, daß ich einen ziemlich wichtigen Proceß zwischen den Städten Elbing und Königsberg, den Frachthandel[1] betreffend, auf die triumphirendste Art, nachdem er schon fast verloren war, gewonnen habe! Wenn es Ihnen nicht lange Weile machte, so schickte ich Ihnen meine Deduction zu, die, wie Kant und Hamann sagen, ein ordentliches Kunststück seyn soll. Daß ich keinen rothen Heller dafür bekommen habe, auch nicht einmal einen schönen Dank, werden Sie ungesagt von selbst wissen.«
[33, S. 169]

[1] Vgl. Kraus, Schriften (s. G, Nr. 110), Teil 1, S. 1 ff. (»Über den Frachthandel der Städte Königsberg und Elbing«. 1786).

385. Hamann an F. H. Jacobi, 3.12.1786   vor dem 3.12.1786

Der Mittag war Dienstags recht vergnügt für mich, Wirth[1] u Gast waren so mit einander zufrieden, daß er mich Donnerstags wider

bat, und mir zu verstehen gab, daß es noch höher zugehen sollte, weil Hippel, Kant, Criminalräthe Lilienthal und Jenisch, Münzmeister Göschen, den ich Jahrlang nicht gesehen u wo ich sonst alle Donnerstage speiste und lauter *Dii maiorum gentium* von meiner Bekantschaft da seyn würden, welche ich alle in dem Augenblicke zu sehen wünschte, da ich mich am *Dessert* übernaschte.
[16/Bd. 7, S. 75]

[1] Gemeint: Scheffners Schwager Wirth, Stadtrat in Königsberg; vgl. HaBr 7, 71, 74.

386. *Kraus* vor dem 19.12.1786

Jetzt studirt er an einer Vertheidigung seines Freundes Kant, der bitterlich vom Göttinger Meiners gekränkt worden und sich von mir eine Schutzschrift ausgebeten.

Huy! was wir für Leute sind! so bald es mit der peristaltischen Bewegung der edleren Theile nur etwas besser geht! Sie — Gütertaxen machen; ich — den Handel dirigiren, und Philosophen recht fertigen: — nur mit dem Unterschiede, von Ihnen weiß man, was Sie thun; von mir weiß es außer Ihnen und dem einen, der es sucht, kein Mensch.

Die Vertheidigung seines Freundes Kant, deren er in diesem Briefe erwähnt, bezog sich auf folgenden Umstand. Meiners, Professor der Philosophie in Göttingen hatte im Jahr 1786 einen »Grundriß der Geschichte der Weltweisheit« herausgegeben, worin er »nicht nur über einen (damals) noch lebenden Weltweisen ein peinliches Gericht hegt, sondern auch über die Wendung, welche der philosophische Geist unserer Nation in den letzten Jahren genommen habe, eine Nothklage erhoben, die von Seiten ihres interessanten Gegenstandes sowohl, als durch ihren nahen Bezug auf Meiners Schrift sich zu einer Prüfung anbot«*).

Meiners hatte in diesem Buche gegen Kant eine so stolze Stellung genommen, Kants Verdienste, zu deren Höhe er sich nicht erheben konnte, so tief herabgewürdigt und dem Geist der Kantischen Philosophie eine so völlig schiefe Richtung untergeschoben, überhaupt das Publicum, sey es aus Mangel an richtiger Beurtheilung und Fassungskraft, oder aus Absicht, über das Wesen und die Tendenz des Kantischen Systems so zu berücken gesucht**), daß Kant eine Rechtfertigung vor dem gelehrten Publicum wünschen mußte; und er wünschte sie von keinem lieber, als von seinem Freunde Kraus, den er daher um die Anzeige der Meinerschen Schrift ersuchte. Kraus suchte mehrmals den Antrag abzulehnen; da ihm Kant aber keine Ruhe ließ, so übernahm er die Recension. Sie kostete ihm eine entsetzliche Anstrengung und so viel Zeit, daß ein anderer während dessen gewiß ein bedeutendes Buch hätte schreiben können. Schon in der Mitte des Decembers 1786 fing er an daran zu arbeiten. Im Januar 1787 schrieb er: »Da sitze ich verschanzt unter griechischen Folianten, die mich halb wirre machen, und mich weder an Weihnachten noch Neujahr hätten denken lassen, wenn Sie mit Ihrem Brief und Aspasia mit Ihrem Wunsch mich nicht daran erinnert hätten.« Und in der Mitte des März 1787: »Ich habe von Weihnachten an bis vorigen Sonntag neben vielen andern Arbeiten eine endlich vollendet, die mir unbeschreibliche Mühe, und durch die starke Anstrengung so viel Schleim im Magen gemacht hat, daß ich wirklich diese Woche einsitzen und *assa foetida* schlucken muß. Es ist eine Recension über Meiners Geschichte der Weltweisheit für die Jenaische Allgemeine Literatur-Zeitung. Falls sie Schütz***), wie ich hoffe, einrückt, müssen Sie sie durchaus lesen. Es ist ein wahres Kunststück. Kant hat mich dazu bewogen oder eigentlich gezwungen; denn ich versuchte die Sache mehremale abzulehnen. Ob Herr Meiners mich nun nicht, wie weiland Mortczinni und Braxein, wird brandmarken wollen, weiß ich nicht; aber daß ihm, wenn er es thut, sein Versuch eben so übel als den gedachten Herren Mortczinni und Braxein gelingen wird, weiß ich ganz gewiß.« Er hatte die einzelnen Punkte, die er in der Widerlegung nach einander vornehmen wollte, numerirt auf einen Zettel geschrieben und sobald er einen Satz bearbeitet hatte, las er ihn seinem Freunde Brahl vor. Kant, dem er die Arbeit mittheilte, war damit außerordentlich zufrieden. Und gewiß ein Meisterstück von Recension wird sie jeder nennen, er mag auf die weitumfassende Gelehrsamkeit sehen, womit sie ausgestattet ist, oder die Schärfe und Richtigkeit der Critik, mit welcher der Recensent seinen Gegner heimgesucht, oder die launige Art der

Satyre, den schneidenden Witz und die beißenden Sarkasmen bewundern, mit welchen er die schiefen Urtheile und Ansichten des Verfassers widerlegt. Einen bessern Vertheidiger hätte Kant gewiß nicht finden können. [33, S. 174–179]

*) S. *Kraus* verm. Schriften 6r Th. S. 433.
**) Vgl. *Meiners* Grundriß der Geschichte der Weltweisheit. Lemgo 1786. Oder die Recension von *Kraus* darüber in der Allgem. Literatur-Zeitung Nro. 82 vom 5ten April 1787; auch abgedruckt in Krausens verm. Schriften 6r Th. S. 437–488.[1]
***) Der noch jetzt lebende, hochverehrte Redacteur derselben.

[1] Vgl. zu der von Kant veranlaßten Rezension Ak 10, S. 479 und Ak 13, S. 194; vgl. Stark in: KF I, 1987, S. 171f.

387. *Reusch*[1]   2. Hälfte 80er Jahre

Schon in früher Zeit wurde der Augenblick sorgfältig abgewartet, Kant zu sehen, wenn er zur Senatssitzung oder zu einem akademischen Akt, oder der feierlichen Uebergabe des neuen Rektorats, s. g. Rektorwahl, nach dem großen Hörsaal über den Hof des Albertinum ging. Er war stets sehr sauber gekleidet und sein tief ernstes Gesicht, sein zur Seite etwas gesenkter Kopf, sein regelmäßiger, doch nicht zu langsamer Schritt, zog ehrerbietiges Anschauen bei seiner Erscheinung auf sich. Die helle Sandfarbe seines Kleides, die später einer tieferen bräunlichen wich, darf nicht auffallen; helle Farben aller Art waren damaligen Geschmacks und die schwarze den Begräbnissen und der Trauer vorbehalten. Bei warmen Tagen ging er nach damaliger Sitte mit abgezogenem, auf den goldenen Knopf des Rohrstocks gehaltenem Hut, alsdann die feingepuderte Perücke den Kopf zierte. Seiden-Strümpfe und Schuhe gehörten damals auch zur gewöhnlichen Tracht eines wohlgekleideten Mannes. Als Beweis des Werths dieser Fußbekleidung ließe sich anführen, daß ein Hofrath Block, Aufseher des grünen Gewölbes zu Dresden, eine Sammlung von Schuhen berühmter Männer angelegt hatte, zu welcher Kant veranlaßt war, ein Paar neue Schuhe abzugeben, die er eigenhändig bezeichnet hatte*). Wenn damals nach beendigtem Akt des Rectoratsantritts der neue Rector und die Professoren, nach Fakultäten geordnet, zum Gottesdienst sich in die Domkirche begaben, pflegte wol Kant, wenn er nicht selbst Rector geworden war, bei der Kirchthür vorbeizuschreiten. Mehrmals trafen wir ihn auf Familien-Spaziergängen in der Gegend des holländischen Baums. Bekanntlich spazierte er eine Zeitlang dahin fast täglich und pflegte auf einer Bank gegenüber dem Schiffsbauplatze, um sich abzukühlen, etwas zu ruhen**). — Er schloß sich dann nach einer freundlichen Begrüßung meinem Vater — ohne Aufforderung an, also auch ohne Beschwerde für ihn, mit dem er langsam vorschritt und über den Wall nach dem steindammer Thor ging. [48, S. 290]

*) Zufällig kam ich dazu sie abzuliefern, indem der Buchhändler Ricolovius sie mir in Leipzig Ostern 1802 einhändigte. E. Hasse, letzte Aeußerungen Kants. 1804. S. 47.

**) Ueber diese Banke, die ihm der Hauseigenthümer an die Stelle gesetzt hatte, wo er angelehnt zu ruhen pflegte, siehe R P P Bl. Bd. V. S. 45.

[1] Reusch, Christian Friedrich (1778–1848), Jurist, Sohn von Kants Kollegen Carl Daniel Reusch, seit 1772 Prof. d. Physik in Königsberg, Hörer Kants (1793/94 und Tischgast, vor allem 1803), 1808 Rat bei der Kriegs- und Domänenkammer, 1815 Oberpräsidialrat, 1824 Universitätskurator. Vgl. über ihn: APB 2, S. 550f.; K. H. Bartisius, in: AM 2, 1865, S. 126–141; Mühlpfordt (1964), S. 74. Reuschs Schrift »Kant und seine Tischgenossen« ist ein Sonderdruck des in den NPPBI 6, 1848, S. 288 ff. unter dem Titel »Historische Erinnerungen« erschienenen Textes. Über den speziellen Charakter und den Wert der Schrift vgl. Vorl. KB, S. 45 f. Die Erinnerungen Reuschs an Kant gehören nach Vorländer »zu den zuverlässigsten Zeugnissen über Kant«, ebd. S. 46. — Vgl. auch Reuschs Aufsatz »Über das Erlöschen historischer Erinnerungen«, in: NPPBI 5, 1848, S. 45 f.

388. Hamann an F. H. Jacobi, 30.1.1787   Januar 1787

Beym Namensvetter Jacobi[1] habe ich mit Kant gespeist, der seine eigene Haushaltung anlegen will und damit den Kopf voll hat.[2] *Crispus* wird sein Gesellschafter seyn. ...
Bey meinem ersten Ausgange in diesem Jahre sprach ich auch bey Kant an, der eben an seiner neuen Ausgabe der Kritik arbeitete und sich beklagte, daß ihm selbige schwer würde. Die Woche drauf ist die Handschrift abgegangen. Aus den Zeitungen habe ersehen, daß selbige mit einer Kritik der practischen Vernunft vermehrt werden wird. Daß Born[3] an einer lateinschen Uebersetzung arbeitet werde ich wohl schon gemeldet haben. Ich habe nichts als eine Vorrede zu *Riccii Epist. Homer.* gelesen, die in einem sehr guten Ton geschrieben war und seine *Disp. de Notione Existentiae* von 85 die mir Kant mitgetheilt, u von der ich auch schon werde geschrieben haben.   [16/Bd. 7, S. 104–105]

[1] Gemeint: der Kaufmann Friedrich Konrad Jacobi.
[2] Vgl. G, Nr. 390.
[3] Born, Friedrich Gottlob (1743–1807), Anhänger Kants, seit 1782 Prof. d. Phil. in Leipzig, seit 1802 Prediger in Wesenstein. Vgl. ADB 3, S. 163. Seine Kantübersetzung (Immanuelis Kantii opera ad philosophiam criticam. Vol., I–IV) erschien Leipzig 1796–98 (Ndr. Frankfurt am Main 1969). Vgl. Ak 10, S. 534 ff., 548; HaBr 7, S. 105.

389. Hamann an F. H. Jacobi, 14.3.1787   12.2.1787

Kant machte mir den 12 Febr. ein sehr angenehmes Geschenk mit Jungs Blicken[1]; ich habe aber das Buch weder ausstehen noch verstehen können. Das Triumvirat[2] macht mir schon den Inhalt verdächtig, aber eben so neugierig. ...   [16/Bd. 7, S. 122]

[1] Gemeint: Johann Heinrich Jung-Stilling: Blicke in die Geheimnisse der Naturweisheit. Berlin–Leipzig 1787. Vgl. Ak 11, S. 7 und Ak 13, S. 227.
[2] Das Buch Stillings ist »den Herren von Dalberg Herdern und Kant gewidmet«.

389a. J. L. Schwarz[1] Februar/März 1787?

Gesund kam ich nach Königsberg. Hier hatte die ordinäre Post ein Ende; es bestand aber eine Gesellschaft von Fuhrleuten, welche wöchentlich der Reihe nach einen Frachtwagen über Mitau nach Riga absendeten. Mit diesem konnten auch Personen, freilich nicht sehr bequem, reisen, und die Stelle der Posten wurde dadurch nur mit dem Unterschiede ersetzt, daß der Fuhrmann täglich höchstens sechs Meilen fuhr, und Abends zwischen sechs und sieben Uhr zum Uebernachten in den ersten besten Krug einkehrte, worin der Reisende oft nichts als Kleienbrot und elenden Fusel zu seiner Erquickung fand. Mit einem solchen Fuhrmann accordirte und reiste ich, nachdem ich mich fünf Tage lang im gräflich Kaiserling'schen Hause, an welches ich empfohlen war, wieder erholt hatte. Der Graf K. machte damals das erste Haus in Königsberg. Täglich fanden zwölf Gelehrte, oder andere interessante Männer, die ein- für allemal eingeladen waren, ihr Couvert an der Tafel, und ich hatte in den fünf Tagen während meines Aufenthalts viermal das Glück, Kant gegenüber zu sitzen, und die außerordentlichen Kenntnisse dieses Gelehrten, welche sich über die verschiedenartigsten Materien des Tischgesprächs erstreckten, zu bewundern. Nur eine Sonderbarkeit des alten Herrn Grafen hätte mich bald außer Fassung gebracht. Der alte Herr erschien, als wir uns zu Tische setzten, sehr warm in einen tuchenen, mit dem schwarzen Adlerorden dekorierten Ueberrock gekleidet. Nach der Suppe zogen ihm zwei Bedienten diesen Ueberrock ab, und es kam ein tuchener Frack ebenfalls mit dem schwarzen Adlerorden zum Vorschein. Beim Braten wurde auch dieser abgegeben, und nun saß der Herr Graf in einem leichten seidnen Rocke, auf dem der schwarze Adler auch nicht fehlte. Hätte noch eine Verwandlung statt gefunden, so wäre der Ausbruch meiner Bewunderung unvermeidlich gewesen; so aber erschienen zum Desert nur zwei Enkel des gütigen Wirths, Kinder von 5 bis 7 Jahren, in Galla-Röcken, gepuderten Flügellocken und mit Degen an der Seite, die den komischen Anstrich vollendeten.

[57, S. 179–181]

[1] Vgl. Mühlpfordt (1981), S. 17 f.

390. Hamann an F. H. Jacobi, 17.4.1787   17.4.1787?

Kants Bedienter begegnet mich und erfuhr, daß die beyde Philosophen zusammen speisen seit dem Osterdienstage; ich ließ also *Crispum* sagen daß ich in seiner Stube auf ihn warten würde. Seine alte Gouvernante oder Stubenwärterin hatte alles verschloßen, ich schickte also die Kinder weiter, da mir Kants Bedienter begegnete, meine Kinder aufgefangen hatte. Wir fanden also die beyden Junggesellen in einer kalten Stube, gantz erfroren, und Kant ließ gl. eine *Bouteille* guten Wein von seinem verschriebenen Frantz bringen, den er bisweilen mit einem rothen Tischwein abwechselt. Wenn ich schon ein Glas trinken soll; so kann ich nicht so bald wider aufhören. Kraus saß wie ein armer Sünder, hatte kaum die Hälfte seiner kleinen Portion verzehrt — und ich trunk noch denselben Abend mit meinem gantzen Hause eine Bowle *Punch*, weil ich denselben Tag einige Citronen geschenkt bekommen und Jacobi mir vor einem halben Jahre und länger eine *Bouteille* Frantzbrandwein geschenkt hatte, von der ich einem guten Freunde bisweilen ein Schalchen abgegeben hatte.   [16/Bd. 7, S. 148]

391. Kraus   ab April 1787

Als er bei Kant seinen Tisch genommen und häufiger in andere Gesellschaften kam, ohne daß er daran gedacht hätte, seine schlechten, abgetragenen Kleider durch bessere zu ersetzen, nahm Kant einmal Gelegenheit, das Gespräch auf den Kleideranzug zu lenken und sagte zu Kraus: »Hören Sie, Herr Professor, Sie sollten sich doch endlich einmal auch einen neuen Rock machen lassen.« Kraus nahm diese Ermahnung des Philosophen sehr gut auf; mit Laune und Witz wurde die Farbe des Tuchs, der Schnitt u. s. w. als eine Sache von der größten Wichtigkeit abgehandelt, und in wenigen Tagen sah Kant unter Jubel und Lachen seinen Kraus ganz neu bekleidet. Indessen hielt er immer noch wenig auf seine Kleidung und Wäsche, welche letztere durch das früher sehr starke Tabackschnupfen gewöhnlich sehr bald beschmutzt wurde, was ihn übrigens immer wenig kümmerte. Eines Tages hörten mehrere Studenten ein

Privatissimum über die englische Sprache bei ihm, und er erzählte ihnen, daß er einem großen Mittagsmahl bei dem damaligen Curator der Universität beiwohnen müsse. Seine Zuhörer fanden seine Wäsche schon bedeutend schmutzig und sein Tabackschnupfen verunreinigte sie während der Stunde noch mehr, so daß seine Zuhörer mit aller Bescheidenheit und vieler Bitte um Verzeihung ihn darauf aufmerksam zu machen für nöthig fanden. Kraus dankte ihnen sehr gutmüthig für die Erinnerung. — Eben so wenig sah er auf ein gutes und vollständiges Stubengeräth, und sobald die Rede darauf kam, berief er sich auf Kant, der sich über Leute, welche zu viel Hausgeräth anschafften, gerade nicht aufs löblichste geäußert habe. Kants Zimmer waren nicht bloß sehr schlecht ausmeublirt, sondern von Rauch und Lichtdamff auch erstaunend schwarz, so daß man mit dem bloßen Finger an die Wand schreiben konnte.

[33, S. 198–199]

391a. Anonym ab April 1787/7.2.1804

Bis zu den letzten 15 oder 20 Jahren speiste er, wenn er nicht ausgebeten war (und er war es häufig, wegen seiner ausnehmenden Gabe zur Unterhaltung,) an einer öffentlichen Wirthstafel; in dieser letzten Zeit acquirirte er ein eignes Haus, wodurch er vermuthlich auch auf die Gedanken kam, sich eine eigne Oekonomie zuzulegen. Aß er zu Hause, so hatte er regelmäßig zwei Freunde bei sich. Mit einem einzigen machte er hierunter eine Ausnahme, den er die meiste Zeit allein bat, weil er bemerkt hatte, daß dieser in Gesellschaft eines zweiten weniger sprach; eine Ausnahme, die wohl jedem geschmeichelt hätte. Noch den 7. Febr. saß er mit zweien zu Tisch, allein so kraftlos, daß man ihm das Meiste in den Mund stecken mußte und er auch davon nur den Saft genoß; seitdem kam er nicht mehr aus dem Bette. Er war der wohlgelaunteste Wirth und in den letzen Wochen milder und liebenswürdiger als je. In jeder Rücksicht fand man sich behaglich an seinem Tische; die Kosten der Unterhaltung trug er meistens selbst, und war es von Seiten des Gastes fast genug, wenn dieser nur Empfänglichkeit dafür mitbrachte. Bis aufgetragen war, hielt er sich regelmäßig an die

Witterung, die nach ihrem ganzen Einfluß und in allen ihren Folgen erwogen, und zuletzt gar durch wöchentliche Mortalitäts-Angaben controlliret wurde, welche er durch die Willfährigkeit eines Freundes empfing, bei dessen Behörde dergleichen eingereicht werden mußten. [64, S. 170]

392. *Hamann* an F. H. Jacobi, 17.4.1787 April 1787

Wie habe ich um den lieben Wz.[1] geweint, wie laut hab ich ihm für sein Testament gedankt. Ich bin gantz von diesem Nachlaß und dem Geist Deines Freundes berauscht gewesen, und habe an dem Verlust eines solchen Freundes und Gesellen erst rechte innigen Antheil nehmen können. Er ist der Ruhe werth in die er eingegangen ist. Nunmehr werd ich imstande seyn seine Res.[2] zu lesen und zu verstehen, an denen mir immer ich weiß nicht was? gefehlt und widerstanden hat. Ich bin jetzt ein Geist und Seele mit ihm geworden, stimme gantz mit ihm und eben so halb wie Er mit Dir. Willenskraft und Verstand ist für mich einerley. Kant[3] soll ungemein zufrieden mit seinem Styl seyn — lächerlich und philosophisch!
[16/Bd. 7, S. 146–147]

[1] Gemeint: Wizenmann, Thomas (1759–1787), Theologe, Freund Jacobis, vgl. ADB 43, S. 678 ff.
[2] Gemeint: Wizenmanns Schrift »Die Resultate der Jacobischen und Mendelssohnschen Philosophie«. Leipzig 1786 (vgl. Ak 13, S. 177).
[3] Zu Kants Urteil über W. vgl. HaBr 5, S. 143, 508; Ak 8, S. 134, 484 und Erdmann (1876), S. 125 ff.

393. *Borowski* ab April 1787

Kant steht täglich frühe um 5 Uhr auf; diese Ordnung ist seit einer Reihe mehrerer Jahre unablässig gehalten — hält eine bis zwei Stunden, ehedem vier bis fünf, Vorlesungen des Tags; jetzt sind jene bloß auf die früheren Vormittagsstunden bestimmt — bearbeitet

dann bis zum Mittag diejenigen Werke, von denen ich oben sagte,
daß er sie der Welt noch geben will. — Er, seit einigen Jahren Eigentümer
eines Hauses in einer geräuschlosen Gegend, wie er sich
eine solche immer wünschte, zieht zu seinem frugalen Mittagstisch
einen kleinen Kreis gewöhnlich von dreien oder vieren), deren
Mahlzeit bei ihm er durch seine Unterhaltungen aus allen Fächern
des Wissenswürdigen würzt. Der Sonntagsmittag ist lediglich seinem
Freunde Motherby gewidmet. Gesucht an den Tafeln der Höhern
und zu den frohen Mahlen seiner Freunde, versagt er sich des
Mittags keinem — des Abends allen schon seit mehreren Jahren.
Gegen Abend ein Spaziergang, ehedem nach der Veste Friedrichsburg,
zu dem Platze, der nie den Namen des philosophischen Ganges,
wie er immer genannt ist, angemessener führte, als da Kant
täglich darin wandelte; — jetzt nach dem seiner Wohnung näher
gelegenen Hollsteinschen Damme, einem der angenehmsten, aufheiterndsten
Spazierwege, deren Königsberg mehrere hat. In frühern
Jahren sah er die Begleitung eines Freundes oder eines
Studierenden, den er dazu aufforderte, lieber, als jetzt. — Dann,
zum Tagesschlusse ist Kant mit Lektüre von allerhand Art und aus
allen Fächern, bis zum Glockenschlage zehn beschäftigt, da er sich
dann, ohne jetzt je eine Ausnahme zu machen, dem Schlafe überläßt,
der gegen ihn nie ganz ungetreu war. Nie traf ihn eine schmerzhafte,
nie eine anhaltende Krankheit obwohl er von einem Schmerz,
den er unter der Brust empfindet, nie, so lange er zurückdenken
kann, ganz frei war. [29, S. 48–49]

394. Abegg ab April 1787

Kant konnte bis abends 7–8 Uhr sitzen bleiben u. unterhalten,
wenn nur jemand bei ihm blieb. Er war überaus munter, trank gerne
Wein u. erzählte gar lustig, wie er einmal das Loch in die Magistergasse
nicht habe finden können. Den Prof. Kraus hatte er ganz ausnehmend
gern u. er mußte jeden Tag mit ihm essen. Am Ende
wurde es wahrscheinlich Kr. lästig, sie zankten sich herzhaft herum,
u. seitdem kommen sie nicht mehr zusammen. Wenn sie an

einem Tische essen, so setzt sich keiner hart an den anderen, aber sie entfernten sich auch nicht weit von einander. —

[1, S. 255–256]

395. Jachmann ab April 1787

Eine ganz besondere hochachtungsvolle Freundschaft bewies Kant gegen den Professor Kraus. Er sprach fast täglich von ihm in den Ausdrücken einer wahrhaften Verehrung und versicherte, daß er die Gelehrsamkeit und den Eifer des großen Mannes für das allgemeine Beste ebensosehr bewunderte, als er dessen Charakter und Herz schätze und liebe. Daß die Freundschaft dieser beiden Männer vertraut und innig war, folgt schon daraus, daß Professor Kraus solange ein täglicher Tischgenosse Kants war, bis Kraus sich selbst seine eigene Ökonomie einrichtete. [29, S. 156–157]

396. Brahl[1] ab April 1787

Ich bin höchstwahrscheinlich durch ihn[2] dazu gekommen, daß Kant auch mich unter seine Tischgäste aufnahm, und zwar schließ ich dies aus dem Umstande, weil ich so früh nämlich bald nachdem Kant sich eine eigene Oekonomie zugelegt hatte, und wo beide noch im besten Vernehmen standen, zu dieser Ehre gelangte. Kr. war jedoch kein Gast an diesem Tische, er speiste täglich daran und gab seinen Theil dazu. Nur währte es leider nicht lange. Lessings Bemerkung im Nathan, daß große Bäume, je naeher gepflanzt, sich einander die Aeste zerschlagen,[3] bewahrte sich hier, und war ich zu meinem Leidwesen ein Mal selber Zeuge davon. Kraus ungehalten über einen Wiederspruch von *Kant*, brach in die Worte aus: »bald werde ich trübes Wasser von klarem nicht mehr unterscheiden können.« den nächsten Dienstag (mein gewöhnlicher Tag bei *Kant*) fand ich Kr nicht mehr, und erst nach langer Zeit in *Kants* letztem Lebensjahre, trafen wir uns wieder, und wenn mir recht ist, nur zwei mal, zusammen an diesem Tische, der meinem Andenken werth bleiben wird. Der Gegenstand des Streits weiß ich aber nicht mehr. Beide Konten darum unmöglich ihre Achtung für einander verliehren obgleich sich diese so laut nicht mehr aussprach wie sonst, und zwar dieses bei Kr., als bey *Kant*, der sich an jenen und deßen seltne Vorzüge schon öfter erinnerte.

[70, S. 185–186]

---

[1] Dieser Text wurde von Werner Stark aufgefunden und mit überzeugenden Gründen Brahl zugeschrieben. Vgl. KF I, S. 165 ff.
[2] Gemeint: Kraus.
[3] Vgl. Lessing, Nathan der Weise, Verse 1279–1281.

397. *Scheffner* ab 1787

Auf gute Wohnung hab ich von jeher gehalten, so wie auf Ordnung in meiner Stube, auf der man daher nie sogenannte Studentenwirthschaft, vielmehr alles bestmöglichst aufgefliehen und unbestaubt antraf. In manchen Stücken bin ich ein wahrer Ordnungspedant, der sich bisweilen ärgert, wenn man Gräten und Knochen auf den Tellern nicht bey Seite legt. Selbst in einem fremden Zimmer ist es mir unangenehm, die Stühle nach ihrem Gebrauch nicht gleich wieder an Ort und Stelle gesetzt zu sehen. Kant dachte in diesem Stück anders; die Wände seines Wohnzimmers waren von Staub und vom Rauch seiner Morgenpfeife grau überzogen, und als ich einmal während dem Zuhören seines Gesprächs mit Hippel einige Züge mit dem Finger an der Wand machte, wodurch der weiße Grund wieder sichtbar wurde, da sagte Kant: »Freund, warum wollen sie den Alterthumsrost zerstören? Ist eine solche von selbst entstandene Tapete nicht besser, als eine gekaufte?«

[52, S. 36–37]

398. *Hamann* an F. H. Jacobi, 27.4.1787 April 1787?

Ich sollte Deine Schrift[1] beurtheilen: und hatte die hypochondrische Furcht und Besorgnis auf meinem Herzen, daß ich gar nicht mehr zu urtheilen im stande wäre — hatte das Buch Deinem Namensvetter, Pr. Haße und was noch ärger ist dem Kritiker der reinen Vernunft, der im Kayserlingschen Hause und bey Hippel von meinem enthusiastischen Geschmack gehört, und mit dem ich selbst darüber im *lachenden Muthe* gesprochen hatte.

[16/Bd. 7, S. 163]

[1] Gemeint: Jacobis Schrift »David Hume über den Glauben, oder, Idealismus und Realismus. Ein Gespräch.« 1787. Vgl. HaBr 7, S. 165 ff. Zu Jacobis Position vgl. Günther Baum: Vernunft und Erkenntnis in der Philosophie F. H. Jacobis, Diss. Mainz 1968, S. 17 ff.

399. Hamann an F. H. Jacobi, 27.4.1787   April 1787

Gestern speise ich bey Jacobi, bring ihm den *goldenen Hahn*, eße Sauerkraut, das mir die Base verwahrt hatte und eingeschnittnen Kalbsbraten und vom Nachtisch mit solchem Hunger, der *Sensation* machte auf Wirth und die übrige Gesellschaft *vtriusque generis*, unterdeßen ich mich meiner selbst schämte und über mich ärgerte. Wir sitzen bey Tische, wie Kraus gl. einem Mittagsgespenst erscheint. Er hatte allein geeßen, weil Kant Dienstags bey Kayserlings oft speißt. Er hatte mir vor ein paar Stunden die 3 Stücke seiner *Recension* zugeschickt, die ich in der Tasche trug nebst Deinem Buche. *Jacobi* giebt eine kleine *Bouteille in 16°* Pedro Ximenes zum besten. — Kraus bekam Lust zu einem Semmel den er kaum halb verzehren konnte. Wirth u er schlürfen den Wein, wie Claudius Keuchel. *Crispinus* begleitete mich nach Hause, gab mir zu verstehen, daß *Kant nicht mit seiner Recension zufrieden wäre*.[1]

[16/Bd. 7, S. 164]

[1] Gemeint: die Kraussche Rezension der Schrift von Meiners (s. G, Nr. 386).

400. F. H. Jacobi an Hamann, 30.4.1787

Seiner Zeit mußt Du mir melden, was Kant zum Lobe *meines Styls* gesagt hat, u Crispus gegen meine Klarheit.

[16/Bd. 7, S. 185]

401. Hamann an F. H. Jacobi, 9.5.1787   April/Mai 1787?

Ich hoffe bey Kant nächstens gebeten zu werden. Er arbeitet an seinem eigenen System fort, ohne sich um die ganze Welt viel zu bekümmern, weder was sie selbst thut noch von ihm urtheilt. Zu verdenken ist es ihm nicht, daß er erst damit fertig seyn will. Das übrige wird sich von selbst finden. Er beschuldigt Dich, ihn nicht zu verstehen, und beklagt eben das an sich selbst.

[16/Bd. 7, S. 194]

402. Hamann an F. H. Jacobi, 9.6.1787   Ende Mai/Anfang Juni 1787

Mein *Valet* mit Kant bey Motherby ist erst heute über 8 Tage. Die Witterung ist so kalt, der Nord so stark daß ich erst die Erlaubnis meines Artztes abwarten will, um aus zu gehen. Ich halte meinen Mittag zu Hause, und meine Leute haben zum Glück Kohl.

[16/Bd. 7, S. 235]

403. Hamann an F. H. Jacobi, 14.5.1787   14.5.1787

Der Mittag war sehr heiter und lustig, ich trunk auf meine eigene Hand eine *Bouteille Ale* aus, der Oberhofprediger Schultz[1] kam hin, und das Gespräch wurde beynahe zu lebhaft von meiner Seite. Wir giengen in Gesellschaft zusammen aus, und ich überraschte die beyden Philosophen beym Nachtisch, trunk *nolens volens* noch ein paar Gläser Frantzwein. Kant interessirte sich sehr für mein Schicksal; ich habe ihm meine erste Stelle als Uebersetzer zu danken, dachte auch an Dich und Dein Gespräch in allem guten und mit Dank und werd mich nächstens zu Mittag einladen laßen. Kraus begleitete mich zur Baroneße Bondeli², wo ich Caffé trank der mich wie ein *Nectar* schmeckte. Der Tag endigte sich mit einem Besuch bey meinem würdigen Beichtvater Matthes³, wo ich die lezte Oelung der Freundschaft erhielt zur Stärkung auf die ganze Woche und die Arbeit derselben. Seine Frau erzählte mir, wie sehr mich ihr Mann liebte und daß er gestern wie ein Kind um mich geweint. Er ist ein sehr heftiger auffahrender Mann, der im Affect seiner selbst nicht mächtig ist. Mir war immer Angst daß er den *Special*-Befehl in Stücke reißen würde. Wie ich zu Hause kam erfuhr daß meine liebe Gevatterin *Me Courtan* in der Kutsche bey mir gewesen, und beynahe gestern für *Alteration* das Fieber bekommen hat. Man hat bey Jacobi nach mir geschickt, wo ich schon fort gewesen, und ich werde sie morgen sehen. Kant hat mir angerathen an Hartknoch zu schreiben, um meine Sache dem Geheimen *Commerce*rath *Simson*⁴ zu empfehlen, der in Berlin jetzt Wunder thut. [16/Bd. 7, S. 198]

[1] Schultz, Johann Ernst (1739–1805), Oberhofprediger und Prof. d. Theol. in Königsberg.
[2] Juliane Baronesse von Bondeli, Freundin Hamanns und Gönnerin seiner Tochter Elisabeth Regina (vgl. SW 6, S. 59). Vgl. Nadler, S. 304f.
[3] Matthes, Friedrich Wilhelm (1721–1794), Beichtvater Hamanns, Archidiakonus in Königsberg; vgl. Nadler, S. 290.
[4] Simson, Johann, Geheimer Kommerzienrat.

404. von Baczko vor Juni 1787

Ein junger Mann, der bei mir in Pension gewesen war, wurde von den Seinen verkannt und unrecht behandelt. Ich äußerte dieses freimüthig. Er wurde daher aus meinem Hause genommen, bat sich aber, als er einst durch Königsberg reiste, ein Nachtlager bei mir aus. Ich nahm ihn freundlich auf, allein seine sonderbaren Reden machten, daß ich ihn für trunken hielt, und daher so schnell als es nur thunlich war, in sein Schlafzimmer brachte. Am folgenden

Morgen lag ich und Schmidt noch im Bette, als er mit gezogenem Degen in mein Zimmer trat, und uns mit Vorwürfen überhäufte, daß wir mit seiner Familie im Bunde, ihn an ein verächtliches Frauenzimmer verheirathen wollten; ein Gedanke, wozu nach meiner Ueberzeugung auch nicht die geringste Veranlassung statt fand. Er lief auf die Straße, und jetzt bemerkte ich erst, daß er wahnsinnig geworden war. Da ihm wahrscheinlich eine dunkle Idee von der hohen Achtung vorschwebte, womit ich jederzeit von Kant gesprochen auch des damaligen Stadt-Präsidenten von Hippel Talente und Verdienste anerkannt hatte, so lief er nun zu Kant, um bei diesem mich und seine Angehörigen zu verklagen. Kant merkte augenblicklich seinen Gemüthszustand, nöthigte ihn freundlich zum Sitzen, gab ihm in Allem Recht, schickte ihn, um den Bedienten zu rufen, weil er sofort an mich schreiben und mich gehörig zurechtweisen wolle, und rieth ihm nun, nicht, wie er beabsichtigte, zu dem Präsidenten von Hippel zu gehen, sondern in Begleitung des Bedienten zurückzukehren. Der unglückliche junge Mann wurde hierdurch beruhigt, folgte ihm, und der Bediente Kants überreichte mir ein Billet, welches ungefähr die Worte enthielt: Nehmen Sie Sich doch des armen Wahnsinnigen so lange, bis es seine Eltern thun können, nach Möglichkeit an. Dies that ich getreulich, auch wurde er wirklich hergestellt; allein sein wildes Toben, seine gräßliche Verzweiflung, indem er sich zuweilen von Verdammten, von bösen Geistern umgeben hielt, ein Versuch zum Selbstmorde, alles dieses zusammengenommen machte, wenn ich gleich in meinem Gewissen frei war, hieran keinen Antheil zu haben, auf mich einen sonderbaren, höchst schmerzlichen Eindruck.

[2, S. 99–100]

405. Hamann an Hartknoch, 31.7.1787   Juli 1787?

Hemsterhuis Name ist bekannt, und dieser Dialog giebt den letzten Meisterstücken, die von Kant so bewundert wurden nichts nach. Die neue Auflage der Kritik[1] ist auch hier.   [16/Bd. 7, S. 255]

[1] Kritik der reinen Vernunft.

406. Kraus an Schütz, 22.7.1787 Mitte Juli 1787

Unser vortreffliche Kant, mit dem ich erst vorige Woche wieder einige Stunden in Gesellschaft zu seyn daß Glück genoß, befindet sich so wohl, daß ich mich innigst darüber gefreut habe. Gott erhalte diesen würdigen Mann, daß er sein großes Werk noch gänzlich vollenden könne. Die zweite Auflage seiner Kritik ist mir äußerst willkommen, da er diejenigen Punkte, in welchen ich noch mehr Licht wünschte, so herrlich aufgehellt hat. Er gedachte auch der Federschen Schrift über Raum und Causalität.[1] Es thut mir leid, daß sie nicht etwas früher erschienen, da ich in meiner obenerwähnten Schrift[2] sehr bequem zugleich Rücksicht auf dieselbe in Ansehung des Raumes hätte nehmen können. Doch, wofern es irgend thunlich, will ich noch wenigstens kurz in deren Vorrede die vornehmsten Erinnerungen darüber nachholen.

[56, S. 465]

[1] Feder, Johann Georg Heinrich: Über Raum und Kausalität. Göttingen 1787.
[2] Vgl. Q, Nr. 56, S. 464: »Ich arbeite jetzo noch an der Vollendung eines mathematischen Werks, das ich in der nächsten Michaelis-Messe gedruckt wünsche, und durch welches ich beiläufig die Kantschen Begriffe von Raum und Zeit auch bei den Mathematikern in mehrern Umlauf zu bringen hoffe.«
Es handelt sich um Schultz' Buch »Versuch einer genauen Theorie des Unendlichen.« Königsberg und Leipzig 1788 (Vgl. Ak 11, S. 184; 13, S. 277).

407. von Stein[1] an Kant, 7.6.1788 vor dem 21.11.1787

Da ich eben bey Ihrem Verehrer Herrn *Daugty*[2] bin, u. höre, daß er an Sie schreibt, so muß ich mich doch gleich daran machen, u. auch ein paar Worte an Sie schreiben, das ich den[n] so gerne thue; Sie sind mir ganz unvergeßlich, u. ich freue mich immer noch daß ich Sie habe kennen lernen. Wen ich itzt in Ihren Werken lese so ist es mir immer, als wen[n] ich sie beßer verstehe, das sonst, wie mich deucht, noch schwerer hielt. Ich kann nun beßer einhacken. Es ist mir leid, daß Sie an dem Herrn Grafen von Kaiserling einen Freund verloren haben. Er war ein guter Mann. Sein Tod war auch

für mich eine traurige Nachricht.[3] Ich gewan ihn lieb, u. kante ihn nur so wenige Tage. Geht es an, und erinnert sich die Frau Gräfin meiner noch, so machen Sie Ihr doch gütigst, meinen tiefen Respect, u. meine gröste Danksagung für die gütige Aufnahme. Es war mir so wohl in diesem Hause. Auch HEn und Madame Motherby viele Empfehlungen. Der Mann hat in meinen Augen ein starkes Gepräge von Rechtschaffenheit.

Mit einem Herzen, das Ihnen edler Mann, immer zugethan bleibt, bin ich

Ihr Verehrer u. gehorsamer Diner
Im Dienst Ihro Maj. d. Kayserin
von Rußland.
Stein

Hieby empfieh[l]t sich in Dero fernere Gewogenheit und Freundschaft

W. Doughty.

St. P. den 7ten Juny 88 —

[31/Bd. 10, S. 540]

[1] Nichts ermittelt.
[2] Nichts ermittelt.
[3] Todestag 21.11.1787.

408. Berens an Kant, 5.12.1787   vor 5.12.1787

Sehr geehrter Freund — Ich habe Sie in Königsberg mit mehrer Eil Begierde besuchet, als ich aus Berlin jetzt an Sie schreibe: es war bey dem ersten mehr für mich zu gewinnen, als Sie bey dem letzten verliehren konten.   [31/Bd. 10, S. 431]

409. Kraus an Schütz, 17.7.1788   Frühjahr (Mai?) 1788

Alles, was ich jetzt schreibe, hätte ich schon vor 2 Monaten geschrieben, wenn Kant mich nicht immer davon abzuhalten gesucht hätte.

Er hat mir sogar allerley von seinen Gedanken schriftlich über den Pantheismus mitgetheilt, um mir dadurch in Absicht des Hauptpunktes meiner Recension[1] Erleichterung zu verschaffen. Aber eben dadurch ist mir die Sache eher erschwert worden; denn ich bin dadurch von meinem eigenen Wege verschlagen, und weiß mich in Kant's Wege gar nicht zu finden. Ueberhaupt, bester Herr Professor, ist alles Metaphysische meiner Natur zuwider, und es ist vergebens, mich dazu zu zwingen. [56, S. 224]

[1] Vgl. G, Nr. 386; Nr. 110.

410. Kraus an Hufeland, 28.5.1788   Mai 1788

Herr Prof. Kant hat mich ausdrücklich ersucht, an Sie[1] und Hrn. Prof. Schütz seine Empfehlung zu machen, und Ihnen zum Recensenten über Schriften speculativen philosophischen Inhalts den Professor der Logik und Metaphysik zu Marburg, Herrn Behrend oder Behrens[2], vorzuschlagen, der meine Stelle um so eher würde vertreten können, da dergleichen speculative Sachen ganz eigentlich zu seinem Lehrfach gehören und er, nach einigen Probeschriften zu urtheilen, solcher Arbeit vollkommen gewachsen zu seyn scheine. Ich für mein Theil habe von ihm noch nichts gelesen, und kann also auch nicht selbst darüber urtheilen.

[56, S. 223]

[1] Hufeland, Gottlob (1760–1817), Jurist, 1786 Privatdozent in Jena, seit 1790 o. Prof. d. Rechte ebd., 1803 in Würzburg, 1808 Bürgermeister in Danzig. Vgl. ADB 13, S. 296 ff.; APB 1, S. 293.
[2] Gemeint: der Marburger Philosophieprofessor Johann Bering (1748–1825), seit 1785 Prof. für Logik und Metaphysik, Kantanhänger, vgl. seinen Briefwechsel mit Kant (Ak Nr. 238, 245, 266, 270, 279, 298 und passim). Vgl. Die akademischen Lehrer der Philipps-Universität in Marburg von 1527 bis 1910. Bearbeitet von Franz Gundlach, Marburg 1927, S. 285.

411. Hamann an Kraus, 1.6.1788

Wenn Sie auch die schwarze arabische Grütze und das Abendbrodt verleugnen können: so werden Sie sich doch Mittags Ihres alten fahrenden Ritters beym Gläschen Wein und *Dessert* unsers verehrungswürdigen Kritikers bey langer Weile, seiner bejahrten Muse erinnern.

[16/Bd. 7, S. 503]

411a. Borowski nach dem 9.7.1788

Bei Kant war es feststehender Grundsatz, den Stand der Obrigkeiten und Vorgesetzten zu ehren. Ihr Amt war ihm höchst schätzenswert, wenn es ihm die Personen auch nicht waren. Gegen das höhere Personale sah man nie, auch nicht ein einzigesmal, Kriecherei. — Den Gesetzen des Landes, auch den Statuten, den Polizeianordnungen, sagte er oft, muß man im strengsten Verstande gehorsam sein und selbst dann, wenn man auch hie und da mit ihnen nicht zufrieden wäre, oder, nach seiner individuellen Überzeugung, nicht ganz zufrieden sein könnte. Auch schon hergebrachten Formen gab er einen Wert und wünschte, daß ein jeder um des Ganzen willen auf sie achtete. Hieraus lassen sich viele Stellen seiner Schriften, besonders im Streite der Fakultäten, wo er von den dem geistlichen Stande durch die Regierung zum Vortrage anvertrauten Lehren (freilich hie und da sehr schief) spricht, ganz leicht erklären. Einmal ermahnte er den, der dieses schreibt, sehr herzlich, für einer Assessur bei der in der Wöllnerschen Epoche angeordneten geistlichen Examinationskommission sich zu hüten: wenn aber doch ein nicht zu umgehender Auftrag dazu erfolgte, ja an dem Buchstaben des Religionsedikts[1], das vom Könige sanktioniert wäre, aufs genaueste zu halten u. f.

[29, S. 67]

[1] s. G, Nr. 417.

412. Jachmann   Herbst 1788

Als mein Bruder, der kein Vermögen hatte, vor mehreren Jahren den Entschluß faßte, zwei Jahre die Medizin noch in Edinburg zu studieren und dann eine Reise durch England, Frankreich und Deutschland zu machen[1], und mehrere edle Freunde sich zur Beförderung dieses Planes erboten, so zeigte Kant nicht allein seine große Freude darüber, daß es seinem Freunde gelang, ein so wichtiges Vorhaben auszuführen, sondern er versicherte ihm auch, daß er jederzeit fünfhundert Reichstaler für ihn bereit halten würde, die er während seiner Reise jeden Augenblick ziehen könnte, und es war ihm nachmals nicht lieb, daß mein Bruder dies Geld nicht bedurft hatte. — Wo gibt es einen teilnehmendern, sorgsamern und tätigern Freund als unsern großen Kant? —

[29, S. 158]

[1] Zu Johann Benjamin Jachmanns Reise nach Edinburgh vgl. Ak 11, S. 19 ff. und Ak 13, S. 232 ff.

412a. Hermann von Boyen[1]   WS 1788/89

So hörte ich dann bei Kant die Anthropologie, bei Professor Reusch Experimentalphysik, bei Kraus Statistik, bei Mangelsdorff und Schmalz Geschichte.   [69, S. 18]

[1] von Boyen, Hermann (1771–1848), Generalfeldmarschall, 1788 auf der Königsberger Kriegsschule, Hörer Kants. Vgl. APB 1, S. 75; ADB 3, 219 ff.; NDB 2, 495 ff.

413. Jachmann   ab WS 1788/89

Ohngeachtet dieser anspruchslosen Bescheidenheit hatte Kant doch ein zartes Gefühl für die Anerkennung seiner Verdienste. Ihn interessierte der Beifall, den ihm verdiente Gelehrte und andere achtungswürdige Männer schenkten und er nahm ihre schriftlichen Beweise von Hochachtung und ihre persönlichen Besuche mit gebührender Wertschätzung auf. Es war ihm schon um der Anerkennung und Ausbreitung seiner Philosophie willen nicht gleichgültig, daß Friedrich Wilhelm der Zweite den jetzigen Professor Kiesewetter[1] zu ihm schickte, um seinen besondern mündlichen Unterricht zu benutzen, und daß der Fürstbischof von Würzburg dem Professor Reuß ein besonderes Geld zur Reise nach Königsberg gab, damit er sich über einige Gegenstände seiner Philosophie mit ihm persönlich unterhalten möchte[2]. Ebenso schmeichelhaft war ihm der ehrenvolle Beifall, den die Minister v. Zedlitz, v. Schrötter, v. Massow, der Kanzler v. Schrötter[3] und andere große Männer ihm zum Teil persönlich bewiesen. Auch die von seinen Schülern ihm aufrichtig dargebrachten Beweise von dankbarer Verehrung machten ihm eine sichtbare Freude. [29, S. 147–148]

---

[1] Kiesewetter, Johann Gottfried Karl Christian (1766–1819), Prinzenerzieher in Berlin, seit 1793 Prof. an der Pepinière in Berlin. Vgl. über ihn: ADB 15, S. 730 und die Flittnersche Lebensbeschreibung in der Schrift: Johann Gottfried Karl Christian Kiesewetter's Darstellung der wichtigsten Wahrheiten der kritischen Philosophie. Vierte verbesserte Ausgabe...Nebst einer Lebensbeschreibung des Verfassers. Von Christian Gottfried Flittner. Berlin 1924 (Ndr. Bruxelles 1968). — Kiesewetter ging, vom König Friedrich Wilhelm II. durch 300 Reichstaler unterstützt, »Michaelis 1788 nach Königsberg, besuchte nicht bloß die Vorlesungen von Kant, sondern nahm auch Theil an den mündlichen Unterredungen, die Kant wöchentlich einer kleinen Auswahl seiner Zuhörer widmete.« (S. XVI) Kiesewetter blieb bis 1789 in Königsberg, 1790 weilte er nochmals drei Monate bei Kant. Über sein Verhältnis zu Kant vgl. G, Nr. 414 und 418. Über seine Berliner Vorlesungstätigkeit vgl. Ak 11, S. 112ff., 157 und Gentz (= Q, Nr. 14) Bd. 1, S. 155f.
[2] Vgl. G, Nr. 465.
[3] v. Schrötter, Karl Wilhelm Frh. (1748–1819), Jurist, 1803 Kanzler des Kgr. Preußen.

414. Kiesewetter an Kant, 19.9.1789   ab WS 1788/89

Jetzt ergreife ich diese Gelegenheit, um Ihnen nochmals für die vielen und großen Beweise Ihrer Güte, die Sie mir erwiesen, für den Fleiß den Sie auf meinen Unterricht verwandten, für die väterliche

Sorgfalt mit der Sie sich meiner annahmen, meinen wärmsten und innigsten Dank zu sagen. Ich werde es nie vergessen, was ich Ihnen verdanke, ich werde in Ihnen stets meinen zweiten Vater verehren. Ich bitte Sie herzlich, versagen Sie mir auch in Zukunft Ihre Freundschaft nicht, und erlauben Sie mir, daß ich zuweilen das Vergnügen haben darf, mich mit Ihnen schriftlich zu unterhalten, und mich so an die mündlichen Unterhaltungen mit Ihnen zu erinnern, die mich damals so glücklich machten. [31/Bd. 11, S. 107]

415. *Kiesewetter* an Kant, 19.11.1789   ab WS 1788/89

Ich würde gewiß schon eher meine Pflicht erfüllt oder vielmehr den Wunsch meines Herzens befolgt und an Sie, theuerster Mann, geschrieben haben, wenn ich nicht dadurch abgehalten worden wäre, daß der Kanzler von Hoffmann[1] Ihnen zugleich antworten wollte. Jetzt ergreife ich diese Gelegenheit, um Ihnen nochmals für die vielen und großen Beweise Ihrer Güte, die Sie mir erwiesen, für den Fleiß den Sie auf meinen Unterricht verwandten, für die väterliche Sorgfalt mit der Sie sich meiner annahmen, meinen wärmsten und innigsten Dank zu sagen. Ich werde es nie vergessen, was ich Ihnen verdanke, ich werde in Ihnen stets meinen zweiten Vater verehren. Ich bitte Sie herzlich, versagen Sie mir auch in Zukunft Ihre Freundschaft nicht, und erlauben Sie mir, daß ich zuweilen das Vergnügen haben darf, mich mit Ihnen schriftlich zu unterhalten, und mich so an die mündlichen Unterhaltungen mit Ihnen zu erinnern, die mich damals so glücklich machten.
[31/Bd. 11, S. 107]

[1] von Hoffmann, Carl Christoph (1735–1801), seit 1786 Kanzler der Universität Halle.

416. *Kiesewetter* an Kant, 15.12.1789   ab WS 1788/89

Verzeihen Sie, innigstgeliebter und verehrter Mann, wenn ich Ihnen durch mein Geschwätz ein halbes Stündchen geraubt habe; es ist mir eine unbeschreibliche Wonne, mich, wenn gleich jetzt nur schriftlich, mit einem Manne unterhalten zu können, der mein ganzes Herz besitzt und den ich über alles liebe. Ich denke nie, ohne die innigste Rührung an das Glück, das ich in Ihrem Umgange genoß, und rufe unendlich oft die Vergangenheit in mein Gedächtniß zurück; und wenn ich Ihnen doch nur einmal so ganz sagen könnte, was ich für Sie empfinde, und wie sehr ich es zu schätzen weiß, was ich Ihnen verdanke. [31/Bd. 11, S. 117]

417. Kiesewetter an Kant, 3.3.1790 ab WS 1788/89

Sie werden sich vielleicht noch erinnern, daß ich Ihnen während meines Aufenthalts in Königsberg einmal sagte; ich fürchtete, man würde in mich dringen, etwas drucken zu laßen, und was ich fürchtete, ist wirklich geschehen. Da nun die erste Ausgabe meiner kleinen Schrift über den ersten Grundsatz der Moralphilosophie[1] vergriffen ist, so habe ich mich entschlossen eine neue ganz umgearbeitete Auflage zu besorgen, sie mit 3 Abhandlungen, über die Übereinstimmung Ihres Moralsystems, mit den Lehren des Christenthums, über den Glauben an die Gottheit und über die Unsterblichkeit der Seele zu vermehren und sie dem Könige zuzueignen, und alle haben dis sehr gut gefunden.[2] Wenn Sie etwa in Ihrem nächsten Briefe mir einige Bemerkungen zu den drei letzten Abhandlungen mittheilen wollten, so würde ich mich unendlich glücklich schätzen. Vorzüglich liegt mir der erste Zusatz am Herzen, und Sie können leicht einsehen, weshalb; ich bin überzeugt, daß man wenigstens das ganz deutlich machen kann, daß der Grundsatz Ihres Moralsystems, sich mit den Lehren der christlichen Religion ganz wohl verträgt, vielleicht auch, daß wenn Christus Sie gehört und verstanden hätte, er gesagt haben würde, ja das wollte ich auch durch mein Liebe Gott etc. sagen. Heucheln kann ich und werde ich nicht, aber ich will für die gute Sache thun, was ich kann. — Wöllner[3] hat sich sehr darüber gefreut, daß ich die erste Abhandlung anhängen will. Ich versichre Sie, theuerster Herr Professor, daß ich zuweilen in Lagen gesetzt worden bin, wo ich alle mögliche Aufmerksamkeit nöthig hatte, um weder auf der einen Seite der Wahrheit etwas zu vergeben, noch auf der andern meine Gesinnungen zu entdecken und mir zu schaden.

[31/Bd. 11, S. 136–137]

[1] »Über den ersten Grundsatz der Moralphilosophie«. Leipzig-Eisleben-Halle 1788; die zweite Auflage erschien völlig umgearbeitet in zwei Teilen. Berlin 1790/91.
[2] Zum Inhalt der Schrift vgl. Ak 13, S. 259.
[3] Wöllner, Johann Christoph (1732–1800), seit 1788 preußischer Justizminister und »Chef des geistlichen Departements«. Vgl. ADB 44, S. 148 ff. Weiter s. G, Nr. 422.

418. Kiesewetter an Kant, 22.4.1791   ab WS 1788/89

Dem Manne,
dem
meine größte Achtung und meine innigste Liebe gehört,
meinem
Lehrer und Vater,
Immanuel Kant.

Ich schreibe diese Zueignungsschrift[1], *mein Vater,* an einem Tage, der mir unendlich werth ist, an dem Tage *Ihrer* Geburt; und ich kann *Ihnen* nicht sagen, wie sehr ich gerührt bin. — Wie viel bin ich *Ihnen* schuldig! Der Gnade des Königs danke ich es, daß ich ein Jahr in Königsberg mich aufhalten konnte, *Ihnen* die Freundschaft und Liebe, mit der *Sie* mich aufnahmen, die kostbare Zeit, die *Sie* auf meinen nähern Unterricht verwendeten, die Geduld, mit der *Sie* meine Zweifel hörten, und die Schwierigkeiten, die sich mir bei meinen Untersuchungen in den Weg stellten, lösten. — Gewiß, mein *Vater,* niemand, niemand kann *Sie* mehr lieben als ich, niemand, bei den Gedanken an *Sie,* zärtlicher und inniger gerührt werden als ich, niemand feuriger wünschen, daß *Sie* noch lange ein ruhiges und glückliches Alter genießen mögen, als ich. — Ich möcht sogerne der ganzen Welt sagen, wie sehr ich *Sie* liebe, wie vielen Dank ich *Ihnen* schuldig bin. —

Nehmen Sie diese Arbeiten, die zum Theil unter *Ihren* Augen entstanden, wozu *Sie* mir selbst so gütigst Materialien gaben, und die ich *Ihnen* jetzt widme, als ein Zeichen meiner Verehrung und Liebe an, und erlauben *Sie* mir, daß ich bis ans Ende meines Lebens mich *Ihren* dankbaren Schüler nennen darf.

Berlin,
den 22. April, 1791.

J. G. C. C. Kiesewetter.

[31/Bd. 11, S. 254]

---

[1] Zur Schrift »Grundriß einer reinen allgemeinen Logik nach Kantischen Grundsätzen zum Gebrauch für Vorlesungen.« Berlin 1791 (2. Aufl. ohne die Zueignung).

419. Kiesewetter an Kant, 28.7.1795   WS 1788/89

Theuerster HErr Professor,
Sie erhalten einliegende Bücher, aber ohne meine Schuld etwas spät. Einer meiner Zuhörer der von hier nach Königsberg reiste hatte es über sich genommen, sie Ihnen persönlich zu übergeben, er ist aber in Cüstrin krank geworden und hat mir das Päckchen zurückgeschickt; nun will HErr la Garde[1] so gut sein und es besorgen. — HE. Eichel[2] der vor ungefähr 14 Tagen aus Königsberg hier angekommen ist hat mir die angenehme Nachricht mit gebracht, daß Sie gesund sind und daß er Sie kurz vor seiner Abreise noch im Motherbyschen Hause gesehn habe. Wie sehr wünsche ich, Sie selbst noch einmal zu sehen; und vielleicht kann ich dis in $1^1/_2$ Jahren möglich machen, wenn die Vermählung der Prinzessin Auguste mit dem Erbprinzen von Hessenkassel vor sich gegangen sein wird.

[31/Bd. 12, S. 29–30]

---

[1] de la Garde, François Théodore (1756–?), Verleger und Buchhändler in Berlin; Verleger von Kants Kritik der Urteilskraft; vgl. seinen Briefwechsel mit Kant in Ak 11 und 12. Über ihn vgl. Heinz Ischreyt: Zwischen Paris und Mitau. Die Geschichte der Verlagsbuchhandlung Lagarde und Friedrich, in: Deutsche Studien 10, 1972, S. 319–336.
[2] Ak 13, S. 397: »Wohl Paul Andreas Eichel aus Lötzen«.

420. Kiesewetter an Kant, 25.11.1798   ab WS 1788/89

Ihr Streit der Fakultäten und Ihre Anthropologie haben mir unendlich viel Freude gemacht, die letztere vergegenwärtigte mir oft die glückliche Zeit, da ich Ihres mündlichen Unterrichts genoß; eine Zeit, die mir ewig unvergeßlich sein wird. Könnte ich Sie doch noch einmal sehen und Ihnen persönlich danken. Sie sind der Schöpfer meines Glücks, was ich etwa weiß und was ich bin verdanke ich größtentheils Ihnen, und der Gedanke, daß ich kein unwürdiger Schüler von Ihnen bin, macht mich froh. — O mein theurer Freund, wie unendlich viel Gutes haben Sie durch Ihre Schriften gestiftet, welch eine reiche Erndte kann die Welt von dem Saamen erwarten, den Sie ausgestreut haben.

[31/Bd. 12, S. 265]

421. Kiesewetter an Kant, 15.11.1799   ab WS 1788/89

Geben Sie mir doch recht oft Gelegenheit, Ihnen zu zeigen, wie herzlich ich Sie liebe und hochschätze. Wenn Sie wüßten, wie oft ich mich innigst gerührt Ihres genoßenen Umgangs und Ihrer Belehrung erinnere und wie sehnlich ich wünsche, Sie einmal wieder zu sehen. Ich habe hier Ihre Büste[1] gekauft, die mir sehr ähnlich zu sein scheint, und sie ist mir unschätzbar, weil sie mir das Bild des Mannes vor Augen stellt, dem ich mein ganzes Glück verdanke.

Leben Sie wohl, theurer Mann, genießen Sie frohe und glückliche Tage, niemand verdient sie gewiß mehr als Sie. Vergessen sie nicht ganz

Ihren
dankbaren Schüler
J. G. C. Kiesewetter.

[31/Bd. 12, S. 295]

---

[1] Ak vermutet die Büste von Mattersberger (vgl. Ak 13, S. 465). Zu Mattersberger vgl. Clasen, S. 20 f.; Mühlpfordt (1964), S. 116 f. und KS 10, 1905, S. 236 f.

422. Hippel 16.12.1788

Actum den 16ten December 1788.

Wenn ich die Personen, welche die Tafel ausmachten, zuvor benamen sollte, so würde ein shakspearesches Verzeichniss die erste Seite füllen, das ich gemeinhin überschlage, weil ich zu mir das Zutrauen zu fassen geneigt bin, ich werde Herren und Damen schon im Handeln kennen lernen. Sie kennen ohnehin die Personen im ganzen Umfange, die ihre Gegenwart auch nur oft sehr beiläufig durch Zeichen, Wort und Berührung zu erkennen zu geben für gut fanden.

Vor der Tafel die gewöhnlichen Fragen und Antworten vom Befinden und Nichtbefinden, die, weil die Heldin des Stücks[1] aus dem Bade kommt, natürlich mehr Bestandtheile und Nachdruck zeigen, als gewöhnlich.

Gräfin v. Keiserlingk zu mir: Sie müssen uns theilen so unzertrennlich wir gleich bis jetzt gewesen.

ich: Desto mehr Vorzug für mich.

Frau v. d. Recke. Es war mir ausserordentlich angenehm Ihnen bei meiner Abreise noch zu begegnen.

ich: Ich konnte auf dieses Glück nicht rechnen, da Ew. Gnaden früher abreisen wollten.

Frau v. d. Recke. Der erste Buchstabe, den ich Ihnen angab soll jetzt zum Wort kommen.

ich: Ich habe mich oft selbst befragt, was es wohl wäre, das Ew. Gnaden interessiren könnte; allein ich habe hier so wie sonst gefunden, dass ich weder zu den grossen noch kleinen Propheten und Deutern gehöre.

v.d. Recke. Nach Tische thun Sie mir wohl die Ehre, mich in meinem Zimmer zu besuchen.

ich: Wann und wo Ew. Gnaden befehlen.

v. d. R. Sie waren der erste, der mir die Beförderung des Herrn v. Wöllner zum Minister ansagte. — Sie haben doch die Geschichte von dem Schwerte des Glaubens gehört?

ich: Ja, man sieht daraus, dass der Kronprinz mit dem Religionsedikt[2] nicht so ganz zufrieden sei.

v. d. R. Auf keine Weise, und eben so wenig wird der Prinz und jeder denkende Mensch mit dem Censur-Edikt zufrieden sein, das unter der Presse ist.

ich: Der junge Carmer³ hat mir die Richtigkeit dieses Umstandes versichert; nur von dem Inhalt wusste er nichts.

v. d. R. Der Hauptinhalt ist, es soll nichts wider die Augsburg'sche Confession, nichts wider den Staat —

ich einfallend: Und überhaupt Nichts geschrieben werden oder aber Nichts.

v. d. R. Man will, die Protestanten sollen einen todten Papst haben, so wie die Katholiken einen lebendigen.

ich: Und doch war Luther so wenig selbst mit Seiner Päpstlichkeit zufrieden, dass er durchaus verlangte, man sollte weiter gehen.

v. d. R. ich versichere Ihnen ehrlich, dass ich keine Zeile in den Berlinischen Buchläden wider das Religionsedikt habe finden können.

ich: Also kennen Ew. Gnaden auch die Würzerschen Bemerkungen⁴ nicht?

v. d. R. Nein, Sie wissen doch sein Schicksal? Er ist wirklich nach Spandau gebracht.

ich: ich habe es gehört, nur weiss ich nicht, wer dieses Urtheil über ihn gebrochen.

Gräfin v. K. Der Gross-Kanzler.⁵

ich: Der hat, wie man mir schreibt, die Untersuchung wider ihn fallen lassen.

v. d. R. Ganz recht, und der König hat sich vorbehalten, selbst über ihn zu sprechen. Wissen Sie aber das Beste dabei; er dedicirt das Buch dem Könige; der König antwortet ihm äusserst gnädig, und ein paar Tage darauf wird er gefänglich eingezogen.

ich: Das ist mir ganz neu.

Gräfin v. K. Unfehlbar ist er auf Anstiften des Principal-Ministers⁶ zur Inquisition gekommen. Haben Sie diesen Prinzipal-Minister kennen gelernt?

v. d. R. Nein, aber desto mehr von ihm gehört.

Gräfin v. K. ich war eben in Berlin, als er seine Frau heirathete, und als Minister v. Finkenstein⁷ darüber ausser Athem kam. Ganz Berlin sagte, dass er die Mutter geliebt und die Tochter geheirathet habe.

v. d. R. Dem geheimen Rath, liebe Tante, kann ich immerhin den Brief der Kaiserin zeigen.

Gräfin v. K. Unbedenklich, der Brief muss aber geheim bleiben, da die Kaiserin auf einen Fürsten anspielt, der wohl nicht weit zu suchen sein wird. Haben Sie denn den Würzer gelesen?

ich: Vorrede und Dedication an den König, und da finde ich zwar einen mittelmässigen Autor, allein weiter nichts.

v. d. R. Man hat ihn inquirirt, mit wem er umgegangen sei, und seine Antwort ist gewesen: Mit dem Scharfrichter, mit 2 Juden, und vor drei Wochen, setzte er hinzu, bin ich bei Dr. Biester gewesen. Biester ist vorgefordert und verhört worden. Wenn es ein Fehler ist, hat Biester gesagt, dass ich von M. Würzer gehört habe, dass er sein Buch schreiben wollte, wenn es ein Verbrechen ist, ein mittelmässiger Schriftsteller zu sein; so ist Herr Würzer und ich strafbar. — Man hat Biester'n gleich freigelassen. — Gott!

Ein politischer Discours, wobei die Herren Offiziere sehr thätig thaten. Herr Professor Kant erklärte so wie meine Wenigkeit die Russen für unsere Hauptfeinde.[8]

Frau v. d. Recke und die Gräfin waren anderer Meinung und *für* die Russen. Frau v. d. Recke versicherte, dass der Kaiser in seinem eigenen Lande gehasst und verachtet würde, dass unser Obrist-Lieutenant Götze bei der türkischen Armee wäre und sehr geliebt würde, das es wahrscheinlich nicht zum Kriege kommen würde.

Ich wünschte Krieg und zog mir Krieg zu, der indessen doch bald beigelegt wurde, indem ich diesen Wunsch nur bloss gethan, um desto länger und solider Frieden zu haben. Die Mamsell Reichardt, eine Gesellschafterin der Frau v. d. Recke, fiel immer intervenien-do ein, wenn die arme Elisa nach ihrem Appetit essen wollte, ich nahm mich des Appetits an, dem man doch wenigstens eine Stimme geben musste, wenn auch Mamsell Reichardt Präsidentin dieses Tribunals bleiben sollte.

Von Aufklärung; von Luftschifferei u. s. w.

Prof. Holzhauer[9], als Freund des Freundes Göking[10]: Es ist wohl nicht abzusehen, was das Religions-Edikt schaden könne. Jeder klage Mann kann doch nicht stets mit seiner Kirche stimmen, und da mögen tausend Edikte kommen.

Frau v. d. Recke. Alles gut; allein die Heuchelei wird dadurch ausserordentlich befördert, genährt und gepflegt werden. *Zu mir:* Sie werden doch den Brief der Kaiserin lesen.

Zu Kant: Ich bin eine Feindin von jeder Dogmatik, und denke die Religion muss im Herzen sein.
Kant: Ja, aber auch die natürliche Religion hat ihre Dogmatik.
v. d. Recke. Nun, dann muss sie doch sehr begreiflich sein.
Ein kleiner Streit über die Naturlehre, von der ich behauptete, dass sie die Hauptfeindin des Aberglaubens wäre worüber Herr Professor Kant die Einwendung machte, dass sie doch von ganz anderen Principiis abhinge. Alles wahr sagte ich. Sie lehrt indessen, das Wunderbare natürlich erklären, zerstreut die Furcht, das Götzenbild des Aberglaubens und da der Aberglaube auf Wunder fundirt ist. Sehr viel von Blomhard[11], der die Erlaubniss erhalten haben soll, nach Breslau und Königsberg zu gehen.
Gräfin v. Keyserlingk: Was will er doch in Königsberg?
Freilich dacht' ich, da Ew. Excellenz bei 5000 Rthlr. jährlicher Einkünfte so genau sind, dass kein einziges Haus in Königsberg existiert u. s. w.
Von der Idee unsers Hofes, den Churfürsten von Sachsen zum Könige von Polen zu machen.
Die Schädlichkeit dieses Planes in Beziehung unseres Staats u. s. w.
Gräfin v. K. Wenn mein Mann noch lebte, der würde gewiss dem Könige in einer handgreiflichen Deduktion gezeigt haben, dass seine beste Allianz mit Russland sei, und dass das Haus Oestreich sein eigentlicher Feind sei, der es auch bleiben würde immerdar.
Frau v. d. Recke: Die Sachsen, die den König umgeben. — Etwas von Sachsen, wobei Frau Obristin v. Heykingk mit Kant anband.
Gräfin v. K. Russland hat kein Interesse, uns Etwas zu nehmen: Kurland ist ja eine solche Scheidewand.
ich: Ich glaube doch, dass es nicht ohne Interesse sei, in Rücksicht des Handels an der Ostsee auf Ostpreussen und in Rücksicht der Besitzung im ehemaligen Polen u. s. w.
Die Frau Gräfin blieb bei ihrer Meinung, worin die Frau v. d. Recke als eine recht tapfere Russin ihr secundirte.

Nach der Tafel.
Frau v. d. Recke und Kant.

Frau v. d. Recke Was sagen Sie zu meiner Starkschen Fehde?[12]
Kant: Ich bedaure Ew. Gnaden mit einem Manne im Streit zu sein,

der unermüdet, pfiffig und stolz ist. Ew. Gnaden sollten abbrechen und kein Wort von seinen Schriften lesen.—

Frau v. d. Recke. Das wäre doch aber auch zu kleinmüthig, ich habe einmal der Wahrheit ein Opfer angezündet, es mag ausbrennen.—

Kant. Aber könnte man nicht aus Frankreich Beweise herholen?

v. d. Recke. Ja, wie?

Kant. Es müssen doch Leute bei der Bibliothek noch jetzt leben, die von Allem wüssten, und da so viele Kurländer dorthin reisen, — auch durch Briefe.

v. d. Recke. Sie wissen, wie unsere jungen Herren reisen. Bibliotheken sind ihr letztes Kaffeehaus, wo sie ansprechen.—

Die Gesellschaft vertheilte sich, ging oder eigentlicher trat ab und Frau von der Recke liess mich bitten, doch nicht eher wegzugehen, bis sie mich allein gesprochen.—

[53/Bd. 1, S. 294–297]

[1] Gemeint: die Gräfin Keyserling.

[2] Vgl. u.a. Fritz Valjavec: Das Wöllnersche Religionsedikt und seine geschichtliche Bedeutung, in: Historisches Jahrbuch der Görresgesellschaft 72, 1952; Wilhelm Dilthey: Der Streit Kants mit der Censur über das Recht freier Religionsforschung, in: AGPh 3, 1890, S. 418 ff.; Emil Fromm: Immanuel Kant und die preußische Zensur. Hamburg und Leipzig 1894; ders.: Zur Vorgeschichte der Königlichen Kabinetsordre an Kant vom 1. Okt. 1794 in: KS 3, 1898, S. 142–147; Vorl. II, S. 192 ff.

[3] Sohn von 5).

[4] Vgl. Heinrich Würtzer: Bemerkungen über das Königl. Preussische Religionsedikt vom 9. Juli (1788) nebst einem Anhange über die Pressfreyheit. Berlin (Leipzig!) 1788. (Zit. nach Meusel 8, S. 632).

[5] Gemeint: von Carmer, Johann Heinrich Casimir (1720–1801), Jurist, seit 1770 Groß-Kanzler, vor allem verdient um die preuß. Justizreform.

[6] Gemeint: Nr. 7?

[7] Finck von Finckenstein, Karl Wilhelm, Reichsgraf von (1714–1800), lange Zeit in diplomat. Dienst, 1749 Kabinettsminister, Berater Friedrich II. in auswärtigen Angelegenheiten.

[8] Vgl. G, Nr. 520.

[9] Holtzhauer, Georg Friedrich (1746–1801), seit 1779 Prof. d. Rechte in Königsberg.

[10] Nichts ermittelt.

[11] Nichts ermittelt.

¹² Stark, Johann August (1741–1816), Theologe, 1769 a. o. Prof. d. orientalischen Sprachen in Königsberg, 1774 o. Prof. d. Theologie, seit 1777 in Mitau, 1781 Generalsuperintendent in Darmstadt. Stark war in dem Verdacht des Kryptokatholizismus geraten; gegen seine 1787 erschienene Verteidigungsschrift schrieb Elisa von der Recke eine Gegenschrift: »Etwas über des Herrn Oberhofpredigers Johann August Stark Vertheidigungsschrift ...« Berlin-Stettin 1788 (Vorwort: Friedrich Nicolai). Vgl. zu Stark: APB 2, S. 690; RN 4, S. 266 ff.; ADB 35, S. 465 f.; Paul Konschel: Hamanns Gegner der Kryptokatholik D. Johann August Stark. Ein Beitrag zur Aufklärungszeit. Königsberg 1912.

422a. Hippel nach 1788

Da sagte z. B. *Kant* bey Tafel, der verstorbene *Hamann* hätte eine solche Gabe gehabt, sich die Sachen im Allgemeinen zu denken, nur hätte er es nicht in seiner Gewalt gehabt, diese Principia selbst deutlich anzuzeigen, am wenigsten aus diesem *en gros* Handel etwas zu detailliren — den *Montesquieu* hätte er gar nicht verstehen können. — Wie doch das kömmt, das die besten Köpfe Sachen nicht fassen können: 1) sie sind vielleicht zuweilen seelenfaul; 2) achten dergleichen Sachen nicht oder geben nicht darauf acht; 3) die Sachen sind auch von der Art, daß sie nicht natürlich aus einander folgen. — Sollte dieß der Fall mit *Montesquieu* seyn? Fast glaub' ichs; denn er scheint mir nicht von Principiis ausgegangen zu seyn, sondern sich welche erschrieben zu haben. Er ging vielleicht im Schreiben auf Principien Jagd; und machen es nicht viele Schriftsteller so? Wo Gott und mein Pferd hin will, sagte ein Feldprediger; und sollte nicht mancher Schriftsteller sagen können: Wo Gott und meine Feder hin will. — *Hr Kant* sagte auch, daß er den Montesquieu nicht verstehen könnte. Es kann, wie *Young ni fallor* sagt, die theure Zeit oder hohe Preiße aus Ueberfluß oder aus Mangel kommen; im ersten Fall ists Segen, im zweyten ists Fluch für Stadt und Land. *Kant* sagt öfters: »Ich verstehe den Katechismus nicht, verstand ihn aber ehmals.« — »Ew. Exc. (so hörte ich ihn neulich zu einer Dame sagen) werden ihn auch nicht verstehen.« — Die Antwort war ein allgemeines Lachen; und was deutet dieß an? Wenn nicht einen deutlichen Beytritt, so doch Vergnügen an dieser Frage.

[26, S. 350]

423. *Kraus* nach 1788?

Eigentlich hat ihn Mendelssohn in den Literaturbriefen zuerst »*in das Publikum eingeführt*« durch die Recension über seine 2 Schriften 1) über das Dasein Gottes, und 2) über die falsche Spitzfindigkeit der syllogistischen Figuren. Die unterstrichenen sind Kant's eigene Worte, die er mir einmal sagte, als ich mit ihm von dem alten Hamann sprach, mit dem es derselbe Fall war. Den Preis über die Frage von der Evidenz in der Metaphysik erhielt nicht Kant, sondern Mendelssohn. Kant bekam das Accessit. Sulzer schrieb an Kant, er würde es wohl nicht übel nehmen, daß man den jungen Mendelssohn zu dessen Aufmunterung den Preis gegeben, obgleich er (Kant) ihn wohl eher verdiente.[1] [46, S. 21]

---

[1] Vgl. Ak 2, S. 493 ff.; Vgl. Kants Brief an Formey vom 28.6.1763 (Ak 10, S. 41f.) und Formeys Schreiben an Kant vom 5.7.1763 (Ak 10, S. 42), hierzu Ak 13, S. 20. Sulzers Brief (Ak Nr. 28a) ist nicht bekannt.

423a. *Kiesewetter* an Weiss, 11.3.1789 1788/89

An H. Professor Kant habe ich einen zweiten Vater erhalten. Er behandelt mich mit so viel Güte, beeifert sich so sehr meine Kenntnisse zu erweitern u. tut alles, was er nur kann, um mir meinen hiesigen Aufenthalt so angenehm und so nützlich als möglich zu machen. Er ist ganz der edle Mann, wie ich ihn mir dachte ... Er ist ein trefflicher Gesellschafter, ein edler redlicher Mann, dessen Lebenswandel eben so rein ist, als die Moral, die er lehrt...
[62]

423b. *Zelter* an Goethe, 4.12.1825 ca. 1789[1]

Unser verstorbene, vom alten Fritz sehr hochgehaltene Geheime Finanzrat Wlömer ward einst nach Königsberg zur Revision der dortigen Bank gesandt.

Dort findet er nach 40 Jahren einen ehemaligen Stubenburschen, den alten Kant wieder, und man freut sich heut und früherer Jahre. »Aber,« spricht der Kant, »hast du Geschäftsmensch wohl auch einmal Lust, meine Schriften zu lesen?« — »O ja! und ich würde es noch öfter tun, nur fehlen mir die Finger.«—»Wie versteh' ich das?«—»Ja, lieber Freund, Eure Schreibart ist so reich an Klammern und Vorbedingtheiten, welche ich im Auge behalten muß; da setze ich den einen Finger aufs Wort, dann den zweiten, dritten, vierten, und ehe ich das Blatt umschlage, sind meine Finger alle.«[2]

[72, S. 385]

---

[1] Falls es sich um ein wirklich erfolgtes Gespräch handelt, so muß es nach der Zeitangabe im Text Ende der 80er Jahre anzusetzen sein. Wlömer ging 1749 nach Berlin.

[2] Zu Wlömers Interesse an Kants Schriften vgl. Ak 11, S. 130.

424. *Kant* an von Massow, ca. August 1797   ab 1787

HE. Lehmann[1] hat allen meinen Collegien der Logik, Metaphysik, der Moral, des Naturrechts, Physik, der Anthropologie und physischen Geographie nicht allein mit unausgesetztem Fleis und dem besten Fortgange (wie mir die Examina die ich anstellte es bewiesen) freqventirt sondern ist auch immer einer von den Wenigen gewesen welche auch ihr Talent zum *Vortrage* dessen was sie gelernt hatten, an den Tag legten und sich also zu künftigen Lehrern qvalificirten. Überdem sind seine Umgangseigenschaften so beschaffen daß ich ihn meiner eigenen Erholung wegen am häufigsten an meinen Tisch gezogen habe und noch invitire so oft es nur ohne Nachtheil seiner anderweitigen Geschäfte geschehen kann; welches von seiner Verträglichkeit und Eintracht mit seinen etwanigen künftigen Collegen zum Voraus schon einen vortheilhaften Begriff giebt.   [31/Bd. 12, S. 189]

---

[1] Lehmann, Johann Heinrich Immanuel (1769–1808), Kants Amanuensis, immatr. 23.9.1789.

424a. Kraus an G. H. Hufeland, 1.2.1789   vor dem 1.2.1789

Kant hat mir ausdrücklich aufgetragen, Ihnen und Herrn Prof. Schütz zu sagen, dass er theils wegen seiner Arbeit an der Kritik des Geschmaks,[1] theils wegen seines Verhältnisses zu *Herrn Jacob*,[2] die angetragene Recension nicht übernehmen könne; dabey ersuchte er mich Herrn Hofprediger Schulz zu befragen, ob er etwa an seiner Statt die Recension übernehmen wolle. Das habe ich gethan, und H. Hofprediger Schulz hat sich schriftlich gegen mich erklärt, *dass er Herrn Jacobs Logik und Metaphysik recensiren wolle,* und dass ich Ihnen dies nur melden möchte.[3] Er wird also erwarten, dass Sie ihn durch mich oder unmittelbar wissen lassen, ob Sie diesen Tausch genehmigen. [71, S. 75/76]

[1] Kritik der Urteilskraft.
[2] Gemeint: H. L. Jakob: Grundriß der allgemeinen Logik und kritische Anfangsgründe der Metaphysik. Halle 1788.
[3] Die Rezension erschien in der ALZ. 1790, Nr. 11.

425. Schnorr von Carolsfeld[1]   um den 13.5.1789

Ich lernte den vielgefeierten Philosophen Kant persönlich kennen. Dieses Mannes Individualität veranlasste mich, den Geheimen Kriegsrat v. Hippel mit meinem Wunsch, des Philosophen Kopf zu zeichnen, bekannt zu machen. Sehr bald wurde mir dieser Wunsch gewährt. Und als ich in dieser Absicht Kant besuchte und von ihm eine Treppe hoch in das Zimmer geführt wurde, wo er sitzen wollte, sprach er: »Sie werden an meinem Gesichte zweierlei Seiten finden, die eine magerer als die andere. Es steht nun bei Ihnen, wie Sie meinen Kopf nehmen wollen.« Ein aufmerksames Überblicken und schnelles Erwägen liess mich das so charakteristische Dreieck seines scharf gezeichneten Profils wählen. Die Folge rechtfertigte meine Wahl; denn kaum hatte sich Kant gesetzt, als auch schon sein Blick vor sich hin — des jetzt zusammengesunkenen Körpers ganz vergessend — in das weite Universum sich verlor. Nicht gar lange hatte er gesessen, als er auf meine Anregung das Wort wieder nahm: »Ich habe eben,« sprach er, »über die Verschiedenheit meines Gesichts nachgedacht, und wenn ich eine Ursache derselben angeben sollte, so wüsste ich keine andere, als dass ich von Jugend an bis heute bei offenem Fenster so wie immer auf einer und derselben Seite liegend geschlafen habe. Ob nun auf der einen Seite die Luft und von der andern die Bettwärme eingewirkt hat? Dies wäre wohl möglich.«

Nach beendigter Sitzung führte er mich in das anstossende Zimmer, worin sein Bett am offenen Fenster stand, und fügte hinzu: »So habe ich immer geschlafen.« Dieses Zimmer enthielt zugleich seine Bibliothek. Die Repositorien waren mit grünen Zugvorhängen versehen.

Kants gewöhnlicher vertraulicher Umgang waren die Mathematiker Krause und Wasiansky, die er gern um sich hatte. Kant war in Gesellschaft sehr heiter und gesprächig; liebte philosophisch ein gutes Glas Wein und war vom Wirt und den Gästen immer gern gesehen. So dürr und mager aber, als ihn Reichardt geschildert[2], habe ich ihn nicht gefunden, und dass Kant im Essen und Trinken übermässig gewesen, davon habe ich nie sprechen gehört.

Was nun meine Zeichnung betrifft — die ich noch (d. i. um 1831) besitze[3] — diese machte Hippel grosse Freude. Sogleich ergriff er das Blei und schrieb auf die Rückseite folgendes: »Ausserordentlich ähnlich! Vergessen Sie nicht, dem Herrn Dir. Oeser[4] mich freundschaftlich zu empfehlen. Hippel a. 13. Mai 89 (1789). Meine Kanzlei wünscht Ihnen eine glückliche Reise.«

[55, S. 143]

---

[1] Schnorr von Carolsfeld, Veit Hans, vgl. Clasen, S. 17.
[2] Vgl. G, Nr. 74.
[3] Vgl. die Abb. bei Clasen.
[4] Oeser, Adam (1717–1799), seit 1764 Direktor der Leipziger Kunstakademie.

426. *Karamsin*[1] 19.6.1789

Gestern Nachmittags war ich bey dem berühmten *Kant*, einem scharfsinnigen und feinen Metaphysiker, der Malebranche und Hume und Leibniz und Bonnet stürzte — *Kant*, den einst der jüdische Sokrates, der verstorbne *Mendelssohn*, den *alles zermalmenden Kant*, nannte. Ich hatte keinen Brief an ihn; aber Kühnheit gewinnt Städte, und mir öffnete sie die Thüre des Philosophen. Ein kleiner hagrer Greis, von einer außerordentlichen Zartheit und Weiße, empfieng mich. Ich sagte zu ihm: Ich bin ein russischer Edelmann, der deswegen reiset, um mit einigen berühmten Gelehrten bekannt zu werden — und darum komme ich zu *Kant*. Er nöthigte mich sogleich zum Sitzen und sagte: »Meine Schriften können nicht jedermann gefallen. Nur wenig lieben die tiefen metaphysischen Untersuchungen, mit welchen ich mich beschäftigt habe.« Wir sprachen erst eine halbe Stunde über verschiedne Gegenstände: von Reisen, von China, von Entdeckungen neuer Länder etc. Ich mußte dabey über seine geographischen und historischen Kenntnisse erstaunen, die allein hinreichend schienen, das ganze Magazin eines menschlichen Gedächtnisses zu füllen, und doch ist dies bey ihm nur Nebensache. Darauf bracht' ich das Gespräch, doch nicht ohne Sprung, auf die moralische Natur des Menschen, und folgendes hab' ich von seinem Urtheile darüber gemerkt: »Unsre Bestimmung ist Thätigkeit. Der Mensch ist niemahls ganz mit dem zufrieden, was er besitzt, und strebt immer nach etwas anderm. Der Tod trifft uns noch auf dem Wege nach dem Ziele unsrer Wünsche. Man gebe dem Menschen *alles*, wonach er sich sehnt, und in demselben Augenblicke, da er es erlangt, wird er empfinden, daß dieses *Alles* nicht *alles* sey. Da wir nun hier kein Ziel und Ende unsers Strebens sehen, so nehmen wir eine Zukunft an, wo sich der Knoten lößen muß; und dieser Gedanke ist dem Menschen um so angenehmer, je weniger Verhältniß hienieden zwischen Freude und Schmerz, zwischen Genüssen und Entbehrungen, statt findet. Ich für meine Person erheitre mich damit, daß ich schon über sechzig Jahre alt bin, und daß das Ende meines Lebens nicht mehr fern ist, wo ich in ein besseres zu kommen hoffe. Wenn ich mich jetzt an die Freuden erinnre, die ich während meines Lebens genossen habe, so empfind' ich kein Vergnügen; denk ich aber an die Gelegenheiten, wo ich nach dem *Moralgesetz* handelte, das in mein Herz geschrieben ist, so fühl' ich die reinste Freude. Ich nenne es das *Moralgesetz*; andre das Gewissen, die Empfindung von Recht und Unrecht — man nenne es wie man will; aber *es ist*. Ich habe gelogen; kein Mensch weiß es, und ich schäme mich doch. — Freylich ist die Wahrscheinlichkeit des künftigen Lebens noch immer keine Gewißheit; aber wenn man alles zusammennimmt, so gebietet die Vernunft, daran zu glauben. Was würde auch aus uns werden, wenn wir es so zu sagen mit den Augen sähen? Würden wir dann nicht vielleicht durch den Reiz desselben von dem rechten Gebrauche des Gegenwärtigen abgezogen werden? Reden wir aber von Bestimmung, von einem zukünftigen Leben, so setzen wir dadurch schon das Daseyn eines *ewigen und schöpferischen Verstandes* voraus, der alles zu irgend etwas, und zwar zu etwas Gutem schuf. Was? Wie? — Hier muß auch der erste Weise seine Unwissenheit bekennen. Die Vernunft löscht hier ihre Fackel aus, und wir bleiben im Dunkeln. Nur die Einbildungskraft kann in diesem Dunkel herumirren und Phantome schaffen.«

Ehrwürdiger Mann! verzeihe, wenn ich Deine Gedanken in diesen Zeilen entstellt habe.

Er kennt Lavater und hat mit ihm correspondirt. »Lavater,« sagte er, »ist sehr liebenswürdig, in Rücksicht seines guten Herzens; aber seine außerordentlich lebhafte Einbildungskraft macht, daß er sich durch Phantome blenden läßt, an Magnetism und dergleichen glaubt.« Ich erwähnte seiner Feinde. »Sie werden sie kennen lernen, sagte *Kant*, und Sie werden finden, daß sie allzumahl gute Menschen sind.«

Er schrieb mir die Titel von zweyen seiner Schriften auf, die ich noch nicht gelesen habe: »*Kritik der praktischen Vernunft*, und *Metaphysik der Sitten* — und dieses Zettelchen werd' ich verwahren, wie ein heiliges Andenken.

Indem er meinen Namen in sein Taschenbuch schrieb, wünschte er, daß sich endlich einmahl alle meine Zweifel lößen möchten. Darauf schieden wir.

Das, meine Freunde! ist eine kurze Beschreibung einer für mich äußerst interessanten Unterredung, die über drey Stunden dauerte. — Kant spricht geschwind, leise und unverständlich; ich mußte alle meine Gehörnerven anstrengen, um zu verstehen, was er sagte.

Er bewohnt ein kleines unansehnliches Haus. Ueberhaupt ist alles bey ihm *alltäglich*, ausgenommen seine *Metaphysik*.

[32, S. 57–63]

[1] Karamsin, Nikolaj Michajlowitsch (1766–1826), russischer Schriftsteller und Historiker, besuchte auf seiner Reise ins westliche Europa auch Kant; ein Teil der »Briefe eines reisenden Russen« erschien in russischer Sprache erstmals 1791–1792, die vollständige russische Ausgabe in Buchform kam 1799–1801 heraus. Der hier zitierte Text entstammt der ersten deutschen Übersetzung (durch J. Richter 1789–1802); Neuausgaben der Richterschen Übersetzung erschienen 1959 ([2]1981) bei Rütten & Loening in Berlin (vollständiger Text) und 1986 in Reclams-Universal-Bibliothek (Auswahl; Kantpassage ungekürzt). Vgl. auch Anton Palme: Ein Besuch Karamsins bei Kant, in: KS 5, 1901, S. 120–122; Krawczynski: Kant und der Russe Karamsin, in: Kölnische Volkszeitung Nr. 313, 27. April 1924; Hans Rothe: N. M. Karamzins europäische Reise. Bad Homburg-Berlin-Zürich 1968. Über ihn allgemein vgl. Maurice Colin, in: Dictionnaire des Philosophes. T. II. Paris 1984, S. 1404–1407.

427. Varnhagen von Ense   nach dem 14.7.1789

Im neuesten Hefte der Gränzboten ist ein Aufsatz über Fichte, worin Kant nach Gebühr sehr hochgestellt, aber von ihm gesagt wird, er habe die in seine alten Tage fallende französische Revolution nicht beachtet; das ist grundfalsch! Er lebte und webte in ihr, und hielt ungeachtet aller Gräuel seine Hoffnungen auf sie so fest, daß er, als er die Verkündigung der Republik erfuhr, lebhaft ausrief: »Herr! Nun lasse Deinen Diener in Frieden dahin fahren, denn ich habe das Heil der Welt gesehen!« —   [61, S. 187]

428. Borowski   nach dem 14.7.1789

K. erwartete und forderte — wie es auch recht ist — in freundschaftlichen Verhältnissen und überhaupt im Umgange mit Männern eine gewisse Delikatesse. Er bewies sie selbst in einem hohen Grade. — Gerader Widerspruch beleidigte und — wenn dieser anhaltend war, erbitterte ihn. Gewiß drang er seine Meinung niemanden auf: aber der gegenseitigen Rechthaberei war er auch herzlich gram. Da wich er denn gerne ganz aus, wo er sie mehrere Male schon bemerkt hatte. Einem Manne von Bedeutung, der über die französische Revolution bekanntlich ganz anders, als er dachte, sagte er gleich, da das Gespräch in einer Mittagsgesellschaft darauf gerichtet ward: »Wir sprechen, dächte ich, gar nicht davon« und lenkte die Unterhaltung ganz davon ab. [29, S. 62–63]

429. Jachmann nach dem 14.7.1789

Da diese Idee[1] ihn belebte, so können Sie leicht denken, daß seine Aufmerksamkeit gespannt war, als ein großes zivilisiertes Volk damit umging, eine solche Idee zu realisieren. Durch seine Welt- und Menschenkenntnis und durch seinen scharfblickenden Geist zeichnete er schon immer zuvor den Gang, den diese große Weltbegebenheit nehmen würde und ein jedes Ereignis, das diesen Zweck zu befördern oder zu hindern schien, nahm er mit dem lebhaftesten Interesse auf. Daher zu dieser Zeit auch seine Gespräche sich größtenteils auf Politik bezogen, und es war zu verwundern, wie der schafrsinnige Mann sehr oft mit wahrhaft prophetischem Geiste Begebenheiten zuvor verkündigte, an welche die mitwirkenden Personen vielleicht selbst noch nicht dachten. Auf die Zeitungen war er in manchen kritischen Zeitpunkten so begierig, daß er der Post wohl meilenweit entgegengegangen wäre, und man konnte ihn mit nichts mehr erfreuen, als mit einer frühen authentischen Privatnachricht. Sein Interesse an dieser großen Weltbegebenheit leuchtete vorzüglich aus seinem Gespräch hervor, welches er darüber in allen Gesellschaften mit gleicher Lebhaftigkeit führte. Man sah es ihm an, mit welcher Ungeduld er auf die jetzt freilich sehr schlecht geratene Auflösung dieses Problems harrte.

Ungeachtet der warmen Teilnahme, welche Kant an der Realisierung dieses Vernunftideals bewies, so war sein Interesse doch nichts weniger als eigennützig, ehrsüchtig oder auf irgendeine Art tadelhaft. Es war das reine Interesse eines Weltbürgers und freidenkenden Philosophen, der dem Experiment, die von der Vernunft aufgegebene Idee einer vollkommenen Staatsverfassung zu realisieren, mit eben dem Vergnügen zusah, als ein Naturforscher auf das Experiment hinblickt, das eine wichtige Hypothese bestätigen soll. Als ein solches Experiment sah Kant die französische Revolution[2] an und fand kein Bedenken, auch als echter Patriot seine Gedanken mit ihr zu beschäftigen; denn daß er ein wahrer Patriot war, das beweiset nicht allein seine Anhänglichkeit an sein Vaterland und selbst an seinen Geburtsort, sondern auch sein sehnlicher und oft geäußerter Wunsch, daß sich unser Staat in diese fremde Angelegenheit einer fremden Nation nicht mischen möchte und seine innige Freude darüber, als dieser Wunsch erfüllt wurde. Aus diesem Grunde lehnte er auch den Briefwechsel ab, welcher ihm vom Abt Sieyes durch einen Mann, der Prediger in Memel ist und dessen Bruder in Paris wohnt, war angetragen worden.[3] Er wußte es, wie weit ein Staatsbürger, selbst als Weltbürger und Weltweiser, gehen könne und überschritt diese Grenzen nie. Er hielt mit gewissenhafter Strenge an den Gesetzen seines Vaterlandes; er hing mit herzlicher Ergebenheit an seine Landesfürsten; er liebte sein Vaterland; er war stolz darauf, Bürger eines Staats zu sein, in welchem eine unbeugsame Gerechtigkeit herrscht und dessen Fürsten selbst nach dem Ideal einer vollkommenen Staatsverfassung hinstreben, und er fachte selbst in den Herzen seiner Zuhörer und seiner Freunde eine reine Vaterlandsliebe an. Kant war nichts weniger als ein Revolutionär. Gerade er würde sich nach seinen Grundsätzen und nach seinen Äußerungen am ersten und am eifrigsten einem jeden Versuch einer Staatsumwälzung entgegengesetzt haben.[4]

Wie wenig auch sein philosophisches Räsonnement über Politik und über politische Weltbegebenheiten seinem Patriotismus hinderlich war, dies läßt sich selbst aus seinem äußern Betragen als Staatsbürger abnehmen. Wenn je ein Mann bei allem Selbstgefühl seiner angebornen Menschenrechte sich in die bürgerliche Ordnung seines Vaterlandes fügte, sich in den Grenzen seines Standes hielt, seinen Vorgesetzten und allen Staatsbeamten die ihnen gebührende Achtung und Ehre bewies, so war es Kant. Seine Philosophie veredelte sein Betragen als Mensch und als Staatsbürger, aber sie versetzte ihn nicht in einen ungebundenen Naturzustand. Er stellte durch sich selbst ein Muster auf, wie man freien Weltbürgersinn mit strengem Patriotismus verbinden müsse. [29, S. 174–176]

[1] Bezieht sich auf die vorhergehende Wendung »der wahre Republikanismus« (S. 174).
[2] Vgl. Peter Burg: Kant und die Französische Revolution. Berlin 1974.
[3] Vgl. Vorl. II, S. 250 ff.; Alain Ruiz: Neues über Kant und Sieyès. Ein unbekannter Brief des Philosophen an Anton Ludwig Théremin (März 1796), in: KS 68, 1977, S. 446–453; ders.: A l'aube du kantisme en France. Sieyès, Karl Friedrich Reinhard et le traité Vers la paix perpétuelle (Hiver 1795–1796). Avec le texte inédit de l'adaptation française du traité par Reinhard, in: Cahiers d'Études Germaniques (Université de Provence. Centre d'Aix) 4, 1980, S. 147–193; 5, 1981, S. 119–153.
[4] Vgl. Ak 6, S. 318 ff.

430. Metzger nach dem 14.7.1789

Der Verfasser dieser Blätter ist indessen geneigt, diese und andere ähnliche Äusserungen, die man an andern als Untugenden tadeln würde, für blosse *Eigenheiten* in *Kants* Charakter zu halten; ... Unter diese Eigenheiten ist vielleicht auch zu rechnen die Freymüthigkeit und Unerschrockenheit, mit welcher *Kant* seine der französischen Revolution viele Jahre hindurch — ob bis zuletzt, weiss ich nicht — günstigen Grundsätze, gegen jedermann, auch gegen Männer von den höchsten Würden im Staat verfocht. Es war eine Zeit in Königsberg, wo jeder, der von der französischen Revolution nicht etwa günstig, sondern nur glimpflich urtheilte, unter dem Namen eines *Jacobiners* ins schwarze Register kam. *Kant* liess sich dadurch nicht abschrecken, an den vornehmsten Tafeln der Revolution das Wort zu reden, und man hatte so viel Achtung für den sonst so sehr geschätzten Mann, ihm diese Gesinnungen zu gute zu halten. [38, S. 14–16]

430a. Anonym nach 14.7.1789

Den besten Stoff, die politischen Neuigkeiten, nahm er mit sich zu Tisch; am meisten interessierten ihn die Französischen Angelegenheiten, die ihn besorgt nur erst dann machten, wenn sie eine, dem Ansehen nach fruchtlose, nie aber wenn sie eine blos fürchterliche oder empörende Wendung nahmen. Beides war ihm durchaus nicht einerlei. Es hielt schwer und war fast unmöglich, ihn aus seiner Meinung heraus zu disputiren; selbst wenn man ihr Facta entgegen setzte, gelang es nicht, wenigstens nicht gleich, und nicht immer. Die Franzosen waren schon in Egypten, und die Regierung selbst hatte es schon dem ganzen Europa verkündigt, als er immer noch dabei blieb, die Expedition gehe auf Portugall und die offizielle Bekanntmachung vom Gegentheil sey ein bloßes Blendwerk, um den Feind irre zu führen. In der Folge nahm er sich denn doch dieses Besitzes sehr an, und widerrief so alles Abendtheuerliche und Ungereimte, was er anfangs diesem Projekt Schuld gegeben hatte.

[64, S. 170]

431. Kraus   Herbst 1789

Jacobi betreffend schrieb er[1] im Herbst 1789 an seinen Freund von A.[2] »Wäre ich mit Winterfeld*) so bekannt, wie mit Ihnen, so würde ich ihm sagen: Nicht über Volksbetrug und Nationaltäuschung wollen wir philosophiren und correspondiren, sondern über Selbstbetrug und Selbsttäuschung, denn das ist heilsamer und lehrreicher und der Entscheidung oder befriedigenden Auflösung fähiger. Statt W. möchte ich wohl lieber dem Jacobi in Düsseldorf antworten, dem ich durch Kant veranlaßt worden bin, nach einem jährigen Stillschweigen endlich ein Billet zuzuschicken, daß ich ihm antworten würde. Nun mag mir Gott helfen! Die Antwort muß eine Analyse des Pantheismus enthalten, die erst durch Ihre Hände gehen soll, ehe ich sie abschicke, denn da ich nun seit Hamanns Tode ganz und gar keinen Kritiker habe, der mich beim Ohr zupft, so bin ich doppelt genöthigt das Wort zu halten, was ich Ihnen schon vor Jahr und Tag gegeben habe: nichts in die Welt zu schicken ohne Ihr *Vidi et legi*.

[33, S. 268–269]

*) Major und Gutsbesitzer in der Uckermark, Verfasser eines Lehrbuchs der Mathematik und mehrerer pädagogischen Schriften und Abhandlungen, auch Mitarbeiter am Campischen Revisionswerk. Am berühmtesten ist seine »Prü-

fung der Castillonschen Preisschrift über Irtum und Volkstäuschung. Berlin 1788.«
[1] Gemeint: Kraus.
[2] Gemeint: von Auerswald.

432. Jenisch   90er Jahre

Etwas, was Kant von seinen drey bedeutendsten Schülern gesagt haben soll. (Aus der Brieftasche eines reisenden Liefländers.)

Man fragte in einer Gesellschaft den Königsberger-Philosophen: Warum er sich nicht gegen oder wenigstens über Reinhold öffentlich im Druck erklärte?

Der ehrwürdige Greis soll geantwortet haben: *Reinhold hat mir zu viel guts gethan, als daß ich böses von ihm sagen wollte.*

Man sieht, Kant ist dankbarer, als seine Schüler. Durch seine Briefe über die kritische Philosophie verschaffte Reinhold dem Kantischen System zuerst Popularität, und gewann ihm eine Menge Anhänger. Durch seine Theorie des Vorstellungsvermögens, verdarb es Reinhold mit dem Kantischen System selbst.

Kant liebt, wie man aus seinen Schriften sieht, zuweilen die Wortspiele, so soll er von Fichte gesagt haben: *Fichte sey ein unglücklich-ominöuser Name für einen Philosophen.* Denn man sage im *teutschen:* einen hinter die *Fichten führen,* statt einen hintergehen; und im *lateinischen (argumenta ficulnea) Beweise von Fichten,* statt schwache, mürbe Beweise, *(argumenta infirma.)*

Ein Kantisches Wort über Herrn Beck in Halle, Verfasser der *Standpunkts-Lehre,* ist folgendes: *Der gute Mann ist auf seinem neuen Standpunkt über seine eigne Füße gefallen.*[1] Aber das kommt daher, wenn die Herren Schüler *sich selbst setzen* und stellen.

[30, S. 367–369]

[1]Anspielung auf Becks Schrift »Einzig möglicher Standpunkt, aus welchem die kritische Philosophie beurteilt werden muß«. Riga 1796.

433. Kant an von Massow, ca. August 1797   90er Jahre

Hochwohlgebohrner Hr. Regierungspräsident
Der Besuch womit mich Ew: Exell. vor wenigen Jahren beehrten ist mir unvergessen geblieben so wie die Erinnerung Ihrer wohlwollenden Gesinnung in mir das Vertrauen erweckt es werde das Vorwort welches ich hiemit für den *Candidat Lehmann sen:* einlege nicht ungeneigt aufgenommen werden.   [31/Bd. 12, S. 189]

434. Hasse   90er Jahre/letzte Jahre

So sehr er daran erinnerte, und dafür sorgte, daß seine Verwandten monatlich das ihnen bestimmte Quantum erhielten[1], so wenig erwähnte er ihrer oder stand, wenn man von ihnen zu sprechen anfing, Rede. Ja, als in seinen lezten Lebens-Tagen seine Schwester in seinem Hause war, ließ er ihr zwar von seinem Tische Essen geben, läugnete sie aber einigemahl ab. Als er aber ihre wohlthätige Pflege in seinen letzten Tagen erfuhr, erkannte er sie an, und erklärte, daß man es ihr verzeihen müße, wenn sie eben keine Cultur hätte[2]; so wie er seinen Bedienten, der ihn mit rastloser Geduld wartete und pflegte, hob und trug, öffentlich lobte, als einen wakkern Mann prieß, ihn gehörig zu belohnen versprach, ihm auch einigemahl die Hand küssen wollte.   [18, S. 36]

[1] Vgl. G, Nr. 563.
[2] Vgl. G, Nr. 2, 183, 601, 603, 619; Q, Nr. 29, S. 277f.

434a. von Braun[1]   90er Jahre

»Mein Vater scheute in wahrer redlicher Weise kein Opfer für unsere Erziehung, traute sich aber selbst das Richtige anzuordnen nicht zu und zog deshalb seinen Schwiegervater zu Rate, der selbst den berühmten Professor *Kant*, welcher öfter als Tischgenosse bei ihm eingeladen war, darüber befragte, und so wurde, gewiß in der besten Absicht, dennoch eine mehr pedantische als nützliche Erziehung für uns gewählt. Wir erhielten einen Hauslehrer, der vielleicht gelehrter sein mochte, aber von anständiger Sitte weniger verstand, als die unreifen Knaben, welche durch sein Beispiel sich entwickeln sollten... [8, S. 14]

[1] Vgl. den Kontext in Q, Nr. 8.

435. Borowski 90er Jahre?

Mit wem stand er außer *Lambert* in gelehrtem Briefwechsel? O, er *bekam* in den letzten Jahren von sehr vielen Orten Briefe, mußte vieles Postgeld bezahlen — und war sehr unzufrieden darüber. Einmal sagte er mir, daß die Celebrität ein Ding sei, das viel Leiden mache. Eigentlich *fortgehende* Correspondenz hatte er wohl mit Niemanden. [46, S. 32–33]

436. Wasianski 1790

Im Jahr 1780 verließ ich die Akademie und wurde Prediger. Ob ich nun gleich in Königsberg blieb, so schien ich doch von *Kant* in meiner neuen Kleidung, wo nicht ganz vergessen, so doch wenigstens nicht mehr gekannt zu sein. Im Jahre 1790 traf ich wieder mit ihm auf der Hochzeit eines der hiesigen Professoren zusammen.[1] Bei Tisch unterhielt *Kant* sich mit der ganzen Gesellschaft; als aber nach dem Essen jeder sich einen Gesellschafter zum Gespräch wählte, setzte er sich freundschaftlich zu mir und sprach mit mir über meine damalige Liebhaberei, die Blumistik, mit vieler Sachkenntnis, und zeigte mir zu meinem größten Befremden eine vollkommene Bekanntschaft mit meiner ganzen Lage; erinnerte sich dabei der früheren Zeiten, äußerte seine wohlwollende Teilnahme an meiner Zufriedenheit mit meinen Umständen und zugleich den Wunsch, daß, wenn es meine Zeit erlaubte, ich ihn bisweilen zum Mittage auf seine Einladung besuchen möchte. Als er bald darauf die Gesellschaft verlassen wollte, schlug er mir vor, daß ich, da ich einen Weg mit ihm zu machen hatte, mit ihm nach Hause fahren möchte. Ich nahm diesen Vorschlag an, begleitete ihn, wurde in der nächsten Woche zu ihm eingeladen, und mußte zugleich bestimmen, welcher Tag in der Woche für mich der bequemste sei, seine ferneren Einladungen anzunehmen. Unerklärbar war mir *Kants* zuvorkommendes Benehmen gegen mich. Anfangs vermutete ich, daß irgend einer meiner gütigen Freunde ihm mehr Gutes von mir gesagt hätte, als ich verdiene; aber die spätere, in seinem Umgange gemachte Erfahrung, belehrte mich, daß er sich oft nach dem Befinden seiner ehemaligen Zuhörer erkundigte und sich herzlich freute, wenn es ihnen wohlging. Er hatte also auch mich nicht ganz vergessen. [29, S. 220–221]

[1] Gemeint: Pörschkes Hochzeit 1790.

437. Wasianski ab 1790

Wenn das Essen in Bereitschaft war, trat *Lampe*, die Türe mit einem gewissen Tempo öffnend, mit den Worten ins Zimmer: »*die Suppe ist auf dem Tische*«. Diesem Zuruf wurde schnelle Folge geleistet, und der auf dem Wege nach dem Speisezimmer gewöhnliche Diskurs über die Witterung des Tages wurde beim Anfange des Tisches noch fortgesetzt. Von den wichtigsten Ereignissen des Tages, von Siegen und selbst von Friedensschlüssen durfte nicht eher, als am Tische gesprochen werden. *Kant* ging mit den Gegenständen der Unterhaltung haushälterisch um und mochte gern einen nach dem andern debattiert sehen. Seine Studierstube war nie der Ort, wo über politische Gegenstände gesprochen wurde. Sobald er sich aber an den Tisch gesetzt hatte, sah man es ihm ganz deutlich an, daß er sich nach der vielen Arbeit und Anstrengung auf Speisen und Unterhaltung freue.

Das: »*Nun, meine Herren*«, wenn er sich auf den Stuhl setzte und die Serviette nahm, zeigte unverkennbar, wie Arbeit die Speisen würze. Sein Tisch war mit drei Schüsseln, einem kleinen Nachtisch und Wein besetzt. Jeder legte sich seine Speisen selbst vor und das sogenannte Komplimentieren dabei war ihm so unangenehm, daß er es fast jedesmal, wiewohl mit Bescheidenheit, rügte. Er empfand es unangenehm, wenn man wenig aß und hielt es für Ziererei. Der erste in der Schüssel war ihm der angenehmste Gast; denn desto eher kam die Reihe an ihn zum Zulangen. Er suchte jede Verzögerung dabei zu vermeiden; da er schon vom frühen Morgen an gearbeitet und noch nichts bis zum Mittage genossen hatte. Er konnte daher besonders in den letzten Zeiten mehr aus einer Art von Übelbefinden, als wirklichem Hunger, kaum die Zeit erwarten, bis sein letzter Gast kam.

Der Tag, an dem man bei ihm aß, war ein Festtag für seine Tischfreunde. Angenehme Belehrungen, doch ohne daß er sich das Ansehen eines Lehrers gegeben hätte, würzten das Mahl und verkürzten die Zeit von 1 Uhr bis 4, 5, öfters auch später, sehr nützlich und ließen keine Langeweile zu. Er duldete keine Windstille, mit welchem Namen er die etwaigen Augenblicke benannte, in denen das Gespräch minder lebhaft war. Er wußte stets allgemeine Unterhaltung zu schaffen, jedem seine Liebhaberei abzumerken und mit Teilnahme davon zu sprechen. Vorfälle in der Stadt mußten schon sehr merkwürdig sein, wenn an seinem Tische ihrer Erwähnung geschehen sollte. Fast nie hatte die Unterhaltung auf Gegenstände der kritischen Philosophie Bezug. Er verfiel nicht in die Fehler der Intoleranz gegen diejenigen, die mit ihm kein gleiches Lieblingsstudium hatten, wie dieses wohl bei manchem anderen Gelehrten der Fall sein möchte. Seine Unterhaltung war populär dargestellt, daß ein Fremder, der seine Schriften studiert hätte, dem er aber von Person unbekannt geblieben wäre, aus seinem Gespräche wohl schwerlich hätte schließen können, daß der Erzählende *Kant* sei. Lenkte sich das Gespräch auf Gegenstände der Physiologie, Anatomie, oder die Sitten gewisser Völker, wurden dabei solche Dinge erwähnt, die der Leichtsinn wohl zur Schlüpfrigkeit hätte mißbrauchen können, so wurde davon nur mit einem Ernste gesprochen, der es verriet, daß es nicht nur bei ihm der Fall sei, sondern daß er es auch von seinen Tischfreunden als sicher voraussetzte: *Sunt castis omnia casta.*

Bei der Wahl seiner Tischfreunde beobachtete er außer den sonst gewöhnlichen Maximen unverkennbar noch zwei andere. Zuerst wählte er sie aus verschiedenen Ständen: Dienstmänner, Professoren, Ärzte, Geistliche, gebildete Kaufleute, auch junge Studierende, um der Unterhaltung Mannigfaltigkeit zu verschaffen. Zweitens waren seine gesamten Tischfreunde jüngere Männer wie er, oft sehr viel jünger. Er schien bei letzteren die doppelte Absicht zu haben: durch die Lebhaftigkeit des kraftvollern Alters mehr Jovialität und heitere Laune in die Gesellschaft zu bringen, sodann auch soviel als möglich, sich den Gram über den früheren Tod derer, an die er sich einmal gewöhnt hatte, zu ersparen. Bei gefährlichen Krankheiten seiner Freunde war er daher äußerst besorgt und ging in dieser Ängstlichkeit so weit, daß man hätte glauben sollen, er würde ihren Tod nicht mit Fassung ertragen. Oft ließ er sich nach ihrem Zustande erkundigen, erwartete mit Ungeduld die Krisis der Krankheit und wurde sogar in seinen Arbeiten darüber gestört. Sobald sie aber gestorben waren, zeigte er sich gefaßt, beinahe möchte man sagen gleichgültig. Er betrachtete das Leben überhaupt, besonders die Krankheit, als einen steten Wechsel, von dem Nachricht einzuholen es der Mühe verlohnte; den Tod aber als permanenten Zustand, von dem eine Nachricht statt aller hinlänglich sei, wobei sich nun nichts mehr ändern ließe. Auch arbeitete er nun ungestört fort, weil alle seine Besorgnisse ihr Ende erreicht hatten. Der letztern Maxime und Vorsichtsregel bei der Wahl seiner Tischfreunde ungeachtet, verlor er doch manchen derselben durch den Tod. Besonders stark wirkte auf ihn bei aller Fassung der Verlust des Inspektor *Ehrenboths*, eines jungen Mannes von durchdringendem Verstande und wahrer, ausgebreiteter Gelehrsamkeit, den er überaus hochschätzte.

Die Gegenstände der Unterhaltung waren größtenteils aus der Meteorologie, Physik, Chemie, Naturgeschichte und Politik entlehnt, besonders aber wurden die Geschichten des Tages, wie sie uns die Zeitungen lieferten, scharf beurteilt. Einer Nachricht, der Tag und Ort fehlte, sie mochte übrigens so wahrscheinlich sein, als sie wollte, traute er nie, und hielt sie nicht der Erwähnung wert. Sein weitreichender Scharfblick in der Politik drang sehr tief ins Innere der Ereignisse, so daß man oft eine, mit den Geheimnissen der Kabinette bekannte diplomatische Person reden zu hören glaubte. Zur Zeit des französischen Revolutionskrieges warf er manche Vermutungen und Paradoxen hin, besonders in Absicht auf militärische Operationen, die so pünktlich eintrafen, wie jene seine große Vermutung, daß es zwischen dem Mars und Jupiter keine Lücke im Planetensystem gäbe, deren volle Bestätigung er bei Auffindung der Ceres durch Piazzi[1] in Palermo, und der Pallas durch D. Olbers[2] in Bremen noch erlebte. Diese Auffindungen machten große Sensation auf ihn, er sprach oft und viel von ihnen, doch ohne zu erwähnen, daß er dieses schon längst vermutet hätte. Merkwürdig war seine Meinung: daß Bonaparte nicht die Absicht haben könne, in Ägypten zu landen. Er bewunderte die Kunst desselben, mit der er seine wahre Absicht, in Portugal landen zu wollen, so sehr zu verschleiern suche. Wegen des großen Einflusses Englands auf Portugal betrachtete er dieses Land als eine englische Provinz, durch deren Eroberung England der empfindlichste Streich beigebracht werden könnte, indem dadurch die Einfuhr englischer Manufakturwaren in Portugal und die Ausfuhr des Portweins, dieses unentbehrlichen Lieblingsgetränks der Engländer aus Portugal verhindert werden müßte. Gewohnt, manche Tatsachen *a priori* zu demonstrieren, bestritt er die Landung in Ägypten auch da noch, als die Zeitungen sie schon als glücklich vollendet ankündigten und hielt dieses Unternehmen für völlig unpolitisch und von keiner langen Dauer. Seine Freunde waren nachgiebig genug, nicht zu widersprechen, und der Erfolg der ganzen Expedition war eine ziemliche Rechtfertigung für ihn. Es wurde über die neusten Erfindungen und Ereignisse debattiert, die Gründe für und wider abgewogen und dadurch das Tischgespräch lehrreich und angenehm gemacht. *Kant* zeigte sich aber nicht bloß als unterhaltender Gesellschafter, welches er besonders in früheren Jahren ganz vorzüglich war, sondern auch als gefälligen und liberalen Wirt, der als solcher keine größere Freude kannte, als wenn seine Gäste froh und heiter, an Geist und Leib gesättigt, nach einem Sokratischen Mahle seinen Tisch verließen. [29, S. 221–225]

---

[1] Piazzi, Guiseppe (1746–1826), italien. Astronom, entdeckte den Planetoiden Ceres.
[2] Olbers, Wilhelm (1758–1840), deutscher Astronom, entdeckte auch sechs Kometen.

438. Wasianski ab 1790

Oft pflegte er zu seinen Tischfreunden zu sagen: *Wenn ich mich so ins Bett gelegt habe, so frage ich mich selbst: »kann ein Mensch gesunder sein, als ich?«* [29, S. 227]

439. Wasianski ab 1790

Bis zum höchsten Alter blieben seinem edlen Herzen die genossenen Wohltaten unvergeßlich und das Andenken an seine Wohltäter ihm heilig. Er tat jederzeit, was er sollte, und daher war Reue über unterlassene Pflicht eine ihm fremde Empfindung. Aber eine, mehr ehrenvolle als tadelnswürdige, Ausnahme fand statt. Er bedauerte es sehr, daß er es bis zur Zeit seines Unvermögens verschoben hatte, dem verdienstvollen *Franz Albert Schulz*, Doktor der Theologie, Pfarrer in der Altstadt und zugleich Direktor des Kollegii Fridericiani, ein Ehrendenkmal, wie er es nannte, in seinen Schriften zu setzen. Dieser große Menschenkenner entdeckte zuerst *Kants* große und seltene Anlagen und zog das unbemerkte Genie, das ohne seinen Beitritt vielleicht verkümmert wäre, hervor. Ihm verdankt *Kant* das, was er wurde, und die gelehrte Welt das, was sie durch seine Ausbildung gewann. *Schulz* beredete *Kants* Eltern, daß sie ihren Sohn studieren lassen möchten, und unterstützte ihn auf eine Weise, die mit *Kants* und seiner Eltern Ehrgefühl bestehen konnte, da sie einer baren Unterstützung auswichen. Er versorgte *Kants* Eltern mit Holz, das er ihnen gewöhnlich unverhofft und unentgeltlich anfahren ließ. [29, S. 250]

440. Wasianski ab 1790

1) Wen schätzte Kant unter seinen Lehrern im *Coll. Frid.* und auf der Akademie am meisten?
 Den Director des *Collegii Frider. Dr. Franz Albert Schulz*, dem er ein Denkmal der Dankbarkeit in seinen Schriften setzen wollte, und, daß er es nicht gethan hatte, bedauerte. [46, S. 54]

441. Wasianski ab 1790

Fünf Minuten vor fünf Uhr morgens, es mochte Sommer oder Winter sein, trat sein Diener *Lampe* in die Stube mit dem ernsten militärischen Zuruf: *Es ist Zeit!* Unter keiner Bedingung, auch in dem seltenen Fall einer schlaflosen Nacht, zögerte *Kant* nur einen Augenblick, dem strengen Kommando den schnellsten Gehorsam zu leisten. Oft tat er bei Tische mit einer Art von Stolz an seinen Diener die Frage: *Lampe, hat er mich in dreißig Jahren nur an einem Morgen je zweimal wecken dürfen?* »Nein, hochedler Herr Professor«, war die bestimmte Antwort des ehemaligen Kriegers. Mit dem Schlage fünf saß *Kant* an seinem Teetische, trank, wie er es nannte, *Eine* Tasse Tee, die er aber in Gedanken und um sie warm zu erhalten, so oft nachfüllte, daß wenigstens zwei, wo nicht mehrere, aus ihr wurden. Dabei rauchte er die einzige Pfeife für den ganzen Tag mit einem zu diesem Behufe längst gebrauchten Hut auf dem Kopfe, und zwar mit solcher Schnelligkeit, daß ein glühender Aschkegel, den er mit dem gewöhnlichen Namen eines Holländers belegte, zurückbleiben mußte. Bei dieser Pfeife überdachte er abermals, wie abends vorher am Ofen, seine Dispositionen, und ging gewöhnlich um 7 Uhr zu seinen Vorlesungen und von diesen an seinen Schreibtisch. Um $^3/_4$ auf I Uhr stand er auf, rief der Köchin zu: *Es ist dreiviertel!* Gleich nach der Suppe nahm er einen Schluck, wie er es nannte, der aus einem halben Glase Magenwein, Ungar, Rheinwein, oder auch in Ermangelung jener, aus Bischof bestand. Diesen Wein brachte die Köchin dann herauf. Er ging damit ins Speisezimmer, goß sich ihn selbst ein und umschlug das Glas mit einem Sedezblatt Papier, um das Verrauchen zu hindern. Seine Tischfreunde werden wissen, daß dieses ein wichtiges Geschäft für *Kant* war, das er keinem so leicht anvertrauet hätte, und das daher hier seinen Platz haben mußte. Nun erwartete *Kant* seine Gäste, auch noch in den spätesten Zeiten seines Lebens, völlig angekleidet. Bei Vorträgen, in dem Kreise seiner Vertrauten, auch am Tische im Schlafrock zu erscheinen, fand er unschicklich und sagte: *Man müsse sich nicht auf die faule Seite legen.*

[29, S. 229–230]

442. Jachmann ab 1790

Er tat nichts, was er nicht wollte, und sein Wille war frei, denn er hing von seinem Vernunftgesetze ab. Alle Versuche anderer, seinen Willen zu beugen und anderswohin zu leiten, waren vergeblich; er blieb fest bei dem, was er nach einer vernünftigen Überlegung beschlossen hatte, und selbst wenn Neigungen und erlaubte Zwecke ihm anders zu handeln rieten, so beharrte er doch bei der sich selbst auferlegten Pflicht. Der Buchhändler Nicolovius[1], dessen Vater ein Freund Kants war, faßte auf der Universität den Entschluß, sich dem Buchhandel zu widmen und teilte ihn Kant mit. Er billigte diesen Plan und ließ bloß die Worte fallen, daß er künftig seinem Etablisement nützlich zu werden erbötig wäre. Aber kaum hatte Nicolovius seinen Buchhandel in Königsberg errichtet, so gab ihm Kant seine Werke, den Bogen gegen ein geringes Honorar in Verlag. Einige Zeit darauf empfahl sich eine angesehene Buchhandlung in Deutschland dem weltberühmten Schriftsteller und erbot sich selbst zu einem weit höhern Honorar, aber Kant erwiderte, daß er die Summe selbst zu hoch fände und daß er es für patriotisch und pflichtmäßig hielt, einen kleinen Verdienst seinem Landsmanne und dem Sohne eines ehemaligen alten Freundes zuzuwenden. [29, S. 151]

[1] Nicolovius, Friedrich (1768–1836), immatr. 1.10.1784, Buchhändler und Verleger in Königsberg; verlegte alle nach der Kritik der Urteilskraft erschienenen Bücher Kants. Vgl. über ihn APB 2, S. 467; Gause II, S. 237f.; NPPB 9, 1850, S. 284–295; 10, 1856, S. 102–108.

443. von Brünneck[1] ab 1790

Zu seinen ihm angenehmsten Tischgenossen gehörte der damals noch in Königsberg lebende Professor Immanuel Kant, denn nur wahrhafte Bildung hatte für ihn einen Wert und nur edlen Mannesstolz erkannte er an, während ihm jeder andere Dünkel verächtlich war. [10, S. 142]

[1] von Brünneck, Wilhelm Magnus (1727–1817), 1790 General-Leutnant und Inspektor des ostpreußischen Infanterie-Regiments, 1793 Gouverneur von Königsberg, Memel und Pillau, 1798 General der Infanterie, 1805 Generalfeldmarschall. Vgl. APB 1, S. 87; Paul Herre: Von Preußens Befreiungs- und Verfassungskampf. Berlin 1914; Kuhrke (1924), S. 44.

444. Borowski ab 1790

Waren unsers K. Schwestern gerade auch nicht im nähern Umgange mit ihm, nicht seine Hausgenossen: so waren sie doch, so bald seine Lage es möglich machte, Gegenstände seiner stillen, ganz geräuschlosen Wohltätigkeit. Der einen von ihnen erkaufte er eine lebenswierige Stelle in einer hiesigen milden Stiftung und unterstützte sie, sowie die Kinder einer andern, früher verstorbenen Schwester, hinlänglich, auch wohl reichlich. Seiner verwitweten Schwägerin ließ er für sich und ihre Kinder jährlich 200 Taler durch seinen hiesigen Freund, den Kaufmann Konrad Jacobi, auszahlen. Diese seine Blutsverwandten sind außer einigen Legatarien, die Erben seines ganzen Nachlasses. Es sind gerade 14 Jahre, da ich bei einem Besuche seine mir schon damals merkwürdigen Äußerungen über letzte Willensmeinungen, Vermächtnisse u. dgl. aus seinem Munde hörte. »Das unsrige, sagte der edle Mann, gehört durchaus unsern Verwandten; ich werde keine andern als die ganz gewöhnlichen Einrichtungen mit meinem Vermögen machen u. f. Er setzte noch Mehreres (es war an eben dem Tage bei unsrer Universität ein Gedächtnisakt) über Stipendien für Studierende, deren Anwendung, über Reden oder Disputieren der Stipendiaten usw. hinzu, das alles deutlich zutage legte, wie wenigen Wert er auf Wohltätigkeit setze, die (so waren seine Ausdrücke) sehr laut gemacht wird und nach mehreren Jahren noch von sich sprechen läßt.

[29, S. 64]

445. *Kant* an Hippel, 6.1.1790   5.1.1790

Ew: Wohlgeb. sind so gütig gewesen dem jüngeren Jachmann[1] in seinem Gesuch um ein *Stipendium* Ihre geneigte Unterstützung zu versprechen. Er hat mir gestern eine Veränderung in seiner bisherigen Lage erzählt, die ihn jetzt dieser Beyhülfe sehr bedürftig macht: da nämlich der Postdirector seinen Sohn, für dessen Leitung und Unterricht er bisher gut bezahlt worden, zum Hr. D. *Schmaltz*[2] hinzugeben beschlossen hat, mithin ihm hiedurch das Einkommen für seine dringendste Bedürfnisse entzogen wird, und er besorgt in die für alle seine gute Aussichten nachtheilige Nothwendigkeit versetzt zu werden, irgend eine Landcondition anzunehmen und so die Vollendung seiner Ausbildung auf der Universität aufzugeben.

Erlauben Sie, daß er diesen Morgen Ihnen seine Aufwartung machen darf, um theils sein Anliegen selbst vorzutragen, theils auch zu erkunden, was er seiner Seits zu thun habe, um sein Gesuch in gehöriger Form anzubringen: so bitte ergebenst ihm durch Ueberbringern dieses einen Wink zu geben. Die ihm hierunter zu erzeigende Wohlthat kan schwerlich einem würdigern bewiesen und so Ihre weise Absicht in Austheilung der Stipendien besser erreicht werden.

[31/Bd. 11, S. 120–121]

[1] Kants Biograph Reinhold Bernhard Jachmann.
[2] Schmaltz, Theodor Anton Heinrich (1760–1831), Jurist, seit 1788 Prof. d. Rechte in Königsberg, 1801 Kanzler der Universität, Königsberg, 1803 Kanzler der Universität Halle, 1810 Prof. d. Jurisprudenz an der Universität Berlin und Rektor. Vgl. APB 2, S. 619; ADB 31, S. 624 ff.

446. *Jachmann*   22.4.1790

Und mit welcher herzlichen Freude empfing er uns, als Professor Kiesewetter und ich ihm an seinem sechsundsechzigsten Geburtstage unsern Glückwunsch in einem kleinen Gedichte überreichten![1]

Der große Mann erschien dann immer am liebenswürdigsten, wenn er zeigte, daß er menschliche Gefühle habe. [29, S. 148]

[1] Vgl. Ak 12, S. 404–406 und Ak 13, S. 575 f.

447. Kiesewetter an Kant, 3.7.1791 WS 1788 Ende September 1790

Schon, als ich noch in Halle war, faßte ich den Entschluß den Versuch zu machen, nach Ihrer Angabe eine reine allgemeine Logik zu schreiben und ich arbeitete auch schon damals über mehrere einzelne Gegenstände derselben etwas aus. Diese wenigen Blätter brachte ich nach Königsberg mit. Ich erzählte Ihnen, daß ich in Berlin Vorlesungen über Logik zu halten gesonnen sei und daß ich zu diesem Behuf in der Folge einige Bogen drucken lassen wollte; fragte Sie eben damals, was für ein Lehrbuch Sie wohl unterdessen für das Beste hielten, und Sie gaben mir (dis steht alles noch lebhaft in meinem Gedächtniß) zur Antwort, daß Sie, wie ich wüßte, Logik nach Mayer läsen, daß Sie aber mit diesem Lehrbuch nicht zufrieden wären. Ich arbeitete noch in Königsberg den größten Theil der Hefte zu diesen logischen Vorlesungen aus, las Ihnen mehremal Stücke derselben zur Beurtheilung vor, und Sie waren so gütig, sich mit mir darüber zu unterhalten und meine Vorstellungen zu berichtigen, dis war z. B. der Fall bei der Eintheilung der Begriffe nach den Tafeln der Kategorien, bei der Eintheilung der Schlüsse in Verstandesschlüsse, in Schlüsse der Urtheilskraft und der Vernunft u. s. w., ja Sie waren so gütig mir Materialien zu einer Einleitung in die Logik zu dictiren. ... Als ich vergangene Michaelis nach Königsberg kam, um Sie zu besuchen, nahm ich meine Hefte mit, und legte Ihnen noch über mehrere Gegenstände, die ich bei der Ausarbeitung mir nicht ganz hatte entwickeln können, Fragen vor, die Sie mir gütigst beantworteten.[1]

[31/Bd. 11, S. 267–268]

[1] Vgl. Ak 18, S. 607 ff.

448. Jäsche[1] *an Kant, 4.11.1796* ab 1791

Wohlgeborner Herr,
Verehrungswürdigster Herr Profeßor!
Erlauben Sie, Verehrungswürdigster Lehrer! deßen schriftlichen und mündlichen Unterrichte in der Philosophie ich den schönsten und sichersten Theil meiner wissenschaftlichen Bildung verdanke, erlauben Sie, daß ich Ihnen hiermit ein Exemplar des kleinen neuesten Produkts ehrfurchtsvoll überreichen dürfe, das ich in Gemeinschaft mit einem meiner hiesigen gelehrten Freunde so eben dem Publikum übergeben habe.[2]

So unbedeutend in mehr als einer Rücksicht unser Versuch eines moral: Catechismus an sich selbst, und so klein insbesondere der Antheil, den ich für meine eigene Person daran habe, auch seyn mag: so habe ich doch geglaubt, Ewr. Wohlgeboren durch Ueberreichung desselben einen obgleich nur geringen Beweis von den Gesinnungen dankbarer Ergebenheit, Hochachtung und Ehrfurcht geben zu können, zu denen Sie so sehr und auf immer mich verpflichtet haben. Denn auch ich fühle den Stolz und das Glück zur Zahl Ihrer Schüler mich rechnen zu dürfen; und gern benutze ich daher diese Gelegenheit, um Ihnen, würdiger und verdienstvoller Lehrer der Menschheit! hier wiederholentlich zu sagen: wie viel auch ich Ihnen verdanke und welchen heilsamen Einfluß das Studium Ihrer preißwürdigen Philosophie auf die Befriedigung der edelsten Forderungen und Bedürfnißen meines Kopfes und Herzens bis jetzt bereits gehabt hat.—

Mit vorzüglich lebhaftem Dank- und Freudegefühl denke ich insonderheit oft noch an jene schöne Periode meines Lebens zurück, in welcher ich während meines Aufenthaltes zu Königsberg Ihres persönlichen Privat- und öffentlichen Unterrichts von Zeit zu Zeit genießen konnte. Und ich freue mich nun, daß ich durch Ihre Belehrungen in der Philosophie in den Stand gesetzt worden bin, zu Verbreitung und Popularisirung moralischer Vernunfterkenntniß, an meinem Theile doch auch etwas, wenn auch an sich noch so wenig, beyzutragen.

[31/Bd. 12, S. 105]

---

[1] Jäsche, Gottlieb Benjamin (1762–1842), Studium der Theologie in Halle, Studium der Philosophie 1791–1794 in Königsberg, 1799 Habilitation ebd., seit

1802 Prof. d. Philosophie in Dorpat. Jäsche erhielt von Kant eine größere Anzahl von Manuskripten, vor allem Briefe an Kant (vgl. Ak 13, S. Xff.), er gab in Kants Auftrag die Logik-Vorlesung Kants heraus (vgl. den 9. Bd. der Ak-Ausgabe). Über ihn: ADB 13, S. 730; RN 2, S. 378–380; DBL S. 355; Karl Morgenstern: G. B. Jäsche. Leipzig 1843.

[2] Gemeint: »Versuch eines faßlichen Grundrisses der Rechts- und Pflichtenlehre«. Königsberg 1796. Der gelehrte Freund ist Friedrich Gustav Maczewski.

449. Erhard[1] Juli 1791

Von Jena reiste ich über Göttingen durch den Harz und über Hamburg und Kiel nach Kopenhagen, wo ich von Reinhold an Professor Baggesen[2] empfohlen war, und von diesem in das Haus des Ministers Schimmelmann[3] eingeführt wurde. Mein Aufenthalt daselbst gehört auch unter meine seligen Erinnerungen. Von Kopenhagen ging ich zur See nach Memel, und von da nach Königsberg. Hier genoß ich den Umgang Kant's und lebte selige Tage. Die Art, wie ich mit Kant über seine Werke sprach, schien ihm unerwartet zu sein, ich verlangte von ihm keine Erläuterungen, sondern dankte ihm nur für die Wonne, die sie mir verschafft hatten, und sagte ihm kein schmeichelhaftes Wort deßwegen. Diese Leichtigkeit ihn zu verstehen, die sich in mir ausdrückte, schien ihn anfangs zweifelhaft zu machen, ob ich seine Werke gelesen hätte, aber bald verständigten wir uns und fanden uns als für einander passende Gesellschafter. Es tröstete mich über manches widrige Urtheil, das manche Gelehrte über mich fällten, daß mir Kant, nachdem ich wieder in meiner Vaterstadt angelangt war, schrieb: »Unter allen Personen, die ich bisher nah kennen lernte, wünschte ich mir keinen mehr zum täglichen Umgange, als Sie.«[4]   [11, S. 33]

[1] Erhard, Johann Benjamin (1766–1827), Arzt, 1788–90 Medizinstudium in Würzburg, hört im WS 1790/91 bei Reinhold in Jena, von Kopenhagen kommend besucht er Kant im Sommer 1791; 1799–1827 Arzt in Berlin. Vgl. über ihn ADB 6, S. 200 und das Nachwort von Hellmut G. Haasis in der Auswahlausgabe: Johann Benjamin Erhard: Über das Recht des Volks zu einer Revolution und andere Schriften. Hrsg. v. Hellmut G. Haasis. München ²1970. Die Sammlung enthält eine reiche Auswahl-Bibliographie von Erhards Schriften (auch Unveröffentlichtes) vgl. weiter: Hellmut G. Haasis: Una variante giacobin della

filosofia Kantiana: Giovanni Beniamino Erhard, in: Rivista di Filosofia 60, 1969, S. 161–176; speziell zu E.s Verständnis Kants vgl. Q, Nr. 33, S. 20 ff.; weiter: Rosenkranz (1987), S. 249 ff. u. ö.

[2] Baggesen, Jens Peter (1764–1826), dän. Dichter, enthusiastischer Kantverkehrer, befreundet mit Erhard und Reinhold; vgl. Rosenkranz (1987), S. 334 f. und Otto Ernst Hesse: Jens Baggesen und die deutsche Philosophie. Diss. Leipzig 1914.

[3] Schimmelmann, Heinrich Ernst Graf von (1747–1831), dän. Finanzminister 1784–1813; 1824 Außenminister.

[4] Vgl. Ak 11, S. 398.

450. Thibaut[1]   Sommer 1791

Als aber der gereiste Philosoph *Erhardt* (aus Nürnberg) nach Königsberg kam, konnte er nicht müde werden, sich über seine Philosophie mit demselben zu unterhalten, und war darüber so seelig, daß er ausrief: ach! könnte ich doch im steten Umgange mit diesem Manne meine letzten Lebensjahre zubringen!

[60, S. 37]

[1] s. Nr. 475.

451. Reinhold[1] an Baggesen, 9.12.1791   Juli 1791

Erhard ist anstatt drei Tage, wie er anfangs nur versprach, neun Tage bei mir geblieben; *Sie* und *Kant* waren der Hauptinhalt unsers Gesprächs. Kant weiß von der Theorie des Vorstellungsvermögens, weil er durch Kraus übel davon berichtet ist, weniger als nichts. Ich zweifle auch sehr, ob es Erharden gelungen sei, ihn auf bessere Gedanken zu bringen. Mir scheint dies auch selbst für den Fall, daß er sich entschlösse, die *Theorie*,[2] *die Beiträge*[3] und das *Fundament*[4] zu studiren, *a priori* unmöglich. Er kann sich in seinem Alter nicht wohl von der von ihm selbst geschaffenen und für seinen Zweck unübertrefflich passenden, ihm gewohnten, geläufigen, mit allen seinen Begriffen verwebten *Terminologie* trennen.

Erhard vermochte ihn dahin, daß er die Schrift über das Fundament laß, und Kant gestand ihm, daß er die erste Hälfte verstände und billige, die zweite aber ganz unverständlich gefunden habe. Indessen hat mir Erhard einen Brief von dem großen Manne gebracht, der mich reichlich für die Unannehmlichkeit, von der ich hier gesprochen habe, schadlos hält.[5] Seine Liebe gegen mich hat selbst seit der Zeit, da er mich der Verbreitung seiner Philosophie mehr hinderlich als beförderlich glauben muß, eher zu- als abgenommen, und *diese* Liebe ist mir nun theurer, unendlich schätzbarer, als wenn sie durch eine Dankbarkeit belebt würde, die ich meiner innigsten Ueberzeugung nach nicht einmal verdient habe. Er zählt Erharden unter die Wenigen, und schließt auch Ihren Reinhold in der Stelle des Briefes, wo er dieses schreibt, nicht aus, mit denen leben zu können er für das größte Glück hienieden halten würde; den *heitern, frohen, reinen, hellsehenden* Erhard schreibt er.

[3, S. 109–110]

---

[1] Reinhold, Karl Leonhard (1757–1823), 1787–1793 Prof. d. Philosophie in Jena, seit 1794 in Kiel; R. wirkte mit seinen 1786 ff. erschienenen »Briefen über die Kantische Philosophie« entscheidend für das Bekanntwerden Kants; R. führte zugleich in vielen Schriften die Transzendentalphilosophie eigenständig weiter (vgl. u. a. die in den folgenden Anm. aufgeführten Schriften).
Zu Reinhold und Kant vgl. den Briefwechsel ab 1787 (Ak 10 und 11); Rosenkranz (1987), S. 324 ff. u. ö.; Sauer (1982), S. 57 ff. u. ö.; s. weiter die Literatur-Auswahl in der von W. H. Schrader besorgten Ausgabe: Karl Leonhard Reinhold: Über das Fundament des philosophischen Wissens. Über die Philosophie als strenge Wissenschaft, Hamburg 1978, S. XXVI–XXIX.
[2] »Versuch einer neuen Theorie des menschlichen Vorstellungsvermögens«. Jena 1789.
[3] »Beiträge zur Berichtigung bisheriger Mißverständnisse der Philosophen«. Jena 2, Bde, 1790/1794.
[4] »Über das Fundament des philosophischen Wissens, nebst einigen Erläuterungen über die Theorie des Vorstellungsvermögens«. Jena 1791.
[5] Vgl. Ak 11, S. 287–289 (Brief Kants vom 21.9.1781).

---

452. Baggesen an Reinhold, 19.12.1791 Juli 1791

Daß Erhard Kanten gefallen würde, schloß ich im Voraus; denn so jung er ist, hat er Kenntnisse, Trockenheit, Strenge, Unempfindlichkeit, Lebensart und Laune des Greises, und Alles in seinem Wesen verkündet den Professor in *der Kunst*, (wenigstens ihn selbst, wie Sie richtig bemerken) *ohne Leidenschaft lieben zu lehren.*

[3, S. 129]

453. Baggesen an Erhard   Juli 1791

Außerordentlich gefällt mir — oder vielmehr *entzückt* mich (denn ich bin nun einmal ein so leidiges phantastisches Wesen, daß das, was diesen oder jenen ächten Philosophen höchstens gefallen würde, mich in den dritten Himmel hinaufwirbelt, und von allen weisen Wahlsprüchen stehet in seinem Gemüthe das *nil admirari* nur um eine Linie höher als das *nil amare*, das, wohl zu merken, am alleruntersten steht) — außerordentlich entzückt mich also, was Sie mir von Vater Kant's Gastmahl erzählen. Wenn ich auch nur dies von ihm wüßte, würde ich ihn hochschätzen und lieben. Was mich aber verdrießt, ist, daß Sie noch so wenig mit ihm von Reinhold gesprochen haben, es beweist mir, daß Ihre Unterhaltung bis dahin mehr Hippokratisch als Sokratisch gewesen sein muß, — denn Reinhold ist Kanten gewiß nicht bloß unendlich viel mehr als Plato dem Sokrates war, sondern Kantens Wirkung würde vielleicht ohne Reinhold sogar schädlich gewesen sein, welches in jenem Fall fast umgekehrt war. Sie werden aber nachher, dies bin ich gewiß, das Versäumte eingeholt haben.

Ich wäre begieriger zu wissen, wie Kant über Christus (als Erscheinung und historisches Wesen) denkt, als wie seine Meinung über Religion (die bei Philosophen nur eine und die nämliche sein kann) beschaffen ist. Daß Kant Ihre und meine Religion hat, weiß ich schon, daß er nicht an *Christus* glaubt, weiß ich auch, und würde es wissen, wenn mir auch alle seine Freunde das Gegentheil versicherten, — aber was er von *Christus* denkt, das weiß ich nicht, und das möchte ich wissen. Daß er ihn den *Heiligen des Evangelii* nennt, giebt noch keine bestimmte Idee von seinem Urtheil über ihn. Warum ich dies so gern wissen möchte? Weil ich mein *eigenes Urtheil von Christus* nicht weiß und nicht wissen kann, vielleicht in diesem Leben nie wissen werde — da dieses von tieferen Kenntnissen der damaligen Geschichte, die ich nicht habe, bestimmt werden muß. Gegen das Resultat der Data, die ich habe, daß er ein edler Schwärmer und nicht ganz strenger praktischer Philosoph gewesen sei — empört sich, ohne zu wissen warum (gewiß nicht aus kindlichen, längst abgelegten Vorurtheilen) mein Herz. Ich möchte Reinhold einmal recht ausführlich darüber sprechen, — *Sie* scheinen mir diesen gewiß höchstaußerordentlichen Menschen zu hart zu beurtheilen.

Daß Kant lieber etwas übertriebene Galanterie als Nachlässigkeit im Anzuge vorzieht, freut mich; denn wir sehen gerne unsere Individualitäten bei großen Männern haften.

11, S. 16–18]

454. Borowski ab 4.7.1791

— Im Jahre 1791 kam Fichte[1] hieher. Er hatte eine Hauslehrerstelle in Pommern verlassen und bei seinem Aufenthalte in Danzig[2] die bekannte »Kritik aller Offenbarung u. f.« ausgearbeitet, die ihm in der gelehrten Welt zuerst Namen und Ruf erwarb. Er bringt eines Morgens jene Handschrift an K. — empfiehlt sich ihm durch Bescheidenheit — erbittet sich dessen Zensur und, wenn er das Geschriebene des Drucks würdig hielte, seine Mitwirkung, um hier, wo er unbekannt war, einen Verleger zu erhalten. K. versprach ihm, gerne zu tun, was möglich wäre.[3] — Desselben Tages in der Abendstunde begegnet mir K. auf einem Spaziergange. Das erste Wort an mich war: »Sie müssen mir helfen, recht geschwind helfen, um einem jungen brotlosen Manne — Namen und auch Geld zu schaffen; — Ihr Schwager (Hartung, der Buchhändler) muß disponiert werden; wirken sie auf ihn, wenn sie die Handschrift, die ich noch heute zuschicke, durchgelesen, daß er sie verlege usf. — Ich nahm das alles gern auf mich und ganz ungewöhnlich erfreut sah ich ihn, da alle seine und Fichtes Wünsche — und noch dazu weit über beider Erwartung erfüllt wurden. Da liegt eben das Billett[5] mir zur Seite, das K. mir gleich darauf zuschickte und das, wenn ich es hier abdrucken ließe, einem jeden das warmtätige Herz unsers K. fürs Wohl junger Leute, die irgend etwas von sich hoffen ließen, zeigen würde. Fichte wird sich des alles gewiß noch mit dankbarer Empfindung erinnern. [29, S. 62]

[1] Fichte, Johann Gottlieb (1762–1814), hielt sich von Juli bis Oktober 1791 in Königsberg auf. Vgl. vor allem die in Bd. 1 der Fichte-Gespräche gebotenen Zeugnisse (J. G. Fichte im Gespräch. Berichte der Zeitgenossen. Hrsg. v. Erich Fuchs in Zusammenarbeit mit Reinhard Lauth und Walther Schieche, Bd. 1: 1762–1798. Stuttgart–Bad Canstatt, 1978, S. 24 ff.).

[2] Irrtum Borowskis: Fichte kam aus Warschau; die »Kritik aller Offenbarung« wurde in Königsberg niedergeschrieben; vgl. Fichtes Brief an Weißhuhn vom 4.7.1791 (= G, Nr. 458); Rudolf Reicke: Fichte's erster Aufenthalt in Königsberg, in: Deutsches Museum 15, 1865, S. 721–736; 767–785; Emil Arnoldt: Fichte in Königsberg, in: Arnoldt, Schriften I, S. 152–154; Arnoldt, Vorlesungen, S. 315 f.; Vorl. II, S. 261 ff.

[3] Über Fichtes damalige Kantbegeisterung vgl. Hagens Bericht (Q, Nr. 65), S. 13: »Fichte, ein Enthusiast durch und durch, war ein Polenfreund und fand sich bewogen 1792 nach Warschau zu gehn; er sah sich hier bald enttäuscht. Er wurde nicht verstanden und vertauschte Warschau mit Königsberg. Hier wohnte er in einem nicht mehr existirenden Hause am Danziger Keller und schrieb, ohne Bekannte aufzusuchen oder sich Gelehrten anzunähern, an seiner Kritik aller Offenbarung. In dem Gasthause, in dem er aß, verkehrte ein gebildeter Hauptmann. *Fichte* hörte seinen oft kühnen Behauptungen schweigend wenn auch mit sichtbarer Theilnahme zu. Einst wurde über Unsterblichkeit gesprochen. Der Hauptmann, der an sie nicht glaubte und seinen Gegnern Kants Autorität als Schild vorhielt, sagte: die Sache müsse wohl nicht so ganz gewiß seyn, denn unser Professor *Kant* habe nichts anders als einen *wahrscheinlichen* Beweis über dieselbe ausstellen können. »Sie haben *Kant* nicht gelesen!« rief ihm Fichte da barsch entgegen und er fühlte sich gedrängt, so gut als es im Gasthause möglich war, auszuführen, wie *Kant* einen unumstößlichen Beweis geliefert.«

455. Fichte[1] ab 4.7.1791

d. 1. Jul. Ueber Mühlhausen nach Königsberg. Ich hatte Noth um Logis; fand aber endlich in einer schlechten Kneipe, im Holländer Krug.

d. 2. Die ungeheure Stadt besehen. ...

d. 4. besuchte ich früh Kant, der mich nicht sonderlich aufnahm, hospitirte darauf bei ihm. Er schien mir schläfrig. ...

d. 10. war ich auf der Moßbude, wie ich schon den 3ten gewesen war, u. da artige avanturen auf der sogenannten Dittgen Post gehabt hatte.

Schon lange wollte ich Kant ernsthafter besuchen, u. fand kein Mittel. Endlich fiel ich drauf eine Critik aller Offenbarung zu arbeiten, u. sie ihm zu dediciren. Ich fing ohngefähr

d. 13. damit an, u. arbeite seit dem immer ununterbrochen darüber fort. ...

d. 18. überschikte ich meine nun fertig gewordene Arbeit an Kant u. ging den 23. hin um sein Urtheil zu erfahren. Er empfing mich sehr gütig, u. schien sehrwohl zufrieden. ...

d. 26. speis'te ich bei Kant in Gesellschaft des Herrn P. Sommer. Ich fand einen sehr angenehmen Mann an Kant...

d. 27. endige ich dies Journal, nachdem ich vorher schon die Excerpten aus den Kantischen Vorlesungen über die Anthropologie geendet habe, welche mir v. Schön geliehen: u. entschließe mich, es hinführo ordentlicher alle Abende vor Schlafengehn fortzusetzen, auch alles intereßante was mir sowohl noch paßirt, als was ausgelaßen ist, z.B. preußische Geldrechnung, Character Züge gelegentlich einzutragen.

d. 28. Noch gestern Abends fing ich an meine Critik zu revidiren, u. kam auf recht gute, tiefe Gedanken, die mich aber leider überzeugten, daß die erste Bearbeitung von Grund aus oberflächlich ist. Heute wollte ich das fortsetzen; fand mich aber von meiner Phantasie so fort gerißen, daß ich den ganzen Tag nichts habe thun können. In meiner jezigen Lage ist dies nun leider kein Wunder. Ich habe berechnet, daß ich nicht länger, als noch 14. Tage von heute an gerechnet, subsistiren kann. Dann bleibt mir nichts übrig, als nach Danzig zu laufen. — Wie meine Schulden, wie den Transsport meiner Effecten bezahlen, bleibt auch in diesem Fall unentschieden; unehrlich sein will ich nicht: u. kann es hier nicht, ohne mich schreklich zu verunehren. Das Loos — so kindisch bin ich noch, aber die Verlegenheit macht kindisch — sagt mir, daß mir auf dem natürlichsten Wege, und hier wird geholfen werden. Ich bin ja schon in solchen Verlegenheiten gewesen. Freilich in meinem Vaterlande, u. dann wird es bei zunehmenden Jahren, u. *dringenderm* Ehrgefühl härter. — Ich habe keinen Entschluß, — kann keinen faßen. Borowski, zu dem Kant mich gehen geheißen, werde ich mich nicht entdecken. Soll ich mich entdeken, so geschiehts an niemand, als an Kant.

d. 29. Ging ich zu Borowski, wo ich einen recht guten ehrlichen Mann fand. Er schlug mir eine Condition, die aber noch nicht völlig gewiß ist, u. die mich auch nicht sehr freut, vor: und nöthigte mir durch seine Offenheit das Bekenntniß ab, daß ich preßirt sei eine Versorgung zu wünschen: er rieth mir zu Prof. *Wald* zu gehen. Arbeiten habe ich nicht gekonnt.

d. 1. War ich der festen Meinung zu Kant zu gehen mit meinem Vorschlage. Der Muth entfiel mir. Ich beschloß zu schreiben. — Abends wurde ich zu Hofpredigers gebeten, wo ich einen sehr angenehmen Abend verlebte. An neuer Bekanntschaft war, außer M. Gensichen Herr *Schütz* da. Ich erfuhr, daß Prof. Schmalz eine Stelle für mich habe.

d. 2. schrieb ich den Brief fertig... und schikte ihn an Kant.[2]

d. 3. wurd ich eingeladen. Er empfing mich mit seiner gewöhnlichen Offenheit; sagte aber, er habe sich darüber noch nicht resollvirt; jezt, bis in 14. Tagen, sei er außer Stand. Welche liebenswürdige Offenheit. Uebrigens machte er Schwierigkeiten über meine desseins welche verriethen, daß er unsre Lage in Sachsen nicht genug kennt. M. Gensichen war zugegen. Abends wurd' ich in meiner Abwesenheit zu Hofpredigers geladen: — kam aber erst um 10. Uhr zu Hause. ...

d. 6. besuchte ich auf Anrathen der HofPredigerinn[3], u. mit ihrer Einladung gerüstet Herrn Ehrhardt. Ich war zu Kant gebeten. Er schlug mir vor mein Manuscript an Hartung durch Vermittelung des Pfarrer Borowski zu verkaufen: es sei gut geschrieben, meinte er, als ich von Umarbeitung redete. — Ist das wahr? und doch sagts Kant? — Er schlug mir (eine) Bitte klar, (?) ab...

d. 10ten war ich zu Mittage bei Kant. Nichts von unsrer Affäre. M. Gensichen war da...

[13/II. Abt. Bd. 1, S. 414–418]

---

[1] Der aus dem »Tagebuch meiner Osterabreise« ausgewählte Text wird unverändert aus der Fichte-Akademie-Ausgabe übernommen (Q, Nr. 13). Die dort gebotenen Fußnoten werden auf das Nötigste beschränkt, der textphilologische Apparat ist weggelassen. Entsprechendes gilt für Nr. 457.

[2] Vgl. Ak 11, S. 276f.

[3] Gemeint: Eleonore Schultz.

456. Fichte an Wenzel (nach 4.7.1791)   ab 4.7.1791

Ich werde warscheinlich bis Michaelis in Königsberg bleiben, Kantische Philosophie studiren, alles anwenden, um meinem Geiste, der nun wieder so lange dienstbar war, einen neuen freien Schwung zu geben. Ob Kant, in Rüksicht auf welchen ich vorzüglich nach Königsberg ging, mir viel helfen werde, weiß ich noch nicht. Seine Collegia sind nicht so brauchbar, als seine Schriften. Sein schwächlicher Körper ist es müde einen so großen Geist zu beherbergen. Kant ist schon sehr hinfällig, u. das Gedächtniß fängt an ihn zu verlaßen. Bei Gelegenheit der Kantischen Philosophie, in der ich mich immer iniger weide — ich erwarte sie auch noch da. Ihr unverdorbenes Herz bedarf einer Moral, (versteht sich einer wißenschaftlichen, denn daß Sie eine für's Leben haben, wer könnte daran zweifeln.) u. ich bin von Ihrer Consequenz überzeugt, daß sie Ihnen über kurz oder lang (sicher bestimmen) wird, daß Sie nach Ihren jezigen Prinzipien keine haben können.

[13/III. Abt., Bd. 1, S. 243]

457. Fichte an Weißhuhn, 11.10.1791   ab 4.7.1791

An Weißhuhn projectirt.
Königsberg. d. 11.
Denn hier bin ich, liebster Freund, in Verbindung mit Kant, Schulz, u. andern würdigen Männern dieser Stadt... reis'te [ich] nach Königsberg[1]: Sie errathen warum? Ich schloß mich 6. Wochen[2] auf mein Zimmer ein, u schrieb eine Abhandlung: als sie fertig war, war ich herzlich misvergnügt mit ihr, aber in der Bedürfniß endlich die Bekanntschaft des großen Mannes zu machen, schikte ich sie ihm[3]. Er dachte gütiger von ihr, als ich selbst gedacht hatte,[4] würdigte mich seines nähern Zutritts[5], empfahl mich hier u da mit Wärme[6], munterte mich endlich, da meine Ducaten zu schmelzen anfingen, u ich ihm daraus kein Geheimniß mache, wie ich denn für ihn kein's haben könnte, (dies ja unter uns) auf sie druken zu laßen, u verschafte mir durch eine Mitelsperson[7] einen so ziemlich wohlgezognen Verleger[8]. Dieser Brief geht mit dem ersten

Transport des Manuscripts⁹ nach Halle¹⁰: u. gerad heraus sage ich Ihnen, daß ich hierüber eine Bitte an Sie habe.
Es ist ein Versuch einer Critik aller Offenbarung. Sie schließen schon aus dem Titel, daß Sie es sind, dem ich die Idee, u. vielleicht das beste, was in der Behandlung ist, verdanke. K. hat wegen überhäufter Geschäfte sie nicht ganz, sondern nur ohngefähr bis § 3.¹¹ gelesen. Das gelesene, ob es gleich (meinem Gefühle nach) nicht das beste der Abhandlung war, es hat seitdem beträchtl. Veränderungen erlitten,¹² hat seinen Beifall. Der mir von K. empfohlene Vermittler zwischen mir u. dem Verleger, ein gewißer Pf. Borowski hat es so zieml. ganz gelesen, u. mit seinem Beifall beehrt: aber ich trau ihm nicht Fähigkeit genug zu es zu beurtheilen. Schulz lies't es gegenwärtig. An Fähigkeit möchte es dem wohl nicht fehlen; aber ich sehe voraus, daß er viel, u. das mit Unrecht, misbilligen wird, weil er dieser scharfe (strenge) Philosoph der — in (Religionsfragen) [—] denn ich weiß nicht, ob *Sie* sich mit (dergleichen Art) beschäftigen — für diese nicht weniger gethan hat, als K. für die Philosophie [,] über positive Religion — wer sollte es glauben! — rechtgläubigere Begriffe hat, als ein kritischer Philosoph, u Mathematiker haben sollte¹³. Einen Fr. wie *Sie* wünschte ich zum Beurtheiler; aber den hat mir der Himmel versagt. Das Manuscript soll schleunigst abgedrukt werden, um wo möglich noch zur Meße zu erscheinen. Ich selbst bin — es ist nicht erheuchelte AutorBescheidenheit — herzlich schlecht damit zufrieden. Den Beweiß ein andermal, denn vor jezt werde ich mich wohl hüten mein eignes Kind mit grausamer Blutgier zu zerfleischen. ...
Ich wünsche (außerdem daß meine Schrift bald bekannt würde) nur zwei Dinge, theils daß man einen Aufsatz, der einen doch nicht ganz unwichtigen Gegenstand des des Nachdenkens auf eine neue nicht (ganz nutzlose) Art behandelt nicht völlig en baggatelle karikire, theils daß der Tadel in anständigem Tone gesagt werde; mit einer freiern scharfen Prüfung aber ist mir wirklich gedient. Die Resultate sind (enge) nach K. Meinung, wie ich aus Unterredungen mit ihm darüber weiß. Dies sage ich nicht etwa, um *Sie* im voraus zu schreken. Es ist nichts neues durch unrichtige Praemißen auf richtige Resultate zu kommen....

[13/III. Abt. Bd. 1, S. 266–269]

[1] Von etwa dem 13. Juli bis 18. August 1791.
[2] am 18. August 1791.
[3] Vgl. das »Tagebuch meiner Oster Abreise« (Akad.-Ausg. II, 1, S. 415): »d. 18. überschikte ich meine nun fertig gewordene Arbeit an Kant. u. ging den 23. hin um sein Urtheil zu erfahren. Er empfing mich sehr gütig, u. schien sehrwohl zufrieden.«
[4] Fichte war laut Tagebuch am 26. August zusammen mit Sommer bei Kant zu Tisch eingeladen. (Vgl. Akad.-Ausg. II, 1, S. 415.) Auch am 3., am 6. und am 10. Sept. war er bei Kant. (Ebenda, S. 416.)
[5] Vgl. Tagebuch der Osterabreise (Akad.-Ausg. II, 1, S. 418)
[6] Ludwig Ernst Borowski,
[7] Hartung, Gottfried Leberecht, 1747–1797.
[8] des »Versuchs einer Critik aller Offenbarung« (Akad.-Ausg. I, 1, S. 1–123).
[9] Die Schrift Fichtes mußte nach einer Bestimmung des Erneuerten Censur-Edicts für die Preußischen Staaten v. 19. Dez. 1788 von einer theologischen Behörde zensiert werden. — Die theologische Fakultät in Halle machte zunächst Schwierigkeiten. Der damlige Dekan J. L. Schulze verweigerte die Druckerlaubnis.
[10] der handschriftlichen Fassung. (Vgl. Akad.-Ausg. II, 2, S. 27–39.)
[11] Vergl. das Vorwort der Akad.-Ausg. II, 2, S. 15–26.
[12] Tatsächlich machte Schultz einige Abänderungsvorschläge. Vgl. Akad.-Ausg. I, 1, S. 8(9, u. Brief Nr. 103. vom 18. Jan. 1792.
[13] Der »Versuch« erschien infolge der Verzögerungen zur Ostermesse 1792.

458. Fichte[1]   betr. 1791

»Was ich zu *Kants* Erklärung über mein System sage? — Lassen Sie sich doch aus meinen in Jena befindlichen Papieren *Kant's* Schreiben, dessen diese Erklärung erwähnt, heraussuchen: Sie werden daselbst im Zusammenhang folgendes lesen: — »meine Alterschwäche — welche mir — nur noch durch den Canal der Berliner Monatsschrift Nachricht von meiner Existenz zu geben erlaubt — welches ich als Erhaltungsmittel, durch Agitation meiner geringen Lebenskraft, — nur langsam und mit Mühe thue — wobey ich mich doch fast allein ins *praktische* Fach zu werfen mir gerathen finde, und die Subtilität der *theoretischen* Speculation, vornehmlich wenn sie ihre neuere äußerst zugespitzte Apices betrifft, gern *andern* überlasse.« Und weiterhin: — »besonders da ich in Ihren letzten »Stücken« (dies war die zweite Einleitung in die Wissenschaftslehre im philos. Journal 4. u. 5. Heft vom Jahr 1797). — »Ihr Talent einer lebendigen und mit Popularität vereinigten Darstellung sich entwickeln sehe, nachdem Sie die dornigen Pfade der Scholastik nun durchwandert haben, und nicht nöthig finden werden, dahin zurückzukehren.«—

— Bey Ihnen bedarf es wohl keiner Entschuldigung, daß ich so kühn gewesen, *Kant's* guten Rath, eine Darstellungsgabe, *»wie sie sich in der Kritik der reinen Vernunft mit Nutzen anwenden läßt«*, nicht sonderlich zu Herzen zu nehmen: — einen guten Rath, den ich überdies gar nicht gewagt hätte, so zu verstehen, wie ihn *Kant* jetzt auslegt. — Ich hielt es nicht für Persiflage, sondern konnte es mir gar wohl als Ernst denken, daß *Kant* nach einem arbeitsvollen Leben in seinem hohen Alter sich für unfähig hielte, in ganz neue Speculationen einzudringen. — Der ehrwürdige Mann gab mir vor 8 Jahren einen andern Rath, welchen zu befolgen ich mich geneigter gefühlt habe, den: immer auf meinen eignen Füßen zu stehen.— [31/Bd. 13, S. 548]

[1] Der Text entstammt dem Brief Fichtes an Schelling, der unter dem 28.9.1799 im Intelligenzblatt der ALZ (Nr. 122, Sp. 990 ff.) erschienen war. Das Schreiben bezieht sich auf Kants in Nr. 109 der ALZ erschienene »Erklärung in Beziehung auf Fichtes Wissenschaftslehre« (Ak 12, S. 370 f.); die in G, Nr. 458 gebrachte Wendung »wie sie sich in der Kritik der reinen Vernunft mit Nutzen anwenden läßt« ist ein Zitat aus Kants Erklärung.

459. Lagarde an Kant, 5.7.1791 Sommer 1791

Vor ein paar Tagen sprach ich Herrn *Dr:* Biester[1] zum ersten mahle nach seiner Rükkunft aus Preußen und vernahm durch ihn, mit nicht geringen Befremden, daß EW: Wohlgebohrn auf mich ungehalten wären, weil Sie in der Vermutung ständen, als habe ich den Verlag von Herrn Dr.: Kiesewetters Logik[2] mit Vorsatz verheimliget.[3]

Mir ist keine Uhrsache bekannt, die mich hätte bewegen können, den Druk dieses Werks mit irgend einer Heimlichkeit zu besorgen. Daß es indeßen geschehen, daß Sie vor der Erscheinung deßelben keine Nachricht von seiner künftigen Existenz gehabt haben, ist freylich ein sonderbahrer Zufall, den Sie mir erlauben werden näher auseinanderzusezzen, wobey *meine* Rechtfertigung sich von selbst ergeben wird, dahingegen ich es Herrn Kiesewetter überlaßen muß, das Nöthige zu der seinigen selbst anzuführen. Einige Zeit vor der Reise, die Herr Kiesewetter im vorigen Sommer nach Koenigsb: unternahm[4], both er mir seine Logik im Verlage an und bemerkte dabey, daß er Ew: Wohlgebohrn, bey seiner Anwesenheit in Königsberg, sein Werk communiciren wolle.[5] Ich nahm sie an, empfing von ihm das Mscrt. etwa 10 Wochen vor der Meße, besorgte den Druk mit der erforderlichen Eyle und erfuhr wehrend den Druk, daß das Werk Ihnen *dedicirt* werden würde. Denselben Tag, da der letzte Bogen noch naß aus der Druckerey anlangte, fand ich Gelegenheit Herrn KriegsRath *Scheffner* ein Ex: der Logik den übrigen Büchern beyzupaken, die ich ihm zusandte.

[31/Bd. 11, S. 269]

[1] Über Biesters Aufenthalt in Königsberg — wohl im Frühsommer 1791 — vgl. Wloemers Brief an Kant vom 17.4.1791 (Ak 11, S. 251): »In wenigen Wochen wird unser Biester, der dem Geh. R(ath) v. Struensee auf dessen Reise nach Preußen Gesellschaft leistet, deine persönliche Bekanntschaft machen, u. bey seiner Rükkunft uns von Dir viel angenehmes und interessantes sagen.«

[2] »Grundriß einer reinen allgemeinen Logik...nach kantischen Grundsätzen zum Gebrauch für Vorlesungen.« Berlin 1791.

[3] Vgl. hierzu Kiesewetters Brief an Kant vom 3.7.1791 (Ak 11, S. 266 ff.), in welchem Kiesewetter sich Kant gegenüber rechtfertigt.

[4] Vgl. Ak 11, S. 267.

[5] Das hat Kiesewetter nicht getan, vgl. Ak 11, S. 267 f.

459a. Streitsache[1] Lehmann–Pfeifer 8.12.1791

Im Sommer 1918 fanden Professor Goedeckemeyer und Amtsgerichtsrat Warda auf dem Bodenraum der Königsberger Universität ein Aktenstück mit folgender Aufschrift: »*Acta des Academischen Senats In Denunciations-Sachen des Studiosi Johann Heinrich Immanuel Lehmann, Denuncianten wieder den Studiosum Wilhelm Pfeifer, Denunciatus erregte Unruhen im Auditorio des Professor Kant.*«
Das erste Protokoll hierin datiert vom 9. Dez. 1791. Lehmann,

der Amanuensis Kants, verklagt den Studiosus Pfeifer wegen Anstiftung von Unruhen in Kants Auditorium. »Gestern des Morgens vor 7 Uhr, ehe Herr Professor Kant um die Vorlesungen über die Metaphisic zu halten, ins Auditorium kam, hatten sich bereits verschiedene Zuhörer im Auditorio versammelt. Die Einrichtung dieses Auditorii ist so wie die mehrerer anderer, daß einige Tische zum Nachschreiben für die Zuhörer bestimmt sind, andere aber nicht nachschreibende Zuhörer es sich gefallen lassen müssen, mit bloßen Bänken ohne Tische zufrieden zu seyn. Herr Professor Kant hatte mir als seinem Amanuensis öfters den Auftrag gegeben, nur solche Zuhörer an die Tische zu lassen, die wirklich nachschreiben, und dagegen die anderen auf die übrigen Plätze zu verweisen.«
Es wird dann weiterhin mitgeteilt, wie die Studenten Pfeifer[2] und Hermes[3] wegen eines Platzes in Kants Auditorium in Streit geraten und wie der Amanuensis Lehmann vergebens versucht, Ruhe zu stiften. »Ich ging oben bey Herrn Professor Kant herauf, zeigte ihm den Vorfall an, und wurde angewiesen, dieserhalb mich in Officio Rect zu beschweren[4] ... hierüber kam Herr Professor Kant, um die Vorlesungen zu halten. Dieser sagte dann sogleich vor Anfang der Lection

daß ein dergleichen Vorfall in seinem Auditorio nie vorgefallen wäre, daß, wenn jemand seiner Zuhörer unter einander Streit hätte, sie solches auf der Straße abmachen müßten, widrigenfalls er weiterhin keine Vorlesungen mehr halten werde.

Nach dieser Ermahnung des Herrn Professor Kant setzte er seine Vorlesung fort.« Lehmann erhebt die Klage »theils aber und vorzüglich im Namen des Herrn Professor Kant, von dem ich hierzu ausdrücklich bevollmächtigt worden.«

Im Vernehmungsprotokoll Pfeifers bestreitet der Angeklagte, daß Lehmann ihn im Auftrage Kants verklage, Kant habe ihm ausdrücklich versichert, ihn ginge die Sache nichts an. Lehmann reicht darauf folgende handschriftliche »Declaration« Kants ein:

Daß der Studiosus Theol. Joh. Heinr. Jn an. Lehman den 8ten huj. nach 7 Uhr Morgens mir angezeigt: Studiosus Pfeifer habe sich gegen ihn verbal- und realinjurien erlaubt und so in meinem auditorio unanständige Streithändel erregt; worauf ich, bey meinem gleich darauf erfolgten Eintritt in dasselbe mein Misfallen hierüber gegen gesamte auditores bezeigt und sie erinnert habe, mein auditorium nicht durch

dergleichen Verfahren in Nachrede zu bringen, sondern, was sie untereinander für Streitigkeiten haben mochten, ausser demselben abzumachen, bezeuge ihm auf sein Verlangen hiemit.
Königsberg, d. 13ten Dec. 1791 *I. Kant.*
Es folgen dann Zeugenvernehmungen und das Urteil: Es wird über Pfeifer eine 14tägige Custodienstrafe[5] verhängt, als besonders erschwerend wird hervorgehoben, daß er den Amanuensis Kants beleidigt hat. Pfeifer legt gegen das Urteil Berufung ein und macht am 3. März 1792 eine Eingabe an den König. Er bestreitet, daß Kant Lehmann beauftragt habe, ihn zu verklagen. »Ich ging zu Prof. Kant, frug ihn: ob er durch Lehmann mich hatte verklagen lassen? Er antwortete sehr höflich: »ich habe mit der Sache gar nichts zu tun, ich glaube, Lehmann hat Sie verklagt, ich bin bei dem Streit nicht dabey gewesen, ich werde mich darin auch gar nicht mischen, Sie haben Ihre Sache mit Lehmañ allein abzumachen.« Ich bat ihn darauf um Vergebung, daß ich zu einigen Unruhen in seinem auditorio gereizt worden wäre. Er sagte er fände sich gar nicht dadurch beleidigt und vergäbe mir sehr gern. Das Zeugnis, das Prof. Kant auf Verlangen Lehmanns gegeben hat, zeigt bloß an: Lehmañ sey zu ihm gekommen und er habe darauf gesammte Zuhörer zur Ruhe ermahnt. Lehmañ sagt aber in seiner Klage. Prof. Kant habe gesagt: man solle einen Streit auf der Straße abmachen, wiedrigenfalls er weiterhin keine Vorlesungen mehr halten würde. Dies hat Prof. Kant nicht gesagt.« Als nun aber die Berufung verworfen wird, macht Pfeifer ein Gnadengesuch.[6] Daraufhin wird die Universität von Berlin aus über das sittliche Verhalten Pfeifers angefragt.[7] Kant unterzeichnet mit anderen Professoren ein zu Pfeifers Gunsten sprechendes Urteil.[8] Daraufhin wird Pfeifer zu einer Geldstrafe begnadigt, auf eine erneute Eingabe hin wird das ganze Verfahren gegen ihn niedergeschlagen[9]... [73, S. 415–417]

---

[1] Wir drucken den Text des Beitrages von Paleikat (ohne Anmerkungen) unverändert ab.
Mit dem Vorfall beschäftigt sich auch der Beitrag von Hans Koeppen »Eine studentische Auseinandersetzung im Hörsaal Kants« (Preußenland Jg. 10/11, 1972, S. 9–11). Koeppens Artikel basiert auf dem Aktenfaszikel 139 j Nr. 132 aus dem Archivbestand des Königsberger Etats-Ministerium (Staatliches Archivlager Göttingen). Koeppen hatte leider nur noch den 2. Band der Akten zur Verfügung, auch kannte er offensichtlich Paleikats Beitrag nicht. So kommt es,

daß er die Rolle Kants und Lehmanns bei dem Vorfall unterschätzt. Gleichwohl ist Koeppens Beitrag wertvoll, weil er einige über Paleikat hinausgehende Informationen und Dokumente über den Verlauf der Streitsache bringt.

[2] Nach Koeppen, S. 9: Joh. Guilielmus Pfeiffer aus Sallwaschienen, immatr. 29.9.1789 in der Theolog. Fakultät.

[3] Nach Koeppen, S. 9, wahrscheinlich: Karl Daniel Ernst Hermes aus Herrndorf/Opr, immatr. 13.4.1791 in der Juristischen Fakultät.

[4] Die Vorlesung fand in Kants Haus statt.

[5] Darunter ist eine in der Universität abzusitzende Haftstrafe zu verstehen. Über das Strafmaß für Hermes ist nichts bekannt; aus den Akten geht allerdings hervor, daß er das Urteil angenommen hat (Bericht vom Rektor und Senat an den König vom 19.8.1792).

[6] Vgl. den bei Koeppen, S. 10 auszugsweise wiedergegebenen Wortlaut der Petition vom 25. Mai 1792.

[7] Unter dem 4. Juni 1792.

[8] Unter dem 20. Juni 1792. Auch den Wortlaut dieses Textes gibt Koeppen auszugsweise wieder. Vorgeschlagen wird — aufgrund der Bitte des Studenten um die Verwandlung der Kustodienstrafe in eine Geldbuße — die Summe von 10 Talern.

[9] Mit Reskript vom 25. Juni 1792 (1793?) wird dem Gesuch entsprochen.

460. Rink ab 1792

Es ist über Kant's väterliche Vorfahren neuerdings so Manches öffentlich erzählt worden, was ich weder zu bestätigen, noch zu widerlegen wage. Daß indessen seine Voreltern ihren Nahmen mit einem C und er selbst erst späterhin ihn mit einem K zu schreiben angefangen, glaube auch ich aus seinem eignen Munde gehört zu haben; ja, wenn man will, könnte dies allenfalls auch als Beweis gelten, daß Ruhnken, vielleicht eben der frühern Gewohnheit wegen, ihn in seinem Briefe[1] *Cantius* nannte und schrieb, es sey denn, daß der Mann aus bloßer Liebe zur Latinität, was ich indeß nicht glaube, das teutsche K dem lateinischen C opferte*).

Eben so dankbar bewieß sich Kant auch gegen die Anstalt, in der er seinen ersten gelehrten Unterricht erhalten hatte, ich meyne das sogenannte *Collegium Fridericianum* zu Königsberg. Daß er manches an der damahligen Schulmethode in spätern Jahren auszusetzen fand, versteht sich von selbst; aber diese Methode war, was er selbst erkannte, nicht jener Anstalt eigenthümlich, sondern sie hatte dieselbe auch mit den besten Schulen jener Zeit gemein. Freylich wurde auf paränetische und Gebetstunden vielleicht in der Art zu viel gehalten, daß in dem Herzen des Knaben das Interesse für Religiosität, durch Gewohnheit, die am Ende immer Erkaltung bewirkt, verkümmert ward; vielleicht suchte man durch eine so peinliche Sorgfalt und Obhuth den Jüngling vor Verführungen sicher zu stellen, ohne in seiner Gutmüthigkeit gehörig darauf zu achten, daß dieser Weg zur Erreichung jener Absicht, nicht immer ein unfehlbarer sey, sondern später oder früher, vermöge des Mangels aller Selbstständigkeit, zur Beförderung der Uebel mitwirken könne, denen man zu begegnen wünscht. Vielleicht traten auch noch manche andre Inconsequenzen und Zweckwidrigkeiten ein, deren Apologeten ich keineswegs abgeben will: genug indessen, Kant gedachte mit Lob der damahligen Verdienste jener Anstalt, und ehrte den liebevollen, wahrhaft väterlichen Sinn, mit dem die Zöglinge in derselben waren behandelt worden, so wie den Ernst, mit welchem man damahls es sich angelegen seyn ließ, durch solide Kenntnisse der Schüler, den billigen und gerechten Anforderungen des Staates und seiner Bürger ein Gnüge zu leisten. Wurden im letztern Falle die Bedürfnisse des Kopfes vollkommener vielleicht befriedigt, als es itzt in mancher gepriesenen Schule geschehen mag, und wirklich geschieht, so eröffnete jene wohlwollende Behandlung der Untergebenen dem Lehrer zugleich einen schönen Einfluß auf die Herzensbildung der Jugend, von dem der polternde Söldner, trotz der Humanität seiner Alten, auch in unsern Tagen noch oft keine Ahndung besitzt.

Es ist so sehr Ton geworden, das, was ehedes war, zu tadeln, und nahmentlich den ältern Zustand des Friedrichs-Collegiums zu Königsberg, in Preußen selbst zu verrufen, daß es bey dem itzt herrschenden Geiste blinder Nachbeterey wohl erlaubt war, den mit unter nicht ganz ungegründeten Vorwürfen, auch die Angabe des wirklich Guten und Verdienstlichen jener Anstalt in frühern Jahren, aus Kant's eignem Munde entgegenzusetzen. Auch Ruhnken[2], in seinem schon vorhin angeführten Briefe an Kant, übt gleich diesem Gerechtigkeit, wenn er des dort genossenen Unterrichts, der dort erhaltenen Leitung, als einer solchen gedenkt, die, ungeachtet ihrer finstern und ernsten Außenseite, ihm doch in der Art nützlich gewesen sey, daß es ihn derselben gar nicht gereue**). Und in der That lieferte das Friedrichs-Collegium Jünglinge, die fortwandelnd auf der ihnen einmal eröffneten Bahn, sich in den verschiedensten Fächern, zu den brauchbarsten Männern ausbildeten, welche nachher nicht in ihrem Vaterlande nur, sondern auch im Auslande glänzten. Unter den ersten will ich hier, außer Kant, nur den verewigten Geheimen Finanzrath Wlömer³, einen warmen Busenfreund des Erstern bis zum Grabe hin, und unter den letztern, außer Ruhnken, nur Herdern noch nennen, obwohl ihre Zahl sich ohne Mühe ansehnlich vergrößern ließe.

Unter allen ihren Mitschülern lebten indessen Kant und Ruhnken in den innigsten Verhältnissen mit einander, und dies wird um so erklärlicher, wenn man weiß, was mir der Letztere einst bey meinem Aufenthalte in Holland sagte, daß nähmlich er selbst damahls eine besondre Vorliebe für die Philosophie, Kant aber für die Philologie besessen habe. Scheint es doch, als ob die heimliche Regung des späterhin ganz entgegengesetzt von beyden, und so glänzend entwickelten Talentes, welches doch bey ihnen nie der früheren Theilnahme ihrer jugendlichen Vorliebe entsagte, der Funken des Einen, durch den des Andern angefacht, und jenes Freundschaftsband um sie geschlungen habe, das unter solchen Umständen freylich, auch ungeachtet der Ortsentfernung ihres Lebens und des Mangels einer öftern Mittheilung, dennoch auch in ihrem höhern Alter nicht seine Stärke verleugnete. Ruhnken, der Philologe, lebte und webte als Mann in dem Studium Plato's, und verließ die Erde gewissermaßen an der Hand dieses Weisen***). Kant aber, der Philosoph, dankte seinen philologischen Kenntnissen die Möglichkeit jener Gehaltreichen Ansicht seiner Wissenschaft, und erhob unter den Schwächen des Alters seine Seele nicht selten durch Kraftsprüche der Alten, vorzüglich der Dichter. Aus Lucrez nahmentlich recitirte er zuweilen mit wahrem Jugendfeuer, längere, besonders erhabene Stellen, und sein *Ne cede malis, sed contra audentior ito,* war der passendste Ausdruck, den er für seine eigne Seelenstärke zu finden wußte. Wenn er, vorzüglich in seiner Critik der practischen Vernunft, in der Metaphysik der Sitten, und in andern seiner Werke, seine philosophischen Ideen, mit unter in einer Erhabenheit darlegte, die fast die Farbe der Poesie trägt: so erinnere man sich, daß der Liebling Ruhnkens der Dichter der Philosophen war.

Beyde verbanden sich nicht nur im eigentlichen Schulfleiße, sondern studirten auch außerdem, wohin ihr eigner Geist sie führte. Ruhnken, der vermögendere unter ihnen, schaffte meistens die dazu erforderlichen Bücher an, und so lasen sie einst, wie mir Kant wenigstens sagte, den Livius mit einander, und zwar nach der Drakenborgischen, seinem Freunde zuständigen, Ausgabe.[2] Hat sich Kant hier nicht vielleicht geirrt, so muß es Wunder nehmen, wie selbst Ruhnken damahls so viel auf einen einzigen Classiker wenden konnte, um sich eine so theure Ausgabe desselben anzuschaffen; aber es würde dem ganz analog seyn, was dieser späterhin allen jungen Männern zu empfehlen pflegte, und auch mir empfahl, jeden Schriftsteller, wenn möglich, immer in der vorzüglichsten Ausgabe zu lesen. [50, S. 10–22]

*) Jener Brief ist abgedruckt in meiner Schrift: *Tiberius Hemsterhuis und David Ruhnken, biograph. Abriss ihres Lebens. Königsb. 1803. p. 267.* Ruhnken mogte es sich aus seiner frühern Jugend noch erinnern, daß sein Schulfreund sich damahls *Cant* schrieb, und bey seiner Gleichgültigkeit gegen teutsche Litteratur, die spätere Nahmensveränderung desselben im Schreiben, um so weniger beachtet haben. Doch muß ich bemerken, daß Kant's Bruder seinen Nahmen schon in den ältesten Briefen, wie z. B. vom J. 1775, die ich vor mir habe, ebenfalls mit einem K unterzeichnet hat. Wäre dies später geschehen: so könnte man vielleicht eher einen willkürlichen Grund zu dieser Bestimmung finden.

**) *Anni triginta sunt ipsi*, sagt er, *cum uterque tetrica illa quidem, sed utili tamen nec poenitenda fanaticorum disciplina continebamur.*

***) Die *Scholia in Platonem* sind, wie bekannt, der letzte noch sehr unvollendete Rest der litterarischen Thätigkeit Ruhnkens, den das Publikum erhalten hat.

[1] Vgl. Ruhnken an Kant, 10. März 1771, Ak 10, S. 117 ff.
Die Liviusausgabe Drakenborchs erschien Leiden 1738–1746.

461. Rink ab 1792

Kant ward ehedes viel in Gesellschaften gebeten. Sein reicher Vorrath an Welt- und Menschenkenntnissen, und das Eigenthümliche seiner scharfsinnigen Ansichten, waren für diejenigen, welche das zu würdigen verstanden, die Veranlassung dazu. Ja, mancher war im Stande, auch seinen gelehrten Einsichten Geschmack und Theilnahme abzugewinnen, wohin unter seinen ehemahligen Gönnern, die schon vorhin von mir genannten Generale von Meyer und von Lossow, nebst dem gräflichen von Kayserlingschen Hause gehörten. Wer seine Vorzüge aber auch nicht zu würdigen verstand, der suchte doch wenigstens für sich selbst eine Ehre darin, einen so geachteten Mann in seinen Gesellschaftscirceln bey sich zu sehen.

Auf diese Weise brachte Kant in frühern Jahren vielleicht die meisten Mittage und Abende im gesellschaftlichen Umgange außer dem Hause zu, wobey er denn selbst auch an einer Spielpartie nicht selten Theil nahm, und zuweilen erst gegen Mitternacht in sein Logis zurückkehrte. War er nicht zur Mahlzeit engagirt, so speisete er im Gasthause an einer von mehrern gebildeten Personen besuchten Tafel. Da war es insbesondre, wo er mit dem seligen Geheimenrath von Hippel zusammentraf, wo beyde sich näher kennen lernten, und dies die Zeit ihres öftern Umganges mit einander an diesem dritten Orte.

Bey dem in den erstgenannten Fällen zuweilen verspäteten Schlafengehen, pflegte Kant zu erzählen, habe er es sich zur Maxime gemacht, doch immer zu einer Zeit und gleich früh wieder aufzustehen, und nie Nachmittags zu schlummern, indem es nur dadurch möglich sey, sich für die nächstfolgende Nacht eines gesunden Schlummers zu versichern. Eine Maxime, die, wie sich jeder, der sie befolgen will, davon überzeugen wird, sehr vernünftig ist, und auch den großen, nie genug zu beachtenden Vortheil gewährt, daß man mit seiner Zeit und seinen Geschäften immer in der besten Ordnung bleibt, versteht sich, daß man gescheid genug ist, seinen Hauptarbeiten immer den frühen Morgen und Vormittag anzuweisen. Kant setzte dann auch wohl, halb im Scherze, halb im Ernste hinzu, daß, wie die Mohamedaner glaubten, einem jeden sey seine bestimmte Masse von Speise angewiesen, bey deren schnellerer Verzehrung, auch ein schnellerer Tod erfolge, so glaube er, dies gelte mit noch größerm Rechte von dem Schlafe, mit dem man daher, um recht lange schlafen, das heißt, leben zu können, sehr haushälterisch umgehen müsse. [50, S. 80–82]

462. Meierotto[1]　　　　　　　　　　　　　　vor dem 12.8.1792

»Von *Königsberg* habe ich noch nachzuhohlen, daß ich Herrn F.[2] gesehen habe; er war sehr höflich gegen mich; ich suchte höflich gegen ihn zu seyn. Aber das ganze *gelehrte Königsberg* war so gütig gegen mich, daß ich in drey Tagen genug an den SchulMännern, Geistlichen, Schriftstellern, und besonders an *Kant*, zu genießen hatte. Ich bin jeden Tag mit *Kant* zusammen, und einmal bey ihm zu Tische gewesen. Er ist der heiterste, unterhaltendste Greis, der beste *Compagnon*, ein wahrer *bon-vivant* im edelsten Verstande. Er verdauet so gut die härtesten Speisen, als das Publikum, was ihn lesen will, seine Philosophie schlecht verdauet. Aber — erkenne darin den Mann von Geschmack und Welt, — von seiner Philosophie habe ich auch in den vertrautesten Stunden, die er mir gönnte, nicht ein Wort gehört.　　　　　　　　　　[37, S. 337–338]

---

[1] Meierotto, Johann Heinrich Ludwig (1741–1800), seit 1788 Oberschulrat in Berlin. Vgl. ADB 21, S. 213 ff.
[2] Nichts ermittelt.

463. Kant an Meierotto, ca. August 1797　　　　　　August 1792

Das Andenken an die mit Ihnen unseres Ort gemachte Bekanntschaft und wie ich mir schmeichle getroffene sehr schätzbare Freundschaft — woran mich unser gemeinschaftlicher Freund der jetzt Wittwer gewordene Kriegsrat Heilsberg oft mit Vergnügen erinnert — aufzufrischen trifft sich jetzt eine Veranlassung, nämlich Sie um die Genehmigung des Vorschlags der Stettinischen Regierung den *Candidat Lehmann sen:* zum Lehrer der *Mathematik, Philosophie* und Latinität an die Stelle des jetzt wie es heißt hofnungslos kranken HEn Professor Meye im Fall seines Absterbens inständig zu bitten.—　　　　　　　　　　[31/Bd. 12, S. 188]

464. Kant an Nicolovius, 16.8.1793   August 1792

Wenn Sie in diesen Vorschlag einwilligen, so würde ich rathen, so bald als möglich sich nach Berlin zu verfügen und sich an den Hrn. Oberschulrath *Meierotto*, mit welchem ich hier (bey seiner ihm aufgetragenen allgemeinen Schulvisitation) Bekanntschaft gemacht habe, zu schlagen, wozu ich Ihnen meine beste Empfehlung mitgeben würde. Er würde Sie gewiß in die dortige Schulanstalten als *Auscultator* einführen, vielleicht Sie selbst einige Versuche in der Methode machen lassen und so durch seinen vielvermögenden Einflus, vielleicht gar nach einem neuen, von ihm zu entwerfenden Plan, hier ansetzen.   [31/Bd. 11, S. 440]

465. Reuß[1] *und Stang*[2] an Kant, 13.10.1792   27.9.–4.10.1792

Theuerster Freund.
Euere Wohlgebohrn gaben mir das Recht, sie so zu nennen, denn nur ein wahrer Freund behandelt den andern so, wie sie uns aufnahmen, behandelten, u. entliesen.[3] Alles dieses übertraf alle unsre Erwartungen, u. setzt alle jene in Erstaunung, denen wir es bis itzt erzählten. Was werden erst — unser Fürst[4] — unsre Gelehrte — unsre Landsleute dazu sagen? Dieses u. die schuldige Danksagung werden sie in unserm schreiben von Wirzburg lesen.[5] Bis dahin empfehle ich mich in gütiges Andenken, u. wir beyde erharren mit Grenzenloser Hochachtung
Euerer Wohlgebohrn
dankbarste Diener
Reuß Prof u. Stange
[31/Bd. 11, S. 374]

[1] Reuß, Maternus (1751–1798), Benediktiner, seit 1782 Prof. d. Philosophie in Würzburg, hält ab 1788 Vorlesungen über Kant (vgl. Borowski, Q, Nr. 29, S. 105 f.) Reuß und Stang waren im Auftrag ihres Bischofs, Franz Ludwig von Erthal, nach Königsberg gereist, um sich mit Kant philosophisch zu unterreden. Vgl. Vorl. I, 427, II, 242 ff.; vgl. zur Fortdauer der Beziehung zu Kant Ak 11, S. 431; 12, S. 68 f., 159 f., 23, S. 496 f. — Zu Reuß vgl. ADB 28, S. 312 f.; Karl Eugen Motsch: Maternus Reuß. Freiburg 1932; Sauer (1982), S. 337 f.

[2] Stang, Konrad, Schüler von Reuß, aber nicht, wie Ak 13, S. 681 behauptet wird, Benediktiner, überhaupt nicht Kleriker (vgl. seinen — nicht in Ak-Ausgabe enthaltenen — Brief an Kant vom 19.11.1796 (Sch[3] Nr. 385a, S. 948 f.).
[3] Vgl. Kants Briefentwurf vom Mai 1793 (Ak 11, S. 431).
[4] Der in Anm. 1 genannte Bischof von Würzburg.
[5] Schreiben nicht bekannt.

466. Stang[1]   27.9.–4.10.1792

Am 26ten frühe um 6 Uhr fuhren wir von da (von Braunsberg) weiter. Auf dem halben Wege nach Hoppenbruck, da wir Heiligenbeil eine halbe Stunde zurück hatten, widerfuhr uns das Unglück, daß der Postillon durch Ungeschicklichkeit unsern Kutschenkasten zerbrach, da er zu nahe unter einem Baume hinfuhr... Wir mußten nach Heiligenbeil zurück, um den Wagen ausbessern zu lassen und mußten bis 4 Stunden weilen. Zwischen Hoppenbruck und Braunsberg geschah uns das nämliche. Wir banden den Kasten mit Stricken so gut als möglich und kamen erst um 9 Uhr abends in Königsberg an. Auf unserm Wege hatten wir an diesem Tage eine ganz unvermutete Bekanntschaft von Königsbergern gemacht. Wir mochten Braunsberg eine viertel Stunde hinter uns zurück haben, als wir an einem Wirtshaus vorbeifuhren, wo uns ein Frauenzimmer winkte, um halten zu lassen. Wir taten es; sie kam an unsern Wagen, sagte, sie hieße Andersch, wäre die Frau eines Kaufmannes aus Königsberg und käme nun mit ihrer Tochter seit einer siebenmonatlichen Abwesenheit zurück. Sie bäte uns, da sie sähe, daß wir nach Königsberg gingen, wir möchten ihrem Manne sagen, daß sie in der Nähe wärn, und er möchte ihr morgens bis auf ein gewisses Wirtshaus entgegenfahren. Wir sagten ihr auch unsre Namen und daß unsre Reise die Bekanntschaft des Professors Kant zum Zwecke habe; und da erfuhren wir, daß Kant der Hofmeister ihres Mannes gewesen war.[2] Sie lud uns ein, sie in Königsberg zu besuchen, wir versprachen ihren Auftrag pünktlich zu erfüllen und setzten unsern Weg weiter fort.

Am 27ten war endlich der Tag, an welchem wir Kanten kennen lernten. Frühe morgens schickten wir zu ihm und ließen ihn fragen, um Welche Stunde wir ihn besuchen könnten. Er ließ uns sagen, daß wir ihn un 10 Uhr sprechen könnten. Wir gingen also um diese Zeit zu ihm und wurden sehr freundschaftlich von ihm aufgenommen. Er ist von kleiner hagerer Statur; seine linke Seite steht etwas vor; sein Kopf senkt sich auf die Brust und seine Augen sind klein, aber ausdrucksvoll. Wir wurden von ihm zu Tische geladen: da wir aber schon im Gasthause Bestellung gemacht hatten, konnten wir es nicht annehmen. Von ihm gingen wir zu Hofprediger Schulz, wo man uns auf das freundschaftlichste begegnete. Bei Kant und bei Schulz konnten wir keine bessere Aufnahme wünschen, und beide übertrafen unsre Vorstellungen noch in aller Rücksicht. Nachmittags konnten wir keine Besuche machen, da wir auf die Anschaffung eines neuen Wagens denken mußten. Abends ging ich auf die Reitbahn, wo fremde Reiter schöne und sehr bewunderswürdige Künste auf ihren Pferden machten.

Am 28ten besuchten wir früh die Familie Andersch; darauf gingen wir zu Kant, wo wir Mittags speisten. Wir trafen bei ihm einen jungen Studierenden namens Lehmann an, der zugleich sein Fiskal ist. Abends gingen wir zu Hofpredigern Schulz und suppierten bei ihm. Wir lernten da Professorn Schmalz, Magister Gensichen[3] und den jungen Grafen Dönnhof[4] nebst seinem Hofmeister kennen.

Am 29ten ging ich allein zu Kant, indem Professor Reuß wegen einer Unpäßlichkeit zu Hause bleiben mußte. Kant sprach mit mir von der rationellen Psychologie und daß die Eigenschaften, die wir Gott beilegten, den Anthropomorphismus zum Grunde hätten. Um 1 Uhr kamen Lehmann und der Magister Jagemann[5] und wir gingen nun zu Tische. Abends ging ich mit Lehmann auf dem philosophischen Gange, welches ein sehr anmutiger Spaziergang ist. ...

1 te (Okt.) Besuchten wir vormittags Kant. Gespräch über das Prinzip der Kausalität, wo wir im allgemeinen die Ursache annehmen müssen, aber für keinen Fall eine bestimmte Ursache angeben können....

2 te. Besuchten wir Kant und speisten bei ihm...

3 te. Besuchten wir vormittags Kant und speisten mit ihm und Geheimen Rat von Hippel bei Schulze...

4 te. Nahmen wir früh Abschied bei Kant... Verließen um 1 Uhr Königsberg...

¹ Der handschriftliche Text von Stangs »Reise nach Königsberg 1792« wurde von Herrn Dr. Günter Richter aufgefunden und aus dem Ms. transkribiert. Abgesehen von Anpassungen an die heutige Rechtschreibung und Interpunktion wurde die Transkription unverändert übernommen. Der Herausgeber dankt dem Besitzer der Handschrift und Herrn Dr. Richter für die Genehmigung zum Abdruck. — Das Tagebuch ist bislang ungedruckt geblieben.
² Andersch: wahrscheinlich Timotheus Andersch (1736–1818). Kaufmann in Königsberg. Über Kants Hauslehrerzeit beim Pfarrer Andersch in Judtschen vgl. Vorl. I, S. 67 f. und den in Anm. 2 zu G; Nr. 7 genannten Aufsatz von Haagen.
³ Gensichen, Johann Friedrich (1759–1807), seit 1795 Prof. d. Mathematik in Königsberg, vgl. Meusel, S. 524 f.; häufiger Tischgast Kants, K. vermachte ihm seine Bibliothek (vgl. Verzeichniß der Bücher des verstorbenen Professor Johann Friedrich Gensichen, wozu auch die demselben zugefallenen Bücher des Professor Kant gehören... Königsberg 1808). Gensichen gab 1791 einen »Auszug aus Kants Allgemeiner Naturgeschichte und Theorie des Himmels.« heraus. Vgl. Waschkies (1987, S.)
⁴ Gemeint?
⁵ Wahrscheinlich: Jachmann.

467. Reuß 27.9.–4.10.1792

Das große Zutrauen, welches meine Herren Zuhörer auf mich setzten, und welches vielleicht gar bey Manchen nur daher entstand, weil sie dafür hielten, mit Grunde voraussetzen zu können, daß ich mir durch den persönlichen Umgang mit dem *Königsberger Philosophen* und den übrigen so eben genannten und noch mehreren kritischen Philosophen die erforderlichen Kenntnisse werde verschafft haben.   [49, S. X]

468. Stang an Kant, 2.10.1796   27.9.–4.10.1792

Wohlgebohrner, Hochgelehrter, Hochgeehrtester Herr Professor! Wie kann ich diese Tage, wo ich Sie vor vier Jahren kennen lernte, und die mir dadurch ewig wichtig und ewig unvergeßlich sind, schöner und besser feyern, als wenn ich diese Zeilen an Sie schreibe, die als der aufrichtigste Abdruck meines Herzens, das so tiefe Achtung, so gränzenlose Schätzung für Sie fühlet, zu betrachten sind, und durch welche ich mir die Vergangenheit, derer Erinnerung soviel süßes für mich hat, so ganz lebhaft vergegenwärtige? Es sind nun vier Jahre, daß ich in Gesellschaft des Herrn Professor Reuß die Ehre hatte, Sie kennen zu lernen: Ich wähne, daß es kaum ein Jahr sey: so neu ist in mir das Andenken an jene unvergeßlichen Tage; so lebhaft noch die Erinnerung an jene Gespräche, die für mich so lehrreich waren, so vielen Einfluß auf meine Bildung hatten. Die innigste Hochachtung, nicht allein durch Ihre mir so heiligen Schriften erzeugt, sondern auch durch Ihre persönliche Bekanntschaft vergrößert und befestigt: Die wärmsten Empfindungen des Dankes für jene gute Aufnahme, für jene Gastfreundschaft, die wir in so hohem Grade bey Ihnen fanden, sind der Zoll, den Ihnen mein Herz ohne Aufhören bringet, so gerne bringet.

Professor Reuß, und ich waren für dieses Spätjahr schon so ziemlich entschieden, wieder eine Reise nach Koenigsberg zu machen, um Sie zu besuchen, und für längere Zeit, als vor vier Jahren, das Glück Ihrer Gesellschaft und Ihres Umganges zu genießen. So wie aber die Neufranken schon manchem Großen einen Strich durch die Rechnung gemacht haben, so machten sie es uns Niedern auch, und unser schöner Reiseplan ward vereitelt. Dieser Plan ist immer mein Lieblingsplan, und wenn das Schicksal mit einstimmt, so reise ich im nächsten Frühjahre nach Koenigsberg, um mich da ein paar Monate aufhalten zu können. Daß meine ganze Rechnung da auf Ihren lehrreichen Umgang gehe, gestehe ich Ihnen freymüthig, und was Ihre Einwilligung betrifft, in Ihrer Gesellschaft seyn zu dörfen, da nehme ich meine ganze Zuflucht zu Ihrer Güte, die Sie mir in so hohem Grade haben kennen lernen lassen.

[31/Bd. 11, S. 97–98]

469. Hippel an Arndt, Mai 1793 1792

Princeps (= Kant) hatte sich fleißig nach Ihnen erkundigt, ob Sie geschrieben? ob Sie wiederkommen würden? ob das Bad Ihnen Dienste geleistet? Die Theilnahme Kant's beweiset, daß er Ihnen rein gut ist. — Das will viel sagen. Bei diesen Umständen versteht

es sich von selbst, daß er mit Herzlichkeit wieder grüßen läßt.
[27/Bd. 12, S. 228]

469a. Arndt[1] an Hippel, 23.12.1794   1792

Grüßen Sie unsern lieben ehrwürdigen Freund und Altvater Kant; ich hätte gern einmal an ihn geschrieben, und ihm für die vielen angenehmen Stunden, die ich vor zwei Jahren in seinem Umgange genossen habe, gern und schuldigst gedankt, wenn ich nicht besorgt hätte, zur großen Gesellschaft der Ehrenmänner gerechnet zu werden, die dem edlen lieben Mann seine Zeit rauben, um sich damit zu brüsten, daß sie mit dem *Princeps Philosophorum* correspondiren.   [27/Bd. 14, S. 261]

[1] Arndt, Christian Gottlieb (1743–1829), Schüler Kants, Freund Hippels und Hamanns, immatr. 3.6.1760, zuerst Studium der Theologie, dann der Rechte, seit 1764 in russischen Diensten, später Kaiserlich-Russischer Hofrat und Ritter des Wladimirordens; ab 1797 in Heidelberg, zu Kants freundschaftlichem Interesse an A. vgl. G, Nr. 469; vgl. auch G, Nr. 497. Vgl. über ihn Ak 13, S. 104f.; APB 1, S. 18; Meusel I, 1796, S. 90f.; IX (1801) S. 34.

470. Pörschke[1]   vor und nach 1793

Bis zum Kriege 1793 pries er sie[2] oft enthusiastisch. Pitt's System, das ihm Sclaverei und Barbarei einzuführen schien, stellte ihm die Nation in Schatten. Auf den Vorwurf, daß er die Engländer hasse, antwortete er: »so viel Mühe gebe ich mir nicht.«
[46, S. 10]

[1] Pörschke, Karl Ludwig (1751–1812), Schüler Kants, immatr. 24.9.1768, Habilitation 1787 in Königsberg, dort seit 1795 Prof. für Philosophie, 1803 ord. Prof. für Poesie, 1809 ord. Prof. f. praktische Philosophie. Vgl. über ihn APB 1, S. 511; ADB 26, S. 442; Rosenkranz 1987, S. 244. Über sein persönliches Verhältnis zu Kant vgl. G, Nr. 513 und G, Nr. 620. Vgl. auch sein Gedicht: Der Gedächtnisfeyer Immanuel Kant's geweiht, im Namen der Königlichen Landes-Universität, von Karl Ludwig Pörschke... Am 23 sten April 1804. Königsberg 1804.
[2] Gemeint: die Engländer.

471. Jachmann 1792?

Kant zeigte sich in seinem ganzen Betragen als ein Muster der Humanität. Er schätzte nicht bloß das hervorstechende Verdienst, sondern er suchte auch die weniger bemerkbaren Tugenden eines Menschen auf, ehrte schon das gute Herz und den guten Willen und behandelte selbst Schwächen anderer Menschen mit einer nachsichtsvollen Schonung. Es war rührend zu sehen, mit welcher Feinheit und mit welcher Gutmütigkeit er sich gegen jedermann, selbst gegen den Schwachen betrug, der gutgemeinte Absichten verriet. Einen sonderbaren Plan, den der gutmütige Pfarrer Becker mit unserm Weltweisen noch in seinem neunundsechzigsten Jahre vorhatte und das Benehmen Kants dabei muß ich Ihnen darüber zum Beweise anführen. Eines Tages kommt Becker zu Kant und fängt nach dem Eintrittskompliment sein Gespräch mit der Frage an, ob der Herr Professor denn noch immer so allein wären? Auf die scherzhafte Erwiderung Kants, daß er diese Frage nicht verstehe, da er ihn ja gewöhnlich so fände, rückt Becker mit einer näheren Erklärung heraus, daß er darunter den ehelosen Stand meine und fängt an, dem Greise das Angenehme und Wünschenswerte des ehelichen Lebens auseinanderzusetzen. Wie Kant ihn versichert, daß er dieses alles für Scherz aufnehme, so zieht Becker eine kleine gedruckte Piece aus der Tasche, betitelt Rafael und Tobias oder das Gespräch zweier Freunde über den Gott wohlgefälligen Ehestand, überreicht sie dem Professor mit der Versicherung, daß er sie hauptsächlich für ihn habe drucken lassen und zwar in der Hoffnung, daß der Inhalt dieser Abhandlung ihn noch zur Ehe bewegen würde. Kant nahm mit Freundlichkeit den Rafael und Tobias an und entschädigte den Verfasser für gehabte Mühe und Druckkosten. Die Wiedererzählung dieses Vorfalls bei Tische war die scherzhafteste Unterhaltung, deren ich mich erinnere, aber auch aus ihr leuchtete so ganz der humane Sinn des großen Mannes hervor.

[29, S. 144]

472. Hippel　　　　　　　　　ab 1769 und nach dem 21.1.1793

Jedem Amte, jedem Auftrage, jedem Geschäfte gab er[1] Licht und Ehre. Daher sein Thun überall praktisch und er als Centralkopf, wie Kant ihn nannte erschien.

Sein Betragen gengen Vorgesetzte war nicht demüthig, wie an ihm gerügt worden, sondern ceremoniös, vielleicht zu sehr für die letzten Jahre seines Lebens, die in den Sanskülottismus der französischen Revolution treffen. Allein theils der Haß gegen diese und gegen Alles, was aus ihr hervorging, theils die frühe Gewöhnung, Ehre zu geben, dem Ehre gebührt, theils die Erfahrung, daß der Vorgesetzte eher Ceremoniell und Demuth, als Mangel an Achtung und Anstand vergebe, hatten sein System in dieser Art des Betragens geregelt. In gleicher Weise lag es in seiner Natur, sich den Gehorsam der Untergebenen durch Ernst und eine — vielleicht zu gesuchte — Würde im Anstange zu erzwingen. Sie galt indessen nur für den Dienst. Es gab Beamte unter seinen Untergebenen, die er mit väterlicher Liebe an sich zu fesseln wußte. Dem Freunde der Denk- und Redefreiheit — in ihren vernünftigen Grenzen — war die französische Revolution ein Greuel. Besonders war ihm die Aeußerung Kant's, daß die französische Revolution wiederum ein Experiment sey, das mit dem Menschengeschlecht gemacht worden, ein Gegenstand seines bittersten Spottes, und er sagte wörtlich an seinem Familientische: »ein schönes Experimentchen, wo eine Königsfamilie ermordet wird, und die Köpfe der edelsten Menschen zu Tausenden fallen.« Ueberhaupt sprach er nur mit Geringschätzung über die Anwendung von Theorien auf das Leben, unbeschadet seiner hohen Achtung für das Wissen und den persönlichen Charakter von Kant und Kraus, die er übrigens für reine Theoretiker hielt, und mehrere Male wurden in dem erwähnten kleinen Kreise folgende Ausdrücke von ihm gehört: »Vortreffliche Gelehrte (wenn von Kant und Kraus die Rede war), achtungswerthe Männer, aber nicht fähig, ein Land, ein Dorf, ja nur einen Hühnerstall zu regieren — nicht einen Hühnerstall.«

[27/Bd. 14, S. 274–275]

---

[1] Gemeint: Hippel.

473. Kant an Linck[1], 15.4.1793   vor dem 15.4.1793

Ich hatte ihm[2] nämlich, bey den Besuchen, die er mir abstattete, von dem Auftrage, den ich habe, einen Erzieher für einen jungen Menschen von etwa 7 Jahren mit 200 rthlr. jährlichem Gehalt zu suchen, doch unter Verschweigung aller Nahmen, Eröffnung gethan und er setzte mich vorgestern in Verwunderung, als er sich gegen mich erklärte, eine solche Stelle wohl selbst annehmen zu wollen, wenn vornehmlich dabey einige Aussicht zur Versorgung mit einer Priesterstelle verbunden wäre; denn er hat sich uranfänglich zur Theologie habilitirt und ist nur auf jenen Plan gekommen, weil er dabey einen kürzeren Weg zur Versorgung zu finden hoffte. — Sonst ist er auch als Autor einiger in die Geographie einschlagender und nicht übel aufgenommener Schriften bekannt geworden.

Sollten Ew: Wohlgeb. nun noch keinen Candidaten in Bereitschaft haben, so glaube ich, dieser würde zu dieser Stelle recht gut seyn. Denn ob er gleich für einen Patron, der ein Vergnügen daran fände, sich an dem Hofmeister seines Hauses zu reiben, vielleicht nicht gewafnet gnug sein dürfte: so wird er doch auf sich auch nicht Prise geben, indem er gutmüthig, überlegt und von Natur gefällig ist.

Wenn Sie ihn also schon kennen, so würde ich ihn, im Fall daß Sie diesen Vorschlag acceptiren, heute Nachmittag nach 3 Uhr zu Ihnen schicken; sollten Sie ihn aber noch nicht, wenigstens nicht nahe genug kennen, so schlage ich vor: mich heute um dieselbe Zeit mit Ihrem gütigen Besuch, der als von ungefähr so zutreffend angesehen werden könnte, zu beehren, weil Sie ihn alsdann bey mir finden würden und ich das Gespräch darauf lenken könnte.

[31/Bd. 11, S. 423–424]

[1] Linck, Johann Karl (1755–1821), Kriegsrat in Königsberg.
[2] Gemeint: Johann Heinrich Jacobi (1762–1816), schrieb: »Plan und Einrichtung einer Handelsakademie in Königsberg.« Königsberg 1792 (nach Ak 13, S. 342).

474. Beck an Kant, 30.4.1793 vor dem 30.4.1793

Ich bin mit dem Druck des ersten Bandes meines Auszugs fertig und ich werde das Vergnügen haben, Ihnen ein Exemplar mit den nach Königsberg gehenden Meßwaaren zu überschicken. Herr hartknoch setzte mich aber vor einiger Zeit durch eine Bitte in einige Verlegenheit. Er wollte auf dem titel gesetzt wissen, daß Sie um meine Arbeit etwas gewußt haben, um sie dadurch den Buchhändlern auf der Messe zu empfehlen. Er schrieb mir, daß Sie ihm dieses mündlich zugestanden hätten. Ich wollte deshalb an Sie schreiben; aber es sahe mir nach Zudringlichkeit aus, und ich unterließ es. Das Wort: mit Ihrer Bewilligung, schien mir bedeutungsleer; das aber: mit Ihrer Billigung, wäre nicht allein widerrechtlich gewesen, sondern ich hätte Sie auch damit compromittiren können. Ich habe auf das Titelblatt gesetzt: auf Ihr Anrathen. Ich habe hin und her überlegt, ob ich auch damit etwas Ihnen Mißfälliges thue, aber keinen Grund dazu auffinden können, weil, wenn sogar das Publicum mein Buch für schlecht halten sollte, auf Sie nichts weiter fallen kann, als daß Sie in der Wahl des Subjects, das Sie dem Hartknoch vorgeschlagen, sich geirrt haben. Den Brief aber, worin mir dieser Mann schreibt, daß Sie, so etwas auf den Titel zu setzen ihm bewilligt haben, habe ich in Händen und kann deshalb mich bey Ihnen rechtfertigen. Vieleicht sage ich unnützerweise darüber soviel; es kömmt aber lediglich daher, weil ich nicht will, daß Sie einigen Unwillen gegen mich, haben. [31/Bd. 11, S. 425]

475. Thibaut[1] ab SS 1793

Eine gänzliche Tödtung und Verbildung des juristischen Geistes der jungen Männer entsteht aber durch das häufige einseitige Ueberfüllen, durch das tiefe Eingehen in einzelne, dem Zuhörer noch nicht faßliche Kleinlichkeiten, und durch verkehrte Nachahmung der Philologen, denen zur Erklärung schwieriger Stellen, wie zur Sprachkenntniß überhaupt, sehr leicht die kleinsten Mikrologien unentbehrlich sind, während sie zu einer pragmatischen Rechtsgeschichte gar nicht gehören. Große Männer haben auch die Gesetze, welche zu einem fruchtbaren Unterricht gehören, seit *Socrates* und mit ihm gern befolgt. *Cujacius*², Er, den man ein Weltmeer des juristischen Wissens, und den unermüdlichsten academischen Lehrer nennen kann, sagt einmal sehr schön: *quae scientia est, quae tota aberrat a praeceptis suis, et summo illo praesertim, nec a Justiniano praetermisso, ut incipientibus iura tradantur levi et simplici via, ne difficultate tam numerosae ac perplexae scientiae ab hoc studio deterreantur.* *Kant*, dessen Zuhörer ich ein Jahr hindurch war, dachte eben so. Mehrmals hörte ich ihn bei dem Anfange seiner Vorlesungen den Zuhörern sagen: ich lese nicht für die Genies, denn diese brechen sich nach ihrer Natur selbst die Bahn; nicht für die Dummen, denn sie sind nicht der Mühe werth; aber für die, welche in der Mitte stehen, und für ihren künftigen Beruf gebildet seyn wollen. Danach handelte er stets in seinen, höchst klaren Vorlesungen, und er wich immer in Privat-Gesprächen, und besonders an seiner heitern Mittagstafel, jedem jungen Mann aus, welcher Dinge auf die Bahn brachte, zu deren Ergründung eine tiefere Vorbildung, und ein ganz gereifter männlicher Verstand gehört. Daher lernten die Jünglinge in Betreff gewisser Tiefen der Kantischen Philosophie von Niemand weniger, als von dem redenden *Kant* selbst.

[60, S. 37–38]

¹ Thibaut, Anton Friedrich Justus (1772–1840), Jurist, studierte 1793/94 an der Albertina, immatr. 31.5.1793, Hörer Kants, 1796 Prof. d. Rechte in Kiel, 1802 in Jena, 1806 in Heidelberg. Vgl. ADB 37, S. 737 ff.; Karl Huglmann: Aus dem Leben A. F. J. Thibaut' in: Preußische Jahrbücher 75, 1880, S. 470 f.

² Cujacius (Iujas), Jacques (1522–1590), französischer Rechtsgelehrter, Prof. in Toulouse und Bourges.

476. Hippel an Kant, 13.6.1793 seit Ende der 60er Jahre bis 1793

Zwar weiß ich nicht, wenn ich so glüklich seyn werde wider Ihres lehrreichen Umganges zu genüßen, indes wünsche ich von Herzen daß meine Entfernung nicht lange mehr dauren möge. Ew Wohlgebohren haben überall und gewis auch in Danzig Schüler und Bewunderer, allein ich verstatte Keinem den Vorzug in der

wahrhafften Ergebenheit, die man Ihnen so gerecht wiedmet. Nie
gieng in Königsberg ein Morgen vorbey, wo mich nicht aus meinem Arbeitszimmer, der Anblick Ihres Hauses und der Gedanke
Ihrer, so großen Würksamkeit, belebte und stärkte. Wie froh werde ich seyn wider Einen so schönen Morgen in Königsberg zu feyern! Dem Herrn *Director Ruffmann* bitt ich mich gelegentlich zu
empfehlen. Sein Herr Bruder wird die ihm zugedachte Stelle ganz
gewis erhalten wenn gleich er bis jezt noch nicht in Arbeit gesezt
ist. Er befindet sich durch diesen Anstand im reinen Gewinn.

[31/Bd. 11, S. 435]

477. Graf Lehndorff[1] *an Kant, 21.12.1793*   Sommer 1793

Gantz Europa verEhret Ihnen, und ich bin von dieser anzahl? Sie
haben mich von dem *Sisthem* der *Simpati* überzeiget. Denn ich würde Ihnen lieben wenn Sie gantz unbekant wären. Die einige Tage
so ich mit Ihnen diesen Sommer zugebracht: sind die glücklichsten dieses Jahres für mich gewesen. Erlauben Sie mir daß ich Ihnen diese erklärung von Grund meines Hertzens mache; und Ihnen
eine kleine probe von meiner Jacht überschicke. Das Kupferstück
so ich aus Ihrer güthe habe, ist die zirde meines Zimmers.[2] Ich
nehme mir die freiheit Ihnen die Meinigen zu überschicken mit
der Bitte, sie als ein zeigen meiner zärtlichsten verEhrung anzusen.

[31/Bd. 11, S. 480–481]

---

[1] Lehndorff, Ernst Ahasver Heinrich Graf von (1727–1811), war 1748–1775 Kammerherr von Friedrich II. Gemahlin Elisabeth Christine. 1775 kehrte er zur Bewirtschaftung seiner Güter nach Steinort zurück, seit 1803 Landhofmeister. Vgl. APB 1, S. 387; seine umfänglichen Tagebücher sind teilweise veröffentlicht: Ernst Ahasverus Heinrich Reichsgraf Lehndorff: Dreißig Jahre am Hofe Friedrich des Großen. Aus den Tagebüchern, hrsg. v. Karl Eduard Schmidt-Lötzen. Gotha 1907–1913, 3 Bde; weiter: Des Reichsgrafen E. A. H. Lehndorffs Tagebücher nach seiner Kammerherrenzeit. Nach dem französischen Original bearbeitet von Karl Eduard Schmidt-Lötzen. Gotha 1921. Eine Auswahlausgabe erschien 1982 (1984 in Taschenbuchform): Aus den Tagebüchern des Grafen Lehndorff. Hrsg. u. eingel. von Haug von Kuenheim. Berlin 1982 (München dtv, 1984).

[2] Kupferstich: von Bause (1791).

478. Kant an Linck, 30.8.1793   29.8.1793

Ew: Wohlgebornen hatten mich gestern kaum Verlassen, als ein gewisser Hr. *Boehnke*[1], Bruder eines Kaufmanns hieselbst, *Studios. Theol* und mein ehemaliger Zuhörer, mich besuchte und mir anzeigte, daß er auf Ostern aus der Condition bey Hrn. *v Kurowski* auf *Pehlen*, in welcher er drittehalb Jahr gewesen ist, treten würde, weil der Junker, den er führete, um diese Zeit ins Regiment käme. — Ich kenne ihn gnug, um ihn empfehlen zu können; habe ihm daher, ohne Nennung des Nahmens, eine Condition hiesiges Orts vorgeschlagen, die so gleich angetreten werden müßte, welches, wie er glaubt, auch bey Hrn. *v. Kurowski* keine Schwierigkeit finden würde. Er hat bey diesem 120 rthlr jahrlich gehabt und ich glaube, er werde mit eben so viel, oder höchstens mit 400 fl. zufrieden seyn. — Da er heute wiederum zu seinem *Patron* zurückfahren muß, so habe ihn bewogen mich heute um 12 Uhr Mittags zu besuchen und meine Antwort und Bescheid darüber zu vernehmen. — Ich würde ihn so fort um dieselbe Zeit zu Ew: Wohlgeb. schicken, damit Sie ihn persönlich kennen und allenfalls mit ihm abschließen könnten. — Hierüber erbitte mir durch Überbringern nur mündlichen Bescheid und bin mit der Vollkommensten Hochachtung
Ew: Wohlgeboren
ganz ergebenster Diener
Königsberg
den 30sten *Aug.*
1793
I Kant

[31/Bd. 11, S. 447

[1] Boehnke nach Ak 13, S. 349: »Vielleicht Johann Wilhelm B.; der als stud. theol. am 30. März immatrikuliert wurde.«

479. Reusch   ab WS 1793/94

Als ich zu Michael 1793 zur Universität kam, war Kant schon im 70sten Jahre, seine Stimme schwach und er verwickelte sich im Vortrage und wurde undeutlich. Inzwischen besuchte ich in zwei Semestern seine Vorlesungen über Logik, Metaphysik, Winter und

Sommer von 7–8 Uhr Morgens, physische Geographie von 8–10 Uhr Mittwochs und Sonnabends. Einem jungen Menschen von 15–16 Jahren konnte unter solchen Umständen von seinen philosophischen Vorträgen nur wenig im Zusammenhange verständlich werden; was ich faßte, war ein leuchtender Punkt oder Blitz in die Seele. Ich glaube, daß es damals auch ältern Studirenden nicht besser ging. Dagegen war sein geographisch-physikalischer Vortrag wohl verständlich, ja höchst geistreich und unterhaltend. Wenn bei jenen sein Blick ernst war und seine Stirn tiefes Denken umschwebte, faßte er einen seiner Zuhörer fest ins Auge, der seinen Platz jederzeit auf einer Bank unmittelbar vor ihm behauptete, und ihm denselben Dienst zu leisten schien, als von seinem Zimmer aus der vorliegende löbenichtsche Kirchthurm, den er bei tiefem Nachdenken ebenfalls als festen Punkt im Auge hielt. Jener längst entschlafene Commilitone war von gleich starrer Unbeweglichkeit, ein sehr einfältiger, ungebildeter Mensch, dem solche seinen Horizont übersteigende Vorträge nichts als lange Weile machen konnten. Er gab diese durch ein langes Gähnen kund, welches Kant außer Fassung brachte, indem er heftig sagte: wenn man sich des Gähnens nicht enthalten könne, erfordere es die gute Sitte, die Hand vor den Mund zu halten. Für die Folge glaube ich, wurden auf Veranlassung des Amanuensis die Plätze getauscht.

Als ich nach damaligem guten Brauche nach der beendigten Privatvorlesung zu ihm ging, um für die Erlaubniß zum Besuche derselben zu danken und ihm das Honorar von vier Thalern zu überreichen, lehnte er es ab, mit dem Spruche: *clericus clericum non decimat**). Wie seine Biographen berichten, bediente er sich oft der Sinnsprüche (wie auch Göthe nach Reimer es geliebt hat) und einer, den Niemand früher von ihm gehört hatte, fiel ihm noch ein, als bei einem starken Krankheitsanfall seine Freunde ihm die Kopfkissen zurecht legten: so recht, *testudine et facie*, wie in der Schlachtordnung! mit welchen Worten er sich anschickte, den letzten Kampf zu beginnen, den er auch siegreich bestand.

Nur noch ein halb Jahr nachher las Kant, stellte darauf die Lehrvorträge ein, allmälig auch seine Spaziergänge. Oefter besuchte er zu Wagen das auf den Hufen vor dem steindammer Thor gelegene Landhaus seines Freundes, des Predigers Wasianski, wie derselbe in seiner Schrift: I. Kant in seinen letzten Lebensjahren S. 130. f. 149.

erzählt, und unterhielt sich dann gern mit dessen Familie. Die ältere Tochter hatte zuweilen den Besuch einer jugendlichen Freundin, an der Kant Gefallen fand, sich mit ihr unterhielt und nach ihr fragte, wenn sie nicht da war, indem er sie gern sähe. Es scheint dies ein Zug eines liebenswürdigen Charakters, daß ein alter Mann, ein tiefer Denker Freude an ungekünstelter Natur, Klarheit des Verstandes und Schönheit des Herzens findet, die ihres Werths sich bewußt, seiner Ehrfurcht gebietenden Person offen entgegentrat.

[48, S. 291–292]

*) Mein Vater, Carl Daniel Reusch, war Professor der Physik bei der hiesigen Universität.

480. Hartknoch an Kant, 19.10.1793   vor dem 19.10.1793

Wohlgeborner,
Insonders hochgeschätzter Herr!
Zufolge der mit Ihnen bey meiner letzten Durchreise getroffenen Verabredung, die Übersetzung Ihrer Werke[1] betreffend, schrieb ich gleich nach meiner Zuhausekunft an HE. *M. Rath*[2], u. bat ihn in den höflichsten Ausdrücken um eine Probe seiner Übersetzung, *er hat mir aber bis jetzt noch nicht geantwortet.*

[31/Bd. 11, S. 459–460]

[1] Vgl. die in Ak 13, S. 352f. aus dem Intelligenzblatt der ALZ (Nr. 82 vom 14.8.1793) zitierte Ankündigung einer lateinischen Übersetzung und Paraphrasierung von Kants kritischen Schriften. Die Übersetzung kam nicht zustande.
[2] Rath, ? (1758–1814) Konrektor am Gymnasium in Halle.

481. Hippel an Kant, 5.12.1793   1793

Empfangen Sie Theurester Lehrer und Freund meinen vorläufigen Danck, den ich bald mündlich ergänuzen werde. Wie sehr ich mich nach Ihrem lehrreichen Umgang sehne, der mir, das wißen Sie selbst, mehr gilt als Alles was Königsberg hat, darf ich Ihnen nicht sagen, da Sie überzeugt sind, wie innigst ich Sie verehre. Schon ist es mir erfreulich, Ihr nachbarliches Haus aus meinem Arbeits-Zimmer zu sehen, und mein erster Blick war täglich dahin gerichtet. So soll es auch immerwährend bleiben so lange ich sehen kann, und so lange ich durch diese Nachbarschaft beglückt werde.

[31/Bd. 11, S. 607]

482. Borowski 1793

Von 1755 an, könnte man eine neue Epoche, die man, wenn man will, mit dem Namen *Kant* bezeichnete, anheben, wo er, vereinigt mit den übrigen würdigen Lehrern, unter denen er am längsten hier gelehrt hat, Wahrheit und nuzbare Kenntnisse verbreitet. Ich beuge mich, als sein Schüler, ehrerbietig vor seinem Namen, und seine Bescheidenheit läßt mich nichts weiter von seinen Verdiensten um uns sagen.

Da lebt er und lehret noch unter uns — und lange noch müsse er leben und wirken, bis denn endlich auch über ihn der unvermeidliche Termin kommt, der den Faden seiner Arbeiten abreissen, und ihn, mit uns, die wir ihm im redlichen Forschen und Rechthandeln ähnlich werden, dahin bringen wird, wo wir ihm noch innigern Dank dafür sagen werden, daß er — wie es das wohlgelernte und ganz durchgedachte Christenthum gewis bei jederman thut und thun muß — auch durch seine *Philosophie* schon unsern Glauben an Gott knüpfte, den wir dann sehen, und an Unsterblichkeit, die wir dann erfahren werden. [6, S. 164–165]

482a. Mortzfeld ab 1793

In religiösen Urtheilen war *Kant* behutsam, und äusserte, wenn er sich nicht unter so genannte Aufgeklärte befand, Grundsäzze, welche selbst einem *Götze* seligen Andenkens nicht entflammt haben würden. Er war der Religion nicht ungeneigt, weil sie als Constitution mehr beglükt, als manche schwankende Grundsäzze einer philosophirenden Moral. Er erkannte in ihr jene beglükkende Tochter des Himmels, welche die Menschen lehrte, einander, und sich selbst zu lieben, jedes Gute zu verrichten und jedes Böse zu vermeiden. Sein bekannter Grundsaz: suche was dir, und andern, die du als Mittel deiner Glükseligkeit gebrauchen kannst, gut und nüzlich ist, fliehe vor allen dem, welches dich und andere unglücklich machen kann, enthält mit andern Worten, das, was der Stifter unserer Religion wollte. [42, S. 92 f.]

483. Kant an Schwenckner[1], *18.2.1794* Anfang 1794?

Das Vergnügen, welches Sie mir bey Ihrer Durchreise durch Ihren angenehmen Besuch machten, war zu kurz, als daß ich nicht wünschen sollte, es möge eine neue Gelegenheit geben, unsere Gegend zu besuchen, um es nochmals und länger genießen zu können.

Der *Stud: Nagel*[2], den ich mir damals Ihnen zu präsentiren die Freyheit nahm, hat eine *Condition* in *Sklow,* im Grosherz[ogthum] Litthauen, angenommen. [31/Bd. 11, S. 489]

[1] Schwencker, Christian Wilhelm (1741–1800), seit 1784 Prof. f. Philosophie in Mitau; vgl. RN 4, S. 169 f.; DBL S. 717.
[2] Nach Ak 13, S. 360 »vielleicht« Reinhard Ulrich Nagel, immatr. 15.4.1793.

484. Borowski ab 1794?

Unter der Anführung eines vorzüglichen Lehrers, des guten *Heydenreich*[1], dessen Kenntnisse und Unterricht alle seine Schüler dankvoll ehreten, ward K. besonders auf der ersten Klasse dieser Friedrichsschule zu dem Studium der römischen Klassiker so initiirt, daß Liebe für diese ihm immer eingedrückt blieb. Auch jetzt noch ist es ihm ein Leichtes, lange Stellen, die ihm da-

mals besonders wohl gefallen hatten, ohne Anstoß zu rezitieren.
[29, S. 14]

[1] Vgl. Schubert, S. 19f.

485. *Borowski* ab 1794

Aber Kants Grundsätze in Ansehung der Glücksgüter? — Nie, in frühern und spätern Jahren ward es mir oder irgend einem merkbar, daß er dem Reichtum nachjage. Schuldenfrei seinen Gang durchs Leben zu machen, und dies, um von andern Menschen hier in Hinsicht auf Geld, so wie überhaupt in allen Beziehungen — unabhängig sein und bleiben zu können, dies war Maxime, die er für jeden Edeldenkenden ganz unentbehrlich hielt und uns in seinen Vorlesungen, auch sonst bei aller Gelegenheit dringend empfahl. Haushälterisch sollten wir alle sein — dies prägte er uns ein und er war's in dem edelsten Sinne des Worts. In der bekannten Wöllnerschen Epoche war er, nach Erscheinung seiner »Religion innerhalb usf.« in der Gefahr, nicht allein die ihm vom König Friedrich Wilhelm II. bewilligte Zulage, sondern auch sein ganzes Gehalt zu verlieren. Er sprach darüber zu mir mit großer Ruhe und breitete bei dieser Gelegenheit sich zugleich darüber aus, welche Vorteile es bringe, guter Ökonom zu sein, und auch in solchen situationen, als jetzt die seinigen waren, der Kriecherei nicht zu bedürfen. — Reich zu sein oder zu werden, hielt er bloß für günstigen Zufall, mit dem, wenn er ungesucht einträte, man wohl ganz zufrieden sein könnte: aber für glückselig müßte man sich darum doch nicht halten. — Und dennoch war sein Vermögen ohne alle Kargheit, deren er von keinem beschuldiget werden kann; ohne je, so viel ich weiß, irgend eine Erbschaft getan oder irgendwo ein beträchtliches fürstliches Geschenk, um welches er auch nicht, wie so manche Autoren unsrer Tage, buhlte, erhalten zu haben; — ja sogar ohne die mindeste Verleugnung dessen, was *er* sich bequem und behaglich hielt, zuletzt beträchtlich genug und über aller Erwartung angewachsen. Freilich aber rechnete er auch zu dem, was *ihm* behaglich war, bei weitem das alles nicht, dessen Entbehrung viele in unsern Tagen — als wirkliches Unglück ansehen. Unter seinen Ausgaberubriken findet niemand tapezierte oder herrlich gemalte Zimmer, Gemäldesammlungen, Kupferstiche, reichliches Hausgeräte, splendide oder einigen Wert nur habende Meublen, — nicht einmal eine Bibliothek, die doch bei mehreren auch wieter nichts als Zimmermeublierung ist; ferner wird darin nicht an geldsplitternde Luftreisen, Spazierfahrten, auch in spätern Jahren an keine Art von Spielen usf. gedacht. So konnte dann, auch frühe schon durch wirklich reiche Bezahlung seiner Privatvorlesungen (diese ward, wie ich sicher weiß, ihm schon in den Jahren 1757, 1758 zuteil) — durch die möglichst vorteilhafteste Unterbringung des Gesammelten, worauf aber sein Freund Green hundertmal mehr, als er selbst bedacht war, — dann späterhin durch seine Schriftstellerei, obgleich er sicher — anfänglich gar kein, in der Folge immer nur in Vergleich mit vielen andern Autoren, ein sehr mäßiges Honorar von den Verlegern erhielt und annahm, ein Vermögen zusammen kommen, das, nach seiner Lage, beträchlich genannt zu werden verdient. 29, S. 64–65]

486. Wasianski ab 1794

Kants mechanische Probleme praktisch und mit dem von ihm verlangten Erfolge aufzulösen, hatte so manche Schwierigkeit. Da er keine Kenntnis von der praktischen Mechanik hatte, so verlangte er oft die Ausführung unmöglicher Aufgaben. Ich führe aus früheren Jahren ein Beispiel an. Er verlangte vor etwa zehn Jahren meinen Beistand zur Erfindung und Verfertigung eines Elastizitätsmessers der Luft. Zwei Glasröhren von sehr ungleichem Kaliber, wie bei Thermometern, mit zylindrischen Gefäßen, sollten aneinander geschmolzen werden, beide offen und in einem Winkel von 45 Graden gebogen sein. Die dickere Röhre sollte etwa ein Viertel Zoll im Durchmesser halten, die dünnere eine Haarröhre sein und mit Quecksilber zur Hälfte gefüllt werden. Dieses meteorologische Instrument sollte auf ein Brett dergestalt befestigt werden, daß die dickere Röhre eine perpendikulare Richtung, die dünnere, an welcher eine Skala von 100 Graden laufen sollte, die

Richtung unter 45 Graden erhielt. Bei verminderter Elastizität der Luft sollte der Merkurius sich in der kleineren Röhre zurückziehen, bei vermehrter aber steigen. Ich protestierte wider diesen Erfolg, der, nach meinem Dafürhalten, dem Gesetze widerspricht, nach welchem *Tubi communicantes* ohne Unterschied des Kalibers der Röhren die in denselben befindlichen Flüssigkeiten ins Gleichgewicht setzen, die Adhäsion ans Glas vielleicht abgerechnet. Der Elektrometer wurde fertig, die mit demselben angestellten Beobachtungen und Resultate wurden in den Kalender geschrieben: »der Elektrometer steht auf 49 Grad«. Um folgenden Morgen war er 50. *Kant* wollte schon sein: *Gefunden*! ausrufen, allein er war seinem Ziele noch nicht so nahe, als Archimedes. Als ich ihn auf die vermehrte Stubenwärme, die den Merkurius ausgedehnt haben möchte, aufmerksam machte, wurde er still und traurig. Es wurden Versuche mit Elektrometer, Barometer, Thermometer und Hygrometer angestellt und nichts Bestimmtes und Korrespondierendes bemerkt; außer, daß bei Wärme und Kälte der Elektrometer schwach als Thermometer wikte. Ich habe diesen Umstand auch deshalb nicht übergehen wollen, damit eine Idee *Kants*, die er vielleicht keinem als mir kommuniziert hat, nicht gänzlich verloren ginge. Wenngleich Wärme und Kälte, vermehrte Schwere oder Dichtigkeit der Luft, Veränderungen im Stande des Quecksilbers im Elektrometer bewirken können, wenn gleich noch nichts in der Sache aufs Reine gebracht ist, so können scharfsinnigere Prüfungen und genauere Beobachtungen doch wohl kein anderes Resultat liefern. *Kant* bauete seine Theorie und die etwanige Haltbarkeit derselben auf die verschiedenen Bogen der sphärischen Wölbung des Quecksilbers an beiden äußersten Enden desselben in den, in ihren Durchmessern verschiedenen Röhren. Vielleicht vervollkommnet ein anderer Naturforscher diese hingeworfene Idee *Kants* oder vielleicht wird wenigstens *Kants* Wunsch, den er auf seinem Wege nicht erfüllt sah, manchem Physiker eine neue Ermunterung sein, auf einem anderen Wege den nämlichen Zweck zu erreichen. *Kant* versprach sich sehr viel Gewinn für die Meteorologie von jedem Instrumente, das eine Eigenschaft der Luft nur mit einiger Sicherheit bestimmte. Er bat mich daher, durch Nachdenken und Versuchen die Schwierigkeiten zu überwinden, um dem Zwecke näher zu kommen; versprach, bei Bekanntmachung dieser Erfindung meinen Anteil an derselben nicht zu verschweigen, viel weniger denselben sich selbst zuzueignen; als wenn mein Anteil der Erwähnung dieses Mannes wert gewesen; oder wenn es mir geglückt wäre, etwas weniges in der Sache zu tun, er den kleinsten fremden Beitrag sich zuzueignen imstande gewesen wäre. Dieser letzte Umstand entschuldigt vielleicht etwas die Berührung des Elektrometers, die sonst entbehrlich gewesen wäre, wenn jene Äußerung *Kants* auf seine Bescheidenheit nicht ein so vorteilhaftes Licht werfe.

Diese seine Idee führt mich auf eine andere, die, wenn sie gleich ebensowenig ausgeführt werden konnte, doch immer scharfsinnig bleibt. Zu der Zeit, da Hr. *Dr.* Chladny[1] in Königsberg seine akustischen Versuche machte, mich oft besuchte und mir die Handgriffe zeigte, die Töne sichtbar darzustellen, so kam nach seiner Abreise im Gespräch mit *Kant* die Rede auf diese sonderbaren Erscheinungen. *Kant* schätzte diese Erfindung als eine Entdeckung eines bis dahin unbekannten Naturgesetzes und machte mir einen sinnreichen Vorschlag zu einem physikalischen Versuch. Er schlug nämlich vor, die durch einen Bogenstrich erschütterte Glasscheibe unter ein Sonnenmikroskop zu bringen, um zu sehen, was durch diesen wellenförmig bewegten, durchsichtigen Körper, die so schnell hintereinander, unter verschiedenen Winkeln gebrochenen Sonnenstrahlen für eine Wirkung auf der Leinwand hervorbringen würden. Bei mir machte, ich muß es gestehen, diese Idee viel Sensation. Ich eilte beim ersten Sonnenblick Versuche anzustellen, die aber bei der gewöhnlichen Einrichtung der Sonnenmikroskope kein Resultat liefern konnten. Auch diese Idee halte ich der Aufbewahrung wert. [29, S. 281–283]

[1] Chladny, Ernst Florens Friedrich (1756–1827) Physiker, vor allem Arbeiten zur Akustik (»Chladnysche Klangfiguren«).

487. Borowski ab 1794

Er konnte auch das lange projektierte Werk »Uebergang der Physik zur Metaphysik«, welches der Schlußstein seiner philosophischen Arbeiten sein sollte, nicht beendigen; — gab die Konzepte seiner ehedem gehaltenen Vorlesungen und andere Handschriften an *Dr.* Rink, Jesche u. f. — antwortete denen, die ihn fragten, was man noch von gelehrten Arbeiten von ihm zu hoffen hätte: »Ach, was *kann* das sein. *Sarcinas colligere!* daran kann ich jetzt nur noch denken!« Wie oft hörten einst an einem Mittage 1794 seine Freunde Hippel und Scheffner und ich mit ihnen, dieses *sarcinas colligere* aus seinem Munde.

[29, S. 84–85]

488. Reusch 6.3.1794

Einst hatte er die Einladung eines seiner älteren Freunde und Tischgenossen zu dessen Hochzeitsfeier, den 6. März 1794, angenommen. Von seinem Platz am Mittagstische, dem Brautpaare gegenüber, unterhielt er nicht nur dieses durch fortwährendes Sprechen, sondern die ganze ziemlich große Gesellschaft lauschte auf seine leise Rede, die er, wenn sie sich zu sehr in Gedanken vertiefte, durch eine zierliche und seine Weise zum Scherze zu wenden wußte, und zum Lachen Veranlassung gab. Oefter war er in seiner Aeußerung derb. Dies bestätigt die Mittheilung eines jüngst verstorbenen Freundes, daß Kant, wenn er einen schwer leserlichen Brief bekommen, gesagt: dies sei eine Unziemlichkeit, man müsse sich quälen einen solchen Brief zu lesen und wisse nicht, ob es lohnen würde.

[48, S. 290–291]

489. *von Ungern-Sternberg*[1] *an Kant,* 12.5.1796 vor 6.6.1794

Hochzuehrender HE Professor.
Ein russischer Offizier von der Reiterei besuchte Sie auf seiner Durchreise durch Königsberg zur Armee — Derselbe bin ich. Ich ging als Courier von unserm Hofe, und eilte zur Lorbeererndte nach *Tschekutzin*. Den Lorbeer Ihrer Bekantschaft nahm ich gerne mit, denn obgleich ich viele Helden gesehn habe, so kannte ich doch nicht den, welcher sein und das kommende Zeitalter überwunden hat. Gewiß macht es Ihnen, als einen ächten Cosmopoliten Freude,

wenn ich Ihnen sage, daß Ihre Philosophie mit Vergnügen und Fleiß in Liefland, meinem Vaterlande, studiret wird. Lange binn ich in den philosophischen Wäldern und Morästen geirret, bis mich die Wahrheit in der Gestalt Ihrer Critik der reinen Vernunft, herausleitete, und mir jeden Abweg kennen lehrte. Ich statte Ihnen meinen Dank durch dieses Denkmahl ab, welches Ihnen meine Muse errichtet, und habe die Ehre mit der grösten Hochachtung zu seyn Ihr

gehorsamster Diener
Peterburg   Frh: v: Ungarn Sternberg
den 12 Mai
1796.   31/Bd. 12, S. 82]

[1] von Ungern-Sternberg, Waldemar Friedrich Freiherr (1750–1820?) seit 1774 in russischem Herresdienst. Vgl. HaBr 7, S. 72; RN 4, S. 414, DBL S. 829.

490. Lupin[1]   6.7.(?)–8.(?)7.1794

In Königsberg, wohin ich mich zu Land über Fischhausen begab, fand ich eine ruhige Hochschule und eine verlassene Residenz. So kleinlaut indeß die, an dem still dahin fließenden Pregel gelegene Stadt war, so bewahrte sie doch ihren König, — einen König, dessen Ruhm über Städte und Länder hinausragte, welcher mit seinem Bahnen zur Wahrheit der Welt angehörte, — den kleinen, sonst nicht eminenten, siebenzigjährigen Immanuel Kant.

Wohl hatte unser Freund die letzte Zeit seines Aufenthalts in Erlangen Kant's Kritik der reinen Vernunft gelesen, allein er gab doch wenig Hoffnung, ein Kantianer zu werden, weil er mit der Untersuchung der Grundüberzeugungen des eigenen Erkenntnißvermögens, wenigstens damals, nicht in das Reine kommen konnte. Dagegen hatte er doch Kant's: »Metaphysische Anfangsgründe der Naturwissenschaft« so ziemlich begriffen und sich Manches davon angeeignet.

Mit einer so leichten Ladung bei Kant vorzufahren, wäre Vermessenheit gewesen, hätte er nicht Briefe von Blumenbach, Kästner, Lichtenberg und Heyne, dann von Werner und Bode in der

Tasche gehabt Mit diesem Empfehlungs-Sechspfünder fuhr er vor.[2]

Kant war, als er mich empfing, im Schlafrock: das war mir gerade, als hätte mich ein großer Kriegsmann in voller Rüstung empfangen. So heiter und freundlich er auch aussah, so kam es mir doch vor, auf seiner Stirn zu lesen, »Wenn es mir der junge Herr aus Schwaben nur nicht zu lange macht!« Erst fragte er nach den Männern, die mir die Briefe anvertraut. Bald konnte ich merken, daß er sich für Werner[3] am meisten interessirte. Das kam wohl daher, weil Kant, damals gerade mit der Herausgabe seiner physischen Geographie beschäftigt, sich gern von Werner's noch nicht öffentlich bekannt gewordenem System und seinen geognostischen Ansichten unterhielt. Da ich auf seine Frage zu antworten nicht verlegen war, im Uebrigen Kant es wohl verstand, sich herabzulassen, so war, zu meiner großen Freude, die Unterhaltung bald sehr belebt; ich kramte, was ich gehört und gesehen, in Einem fort aus, und wenn ich auch nicht tief greifen konnte, so brachte ich doch Einiges zu Tage, was der Rede werth war. Besonders wurde der Neptunismus und Vulkanismus, welche damals eine ebenso große Wassersnoth als gewaltige Feuersbrunst in der mineralogischen Welt veranlaßten, besprochen. Ich schüttete ganze Kübel voll in die noch nicht ganz verlöschten Crater der Valeriusse und Agrikola, woraus Kant abnehmen konnte, daß ich mehr Anlage hatte, zu ertrinken, als zu verbrennen. Eingedenk des ersten Faltenschlags auf der Stirne, langte ich ein paar Mal bescheiden nach dem Hute; Kant hielt mich aber stets wieder mit einer Frage zurück. Was immer nur ein Kiesel ist, wenn auch kein Feuerstein, daraus schlagen große Männer Funken. Auf mich dagegen war anwendbar, was Schiller von dem Königsberger Weisen sagt: »Wenn die Könige bau'n, haben die Kärrner zu thun.« Und allerdings hatte Kant das seltene Glück, auf einer Bühne zu agiren, der es nicht an einer Einfassung und Mauer von Köpfen fehlte, aus denen seine Laute heller und resonirend zurückschlugen, sowie die Alten in ihre Theater leere Töpfe versteckten, die der Stimme der Schauspieler mit Resonanzen nachhalfen.

In Anbetracht der Unterhaltung mit dem Mineralogen ist nicht zu übersehen, daß der Königsberger Weise sich nie von Königsberg entfernt hatte, nie in eine Grube hinab, noch auf einen Berg hinaufgestiegen war, mithin, dem Himmel in Gedanken zwar der

Nächste, doch, was auf und in der Erde vorging, von Andern vernehmen mußte.

Kant sagte mir bei'm Gehen, ich möchte morgen das Mittagessen bei ihm einnehmen.

Welch' ein Triumph, bei dem König in Königsberg an die Tafel gezogen zu werden! Diese Art Hoffähigkeit hatte hohen Werth für mich; denn Nicolai hatte mich schon darauf aufmerksam gemacht, er gebe keinem Menschen eine Suppe, der sie nicht verdiene.

Es wurde mir nach der Audienz bei Kant, in welcher ich der höchsten Freiheit des Bewußtseyns gegenüber gestanden, noch den Vormittag nur soviel Zeit, mich in eine Gesellschaft zu begeben, in welcher die geistige Thätigkeit der Menschen dieses Bewußtseyn gänzlich verloren hat, — ich ging in das Narrenhaus. Hier traf ich einen Handwerksburschen, dem durch die fire Idee, ein Dichter zu seyn, die ganze Welt entschwunden und die übrige Thätigkeit der Seele entrissen worden war. Er machte in Einem fort Verse, sinnige und unsinnige, wie es kam. Niemandem war bekannt, daß der Mensch vor seinem Wahnsinne Verse gemacht habe; es war daher anzunehmen, daß er bei dem ersten Verse, den er vielleicht machen wollte, das Gleichgewicht verloren habe. Mir kam diese Erscheinung in psychologischer Hinsicht merkwürdig vor, besonders da seine Gesundheit nichts zu wünschen übrig ließ und daher wohl keine physiologische Ursache der Grund seiner Narrheit seyn konnte. Ich zog über diesen Menschen genaue Erkundigungen ein, um morgen bei Kant mit dem Narren die Bahn zu einem interessanten Gespräche zu eröffnen.

Als ich mich des andern Tages zur gesetzten Stunde bei dem verheißenen Ehrenmahle einfand, traf ich den Weltweisen sorgfältig angezogen und gut aufgeputzt; auch empfing er mich im Tone des gastgebenden Hausherrn, mit einer aus dem Innern hervorleuchtenden, ihm sehr wohl anstehenden stolzen Haltung. Er schien ein Anderer, als gestern im Schlafrocke, zu seyn; an Leib und Seele weniger trocken, wenn er gleich in dem Anzuge noch abgemagerter und dürrer aussah. Aber seine hohe, heitere Stirn und seine klaren Augen waren dieselben und krönten und belebten den kleinen Mann, über den ich — freilich nur wie ein Schatten — hinausragte.

Wir hatten uns kaum zu Tische gesetzt, und ich mich mannhaft zusammengenommen, soviel es seyn konnte, ein kleiner Geist zu seyn, so bemerkte ich bald, daß große Geister nicht bloß von der Luft leben. Er aß nicht nur mit Appetit, sondern mit Sinnlichkeit. Der untere Theil seines Gesichts, die ganze Peripherie der Kinnbacken drückte die Wollust des Genusses auf eine unverkennbare Weise aus; ja sogar einige der geistreichen Blicke fixirten sich so bestimmt auf diesen oder jenen Imbiß, daß er in diesem Augenblicke rein abgeschlossen, ein Mann der Tafel war. Er ließ sich seinen guten, alten Wein auf dieselbe Weise schmecken. In keinem Falle sind wohl große Herren und große Gelehrte einander so ähnlich, als gegenüber von ihren Gästen an der Tafel. Ich widmete dem Festgeber eine so ungetheilte Aufmerksamkeit, daß die Speisen nur wie Schaugerichte an mir vorüberzogen, und ich war daher hungriger und durstiger nach, als vor der Tafel. Nachdem Kant der Natur den Tribut bezahlt und zuvor nicht viel gesprochen hatte, ward er sehr gesprächig. Ich habe wenige Männer in diesem Alter gesehen, die noch so munter und so beweglich gewesen wären, wie er, und doch war er dabei trocken in Allem, was er sprach; so fein, so witzig auch die Bemerkungen waren, die er selbst über das Gleichgültigste ausstreute, so trocken waren sie angebracht; einige Anekdoten kamen dazwischen, wie gerufen, wie für den Augenblick hervorgesprungen, man glaubte, das Ernsthafteste werde nun kommen, und man konnte sich des Lachens nicht enthalten. Er sprach nun in Einem fort auch mir zu, es mir besser schmecken zu lassen; besonders bei einem großen Seefische, wobei er des reichen Juden gedachte, der zu seinem Gaste sagte: »Essen Sie, essen Sie, es ist ein seltener Fisch, bezahlt und nicht gestohlen.« Ich führte ihm dagegen die Geschichte des Magister Vulpius zu Gemüth, der, bei Leibnitz gastirt, damit ihm ja kein Wort entfalle, eine Gansleber ungekaut verschluckte und des andern Tages an einer Indigestion starb.

Als ich von dem Handwerksburschen zu sprechen anfing, gab er wenig Acht darauf, und als ich ihn das zweite Mal vorbringen wollte, sagte er: »Lassen wir den unglücklichen Gesellen und sind wir gescheidt.«

Das war gerade ein Zug des großen Mannes, daß sein tiefes Denken der heitern Geselligkeit keinen Abbruch that; er war lauter reine Vernunft und tiefer Verstand, aber damit weder sich selbst, noch Andern lästig. Um fröhlich in seiner Gesellschaft zu seyn, durfte man ihn nur ansehen und ihm zuhören; um tugendhaft zu seyn, ihm nicht bloß auf seine Worte glauben, nur ihm nachfolgen und mit ihm denken; denn kaum hat wohl ein Mensch sittlicher und froher gelebt, als er.

Ich bildete mir in'sbesondere etwas darauf ein, mit dem Königsberger Philosophen ganz allein gespeis't zu haben. Bekanntlich war er der Meinung, der Zweck einer Tischgesellschaft werde nur vorzüglich dann erreicht, wenn die Zahl der Gäste nicht unter der Zahl der Grazien sey, die Zahl der Musen nicht übersteige, weil bei weniger als drei Tischgenossen das Gespräch leicht ausgehen könnte, bei mehr als neun Personen aber ein Allen verständliches Gespräch nicht wohl möglich sey. Das Ergebnis, daß Kant sich mit mir allein unterhalten, wenigstens das Gespräch nicht ausgegangen, war mir ein außerordentliches.

Als ich des andern Tages von ihm Abschied nahm, war es mir, als ob er mich zur Tugend einweihen wollte. Hier offenbarte sich in wenigen Worten der kategorische Imperativ seines moralischen Sinnes, und ein ernster Eifer gegen allen und jeden Eudämonismus. Rein in sich abgeschlossen, reichte er mir zum Abschiede freundlich die Hand. [36, S. 247–252]

---

[1] von Lupin, Friedrich (1771–1845), Memminger Patrizier, seit 1794 Stadtgerichtsassessor, 1802 Kanzleidirektor in Memmingen. Vgl. Ein Besuch Lupin's bei Kant. Mitgeteilt von R. B., in: AM 38, 1901, S. 604–615; U. Braun: Ein Memminger beim Philosophen Kant, in: Die 7 Schwaben, Kempten 1067, 100–102.
Am 8.7.1794 hat Kant einen Gedenkvers in Lupins Stammbuch eingetragen. Vgl. Ak 12, S. 418 und Eberhard Eggel: Ostdeutsche Eintragungen im Stammbuch eines schwäbischen Freiherrn, in: Ostdeutsche Familienkunde V, 1968–1970 (16.–18. Jg.), S. 113; Allgemein zu L.s Autobiographie: Hans Weis: Über die Selbstbiographie des Freiherrn Friedrich von Lupin, in: Memminger Geschichts-Blätter 21, 1936, Nr. 45, S. 25–27.

[2] Briefe nicht überliefert.

[3] Werner, Abraham Gottlob (1749–1817) Mineraloge und Geologe, Vertreter des Neptunismus, lehrte an der Bergakademie in Freiberg.

491. Rink Mitte 90er Jahre

Hier ist, glaube ich, keine ganz unschickliche Stelle, ein Paar Worte über Kant's Religiosität zu sagen.

Seine Ansichten der positiven Religion sind aus seinen eignen Schriften bekannt. Daß ein Mann, wie er, zu diesen, und keinen andern Resultaten kommen konnte, davon wird sich der überzeugen, der an das Zeitalter und die Art seiner religiösen Jugendbildung zurückdenkt, dabey es aber nicht vergißt, auf einer Seite seinen Kopf, auf der andern hingegen den Mangel an dahin gehörigen philologischen und historischen Kenntnissen bey ihm, in Anschlag zu bringen. Praktische Religiosität kann nur der Fanatiker, oder der scheelsüchtige Neider seines guten Nahmens ihm absprechen. Aber er blieb nicht bey der Sittlichkeit allein stehen, sondern erhob sich zuweilen auch zu dem gefühltesten Entgegennehmen Gottes und der Unsterblichkeit.*) Ich selbst entsinne mich nicht nur mehrerer dahin gehöriger Unterhaltungen, sondern auch einzelner Fälle, in denen er mit einer gewissen rührenden und gerührten Salbung von diesen großen Gegenständen menschlicher Betrachtung sprach. Dabey indessen war es auffallend, wie er zwar oft von dem moralischen, noch öfter aber von dem physico-theologischen Beweise für das Daseyn Gottes bey dergleichen Unterredungen ausging. Er hat keinen Anti-Lukrez geschrieben, wie Polignak, aber die entgegengesetzte Anwendung, welche er dann von so mancher Kraftstelle jenes kernhaften Sängers des Epicuräism machte, wog, wie man leicht denken kann, jenes gutgemeynte Gedicht um vieles auf. Das gegenwärtige Leben hatte in seinen höhern Jahren so wenigen Reiz für ihn, daß er es gestand, wenn ihm die Wahl zwischen einer, dem itzigen Daseyn gleichen, Fortdauer und einem Hinsinken in gänzliches Nichtseyn freygestellt würde, er das letztere dem erstern vorzuziehen keinen Augenblick Anstand nehmen würde. Und Kant war nicht gewohnt, Rodomontaden zu sagen, dessen in diesem Falle ihn auch schwerlich ein Vernünftiger anklagen wird.

Bald nach Kant's Absterben las man, unter andern im Hamburger Correspondenten, eine Nachricht über ihn, in der, was von seiner Standhaftigkeit und seinem männlichen Muthe bey den widrigen Erfahrungen des Lebens, und seinen Körperleiden, gesagt wird, vollkommen gegründet ist. Auch hier erborgte er nicht, sondern hatte er sich aus seinem Lieblingsdichter das *tu ne cede malis, sed contra audentior ito!* zum Eigenthume gemacht; nur, wenn sich Lucrez wirklich entleibte, so machte Kant eine viel würdigere Anwendung von jenem Ausspruche, und bewies in der Verachtung des Selbstmordes, daß der wahre Muth des Mannes ein weit reellerer sey.

Dem Tode sah er mit der Ruhe eines Weisen, nicht blos in den Tagen seiner Hinfälligkeit, sondern auch schon damahls entgegen, als der Besitz der Gesundheit noch im Stande war, ihm das Leben angenehmer zu machen. Sein beständiger Wunsch indessen war der, daß er am Marasmus sterben mögte, obwohl er während seines langen krankhaften Zustandes zuweilen äußerte, er glaube beym Schlafengehen oft, daß er am nächsten Morgen nicht wieder aufstehen werde. Sonderbar war es, daß er sein elftes Stufenjahr, seit er dasselbe angetreten hatte, nicht zu durchleben hoffte, und diese Erwartung, obwohl sie unerfüllt blieb, mit einer auffallenden Gewißheit vorzutragen schien, wobey er denn äußerte, dergleichen Todesjahre, wie z. B. eben das 77ste und andre mit gleichen Zahlen, seyen so leicht zu behalten. Er konnte überhaupt unwillig werden, wenn etwa einmahl in einer Todesanzeige die Angabe des Lebensjahres, oder der Krankheit fehlte, an der jemand gestorben war. Die Königsbergische wöchentliche Todtenliste beschäftigte ihn in den letzten Jahren sehr, und gehörte zu den gewöhnlichen Gegenständen der Unterhaltung seiner Tischgesellschaft. Dabey freuete er sich indessen doch, ein so hohes Alter erreicht zu haben.

Das Kant aber, wie es in jener Zeitungsnachricht hieß, nicht eben viel auf Geistliche gehalten habe, ist so ein Einfall, wie ihn manche Leute in unsern Tagen gern debutiren. Ungeachtet so oft von diesem Stande die Rede in meinem Beyseyn war, so ist ihm doch nie ein allgemeines Urtheil über denselben entfallen, sondern er gestand denen, die zu ihn gehörten, der mannigfachen Kenntnisse wegen, die sie sich erwerben müßten, meistens eine vorzügliche Brauchbarkeit zu. Auch hegte er nicht nur gegen mehrere schon verstorbene Geistliche, wie z. B. gegen den ehemahligen Doctor und Prof. Schulz zu Königsberg, große Achtung, sondern fand unter den lebenden Predigern seiner Vaterstadt auch sehr würdige Freunde, die er von ganzer Seele schätzte, und von denen ich hier den würdigen Hrn. Hofprediger und Prof. Schulz, den Hrn. Pfarrer

Sommer, und den durch seine Homilien berühmt gewordenen, verewigten Hospitalpfarrer Fischer nenne.

Schon früher wurden in andern Journalen, wie z. B. in den Jahrbüchern der Preußischen Monarchie, manche Anekdoten von Kant erzählt, die bald seine Zerstreutheit, bald eine andre den Philosophen von dem großen Hausen Schuld gegebene Eigenschaft, verbürgen sollten, in denen aber kein Wort gegründet war. Kant war gar nicht, oder doch nur sehr unmerklich zerstreut. Eben so ungegründet ist, was von seinem innigen Verhältnissen zu seinem Bedienten Lampe erzählt wurde. Es war dieser ein recht guter Mensch, aber zu nichts weniger, als zu solchen Verhältnissen mit seinem Herrn geeignet. Als ehemaliger Soldat war er an den Mechanismus gewöhnt, und in der Behauptung desselben bestand auch späterhin sein ganzes Verdienst. Eine gewisse Neigung zum Trunke machte ihn endlich seines Dienstes unfähig, aber Kant ließ ihn, obwohl er ihn aus seinem Hause entfernte, dennoch nicht darben, sondern setzte zu seinem Unterhalte eine bestimmte Summe aus.

[50, S. 68–74]

*) Es ist kein Widerspruch dagegen, wenn er übrigens eben so wenig, oder noch weniger, als andere Menschen, davon zu *wissen* behauptete.

492. Liebeskind[1]   1795?

Kant wird hier allgemein, auch von der Kaufmannschaft, sehr geschätzt. Ich führe diesen Umstand an, weil er mir eine Lobeserhebung auf das Königsbergische Publikum erspart. Kant gehört aber auch unter die Männer, die man in den alten Zeiten *Propheten* nannte, und unter diejenigen Gelehrten, die, wenn sie auch vom Katheder herabgetreten sind, durch die höhere Bildung ihres Geistes noch gleich lehrreich bleiben und gleich angenehm unterhalten.

[35, S. 416–417]

[1] Liebeskind, Johann Heinrich (1768–1847), Justizkommissar und Kriminalrat in Königsberg.

493. von Purgstall[1] ab 18.4.1795/SS 1795

Königsberg, den 30. April 1795
Am 1. Mai. Nach Tische um 4¼ Uhr.

Gestern ward ich abgerufen und dieser Brief konnte also heute nicht mehr abgehen. Es ist mir dies sehr leid; denn ich bin bange, dass dieses Schreiben schon zu spät kömmt; denn ich glaube, dass Sie bis halben Mai wohl schon in Grätz sind.

Soeben komme ich vom — *Patriarchen*. Ich habe heute schon das vierte oder fünfte patriarchalische Mahl bei ihm eingenommen.

Gerne möchte ich Ihnen viel über ihn sagen; auch hätte ich wohl so manches Merkwürdige gesammelt, was für Sie auch sehr wichtig wäre, allein das Wenigste davon lässt sich schriftlich sagen, wenn man nur flüchtig hinschreiben muss wie ich, da ich so ausserordentlich wenig Zeit habe.

Sein Gesicht und seine Person sieht dem Bilde, was vor dem Repertorium d. A. L. Z. ist und was in Reinholds Stube hängt, am Aehnlichsten.[2] Nur hat er etwas Bewegliches, Feines, Freundliches um den Mund und um seine hellen blauen Augen, was man im harten Kupferstiche vermisst. Er geht schon gebückt, sein Haarbeutel fällt ihm immer hervor, weil er etwas schief ist, und dies macht, dass er immer ein Manöver mit ihm vorzunehmen hat, um ihn zurückzuschieben.

Meinen ersten Besuch macht ich bei ihm am 18. (am 17. kam ich an) um ½8 Uhr Morgens. Ich fand ihn im gelben Schlafrocke mit einer rothen, seidenen, polnischen Binde, in der Schlafmütze — arbeitend. Er empfing mich sehr freundlich, natürlich — durchflog R.'s [Reinhold's] Brief[3], sprach sehr viel — *schwätzte* beinahe, meist von Kleinigkeiten, scherzte mit sehr viel Witz und sagte einige ganz originelle Bemerkungen über Schwärmerei und besonders über die gelehrten Damen und ihre Krankheiten.

Nichts Reinhold'sches — im bösen Sinne, war in seinem Empfange und noch hat er mir nicht ein Compliment oder auch nur ein verbindliches Wort über meine Reise gesagt, noch sonst etwas Aehnliches von dem, was ich meine und Sie wohl errathen. Sie denken doch wohl, dass dies kein Vorwurf sein soll, den ich ihm mache? Dass vielmehr ——— doch Sie wissen dies.

Er liest *Logik* publice, täglich Morgens um 7 Uhr, und zweimal die Woche privat *physische Geographie*.⁴ Es versteht sich, dass ich bei keinem dieser Collegien fehle. Sein Vortrag ist ganz im Tone des gewöhnlichen Sprechens und, wenn Sie wollen, nicht eben *schön*. Stellen Sie sich ein altes, kleines Männchen vor, das gekrümmt im braunen Rocke mit gelben Knöpfen, eine Perrücke und den Haarbeutel nicht zu vergessen — dasitzt, denken Sie noch, dass dieses Männchen zuweilen seine Hände aus dem zugeknöpften Rocke, wo sie verschränkt stecken, hervornimmt und eine kleine Bewegung vor's Gesicht macht, wie wenn man Einem so etwas recht begreiflich machen will, stellen Sie sich dies vor und Sie sehen ihn auf ein Haar. Obschon dies nun nicht eben schön aussieht, obschon seine Stimme nicht hell klingt, so ist doch Alles, was seinem Vortrage, wenn ich mich so ausdrücken darf, an *Form* fehlt, reichlich durch die Vortrefflichkeit des *Stoffes* am selben ersetzt.

Man verlässt gewiss nie sein Auditorium, ohne manchen erläuternden Wink über seine Schriften mit nach Hause zu nehmen, und es ist Einem, als käme man so leicht und auf dem kürzesten Wege zum Verstehen manches schwierigen Satzes der Kritik d. r. u. p.V.,⁵ vor welchem die anderen Herren, ich meine seine Ausleger — nun denke ich aber nicht eben zunächst an R. [Reinhold] mit grossem Geplauder über die Schwierigkeit stehen bleiben, eine Menge Zurüstungen und Vorbereitungen machen, indessen er selbst ganz gerade darauf zugeht, einfach davon und darüber spricht, so dass man es ihm dabei ansieht, er träume nicht davon, dass die Sache so schwer sein soll, und sei gewiss überzeugt, dass ihn nun Jeder verstanden haben könne. Wenn man einmal dahin gekommen ist, seine *Stimme* zu verstehen, so wird es Einem nicht schwer, seinen *Gedanken* zu folgen. Letzt sprach er über *Raum* und *Zeit* und mir war, als hätte ich Keinen noch so verstanden als ihn, und nun ist er eben dabei die *Logik*, wo er von der *Erkenntniss* reden muss. Dies gibt ihm Gelegenheit, über die Vollkommenheit derselben, über *logische, ästhetische* u. s. w. Manches zu sagen, und da trägt er denn die Hauptbegriffe, glaube ich, über das Schöne aus der K. d. Uthk.⁶ so leicht und verständlich und so unterhaltend vor, als Sie es sich nicht denken können. Aus dieser Rücksicht allein müsste es doch äusserst interessant sein, einen ganzen Curs bei ihm zu hören, weil man mit *allen* seinen Ideen leicht bekannt wird.

Ich bin sehr mit seinem Vortrage zufrieden, mir scheint er das

Ideal eines belehrenden Vortrages; *so* sollen alle Professoren sprechen, *so* soll eine Wissenschaft, die für den *Kopf* ist, vorgetragen werden, *so* kann jeder Professor täglich lesen und als ein ehrlicher, wahrer Mann sein Auditorium jedesmal verlassen, und so kann man ihn täglich *hören,* ohne seine Gesundheit der Seele dabei zu verlieren, ohne *Aufblähungen* und ohne Ekel zu bekommen. Nehmen Sie dies nicht bitter mit Sauerteig oder im komischen Sinne auf, mein lieber Kalmann[7]! — Sie wissen wohl, wer nun vor meinem Geiste steht — er ist mir doch theuer, lieb — sehr lieb, er ist auch gut; aber was ich hier hinschreibe, fliesst so gerade aus meiner Seele, um Ihnen über ihn so viel zu sagen, als ich kann, und so viel anschaulich zu machen, als ich's vermag; ich wähle nur immer die erste Darstellung, die sich mir anbietet.

Kant liest über eine alte *Logik, von Meyer,* wenn ich nicht irre. Immer bringt er das Buch mit in die Stunde. Es sieht so alt und abgeschmutzt aus, ich glaube, er bringt es schon 40 Jahre täglich in's Collegium; alle Blätter sind klein von seiner Hand beschrieben und noch dazu sind viele gedruckte Seiten mit Papier verklebt und viele Zeilen ausgestrichen, so dass, wie sich dies versteht, von Meyer's Logik beinahe nichts mehr übrig ist. Von seinen Zuhörern hat kein einziger das Buch mit und man schreibt blos ihm nach. Er aber scheint dies gar nicht zu bemerken und folgt mit grosser Treue seinem Autor von Capitel zu Capitel und dann berichtigt er oder sagt vielmehr alles anders, aber mit der grössten Unschuld, dass man es ihm ansehen kann, er thue sich nichts zu Gute auf seine Erfindungen.

Er bittet mich alle vierten Tage regelmässig zu Tische; einige Male besuchte ich ihn. Ueber theoretische Philosophie sprach er noch nie ein Wort; ich bringe ihn nicht darauf, sondern überlasse jederzeit das Gespräch ihm, und er scheint abstracte Gespräche nicht zu lieben. Wenn Sie sich den Ton und die Art seines Sprechens vorstellen wollen, gerade so — ganz so bis auf die kleinsten Wendungen, so einfach ohne erkünstelte Wärme — so lesen Sie seine M. d. S.*) oder die Vorrede zur K. d. p. V. — wieder. Von R. F.**) sprach er nie ein Wort, selbst nur einige flüchtige Fragen über R.'s Gesundheit that er. Sehr viel frug er mich über *Ehrhardt,****) mit sehr viel Interesse und Freundschaft spricht er von ihm; er sagte: »Es ist doch curios, dass mir R. nichts schreibt, wie es eigentlich mit

E. ist, schon lange habe ich ihn darüber gefragt, ich war sehr unruhig, es liegt mir die Sache am Herzen, ich habe keine sichere Nachricht von ihm, doch vielleicht steht etwas im Briefe, den mir der Herr G.[8] brachten — oder können sie mir mündlich Auskunft geben.« Ich that dies denn der Länge nach.

Sie werden sich wundern, mit wem ich finde, dass Kant Aehnlichkeit hat; in der Weitläufigkeit seines Sprechens, in seinen langen Einschiebseln, selbst in der Sprache manchmal — mit — mit — dem *verruchten Wieland*! ... Das Resultat meiner Beobachtungen über *Kant* ist dieses: Er ist gewiss ehrlich, seine Seele ist *rein*, er ist kindlich und hält [sich] selbst für keinen grossen Mann. Dies sagen auch Alle, die ihn genau kennen. Er hat [sich] also über diesen Punkt eine in ihrer Art einzige Unschuld — es giebt keinen besseren Ausdruck dafür — erhalten. Er hat sehr viel Menschenkenntniss, hat die Welt studirt und weiss über viele andere Dinge, die nicht in sein Fach gehören, vortrefflich zu reden. Er allein ist ein wahrer speculativer Philosoph und man muss auch nur ein solches *speculatives* — im wahren Sinn des Wortes, nicht blos ein spaltender Kopf — Genie sein, wenn man seiner Menschlichkeit und Sittlichkeit unbeschadet sich in's Gebiet der speculativen Philosophie als *Selbsterfinder* — nicht als blos *Leser* und Versteher — wagen will. Jeder andere wird erstens der Sache im Ganzen keinen Vorschub thuen und sich, *ohnfehlbar* — aufopfern. Dies ist mir nun sonnenklar und wird mir klarer, je mehr ich darüber nachdenke. Es wird nur alle Jahrtausende ein *Kant* geboren, und die Natur hat dies sehr weise sich eingerichtet; denn es ist der Menschheit auch nur alle Jahrtausende ein speculativer Philosoph nöthig.

So gewiss ich nun glaube, dass Kant's *Moralität* und *Humanität* durch den gefährlichen Stand eines Professors [nicht] gelitten hat, so gewiss ist es doch, dass er nicht allen Mängeln und Unvollkommenheiten seines Amtes entwischt. So kann er z. B. nicht mehr Reden *hören*, wird ungeduldig, wenigstens auf einen Augenblick, wenn Jemand etwas besser zu wissen glaubt, spricht unaufhörlich allein und weiss *alles* über alle Länder, Orte, Welttheile u. s. w. z. B.: Er wusste besser als ich, was für Federvieh wir haben, wie das Land aussieht, auf welcher Stufe der Aufklärung der katholische Geistliche steht u. s. w. Ueber alle diese Dinge widersprach er mir.

[44, S. 302]

*) Es muss hier die »Grundlegung zur Metaphysik der Sitten« gemeint sein, welche 1785 erschien, denn die Metaphysik der Sitten« selbst wurde erst 1797 veröffentlicht.
**) Reinholds Familie?
***) Johann Benjamin *Erhard.*
[1] von Purgstall, Gottfried Wenzel (1773–1812), österreichischer Gutsbesitzer. Vgl. über ihn: Karl Hugelmann (Hrsg.) Aus dem Leben des vorletzten Grafen von Purgstall, in: Literatur-Blatt (Wien–Leipzig) III, 1879, S. 61–65, 93–96, 114–117, 144–146, 162–164; Denkmal auf das Grab der beyden letzten Grafen von Purgstall. Gesetzet von ihrem Freunde Joseph von Hammer. Wien 1821, S. XIV ff. Speziell zu seinem Kantbesuch vgl. Q, Nr. 11/10, Teil II, S. 104 und Q, Nr. 53/Bd. 3, S. 544; Bd. 3, S. 7; Arnoldt, Vorlesungen, S. 323 ff.; Vorl. II, S. 306 f.; Sauer (1982), S. 127 ff.; Walter Goldinger: Kant und die österreichischen Jakobiner, in: Beiträge zur neueren Geschichte Österreichs. Hrsg. v. Heinrich Fichtenau und Erich Zöllner, Wien–Köln–Graz 1974, S. 299 ff.
[2] Gemeint: Der Kupferstich von Townley (1789).
[3] Reinhold an Kant, 29.3.1795 (Ak 11, S. 9 f.)
[4] Vgl. Arnoldt, Vorlesungen, S. 323 ff.
[5] Kritik der reinen Vernunft, Kritik der praktischen Vernunft.
[6] Kritik der Urteilskraft.
[7] Kalmann, Wilhelm Joseph (1758–1842), gehörte zu Reinholds Freundeskreis, vgl. Sauer (1982), S. 122 f., S. 125 ff.
[8] G?

494. *Puttlich* 12.7.1795

12. Juli. Heute Vormittag fuhr ich mit Fleischern[1] im Wagen des jungen Bruinvisch[2] zu den angesehensten Häusern der Stadt, wo wir unsere Ankündigung der Erziehungsanstalt mittheilten. Vom Stadtrath Salzmann[3], bey dem wir ausstiegen, machten wir den Anfang auf der Insel Venedig, fuhren dann durch die kneiphöfische Langgasse, wo wir in verschiedenen Häusern Exemplare einreichen ließen, dann durch die Koggengasse, den Steindamm hinauf, die Junkerstraße, auf den Prinzessinplatz, wo wir bey Prof. Kant ausstiegen. Der würdige große Mann empfing uns gütig u. freundlich, und unterhielt sich lange mit uns über unser wichtiges Vorhaben, dazu er uns mit herzlicher Wärme viel Glück wünschte, uns von seiner Empfehlung versicherte u. uns manchen guten Rath u. Winke gab. [44, S. 302]

[1] Fleischer: nichts ermittelt.
[2] Bruinvisch, Kaufmannsfamilie in Königsberg, vgl. Gause (1959) S. 52; Gause II, passim.
[3] Salzmann, Kommerzienrat in Königsberg; vgl. Gause II, S. 314, 317.

495. Wasianski ab 1795

Eine augenblickliche Unterhaltung gewährte ihm in diesem Sommer mehr als sonst die Musik beim Aufziehen der Wachparade. Er ließ, wenn sie bei seinem Hause vorbeizog, sich die Mitteltüre seiner Hinterstube, in der er wohnte, öffnen, und hörte sie mit Achtsamkeit und Wohlgefallen an. Man hätte denken sollen, der tiefe Metaphysiker hätte nur an einer Musik, die durch reine Harmonie, durch kühne Übergänge und natürlich aufgelöste Dissonanzen sich auszeichnet, oder an den Produkten der ernsten Tonkünstler, als eines *Haydn*, Behagen finden sollen; allein dieses war nicht der Fall, wie folgender Umstand beweiset. Im Jahre 1795 besuchte er mich mit dem verstorbenen G. R. v. Hippel, meinen Bogenflügel zu hören. Ein Adagio mit einem Flaggeoletzuge, der dem Ton der Harmonika ähnlich ist, schien ihm mehr widerlich als gleichgültig zu sein; aber mit eröffnetem Deckel in der vollsten Stärke gefiel ihm das Instrument ungemein, besonders wenn eine Symphonie mit vollem Orchester nachgeahmt wurde. Nie konnte er ohne Widerwillen daran denken, daß er einst einer Trauermusik auf Moses Mendelssohn beigewohnt habe, die, nach seinem eigenen Ausdruck, in einem ewigen lästigen Winseln bestanden hätte. Er bemerkte dabei, daß er vermutet hätte, daß doch auch andere Empfindungen, als z. B. die des Sieges über den Tod (also heroische Musik) oder die der Vollendung hätten ausgedrückt werden sollen. Er sei daher schon im Begriff gewesen, Reißaus zu nehmen. Nach dieser Kantate besuchte er kein Konzert mehr, um nicht durch ähnliche unangenehme Empfingungen gemartert zu werden. Rauschende Kriegsmusik prävalierte vor jeder anderen Art.

[29, S. 276–277]

496. Humboldt an Schiller, 5.10.1795   vor 5.10.1795

Ich sprach neulich einen Professor aus Erlangen, dessen *Name* mir entfallen ist*. Er kam eben von Königsberg und wußte viel von Kant zu erzählen. Unter andern sagte er, daß Kant noch eine ungeheuer große Menge unbearbeiteter Ideen im Kopf habe, die er nicht allein noch alle bearbeiten, sondern auch alle in einer gewissen Reihe bearbeiten wolle, und daß ihn die Wärme für diesen intellektuellen Reichtum zu der Täuschung verleite, die Länge seines noch übrigen Lebens mehr nach der Menge jenes Vorrats als nach der gewöhnlichen Wahrscheinlichkeit zu berechnen. In der Tat aber muß eine solche Lage eine eigne Disproportion zwischen dem moralischen und physischen Können hervorbringen, und schön wäre es doch, wenn der Geist einen solchen Aufschub der körperlichen Zerstörung bewirken könnte, bis er sich hier in dem Kreise seins Wirkens ein Genüge geleistet oder wenigstens an ein Ziel gekommen wäre, wo es ihm nun selbst zu eng würde. Des *Menschen* natürliches Ende wäre doch nur Erfüllung seines Kreises. Er müßte hier nichts mehr zu schöpfen, nichts mehr zu tun finden, wodurch er noch Fortschritte machen könnte. Dann könnte und müßte er gehen; eher ist er doch immer noch unreif. — Das erste, was Kant schreiben will, soll ein Naturrecht sein. Sollte indes dieser Professor etwa durch Jena kommen, will ich Sie doch vor ihm gewarnt haben. Es scheint ein gar albernes Menschchen. Er ist Professor der Ästhetik, fragte mit großer Begierde, wer wohl der Verfasser der »Ästhetischen Briefe« sein möchte, und bedauerte hernach, daß Sie doch hier nur Winke gegeben hätten und daß Sie doch lieber hätten ein Kompendium schreiben sollen. Auch, setzte er hinzu, wären Sie, wie er gehört, jetzt damit beschäftigt, da aber Schütz eben auch eins schreibe (?), so sei er doch auf dies mehr begierig; er sei doch länger Professor.   [54, S. 168–169]

---

* Er heißt Mehmel.[1]
[1] Mehmel, Gottlieb Ernst August (1761–1840), 1792 a. o. Prof. d. Philosophie in Erlangen, 1793 Reise nach Königsberg, 1799 ord. Prof. Erlangen. Vgl. ADB 21, S. 186.

497. Arndt an Hippel 16.12.1795

O Princeps Philosophorum! lehre doch die Menschen *gerecht,* und wenn sie das durchaus nicht wollen, lehre sie wenigstens gescheidt zu seyn — denn, was wird aus allem dem Balgen *endlich* herauskommen? selbst für die Britten, die allein einen temporären oder scheinbaren Gewinn dabei haben, den sie mit eingehandeltem deutschen Blute, als einer für schnöde geachteten Waare, erkaufen. — Ich habe neuerdings sowohl die Religion als die Politik unseres *Illustrissimus* mit Bedacht und Respekt gelesen. Wahrscheinlich hat er wohl für seine neueste politische Schrift (zum ewigen Frieden) keine goldene Dose mit Brillanten besetzt erhalten — und darauf wird er denn auch schon zum Voraus Verzicht gethan haben. Es erfreut mich aber doch (und wundert mich fast), daß in seinem und unserm angeborenen Vaterlande so viel politische Toleranz herrscht. Und dieweil seine Grundsätze (von Form und Unform etc.) dem kastischen statutarischen Glauben so wenig gemäß sind. — Ich sehe den edlen Greis, wie ehemals seinen Freund Solon (er war's glaube ich), vor seinen Obern unbefangen *da*stehen, und auf die Frage: »was macht dich denn so keck?« lächelnd antworten: meine Herren, es ist mein Alter. — Der Himmel gönne ihm noch lange einen schönen, warmen und unbewölkten, (oder väterlich zu sprechen) einen unbeschworrkenen Abend! Grüßen Sie ihn gütigst von mir, und recht herzlich, als meinen lieben Freund, und des Menschengeschlechts, folglich auch meinen *geliebten Wohlthäter.* Inliegender Brief ist von einem seiner *ächten* Jünger (denn nicht Alle, die zu ihm sagen Herr, Herr, sind seines Namens werth), dem *D. Med. Erhard, meinem derzeitigen Hauswirthe.* — Leben Sie wohl, mein theurer Freund und Vetter! und wenn Ihnen meine schwazhafte Laune nicht zuwider ist, so schreiben Sie mir bald einen (so viel thunlich) sein langen Brief. — Sorgen Sie für Ihre Augen und für Ihre Gesundheit! Mit der *meinigen* steht's zwar nicht immer köstlich, und lange nicht so gut, als vielleicht die Zuschauer, die nicht hinter die Scene sehen, glauben; auch wollen die Augen der vielen Ruhe ohnerachtet, die ich ihnen jetzt zugestehen kann, sich oft zu *gar* nichts verstehen; — doch danke ich meinem Geschick, mit aufgehobenen Händen, für den Lebens-Genuß, den es mir in dem verflossenen Jahre gewährt hat; wobei ich, von meiner Seite, alle *mögliche* Anstrengung und Gewalt anwandte, die trüben Blicke in eine ungewisse Zukunft, die nur gar zu oft aller unserer gehabten Mühe und Sorge lacht, mit einem »hebe dich weg von mir!« abzuwehren. Meine ergebene und freundschaftliche Empfehlung an Ihren lieben Familien-Zirkel; meinen Gruß und Kuß an meinen lieben Vetter in Arnau, dem ich oft durch das geweihte Löchlein in seiner Thür zusehe, wie er, mit Vater Kant zur Seite, Mosen und die Propheten kritisiert, und den Kopf schüttelt, wenn das *peccatum originale* sich mit dem radikalen Hang doch nicht recht reimen will. *Vale carissime! Vale ac fave!*

[27/Bd. 14, S. 270–271]

1796–1804

498. Jachmann ab 1796

Mit einer wahren Begeisterung pflegte der unsterbliche Mann oft mit mir über sein letztes Werk zu sprechen, welches nach seiner Äußerung der Schlußstein seines ganzen Lehrgebäudes sein und die Haltbarkeit und reelle Anwendbarkeit seiner Philosophie vollgültig dokumentieren sollte, das aber ganz unvollendet geblieben ist. Es sollte den Übergang der Metaphysik zur eigentlichen Physik darstellen und auch diesen Titel führen. [29, S. 128]

499. Wasianski ab 1796

Sein letztes Werk und einziges Manuskript, das vom Übergange von der Metaphysik der Natur zur Physik handeln sollte, hat er unvollendet hinterlassen. So frei ich von seinem Tode und allem dem, was er nach demselben von mir wünschte, sprechen konnte, so ungern schien er sich darüber erklären zu wollen, wie es mit diesem Manuskript gehalten werden sollte. Bald glaubte er, da er das Geschriebene selbst nicht mehr beurteilen konnte, es wäre vollendet und bedürfe nur noch der letzten Feile, bald war wieder sein Wille, daß es nach seinem Tode verbrannt werden sollte. Ich hatte es seinem Freunde Hrn. H. P. S.[1] zur Beurteilung vorgelegt, einem Gelehrten, den *Kant* nächst sich selbst für den besten Dolmetscher seiner Schriften erklärte. Sein Urteil ist dahin ausgefallen, daß es nur der erste Anfang eines Werkes sei, dessen Einleitung noch nicht vollendet und das der Redaktion nicht fähig sei. Die Anstrengung, die *Kant* auf die Ausarbeitung dieses Werkes verwandte, hat den Rest seiner Kräfte schneller verzehrt. Er gab es für sein wichtigstes Werk aus; wahrscheinlich aber hat seine Schwäche an diesem Urteil großen Anteil. [29, S. 294]

[1] Gemeint: Schultz.

500. *Jachmann* ab 1796

Mit Zunahme seiner körperlichen Schwächen und Übel nahmen auch seine Gespräche über seine körperliche Beschaffenheit zu. Sein Geist wurde von ihnen zuletzt zu sehr in seiner freien Tätigkeit gehindert, als daß er sich mit diesem Feinde seiner einzigen Wirksamkeit und seines einzigen Lebensgenusses nicht unaufhörlich hätte beschäftigen sollen. Kant täuschte sich bei der Beurteilung seiner Körperschwächen ganz absichtlich selbst. Er suchte den Grund des Übels außer sich, um nur noch auf eine Befreiung von demselben hoffen zu können.

Er leitete den Druck, welchen er in den letzten Jahren auf sein Gehirn fühlte, von der Luftelektrizität her, die seit dem Jahre als durch Europa so viele Katzen u. a. m. starben, ganz besonders gewesen wäre, und hatte diesen Gedanken sich so fest eingedrückt, daß er wirklich böse wurde, als ihn eines Tages mein Bruder, sein ärztlicher Konsulent, auf die Erscheinung des Marasmus aufmerksam machte, und daß er in der Hitze hinzufügte: nehmen Sie mir meinen Glauben, ich werde mich deshalb doch nicht totschießen!

Sein oft geäußerter sehnlicher Wunsch, daß die Göttin Moira, die ihm das ganze physische Leben nicht leicht gemacht hatte, ihm doch sein Hinscheiden von der Welt nicht erschweren möchte, ist, wie ich höre, nicht erfüllt worden. Die zerbrechliche Hülle, die nur durch die Kunst ihres Bewohners so lange erhalten war, sank nur nach und nach und teilweise ein und wurde eben dadurch drückend. Kant mußte in den letzten Wochen seines Lebens noch mit vielen körperlichen Beschwerden kämpfen.

[29, S. 187–188]

501. *Jachmann* an Kant, 19.10.1797 ab 1783, 1794, 1796

Wohlgeborner Herr Professor
Verehrungswürdigster Lehrer!
Als ich bei meiner letzten Abreise von *Koenigsberg*[1] mich Ihrer fortdauernden Freundschaft empfahl, so glaubte ich ganz sicher, daß ich ganz sicher, daß ich nun bald wieder das lang entbehrte Glück

Ihres persönlichen Umganges genießen würde, dessen Sie mich bei meinem vormahligen Auffenthalt in *Koenigsberg*[2] würdigten. Mehr als alle die Vortheile, womit das altstädtsche *Diaconat* mich etwa bereichern könnte, lag mir die Hofnung am Herzen, noch von der letzten Zeit Ihres Lebens für meine Ausbildung den größt möglichsten Vortheil ziehen zu können. Und je tiefer ich es empfand, wieviel ich in diesen 3 Jahren habe entbehren müssen, desto sehnlicher wünschte ich wieder jene Zeit zurück, in welcher ich mich durch Ihre Freundschaftsbezeigungen so glücklich fühlte und durch Ihre Belehrungen täglich klüger und besser wurde.[3]

[31/Bd. 12, S. 209–210]

[1] 1796.
[2] 1794.
[3] ab 1783.

502. Jachmann an Kant, 16.8.1800 1796? 1800?

Sie hatten die Güte, theuerster Herr *Professor* mir bei meiner letzten Anwesenheit in Königsberg[1] das Versprechen zu geben, mir die wichtigsten Umstände aus Ihrer Lebensgeschichte mitzutheilen. Ich bin jetzt so frei Ihnen beiliegend verschiedene darauf sich beziehende Fragen vorzulegen.[2] Viele derselben würden unter allen andern Umständen sehr indiscret seyn und ich würde es mir nie haben in den Sinn kommen lassen solche Fragen zu thun. Nur der Zweck den ich vorhabe und die Unentbehrlichkeit dieser Umstände zu einer vollständigen *Biographie* kann diese anscheinende *Indiscretion* heben und meine Freiheit entschuldigen. Sollten einige der angeführten Fragen zur Beantwortung mehr Raum erfordern, als die leere Colonne verstattet, so wünschte ich, daß Sie die Güte hätten, sie in numerirten Beilagen mir gefälligst mitzutheilen. — Die ganze Welt wünscht Ihre authentische *Biographie* und wird Ihr eignes Zuthun zu derselben mit dem höchsten Dank erkennen. Sollten Ihnen einige von mir übergangene Umstände noch wichtig scheinen, so bitte ich dieselben mir anzuführen. Daß ich übrigens von Allem nur zu der Zeit erst, wenn eine *Biographie* vollständig ans

Licht treten kann und mit der größten Discretion Gebrauch machen werde, darf ich wohl nicht versichern. Mein höchster Wunsch ist, daß Sie noch lange mit Gesundheit und Kraft unter uns bleiben mögen. Ich empfehle mich Ihrem wohlwollenden Andenken und bin mit Liebe und Hochachtung.

Ihr

Marienburg den 16 Aug
1800.   [31/Bd. 12, S. 322]

[1] 1796 oder 1800 (vor 16. August).
[2] Vgl. Ak 12, S. 323 f.

502a. Kant   vor 23.4.1796

Erklärung wegen der von Hippel'schen Autorschaft
Oeffentlich aufgefordert, zuerst von Hrn M. *Flemming*, nachher durch den Allg. litter. Anz. 1796. *No. XXX.* S. 327–328, wegen der Zumuthung, ich sei der Verfasser der anonymischen, dem *sel. von Hippel* zugeschriebenen Werke, des Buchs *über die Ehe* und der *Lebensläufe in aufsteigender Linie,* erkläre ich hiermit: »daß ich nicht der Verfasser derselben, weder allein, noch in Gemeinschaft mit ihm sei.«

Wie es aber, ohne hiezu ein Plagiat annehmen zu dürfen, zugegangen, daß doch in diesen ihm zugeschriebenen Werken so manche Stellen buchstäblich mit denen übereinkommen, die viel später in meinen auf die Kritik der reinen Vernunft folgenden Schriften als meine eigenen Gedanken noch zu seiner Lebenszeit vorgetragen werden können; das läßt sich, auch ohne jene den sel. Mann beleidigende und auch ohne meine Ansprüche schmälernde Hypothese, gar wohl begreiflich machen.

Sie sind nach und nach fragmentarisch in die Hefte meiner Zuhörer geflossen, mit Hinsicht, von meiner Seite, auf ein System, was ich in meinem Kopfe trug, aber nur allererst in dem Zeitraume von 1770 bis 1780 zu Stande bringen konnte. — Diese Hefte, welche Bruchstücke [enthielten], die unter anderen meinen Vorlesungen der Logik, der Moral, des Naturrechts u. s. w. vornämlich denen der Anthropologie, wie es gewöhnlich bei einem freien Vortrage des Lehrers zugeht, sehr mangelhaft, nachgeschrieben worden, fielen in des sel. Mannes Hände und wurden in der Folge von ihm gesucht, weil sie großen Theils neben trockenen Wissenschaften auch manches Populäre enthielten, was der aufgeweckte Mann in seine launigten Schriften mischen konnte, und so, durch die Zuthat des nachgedachten, dem Gerichte des Witzes einen schärferen Geschmack zu geben die Absicht haben mochte.

Nun kann, was in Vorlesungen als öffentlich zu Kauf gestellte Waare feil steht, von einem jeden benutzt werden, ohne sich deshalb nach dem Fabrikanten erkundigen zu dürfen; und so konnte mein Freund, der sich nie mit Philosophie sonderlich befaßt hat, jene ihm in die Hände gekommenen Materialien, gleichsam zur Würtze für den Gaumen seiner Leser, brauchen, ohne diesen Rechenschaft geben zu dürfen, ob sie aus des Nachbars Garten, oder aus Indien, oder aus seinem eigenen genommen wären. — Daraus ist auch erklärlich, wie dieser mein vertrauter Freund in unserm engen Umgange doch über seine Schriftstellerei in jenen Büchern nie ein Wort fallen lassen, ich selber aber aus gewöhnlicher Delikatesse ihn nie auf diese Materie habe bringen mögen. So löst sich das Räthsel auf, und einem jeden wird das Seine zu Theil.

Königsberg, den 6. Dez. 1796

Immanuel Kant.
[31/Bd. 12, S. 360–361]

503. Borowski vor dem 23.4.1796 und am 24.4.1796

Er sah sehr ungern seine Freunde durch den Tod aus seiner Nähe gerissen, erkundigte sich sehr sorgfältig, so lange sie krank lagen, nach dem Befinden: aber er besuchte nicht leicht einen Kranken. Bei D. Trummern[1] machte er eine Ausnahme; er ging zweimal zu ihm. Es schien, als ob er vermeiden wollte, durch seinen Besuch zu rühren und gerührt zu werden. Wenn aber die ihn vorzüglich interessierenden Freunde dann doch der Krankheit unterliegen mußten, so mochte er nicht weiter die Erinnerung an sie bei andern aufregen oder durch andere bei sich aufregen lassen. Es ist vorbei, sagte er dann. Nach Hippels Befinden ließ er sich während dessen letzterer Krankheit aufs sorgfältigste erkundigen, fragte einen jeden, der zu ihm kam, darum: sagte aber den Tag nach seinem Tode in einer großen Mittagsgesellschaft, wo man über den Hingang Hippels ein Gespräch anknüpfen wollte: »Es wäre freilich schade für den Wirkungskreis des Verstorbenen, aber man müßte — den Toten bei den Toten ruhen lassen.« [29, S. 61]

[1] Vgl. Nr. 6.

503a. *Kant* 27.9.1755–23.7.1796

Ich habe viele Jahre vorher ehe ich mit der Critik der reinen Vernunft anhebend eine neue schriftstellerische Laufbahn einschlug in meinen Vorlesungen über Logik Metaphysik Moral und Anthropologie Physik und Rechtslehre den Autor den ich mir zum Leitfaden wählete nicht blos commentirt sondern gesichtet gewogen [mit so vielen mir zu viel mit Verbesserungen so wohl als Erwieterungen zu versehen a] zu erweitern und auf mir besser scheinende Principien zu bringen gesucht auf solche Weise sind meine Vorlesungen fragmentarisch theils gewachsen theils verbessert worden aber immer mit Hinsicht auf ein dereinst mögliches System als ein für sich bestehendes Ganze [Ganzes der] daß jene [Sp] später (meistentheils nach 1781) erschienenen Schrifften jenen fast nur die systematische Form [z] und Vollständigkeit gegeben zu haben scheinen mochten. — Den Vortheil hat nämlich der Universitätslehrer vor dem zunftfreyen Gelehrten in Bearbeitung der Wissenschaften voraus daß weil er sich bey jedem neuen [Vortrage] Cursus derselben auf jede Stunde (wie es billig immer geschehen muß) vorbereiten muß ihm sich immer neue Ansichten [auf darbieten wie er den Gegenstand] und Aussichten [auf seinen Gegenstand eröfnen die] theils in der Vorbereitung theils welches noch öfterer geschieht mitten in seinem Vortrage eröfnen die ihm dazu dienen seinen Entwurf [z] von Zeit zu Zeit zu berichtigen und zu erweitern [welches]. Da kann es nun im freyen Philosophieren nicht Anders seyn als daß lange vor Herausgabe eines Systems einzelne Sätze sammt denen ihnen gewidmeten neuen Bemerkungen von der Feder des nachschreibenden Zuhörers aufgefaßt und wenn sie es sey durch Neuigkeit oder auch Fruchtbarkeit demselben auffallen in mancher [Nachschr] Abschrift herumliefen weil der Lehrer einstweilen nur fragmentarisch Sätze in die Stellen seines Handbuchs einschiebt sein System noch nicht zur Reife gebracht hatte und es nur späterhin wagte mit demselben hervorzutreten.

[31/Bd. 13, S. 538–539]

504. Jachmann vor 1797

Er pflegte auch oftmals des verstorbenen Geheimen Ober-Finanzrats Wlömer[1] als seines besten Jugendfreundes zu erwähnen, hegte noch in seinem Alter die zärtlichste Freundschaft für ihn und erhielt stets mit ihm einen freundschaftlichen Briefwechsel.

[29, S. 153]

[1] Vgl. Nr. 6 und Nr. 423 b.

505. Feder ab 1797

Ein Bekannter von *Kant*, Namens *Lehmann*, der mich in den ersten Jahren meines neuen Amtes[1] besuchte, sagte mir, Kant habe bey der Nachricht von meiner Anstellung mich bedauert; weil das Geschäft eines Pädagogen ihm immer eines der verdrießlichsten geschienen; die Vorstellung er sey Hofmeister — wie er es in seinen jüngeren Jahren gewesen — eine seiner unangenehmsten TraumVorstellungen ausmache.

[75, S. 173]

[1] Feder lehrte seit 1797 am Georgianum in Hannover; vgl. Ak 12, S. 300; Ak 13, S. 504.

506. *Stägemann*[1]   1797

»Sonnabend, den 6. Mai 1837.
Abends bei *Stägemann*. Ich[2] sprach hauptsächlich mit ihm. Er erzählte mir von *Kant* folgende merkwürdige Aeusserung; derselbe habe ihm mit diesen eigenen Worten im Jahre 1797 gesagt: »Ich bin mit meinen Schriften um ein Jahrhundert zu früh gekommen; nach hundert Jahren wird man mich erst recht verstehen und dann meine Bücher aufs neue studieren und gelten lassen!«

[58, S. 168]

[1] von Stägemann, Friedrich August (1763–1840), Jurist, seit 1787 Justizkommissar, dann Kriminalrat in Königsberg, 1809 Geh. Staatsrat in Berlin; seit 1795 verheiratet mit Elisabeth Graun, geb. Fischer. »In seinem Hause am Schloßteich verkehrten Kant, Hippel, Hamann, Kraus, Scheffner, Green, Motherby und viele andere...« Mühlpfordt (1964), S. 177. Vgl. APB 2, S. 688; ADB 35, S. 383 ff.; Kurt von Raumer: F. A. von Stägemann zu seinem 100. Todestag; in: Mitteilungen des Vereins für Geschichte von Ost- und Westpreußen 15, 1941, S. 33 ff.
[2] Gemeint: K. A. Varnhagen von Ense.

506a. *Friedrich Leopold zu Stolberg*[1] an Sophie Stolberg, 26.1.1797

Königsberg, den 26. Jan. [1797] Donnerstag 1 Uhr.
Um sieben Uhr fuhren wir in einem Schlitten nach Brandenburg. Der Weg war abscheulich, auch wurden wir in den Schnee geworfen, aber ohne den mindesten Schaden. Wir lachten, eh' wir aufstunden. Endlich kamen wir um halb elf Uhr zu Fuße an, beim Bruder von Nicolovius[2]. Denn in der Stadt, wo gar keine Bahn mehr ist, war das Fahren noch abscheulicher. Von Brandenburg, auch schon vorher, hatte Nico geschrieben; mir war also Wohnung bestellt. Ich habe mich angezogen, und gehe nun zu Nicolovius dem Buchhändler[3], wo ich in Scheffner's und einiger Anderer Gesellschaft zu Mittag essen soll. Kant war auch gebeten, will aber nicht kommen. Er soll gesagt haben, er sehe mich sehr gern; fürchte aber, daß es mir, ihn zu sehen, unangenehm sein würde[4]. — Keine Briefe sind gekommen.
Abends.

Diesen Mittag aß ich in einer Gesellschaft von sechzehn Männern. Ich saß bei Scheffner und nicht weit von einem gewissen Kriegsrath Deutsch. Letzterer sprach als ein edler Mann, und legte ein gutes Bekenntniß ab, für welches ich ihn immer ehren und lieben werde. Nach Tisch kamen zwo unverheirathete Töchter von Hamann hin.[5] Ihre edle Bescheidenheit, ihre herzliche Freundlichkeit gegen mich, den sie als Landsmann ansahen, mich gewiß viel besser glaubend als ich bin, eine gewisse über sie ausgegossene Weihe rührte mich sehr. — Kant hatte gesagt, wüßte er, daß ich ihn gern sähe, so wollte er nach Tisch hinkommen. Ich ließ mich bei ihm melden, und ging mit Nico hin. Er sprach interessant über Meteorologie, Träume, Diätetik, und zwar über diese als Physiolog. Er war natürlich und freundlich. Kurz, er gefiel mir — in so weit — aber wie hoch erhebt die Weihe des wahren Geistes Hamann's Töchter über den großen Weltweisen... [74, S. 35 f.]

[1] zu Stolberg, Graf Friedrich Leopold (1750–1819), Dichter; Hamann, Jacobi, Herder nahestehend; reiste 1797 Januar als dänischer Gesandter anläßlich des Regierungsantritts des Zaren Paul I. nach St. Petersburg. Der Bruder des Buchhändler Nicolovius begleitet ihn. (s. Anm 2) — Stolberg besuchte am 7.10. 1785 und am 31.12.1785 bereits Königsberg; von einem Zusammentreffen mit Kant ist aber nichts überliefert; (vgl. HaBr 6, S. 88 ff., 96 f., 99 ff., 126 f., 207 f., 241, vgl. Nadler, S. 308 f.).
[2] Nicolovius, Theodor Balthasar (1768–1831).
[3] Friedrich Nicolovius hatte Stolbergs »Italienische Reise« (1794) verlegt.
[4] Vgl. Anm. 1) und Anm. 5 zu G, Nr. 507.
[5] Magdalena Katharina (1774–1849) und Marianne Sophie (1778–1855).

507. Jachmann vor dem 26.1.1797 und am 26.1.1797

Jede, auch nur dem Schein nach geäußerte Geringschätzung oder Vernachlässigung, besonders von Männern, auf deren Achtung er schon als Gelehrter Anspruch machen zu können glaubte, war selbst imstande, seinen edlen Stolz zu erregen, den er denn auch unverhohlen äußerte. Bald nachdem Kant seine Abhnadlung über einen neuerdings erhobenen vornehmen Ton in der Philosophie[1] geschrieben hatte, reiste der Graf v. S..[2], der sich in seiner C....[3] mit jener Abhandlung unzufrieden gezeigt hatte durch Königsberg und hielt sich daselbst einige Tage auf, ohne den weltberühmten Kant zu besuchen. Der B. N..[4], welcher den Grafen fetieren wollte, bat auch unsern Kant zu dieser Gesellschaft, aber Kant erklärte, er würde nicht erscheinen, wenn der Graf v. S. ihn nicht zuvor besucht hätte. Dies geschah nicht, und Kant blieb aus der Gesellschaft weg. Bei seiner Rückreise von P. stattete der Graf v. S. Kant einen Besuch ab; N. gab wieder ein Fete und Kant erschien in der Gesellschaft.[5] — Er, der jedermann nach Verdienst ehrte und sich selbst der Ehre würdig hielt, wollte auch von Männern, welche wissen, wie man einen berühmten Gelehrten ehren müsse, wenigstens mit Aufmerksamkeit behandelt werden. [29, S. 148]

[1] Die Schrift »Von einem neuerdings erhobenen vornehmen Ton in der Philosophie« (Ak 8, S. 387ff.) richtet sich gegen Schlosser, »doch sind auch andere Vertreter der mystischen Richtung Schlossers, wie Graf Leop. Stolberg, gestreift.« (Ak 8, S. 512). Vgl. zu den gegen (den nicht namentlich genannten) Stolberg gerichteten Stellen. Ak 8, S. 394f.
[2] Vgl. G, Nr. 506 a.
[3] C.?
[4] Gemeint: der Buchhändler Nicolovius.
[5] Von diesem Vorfall auf Stolbergs Hinreise nach Petersburg berichtet G, Nr. 506 a nichts. Es bleibt daher offen, inwieweit Jachmanns Mitteilung haltbar ist. Stolbergs Bemerkung über Kants Gründe, ihn (bei der Rückreise) nicht zu besuchen, geht gerade in die entgegengesetzte Richtung der Jachmannschen Erzählung.

508. *Pörschke* an Fichte, 14.3.1797

Ich freue mich über Ihren eigenthümlichen Weg in der Philosophie, auch darum, daß dem heillosen Geschrei der Kantianer gewehrt wird, die ich für die frechste Rotte (kaum die Dominicaner ausgenommen) wegen ihres ganz verdummenden Nachbetens und ihrer Intoleranz gegen Andersredende halte. So ehrwürdig und lieb mir der Genius Kant, der beinahe der einzige Gelehrte, mit dem ich hier Umgang habe, ist, ein Mann, mit dem ich schon gegen dreißig Jahre zu dieser Universität gehöre, dessen Redlichkeit vielleicht niemand besser als ich kennt und dessen Wahrhaftigkeit unübertreffbar ist, so sehr sind mir die Kantianer zuwider, unter welchen selten jemand ist, der den großen Geist seines Meisters ahnt. Kant ist nichts so natürlich gewesen, als ein großer Weltweiser zu sein; von allen Menschenseelen fühlt er am wenigsten seine Größe, er ist gewiß ein Muster von bescheidenem Schriftsteller; oft höre ich ihn edelmüthig über seine Gegner urtheilen, nur müssen sie ihn nicht wie Mönche und persönlich angreifen, dann wird er bitter. Ihm selbst habe ich meinen Widerwillen gegen die Kantianer gewiesen, die ebenso wie die meisten Christen sind, deren Vorgänger auch als ein herrlicher Mann dasteht. Ich bitte Sie, edler Mann, da Ihre Stimme so geehrt und gefürchtet in Deutschland ist, helfen Sie doch die Philosophie von der Schmach der Beinamen retten, helfen Sie doch auch den Namen *kritische* Philosophie vertilgen. Wir haben ja ebenso wenig eine kritische als eine Euklidische und Wolf'sche Mathematik; wir sollen ja Philosophie schlechtweg haben. Selbst die Klugheit verbietet uns in manchen Ländern, den Philosophen einen Beinamen, der sot gut als ein Brandzeichen ist, zu geben, denn es wird, wenn es so fortgeht, spätestens nach Kant's Tode, eine Zeit kommen, da der Name *Kantischer* und sogar *kritischer* Philosoph ein rother Mantel sein wird, den eine gewisse tolle Büffelart mit Füßen treten wird. [12, S. 552–553]

509. *Lehndorff*[1] 14.6.1797

»Rede, welche ich dem Professor Immanuel Kannt bey
Gelegenheit seines 50.ten Schriftsteller-Jahres im
Nahmen der *Universitaet* ausarbeitete und hielt.[2]
Erlauben Sie, theurer, ehrwürdiger Mann, daß ich Ihnen den Danck und die Wünsche an den Tag lege welche für Sie uns alle beseelen. — Zwar, wenn ich bey kälterem Blute, die Wichtigkeit des Geschäfts überdencke, welches inniges Danckgefühl für Sie, und Enthusiasmus für die Warheiten welche Sie verbreiten, mich übernehmen hieß: so erstickt der Anblick der Riesengröße dieses Unternehmens meine Stimme. Denn nicht nur im Namen der edlen Jünglinge, welche Sie hier an Ihrer Schwelle sehen, nein, als Redner einer Welt

stehe ich hier, um für fünfzig arbeitvolle Jahre zu dancken, die Sie Ihrer Aufklärung weihten. Doch wenn ich meine Augen wieder aufrichte, und Sie sich Ihnen zeigen; wenn ich zurück dencke an jene Stunden der Weißheit geweiht, wo Sie als Vater zu uns sprachen; dann stählt sich mein Muth, dann unterdrückt der brennendheiße Wunsch Ihnen zu danken; jede Bangigkeit.

Zwar unfähig, uns bis zur Höhe des Gefühls zu erheben, welches Sie heute beseelen muß, da Sie am Rande eines halben, für Warheit und Aufklärung gelebten Jahrhunderts stehen; sehen Sie uns dennoch versammelt um der Vorsicht und Ihnen zu dancken, daß wir Ihre Schüler waren.

Ja groß und schön ist dieser Titel, und stolz sind wir darauf, daß alle, die des Glückes nicht genossen, der Weißheit Sprache aus Ihrem Munde zu hören, ihn uns beneiden.

Aber wir sollten, unsere Gefühle in uns selbst verschließen, und diese Tage, die so laut zum Dank uns ruffen ungefeiert vorübergehen laßen?

O! möchte die Beredsamkeit der Redner, Griechenlands und Roms, möchte die Überzeugungskraft, die Sie zuerst uns lehrten, jetzt meine Lippen beseelen, um meine Worte ihres Gegenstandes würdig zu machen, um Ihnen sagen zu können, wie innig wir zur Vorsicht flehen, daß Sie noch lange in unserer Mitte der Ruhr genüßen mögen, der so ein tätiges Leben entspricht.

Doch da nur schwach die Stimme eines Jünglings ist: so nehmen Sie statt allen Danck, die feierliche Versicherung, die großen Seelen mehr als alles andre gilt, daß Ihre Lehren nie aus unsern Herzen weichen werden, sondern daß unser eifrigstes Bestreben dahin gehen soll, der Nachwelt durch unsere Handlungen zu zeigen, daß wir Ihrer würdig waren.

Erlauben Sie es aber der dringenden Aufforderung unserer Herzen, daß wir Ihnen diesen Abdruck unserer Gefühle überreichen (wobei das Carmen überreicht wurde) und unsere Wünsche in lauten Jubel übergehen laßen (worauf von den unten versamleten Studenten ein dreymal feierliches Vivat ausgeruffen wurde).«

[31/Bd. 13, S. 579–580]

---

[1] Lehndorff, Graf Heinrich (1777–1835), sprach als Vertreter der Studentenschaft.

² Vgl. Karl Köstlin: Ein Hymnus auf Immanuel Kant, in: AGPh 2, 1888, 246–248. Vgl. auch die Notiz im Neuen Teutschen Merkur 8. Stk., August 1797. VII, S. 380 und K. Ed. Schmidt: Zur Kantfeier im Juni 1797, in: Altpreußische Rundschau (Lötzen) Jg. 1912, S. 223–226.

510. Beck an Kant, 24.6.1797　　　　　　　　　　vor 20.6.1797

Hochachtungswürdiger Mann,
Als ich schon meinen, verlaufenen 20ten an Sie gerichteten Brief auf die Post gebracht hatte, nahm ich den Ihrigen noch einmahl in die Hände. Indem ich nun bey dem Anfange desselben, und bey einigem was Herr Hofprediger Schulz mich sagen läst, etwas verweilte, wurde mir die eigentliche Veranlassung sowohl zu Ihrem Briefe, als auch zu dem Unwillen dieses würdigen Mannes etwas begreiflicher, und da ich nun die Sache in einem etwas andern Lichte ansah, faßte ich den Entschluß, mit der heutigen Post noch dasjenige nachzuhohlen, was mir jetzt noch nöthig scheint, Ihnen zu sagen.

Sie geben nämlich die Veranlassung zu Ihrem Briefe mit den Worten an: daß er die schnelle und öffentliche Beylegung der Mishelligkeit critischer Principien von obersten Rang betreffe. Aus diesem nun, und aus den Bemerkungen des Herrn Hofprediger, da er mich z. B. sagen läßt: »Realität ist die ursprüngliche Synthesis des Gleichartigen der Empfindung, die vom Ganzen zu den Theilen geht (wobey wahrscheinlich *Sie* es sind der mich, und zwar mit allem Recht frägt: »Was hier Empfindung bedeuten mag, wenn es keine Sinnlichkeit giebt, sehe ich nicht wohl ein.« Gewiß, vortreflicher Mann, wenn mir so etwas jemals in den Sinn gekommen wäre, müßte ich dieses Unsinns wegen mich selbst anfeinden); daß der Verstand die Objecte erzeugt,« schließe ich, daß Sie mit Herrn Schultz über das sonderbare Zeug des Herrn *Fichte* sich unterhalten haben müssen, indem mir diese Ausdrücke gänzlich Fichtisch klingen.

[31/Bd. 12, S. 173–174]

511. Schultz an Schütz   vor 19.7.1797

Die gütige Mittheilung Ihrer Bedenklichkeiten über ein paar Punkte der Kantischen Rechtslehre verehre ich als ein noch größeres Merkmal Ihrer geneigten Gesinnungen gegen mich. So sehr ich auch mit unserm großen gemeinschaftlichen Lehrer in der Philosophie in Rücksicht dieser beiden Punkte übereinstimmend denke, indem ich schon lange vorher, ehe ich noch seine Gedanken über dieselben wußte, aus seinem Moralprincip auf eben diese Rechtsdeduction kam: so wünschte ich doch, daß er Ihre Zweifel selbst beantworten möchte, und da wir gewohnt sind, uns freundschaftliche Briefe von Gelehrten, wenn ihr Inhalt es erlaubt, und den Andern interessirt, gegenseitig zu communiciren: so konnte ich desto weniger umhin, ihm den Ihrigen zu überschicken, da ich wußte, wie theuer ihm alles ist, was von Ihnen kommt, und welch eine große Freude ich ihm hierdurch machen würde. Dieses ließ er mich auch sogleich bezeugen und mich versichern, daß er die Gelegenheit nützen würde, deshalb selbst an Sie zu schreiben. Sie haben also nun, verehrungswürdiger Mann! die Vertheidigung unseres Philosophen von ihm selbst, und es ist mir nicht wenig angenehm, daß er auch mir die Erlaubniß gegeben hat, dieselbe in seinem offenen Briefe zu lesen. Ja, wie er uns darin Hoffnung macht, haben wir über dieses Thema vielleicht nunmehr noch manche vortreffliche Aufschlüsse von ihm zu erwarten.   [56, S. 466–467]

511a. Jäsche?   1798?

Laut einer Aufzeichnung über ein von Gottlob Benjamin Jäsche im Wintersemester 1817/18 an der deutschen Landesuniversität Dorpat geleitetes Kant-Kollegium[1] wurde Jäsche von seinen Hörern um die Eröffnung seines Standpunktes zum Einfluß der Kantischen Philosophie auf kirchlichem Gebiete sowie zu der polemischen Behauptung gebeten, daß nur einer, Fichte, Kant verstanden, aber mißverstanden habe. Jäsche erteilte vorerst eine Antwort mit Erläuterungen entsprechender Textstellen aus den Werken und Briefen Kants und sagte dann, Kant habe ihm mit einer ausführlichen

Begründung erklärt, daß Fingerlos, der Regent des Priesterhauses zu Salzburg[2], ihn richtig verstanden und die Erziehung und die Ausbildung der Priesterkandidaten im Geiste seiner reinen philosophischen Religionslehre, wie sie der kritischen Philosophie entspreche, geleitet hätte. Diese aus Gründen der Zuständigkeit autoritative Erklärung habe Kant gegeben, bevor die Übergabe der Schriften des Salzburger Priesterhausregenten an das Publikum erfolgt sei. Ein an Kant gerichteter Bericht über die Aufnahme der Kantischen Philosophie an katholischen Universitäten, der auch eine Mitteilung über diesen Tatbestand enthalten habe, sei auf Weisung Kants in seine Biographie[3] aufgenommen worden. Kant habe die Aufnahme seiner Philosophie in Salzburg und ihre Verbreitung durch diese Stadt, das Echo auf seine *Kritik der reinen Vernunft* und seine religionsphilosophischen Schriften mit lebhaftem Interesse beobachtet. Denn es sei Kants erklärte Absicht gewesen, mit seinen Schriften über die philosophische Religionslehre einen Einfluß auf die Ausbildung der Kandidaten der Theologie zu gewinnen oder zumindest einen Beitrag für die akademische Unterweisung der Theologen zu leisten. [79/ S. 433]

[1] Über diese »Aufzeichnung« und über das Dorpater »Kant-Kollegium« macht der Autor leider keine weiteren Quellenangaben. Möglicherweise bezieht er sich auf die als Fußnote 4 zitierte maschinenschriftliche Dissertation: A. v. Fölkersahm. Die Dorpater Beiträge zur Kant-Studie. Riga 1938. Leider war die Dissertation durch den Fernleihdienst nicht erhältlich.
[2] Fingerlos, Matthäus (1748–1817) von 1788–1801 Regens des Salzburger Priesterseminars; vgl. Q, Nr. 79, S. 434 ff.; Sauer (1982) S. 337 ff., vor allem S. 364 ff.
[3] Vgl. die Beilage VI in Borowskis Biographie (Q, Nr. 29, S. 105 f.).

512. Pörschke an Fichte, 7.2.1798   11.1.1798

Kant wird wahrscheinlich nicht unsterblich sein, weil man ihn schon jetzt für todt ausgibt. Der Geburtshelfer Meckel aus Halle[1] hat von ihm läppisches Zeug ausgebreitet, daß es mit ihm vorbei wäre, daß er sinnlos geworden. Meckel, der wohl besser Leibesfrüchte als Geistesfrüchte unterscheiden mag, hat bei seiner Durchreise nach Petersburg den offenherzigen Kant besucht und seine unzeitigen Klagen über Bedrückung des Kopfs durch die Trockenheit der Luft anhören müssen. [14, S. 589]

[1] Meckel, Philipp Friedrich Theodor (1756–1803), Anatom und Chirurg, seit 1777 Prof. d. Medizin in Halle. Vgl. ADB 21, S. 159f. Vgl. über seinen Besuch bei Kant den »Hamburger Unpartheyischen Correspondenten« vom 26.12.1797 und den Brief von Herz an Kant (26.12.1797) Ak 12, S. 225 f.

513. Pörschke an Fichte, 7.2.1798   Anfang 1798

Darum ist Kant's Geist noch nicht erstorben; zum anhaltenden Denken ist er freilich nicht mehr geschickt; er lebt großentheils nur von dem reichen Vorrathe seines Gedächtnisses; doch auch jetzt noch macht er oft ausnehmende Combinationen und Entwürfe. Da ich so oft vier Stunden ununterbrochen mich mit ihm unterhalten muß, so kenne ich seinen körperlichen und geistigen Zustand aufs genaueste, er verhehlt mir nichts. Seinen Lebenslauf von seinen frühesten Kinderjahren an weiß ich aus seinen vertrauten Erzählungen; er hat mich mit den kleinsten Umständen seines Fortgangs bekannt gemacht; dieses soll mir dienen, wenn einst die Biographen wie Aasvögel um sein Grab schreien werden. Auch hier hat mancher ein Leben des todten K. neben Leichengedichten in Bereitschaft. Da er keine Vorlesungen mehr hält, sich von allen Gesellschaften, das Haus des Freundes Motherby ausgenommen, zurückgezogen hat, so wird er allmählich auch hier unbekannt, selbst sein Ansehen wird geringer. Gedächte ich auch künftig nie seiner Philosophie, so werde ich doch nimmermehr seiner Wahrhaftigkeit und Herzensgüte vergessen. Außer einigen wohlwollenden Urtheilen über mich und seinem Umgange habe ich glücklicherweise von ihm keine Gefälligkeit erhalten. Ich kann nie sein Andenken hassen. Verlassen Sie sich darauf, daß ich Ihnen seinen letzten Schritt gleich melden würde...   [12, S. 589–590]

514. Abegg[1]   1.6.1798–5.7.1798

*Den 1. Juni. Heute früh um 10 Uhr führte mich der Ober-Stadt-*Inspector Brahl, ein vertrauter Gesellschafter Kant's, zu demselben, nachdem er vorher ihn von meiner Absicht, ihn zu besuchen, unterrichtet hatte, denn er läßt nicht mehr jeden vor sich kommen. Es trat mir ein Mann mittlerer Größe, sehr vorwärts gebückt, mit freundlich-lebhaftem Angesichte entgegen. Als ich ihm einfach meine Freude, ihn persönlich verehren zu können, ausgedrückt hatte, überreichte ich ihm die Addr. von Fichte.[2] Er las sie: »Dies ist nun so ein Compliment, auch schreibt er mir immer höflich, aber eine Bitterkeit läuft mit unter, daß ich mich nicht *über* ihn oder gar *für* ihn erkläre, und es wird nichts ausgerichtet, daß er alles so fein aussinnet. Ich lese seine Schriften nicht alle, aber neulich las ich die Recension seiner Schriften in der Jen. Lit. Zeit. Ich wußte beim ersten Male nicht recht, was er wollte. Ich las zum zweiten Mal, und jetzt glaubte ich, nun werde ich etwas brauchen können, aber es war nichts. Den Apfel vor dem Munde hält er, nur gibt's keinen Genuß. Es kommt auf die Frage am Ende hinaus: mundus ex aqua? Er bleibt immer im allgemeinen, gibt nie ein Beispiel, und was noch schlimmer ist, kann keines geben: weil dasjenige nicht existirt, was zu diesen allgemeinen Begriffen paßte. — Kennen Sie auch den Schönberger?[3]« — »Ja.« — »Der Mensch ist nicht ganz richtig im Kopfe und er spricht so laut und barsch, daß es mir vorkommt, er müße ein Schulrector sein, welcher, um Autorität zu haben, einen gewißen harten commandirenden Ton annehmen sollte. Ein höherer Rector auf der Universität Oxford, der sehr berühmt war, wurde einmal zu Karl II. gerufen, oder vielmehr der König besuchte ihn in seinen Lehrstunden mit vielen Großen. Der Rector wies dem Könige und allen ihren Platz mit hohem, gebietendem Tone an. Der König und seine Begleiter lächelten. Aber der Rector war klug, beim herausgehen sagte er: Ew. Majestät verzeihen, daß ich in diesem Tone mit ihnen geredet. Wenn meine Schüler wüßten, daß noch ein Mensch in der Welt *über* mir wäre, so wäre meine Autorität dahin.« —

»Die Verordnungen Paul's in Petersburg[4] haben Sie doch auch gelesen?« (Wegen der 22. Ausschrift des Ausschließens der Bürgerlichen von allen Militärchargen und des Verbotes, auswärts zu studiren.) »Dieses wird noch viel von sich reden, lachen und weinen machen. Wie lächerlich ist sein Verbot, die dreifarbigen Bänder, von welcher *Farbe* es auch sey, zu tragen?« — »Wohl«, sagte ich, »für die *Unitarier* ist's aber vielleicht vorteilhaft: ich denke, diese werden die herrschende Kirche in Rußland, weil sie von drei nichts wissen wollen.« — Er lachte ganz laut. — Brahl sagte er: »Alles, was man hier unterläßt, das fängt er (Paul) wieder an, so mit dem Adel.« — »Dieser Meinung«, sagte ich, »sind auch viele, sonst für verständig geachtete Fürsten. Sie meinen, das System der Aristokraten und Despoten wäre nicht gestürzt worden, wenn man es in seinem ganzen Umfange beibehalten und exequieret hätte.« — »Es ist doch dumm«, sagte Kant, »denn wenn sie zu viele Adliche machen, so ist's auch wieder kein Adel. Der Hofnarr des Königs von Polen ging einmal zu den jungen Hofleuten und Pagen pp., er redete wie ein Schulmeister und sagte endlich: ›lernt etwas, daß ihr verständiger werdet, denn wenn es unserer zu viele gibt, so können wir nicht alle unser Brod verdienen.‹« —

Den Brahl fragte er nach seinem Buche: »Der Streit der Facultäten«. Dieser versicherte, der Druck würde bald geendigt seyn. Zu seiner Rechtslehre, die neu aufgelegt wird, hat er einige Zusätze verfertigt. Diese, fügte er aber hinzu, werden auch einzeln verkauft, um die früheren Käufer nicht zu doppelter Ausgabe zu nöthigen. Seine Anthropologie hat er heute früh corrigirt, weil diese nun auch abgedruckt wird.

Ich brachte ihm einen Gruß von Markus Herz, welches ich beinahe vergessen hätte. »O, dies ist ein gutgesinnter Mann«, sagte er, »der mich bei jeder Gelegenheit grüßen läßt. Wie geht es ihm?« — Ich sagte ihm: »Er wohnt in einem Gartenhause des Thiergartens, hat eine schöne, geistreiche Frau, ist allgemein verehrt.« — »Dies ist mir sehr lieb. Deswegen habe ich manchmal gerne den Besuch von einem Fremden, weil er mir solche Nachrichten aus eigener Ansicht ertheilen kann. So bin ich auch begierig« — indem er sich an Brahl wendete — »auf die Rückkehr unsers Mecklenburgers.[5] Die Mecklenburger sind frey denkende, gute Menschen. Nun ist er jetzt in Rußland. Darinnen kann er aber nicht gehalten werden. Wenn er also kommt, wird er uns schöne Sachen zu erzählen wissen. Wo dieser Paul seinen Kopf her hat, oder ob er einen hat? Aber es läßt sich nicht spaßen mit ihm: den Damen läßt er vom Leibe herunter alles reißen, was eine verbotene Farbe ist.« —

Ich stand auf, weil ich mich schämte, ihn ohne ausdrückliche Erlaubnis länger aufzuhalten, um so mehr als er fast in einem fort redete. Ich dankte ihm für die Erlaubnis, so lange in seiner Gegenwart bleiben zu dürfen, und empfahl mich. »Wie lange bleiben Sie noch hier?« — »Noch etwa drei Wochen.« — »Nun das ist recht.« — So trat ich aus dem einfachen Hause des Mannes, der viele tausende der vorzüglichsten Menschen in Bewegung gesetzt, auf sie vortrefflich gewürkt und in alle Ewigkeit würken wird.

Brahl erzählte mir nachher noch allerlei höchst auffallendes merkwürdiges von ihm, daß er mit ganzer Sele die Sache der Franzosen liebe, durch alle die Ausbrüche der Immoralität pp. nicht irre gemacht werde zu glauben; das Repräsentativsystem sey das beste — wußte ich schon. Aber Brahl sagte mir auch: ungeachtet er nun Gott postulirt, so glaubt er selbst nicht dran, und auch die Zukunft achtet er nicht, insofern sie Fortdauer gewähren kann. »Mein Gott«, sagte ich, »an was knüpft er denn alles in der Moral, als an Gott?« — »Es ist wahr«, sagte Brahl, »in der Metaphysik läßt er's unentschieden, reagiert nicht und begehrt nicht.[6] In der Moral ist er der Meinung, eigentlich komme es auf das individuelle Bedürfnis an, und er bestreitet in dieser Hinsicht den Schlosser[7] nicht, der ohne eine göttliche Regierung nicht leben kann. Kant ist aber völlig unabhängig. Ungeachtet er das Leben für nichts kostbares und sehr beglückendes hält, ist er doch immer heiter und vergnügt. Ganz in seiner Gewalt hat er sich. Er fürchtet den Todt durchaus nicht. Einer seiner jüngeren Freunde war neulich kränklich, und sah sehr traurig aus. ›O, fürchten Sie sich etwa vor dem Todte? Wie unrecht! Sehen Sie, ich fürchte ihn nicht, ungeachtet der Postwagen vor der Thüre steht.‹« — [1, S. 144–148]

---

[1] Abegg, Johann Friedrich (1765–1840), reform. Theologe, 1793 Pfarrer in Boxberg bei Würzburg, 1816 ord. Prof. d. Theol. an der Universität Heidelberg, 1828 Rektor. Vgl. ADB 1, S. 4 f.; Badische Biographien 1 (1875) S. 1; Abeggs Name taucht öfter im Scheffner-Briefwechsel auf; vgl. Q, Nr. 53, Bd. 5, S. 49 ff.

J. F. Abegg war von seinem Bruder, dem Königsberger Kaufmann Georg Philipp Abegg (1761–1833), zu einem Besuch eingeladen worden. Die Reise begann am 25. April 1798; Abegg besuchte u. a. Fichte, Goethe, Herder, Jean Paul, Sieyès, Wieland. Wertvoll ist das Tagebuch auch wegen seiner ausführlichen Schilderung der aus Anlaß der Krönung von Friedrich Wilhelm III. in Königsberg veranstalteten Feierlichkeiten. — Abegg war am 28. Mai in Königsberg angekommen; er reiste am 9. Juli wieder ab. Vgl. zu Abeggs Kantbesuch: Malter (1986) und die dort angegebene weitere Lit.

Abeggs Tagebuch war bislang nur in Auszügen bekannt; vgl. Johann Friedrich Abeggs Reise zu deutschen Dichtern und Gelehrten im Jahre 1798. Nach Tagebuchblättern mitgeteilt von H. Deiter, in: Euphorion 16, 1909, S. 732–745; 17, 1910, S. 55–68; Karl Vorländer: Kant als Politiker, in: März (München) 7 Jg. 1913, Bd. 2, S. 219–225; weitere Auszüge in Vorl., II.

[2] Vom 3. Mai 1798. Die »Adresse« ist nicht erhalten. Vgl. Rudolf Malter: Zu Kants Briefwechsel, in: Editio (Tübingen) 2, 1988, S. 195f.

[3] Nichts ermittelt.

[4] Vgl. Hans von Rimscha: Geschichte Rußlands. Zweite überarbeitete und erweiterte Auflage. Darmstadt 1970, S. 404ff.

[5] Nichts ermittelt.

[6] Vgl. Malter (1986), S. 13ff.

[7] Vgl. Anm. 1) zu G, Nr. 507.

515. Abegg   1.6.1798–5.7.1798

Er hat einen Schwaben zum Bedienten, ein drolliger, aber sehr guter Mensch. Dieser muß ihn jeden Tag $4^{3/4}$ Uhr wecken. »Und wenn ich auch«, sagte Kant, »manche Nacht gestört werde und gerne länger schlafen möchte, laße ich mich doch jedesmal zu dieser Zeit wecken: denn sonst würde der Mensch gewiß nachlässig werden«. Die glücklichste Stunde in jedem Tage heißt Kant diejenige, in welcher er sich seinen Thee ansetzet, die Pfeife zurecht macht, stopfet, anstecket, raucht und trinkt. Dies ist die Zeit der Visionen, wo er in einer wohlthuenden Abspannung von ernsten Geschäften und leicht bewegt lebt. Aber länger als eine Stunde ist ihm dieser Genuß nicht möglich. Er muß *thätig* seyn. Er lieset sehr viel und allerlei. Deswegen gibt er dem Nicolovius jetzo seine Schriften im Verlag, damit er sich jemand hier verpflichte, der ihm die neuesten Schriften gebe. —

Er hat auch die vielseitigste Bildung. Über alles spricht er, und Er allein spricht oft während seiner Mahlzeit, an welcher immer einige ihm angenehme Menschen theil nehmen. Er ißt mit großem Appetit und liebt besonders Göttinger Würste. Auch trinkt er täglich einige Gläser Wein, zuerst weißen, dann rothen. Wenn er, was er aber jetzo nicht mehr thut, bei Motherby, außer seinem Hause speisete, so trank er auch wohl ein Gläschen zu viel, spielte mit dem Weinglase, ist aber immer die Seele der Gesellschaft. Die ganze Unterhaltung geht gemeinhin auf seine Kosten. —

Mit Prof. Kraus kam er sonst viel zusammen, aber es traf auch hier ein, was Lessing sagte: Zu große Bäume zerschlagen sich die Äste, pp. Auch mit dem sel. Hamann kam er oft zusammen, jedoch ohne zu disputiren. — Brinkmann[1] erzählte mir eine traurige Anekdote von ihm und seinem Bedienten. Dieser, welcher sehr wenig mit ihm zu thun hat, sagte eines morgens zu ihm: »Herr Professor! Sie wollen es mir nicht erlauben?« — »So, wer will denn nicht erlauben, oder was wollen sie nicht erlauben?« — »Ach«, sagte der Bediente, »sie wollen mich nicht trauen, weil es Fastenzeit ist.« — »Nun, so will ich an den Minister schreiben.« — »Ja, das hilft nichts! man muß es an den Bischof melden! Wie ich mich vor 16 Jahren zum erstenmale verehelichte, mußte ich auch an den Bischof mich wenden.« — »Also ist Er schon einmal verheyrathet gewesen und ist katholisch?« — NB. dieser Bediente ist seit 19 Jahren bei ihm. —

»Übrigens«, sagte Brahl, »ist er so neugierig auf politische Neuigkeiten, daß Nicolovius ihm den Probebogen der Berliner Zeitung, den er auf der Post abends früher bekommt, zusenden muß, und wenn er nicht selbst lesen kann, so fragt er mich oft hintennach durch ein Billet, ich sollte ihm melden, ob nichts merkwürdiges vorgefallen sey? — Er ist hier allgemein geschätzt und geliebt, nur weiß der wenigste Theil seine literarischen Verdienste zu erkennen, und man ehrt und liebt also nur den *Menschen* in ihm.« —

Noch sagte mir Brahl: Kant sagt: »Ich gehe gewöhnlich mit einer, nicht schweren Idee zu Bette, und mit dieser schlafe ich ein. Ich kann aber auch meiner Phantasie mich übergeben: aber dann machte sie mir eine schlaflose Nacht. Indeßen kann ich ihr oft einen Streich spielen.« —   [1, S. 148–149]

---

[1] Arzt in Königsberg.

516. Abegg   12.6.1798

Den 12. Juni. Heute früh um 7 Uhr kam der Bediente des Herrn Prof. Kant *und lud mich zum Mittagessen. Mein Bruder sagte es, ohne mich zu fragen, schon zu, und er hatte recht. Wie könnte ich eine*

Ehre, die im Grunde eine höhere ist, als wenn ein Fürst mich einladet, ablehnen wollen? Gegen 1 Uhr kam ich dahin und traf außer dem Herrn Oberinspector Brahl noch den Herrn Doctor Jachmann, einen schönen und überaus geschickten Mann daselbst an. Kant ladet täglich einige ihm angenehme Menschen, um sich sein Mittagessen zu würzen. Seine Tafel war gut besetzt, und Kant läßt es sich gut schmecken. Es wurde rother und weißer Wein angeboten. Das beste ist Kant selbst. Über alles spricht er gern, und mit Theilnahme von allem, was den Menschen betrifft. Er bekam allerlei Besuche während der Huldigung, unter anderem kam auch der Kammerlakay der Königin. »Ich bin höflich gegen jeden: Dieser Besuch fiel mir aber doch etwas auf. Von Seiten dieses Mannes war es wohl auch etwas Insolenz, besonders da er sich anbot, mich bei der Königin vorzuführen, aber er war sonst ein wohlgebildeter Mensch.« — Es war die Rede vom König u. der Königin. Man fand es nicht gut, daß der König beim Einzuge nicht ritt oder im offenen Wagen fuhr. Kant mißbilligte es auch. Brahl sagte, der König habe erklärt, als man ihm ein Pferd angebotten, er habe Kopfweh, aber er wolle in einem offenen Wagen fahren, wenn einer zu haben wäre. Es sey keiner da gewesen. Ich sagte das nehmliche, aber nur noch etwas plumper, daß nämlich das bestellte Pferd nicht einmal vorhanden gewesen, habe Herr Prof. Schmalz erzählt. — »O, dieser«, sagte Kant, »ist ein Erzroyalist, der in dieser Rücksicht gefährlich ist. Wenn man über die französ. Revolution seine Ideen frei bekannte, so gilt man für einen Jakobiner, da es doch im Grunde, wie andere Lieblings-Ideen, wenigstens in den ersten Jahren eine Art Steckenpferd vieler Menschen gewesen war. Man muß niemand hindern, auf seinem Steckenpferd auch durch die Straßen zu reiten, wenn er nur nicht verlangt, daß man deswegen von der Gasse weggehe, oder gar ihm nachtrotte, wenn man nicht Lust hat dazu.« D. Jachmann erzählte nun noch eines u. das andere von Schmalz, das aber nicht so ganz zu seiner Ehre gereicht, wenigstens stellt er ihn als einen Menschen dar, der oft aus Eitelkeit intolerant ist und us anderen Absichten. — Es wurde noch eins und das andere vom Studentenaufzug, der Zuschrift des Königs an den Senat der Universität gesprochen. Endlich kam man auch auf den Prozeß des auditors Heilsberg, daß seine Gegner Gen. Werther und Le Zapette beide vorgezogen worden seyen, und daß man seiner nicht sehr oder gar nicht gedacht habe. »Der *Wille* des Königs ist Gesetz im Preußischen, steht ja sogar in der Vertheidungsschrift.« — »Dies glaube ich nicht«, sagte ich, »sondern stelle mir vor, daß nach dem eingeführten Gesetzbuche dieses über dem König sey.« — »O, nein, und zudem, in wessen Händen ist doch selbst dieses Gesetzbuch, wenn es auch dafür erklärt würde, daß es über dem König wäre«, erwiderte Kant. — »Es wäre doch schon gut, daß die bessere Form anerkannt würde«, sagte ich. —

»Ist noch nichts bekannt geworden von Bonaparte's Expedition? Wo geht es hin?« — Jachmann sagte: »Nach meinem Wunsche schlägt er den Lord Vincent, vereinigt dann die engl. u. holländische Flotte u. landet in England.« Kant: »Ich glaube, daß er bei Carthagena aussteigt, zu Lande nach Portugall gehet, und von da weiter rückt. Ein anderer hat mir auch gesagt, man wolle Brasilien wegnehmen. In einer Seeschlacht verlieren die Franzosen«, fügte er hinzu. »Welche Erfahrung mögen die Matrosen des adriatischen Meeres haben? und selbst, wenn man enterte, wäre der Soldat nicht recht an seinem Orte. — Es wird schon gut gehen. Das Directorium besteht aus überlegenden Menschen, dies muß man gelten lassen. Es ist nicht zu erwarten, daß das *Recht* vor der *Macht* komme. Es sollte so seyn, aber es *ist* nicht so.« — Und ich sagte: »Wenn die Franzosen einmal erst mächtig geworden sind, werden sie auch das *Recht* mehr gelten lassen. Die Form ist doch acceptirt, wonach es geschehen soll.« — Nun war auch die Rede von dem Bernsteinschmuck, den man der Königin gemacht habe, und den sie auf dem Ball in dem Moscoviter-Saal angehängt hatte. — »O, dies ist eine gemeine Idee«, sagte Kant, »man hätte eine Sammlung der merkwürdigsten Steine mit den seltensten Erscheinungen, Fliegen von aller Art, die drinnen sind, aussuchen und ihr überreichen sollen. Sie hätte natürlich ihre Verwunderung darüber geäußert, daß solche Tiere darinnen wären, und dies hätte interessante Forschungen veranlaßt. Wie kommt es doch, daß solche Fliegen darinnen sind? Ich habe dies entdeckt, daß die Füße immer etwas verschoben zu nahe oder zu weit sind. Wahrscheinlich, daß die Fliege ursprünglich sich mit den Füßen angehängt, u. daß sie, weil sie nicht loskommen konnte, hernach von neuem Bernsteinharz überdeckt worden ist. Warum findet man Fliegen in ihnen, die bei uns nicht gefunden werden? War ehemals das Klima anders, als jetzo in unseren Gegenden? Ein Eingländer hat mich versichert, daß er eine Musquito-Fliege, die doch nur in den Südseeinseln gefunden wird, in einem Bernstein angetroffen habe. Oder ist diese Materie Bernstein aus der Ferne hierher gekommen? Aber warum findet sie sich nur an der Küste der Ostsee und wiederum am meisten an der preußischen Küste von Pillau? Eine fortgesetzte Untersuchung hierüber müßte interessante Beiträge über die Geschichte der Erde liefern.« — Ich fragte: »Wie wird der Bernstein gewonnen?« — Kant antwortete: »Theils wird er gefischt, theils wird er gegraben. Wenn man aus dem Hafen von Pillau kommt, ist anfänglich die Ostsee gleich flach. Hernach auf einmal fällt die Fläche, als wäre es ein Hügel, an diesem Abhange stößt ein heftiger Sturm den Bernstein ab, den man dann findet. Ein Schiffer sagte daher, wenn man mir erlauben wollte, ein solches Netz, wie man hat, wenn man aus Batavia die prächtigen Muscheln gewinnt, so wollte ich Bernstein genug und in größeren Maßen finden. Aber es ist beßer, daß dies nicht geschieht. Der große Schatz von Bernstein ist in dem Meere gut aufgehoben, und es kommt doch genug hervor.« — »Aber«, fiel ich ein, »einige Versuche sollte man machen, ihn auf diese Art zu gewinnen.«

— »Ihr Herr Bruder hat mir vor einigen Jahren recht guten Rheinwein besorgt; er ist leicht und schmeckt doch angenehm. Einen solchen möchte ich wieder haben. Wird er wohl solchen haben?« — »Ich will es ihm sagen, Ihnen Proben zu schicken.« — »Ich möchte gerne haben, daß Sie ihn auch versuchten«, und nun läßt er eine bouteille Rheinwein holen, obgleich er nur noch fünf bouteillen hat. Mit außerordentlicher Lustigkeit klopft er auf den Tisch, öffnet die bouteille und schenkt ein. Jeder von uns mußte zwei Gläser trinken, und er trank auch mit.

Nun erwähnte er auch wieder des Schönberger's, mit würklich komischer Laune, wie er ihn so pathetisch angeredet habe, und Jachmann erzählte, daß auf der Börse, wohin Schönberger auch gekommen, jedermann aufgesehen habe, weil dieser Mensch einen so sonderbaren Aufzug gemcht habe. — »Ich habe dem Prof. Reuss in Würzburg den Auftrag gegeben, mir eine kleine Portion Steinwein zu besorgen, aber er hat mir hierauf nicht geantwortet.« — »Dies kann ich Ihnen besorgen«, und würklich bekommt mein Bruder Proben davon. — »Nun, wegen dieser Sache, weil Sie noch länger hier bleiben, können wir noch miteinander sprechen.« — Gegen

4 Uhr erst stand er vom Tisch auf, und nun entfernten wir uns auch sogleich. —

Eines fällt mir noch ein: Jachmann sagte, nachdem von den gegenwärtigen Ereignissen in Königsberg gesprochen worden, von den Ordensbrüdern pp.: »Dies macht nichts aus: wir müßen den Blick auf die Weltgeschichte richten, diese kann uns interessante data geben.« — Kant verstand wahrscheinlich, die Universalgeschichte, da Jachmann nur die neuesten Weltbegebenheiten im großen gemeint hatte, und sagte: »Die Geschichte kann nie lehren, was seyn *soll*; dies muß man a priori gelernt haben. O, wie wechseln die Begebenheiten! Übrigens finde ich keine Geschichte lehrreicher als diejenige, die ich täglich in den *Zeitungen* lese. Hier kann ich sehen, wie alles kommt, vorbereitet wird, sich entwickelt. In der That höchst interessant.« — Auch erzählte Dr. Jachmann, daß er einen polnischen Prior kennen gelernt habe, der ihm ausnehmend gefallen habe. Es fand sich, daß es unser Landsmann bei Danzig war, auch hatte er Kant besucht. Kant fragte mich: »Kennen Sie ihn, und wie gefällt er Ihnen?« — »Ich halte ihn für einen sanften, bescheidenen und verständigen Mann!« — »Ich auch, sein Besuch hat mir große Freude gemacht.« —   [1, S. 179–183]

517. Abegg   13.6.1798

Den 13. Juni. Es war heute rauhe stürmische Witterung. Des morgens ging ich nicht aus. Nach dem Essen besuchte ich den Prof. *Pörschke*, der mich überaus wohlwollend aufnahm, und über zwei Stunden bei sich behielt. Ich finde an ihm einen sehr bestimmten, freymüthigen, kühnen Denker. »Es ist mir nicht um celebrität zu thun, als an dem Kreise meines Würkens. Viele Jahre las ich schon mit Beifall und Nutzen, aber, sagte man, laß man ihn einmal vor der Welt reden, und so mußte ich schon einiges drucken lassen. — Fichten halte ich für den größten philosophischen *Geist* in Deutschland, und Reinhold kann nur ein großer philosophischer *Kopf* genannt werden. Kant, der in Rücksicht seines Charakters ein Muster genannt werden kann, kann aber nicht wohl gegen sein System Widerspruch vertragen. Meine eigenen Ideen habe ich ihm manchmal so isolirt zu erkennen gegeben und seine Beistimmung erfahren, nie eben aber in Beziehung auf Ideen von ihm, die dadurch umgeworfen würden. Deswegen ist er auch jetzo nicht recht zufrieden mit seinem Comentator Beck in Halle. Es gibt Kantianer der stricten Observanz. Einer derselben (ich vermuthe hier den Hofprediger Schulz) machte nun Kant aufmerksam, wie Beck abweichend sich erkläre, und nun eifert Kant über Beck, und ich glaube doch, daß Beck den Kant verstanden hat.« —

Wir redeten von der Ursache, warum die Kantische Philosophie bei Katholiken so vielen Beifall finde? Ich erwiderte: »Die dogmatische sowie die empirische Philosophie gelten nun einmal für solche, die dem Katholicismus entzogen wäre, gelten für *protestantische* Philosophie. Kant erklärte sich gegen beide, gebrauchte sogar das Wort *Glaube*, und nun meinte man, er sey nicht blos nicht entgegen, sondern *dafür*.« — »Kant sagt«, versicherte Pörschke, »die Leute glauben in meinen Schriften, die sie wie die Bibel nicht recht verstehen, zu finden, was sie suchen, und darum haben sie mich gerne, weil ein anderer aus ihrer Mitte nicht widerlegen kann, weil er das Gegentheil nicht zu finden versteht. — Aber«, fügte Pörschke hinzu, »mit Kants Glaube sieht es sehr windig aus. Da ich ihn so lange kenne, sein vieljähriger Schüler gewesen bin, noch wöchentlich bei ihm esse: so glaube ich ihn hierüber genau zu kennen. Daß er manchmal so erbaulich spricht, ist ihm noch von früheren Eindrücken übrig geblieben. Er hat mich oft versichert, er sey schon lange Magister gewesen und noch an keinem Satze des Christentums gezweifelt. Nach und nach sey ein Stück ums andere abgefallen. Reinhold spricht auch viel in seinen Schriften: Was soll ich glauben, was soll ich hoffen? Nichts glauben, nichts hoffen! Hier deine Schuldigkeit thun, sollte man auf Kantisch antworten. Merkwürdig ist aber dieser Beifall, den Reinhold der Fichte'schen Philosophie ertheilt hat. Gewiß ist auch Fichte der Mann, der mit unverwandtem Blicke der *Wahrheit*, und nur der Wahrheit nachgeht.« — [1, S. 183–184]

518. Abegg 14.6.1798

Den 14. Juni. Heute kam der Bediente von Prof. Kant und lud mich wieder zum Mittagessen. Ich könnte übermüthig werden, wenn ich mich nicht erinnern müßte, daß *Kant* ohne Stolz und Prätension ist. Gegen 10 Uhr besuchte ich den Herrn Diakon Stephani.[1] Ich fand die gute Meinung, die ich von ihm gefaßt hatte, vollkommen auch jetzt wieder bestätigt. Ein helldenkender, wohlgesinnter Mann. Wir redeten von mancherlei die Stunde über, die ich bei ihm war, auch stellte er mich seiner Frau vor, die im Kreise von fünf Kindern (er hat sieben Kinder) beschäftigt war. Sie sieht sehr gutmüthig aus. — Um 11 Uhr kam ich zu Inspector Dunker.[2] Diesen traf ich über dem Atlas an. Er suchte und studirte, wohin Bonaparte wohl segeln würde. Nun meint er, Bonaparte würde mit Bewilligung der Pforte die Stätte des alten Carthago erobern, Algier pp. zerstören, und von dort aus die Mittelländische See, Italien und Spanien und Portugall von den Franzosen beherrscht werden. —
Gegen 1 Uhr ging ich zu Kant, wo außer mir noch ein hiesiger Prediger, ein junger Mann von einnehmender Bildung speisete, deßen Namen ich nicht behalten habe. Die Unterhaltung war wieder von der mannigfaltigsten Art. Bonaparte mit seiner Expedition interessirt Kant ganz außerordentlich.[3] Noch glaubt er, daß er zu Carthago oder Mallaga landen und dann Portugall erobern würde. »Die Engländer sind im Grunde die depravirteste Nation. Sonst betrogen sie doch nicht im Handel; jetzo verfälschten sie den Thee, den Senf sogar, den sie schicken. Die ganze Welt — ist ihnen England, die übrigen Länder und Menschen sind nur Anhängsel, ein Zubehör. Wie kleinlich ist das Betragen Pitts und Tierneys, die sich duelliren; wenn zum Schein, ist's Kinderei, wenn im Ernste, ein abscheulicher Egoismus, der eigene persönliche Ehre dem Nutzen des Staats vorgehen läßt, denn sie sind ja als Staatsdiener diesem, nicht sich verpflichtet. Wie niederträchtig ist das Verfahren in Ansehung des Sidney Smith: durch nachgemachte Handschrift fremder Obrigkeit wird er befreit! Wenn dies nicht Spitzbüberei ist, was ist es denn? Und diesen Menschen, der auf eine solche ehrlose Art entkommen ist, um doch wenigstens seine Gegenwart zu ignoriren: lassen sie nicht etwa privatisiren, sie geben ihm ein Commando. Dies alles macht die Engländer jetzo *anspeyungswürdig*.« — Ich

sagte, »es wird glücken, daß sie gedemüthigt werden«. — »Wenn nur unser König bald nach Berlin kommt und durch Sieyès' Gründe sich bestimmen läßt, eine vernünftige Parthey zu ergreifen, damit durch Preußen und Frankreich vielleicht das Kriegführen unmöglich gemacht werde. Denn Rußland ist zu bändigen: es hat kein Geld und kann sich nicht leicht in die auswärtigen Angelegenheiten mengen, ohne zu erfahren, daß im Innern Unruhen ausbrechen. Welchen Grund der Kaiser Paul haben mag bei allen seinen sonderbaren und jetzo so auffallenden Schritten? Man sollte doch glauben, daß kein Mensch ohne eine bestimmte Absicht *viele zusammenhängende* Handlungen verrichten könne. Aber ich kenne einen Menschen, bei dem auch etwas planmäßiges sich findet, und der doch übrigens ein Simpel ist. Ein gewisser Conradi in Danzig hat die Gewohnheit, bei jedem Schritt, den er thut, auch sogar im Zimmer, nach dem Tempo zu schreiten; er marschirt immer (Kant stand hier auf und zeigte es uns), und wenn man ihn anredet, oder auch nur mit ihm spricht, so bewegt er auch so taktmäßig den Kopf gegen einen. Es ist eine gewiße Haltung, Abgemessenheit und Folge in seinem ganzen Betragen, und doch ist nichts dahinter. *Dieses* ist's, was der Mensch will, dies ist sein *Spiel*, daß er so *scheint*. So ist's auch mit Kaiser Paul. Es liegt nicht viel im Hintergrunde, ungeachtet er etwas imposantes hat, und die Nachbarn wenigstens behutsam gehen heißt. Daher, will ich hoffen, ist auch die in Anregung gebrachte Sache, die Leibeigenen in unser Land abzustoßen, nicht von glücklichem Erfolge gewesen. Man fürchtet nämlich den so ganz nahen Einfluß Rußlands.« —

Ich fragte Kant, ob er das Cabinetsschreiben des Königs an die Akademie der Wissenschaften in Berlin gelesen habe? — »Flüchtig.« — Ich erzählte ihm den Inhalt etwas ausführlicher und machte die Bemerkung, es zeuge von wenig Beurtheilung, von einer *falschen Philosophie* der Zeit zu reden, ohne zu bestimmen, welche man *dafür* halte. Und wenn dies auch bestimmt angegeben würde, so mache der König den Gelehrten, welches sich ebensowenig schicke. Ein anderes Schreiben, wo der König befohlen, in der Theologie die Mittelstraße zwischen Orthodoxie und Heterodoxie zu halten, scheine mir eben so unrichtig; denn *wo* ist die Mitte, weil sie doch angerathen wird? Über solche Gegenstände sollte ein König nicht sprechen. — »Ganz richtig«, sagte Kant, »aber wie dieses

Cabinetsschreiben entstanden seyn mag, will ich Ihnen sagen. Der Leibarzt Selle[4], der aber gern ein Seelenarzt seyn möchte, welches er aber wenigstens schlechter ist als ein Leibesarzt, ist Director der philosophischen Classe der Akademie in Berlin. Dieser behauptet fort und fort, es gebe keine andere Erkenntnis als die a posteriori.[5] Nun ist ihm wahrscheinlich aufgetragen worden, wegen der Akademie einen Vorschlag zu machen, und so entwarf er dieses Cabinetsschreiben. — Was den König betrifft, muß man sein Urtheil über seinen eigentlichen Werth noch so lange suspendiren, bis man einmal erfahren hat, welche Parthey er im politischen System jetzo ergreifen wird. Übrigens hat seine Physiognomie etwas gutes.« — Ich sagte: er habe doch etwas misanthropisches in seinem Gesichte. — »Was verstehen Sie darunter?« — Ich sagte: »Man sieht ihm eine gewisse Verlegenheit an, die theils eine Blödigkeit, theils eine Würkung des Zweifels an der Ehrlichkeit und Aufrichtigkeit der Menschen, die ihn umgeben, die ihm zujauchzen, die ihn angaffen, zu seyn scheint.« — »Dies sollte man Anthropophobie nennen, nicht Misanthropie. Rousseau war kein Misanthrop, aber ein Anthropophob. — Übrigens finde ich die Bemerkung nicht ganz unbegründet.« —

»Aber aus Physiognomie«, sagte der Prediger, »kann doch so gar viel nicht gesehen werden. Lavater's Physiognomie hat er nun selbst überlebt, es ist nur noch ein Cabinetsstück in Bibliotheken.« — »Recht so«, sagte ich, »aber wir sahen und werden immer aus Gesichtern sehen wollen, was innwendig ist, sowie unser inneres Auge immer nach der Ewigkeit sieht, und die Zukunft anschauen will, die nicht angeschaut werden kann. Aber man wird in beiden Fällen nicht ganz umsonst schauen und forschen.« — »Auch ist's nicht ganz ohne Grund«, sagte Kant, »denn ich glaube immer, einem Menschen im Auge viel anzusehen: Pferden sogar kann der Kenner vieles ansehen, von den Elephanten sagt man es sogar.« —

Er kam nun auf einen gewissen Herrn von Bosse[6], der gerne mit ihm Rheinwein getrunken und nach Klein-Tibet eine Reise unternommen habe, um sich de lana caprina näher zu unterrichten. Nämlich eine Gattung Ziegen dort habe eine Art der feinsten Wolle im Winter, die man durch Kämmen ihnen abnimmt und daraus die vicunja Wolle gewinnt, aus welcher die echt englischen Schawls verfertigt werden, die an Feinheit alles übertreffen. Selbst unsere

Schweriner haben aber auch im Winter eine solche feine Wolle, Winterflaum, aus welcher man schon feine Strümpfe verfertigt hat. — Es war die Rede von Bäumen und den Rinden, aus welchen man vermöge eines Mikroskops die Zahl der Jahre des Baumes, ja sogar, welches Jahr feucht oder trocken gewesen war, erfahren könnte. Es war die Rede von den Raupen und insonderheit von einer Gattung, die des abends in geschlossener Reihe sich sammelt, so des morgens auszieht und sich vertheilt. »Dies ist doch bewunderungswürrig, und man kann doch hier die *unbegreifliche Weisheit der Vorsehung* erkennen und muß dies in soweit zugestehen. — Ich kann weder große Kälte noch große Hitze vertragen. Ich lasse es auch nie bei mir zum Schweiße kommen, sondern wenn ich die Annäherung empfinde, bleibe ich stehen, wo möglich im Schatten, als wartete ich aufjemand, und so geht der Schweiß auch wieder zurück. Sein Heraustreten schwächt immer sehr. Die Geistlichen haben auf der Canzel vor dem Schweiße sich zu hüten: aber sie sollen auch nicht in einem weg mit Affect sprechen. Es würde mehr Würkung thun. Die application muß freylich immer mit Lebhaftigkeit erfolgen.« — Ich mußte ihm, nach eigener wahrhafter Überzeugung, meine Meynung sagen über die Franzosen, ihre abscheulichen Betrügereyen und das Betragen derjenigen, die hierinnen billigere Grundsätze aufstellten und doch nachher oft treulos gegen die Republik gefunden wurden.

Ich sagte: »Leute wie ein Merlin von Thionville pp. haben keinen moralischen Grundsatz, den sie zur Maxime erhöben. Sie sind eifrige Republikaner, sie sind für dieselbe mit Aufopferung ihrer Ruhe, selbst ihres Lebens. An Muth fehlt es ihnen nicht, auch weichen sie in Gefahren nicht zurück, aber daneben, gleichsam als Lohn dafür, rauben sie ungescheut, überlassen sich aller Gelüstung ihres depravirten Herzens. Hingegen die moderirten, die hiergegen predigen, eifern, sind gewöhnlich Royalisten, die diese Maske vornehmen, sich beliebt, jene abscheulicher zu machen. Sie sind falscher als erstere, denn daß man bei diesem Aushängeschild ebenso betrügerisch, ebenso raubsüchtig und lüderlich sein könne, haben wir an den diesseitigen Truppen vielfältig wahrgenommen.« — »So dachte ich es mir auch«, sagte er. —

Die Rede war von der jüdischen Gesellschaft, den Juden: »Es wird nichts daraus kommen; so lange die Juden Juden sind, sich beschneiden lassen, werden sie nie in der bürgerlichen Gesellschaft mehr nützlich als schädlich werden. Jetzo sind sie die Vampyre der Gesellschaft.« — Die Rede war auch einmal von Hippel. Ich horchte sehr auf, aber er fuhr nicht fort. Nehmlich ein gewißer Stadtrath von hier[7] machte falsche Obligationen für mehr als 70 000 Thlr. und machte viele Menschen unglücklich. Endlich wird die Strafe erkannt, daß er am Pranger stehen sollte, aber *Herr Hippel* machte die Einrichtung, daß man ihn wegen eines Gestells, zumal, wenn er den Huth wohl in den Kopf drückte, nicht viel sehen konnte. Nachdem kam dieser Betrüger in die hiesige Festung und ist noch in derselben und darf Leute aus der Stadt zu sich bitten lassen, »und dies ist nicht recht«, sagte Kant. »Er lebt ja so in einem sehr angenehmen Exil, und er selbst soll gestehen, daß er jetzo viel glücklicher sey, als wie er stets darauf habe sinnen müssen, Geld herbei zu schaffen, um Gläubiger zu befriedigen.« —

Der Bediente legte dem Herrn Prof. Kant einige Rosen hin. Von diesen gab er mir zwei. Diese nehme ich mit und will sie aufheben, so lange ich kann, zur lebendigen Erinnerung an seine mir erzeigte Güte. Nach 4 Uhr standen wir auf und gingen fort. — Der Prediger, welcher mit mir bei Kant aß, heißt Sommer und ist besonders in der Chymie sehr geschickt. — Gelegentlich der Erwähnung des Thee's sagte Kant, daß er täglich zwei Tassen Thee trinke, »und rauchen auch noch immer eine Pfeife Tabak?«, sagte Prediger Sommer. — »Ja! dies ist eine meiner glücklichsten Zeiten. Hier bin ich noch nicht angestrengt, ich sammle mich nach und nach, und am Ende geht auch während dieser Zeit hervor, was und wie ich den Tag über arbeite?« —

Wie er von Selle und seinen Schriften philosophischen Inhalts redete, sagte er: »Es ging mir, wenn ich zuweilen darinnne las, wie dem seeligen Hamann, wenn er die Maurischen Schriften des Starck las, nehmlich er sagte: sie machen mir ein Grimmen im Bauche! — Dieser Starck[8] trachtete nach nichts anderem, als chef der Maurerei zu werden. Ehemals trieb man mit dieser Maurerei allerlei. Jetzo ist's wohl nur ein Zeitvertreib und ein Spiel!« —

[1, S. 186–191]

---

[1] Nichts ermittelt.
[2] s. Anm. 1) zu G, Nr. 332.

[3] Vgl. G, Nr. 516.
[4] Selle, Christian Gottlieb (1748–1800), Arzt an der Charité in Berlin; vgl. ADB 33, S. 682 ff.; zu seinem Verhältnis zu Kant vgl. Ak 10, S. 516 f.; Ak 11, S. 327 f.
[5] Vgl. Ak 10, S. 516 f. und Ak 13, S. 209.
[6] von Bosse: nichts ermittelt.
[7] Vgl. G, Nr. 332.
[8] Vgl. G, Nr. 422.

519. *Abegg* 20.6.1798

Den Schönberger hat Scheffner auch gesehen: er trat zu Nicolai in den Buchladen: »Wer ist dies?« — »Ein Mann der über die Kant'sche Philosophie schreibt.« — »So könnte ich ja auch ein Mensch werden, wenn ich sie studirte?« — »Kant«, sagte Sch., »war bewunderungswürdig im Umgange und ist's noch in gewißen Stunden. Sonderbar ist's, daß er, wie er die Feder in die Hand nimmt, zusammenhängend mit alter Kraft schreibt, aber nur nicht mehr so anhaltend. Wie gut wäre es, wenn er einen besseren Stil hätte.« — »Wörter sind nur das *Kleid*«, sagte Borowski, »aber hier machen Kleider gewiß *Leute*«, setzte Scheffner hinzu. — Borowski scheint nicht für die Kant'sche Philosophie sehr eingenommen zu seyn. —
[1, S. 202]

520. *Abegg* 5.7.1798

Den 5. Juli. Prof. Kant's Bedienter kommt wieder, um zu fragen, ob ich heute gewiß zum Essen kommen würde?...
Ich kam zu Pörschke, der auch mit vieler Liebe mich wieder aufnahm. Er war schon einmal auf Besuch bei mir, nun jetzo eben wollte er's wieder. Seine Unterhaltung war sehr lehrreich u. interessant. In der Philosophie ist er sehr unbefangen u. verweist sich auf das Fichte'sche System, den er für den größten philosophischen *Geist* hält. Kant's Rechtslehre ist ihm nicht ganz recht: er räumt der Obirgkeit, der Despotie zu viel ein. Kant lieset seine Schriften

nicht mehr, vergißt, was er geschrieben, versteht auch nicht mehr auf der Stelle recht, was er ehemals wollte sagen. Aber sein Character ist sehr edel. Als Gesellschafter und einsichtsvoller Mann war er ehemals schon der Abgott der Stadt. Seine Schwachheit ist alles, was man ihm sagt, ohne ausdrücklich Stillschweigen zu verlangen, wieder zu erzählen. Es war eine Lust zu sehen, wie er oft geiselte, aber wie oft er auch den Sünder schonte, u. Menschen, die ihn grob beleidigt, in Gesellschaft so behandelte, als hätten sie ihm nichts übles gethan. Dadurch gewann er auch viele Menschen. —

Kraus hat doch noch ein gefühlvolles, zum Helfen bereites Herz. Kant schreibt nicht einmal gerne Empfehlungsschreiben, aber Kr. hilft mit Rath u. That u. mit Aufopferung.

Kant urtheilte von Kraus, er sey der talentvollste Mensch, den er kenne, aber er habe animum Desultorium. Dies ist nicht ganz richtig. Kraus beschäftigte sich mit vielerlei, aber alles mit Gründlichkeit erschöpfte er.

Eine Assiduität ohnegleichen hat er. So studirte er Mathematik bis zur Vollendung, so die griechische Sprache. Ganze Wörterbücher, lateinisch u. griechisch hat er auswendig gelernt. Die Märtische griechische Grammatik studirte er en suite durch u. corrigirte sie. So in allem, was er anfing. Er selbst rechnet vieles auf seinen Fleiß. Wie Lessing zwar will er es gelten lassen, daß er viel Talent habe, aber daß er kein Genie sey. Und doch ist er es zugleich auch. Zwar ist er oft sehr schneidend in seinem Urtheil, weil er wirklich unendlich vieles besser weiß, als andere. —

Der Hofprediger Schulz ist ein sehr kindlicher Verehrer Kant's. Er verwies es Pörschke oft, daß er zuweilen abweiche von Kant. »Ist er denn ein Evangelist?« — »Nein«, sagte der Mathematiker.

Gegen 1 Uhr ging ich zu Prof. Kant. Er war überaus freundlich. Ich mußte mich zu ihm setzen, u. er freute sich über die übersandten Proben von Steinwein.

Cr. R. Jensch u. Pfr. Sommer speiseten mit.

Von Kaiser Paul gibt's wieder viel originelles zu reden. Zwar nicht im guten: Es gibt auch originelle Tollheiten.

Noch glaubt Kant, Bonaparte würde bei Spanien landen u. Portugall erobern, u. dann würde im September allgemeiner Friede seyn.

Er findet es nicht unwahrscheinlich, daß England republikanisirt, und der König Churfürst von Hannover ist und bleibt. Dann würde England wieder blühen, ohne andere zu drücken. Die Aufstände in Irland hält er für rechtmäßig, wünscht und hofft, daß die Schotten gemeine Sache mit ihnen machen möchten. Die letzteren erhebt er gar sehr gegen die Engländer. Sie sind wißbegierig, fleißig und achten auf fremde Sprache u. Sache. Die Engländer sagen: Wenn man den Schotten im Sack durch Europa trägt, hat er doch, wenn er zu hause kommt, die Sprache gelernt.

Von Riem und Urbmann. Ich wurde nach Riem gefragt: »Dieser ist so wie es ehemals chevalier d'industrie gab, ein citoyen d'industrie.« — »So ist's«, sagte Kant, »ich habe sein Zeug gar nicht mehr lesen mögen. Urbmann ist ein ganz unbedeutender Mensch.«

Von den Kohlen, wenn sie gut ausgebrannt sind, redete Kant auch, u. Pfr. Sommer. Pulverisirte Kohlen ziehen alles faulartige aus dem Körper. Ein Bedienter Kant's reiste mit einem Rehbraten. Er stank schon, er wickelte ihn in Kohlen. Auf der nächsten Station hatte sich der faule Geruch verloren, und er schmeckte delicat. Eier in Kohlenstaub gesteckt halten sich länger. — Kohlenstaub mit etwas Rosenhonig verrieben, vertreibt das Zahnweh, besonders, wenn die Zähne skorbutisch sind. — Ich erzählte, daß die Leber der Gänse größer würde, wenn man Kohle in das Trinkwasser thut. Dies ist merkwürdig. Die Ärzte sollten dies doch untersuchen, da zugleich mit der Vergrößerung der Leber auch Zunahme der Kräfte und Größe der Gans überhaupt verbunden zu seyn scheint. —

Ich mußte ihm das Verhältnis des Adels zu den Reichsständen und dem ganzen Reiche auseinandersetzen, weil er einige Stellen in der Zeitung nicht recht verstehen konnte. Als eine sehr interessante und angenehme Lectüre empfahl er uns: *Meiner's*: Über den Zustand der Russen, 2 Theile[1]. Es ist ihm leid, daß er nur noch einige Bogen von diesem Werk zu lesen hat. — Über Tabacrauch, Schnupfen, Betelkauen, Bemerkungen, wie es immer etwas *abführe*. Ich bemerkte ihm, daß die Türken und die Rothhäutler alles hinunterschluckten. Es ist wohl mehr ein Ableiten der Gedanken, die nicht zur Sache gehören, ein sanftes Bewegen der Seele durch die leichte Beschäftigung der Organe, die gekitzelt werden. —

Er ließ wieder Rheinwein holen, den er sehr lobte. Mit dem Baron Rose[2], der am Dresdener Hofe so recht die Erbärmlichkeit der Höfe gesehen und gefühlt hatte, trank er oft ein Glas Rheinwein. Sie begeisterten sich miteinander vor der Karte. Dieser wollte immer nach Tibet. Er war Sprachkenner, Arzt, Chymicus, er hatte ganz eigentlich Sentiment! —

Daß es mit der französischen Republik gut gehen müsse, glaubte man lange, und man glaubte es, weil man es so sehr wünschte; aber wie verschieden sind diese Wünsche selbst von denen, welche preußische Patrioten fühlten, wenn ihr König in eine Schlacht ging. Hier hat die Vernunft doch Antheil. — »Wir sehen«, sagte Jensch, »die unendlichen Folgen der Kreuzzüge, der Reformation pp., und was ist dies gegen das, was wir jetzo erleben! Welche Folgen muß dies haben!« »Groß, unendlich groß und wohlthätig«, sagte Kant. »Die Religion wird keinen Fortbestand mehr haben[3], und alles wird nach freyer Überzeugung geschehen. Die Natur, der Text — und von den früheren Religionskenntnissen wird man beibehalten, was man für gut erachtet. Die Bibel wird immer viel Autorität haben, und sie ist auch das beste Buch von dieser Art. Es ist gut, daß auch nicht einmal die theophilen Theologen auf Credit auszeichnend Gottesdienst haben. Nichts Privilegirtes. — Die Schweizer wollen nichts geben; und doch soll ihre Republik durch französische Soldaten gegründet und erhalten werden. Sollen die Franzosen auch diese Truppen noch nähren? — Es ist gut, daß man manchmal zur Weckung der Lebensgeister Wein trinke.« — Ich sagte: »Das Harmonica-Glas wird ja auch angefeuchtet!« — »Wie kommt es«, sagte Sommer, »daß so ein Rabener und andere sich nicht halten?« — »Zum Theil daher«, sagte ich: »sie machen einen Tanz nach, wie die Affen, ohne in den Takt zu kommen. Wenn es eine neue Tour gibt, so wißen sie sich nicht zu rathen und zu helfen. Sie müßen es erst wieder eine Zeit lang mit angesehen haben, und dann verständen sie es nachher zu machen, ex tempore geht es nicht!« — Wie Sommer redete, daß Kohlenstaub gegen das Zahnweh diene, so erinnerte er sich gleich des Hofpredigers Schulz, daß dieser Zahnweh habe, und nahm sich vor, dieses Recept ihm zu schicken! —

Es wurde vom Todte eines alten Predigers hier gesprochen, der ein Pietist und daher von allen Gichtelianern sehr geschätzt war. Um sein Sterbebette waren nun Brüder und Schwestern versammelt. Er war und blieb wie ein christlicher Held, redete von dem Todte als von einer Sache, die er gewiß erwarte u. nicht fürchte. Unter denen, die ihn auch häufig jetzo besuchten, war auch Prof.

Schmalz, welcher wußte, daß der Mann etwas Vermögen habe. »Erzählen Sie doch«, sagte Kant zu Jensch, »wie der alte rechtschaffene Mann, der durch seine männliche Standhaftigkeit im Todte schon verehrungswürdig geworden ist, dem Erbschleicher Schmalz mitgespielt.« — Nun also erzählte Jensch: »Schmalz kam zu dem Manne, u. dankte ihm für die Hilfe, die er zu Gottseligkeit in seinen Predigten gefunden habe. Der Alte wünschte ihm ferner Gottesgnade! Er kam immer wieder, u. dies fiel dem Alten auf. Er fragt nach Schmalz seine Vertrauten. Diese lassen ihn die Absicht von Schmalz merken. Wie dieser wieder zu ihm kommt, wendet der kranke Mann das Gespräch auf's zeitliche Gut. Gold und Silber hab ich nicht, acht ich nicht, habe es nie geachtet und achte den nicht, der alles darauf hält u.s.w. Mein Schmalz fühlte sich getroffen u. alle Umstehenden merkten es gleichfalls.« — »O, wie ehrwürdig ist der sterbende Pfarrer, und der Schmalz — wie verächtlich in den Augen aller gutdenkenden u. Vernünftigen.« —

Jensch erzählte: Im Jahre 1766 sey er mit einer Empfehlung von Kant an den Lambert in Berlin gekommen. Man habe von allerlei philosophischen u. mathematischen Gegenständen gesprochen. Auf einmal, wie das Gespräch mehr in anderes Gebiet überging, habe Lambert sich in die Höhe gerichtet, die Augen geschlossen u. gesprochen: »Was nicht gewogen und berechnet werden kann, geht mich nichts an, davon verstehe ich nichts.« — Kant erwiderte: »Es ist schon recht, daß im grunde alles am Ende auf den Calcül ankommt, aber bis er dahin gebracht ist, erfordert es viele vorläufige Arbeit.« —

Nach 4 Uhr stunden wir erst auf. Ich nahm Abschied und dankte mit Rührung für die mir bewiesene Gewogenheit und Güte. Kant versicherte mich seines Wohlwollens, seines guten Andenkens und, wenn ich recht gehört habe, sagte er, er wolle mir einige Addressen zu Bekanntschaften, die ich etwa wünschen möchte, ertheilen. Der Erfolg wird es lehren, ob ich recht gehört habe. Immer preise ich mich glücklich, ihn kennen gelernt zu haben, von ihm Beweise von Achtung und Wohlwollen erfahren zu haben! Zum letzten Mal habe ich ihn wahrscheinlich hier gesehen! Oft werde ich an ihn denken, ihn mir vorschweben lassen, und werde ihn wieder suchen, wenn und wo nach etwas jenseits zu suchen und zu finden ist! —

[1, S. 246–251]

¹ Gemeint wohl: Christoph M. Meiners: Vergleichung des älteren und neueren Rußlands. 1789 (zit. nach ADB 21, S. 225).
² Nichts ermittelt.
³ Vorländer hat hier einen anderen Text: »Die Religion wird keinen Verlust mehr haben....« (Vorl. II, S. 311).

521. Abegg Juli 1798

Kant sei ein guter Gesellschafter u. sey es noch mehr gewesen. Die astronomischen u. mathematischen Studien überhaupt verbinden aber auf eine wunderbar rührende Weise ihre Verehrer u. Kenner. Eine Herzlichkeit u. Treue herrsche unter ihnen, die unbeschreiblich sey. Sie leben im Himmel u. jeder kann sich dem anderen leicht verständigen. [1, S. 261]

522. L. F. (Anonymus)[1] 1796?/1798?

Etwas über Immanuel Kant.
(Aus einem Briefe.)
Sie werden leicht vermuthen, mein Freund, daß ich mich nicht 8 Monate in Königsberg[2] aufgehalten habe, ohne den Stifter der kritischen Philosophie näher kennen zu lernen.[3] Sie kennen meine tiefe Ehrfurcht für diesen großen Mann, und können versichert sein, daß diese nicht blos *e longinquo* war, sondern in der Nähe, wo möglich noch zugenommen hat. Ich habe ihn besucht, gesehen, gesprochen; bin in seinen Vorlesungen und in seinen Privatgesellschaften gewesen, habe mich mit seinen Freunden häufig über ihn unterhalten, und glaube Ihrem Vergnügen zu dienen, wenn ich auch Sie, der *Sie* Kant den Philosophen so wohl kennen, mit Kant dem Menschen etwas bekannt mache.

Sie finden ihn in einer kleinen Wohnung auf dem einfachen Prinzessenplatze, nahe am alten Schloße. Gewöhnlich stellt man sich vor, daß das Große eines berühmten Mannes auch in seiner Gestalt erscheint, und aus seinem Körper hervorleuchtet. Kommen Sie mit dieser Idee zu Kant, so werden Sie sich verwundern, einen kleinen, hagern Mann, mit tiefgebeugtem Nacken vor sich zu sehen, dessen Augen sowohl, als seine übrigen Gesichtszüge der Physiognomik einen garstigen Schandfleck anhängen. Er nimmt Sie indeß sehr gefällig auf, unterhält sich mit Ihnen über die erhabensten, oder die gemeinsten und geringsten Gegenstände, wie Sie wollen, und wird über Ihr noch so langes Verbleiben nicht ungeduldig. Wie viel diese Geduld bei einem Manne wie Kant sagen will, können sie leicht schließen, wenn Sie bedenken, daß sein Name vom Aufgange bis zum Niedergange bekannt, und sein Ruf überall verbreitet ist, daß also fast jeder Durchreisende ihn zu sehen wünscht, daß er dieses fast niemanden verweigert, und daß unter diesen Neugierigen sich gewiß viele befinden, die von ihm, außer dem Namen wenig oder nichts wissen, und manche die unter dem großen Kant sich nichts weniger, als einen Riesen denken. Nur ein Beyspiel für hunderte. Bei Gelegenheit der Krönung unsers jetzigen Monarchen besuchte den Philosophen ein polnischer Großer, der ihn unter andern versicherte, er verehre und schätze ihn sehr, wegen seiner vortrefflichen Werke. Kant bezeugte sein Befremden, daß er, da er doch der deutschen Sprache so gar nicht mächtig wäre, seine Schriften gelesen haben sollte, und setzte hinzu, er wisse auch nicht, daß viele davon in fremde Sprachen übersetzt wären. O, erwiederte der Pole, ich kenne sie recht gut; ich habe sie im Polnischen gelesen*) — Doch zurück von dieser Abschweifung. — Haben Sie an Kant etwa Empfehlungsschreiben mit, oder gefällt er sich in ihrer Gesellschaft, so bittet er sie vielleicht zu seinem kleinen Diner; denn selten ißt er allein, und bewirthet zwar nie eine große Gesellschaft, aber doch immer einen oder ein Paar seiner Freunde. Diese kleinen Mahle haben, das Angenehme, daß eine leckere Zunge an ihnen finden dürfte, abgerechnet, für den Geist sehr viel Reiz. Denn Kant giebt sich beständig Mühe seine Gäste gut zu unterhalten, und wenn ich Ihnen sage, daß dieser Mann, mit dem allumfassenden Genie, bei seiner großen Masse der ausgesuchtesten Kenntnisse aus allen Fächern der Wissenschaften und Disziplinen, die angenehmste Art des Vortrags besitzt, viel und gern spricht, so werden Sie mir leicht glauben, daß man nicht satt wird ihm zuzuhören, und sich ohne Sehnsucht der Symposien weiser Griechen erinnert. Der liebste Vorwurf seiner Gespräche sind ihm, Sachen welche die physische Geographie und die Politik betreffen. Politische Angelegenheiten sind überhaupt sein Lieblings-

oder vielmehr sein Erholungsstudium. Mit Lesung der Zeitungen und andrer periodischen Schriften füllt er einen großen Theil seiner Nebenstunden und besonders die Vormittage seiner Sonntage aus. Ihn darüber urtheilen hören, ist äußerst angenehm und lehrreich; denn vieles zeigt er in einem ganz neuen Lichte, vieles, was unbedeutend schien, gewinnt durch seinen Scharfblick die größte Wichtigkeit, viele niegeahndete Ursachen ganz heterogen scheinender Folgen erspäht und entdeckt er, und zieht endlich aus dem Gegenwärtigen Folgen für die Zukunft, die schon nur zu oft eingetroffen sind. Besonders aber müssen seine Bemerkungen, Beschreibungen und Erzählungen, die Geographie und vorzüglich die physische Geographie betreffend, die Aufmerksamkeit eines jeden fesseln. Er ist, ohne sich von seiner Vaterstadt Königsberg, je weiter, als ein Paar Meilen entfernt zu haben, mit der Lage, dem Klima, der Verfassung, den Merkwürdig- und eigenthümlichkeiten aller Länder, ja, man möchte sagen, ihrer Provinzen, Distrikte und Städte, mit dem Charakter, den Sitten und Gebräuchen ihrer Einwohner, so bekannt, daß ihn einst ein von China kommender Reisender, als er ihn in einer Gesellschaft über dieses Land sprechen hörte, fragte: wie lange der Herr Prof. schon aus China zurück wäre. — Sie können also leicht schließen, mein Lieber, daß jeder Gebildete den Umgang und die Unterhaltung eines solchen Mannes wünscht und sucht. Die ersten Handlungshäuser Königsbergs suchen ihn in ihre Zirkel zu ziehen, und er lebt auch keineswegs auf seinem einsamen Prinzessenplatze wie ein Anachoret. Nein, er besucht gern und häufig Gesellschaften; besonders in dem Hause des Kaufmann Toussaint, und ist von diesen Gesellschaften gleichsam die Seele.[6] Denn er spricht gern allein, und führt so zu sagen das Wort, welches man andern gewöhnlich als einen Fehler anrechnet, bei ihm aber gewiß gern sieht. Weit entfernt, daß er sich, wie so manche Gelehrte nach dem Umgange mit Großen und Höhern drängen, oder ihnen schmeicheln sollte, kümmert er sich wenig um sie, und die Vermuthung des Herrn Ruperti,[7] daß Kant die Duelle in Schutz genommen habe, um damit dem Königsbergischen Militär ein Kompliment zu machen, macht weder dem Verstande, noch der Menschenliebe dieses Schriftstellers Ehre. Bei Kant gilt kein Ansehen der Person. Er ist zwar gegen jeden Menschen, der darauf Anspruch machen kann, höflich; aber nur wer recht thut, der ist ihm angenehm, den schätzt er. Nichts ist gut, sagt er im Anfange seiner Metaphysik der Sitten[8], als allein der gute Wille, und nach diesem allein bestimmt er auch die Würde und den Werth der Menschen. Ein Beispiel wird Sie hievon vollkommen überzeugen. — In einer Gesellschaft, worin der Philosoph sich befand, lenkte sich das Gespräch auf unsern wahrscheinlichen Zustand in einem andern Leben, auf das Wiedersehen unsrer vorausgegangenen Geliebten, und das Vergnügen, das wir aus dem Umgange mit den großen Helden und Weisen der Vorwelt schöpfen könnten. Der wünschte diesem berühmten Mann, ein andrer einem andern, einem Cicero, Cäsar, Homer, u. s. f. vorzüglich zu begegnen. Als auch Kant um seine Meinung gefragt ward, antwortete er: Ich wünsche in einem andern Zustande niemand eher anzutreffen, als meinen alten treuen Lampe**), wodurch er zugleich diesen biedern Alten in den Herzen aller Verehrer und Freunde des Philosophen ein neidenswerthes Ehrendenkmal setze. Kant zeichnet sich in seinem Umgange mit Menschen auch darin vor vielen Gelehrten aus, daß er nie einer aufsteigenden Idee so weit folgt, daß diese seine Aufmerksamkeit von dem, was um ihn her geschieht ablenken sollte. Er ist nie, wie man sagt, in Gedanken versunken, und verschließt sein tiefes Nachdenken und seine philosophischen Spekulationen gleichsam in seine Studierstube. Man sollte kaum glauben, daß dieser lustige Gesellschafter der Verfasser der Kritik der reinen Vernunft sei. Aber eben doch hierin, werden Sie sagen, daß er seine Erholungen von seinen Arbeiten gänzlich absondert, eben darin liegt der stärkste Grund der Unermüdbarkeit, der rastlosen Thätigkeit, und der ungeschwächten Kraft seines Geistes; und Sie haben Recht. Ich bin fest überzeugt, daß nur derjenige, der im Stande ist, während seiner Geschäfte seine Zerstreuungen, und während seiner Vergnügungen seine Geschäfte gänzlich zu vergessen, den Grad von Anstrengung und Thätigkeit besitzen wird, den gelehrte Arbeiten so unumgänglich fordern. Aber wer kann das immer? werden Sie vielleicht fragen. Ein Mann, antworte ich, der sich so in seiner Gewalt hat, als Kant. Ja, er hat die Vernunft nicht nur auf den Thron der Weltweisheit erhoben, und ihr Alles, das Sichtbare und das Unsichtbare unterworfen; er hat sich auch selbst zu ihrem Sklaven gemacht, und hält ihre Gesetze unverbrüchlich. *Er lebt wie er lehrt.* Diese Worte enthalten die ganze Kritik seiner Handlungsweise, und sind, glaube ich, der erhabenste Panegyrikus, der diesem praktischen Philosophen gehalten werden könnte. Daß sein Körper ihm bloß ein Werkzeug ist, welches er nach Gefallen stimmt und umstimmt, können Sie schon aus seiner, vor kurzer Zeit erschienenen Schrift: Von der Macht des Gemüths seiner krankhaften Gefühle Meister zu werden, lernen. Er beherrscht unumschränkt seine Triebe und Neigungen, denn von Leidenschaften kann hier gar nicht die Rede seyn) und ist also in jeder Rücksicht ein Philosoph — für die Welt, für die Schule, und für sich selbst. Man hat ihn hin und wieder des Geizes beschuldigt, und wenn man eine weise Sparsamkeit Geiz nennen will, so mag man immer Recht zu haben glauben. Er besitzt ein nicht unbeträchtliches, selbst gesammeltes, und mehrentheils erschriebenes Vermögen; aber er hatte auch Ursache ein solches theils zu samlen, theils zu bewahren, indem er jetzt außer Stand ist, seinem Amte vorzustehen und Vorlesungen zu halten. Gegen Arme ist er überdies seinen Einkünften gemäß wohlthätig, unterstützt manchen Dürftigen in der Stille, und wendet manches den mittellosen Gliedern seiner armen Familie zu, die ihn gewiß einmal beerben, und bei der seine Hinterlassenschaft sehr wohl angewendet seyn wird. — Ich sagte Ihnen, daß Kant Arbeit und Ruhe in seinen Geschäften ganz abzusondern weiß, und eben daraus folgt, daß die geringste Unterbrechung ihn in der erstern stört. Dieses erstreckte sich bis auf seine Vorlesungen, in welchen die größte Stille und Ordnung herrschen mußte. Das geringste Geräusch konnte ihn, besonders in seinen spätern Jahren, aus dem Zusammenhange bringen. Ein kleiner Zug wird Ihnen zeigen, wie die Aufmerksamkeit des Mannes ganz auf die Gegenstände jenes Nachdenkens geheftet war. — Kant hatte nie eine sehr starke Stimme gehabt; mit zunehmendem Alter aber nahm ihre geringe Stärke noch gar sehr ab. Dieses empfanden vorzüglich seine Zuhörer, und suchten daher ihm immer recht nahe zu stehen; denn 5 Schritte von ihm mußte man sich schon anstrengen, um ihn zu hören, und in einer Entfernung von 8 Schritten verstand man fast gar nichts. Aus dieser Ursache nahmen die erste Reihe vor ihm beständig die Nachschreibenden ein, auf die Kant gewohnt war hinzusehen, und gewöhnlich einen von ihnen, der grade vor ihm laß besonders zu fixiren. Dieser war eine Zeitlang ein junger Mann, dem ein Knopf am Rocke fehlte, welchen er aus

Nachläßigkeit zu ersetzen verabsäumte. Kant sah auf ihn, und seinen defekten Rock unabläßig, und ward durch letztern gar nicht gestöhrt. Nach einiger Zeit bekommt der Student den Einfall, sich auf den leeren Fleck einen neuen Knopf hinnähen zu lassen, und erscheint so im Kollegium. Diese ganze Stunde über ist Kant zerstreut, und geräth oft aus dem Zusammenhange. Nach geendigter Vorlesung bittet er den jungen Mann zu sich hinauf, und sagt ihm: er hätte bemerkt, daß ihm seit langer Zeit ein Knopf am Rocke gefehlt habe. Der junge Mensch fällt ihm ins Wort, und bittet sehr um Verzeihung seiner so spät verbesserten Nachlässigkeit. Nein, nein, das wollte ich damit nicht sagen, erwiederte Kant: ich bitte Sie vielmehr sich den Knopf wieder abtrennen zu lassen; denn er stöhrt mich.[9] — Zu bedauern ist es, daß dieser einst so unermüdet thätige Mann für die Universität jetzt verlohren ist. Sein hohes Alter macht es ihm unmöglich ferner Vorlesungen zu halten. Er hat seine Kollegia Herrn Professor Pörschke übertragen, und konnte gewiß keinen Würdigern dazu wählen; denn.... Doch dieser merkwürdige Mann verdient wohl, daß Sie ihn näher kennen lernen, und ich behalte es mir vor, sie in meinem nächsten Briefe ausführlicher über ihn zu unterhalten. — Ich kann diesen Brief, und diese kurze Skizze des größten Philosophen und des liebenswürdigsten Menschen nicht schließen, ohne eines Zufalls zu erwähnen, welcher der Welt und seinen Freunden bald diesen für beide unschätzbaren Mann geraubt hätte. Es ist freilich nur eine Sage, die vielleicht niemals Gewißheit erhalten, und für die weder ich, noch wohl jemand anders bürgen kann; sie ist indeß nicht unwahrscheinlich, und in Königsberg allgemein. — Kant geht täglich Nachmittags einige Stunden spatzieren, und wählt dazu gemeinhin den Weg nach dem Holländischen Baum. Von diesen Spatziergängen, die er zur Erhaltung seiner Gesundheit nothwendig glaubt, läßt er sich auch durch die rauheste unangenehmste Witterung nicht abhalten, nimmt alsdann seinen blauen Mantel um, und kümmert sich wenig drum, daß, wer ihm begegnet, und ihn nicht kennt, eher für einen ehrlichen Bürger Königsbergs, als für das Licht der Welt ansieht. Eines Tages, um die Zeit seines Spatziergangs (so sagt man) hat sich ein Soldat neben den Weg nach dem Holländischen Baum gestellt, mit dem Vorsatze, aus Überdruß des Lebens, den ersten besten zu erschießen, um sodann dafür durch die Hände andrer sein Leben enden zu können.[10] Kant ist einer der ersten, der bey ihm vorübergeht, und in der Voraussetzung, daß die Welt wenig an solchem alten Manne verlieren würde, legt er schon auf ihn an. Aber in dem Augenblick ändert er seinen Entschluß, und erschießt kurz darauf ein Kind, das desselben Weges kommt. — Ich überlasse Sie hier, mein Freund, Ihrem eignen Nachdenken über die oft so sonderbaren Schicksale der Menschen. L. F.

[30, S. 94–99]

*) So viel ich weiß, ist nur die Schrift: Zum ewigen Frieden, ins Polnische übersetzt.[5]

**) So heißt Kants treuer Diener, der beständig um ihn ist.

[1] Bei dem folgenden Text handelt es sich nach Vorl., KB, S. 6 ff. um die Vorlage für die Altenburger Kant-Biographie (= Q, Nr. 76). Der Autor ist unbekannt. Die Initialen L. F. lassen sich nicht auflösen; Vorländer äußert sich nicht dazu, er findet im Stil des Verfassers »vielfach fremdsprachliche Anklänge, nach meinem Eindruck französische...« (KB, S. 7). Vorländer bezeichnet den Brief als »eine nicht ungewandte Plauderei über Kant als ›Menschen‹, d. h. eigentlich doch nur im äußeren Verkehr.« (ebd.). Allerdings dürfte der Autor nach Vorländers Auffassung Kant nicht näher gekannt zu haben (»Von näherer Bekanntschaft, deren der Schreiber sich rühmt, zeugt jedenfalls die ziemlich äußerliche Art des Berichts *nicht*.« (ebd.).

[2] Wenn es zutrifft, daß der Verfasser tatsächlich — wie er behauptet — Kants Vorlesungen besucht hat, so würde der terminus a quo seines Königsgaufenthaltes spätestens in das Jahr 1796 fallen (letzte Vorlesung Kants: 23. Juli 1796). Wenn es weiterhin zutrifft, daß er 8 Monate in Königsberg war, so kann seine direkte Bekanntschaft mit Kant nicht über das zweite Halbjahr 1797 hinausreichen. Da der Brief aber Informationen über ein Kantgespräch enthält, das ins Jahr 1798 gehört (Krönung Friedrich Wilhelm III.) und nach dem Erscheinen von Kants »Macht des Gemüts« (Frühjahr 1798) niedergeschrieben wurde, haben wir 1798 als terminus ad quem für die Datierung genommen.

[3] Vgl. Anm. 1).

[4] Im Juli 1798 (vgl. G, Nr. 516).

[5] Der Autor hat wohl recht. Nach der Friedensschrift (übers. von Józef Wladyslaw Bychowiec, Królwiez 1796, übers. von Szymon Bielski, Warszawa 1797) erscheint erst wieder 1799 eine polnische Kantübersetzung (der Schrift »Idee zu einer allgemeinen Geschichte in weltbürgerlicher Absicht« übers. von S. Bielski).

[6] Vgl. Jachmanns Bericht, G, Nr. 1.

[7] Nichts ermittelt.

[8] Gemeint: Die »Grundlegung zur Metaphysik der Sitten«.

[9] Vgl. die parallele Erzählung bei Hippel (G, Nr. 108).

[10] Vgl. dagegen Rink, G, Nr. 531.

523. Anonym 1798?

Algarotti bemerkt irgendwo in seinen Schriften, daß: »*a tavola conviene esser Francese, a tavolino Inglese.*« Kant aber ist nicht nur ein Philosoph für allerley Volk, sondern auch für jede Gesellschaft ein vortreffliches Mitglied. Wenn man ihn zu einem Mittagsmahl einladet, wo sich zufälligerweise der Wohlleber (*bons vivans*) mehrere, als der Philosophen, finden, so pflegt er bisweilen im Scherz zu sagen: Gut Essen und Trinken ist die wahre Metaphysik des Lebens! (*Dulce est, desipere in loco!*) [76, S. 11]

524. von Bray[1] August 1799

Voyage de Ratisbonne à St. Petersbourg
Mois d'Auguste 1799.[2]

Il y a [à] Königsberg une université. Le professeur Kant y est attaché. Les étrangés peuvent aller le voir. Il est très cassé, a mauvaise tournure. Il est mal logé et sa personne et sa maison n'ont rien d'analogue à la grandeur de sa réputation. Il a 76 ans et sa tête a sensiblement baissé. Il cause de politique plus volontiers que de tout autre objet, est grand partisan du système républicain et regarde la monarchie, même constitutionnelle comme incompatible avec la paix. Cet homme a un vieux domestique nommé Lampel avec lequel il se querelle sans cesse et qui fait lui faire tout ce qu'il veut.

Il ne reçoit personne après 5 h. de l'après midi et se couche à 7 h.
[9, S. 123]

---

[1] von Bray, François Gabriel Graf (1765–1832), Naturforscher und Diplomat, zuerst Malteserritter, seit 1799 im bayrischen diplomatischen Dienst, 1801–1807 Gesandter in Berlin, 1808–1822 in Petersburg, 1822–1827 in Paris, 1827–1831 in Wien) vgl. Bosls Bayrische Biographie. Regensburg 1983, S. 90; NDB 2, S. 562f.

[2] Der Text stammt aus dem Nachlaß von Brays und ist »übrigens in mangelhaftem Französisch abgefaßt« (Vaihinger).

525. *Wasianski* 1799, 1802

Allmählich schlichen sich nun bei ihm die Schwächen des Alters ein, und die Spuren derselben waren auf mehr als eine Art bemerkbar. Es schien, als ob das, was *Kants* ganzes Leben hindurch ein Fehler an ihm, obgleich im unmerklichen Grade gewesen, nämlich, eine besondere Art von Vergeßsamkeit in Dingen des gemeinen Lebens, nun mit den Jahren einen höhern Grad erreicht hätte. Er selbst gestand, daß er sich diesen Fehler sehr oft habe zuschulden kommen lassen, und führte als Beleg aus den frühsten Jahren seines Lebens folgende Geschichte an. Als ein ganz kleiner Knabe hielt er sich, wie er aus der Schule kam, gewisser, leicht zu erratender Ursachen wegen, einige Augenblicke unter einem Fenster auf, hing seine Bücher an den Ladenriegel und vergaß sie wieder abzunehmen. Bald darauf hörte er den ängstlichen Nachruf einer alten, gutmütigen, ihm unbekannten Frau, die ihm keuchend nacheilte und ihm seine Bücher mit vieler Freundlichkeit einhändigte. Noch in den spätern Jahren seines Lebens vergaß er das Betragen dieser Person nicht, und machte auch kein Geheimnis daraus, daß er sonst schon vergeßsam gewesen sei. Was früher sich seltener ereignete, traf nun im Alter öfterer ein. Er fing an, seine Erzählungen mehr als einmal an einem Tage zu wiederholen. Die entferntesten Ereignisse der Vorzeit standen mit aller Lebhaftigkeit und Genauigkeit deutlich vor ihm, nur die Gegenwart machte, wie dieses oft bei Greisen der Fall ist, schwächern Eindruck auf ihn. Er konnte lange deutsche und lateinische Gedichte mit bewunderungswürdiger Fertigkeit rezitieren, doch nur solche, in denen Geschmack, feiner Witz und angenehme komische Darstellungen herrschten, und die dadurch zur Erheiterung der Gesellschaft vieles beitragen konnten. Kraftvolle Stellen aus den lateinischen Dichtern, besonders ganze Abschnitte aus der Äneis standen ihm ohne Anstoß zu Gebot, während daß ihm das, wovon eben gesprochen wurde, entfiel. Er selbst merkte die Abnahme seines Gedächtnisses und schrieb daher zur Vermeidung der Wiederholung und aus Vorsorge für die Mannigfaltigkeit der Unterhaltung sich die Themata dazu auf kleine Zettel, Briefkuverte und abgerissene unförmliche Papierchen auf, deren Anzahl zuletzt so angewachsen war, daß der verlangte Zettel gemeiniglich nur schwer gefunden werden konnte. Beim Ausweißen seiner Studierstube 1802 im August wollte er sie verbrennen lassen. Ich bat um die Erlaubnis, sie an mich nehmen zu dürfen, und erhielt sie. Einige derselben besitze ich noch und bewahre sie als Reliquien auf, bei deren Ansicht ich mich des darüber Gesagten und der ehemaligen angenehmen und nützlichen Unterhaltungen erinnere. Zur Probe liefere ich einen derselben, so wie ich ihn ohne Auswahl ergreife, und schreibe, nach Weglassung dessen, was sich entweder auf seine Küche bezieht, oder doch nicht fürs Publikum gehört, wörtlich die kurzen, abgebrochenen Sätze hin: »Stickstoffsäure ist eine bessere Benennung als Salpetersäure. *Requisita* des Gesundseins. *Clerici, Laici.* Jene *Regulares*, diese *Seculares.* Von der ehemaligen Belehrung meiner Schüler, Schnupfen und Husten gänzlich zu verbannen (Respiration durch die Nase). Das Wort Fußstapfen ist falsch; es muß heißen Fustappen. Der Stickstoff *Azolet* ist die säurefähige *Basis* der Salpetersäure. Der Winterpflaum ($\varphi\lambda o\mu o\sigma$), den die Schafe von Angora, ja sogar die Schweine haben, die in den hohen Gebirgen von Caschmir gekämmt werden, weiterhin in Indien unter dem Namen Shalws, die sehr teuer verkauft werden. Ähnlichkeit des Frauenzimmers mit einem Rosenknöspchen, einer aufgeblühten Rose und einer Hagebutte. Vermeinte Berggeister, Nickel, Kobolt. *Duroc* usw.« Statt dieser Zettelchen machte ich ihm kleine Büchelchen von einem Bogen Postpapier in Sedez gebunden.

Ein zweites Zeichen seiner Schwäche war seine Theorie über das allerdings merkwürdige Phänomen, den Katzentod in Basel, Wien, Kopenhagen und andern Orten. Er hielt ihn für eine Folge der damals nach seiner Meinung herrschenden Elektrizität von eigener Art, und diese insbesondere von nachteiligen Folgen für diese an sich elektrischen Tiere. Auch wollte er überdem in jener Epoche und der auf sie folgenden Zeit eine besondere Figur der Wolken wahrgenommen haben. Ihm kamen die Grenzen derselben nicht so scharf gezeichnet vor, der Himmel schien ihm gleicher bezogen und nicht mit Gebirgen ähnlichen Wolken bedeckt zu sein. Davon sollte nun diese Art der Elektrizität die Ursache sein. Aber nicht bloß die dem Seifenwasser ähnlichen Wolken, nicht bloß den Katzentod, nein, auch seine Kopfbedrückungen leitete er von derselben Ursache ab. Was er aber Kopfbedrückungen nannte, dürfte wohl eher ein vom eintretenden Alter herrührendes Unvermögen gewesen sein, nicht mehr mit der vorigen Leichtigkeit und so scharf denken zu können, als er es sonst gewohnt war. Einer jeden Remonstration gegen seine Theorie suchte er auszuweichen. Seine Überzeugung von ihrer Gewißheit wurde auch dadurch noch vergrößert, daß seine Freunde aus Schonung und Delikatesse für ihn, ihm nicht geradezu widersprachen. Gern ließ man ihm die individuelle Überzeugung: daß sein Zustand vom Einfluß der Witterung abhänge, weil doch nichts so leicht eine Änderung zuläßt, als diese Hoffnung, auch nur im weitesten Prospekt, die demnach ihn wieder mutvoll und zufrieden machte. Wer von seinen teilnehmenden Freunden hätte gerade diesem Leidenden den noch etwas lichten Prospekt durch unnötige Zweifel verdunkeln, wer ihm die letzte Hoffnung des Besserwerdens durch Widerspruch rauben können? Seine tägliche und an einem Tage mehr als einmal wiederholte standhafte Behauptung, daß nichts anderes, als diese Art der Elektrizität, die Ursache seines Übels sei, setzte es seinen Freunden außer Zweifel, daß die Natur ihre Rechte über ihn behaupte, und daß er unter der Bürde der Jahre zu sinken beginne. *Kant*, der große Denker, hörte nun auf zu denken.

Vielleicht glaubt man eine Art von verborgener Eitelkeit hierin zu bemekren, als ob er, seiner ehemaligen Größe sich bewußt, seine nun anrückende Schwäche habe ableugnen, verhehlen, oder auch beschönigen wollen? Nichts weniger; seine eigenen Ausdrücke sind entscheidend und rechtfertigen ihn gegen jeden Argwohn dieser Art.

Schon im Jahre 1799, da sie kaum bemerkbar wurde, sagte er einst, indem er sich über seine Schwäche erklärte, in meiner Gegenwart: »*Meine Herren, ich bin alt und schwach, sie müssen mich wie ein Kind betrachten.*«

Vielleicht sollte man denken, er habe den herannahenden Tod und besonders, wegen seiner zunehmenden Kopfbedrückung, einen ihn in jeder Stunde bedrohenden Schlagfluß gefürchtet? Vielleicht war mit der langen Lebensgewohnheit die Anhänglichkeit an das Leben, wie dieses oft bei Greisen der Fall ist, gewachsen? Nein! auch dieses nicht. Er blieb der Resignation auf dasselbe und der ruhigen Erwartung des Todes stets fähig. Auch hierüber sind seine Äußerungen, die schon andernwärts, aber aus ihrem rechten Gesichtspunkte verschoben, öffentlich angeführt sind, des Aufbehaltens wert. «*Meine Herren,*« sagte er, »*ich fürchte nicht den Tod, ich werde zu sterben wissen. Ich versichere es ihnen vor Gott, daß, wenn ich's in dieser Nacht fühlte, daß ich sterben würde, so wollte ich meine Hände aufheben, falten und sagen: Gott sei gelobt! Ja, wenn ein böser Dämon mir im Nacken säße und mir ins Ohr flüsterte: Du hast Menschen unglücklich gemacht! dann wäre es etwas anderes.«* Dieses sind Worte eines durchaus rechtlichen Mannes, der mit Begehung einer Unlauterkeit sich nicht das Leben erkauft hatte, der die Worte sich oft zurief und sie sich fast zum Wahlspruch gemacht hatte: *Crede summum nefas, animam praeferre pudori et propter vitam vivendi perdere causas.* Wer von seinen Tischfreunden Zeuge war, wenn *Kant* von seinem Tode sprach, wird mir beistimmen, daß keine Heuchelei bei ihm im Hinterhalte versteckt war.

[29, S. 232–235]

525a. August Hagen ab 1799?

Kant der sich nicht leicht eine Uebereilung zu Schulden kommen ließ, rechnete sich auch jede Art von Unwahrheit als Sünde an. In den letzten Jahren quälte ihn eine förmliche Gewissenspein, weil er einst, um einer ihm nicht bequemen Einladung zu folgen, die Entschuldigung vorgebracht hatte, durch ein früheres Versprechen bereits für den bestimmten Mittag versagt zu seyn.

[65, S. 14]

525b. Anonym Ende 90er Jahre

Ueberhaupt konnte er Muthlosigkeit am wenigsten leiden, daher ihm denn auch der Selbstmord so zuwider war, den er meistens als eine Folge davon ansah. Einem Selbstmörder meinte er, dürfe man nur dreist ins Gesicht speien; verächtlicher und nichtswürdiger sei so leicht nicht jemand. Sein Gefühl innerer Stärke verführte ihn zu mehr solchen Urtheilen, und auch dazu, mit unter von sich selbst zu rühmen, daß er »Kurage« habe, wenn das zunehmende Unvermögen des Alters ihn an sein Ende erinnerte. Doch hat man ihn bei dem schweren Druck im Kopf, womit er einige Jahre vorher geplagt war, zuweilen sagen hören: daß er keine Nacht zu Bette ginge, ohne zu wünschen, es möge mit ihm enden, und daß er die Vorboten davon mit einem Gottlob! empfangen werde. Indessen waren dergleichen Aeußerungen sehr vorübergehend, und er aß dazwischen mit gutem Appetit, ließ sich auch sein Glas Wein darauf schmecken, wie er denn überhaupt, wenn er ja ins Klagen kam, gleich wieder davon abbrach, um, wie er hinzu setzte, seinen Freunden nicht beschwerlich zu werden. [64, S. 170]

526. *Borowski*   Ende 90er Jahre

f) Falsche Jünger, *ex. gr. Beck, Fichte.*
Sein Benehmen gegen sie.

Sie rückten sich ja unter einander vor, daß keiner — Kanten verstände.

Ueber *Fichte* hat er sich bisweilen bitter erklärt. Der Mensch war auch wirklich äußerst undankbar gegen ihn. [46, S. 32]

527. *Metzger*   Ende 90er Jahre

Kant war in dem vernünftigsten Sinne sein eigener Arzt. Doch schien er in den letzten Jahren seines Lebens seinen Zustand und die allmählige Abnahme seiner Kräfte gar zu ängstlich zu beobachten, und seine Freunde bis zum Ueberdruss damit zu unterhalten; was man ihm indessen immer sehr gerne zu gut hielt. Es war der Schwanengesang seines Egoismus oder seiner Eigenheiten.

[38, S. 28–29]

528. *Metzger*   Ende der 90er Jahre

Der Verlust eines Auges, dessen *Kant* selbst (*Streit* d. F. lin. ult.) und auch Herr *Hasse*...[1] gedenkt, und den er selbst lange nicht gewahr worden zu seyn behauptete, brachte ihn auf den Gedanken, nicht allein dass man mit einem Auge eben so gut sehe, als mit zweyen, und dass sich die Sehkraft beyder Augen auf einem concentrire, sondern er behauptete auch — und der Verf. dieser Blätter war selbst Zeuge davon, »man sehe überhaupt nur mit einem Auge, das andere sey immer überflüssig, bleibe ungebraucht, und werde daher zuletzt ganz unbrauchbar.« Vergeblich wurde dagegen eingewandt, es sey zwar wahr, dass man nur auf *einen* Gegenstand zugleich seine Aufmerksamkeit richten, folglich mit beyden Augen nur einen Gegenstand sehen könne; aber beyde Augen wären doch bey diesem Geschäft gleich wirksam. Sehe man vor sich hin, ohne auf einen bestimmten Gegenstand zu sehen, so habe man mit beyden offenen Augen doch einen grössern Gesichtskreis vor sich, als wenn man ein Auge zuschliesst; aber *Kant* achtete auf keinen dieser Gründe, sondern er meinte, wenn nicht ein Auge ungebraucht bliebe, so könnte er das seine ohne Mitwissen nicht verloren haben. Er behielt das letzte Wort. [38, S. 35–37]

[1] Vgl. Ak 7, S. 116; G, Nr. 975 (Hasse) und 612 (Jachmann).

529. Mortzfeld Ende 90er Jahre

Bewunderungswürdig ist sein Gedächtnis. Er erinnert sich selbst in seinem hohen Alter, (wenn er von körperlichen Leiden frei ist,) vollkommen alles, über einen Gegenstand gelesene. Er darf nur auf die Vergangenheit blikken. Er ist Besizzer keiner grossen Bibliothek, er findt einige Eitelkeit in den Bücher-Paraden mancher Gelehrten, indem er zuweilen im Scherz zu sagen pflegte, die Bücher-Sammlungen haben das Gedächtniss zu Grunde gerichtet, denn wenn man ein Buch selbst besizzet, so verlässt man sich leicht darauf.*) Er hatte mit der *Nicoloviuschen* Buchhandlung das Uebereinkommen getroffen, dass ihm alles, was er verlangte, ungebunden geliefert wurde. Erregte eine Schrift seine Aufmerksamkeit, so lies er sie sauber binden, und verehrte sie einen seiner Freunde zum Andenken. [42, S. 54–55]

*) Oder die Kunst zu schreiben hat das Gedächtniss zu Grunde gerichtet (zum Theil entbehrlich gemacht.) *Kants* Anthropologie, a. a. O. p. 96.

530. Rink Ende 90er Jahre

Ja in den letzten Jahren fand er an der ganzen historischen Vergangenheit, selbst der nächstgelegensten Zeiten so wenig Interesse, daß er z. B. nicht nur nichts über die ersten Ereignisse der französischen Revolution mehr lesen mogte, sondern es sogar ungern sah, wenn eines solchen, gerade nicht ganz neuen Factums, bey der mündlichen Unterhaltung umständlichere Erwähnung geschah. Doch läßt sich diese Erscheinung wohl am füglichsten aus dem Hinschwinden des Gedächtnisses erklären, welches bey alten Leuten überhaupt eher in Beziehung auf solche Gegenstände bemerkbar zu werden pflegt, die sie in spätern Jahren erst, als in Rücksicht auf diejenigen, die sie bereits in ihrer Jugend aufgefaßt haben). Kant aber, der so gern an jedem Gespräche Theil nahm, mußte sich um so unbehaglicher fühlen, wenn er durch die unangenehme Empfindung der Abnahme seiner Rückerinnerungskraft sich daran gehindert sah. [50, S. 23–24]

531. Rink Ende 90er Jahre

Nach Tische, d. h. um 4 Uhr, denn so lange speisete er gewöhnlich zu Hause, promenirte er, seit alten Zeiten im sogenannten philosophischen Gange, welchen Spaziergang er indessen weiterhin mit einem kürzern vertauschte*).

*) In den Jahrbüchern der Preußischen Monarchie[1] wurde, wenn ich nicht irre, als Ursache dieser Vertauschung angegeben, daß einst ein Fleischergeselle ihm, mit dem Vorsatze ihn zu ermorden, im philosophischen Gange aufgelauert, aber glücklicherweise ihn verfehlt habe. Eine solche Sage ging wirklich ein Paar Tage in Königsberg, aber sie hatte nicht nur keinen Grund, sondern Kant lernte sie auch erst aus jenem Journale kennen. Die wahre Ursache jenes Umtausches war, daß Kant jedem Bettler einen blanken Preußischen Groschen gab,

zu welchem Ende er sich dergleichen kleines Geld aus der Münze holen ließ. Es war ein Groschen, also drey Mahl soviel, als ein Schilling, die gewöhnliche Gabe anderer Leute, und dazu ein ganz neuer blanker Groschen. Weil Kant nun täglich jene Promenade besuchte, so versammelte sich allmählich dort eine so große Anzahl von Bettlern, die ihn antraten, daß er es nicht mehr ausdauern konnte, und diesen Spaziergang aufgab. Dies ist die wahre Ursache, wie er sie mir selbst erzählt hat. [50, S. 83–84]

[1] Vgl. G, Nr. 522.

532. Rink   Ende 90er Jahre

Sein Schlafzimmer hatte nur ein Fenster, und auch dieses blieb fortwährend gegen jeden Lichtstrahl durch eine von Innen vorgesetzte hölzerne Verfestigung verschlossen. Alle Bemerkungen seiner Freunde über das Nachtheilige dieses Verfahrens in Betreff der Gesundheit, vermogten nichts über ihn, und gegen seine Gründe dafür. Diese bestanden im Wesentlichen in der Bemerkung, die er gemacht haben wollte, daß der Mangel an Licht, Wanzen, wo sie schon vorhanden sind, ihres Lebens unfähig, oder ihre Entstehung überhaupt unmöglich macht. [50, S. 85–86]

533. Rink   Ende der 90er Jahre

Wie weit seine Schamhaftigkeit ging, beweiset auch folgender Vorfall. Einige Jahre schon vor seinem Ende, that er in seinem Hause einen Fall. Weil Schwindel und Mattigkeit Ursache davon waren, zog er einen Arzt zu Rathe. Dieser fand ein Lavement nöthig. Kant nahm es auf Zureden endlich, war hernach aber so unwillig drüber, daß er in starken Ausdrücken versicherte, es solle ihn Niemand mehr zu einem so unanständigen Hülfsmittel überreden.

Ueberhaupt war Kant ein Feind aller Arzneyen, und seine lange Gesundheit hatte ihn glücklicher Weise in die Lage gesetzt, ihrer auch nie zu bedürfen. Allen Aerzten kündigte er daher ihre einstmahlige Entbehrlichkeit an, und verlangte an ihrer Stelle Diätetiker. Seine Pillen hielt er für kein Medicament, und gelang es in den letztern Jahren vor seinem Tode, ihm irgend ein Hausmittelchen zu empfehlen: so warf er es meistens nach ein Paar Tagen unwillig wieder weg, weil es ihm nicht schon geholfen habe.

[50, S. 87/88]

534. *Rink* Ende 90er Jahre

Gewöhnlich sah er in der letzten Zeit täglich zwey Tischfreunde bey sich, selten einen allein, und wenn dies der Fall war, so hatte er seine Ursachen dazu. Aber ein seltener Fall war es auch, daß er fünf oder noch ein Paar Freunde mehr zu sich lud. Indessen geschahe es zuweilen doch. Pünktlich um ein Uhr wurde zu Tische gegangen, und er schmollete, wenn seine Freunde nicht genau zu der Zeit bey ihm waren. Kam aber ein nicht ausdrücklich Eingeladener um die Zeit zu ihm, und trug sich ihm zum Tischgenossen an, wie das einmahl der selige Professor Mangelsdorf that: so gerieth er in Verlegenheit, die in ungeschminkten Ausdrücken die Anmeldung ablehnte. [50, S. 93–93]

535. *Rink* Ende 90er Jahre

Fremde Durchreisende, die Kanten ehedes besuchten, stimmten mit den Einheimischen in dem Geständnisse überein, daß er auch in der Unterhaltung ein interessanter Mann sey. Späterhin wurden ihm dergleichen einmahlige und kurze Besuche lästig, einmahl wohl daher, weil er fühlte, daß er sich bey denselben nicht mehr in der Art produciren könne, als ehedes; für das Andre aber auch daher, weil es ihm nun schon lästig wurde, gerade in die Gespräche zu entriren, in welche die Reisenden ihn gewöhnlich verflochten, weil sie dabey von nicht sbesser ausgehen zu können glaubten, als von seinen eignen Schriften, die in den letzten Jahren ihm selbst fremde geworden waren. Auch die Convenienzformen, die er im Aeußern gegen dergleichen Besuchende annehmen zu müssen glaubte, und über deren Mangel, wie er überzeugt war, seine Freunde hinwegsahen, fielen ihm lästig. Mit einem Worte, in dieser Periode seines Lebens sah er Reisende ungerne.

Auch gegen diese kam er dann bald auf die gewöhnlichen Gegenstände seiner damahligen Unterhaltung. Sie betraf dann jenes oben erwähnte Mittel gegen die Wanzen, das er nicht genug anpreisen und den Ursachen seiner Wirksamkeit nach aus einander setzen konnte. Oder er redete von den Schutzblattern, gegen die er, wie gegen die Blatternimpfung überhaupt eingenommen war. Von jenen behauptete er, welche Furcht auch Andre geäußert haben, sie könnten, um mich seines eignen Ausdruckes zu bedienen, eine gewisse Bestialität in die Menschennatur übertragen. Die Impfung überhaupt aber betrachtete er in den letzten Jahren, als eine wahrscheinlich schädliche Anmaßung, da sich die Vorsehung der Blattern und des Krieges, als zweyer großen Mittel zu bedeutenden Zwecken zu bedienen scheine. Aeußerungen, die zu auffallend seyn würden, wenn man sie nicht als Beweise der Schwäche in seinem hohen Alter annehmen müßte, die ich aber zu oft aus seinem Munde gehört habe, und gegen die so wenig andre Argumente angehört wurden, daß ich glaubte eben deshalb sie hier anführen zu müssen.

Auch sprach er zuweilen von historischen Ereignissen, die er erlebt hatte, erzählte sie aber meistens nach einer Ansicht, die er sich selbst gleich Anfangs mogte gemacht haben, ehe noch bestimmtere Nachrichten darüber an ihn gelangt waren, die dann aber, wenn sie das Publikum erhielt, meistens nicht mehr im Stande waren, ihn in einen andern Gesichtspunkt zu stellen. So trug er z. B. die Geschichte des Todes der Kaiserin Catharina II, von dem er eine Zeit hindurch oft sprach, mit Umständen vor, die nichts weniger als historisch richtig waren. Man that dann am besten, sich das schweigend in der Art von ihm erzählen zu lassen, weil eine Berichtigung ohne Erfolg war, und man zuweilen am nächsten Tage die Sache dennoch nicht im Geringsten anders, als Tages vorher erzählen hörte.

Daß Kant an der französischen Revolution, wie alle andere denkende und nicht denkende Männer sehr warmen Antheil nahm, kann man sich leicht vorstellen. Sie machte einen der wesentlichsten Gegenstände der täglichen Unterhaltung aus, und seine Urtheile über einzelne Ereignisse bey derselben, so wie die Gründe seiner Erwartungen und Hoffnungen, waren scharfsinnig und consequent. Natürlich: indessen fiel Manches anders aus, als er gedacht hatte, und da hielt es denn wieder sehr schwer für ihn seine Voraussetzungen gegen historische Thatsachen auszutauschen. Aegypten z. B. war schon geraume Zeit in den Händen der Franzosen, bevor er sich davon überzeugen konnte, daß Bonaparte nicht nach Portugall, und zur Eroberung dieses Königreiches, wie er es unfehlbar erwartet hatte, abgeseegelt sey.

Bey weitem am gewöhnlichsten aber sprach er von einer, in ihrer Entstehung und Natur, seinem eignen Geständnisse nach, ihm selbst unbekannten electrischen Luftbeschaffenheit. In einem der ersten neunziger Jahre des letzten Jahrhunderts, wenn ich nicht irre, trafen aus mehreren Gegenden Europa's, selbst in den Zeitungen, Nachrichten zusammen, nach denen man ein häufiges Hinsterben der Katzen wahrnahm. Etwas ähnliches wollte man auch hin und wieder an den Vögeln bemerkt haben. Der Recensent eines naturhistorischen Werkes in der Jenaer Allg. Litt. Zeit. um jene Zeit, muthmaßte, es könne vielleicht als Ursache eine gewisse besondre electrische Disposition der Luft jener Mortalität unter den Thieren zum Grunde liegen. Diese Idee faßte Kant auf, und da um dieselbe Zeit sein eignes Uebelbefinden den Anfang nahm, so war er bald auf die Vermuthung geleitet, auch daran sey jene electrische Luftbeschaffenheit Schuld. Selbst die Krankheiten anderer Personen wurden nun auf ihre Rechnung geschrieben, doch mit Ausnahme derer, von denen er wußte, daß sie Bier tranken, welches er nie zu sich nahm*), und was er schon für sich allein als eine hinlängliche Quelle der Krankheit und des Todes betrachtete. Itzt rührte Alles beynahe von der Luftelectricität her, und der Himmel mogte durchweg heiter, oder auf irgend eine Art bewölkt seyn, immer war er für ihn gleichmäßig ein Verkünder jener dem Lebens-, wenigstens dem Gesundheitsprincip nachtheiligen atmosphärischen Disposition. Nur von einer Umänderung derselben erwartete er seine Genesung.

An diese Unterhaltung aber schloß sich die über sein körperliches Befinden an. Seine täglichen Klagen waren hauptsächlich gegen den fortwährenden Druck auf dem Kopfe oder Kopfkrampf, und gegen die Blähungen, wie er sagte, über dem Magenmunde, gerichtet. Zuweilen äußerte sich bey ihm auch ein gewisser Unmuth drüber, doch zerstreute sich dieser bald im Gespräche. Der erste Anfang seines krankhaften Befindens bestand in einem Anschwellen der Füße, was sich nie recht gab, dem aber durch Umwickelungen vorgebeugt wurde. Jene Beschwerden waren die einzigen, über die er klagte, aber wie sehr sie ihn mitnahmen, konnte man aus dem, was er davon sagte, schließen, wenn man sie ihm auch nicht eben immer anzusehen im Stande war**).

Gerne gestehe ich es, als Laye in der Arzneykunde, in Betreff der Ursachen jener Uebel, an denen Kant litt, keine Stimme zu haben. Indessen wird man es mir verzeihen, wenn ich als Augenzeuge, und zum Theil aus ähnlichen Erfahrungen, hier meine mir sehr wahrscheinlichen Vermuthungen darüber äußere, um so mehr, da es selbst in den gebildeten Ständen der Leute so viele giebt, die bey der Nachricht von Kant's großer Schwäche in seinen letzten Lebensjahren, dieselbe für eine natürliche Folge seiner Kopfarbeiten halten, ja, wohl noch gar aus ihr Folgerungen herziehen, die einer Anklage alles menschlichen Denkvermögens, oder der Menschennatur überhaupt ähnlich sehen.

Meine Meynung zufolge war die erste und hauptsächlichste Ursache des krankhaften Befindens Kant's gegen das Ende seines Lebens, Nahrung dieser Art bey einer sitzenden Lebensart konnte nur Verstopfungen erzeugen, an denen er dann auch anhaltend litt. Da er diese aber weder durch eine Bewegung noch durch Lavements, oder innere Mittel heben wollte: so suchte er der Natur das, wozu sie sich nicht von selbst und freywillig verstand, durch Anstrengungen abzuzwingen. Daher kam es, daß er nicht selten von den öftern Ausleerungen sprach, mit denen er, so geringfügig sie waren, in seiner Idee doch sehr zufrieden war. Die natürliche Folge solcher Anstrengungen aber war ein starker Zudrang des Blutes nach dem Kopfe, der hier eine fühlbare Schwäche und Krämpfe erzeugen mußte, so wie ein Hinauftreiben der Blähungen, die nun freylich in der Nähe des Magenmundes ihren sehr beschwerlichen Sitz nahmen, und von denen er sich, auf eine nicht minder nachtheilige Weise, durch ein, meistens erzwungenes Aufstoßen, Ructus, wie er sagte, zu befreyen suchte.

Unfehlbar nachtheilig für den Kopf wirkte aber auch noch eine andre Gewohnheit, die in der Art bey ihm zum Grundsatze geworden war, daß er ihr sogar eine Stelle in seinem Sendschreiben an

Hrn. Geheimenrath Hufeland angewiesen hat. Dort sowohl***), als im Gespräche, empfahl er die Gewohnheit, die Luft allein durch die Nase einzuziehen, oder das Athmen durch die Nase, als ein sicheres Mittel gegen den Schnupfen, ja er hätte auch sagen können, gegen den Husten, und er beobachtete das selbst so treu, daß er, wie er versicherte, sogleich in der Nacht erwachte, wenn der Mund sich etwa eröffnete, um Theil am Athmen zu nehmen. Da auch ich in den letzten Jahren des vorigen Jahrhunderts sehr viel vom Schnupfen litt: so befolgte ich seinen Rath, und erzwang mir, nicht ohne unsägliche Anstrengung, einen freyen Luftzug durch die Nase, und es gelang mir den Schnupfen dadurch zu entfernen. Natürlich blieb ich dieser Sitte nun treu, obwohl mit vieler Mühe vorzüglich in der strengen Kälte. Nicht lange indessen hatte ich sie befolgt, als auch ich Kopfkrämpfe und Schwindel bekam. Weil ich nicht gleich drauf fiel, daß jene Gewohnheit Ursache dieser Uebel sey, so setzte ich sie tief in den Winter hinein fort, und Kopfkrampf und Schwindel wurden ärger. Endlich glaubte ich den Grund entdeckt zu haben, und kehrte nun dazu zurück, auch dem Munde seinen Antheil am Athmen zu lassen. Kaum hatte ich das gethan, als ich mich sehr erleichtert fühlte, und am Ende immer mehr genaß. Jeder künftigen Anwandlung des Schnupfens beugte ich durch die Diät und Stärkung vor, dem Husten aber habe ich dadurch vorgebauet, daß ich mir auch nicht die Befriedigung des geringsten Anreizes zu demselben gestatte. Das letztere gelang mir in der Art, daß, als hier im Winter vor zwey Jahren mehrere Erwachsene am Keichhusten litten, und ich, wie ich bey einem einzigen Aufhusten in der Nacht erfuhr, gleichfalls von ihm befallen war, ich ihn dennoch allein durch Abstraction, verbunden mit dem unerschütterlichsten Widerstande gegen jeden Reiz dazu, auf das vollkommenste besiegte, ohne weiter irgend eines andern Mittels zu bedürfen.

Läßt es sich erwarten, daß jenes höchst mühsame, mit unbeschreiblicher Anstrengung verbundene Athmen durch die Nase, auf eine andre Weise bey Kant werde gewirkt haben? Schwerlich! und ich thue daher wohl keinen Fehlschluß, wenn ich demselben auch einigen Antheil an der Kränklichkeit in seinen letzten Jahren zuschreibe. Ich theilte Kanten meine gemachten Erfahrungen darüber mit, aber vergeblich! Meinen Gründen setzte er die Einwendung entgegen, dem könne unmöglich so seyn.

Doch, seine Leiden sind beendigt! Er ruht des Friedens tiefen Schlaf, aber der Genius der Menschheit trägt ihn zur Unsterblichkeit fort. [50, 105–119]

*) Die Rede ist hier von gewöhnlichem Bier. Selbst das Porterbier trank Kant nur aus Spitzgläsern, und kurze Zeit.
**) Kant hatte in seinem Schreiben an Herrn Geheimenrath Hufeland[1], das Abstrahiren von krankhaften Gefühlen, als das vorzüglichste Mittel aufgeführt, dessen er sich selbst gegen seine Leiden bediene. Garve schrieb ihm darüber, er mache es anders, indem er auf seine Leiden merke und sie beachte. Dadurch würden sie, wie er bemerkt habe, erträglicher für ihn. Dabey that er nun im Ganzen nur das nähmliche, was Kant that. Indem er nähmlich seine Leiden gewissermaßen außer sich zum Objecte des Nachdenkens machte, abstrahirte er auch von dem schmerzhaften Gefühle, das sie erregten. Bey diesem Verfahren indessen war der Erfolg sicherer, und diese Art der Abstraction anhaltender. Kanten hingegen mußte erst das Gefühl seiner Leiden jedesmahl an die Nothwendigkeit der Abstraction erinnern. Die Ansicht Beyder aber ihres Verfahrens, so wie die Modification der Anwendung eines und desselben Mittels, charakterisirt die Verschiedenheit jener Männer auf eine meinen vorigen Aeußerungen gemäße Art.
***) S. Streit der Facultäten. S. 192. u. f.
[1] Vgl. Ak 7, S. 97 ff.

536. Jachmann   Ende 90er Jahre

Er führte noch in seinem hohen Alter öfters Stellen aus dem Horaz und andern lateinischen Dichtern an, welche eine frühe, vertraute Bekanntschaft mit ihnen verrieten, die er auch fortwährend unterhielt. [29, S. 126]

537. Jachmann   Ende 90er Jahre

Bis zum Entzücken liebenswürdig erschien der große Mann noch in seinem Greisenalter durch sein liebreiches Betragen gegen ganz junge Kinder. Es war eine Freude zu sehen, wie der tiefdenkende Weltweise, dem es nie gelungen war, sich zu den Kindesbegriffen herabzustimmen, dennoch durch sein liebreiches Betragen bewogen wurde, kindliche Reden und Scherze zu versuchen. In dem Hause seines und meines edlen Freundes Motherby, an dessen Familie sich Kant mit väterlicher Gesinnung anschloß, hatte ich oft Gelegenheit, ihn in diesem Verhältnis zu beobachten, und nirgends erschien er mir liebenswürdiger als hier, wo er gleichsam als Altervater unter seinen Kindeskindern lebte. Ebenso bewies er sich gegen die ganz jungen Kinder meines Bruders, welche ihn bisweilen besuchen mußten und welche er dann durch allerhand kleine Geschenke zu erfreuen suchte.   [29, S. 142–143]

538. *Jachmann* Ende 90er Jahre

Es hat vielleicht nie ein Mensch gelebt, der eine genauere Aufmerksamkeit auf seinen Körper und auf alles, was diesen betrifft, angewandt hat als Kant; aber höchst merkwürdig ist es, daß zu dieser genauen Aufmerksamkeit ihn nicht hypochondrische Grillen, sondern vernünftige Gründe bewogen. Ihn interessierte die Erreichung eines hohen Alters; er hatte eine ganze Liste von altgewordenen Menschen im Gedächtnis, er führte öfters die noch ältern Männer aus den höhern Ständen in Königsberg an und freute sich, daß er nach und nach avancierte und nicht viel Ältere mehr vor sich habe; er ließ sich viele Jahre hindurch von dem Königsbergschen Polizeidirektorio die monatlichen Sterbelisten einreichen, um danach die Wahrscheinlichkeit seiner Lebensdauer zu berechnen, und merkwürdig ist es, daß er bei der Angabe seines Alters nie das Jahr nanntre, in welchem er lebte, sondern das bevorstehende, in welches er den künftigen zweiundzwanzigsten April treten würde. In der festen Hoffnung, immer noch ein neues Lebensjahr zu erreichen, trug er selbst zur Erreichung desselben durch vernünftige Aufmerksamkeit auf seinen Körper bei, ohne doch durch ängstliche Besorgnisse über die Schwächlichkeit desselben diesem Zwecke gerade entgegenzuarbeiten; denn so schwach und empfindlich sein Körper war, so stark und unerschütterlich war auch seine Seele. Er sah mit kaltem Beobachtungsgeiste den Experimenten zu, welche die Natur mit seinem körperlichen Organ anstellte, setzte sich nach Gut-

befinden ihren Einwirkungen kraftvoll entgegen und leitete ihre
Einflüsse mit Vernunft zu heilsamen Zwecken. Daher blieb auch
bei allen Veränderungen seines Körpers sein Gemüt ruhig und heiter; er wählte seine physische Natur zwar zum Gegenstande seines
Nachdenkens und seiner Unterhaltung, aber er ließ sich durch sie
nie in seinem frohen Lebensgenuß stören. Durch Aufmerksamkeit
auf sich selbst, durch Selbstbeherrschung, durch festes Anhalten an
vernünftige Lebensregeln, durch ungetrübten Frohsinn erreichte der
Weise ein hohes und glückliches Greisenalter. [29, S. 194–195]

539. *Jachmann* Ende 90er Jahre

Da Kant seit dreißig Jahren und drüber die größte Regelmäßigkeit
der Lebensart beobachtet und dadurch seinen Körper vor jeder eigentlichen Krankheit, gewissermaßen vor jedem qualitativ-pathologischen Zustande geschützt hatte, so konnte sein herannahendes
Ende ihm auch nichts als Abnahme der Kräfte herbeiführen, ohne
ihn einem speziellen Leiden auszusetzen. Diese Abnahme der Kräfte
war freilich schon seit Jahr und Tag deutlich, offenbarte sich aber
ganz vorzüglich rasch in den letzten Monaten vor seinem Tode und
äußerte sich gleichzeitig in allen Organen, sowohl der Sinne als der
übrigen Verrichtungen. Der Magen, der so lange Zeit hindurch
aufs wunderbarste seinen Dienst versehen, und dem oft bizarren
Geschmacke seines Besitzers in der Wahl der Speisen nichts entgegengesetzt hatte, der wie ein treuer und anhänglicher Diener von
seinem Herrn alles gut und willig aufnahm, was dieser, um sich
zu ergötzen, ihm auch zumuten mochte; der Magen fing endlich
an, nachlässig zu werden, und tat fast nichts mehr, obgleich ihm
auch fast nichts mehr aufgetragen wurde; denn die Neigung zum
Essen hatte sich ganz verloren, selbst der Geschmack war so abgestumpft, daß Kant fast keinen Unterschied zwischen den allerentgegengesetzten Speisen mehr zu machen wußte. Ich erinnere mich,
daß er eines Tages sich über die übertriebene Süßigkeit des sauern
Kohles beschwerte, indem er diesen mit kurz vorher genossenen
süßen Pflaumen verwechselte.

So traurig als merkwürdig war die große nun entstandene Reizlosigkeit der Geschmacksnerven, verbunden mit einer gänzlichen Erschlaffung der Speicheldrüsen des Mundes. Seit länger als ein Jahr vor seinem Ende floß ihm häufig der Speichel beim Sprechen wie beim Essen aus dem Munde, wobei er sich über eine große Schärfe und ätzende Beschaffenheit desselben beklagte. Kant konnte deshalb den Wein zuletzt nicht mehr rein im Munde vertragen, sondern mischte ihn mit Wasser oder goß roten und weißen Wein zusammen; dies letztere tat er aber auch, um dem roten Wein das Zusammenziehende, dem weißen die Säure zu benehmen.

Der fast gänzliche Mangel der Zähne erforderte große Mürbigkeit einer jeden Speise, vorzüglich des Fleisches, das er sehr liebte. Aber in der letzten Zeit war ihm auch nichts mehr mürbe genug. Alles Fleisch aß er nur zu einem feinen Haschee zerschnitten mit dem Löffel und beklagte sich dennoch über Härte und Zähigkeit desselben. Es mußte, wie er es nannte, mortifiziert sein, das heißt, solange gelegen haben, ehe es zubereitet wurde, daß es durch anfängende Fäulnis seinen natürlichen Zusammenhang verlor und fast auseinanderfiel. Weich, sagte er, sei ihm beim Fleisch nicht genug, dies könnte noch mit Zähigkeit verbunden sein; es müsse mürbe sein, das heißt: die Muskelfasern müssen der Länge nach geknickt oder gebrochen sein, wenn man zum Kauen desselben keine Zähne bedürfen soll. Über jeden minder präzisen Gebrauch dieser Ausdrücke konnte er sich sehr formalisieren und verwies es jedesmal.

Nicht die gewöhnlichste Handlung übte Kant mechanisch und nach Herkommen und altem Brauche aus; sondern immer nach eigenem Räsonnement und womöglich nach einer von ihm verbesserten Methode. So kam er einst auf den Gedanken, ein Hauptnutzen beim Trinken bestehe in dem mit dem Getränk zugleich verschluckten, aus der Atmosphäre angezogenen Sauerstoff, weshalb er denn jedesmal beim Trinken den Mund weit öffnete und tief und hörbar einen Luftzug tat, den er dem Magen zudachte, wo der Sauerstoff als auxiliäres Reizmittel nützlich sei. Indes dauerte dies Experiment nicht lange, indem er die Sache wieder aus dem Gedächtnis verlor.

In Rücksicht der Exkretionen hatte wohl von jeher Unordnung bei Kant geherrscht. Seine sitzende Lebensart, besonders in einer sehr gebückten Haltung des Körpers, hatte ihm beständig minder oder mehr Obstruktionen zuwege gebracht, wegen welcher er schon seit geraumer Zeit eröffnende Pillen, besonders mit Aloe versetzt, von seinem alten Freunde und Duzbruder, dem verstorbenen Doktor Trummer brauchte. Diese hatten aber wohl gewiß den Nachteil, seine Gedärme zu sehr zu reizen, woher denn auch Kant seit Jahren über einen sehr häufigen Drang zu Ausleerungen klagte, der ihn oft unnütz aufforderte und in der letzten Zeit selten über eine Stunde ruhig ließ.

Diese Pillen indes waren von jeher das einzige Arzneimittel, dessen sich Kant bediente. Gegen alle übrigen hatte er als gegen Verwöhnungsmittel der Konstitution den entschiedensten Widerwillen; seine Pillen aber sah er als diätetische Mittel an und hörte es nicht gern, wenn man sie ihn doch auch als Arzneimittel betrachten ließ. Bei etwa eintretender Diarrhöe nahm er eine Pille weniger und heilte sich damit. Nie machte er einen Unterschied in der Wahl seiner Speisen, er mochte sich befinden, wie er wollte; er hielt immer den nämlichen Tisch und beobachtete keine Diät.

Kant erzählte einst, daß er vor mehreren Jahren auf Anraten seines alten Freundes, des englischen Kaufmanns Green, zur Magenstärkung einige Male des Morgens einen Teelöffel Chinatrinktur genommen habe, welche ihm aber eine ganz deutliche Intermission seines Pulses hervorgebracht, wie er dieses von mehreren Personen habe untersuchen lassen, die es wirklich richtig befunden; worauf er dann sogleich die Tinktur fortgelassen habe.

Zwei beständige Übel, worüber Kant sich seit Jahren beschwerte, waren die sogenannte Blähung auf dem Magenmunde und der Druck aufs Gehirn. Von ersterer muß er die Ursache wohl mehr in einem organischen Fehler des Magens gesucht haben, als in einer Schwäche desselben, wie ihn seine medizinischen Freunde versichern wollten, obgleich ich mich nicht erinnere, daß er sich je über den Grund derselben ausgelassen. Schwäche wollte und konnte er nicht zugestehen, wenn er sich nicht hätte als selbstschuldig bekennen und einer Inkonsequenz zeihen wollen, da er nichts tat, um diesem Übel vorzubeugen oder abzuhelfen, welches doch bis zu einem gewissen Grade in seiner Macht stand. Es schien ihm kein ganz unangenehmer Gedanke zu sein: der Grund dieser Unbequemlichkeit liege mehr in einem organischen Fehler des obern Magenmundes, als wogegen zwar nichts zu tun sei, wodurch er aber auch in nichts geniert würde, indem der Fehler in sich unabänderlich sei.

Was seine Klage über einen beständigen Druck aufs Gehirn betrifft, so leitete er diesen von einer krampfhaften Zusammenziehung des Gehirns her und setzte wieder, um sich von allem Zwange irgendeiner künstlichen Hilfe zu befreien, die Ursache in eine eigene ganz besonders auf ihn wirkende Elektrizitätsbeschaffenheit der Atmosphäre, die schon seit Jahren daure und an einem Orte einen fast allgemeinen Katzentod, wie in Kopenhagen, bewirkt, an dem andern die Sperlinge fast rein ausgerottet habe, also ihre Einflüsse auf das tierische Leben gar nicht verheimliche.

Dieser Druck des Kopfs nahm vorzüglich die Scheitel ein, und läßt sich wohl erklären, wenn man bedenkt, wie fortdauernd Kant seinen Kopf angestrengt hatte, wodurch doch zuletzt eine bedeutende Erschlaffung und Schwäche der Gefäße des Gehirns und seiner Häute entstehen mußte, die dem immer zuströmenden Blute keine Kraft weiter entgegensetzen konnten und so eine passive Plethora oder Kongestion hervorbringen mußten, die diesen Druck notwendig veranlaßten.

Kant ging aber noch weiter und glaubte: die Ursache fast aller Krankheiten, von denen die Rede war, in dieser eigenen Luftelektrizität zu finden, wovon ihn schwerlich jemand abbringen konnte.

[29, S. 203–207]

540. Wasianski   Ende 90er Jahre

Mit den Auszahlungen seines Geldes konnte *Kant* sich, ohne Nachteil für sich, nicht mehr beschäftigen. Er bezahlte einer ehrlichen Frau fünf Taler für Lichte, gab aber statt halber Gulden Guldenstücke und folglich die doppelte Summe. Die Frau war schon im Begriff, das Geld an sich zu nehmen, als sie *Kants* Versehen bemerkte und die halbe Summe zurückschob. Er erzählte sogleich seinen Fehler, um die Ehrlichkeit der Frau nicht zu verschweigen. Aber von seinen Geldempfängern war vielleicht nicht jeder so ehrlich, wie diese Frau. Gewiß hat mancher die Schwäche *Kants* auf eine unedle Art gemißbraucht.

Jene Unfälle, welche erlittene Verluste und das Gefühl von seiner zunehmenden Schwäche, sowie die Überzeugung von der Notwendigkeit einer baldigen Unterstützung durch eine fremde Kraft neigten ihn immer mehr zu mir hin. Er hatte sich stets etwas aufgezeichnet, um mit mir darüber Rücksprache zu nehmen, mich um Rat zu fragen, oder um die Besorgung einer ihm nötigen Sache zu bitten. So ungern er es, besonders in seinen frühern Jahren, sah, wenn seine Freunde ihn außer der Zeit besuchten, so fing er doch jetzt an, den Wunsch lauter werden zu lassen, daß ich, wenn es meine Zeit erlaubte, im Vorbeigehen antreten und sehen möchte, was er mache. Die Art, mit der er dieses tat, war so einladend für mich, daß ich seinen Wunsch gern erfüllte. Bald aber hätte mich ein Umstand abgeschreckt, meine Besuche zu wiederholen. Ich kam nur in der Absicht hin, um nachzusehen, ob ihm etwas zu seiner Bequemlichkeit oder irgend etwas Notwendiges fehle, ob ich durch Rat oder Tat ihm könnte behilflich sein; aber er machte mit sichtbarer Anstrengung den unterhaltenden Wirt und war mehr galant, als unbefangen. Ich suchte der Sache dadurch eine andere Wendung zu geben, daß ich meine folgenden Besuche auf wenige Minuten einschränkte, und überhob ihn dadurch der Mühe der Unterhaltung. Ich verweilte länger, wenn ich das Wort hatte, machte aber Miene zum Aufbruch, sobald ich merkte, daß die Unterhaltung ihn ermüde. In dieser angemessenen Distanz gingen einige Zeiten hin. [29, S. 237–238]

541. Wasianski Ende 90er Jahre

So geschickt *Kant* zu Kopfarbeiten war, so unbeholfen war er in Handarbeiten. Nur die Feder verstand er zu regieren, aber nicht das Federmesser. Ich mußte ihm daher gemeiniglich die Federn nach seiner Hand schneiden. Lampe verstand es noch viel weniger, irgendeinem Mangel im Hauswesen abzuhelfen. Nie sah er, woran es lag, daß eine Sache nicht Dienst tun wollte, vielmehr wandte er bloß Gewalt an und wollte, was er mit dem Kopfe nicht zwingen konnte, mit der Hand allein bewerkstelligen. Bei einem solchen Verfahren war dann oft guter Rat teuer. Der große Theoretiker und der kleine Praktiker in der Mechanik, Kant und Lampe, jener ganz Kopf, dieser ganz Hand, waren oft über unbedeutende Dinge verlegen. Jener entwarf das Problem, einer Sache abzuhelfen, dieser besorgte die Auflösung, aber nicht des Problems, sondern der Sache selbst, die er oft durch falsch angewandte Gewalt zertrümmerte. Es war *Kant* überaus angenehm, wenn kleinen Mängeln, als dem Knarren oder dem schwierigen Auf- und Zugehen einer Türe auf der Stelle, ohne fremde Beihilfe, mit Leichtigkeit und besonders ohne Geräusch abgeholfen, oder wenn der irreguläre Gang seiner Uhr (die *Kant* so lieb hatte, daß er bisweilen sagte: wenn er in Not wäre, müßte sie das letzte Stück sein, das er verkaufen würde) verbessert wurde. Mir, der ich mich mit mechanischen Handarbeiten beschäftiget hatte, gelang so etwas leicht. Gewohnt, zuerst den Sitz des Übels und der entgegengesetzten Wirkung aufzusuchen, fand ich den Fehler bald, und half ihm oft ohne Werkzeuge ab. Die Schnelligkeit, mit welcher dieses bisweilen geschah, erregte *Kants* Bewunderung und Freude, besonders dann, wenn er selbst das Übel für unheilbar gehalten hatte, daß er von mir bisweilen sagte: ich wüßte in allen Dingen Rat. Ich würde diese Äußerung mit Stillschweigen übergangen haben, wenn sie mir nicht den Aufschluß zu geben schiene, warum *Kant* vor seinen übrigen Tischfreunden gerade mich wählte. Seine abnehmenden Kräfte veranlaßten ihn wahrscheinlich, sich nach jemanden umzusehen, der, nach seinem Ausdruck, so etwas Rat wüßte. Außer dieser Ursache mochte es auch vielleicht die Wahrnehmung sein, daß die weitläuftigeren Geschäfte seiner übrigen Freunde es ihnen nicht erlaubten, sich seiner täglich und so anzunehmen, als es seine Hilfsbedürftigkeit notwendig erforderte. Hiezu kam noch die geringe Entfernung meiner Wohnung von der seinigen und die Gewißheit, daß ich nicht, wie einige andere seiner Tischfreunde, weite und langwierige Amtsreisen übernehmen durfte, die mich von ihm getrennt hätten.

Dieser angeführte Zusammenfluß mehrerer Umstände setzt es außer Zweifel, daß *Kant* bei seiner Wahl in meiner Person zu seinem Beistande, nicht die größern Vorzüge seiner übrigen Tischfreunde übersah, sondern nur durch die angezeigten Umstände zu derselben bestimmt wurde. Vielleicht mag auch die schnelle Pünktlichkeit, mit der ich seine Aufträge durch Beihilfe meiner Familie besorgte, eine Nebenursache gewesen sein, mich zu wählen. Gerade durch schnelle Besorgung einer Sache geschah ihm ein großer

Gefallen. Wurde seine Frage: Kann das *auf der Stelle* geschehen? mit seinen eigenen Worten: »Ja, auf der Stelle!« beantwortet, so rief er mit sichtbarer Freude aus: O! das ist herrlich! Ein bloßes Ja! war ihm eine zu schwache Affirmation.

Man kann es als ein drittes Kennzeichen seiner Schwäche ansehen, daß er mit der Zunahme derselben zugleich alles Zeitmaß, besonders in kleinern Abschnitten derselben, verlor. *Eine* Minute, und ohne alle Übertreibung, ein weit kleinerer Zeitraum schien eine ganz unverhältnismäßig lange Zeit für ihn zu sein. Er konnte sich durchaus nicht davon überzeugen, daß die Besorgung einer, mit der schnellsten Geschwindigkeit beendigten, Sache nicht lange gedauert hätte. [29, S. 239–240]

542. Wasianski Ende 90er Jahre

In früheren Jahren war *Kant* zwar keines Widerspruchs gewohnt. Sein durchdringender Verstand; sein ihm stets zu Gebot stehender, nach Umständen oft kaustischer Witz; seine ausgebreitete Gelehrsamkeit, vermöge welcher er sich in jedes Gespräch einlassen, sich keine fremde Meinung oder keine Unwahrheit aufbinden lassen durfte; seine allgemein anerkannte edle Gesinnung; sein strengmoralischer Lebenswandel, hatten ihm eine solche Superiorität über andere verschafft, daß er vor ungestümem Widerspruch sicher war. Wagte es dennoch jemand, in Gesellschaften ihm zu laut oder auf eine witzig sein sollende Art zu widersprechen, so wußte er durch unerwartete Wendungen das Gespräch so zu leiten, daß er alles für seine Meinung gewann, und so der kühnste Witzling schüchtern und stumm gemacht wurde. Es war daher eine kaum zu vermutende Erscheinung, daß er meine beigebrachten Gründe, zwar mit prüfendem Ernst, jedoch ohne Unwillen, ruhig anhörte. So liebenswürdig blieb der große Mann, auch selbst als schwacher Greis. Oft ohne den mindesten Anstand, ohne Einwendung gab er seinen heißesten Wunsch auf, wenn ich ihm denselben, als seiner Gesundheit nachteilig, vorstellte, und entsagte selbst langen Gewohnheiten, wenn ich ihn darauf aufmerksam machte, daß sein jetziger Zustand eine Änderung in denselben erfordere. Hatte er sich dann einmal aber an die neue bessere Ordnung der Dinge gewöhnt, und die Vorteile meiner Vorschläge eingesehen, so dankte er mir mit vieler Rührung für meine Beharrlichkeit. Ich vermied es sorgfältig, ihm, geradezu, zu widersprechen, wartete gemeiniglich einen gelegenern Zeitpunkt, eine ruhigere Lage bei ihm ab, wiederholte aber dennoch unermüdet meine Vorschläge, wenn er ja einige derselben sogleich anzunehmen Bedenken trug, bis sie endlich durchgingen. Er schlug mir daher auch nie etwas geradezu ab. Seine Bitte um Dilation der Ausführung eines Vorschlags war oft rührend; besonders wenn Wäsche gewechselt werden sollte. Ich machte daher schon frühere Anträge dazu, um durch einigen Aufschub doch nichts für seine Reinlichkeit zu verlieren. So sehr *Kant* zu dieser geneigt war, so angelegentlich protestierte er doch gegen die Anwendung jener Reinlichkeitsregel unter dem Vorwande, daß er nie transpiriere.

[29, S. 243–244]

543. Wasianski Ende 90er Jahre

Kant hatte das blendende Paradoxon des Aristoteles adoptiert: Meine lieben Freunde, es gibt keine Freunde. Er schien dem Ausdrucke: *Freund* nicht den gewöhnlichen Sinn unterzulegen, sondern ihm so etwas, wie das Wort *Diener* in der Schlußformel des Briefes oder im gewöhnlichen Empfehlungsgruß zu nehmen. Hierin war ich mit ihm nicht einerlei Meinung. Ich habe einen Freund im vollen Sinne des Worts, dessen Wert es mir unmöglich machte, *Kants* Meinung beizustimmen. Bis hieher war *Kant* sich selbst genug gewesen, und hatte, da er Leiden nur den Namen nach kannte, keines Freundes bedurft. Jetzt durch seine Schwäche fast bis zum Hinsinken niedergedrückt, sah er sich nach einer Stütze um, ohne die er sich nicht mehr aufrecht erhalten konnte. Als ich daher bei Gelegenheit seiner sehr andringenden Freundschaftsversicherung meinen Unglauben mit Beziehung auf jenes Paradoxon äußerte, war er offenherzig genug, zu gestehen, daß er jetzt mit mir einerlei Meinung sei und Freundschaft für keine bloße Chimäre halte.

[29, S. 245–245]

544. *Wasianski* — Ende 90er Jahre

So erkenntlich *Kant* gegen die Wohltaten seiner verstorbenen Freunde war, so billig war er auch in Beurteilung seiner übrigen Nebenmenschen. Er sprach von keinem schlecht. Den Gesprächen, die auf große Laster der Menschen Bezug hatten, wich er gerne aus, als wenn die Erwähnung ihrer schlechten Handlungen den Wohlstand in der Unterhaltung redlicher Leute beleidigte. Minder strafbare Vergehungen und Verletzung der Pflichten schienen ihm wenigstens ein unwürdiger Gegenstand des Gesprächs zu sein, den er bald gegen einen würdigen verwechselte. Jedem Verdienste ließ er Gerechtigkeit widerfahren und suchte Leuten von Verdienst, ohne daß sie es wußten, zur Anstellung zu verhelfen. Keine Spur von Rivalität, viel weniger von Brotneid fand bei ihm statt. Er bemühte sich, dem Anfänger zu helfen und sein Fortkommen zu befördern. Mit der größten Achtung sprach er von seinen Kollegen. Sehr angelegentlich erkundigte er sich nach dem Befinden des Hrn. H. P. S.[1] bei dem Hausfreunde desselben, der wöchentlich an seinem Tische speisete. Von einem andern seiner Mitarbeiter und ehemaligen würdigen Zuhörer[2], der zwar nicht durch viele Schriften, desto mehr aber durch seine unermüdeten Vorlesungen und die darin bewiesene Gelehrsamkeit in so verschiedenen Fächern zur Verbreitung nützlicher Kenntnisse wirkte, legte *Kant* als großer Menschenkenner ein sehr ehrenvolles Zeugnis ab. Er versicherte nämlich, daß in seiner vieljährigen Menschenbeobachtung ihm kein scharfsinnigerer Kopf, kein größeres Genie vorgekommen sei. Er behauptete, daß er zu jeder und der tiefsten Wissenschaft aufgelegt, und daß er alles, was der menschliche Verstand zu fassen fähig wäre, sich zu eigen machen könnte, und daß mit einer solchen Schnelligkeit, mit welcher er es vermochte, nicht leicht jemand ins Innere der Wissenschaften eindringen würde. Er setzte ihn Kepplern zur Seite, von dem er behauptete, daß er, so viel er urteilen könnte, der scharfsinnigste Denker gewesen sei, der je geboren worden. Viele seiner Kollegen zog er an seinen Tisch und wußte eines jeden Vorzug gehörig zu würdigen. Dieses sein allgemeines Wohlwollen gegen Menschen machte es ihm daher unmöglich, von irgend einem Stande verächtlich zu denken oder zu sprechen, seine Verachtung traf unwürdige Mitglieder eines jeden Standes, die aber selten in laute Äußerungen überging. [29, S. 253–254]

[1] Gemeint: Hofprediger Schultz.
[2] Gemeint: Kraus.

545. Wasianski Ende 90er Jahre

Schon früher machte der Frühling auf ihn keinen sonderlichen Eindruck, er sehnte sich nicht wie ein anderer am Ende des Winters nach dem baldigen Eintritt dieser erheiternden Jahreszeit. Wenn die Sonne höher stieg und wärmer schien, wenn die Bäume ausschlugen und blühten und ich ihn dann darauf aufmerksam machte; so sagte er kalt und gleichgültig: »Das ist ja alle Jahre so, und gerade ebenso.« Nur ein Ereignis machte ihm aber auch dafür destomehr Freude, so, daß er die Rückkehr desselben nicht sehnlich genug erwarten konnte. Schon die Erinnerung im angehenden Frühlinge, daß er bald eintreten würde, erheiterte ihn lange voraus; der nähere Eintritt machte ihn täglich aufmerksamer und spannte seine Erwartung aufs höchste; der wirkliche aber machte ihm große Freude. Und diese einzige Freude, die ihm noch die Natur bei dem sonst so großen Reichtum ihrer Reize gewährte, war — die Wiederkunft einer Grasmücke, die vor seinem Fenster und in seinem Garten sang. Auch im freudenleeren Alter blieb ihm diese einzige Freude noch übrig. Blieb seine Freundin zu lange aus, so sagte er: »Auf den Appeninen muß noch eine große Kälte sein«; und er wünschte dieser seiner Freundin, die entweder in eigener Person oder in ihren Abkömmlingen ihn wieder besuchen sollte, mit vieler Zärtlichkeit eine gute Witterung zu ihrer weiten Reise. Er war überhaupt ein Freund seiner Nachbarn aus dem Reiche der Vögel. Den unter seinem Dache nistenden Sperlingen hätte er gerne etwas zugewandt, besonders wenn sie sich an die Fenster seiner ruhigen Studierstube anklammerten, welches sehr oft, wegen der darin herrschenden Stille, geschah. Er wollte aus dem melancholischen, eintönigen und oft wiederholten Gezwitscher derselben auf die beharrliche Sprödigkeit der weiblichen Sperlinge schließen, nannte diese melancholischen Stümper von Sänger: Abgeschlagene und Kümmerer, wie bei den Hirschen, und bedauerte diese einsamen Geschöpfe. Als Züge seiner Gutmütigkeit auch selbst gegen Tiere, die man zu vertilgen sucht, glaubte ich diesen Umstand nicht übergehen zu müssen, weil auch kleine lichte Striche zum lebhaften Kolorit des Gemäldes das ihrige beitragen, und wie viele solcher kleiner Striche und Punkte sind nicht im Charaktergemälde *Kants* anzutreffen, die das Ganze erheben!

Er wurde immer vertrauter mit der ihm ganz fremd gewordenen freien Luft, und es ward nun ein heroischer Versuch zu einer Ausfahrt gemacht. *Kant* weigerte sich, ihn zu wagen. Ich werde wie ein Waschlappen im Wagen zusammenfallen, sagte er. Ich bestand mit sanfter Beharrlichkeit auf den Versuch, nur durch die Straße, in der er wohnte, mit ihm zu fahren, mit der Zusicherung, sogleich umzukehren, wenn er das Fahren nicht ertragen könne. Nur spät im Sommer bei einer Wärme von 18 Grad nach Reaumur wurde dieser Versuch gemacht. Hr. C. R. H.[1], ein würdiger, treuer, unverdrossener und bis ans Ende ausdauernder Freund *Kants*, war unser Begleiter auf dieser Spazierfahrt nach einem kleinen Lustort vor dem Steindamschen Tore, den ich mit einem andern meiner Freunde auf einige Jahre gemietet habe. *Kant* verjüngte sich gleichsam, als er die ihm bekannten Gegenstände nach einigen Jahren wieder sah, wieder kannte und die Türme und öffentlichen Gebäude zu nennen wußte. Wie freute er sich nun aber, daß er so viel Kräfte hätte, aufrecht zu sitzen und sich, ohne besondere Beschwerde zu fühlen, im Wagen wacker rütteln lassen konnte. Wir kamen froh an den Ort unserer Bestimmung. Er trank eine Tasse Kaffee, die schon bereit stand, versuchte eine halbe Pfeife zu rauchen, welches nie vorher außer der Zeit der Fall gewesen war, hörte die Menge Vögel, die sich an diesem Orte häufig aufhalten, mit Wohlgefallen singen, unterschied jeden Gesang und nannte jeden Vogel; hielt sich etwa eine halbe Stunde auf und fuhr ziemlich heiter, doch des Vergnügens satt, nach Hause. [29, S. 266–268]

---

[1] Gemeint: Konsistorialrat Hasse.

546. *Wasianski* Ende 90er Jahre

Ich wagte es nicht, ihn an einen öffentlichen, häufig besuchten Ort hinzufahren, um ihn nicht den ihm vielleicht lästigen Blicken der Neugierigen zu sehr auszusetzen, und durch die peinliche Lage eines genau Beobachteten sein Vergnügen zu stören. Das Publikum hatte ihn lange nicht gesehen; sobald daher der Wagen nur vor seiner Türe stand, so hatten auch selbst Leute von Stande sich um denselben schon versammelt, um *Kant* noch vielleicht zum ersten und letzten Male zu sehen. Nach einigen Besuchen in meinem, an meiner Wohnung gelegenen Garten endeten sich mit dem eintretenden Herbste unsere Ausfahrten für dieses Jahr. Die Bewegungen ermüdeten zwar *Kant*; aber er schlief ruhiger in der folgenden Nacht und war den Tag darauf heiterer und gestärkter, auch schmeckten und bekamen die Speisen ihm besser.

Bei herannahendem Winter klagte er mehr als sonst über einen Zufall, den er die Blähung auf dem Magenmunde nannte, und den kein Arzt erklären, viel weniger heilen konnte. Ein Aufstoßen war ihm wohltätig, der Genuß der Speisen schaffte ihm kurze Erleichterung, machte ihn sein Übel vergessen und stimmte seinen Mißmut etwas um. Der Winter ging unter öftern Klagen dahin: er wünschte, des Lebens müde, am Ziele zu sein und sagte: »Er könne nicht mehr der Welt nützen und wisse nicht, was er mit sich anfangen solle.« Sein Zustand war rätselhaft, da er keine Schmerzen fühlte, und sein ganzes Benehmen und seine Äußerungen doch auf die unangenehmsten körperlichen Empfindungen schließen ließen. Ich erheiterte ihn mit dem Gedanken künftiger Ausfahrten im Sommer: diese nannte er in zunehmender Gradation zuerst Fahrten, sodann Reisen ins Land und endlich weite Reisen. Er dachte mit einer an Ungeduld grenzenden Sehnsucht an den Frühling und Sommer, nicht ihrer Reize wegen, sondern nur als der zu Reisen geschickten Jahreszeiten; schrieb sich frühe in sein Büchelchen: »Junius, Julius und August sind die drei Sommermonate« (nämlich in denen man am besten reisen kann). Das Andenken an diese Reisen tat Wunder zur Erheiterung *Kants*. Seine Art, etwas zu wünschen, war so sympathetisch, daß man es bedauerte, durch keine Zauberkraft seine Sehnsucht stillen zu können.

[29, S. 268–269]

547. Wasianski Ende 90er Jahre

Seine Schwäche in den Füßen, die, solgeich nach dem Aufstehen vornehmlich, durch die horizontale Richtung des Körpers, in der *Kant* stundenlang sich fast steif gelegen hatte, vermehrt war, verursachte manche Fälle, die, die blauen Stellen abgerechnet, für ihn nicht schädlich waren, deren Folgen aber, wenn ihnen nicht in Zeiten Einhalt getan worden wäre, kätten tödlich werden können.

Ich entschloß mich daher, *Kant* einen Vorschlag zu machen, von dem ich freilich mit ziemlicher Sicherheit vermuten konnte, daß er die Annahme desselben so lange als möglich verweigern würde, nämlich den: seinen Bedienten mit ihm in einem Zimmer schlafen zu lassen. Ich kannte die Macht langer Gewohnheit auf *Kant*. Er sträubte sich, doch stets mit sanfter Heiterkeit, dagegen. Ich hielt ihm seine willkürlich gegebene Versicherung vor, daß er, wenn er den Nutzen eines Vorschlages auch nicht einsähe oder ihn unnötig fände, ihn doch annehmen wollte, und die Sache war nach meinen Wünschen abgemacht. Es ertönten anfänglich noch manche Klagen, daß die Gegenwart eines andern ihn im Schlafe störe; ich berief mich aber auf die Notwendigkeit der Sache, und auf sein mir gegebenes Versprechen, meinen Vorschlägen zu folgen, und bald verhallten auch die letzten Klagen. Nach kurzer Zeit dankte *Kant* mir herzlich für diese Maßregel: sie vermehrte nicht nur sein Zutrauen zu mir, sondern beschleunigte auch die Annahme und Befolgung der übrigen, die ich seinetwegen traf.

Seine Beängstigungen oder Blähungen auf dem Magenmunde wurden nun immer heftiger. Er versuchte sogar den Gebrauch einiger Arzeneimittel, wogegen er sonst geeifert hatte: einige Tropfen Rum auf Zucker, Naphtha, Bittererde, Blähzucker; doch das alles waren nur Palliative und eine Radikalkur verhinderte sein hohes Alter. Seine furchtbaren Träume wurden immer schrecklicher und seine Phantasie setzte aus einzelnen Szenen der Träume ganze furchtbare Trauerspiele zusammen, deren Eindruck so mächtig war, daß ihr Schwung noch lange im Wachen bei ihm fortwirkte. Er dünkte sich fast nächtlich mit Räubern und Mördern umgeben. In furchtbarer Progression ging diese nächtliche Beunruhigung durch Träume dergestalt fort, daß er in den ersten Augenblicken nach dem Erwachen seinen, ihm zur Beruhigung und Hilfe eilenden Diener für einen Mörder ansah. Wir sprachen am Tage über die Nichtigkeit seiner Furcht; *Kant* belachte sie selbst und schrieb sich in sein Büchelchen: Es muß keine *Nachtschwärmerei* stattfinden.

Daß *Kants* Schlafzimmer absichtlich verfinstert war, ist schon gesagt. Sah er nun draußen Dämmerung oder noch Tageslicht, so hielt er dieses für künstliche Betrügerei, die ihn furchtsam machte. Es wurde also auf meinen Vorschlag des Nachts Licht gebrannt. Anfangs konnte er dieses nicht leiden; allein es wurde zuerst vor die Stubentür und späterhin ins Zimmer selbst in einen Nachtleuchter, welcher zur Vermeidung alles Schadens in einer Schale mit Wasser stand, gesetzt, doch so, daß der Schein davon ihn nicht traf. Auch an diese Veränderung gewöhnte er sich bald.

Er fing nun an, sich immer uneigentlicher auszudrücken. Er wünschte bei seiner jetzt oft eintretenden Schlaflosigkeit eine Schlaguhr; ich lieh ihm eine. Ob sie gleich nur eine simple Schlaguhr war, so nannte er, der keine Töne in der Nacht zu hören gewohnt war, die Töne derselben eine Flötenmusik und bat mich täglich, sie ihm doch zu lassen. Er wiederholte seine Bitte und ich meine feierliche Versicherung, sie nicht eher zurückzunehmen, bis er sie nicht länger haben wollte. Bald aber klagte er über Störung, die die helle Glocke ihm machte. Ich überzog den Hammer mit Tuch und die Störung war gehoben.

Sein Appetit war jetzt nicht mehr so gut als gewöhnlich. Diese verminderte Eßlust schien mir keine gute Vorbedeutung zu sein. Man will behaupten: *Kant* habe der Regel nach eine stärkere Mahlzeit zu sich genommen, als gewöhnlich ein Mann von fester Gesundheit zu sich zu nehmen pflegt. Ich kann mich aus folgendem Grunde nicht davon überzeugen. *Kant* aß nur einmal des Tages. Rechnet man das alles zusammen, was der genießet, der des Morgens Kaffee trinkt, Brot dazu ißt, wohl noch ein zweites Frühstück zu sich nimmt, dann eine gute Mittagsmahlzeit, und endlich ein Vesper- und Abendbrot hält, so war die Masse der von *Kant* genossenen Speisen nicht eben so groß, besonders da er nie Bier trank. Von diesem Getränke war er der abgesagteste Feind. Wenn jemand in den besten Jahren seines Lebens gestorben war, so sagte *Kant*: »Er hat vermutlich Bier getrunken.« Wurde von der Unpäßlichkeit eines andern gesprochen, so war die Frage nicht fern: »Trinkt er abends Bier?« Aus der Antwort auf diese Frage stellte dann *Kant* dem Patienten die Nativität. Er erklärte das Bier für ein langsam tötendes Gift, wie der junge Arzt den Kaffee, bei dem er Voltairen eben antraf; allein die Antwort, die jener Arzt von Voltaire erhielt: »Langsam tötend muß dieses Gift wohl sein, weil ich es schon gegen 70 Jahre genieße«, würde *Kant* von echten Biertrinkern nicht leicht erhalten haben. Zu leugnen ist nicht, daß das viel für sich habe, was *Kant* behauptete, daß Wegschwemmung der Verdauungssäfte, Verschleimung des Blutes und Erschlaffung der Wassergefäße, Folgen des häufigen Genusses dieses Getränkes wären, deren Wirkungen durch eine bequeme Lebensart noch mehr beschleunigt werden. *Kant* wenigstens nahm das Bier als die Hauptursache aller Arten von Hämorrhoiden an, die er nur dem Namen nach kannte. Es gab freilich eine Zeit, in der er etwas davon bemerkt haben wollte; aber sein Körper bedurfte keines *beneficii naturae* und *Kant* gestand, daß er sich geirrt habe. Unausstehlich waren ihm alle Menschen, die immer genießen: es war amüsant zu hören, wie *Kant* alle Arten von Genüssen solcher Schlemmer herzuzählen wußte und ihren ganzen Lebenstag schilderte. Bei dieser Schilderung war es aber auch bemerkbar, daß sein Gemälde nur ein Ideal war. [29, S. 270–272]

548. Wasianski Ende 90er Jahre

Bettlern, von denen er oft heimgesuchet wurde, gab er der Regel nach nichts; weil seine Mildtätigkeit auf Grundsätze gebauet war. Er wußte bei aller seine körperlichen Schwäche Bettler, Betrüger und überhaupt alle Leute eines ähnlichen Gelichters, die seine Schwäche mißbrauchen wollten, mit einem männlichen Ernst abzuhalten. Es fehlte ihm nicht an Mut und Nachdruck, auch bei seinem schon zusammengefallenen Körper, sich solchen Personen furchtbar zu machen. In den letzten Zeiten seines Lebens erfuhr dieses eine Dame auf eine ihr unerwartete Art. *Kant* war allein in seiner Studierstube. Der Weg von der Straße bis zu ihm stand immer offen. Wenn die Domestiken in Geschäften ausgegangen waren, wurden alle Stuben zugeschlossen; nur die seinigen nicht. Einst klopft ein wohlgekleidetes Frauenzimmer leise und bescheiden an seine Stubentür; wahrscheinlich war sie durch das übertriebene Gerücht von seiner Schwäche so kühn gemacht. *Kant* ruft: »Herein!« Sie scheint durch *Kants* noch rascheres Aufspringen vom Tische betreten zu sein, fragt leise, artig und verschämt: Was die Uhr sei? *Kant* zieht seine Uhr hervor, hält sie absichtlich fester, wie sonst, und sagt ihr wieder eben so bescheiden, was sie sei. Sie empfiehlt sich sehr artig und dankt für seine Güte. Kaum hat sie die Tür hinter sich zugezogen, so fällt ihr noch eine, bald vergessene Kleinigkeit ein: sie äußert noch eine Bitte, daß, da sein Nachbar, den sie namentlich nannte, sie eigentlich abgeschickt habe, um nach *Kants* Uhr die seinige zu stellen, er es gütigst erlauben möchte, daß sie seine Uhr nur auf wenige Augenblicke mitnehmen dürfte; weil doch beim Hinübergehen, das einen Zeitraum von einigen Minuten bedürfte, keine genaue Stellung möglich sei. Nun fährt *Kant* mit einem solchen Ungestüm auf sie los, daß sie ungesäumt die Flucht ergreift und er ohne irgendeinen erlittenen Verlust als Sieger den Platz behauptet. Gleich in dieser Minute kam ich hin, der Hinterhalt kam etwas zu spät, sonst hätte sie leicht gefangen werden können. Er erzählte mir sein bestandenes Abenteuer mit vieler frohen Laune. Ich fragte ihn scherzhaft: Was er wohl gemacht hätte, wenn die Dame mehr Herzhaftigkeit gehabt hätte und es wirklich zum Beutemachen gekommen wäre? Er behauptete: Er hätte sich tapfer gewehrt. Meinem Bedünken nach wäre aber wohl der Sieg auf ihrer Seite geblieben, und *Kant* wäre in seinem hohen Alter zum ersten Male von einer Dame besiegt worden. Dieser Geschichte ist eine andere ziemlich ähnlich, die sich mit jener fast zu gleicher Zeit zutrug. Eine andere Frau, ebenfalls wohlgekleidet, wünschte ihn in Angelegenheiten, die sie nur mit ihm allein ohne Zeugen in Ordnung bringen könnte, zu sprechen. *Kant*, der nichts vor mir zu verhehlen hatte, ließ sie an mich weisen. Ich erkannte sie als eine notorische Betrügerin und wußte, daß sie kürzlich einer angesehenen Dame zehn Taler abgedrungen hatte, die ihr letztere, weil sie nur allein im Hause war, aus Furcht etwaniger Gewalttätigkeit wirklich gegeben hatte. Sie mußte mir ihr Anliegen eröffnen, welches in nichts wenigerm bestand, als in der verlangten Herausgabe eines Dutzend silberner Eßlöffel und einiger goldener Ringe, die ihr Eigentum wären, und die ihr, ihrer Aussage nach, ungeratener Ehemann, bei *Kant* ohne ihr Vorwissen, in Versatz gegeben hätte. Sie war so gefällig und so zum Vergleich geneigt, daß, falls jene Sachen nicht mehr vorhanden wären, sie durch ein Äquivalent von einer Summe Geldes sich gern befriedigen lassen wollte. Meine Antwort auf diesen Antrag war bloß der Befehl an den Diener: den Polizeikommissar des Sprengels herzuholen. Sie war unentschlossen und in sichtbarer Verlegenheit, ob sie diese Vorkehrung auf sich deuten sollte, oder ob sie eine Miene anzunehmen hätte, als wenn ihr Geschlecht, ihr anständiger Anzug und ihre Unschuld sie über solche Veranstaltungen, als sie nicht treffend, erheben müßten. Eine andere Maßregel zu ergreifen, schien ihr doch geratener. Sie legte sich aufs Bitten, schützte ihre Not vor, in der sie sich befand, um diesen unüberlegten Schritt zu rechtfertigen und wurde nach einiger Ängstigung und dem gegebenen Versprechen, *Kants* Schwelle nicht mehr zu betreten, entlassen. [29, S. 289–291]

549. Wasianski Ende 90er Jahre

Die ihm eigentümliche Gabe, sich ohne Affektation, doch sehr affektvoll auszudrücken, behielt er bis in sein spätestes Alter. In früheren Zeiten wußte er sich zum angenehmen Erstaunen mit Nachdruck deutlich auszudrücken und einen sehr treffenden Ton auf das zu legen, was er sagte. Weder eigentliche pathetische Deklamation, noch erkünstelte Gestikulation konnten dieses ihm eigene Talent genannt werden; besonders erzählte er eine von ihm gemachte Erfahrung, die ihn zum Erstaunen hinriß, mit vieler Lebhaftigkeit, Wärme und Nachdruck. Es war die Rede vom bewundrungswürdigen Instinkt der Tiere und der Fall folgender: *Kant* hatte in einem kühlen Sommer, in dem es wenig Insekten gab, eine Menge Schwalbennester am großen Mehlmagazin am Lizent wahrgenommen und einige Jungen auf dem Boden zerschmettert gefunden. Erstaunt über diesen Fall wiederholte er mit höchster Achtsamkeit seine Untersuchung und machte eine Entdeckung, wobei er anfangs seinen Augen nicht trauen wollte, daß die Schwalben selbst ihre Jungen aus den Nestern würfen. Voll Verwunderung über diesen verstandähnlichen Naturtrieb, der die Schwalben lehrte, beim Mangel hinlänglicher Nahrung für alle Jungen, einige aufzuopfern, um die übrigen erhalten zu können, sagte dann *Kant*: »Da stand mein Verstand stille, da war nichts dabei zu tun, als hinzufallen und anzubeten«; dies sagte er aber auf eine unbeschreibliche und noch viel *weniger nachzuahmende* Art. Die hohe Andacht, die auf seinem ehrwürdigen Gesichte glühte, der Ton der Stimme, das Falten seiner Hände, der Enthusiasmus, der diese Worte begleitete, alles war einzig.

Eine gleiche Art von ernster Lieblichkeit strahlte aus seinem Gesichte, als er mit innigem Entzücken erzählte: wie er einst eine Schwalbe in seinen Händen gehabt, ihr ins Auge gesehen habe, und wie ihm dabei so gewesen wäre, als hätte er in den Himmel gesehen.

Auch komische Nachahmungen der Dialekte verschiedener Völker standen in seiner Gewalt. Ich könnte ein sehr komisches Gespräch in orientalischer Mundart anführen, das ich aber, weil es zu komisch ist, übergehe, dessen seine Tischfreunde sich wohl noch erinnern werden. Er war ein Freund von dergleichen Scherzen, und schrieb in den letzten Zeiten seines Lebens noch in sein Büchelchen: Klientenwein und verrostetes Brot; mit welchen Ausdrücken ein Franzos glühenden Wein und geröstetes Brot von seinem Gastwirte gefordert hatte. [29, S. 293–294]

550. Wasianski Ende 90er Jahre

Kant bediente sich beständig dieser Skala, hielt es nicht bloß für ein kleines Verdienst, sondern für eine gelehrte Narrheit neue Skalen und verschiedene Grade zwischen zwei bestimmten Punkten zu machen. [63, S. 125]

551. Wasianski Ende 90er Jahre

Sowohl über Barometer- und Thermometerstand als auch von den Mondphasen, die auf- und absteigenden Knoten, der Erdnähe und Erdferne wurde viel gesprochen und ich möchte sagen, zuviel daraus gefolgert, was selten sich als bewährt rechtfertigte. Kamen zwei

Mondpunkte an einem Tage zusammen, so wurde eine Veränderung der Witterung beinahe als gewiß angenommen.

[63, S. 125]

552. Wasianski Ende 90er Jahre

Er pflegte zu sagen, setzt hier Was. auf dem Bl. hinzu. Man müsse vom Kalbsbraten anfangen und vom Kometen den Diskurs, ohne Unterbrechung des Zusammenhanges, endigen können.

[63, S. 126]

553. Wasianski Ende 90er Jahre

Die Juden hatten öfters frühere Privatnachrichten über manche politische Ereignisse, denen er wenig Glauben beimaß und wobei er ihren Dialekt nachahmte. Es betraf dieses Gespräch den nahen Einfall der Türken: A. Der Türk wert kömmen: B. Nun wie wert er kömmen reitendig, oder fahrendig? A. Nun, ob kömmt reitendig oder fahrendig, kömmt er so kömmt er und als er kömmt so is er doh.

[63, S. 126]

554. Wasianski Ende 90er Jahre

Fast zum Niedersinken abgemattet, kam er fast verschmachtet in's Friedländsche Thor, setzte sich auf die Bank bei der Accise und bat eine Frau um ein Glas Wasser. Er vergaß in den spätesten Jahren seines Lebens diese Gefälligkeit nicht, und hielte dieses Glas Wasser für das größeste Labsal, das er jemals genossen hatte.

[61, S. 130]

555. Rink   ca. 1799

Wenn der Verfasser obiger Biographie[1] S. 69 die Muthmaßung äußert, daß Kant in seinen frühern Jahren wohl eben nicht an Krankheiten möge gelitten haben: so hat er darin vollkommen recht. Aus Kant's eignem Munde habe ich es, daß er sich blos eines kalten Fiebers zu erinnern wisse, von dem er sich durch eine starke Promenade befreyt habe.

Was S. 71 und fernerhin von Kant's krankhaftem Befinden gesagt wird, so läßt sich dieses wohl eigentlich erst seit den neunziger Jahren des letzten Jahrhunderts datiren. Was von seinen Leiden in dieser Zeit gesagt wird, ist wahr, nur das nicht, was man hier und an mehrern Stellen dieses Werkes, von heftigen Schmerzen, oder von *schmerzlichsten* Leiden lieset. Sehr *empfindlich* können Leiden seyn, ohne auch nur den geringsten eigentlichen Schmerz mit sich zu führen. Und das war der Fall mit Kant's Leiden. Blähungen über dem Magen und Kopfkrämpfe, oder ein Druck auf dem Kopfe, den er sich zuweilen, auch aus einer Zusammentrocknung des Gehirns erklärte, waren die Gegenstände seiner Klage, aber nie Kopfschmerz, und daß dieser gar nicht nothwenig mit einem Kopfkrampfe verbunden seyn dürfe, weiß jeder, der mit dem letztern zu thun gehabt hat.

Den Fall, dessen hier gedacht wird, traf Kant etwa im Jahre 1799.
[50, S. 140 f.]

---

[1] Gemeint: die 1804 anonym in Leipzig erschienene Schrift: »Immanuel Kant's Biographie« (2 Bde); Rink setzt sich S. 122 ff. mit dem 1. Bd. kritisch auseinander. Vgl. zur »Leipziger Biographie« Vorl., KB, S. 39 ff.

556. Meißner[1]   bis 1800

Immanuel Kant.
Den großen Zergliederer des menschlichen Gemüths, den Stifter der kritischen Philosophie, den Sachwalter der reinen Vernunft auch als Menschen zu kennen, war schon lange der einstimmige Wunsch aller Leser und Verehrer der Schriften desselben. Wir freuen uns,

daß wir im Stande sind, etwas zur Befriedigung dieses Wunsches einstweilen beizutragen, und die Reihe der berühmten Männer mit einem Gemälde zu vermehren, dessen Original der Gegenstand allgemeiner Bewunderung ist.

Kant ward am 22. April 1724, der Welt gegeben. Frühzeitig verrieth sein Geist Fähigkeiten von nicht gemeiner Art, und einen Hang zum Nachdenken, der die Aufmerksamkeit seiner Erzieher rege machte. Man führte ihn zu Wissenschaften an, und es zeigte sich bald, daß man ein Genie der höhern Gattung unter den Händen hatte. Kant widmete sich der Philosophie, für welche er gebohren war, und die Universität Königsberg in Preussen erhielt an ihm einen Lehrer, der in der Folge Lehrer der Welt geworden. Er docirte Logik und Metaphysik, und jener sophistische Wirrwar, der noch immer mit dem stolzen Namen Metaphysik prangte, erhielt an ihm einen Feind, der immer mächtiger und fürchterlicher wurde, bis er endlich seinem Dasein völlig ein Ende machte. Kant gieng ganz ohne Geräusch in seiner Reformation des menschlichen Wissens zu Werke; es war ihm nicht darum zu thun, berühmt zu werden; Wahrheit war der große Zweck, dem er nachstrebte. In seinen frühern Schriften, die nur aus wenigen Bogen bestehen, findet man den Weg deutlich bezeichnet, den der Geist dieses großen Denkers genommen, und bis auf diese Stunde verfolgt hat. So viel von dem Philosophen, den Mendelssohn den alles Zermalmenden nannte; der Mensch Kant ist jetzt unser Gegenstand.

Man stellet sich gemeiniglich vor, daß die Größe eines berühmten Mannes sich auch in seiner Gestalt wahrnehmen lasse. Wäre diese Vorstellung richtig, so müßte Kant ein Riese seyn. Dem Geiste nach ist er es wohl, aber in Hinsicht auf den Körper ist er ein kleines hageres Männchen, welches immer gebückt einher geht, und dessen Augen sowohl, als übrigen Gesichtszüge nichts weniger als den Denker und Forscher verrathen, der er wirklich ist. Indessen ist er nicht unfreundlich. Jeder, der Kanten noch persönlich kennen gelernt hat, giebt ihm das Zeugniß, daß er ein artiger, gefälliger, zuvorkommender, gesellschaftlicher Mann sey. Man spricht mit ihm über die erhabensten Wahrheiten, und über die gemeinsten, trivialsten Gegenstände. Man bleibe bei ihm so lang man wolle, man wird dem Philosophen nicht lästig. Wieviel diese Geduld bei einem Manne, wie Kant ist, zu bedeuten habe, das läßt sich leicht ermessen, wenn man bedenkt, daß sein Name in aller Welt bekannt ist, daß jeder Fremde ihn sehen will, daß er selten jemand einen Besuch verweigert, und daß es unter diesen neugierigen Besuchern gewiß mehrere giebt, welche von ihm wenig oder gar nichts weiter als seinen Namen wissen. Wenn er gleich in einem kleinen Hause, an einem einsamen Orte der Stadt lebt, so wimmelt es doch immer von Fremden bei ihm, die er freundschaftlich aufnimmt, denen er sich freundschaftlich mittheilt. — Er speiset selten allein; ein oder ein Paar Freunde machen seine Tischgesellschaft aus. Man ißt bei Kanten, und macht gerne auf zahlreiche Schüsseln Verzicht; denn der Philosoph bemüht sich beständig, seine Gäste gut zu unterhalten. Sein Vortrag ist angenehm; er spricht viel, und breitet sich über die ausgesuchtesten Kenntnisse aus jedem Fache aus. Gegenstände der phisikalischen Geographie und politische Materien, sind seine angenehmste Unterhaltung. Einen großen Theil seiner Muße, und insbesondere die Sonntags-Vormittage füllt er mit Lesen von Zeitungen und andern periodischen Blättern aus. Ueber solche Materien ihn urtheilen zu hören, ist äußerst interessant und lehrreich. Er zeigt manche Dinge in einem ganz neuen Lichte; manche, welche andern Lesern unbedeutend zu seyn scheinen, bekommen durch seinen Scharfsinn die größte Wichtigkeit. Mehrmals erforscht und entdeckt er Ursachen der scheinbar heterogenesten Wirkungen, auf welche man niemals würde gerathen seyn, und ziehet oft aus dem Gegenwärtigen Folgen für die Zukunft, die schon öfter eingetroffen sind.

Insbesondere fesseln seine Bemerkungen, Schilderungen und Erzählungen, welche die Geographie, und namentlich die phisikalische betreffen, jedermanns Aufmerksamkeit. Er ist, ohne jemals über einige Meilen weit von seiner Geburtsstadt Königsberg gereiset zu seyn, mit der Lage, dem Klima, der Einrichtung und Staatsverfassung, den Merkwürdigkeiten und Eigenthümlichkeiten aller Länder, ja man möchte sagen, ihrer einzelnen Provinzen, Distrikte und Städte, und mit dem Charakter, den Sitten und Gebräuchen ihrer Einwohner, so wohl bekannt, daß ein aus China kommender Reisender, als er unsern Professor von diesem Lande sprechen hörte, ihn fragte: seit wie lange er China verlassen habe?

Schmeichelei ist Kanten verhaßt. Er sagt: »Schmeichler, Jaherren, die einem bedeutenden Manne gern das große Wort einräumen, nähren diese ihn schwachmachende Leidenschaft, und sind Verderber der Großen und Mächtigen, die sich diesem Zauber hingeben. »Er ist ein Mann von Welt; bei ihm ist kein Ansehen der Person; er beträgt sich mit Feinheit und Höflichkeit gegen jedermann, welcher darauf Anspruch hat; aber nur — »wer Gott fürchtet und recht thut, der ist ihm angenehm;« den ehret er! Sein Grundsatz ist: »Nichts ist gut an sich selbst, als allein ein guter Wille,« und nach diesem lediglich bestimmt er auch den Werth und die Würde eines Menschen. Hier ein Beispiel. In einer Gesellschaft, wobei sich unser Philosoph befand, hatte sich das Gespräch auf unsern wahrscheinlichen Zustand in einem andern Leben, das einstige Wiedersehen unserer hier Geliebten, und die Freuden, welche wir dort aus dem Umgange mit den Helden und Weisen der Vorzeit würden schöpfen können, gelenkt. Er wünschte sich der Eine mit diesem, der andere mit jenem großen Manne, mit einem Cicero, Cäsar, Homer, Plato, Newton u. einst zusammen zu treffen. Als man nun Kanten um seine Meinung befragte, sagte er: »In einem andern Zustande würde ich niemanden früher zu finden wünschen, als meinen alten treuen Lampe.« Dieser Lampe war Kant's Diener, dessen er sich immer noch mit Liebe und Achtung erinnert, und dadurch zugleich diesen ehrlichen Alten in den Herzen aller guten Menschen ein beneidenswürdiges Ehrendenkmal errichtet.

Kant zeichnet sich vor so manchem andern Gelehrten und Denker durch den Umstand aus, daß er einen Gedanken, welcher ihm einfällt, nie so weit verfolgt, daß er dadurch seine Aufmerksamkeit von dem, was so eben in der Gesellschaft vorgeht, sollte abwendig machen lassen. Er ist da nie im Nachdenken verloren, sondern schließt, um so zu sagen, sein tiefes Forschen und seine philosophischen Spekulazionen in seine Studierstube ein. Man kann sich kaum davon überzeugen, daß der so muntere launigte Gesellschafter der Verfasser der Kritik der reinen Vernunft sey.

Kant ist ganz Herr über sich selbst. Er hat nicht nur die Vernunft auf den Thron der Philosophie erhoben, und ihr alle Dinge, das Sichtbare und Unsichtbare, unterthan, sondern er hat auch sich selbst zu ihrem Sclaven gemacht, und beobachtet unverbrüchlich ihr Gesetz. Er lebt, wie er lehrt! Diese Worte machen die ganze Kritik seiner Handlungen aus, und niemand kann aufstehen, und dem Philosophen etwas vorrücken, was Tadel verdiente. Zwar wagte sich der Zahn des Neides an ihn, man wollte gefährliche Grundsätze in seinen Schriften entdeckt haben; allein Kant beschämte seine Feinde, und gewann die Gunst seines Königs. — Seine Triebe, seine Neigungen hat er ganz in seiner Gewalt, und ist demnach in jeder Hinsicht ein Philosoph; für die Welt, für die Schule und für sich selbst.

Das hohe Alter Kants, — er zählet bereits 76 Jahre, zwang ihn, seine Professorstelle niederzulegen; doch arbeitet er immer noch als Schriftsteller für die Welt. —

Wenn er arbeitet, muß vollkommene Ruhe um ihn herrschen, nichts darf ihn stören. Dieses erstreckte sich selbst bis auf seine Vorlesungen. Das mindeste Geräusch war hinreichend, besonders in seinem höhern Alter, den Faden seines Vortrags zu verwirren oder gar zu zerreissen. Um seine Aufmerksamkeit zu fixiren, pflegte er gewöhnlich seinen Blick auf denjenigen aus den Zuhörern zu richten, der ihm gerade gegenüber saß. Dieß war eine Zeitlang ein junger Mann, welchem ein Knopf an seinem Rocke fehlte, und der diesem Mangel aus Nachläßigkeit nicht abhalf. Kant blickte mit unverwandten Augen auf ihn, und auf die Stelle an seinem Rocke hin, wo der Knopf fehlte und blieb so ungestört. Kurz darauf ließ sich der Student einen neuen Knopf annähen, und erschien wieder an seinem gewöhnlichen Platze. Jetzt war der Professor während der ganzen Stunde zerstreut, verlohr öfter den Faden seines Vortrags, und in seinen Beweisgründen herrschte kein Zusammenhang. Nach geendigter Vorlesung ließ er den Studenten zu sich kommen, und sagte zu ihm: er habe seit geraumer Zeit bemerkt, daß ihm ein Knopf an seinem Rocke fehle. Der junge Mann fiel ihm hier in die Rede, und bat um Verzeihung, daß er so lange nachläßig genug gewesen sey, sich den Knopf nicht wieder annähen zu lassen. Nein, nein, erwiederte Kant, das meine ich nicht; ich wünschte vielmehr, daß sie den Knopf wieder wegnehmen ließen; denn er stört mich.

Kant macht alle Tage nach dem Mittagsessen einen Spaziergang von zwei Stunden; denn es früh zu thun, dazu mangelt es ihm an Zeit, und wählt gewöhnlich den Weg nach dem holländischen Baume. Die unfreundlichste Witterung kann seinen Spaziergang nicht verhindern, den er mit Recht zur Erhaltung seiner Gesundheit für nothwenig hält. Er nimmt dann seinen blauen Regenrock und bekümmert sich wenig darum, daß, wer ihm begegnet und ihn nicht kennet, ihn eher für einen ehrlichen Bürger aus Königsberg ansieht, als für den Lehrer der Welt!

Kant ist unverheurathet geblieben; seine Vermögensumstände in jungen Jahren gestatteten ihm nicht, in das Verhältniß eines Familienhauptes zu treten. Demohngeachtet ist er ein großer Bewunderer und sogar Liebhaber einer anständigen Frauenzimmer Gesellschaft; und da der Zirkel seiner Freunde immer kleiner zu werden anfieng, ließ er Ausdrücke des Bedauerns von sich hören, daß er nicht vermögend gewesen sey, aus dem Stande der Ehelosigkeit herauszugehen. Dafür hat er sich nun mit der Philosophie vermählt, und ist ein treuer Ehemann, hat eine zahlreiche und unsterbliche Nachkommenschaft. Sein Geist schließet sich eben so leicht an die abstraktesten Wahrheiten an, als an die alltäglichste Unterhaltung. Keine Dame ist eine größere Kennerinn, als er Kenner, von Blonden, Muslinen, Boussanten, Hauben, Halstüchern und Spencern.

Gegen Arme ist Kant sehr wohlthätig; er unterstützt manchen im Stillen, und theilet beträchtliche Summen seinen dürftigen Verwandten mit.

In seinem zuletzt herausgekommenen Werke — der Streit der Fakultäten — sagt Kant von sich selbst: »Ich habe wegen meiner flachen und engen Brust, die für die Bewegung des Herzens und der Lunge wenig Spielraum läßt, eine natürliche Anlage zur Hipochondrie, welche in frühern Jahren bis an den Ueberdruß des Lebens gränzte. Aber die Ueberlegung, daß die Ursache dieser Herzbeklemmung vielleicht bloß mechanisch und nicht zu heben sey, brachte es bald dahin, daß ich mich an sie gar nicht kehrte, und während dessen, daß ich mich in der Brust beklommen fühlte, im Kopfe doch Ruhe und Heiterkeit herrschte, die sich auch in der Gesellschaft, nicht nach abwechslenden Launen, — wie Hipochondrische pflegen — sondern absichtlich und natürlich mitzutheilen nicht ermangelte. Und da man des Lebens mehr froh wird durch das, was man im freien Gebrauche desselben thut, als was man genießt, so können Geistesarbeiten eine andere Art von befördertem Lebensgefühl den Hemmungen entgegen setzen, welche bloß den Körper angehen. Die Beklemmung ist mir geblieben; denn ihre Ursache liegt in meinem körperlichen Bau. Aber über ihren Einfluß auf meine

Gedanken und Handlungen bin ich Meister geworden, durch Abkehrung der Aufmerksamkeit von diesem Gefühle, als ob es mich gar nicht angienge.« [77, S. 168–179]

[1] Meißner, Julius Gustav. Über Lebensumstände »nichts Näheres bekannt« (Constantin Wurzbach: Biographisches Lexikon des Kaiserthums Oesterreich, Bd. 17, Wien 1867, S, 313; über M.s Schriften vgl. ebd. S. 313f. und Meusel, 10, S. 275.

557. *G. S. A. Mellin*[1] *an Kant*, 13.4.1800   vor dem 13.4.1800

Empfangen Sie hiermit, Verehrungswürdigster Lehrer und Freund die zweite Abtheilung des II Bandes des encyclopädischen Wörterbuchs. Möchte dieses Werk auch in der Fortsetzung Ihres mir über alles schätzbaren Beifalls nicht ganz unwürdig seyn —.

Mein Sohn[2] hat mir geschrieben, daß er die Freude gehabt hat, Ihnen aufzuwarten; er war mit dem Geh. Rath Eytelwein[3] und Leut. von Textor[4] bei Ihnen. Mir würde es ein unbeschreibliches Vergnügen seyn, den Mann, welchen ich unter allen jetzt lebenden Menschen am meisten verehre und bewundere, persönlich kennen zu lernen, aber die Entfernung ist zu groß.

[31/Bd. 12, S. 303]

[1] Mellin, Georg Samuel Albert (1755–1825), Prediger in Magdeburg; verfaßte u. a. »Marginalien und Register zu Kants Kritik der reinen Vernunft« (1794) und ein »Enzyklopädisches Wörterbuch der kritischen Philosophie« (1797 ff.) Vgl. Rosenkranz (1987), S. 246f.; ADB 21, S. 300f.

[2] Mellin, Carl Albert Ferdinand, später Oberbürgermeister von Halle.

[3] Eytelwein, Johann Albert (1764–1848), Oberbaurat und Direktor der Bauakademie Berlin (Ak 13, S. 507).

[4] von Textor, Johann Christoph (+1812) Artillerieleutnant, bei der Landvermessung in Ost- und Westpreußen tätig. (Ak 13, S. 507).

558. Jachmann 1800

Die großen hervorstechenden Eigenschaften seines Geistes und seines Charakters zogen auch von dem ersten Augenblick meiner Bekanntschaft mit ihm meine ganze Aufmerksamkeit auf sich; aber bald wurde mir selbst die geringste Kleinigkeit aus seinem Leben merkwürdig, weil gerade diese Kleinigkeiten mir über die Denkungsart des großen Mannes Licht verbreiteten und mit dem ganzen System seiner Gedanken und Handlungen in einem genauen Zusammenhange erschienen. Auf diese Art habe ich viele Jahre hindurch den merkwürdigen Mann studiert und ich glaube auch, ihn richtig aufgefaßt zu haben. Vielleicht glaubt dies Kant selbst. Er forderte mich wenigstens vor vier Jahren selbst auf, seine Biographie zu schreiben und versprach mir, auch die nötigen Materialien dazu zu liefern.[1] Um ihm dieses Geschäft zu erleichtern, überschickte ich ihm, unserer Abrede gemäß, auf einigen gebrochenen Bogen eine kurze Skizze von den wissenswürdigsten Umständen seines Lebens, in Fragen eingekleidet, wozu er auf der Seitenkolonne die Antwort hinzufügen wollte. Aber die bald darauf erfolgte Geistesschwäche setzte ihn gänzlich außerstand, sein oft erneuertes Versprechen zu erfüllen. Dieses unglücklichen Ereignisses wegen wird die Welt wohl immer eine vollständige Biographie dieses Mannes entbehren müssen, und ich selbst habe mich genötigt gesehen, mich bloß auf das einzuschränken, was ich selbst an ihm beobachtet und gelegentlich von ihm erfahren habe.

[29, S. 119–120]

[1] Vgl. G, Nr. 502.

559. Jachmann 1800

Daß ich in allen Werken Kants, welche sich auf Religion beziehen, auch nicht das mindeste von mystischen Vorstellungen finde, davon habe ich in meiner »Prüfung der Kantischen Religionsphilosophie in Hinsicht auf die ihr beigelegte Ähnlichkeit mit dem reinen Mystizismus«[1] der gelehrten Welt meine Überzeugung vorgelegt.

Ebensowenig habe ich in den mündlichen Gesprächen Kants irgend eine mystische Vorstellung bemerkt, und noch weniger in seiner Pflichterfüllung und in allen Verhältnissen seines Lebens irgendein mystisches Gefühl an ihm wahrgenommen. Ich muß daher dem Nekrolog in dem 19. Stück der Gothaischen gelehrten Zeitung dieses Jahres widersprechen, wenn er behauptet: »Kant habe einer gewissen feinern Mystik angehangen.«[2] Mögen immerhin die Religionsübungen seiner frühern Jugend pietistisch und auch mystisch gewesen sein, so war doch durch seine nachmaligen Spekulationen davon jede Spur verwischt. Waren irgend eines Menschen Religionsmeinungen kalte Aussprüche der Vernunft; hat je ein Mensch alles was Gefühl heißt, von seinen religiösen Handlungen ausgeschlossen und alle fühlbare Gemeinschaft mit der Geisterwelt entweder zur Belehrung des Verstandes oder zur Belebung des Willens abgeleugnet; bestand je eines Menschen Gottesdienst bloß in einem reinen Gehorsam gegen das Vernunftgesetz und in einer von allem Sinnlichen gereinigten und rein motivierten Pflichterfüllung, so war dies bei Kant der Fall. Will man also nicht mit Worten streiten, will man den Kantischen Ausdrücken, z. B. praktische Vernunft, Vernunftglaube, moralische Schriftdeutung u. a. m. nicht absichtlich einen andern Sinn unterlegen, als der Verfasser sich dabei dachte und das aus Gefühlen herleiten, was er einzig und allein auf Vernunft gründete, so wird man auch weder in den Schriften noch in dem Leben Kants irgend etwas Mystisches entdecken. Kant hat sich hierüber auch gegen mich ganz unverhohlen erklärt und versichert, daß keines seiner Worte mystisch gedeutet werden müsse, daß er nie einen mystischen Sinn damit verbinde und daß er nichts weniger als ein Freund mystischer Gefühle sei. Bei der Gelegenheit tadelte er noch den Hang Hippels zur Mystik und erklärte überhaupt jede Neigung zur mystischen Schwärmerei für eine Folge und für ein Zeichen einer gewissen Verstandesschwäche.

[29, S. 169–170]

---

[1] Erschienen 1800 bei Nicolovius in Königsberg; Kant schrieb die Vorrede (Ak 8, S. 441).
[2] Kant-Nekrolog in der Gothaischen Gelehrten Zeitung, 19. Stk. 1804.

560. Reusch Ende 1800

Gegen Ende des J. 1800 trat mein älterer Bruder, Karl Reusch[1], hier als praktischer Arzt auf. Er hatte Kants Vorlesungen 1793–1794 gehört, nach hier beschlossenen akademischen Studien und vollendetem Cursus sich in Berlin, besonders aber in Wien unter Johann Peter *Frank* und dem berühmten Augenarzt Beer weiter ausgebildet, auch bei Gall Vorträge über dessen neue Entdeckungen über das Gehirn (*Craneologie*) gehört, brachte einen von ihm selbst mit den Organen bezeichneten menschlichen Schädel mit, und wandte hier zuerst den Galvanismus und die Voltaische Säule bei Krankheiten an. Alles dies war für Kant mehrkwürdig; er nahm ihn zu seinem Tischgast, wie die Doktoren Motherby, Elsner, Laubmeyer[2] wöchentlich ein bis zweimal, so lange noch bei ihm gespeiset wurde. Einer der ältesten Gedenkzettel, welche seiner öfter mit dem Galvanismus in Verbindung erwähnen, dürfte folgender sein, der zugleich von dem Zweck solcher Bemerkungen Nachricht giebt: »heute (?) speiset bei mir Herr R. R. Vigilantius[3] und *Dr.* Reusch, des Prof. *Physices* ältester Sohn, *Dr. Medicinae.* Herr R. R. Vigilantius trinkt weißen, der *Dr.* Reusch vielleicht rothen.«

[48, S. 293–294]

[1] Wahrscheinlich Reusch, Karl Georg Wilhelm, immatr. 17.9.1793 (als »Regiomontan. Boruss. medicinae cultor«), Sohn von Kants Kollegen K. D. Reusch. Arzt in Königsberg.
[2] Wahrscheinlich: Laubmeyer Joh. Benj. vgl. Erler 2, S. 524: »Traiecti ad viadrum rite promotus medicinae Doctor Ius Academicus post reditum in patriam repetiit«. Immatr. 7.9. 1772; Arzt in Königsberg.
[3] Vigilantius, Johann Friedrich (1757–1823), Jurist, Hörer Kants, Geheimer Justiz- und Tribunalrat, Kants juristischer Berater, vgl. Q, Nr. 48, S. 27 f.

561. von Heß[1] *an Kant, 4.3.1801* ab WS 1800/1801

Es wird mir unmöglich, lieber Herr Professor, von *Ihnen* mündlich Abschied zu nehmen. Die Vorstellung daß wir uns diesseits des Grabes *vielleicht*, nicht wiedersehen möchte mein armes, von Ihnen gehendes Hertz überwältigen. Leben Sie wohl. Nehmen Sie meinen höchsten Dank für Ihr gütiges Wohlwollen. Es wird unvertilgbar, und die schönste Erinnerung meiner lebendigen Seele sein. Erlauben Sie mir zuweilen an Sie zu schreiben. Wenden Sie sich doch nie, — so lange ich lebe — mit irgend einer Ihrer Wünsche die ich erfüllen kann an einen Andern, als mich. Sie finden wahrlich keinen den Sie mehr durch Ihre Aufträge beglücken können als — mich. Und, wenn Sie einige Augenblicke verwenden wollen, um sie für *einen* Menschen allein recht kostbar zu machen so schreiben Sie dann und wan *ein paar* Zeilen an Ihren Sie verehrenden und innigst liebenden

J. L. v. Heß.

Ko: den 4ten Feb.
1801
Dies Glöcklein folgt anbey.

[31/Bd. 12, S. 334–335]

[1] von Heß, Jonas Ludwig (1756–1823), immatr. 11.10.1800, später Lehrer der Handelswissenschaft in Hamburg.

562. *Borowski* November 1801?

Ein ausführliches Schreiben seines mit Recht von ihm sehr geliebten *Kiesewetters*, das ihm eingereicht ward, da er schon vom Mittagstische weg zu seinem Bette eilen mußte, war für Kant in diesen finstern Abendstunden seines Lebens, noch ein erfreuender Sonnenschein — und alle, die bei der Öffnung und Lesung desselben gegenwärtig waren, mußten sich mit ihm freuen. Durch solcher Art dankbare Schüler (er hat deren gewiß viele Tausende gehabt und hat sie auch jetzt noch) ward er denn freilich wohl ganz hinreichend schadlos gehalten für so manche undankbare, die, durch ihn freilich klüger, aber ohne seine Schuld nicht immer gutdenkend gemacht, von hier ausgingen und nun, auf K. Schultern stehend, der Welt ein weiter noch strahlendes Licht anzünden zu können sich anmaßten — und nun gewiß, da der Löwe durch den Tod niedergestreckt daliegt, um ihn her gaukeln und laut genug sagen werden: »Wie war doch Kant so inkonsequent — um wie vieles sehen wir, wir weiter, als er!« — Doch genug hievon. Er fühlte, wenn er von Menschen dieser Art etwas hörte, die Unwürdigkeit dieses Betragens, er schwieg aber gerne davon auch selbst gegen die, welche, ganz unnötig, ihm Notizen davon zutrugen. Nur ein einziges Mal hab ich ihn einige dieser Menschen, deren Namen nur diese Blätter beflecken würden, im Vorübergehen nennen und (dies auch mit vieler Milde) darüber klagen gehört. [29, S. 71–72]

563. Wasianski November 1801

Bei seiner Delikatesse und der sorgfältigsten Vermeidung alles Lästigwerdens stand er noch immer an, mir seine gesamten Angelegenheiten anzuvertrauen, so wie ich im Gegenteil auch nie für ihn mehr tat, als er von mir verlangte, oder was er mir freiwillig zugestanden hatte: nämlich ihm meine Vorschläge zu Erleichterung seines Zustandes, auch unaufgefordert, vorzulegen. Im November 1801 machte er mich mit seinem Wunsch bekannt, sein Vermögen und alles, was auf ihn nähern oder ferneren Bezug haben könnte, gänzlich abzugeben, und sich, wie man zu sagen pflegt, in Ruhe zu setzen. Er eröffnete mir dieses nach und nach, bat mich zuerst um die Gefälligkeit, sein vorrätiges Geld durchzuschießen und es nach den verschiedenen Münzsorten abzuteilen. Vermutlich hatte sich kurz vor diesem Antrage ein *Kant* auffallendes und ihm nicht so recht erklärbares Ereignis mit dem Gelde zugetragen. Er übergab mir zuerst die Schlüssel, die er sein Heiligtum zu nennen pflegte, zur Vollziehung seines Auftrages, und ging ins andre Zimmer. Ich wurde über diesen neuen Beweis seines Zutrauens verlegen, weil es mir nicht unbekannt war, daß in diesem Schranke die auf sein Vermögen sich beziehenden Papiere befindlich waren, deren Inhalt er als ein Geheimnis bewahrte. Er kehrte bald aus seinem Zimmer zurück und bot mir die auf ihn geprägte Medaille[1] zum Andenken an, gab mir auch, um sein Gesinde vor Verdacht der Entwendung nach seinem Tode zu sichern, ein schriftliches Schenkungsdokument darüber. Von wem und bei welcher Gelegenheit ihm diese Medaille gegeben worden, ist mir unbekannt. Wie man aber hat behaupten können, daß sie ein Geschenk der Judenschaft gewesen für die Erklärung schwerer Stellen des Talmuds, worüber er ihnen Vorlesungen gehalten habe, ist mir unbegreiflich. *Kant* und der Talmud scheinen mir wenigstens zu heterogen, als daß sich beides miteinander auf irgendeine Art vereinigen ließe. Ohnerachtet der feierlichsten Versicherung seines Zutrauens zu mir, die er mir in dieser Stunde gab, und welches er, wie es der Erfolg bewies, auch wirklich in mich setzte, übernahm ich nicht leicht etwas von Bedeutung für ihn, ohne vorher wenigstens einen seiner übrigen Freunde zu Rate zu ziehen. Ich wählte dazu besonders Hrn. R. R. V.[2]—, einen durch seine ausgebreiteten Kenntnisse, edles Herz und große Bescheidenheit ausgezeichneten Mann, auf den *Kant* einen überaus großen Wert setzte, und mit dem ich, in den ersten Jahren der Tischfreundschaft *Kants*, lange Zeit hindurch an einem Tage in der Woche aß. Da ich seinen Namen nur mit dem Anfangsbuchstaben bezeichne, so erlaube ich mir, *Kants* eigenes Urteil über ihn, das er am Anfange seines 80sten Jahres in sein Tagebüchlein geschrieben hatte, herzusetzen: »*Hr. V. sowohl in Ansehung seiner Laune und Denkungsart, als auch seiner Einsicht, als Menschenfreund und in Geschäften eine seltene Erscheinung.*« Diesem Manne legte ich jeden meiner Einwürfe zur Notiz, Prüfung, Verbesserung und Genehmigung vor. Ich konnte mich dadurch teils gegen die, vielleicht sonst entstehenden Vorwürfe eines zu übereilten und willkürlichen Verfahrens gegen andere und mich selbst rechtfertigen; teils wirklichen Gewinn für *Kant*, aus der Zirkumspektion und Erfahrung dieses achtungswerten Mannes ziehen. *Kant* nahm überdem meine Vorschläge mit noch größerem Zutrauen an, sobald er erfuhr, daß ich mit Hrn. R. R. V. darüber Rücksprache genommen hatte.

Nachdem mir *Kant* seine Angelegenheiten einmal übergeben hatte, enthielt er sich, so viel es nur möglich war, aller eigenen Auszahlungen, tat schlechterdings nichts, ohne meinen Rat; wenigstens nie etwas ohne mein Vorwissen. Die untere Behörde mußte nie übergangen werden, und das Urteil der niedrigern Instanz erhielt stets die Bestätigung der höhern.

Die erste Zeit nach der Übergabe wandte ich dazu an, um mit seinen Angelegenheiten und Papieren bekannt zu werden. Von letztern war nichts mehr vorhanden, als was auf sein Vermögen Bezug hatte. Er machte mich mit dem Bestande desselben bekannt und fügte hinzu: daß, obgleich er alles ehrlich erworben habe, die

Größe desselben doch keiner wisse, als der, der es auf Zinsen an sich genommen hätte. Er wünschte, daß nur ich die Summe wissen, aber auch als Geheimnis bewahren möchte. Späterhin erlaubte er mir, Hrn. R. R. V. von allem Auskunft zu geben, da eintretende Umstände, über welche ich mit ihm Rücksprache zu nehmen hatte, es notwendig machten. Seine übrigen gelehrten Arbeiten und Papiere hatten zwei jetzt abwesende Gelehrte in Empfang genommen. Von gelehrter Korrespondenz war kein Blatt vorhanden. Von seinem noch unvollendeten Manuskript soll unten Erwähnung geschehen.

Über manche zu meiner Notiz nötige Dinge und Familiennachrichten holte ich von ihm Nachricht ein, die er mir mit vieler Genauigkeit und ohne Zurückhaltung gab.

Zuerst fand ich aus Gründen notwendig, sein Geld an einen andern Ort und in einen andern Schrank, in versiegelten und mit Aufschriften versehenen Beuteln zur Aufbewahrung zu verlegen. Ich erlaube mir hier zur Rechtfertigung dieser Vorkehrung eine Unterbrechung des Zusammenhanges. Laut Testament[3] war *Kants* Vermögen Anno 1798 42920 Gulden oder 14310 Taler, sein Haus und seine Mobilien nicht mitgerechnet. Seit der Zeit waren die Einkünfte von seiner Schriftstellerei und seinen Vorlesungen beinahe unbedeutend, weil er nunmehr weder schrieb noch las. Ein Kapital von 10 000 Taler, das zu 6 vom H. ausgetan war, ging ein, und wurde nur zu 5 Prozent auf Ingrossation ausgeliehen; daraus entstand ein jährlicher Ausfall von 100 Taler Interessen in seinen Einkünften. Er gab 200 Taler jährlich zur Unterstützung seiner Verwandten mehr aus und mit seiner zunehmenden Schwäche wurden seine Ausgaben vermehrt. Lampe erhielt noch 40 Taler jährlich nach seiner Entlassung und bei seinem Tode war dennoch sein bares Geld über 17000 Taler. Abgezählte Summen und ein hineingelegter Zettel, auf dem ihr Bestand verzeichnet war, lagen in dem Bureau, in dem vorher alles bare Geld aufbewahrt wurde, zu seinen kurrenten Ausgaben bereit. Ich überschoß sie wenigstens zweimal in der Woche und verglich den Bestand mit den etwanigen Ausgaben, die *Kant* selbst, jetzt nur notgedrungen, machte. Ich glaube nicht zu irren, daß durch diese Vorkehrungen etwas gewonnen wurde. Die Schlüssel von beiden Geldbehältnissen hatte *Kant* selbst. Ich nahm sie nur bei Auszahlungen an mich und sobald ich die ausgezahlte Summe abgeschrieben hatte, händigte ich sie ihm wieder ein. Als einst eine Summe in meiner Abwesenheit ausgezahlt werden sollte, deren Größe den abgezählten Geldvorrat in seinem Bureau überstieg, so war *Kant* durch alle dringende Vorstellung seines Dieners nicht zu bewegen, das noch Fehlende aus seinem größern Gelddepot, zu dem er doch den Schlüssel hatte, zu nehmen, und verschob die ganze Zahlung, bis ich kam, um meine Vorkehrungen nicht zu stören. Dieser Umstand bezeichnet deutlich den Mann von festen Grundsätzen und feiner Denkungsart, eröffnete mir eine beruhigende Aussicht für die Zukunft und bestärkte mich in der sichern Vermutung, daß ich auch bei seiner zunehmenden Schwäche keine erniedrigende Zumutung oder Beleidigung von ihm zu fürchten hätte. Vielmehr zeigten andere Umstände, wie genau und scharfsichtig er jede mit kleinen Aufopferungen verbundene Gefälligkeit zu würdigen wußte.

Bei meinen täglichen Besuchen traf mich oft, wie natürlich, auch üble Witterung. Er verkannte es aber nicht, daß ich mich nie über dieselbe beklagte; bemerkte es vielmehr, daß, wenn ich vom Regen durchnäßt oder von der Kälte erstarrt zu ihm kam, ich die Spuren der üblen Witterung vor dem Eintritte in sein Zimmer entweder zu vertilgen oder zu verhehlen suchte. Liberal bot er mir zu meinem jedesmaligen Besuch, ohne daß ich auf die Witterung Rücksicht zu nehmen hätte, einen Wagen auf seine Kosten an. Zwar machte ich von diesem Anerbieten nie Gebrauch, kann es aber zum Beweise seiner Feinheit und Erkenntlichkeit nicht füglich mit Stillschweigen übergehen. [29, 246–249]

[1] Gemeint: die Abramsonsche Medaille, vgl. G, Nr. 236.
[2] Vigilantius
[3] Vgl. Ak 12, S. 382 ff. und Ak 13, S. 552 ff.

564. Wasianski 15./16.12.1801

Nach dieser Einschaltung knüpfe ich den abgerissenen Faden der Erzählung von *Kants* häuslichem Leben wieder an. *Kant* zeigte mir einige frühere Entwürfe seines Testaments, das er selbst deponiert hatte, in denen bald dieser, bald jener seiner Tischfreunde zu seinem

Testamentvollzieher ernannt, wieder ausgestrichen, und in denen zuletzt mein Name allein stehen geblieben war. Er erklärte dabei, daß er sich jetzt nicht mehr erinnere, ob er einen Testamentsvollzieher, viel weniger, wen er hierzu wirklich bestimmt habe, verlangte aber von mir, daß ich dieses Geschäft nach seinem Tode übernehmen sollte. Ich übernahm es mit der Bedingung, daß, wenn ein Testamentsvollzieher in seinem niedergelegten letzten Willen bestimmt wäre, dem er etwas für seine Bemühung zugesichert hätte, dieser auch das für ihn bestimmte nach seinem Tode nicht verlieren möchte. *Kant* fand diesen Vorschlag der Billigkeit gemäß und übergab im Jahre 1801 den Deputierten des akademischen Senats einen Nachtrag zu seinem Testamente, in dem er mich, mit aller nach den Landesgesetzen möglichen Ausdehnung nach vorhergegangener Ratserholung bei seinen juristischen Freunden, als Testamentsvollzieher bestätigte. Den Tag zuvor war er etwas ängstlich, ob er auch etwas zu meinem Nachteil bei der Übergabe versehen würde, verlangte bei diesem Akt meine Gegenwart, an welche er bei allen seinen Unternehmungen sich gewöhnt hatte; ließ sich aber bedeuten, als ich ihm die Sache als unzulässig vorstellte, und willigte ein, daß ein anderer seiner Tischfreunde der Übergabe beiwohnte. Als ich nach vollbrachtem Akt mittags bei ihm aß, so leerte er ein Glas Wein mit dem Trinkspruche aus: Weil heute alles so gut gegangen, und setzte scherzend und lächelnd hinzu, und ohne Spektakel abgelaufen ist. Er sprach viel und froh über die heute vollbrachte Sache; doch so verblümt, daß der zweite Tischgast nicht wußte, wovon die Rede sei. Diese tropische Art, sich in Gegenwart eines andern auszudrücken, war sonst *Kant* nicht eigen, nur heute erlaubte er sich eine Ausnahme. Durch kein förmliches Versprechen hatte ich mich irgend etwas für ihn zu tun verpflichtet. Dieses mir abzufordern, dazu war *Kant* zu diskret, und ich zu behutsam, ihm ein solches bestimmt zu geben, weil die Hindernisse, es zu halten, nicht vorauszusehen waren. Ohne vorhergegangene Erklärung waren wir beide fast miteinander einverstanden, und jeder Teil wußte, was er von dem andern zu erwarten hatte. Hätte *Kants* Schwäche eine solche Richtung genommen, daß ein freier Mann seine etwanige Behandlung und die Äußerungen seines Unwillens schlechterdings nicht hätte ertragen können, so war mir durch kein Versprechen der Rückzug zu einer verhältnismäßigen

Entfernung benommen. Mit Offenherzigkeit gestehe ich meinen Zweifel, wie ich bei seiner damaligen Schwäche es nicht für ganz unmöglich hielt, daß er etwa durch einen Machtspruch meine guten Vorkehrungen, z. B. in Absicht seines Gesindes, durch seine Schwäche verleitet, hätte vernichten, durch Nachgiebigkeit, in ihren unerlaubten und ihm nachteiligen Zumutungen, die Partei desselben nehmen und mich dadurch kompromittieren können. Aber ich gestehe, daß ich ihm durch diese Vermutung Unrecht tat und ich zu schwach war, seine wahre Größe ganz zu fassen, denn, wenn er wegen Schwäche seines jetzt kürzern Gesichts mich bisweilen mit seinem Diener verwechselte und zu mir in einem Tone sprach, den er sonst gegen denselben anzunemen gewohnt war; so war er jedesmal, sobald er seinen Irrtum erkannte, in einer peinlichen Verlegenheit, aus der deutlich zu ersehen war, daß er gerne die Meinung bei mir hervorbringen wollte, als hätte er sich im Gespräche nicht an mich gewandt, sondern wirklich zu seinem Diener gesprochen. Ich vermied daher, soviel als möglich, ihm diese Verwechselung bemerkbar zu machen. Gelang aber dieser Versuch nicht, so war sein Widerruf des Gesagten für mich beugend und peinigend.

[29, S. 254–256]

564a. Scheffner 1801

Eine solche Coquetterie ist auch unserm Geschlecht nicht fremd, denn *Kant* sagte zum *Hagemann*[1], den Schadow[2] nach Königsberg geschickt hatte, um den alten Philosophen zum Behuf der Marmorbüste zu modelliren, als er ihn frug: ob er ihn ganz treu nachbilden sollte? »so alt und häßlich, wie ich nun bin, dürfen sie mich eben nicht machen?« [52, S. 264]

[1] Hagemann, Carl Gottfried (1773–1806) Schüler und Gehilfe Schadows; hielt sich im Januar 1801 in Königsberg auf und modellierte Kants Büste (vgl. Clasen, S. 25 ff.).
[2] Schadow, Johann Gottfried (1764–1850) Bildhauer u. Graphiker, 1788 Leiter der Hofbildhauerwerkstatt in Berlin, seit 1805 Rektor der Berliner Kunstakademie. Sch. schuf die Kant-Marmorbüste für die Regensburger Walhalla (1808).

565. *Hasse*[1]   ab 1801

Wenn man sich seinem Hause näherte, so kündigte alles einen Philosophen an. Das Haus war etwas antik, lag in einer zwar *gangbaren*, aber nicht viel *befahrnen* Straße, und sties mit der Hinter-Seite an Gärten und Schloß-Gräben, so wie an die Hinter-Gebäude des vielhundertjährigen Schloßes mit Thürmen, Gefängnissen und Eulen. Im Frühling und Sommer aber war die Gegend recht romantisch; nur daß er sie nicht eigentlich genoß — (denn es war nicht sein Garten, der an der Seite lag, wohin kein Fenster ging) sondern nur sah. Trat man in das Haus, so herrschte eine friedliche Stille, und hätte einen nicht, die offene und nach Essen riechende Küche, ein bellender Hund, oder eine mauende Katze, Lieblinge seiner Köchin, (mit denen diese, wie K. sagte, *ganze Sermone* hielte) eines andern überzeugt, so hätte man denken sollen, dies Haus sey unbewohnt. Stieg man die Treppe hinauf, so zeigte sich freylich rechts der beym Tischdecken geschäftige Bediente; jedoch gieng man links durch das ganz einfache, unverzierte, zum Theil räuchrige Vorhaus in ein größeres Zimmer, das die Putz-Stube vorstellte; aber keine Pracht zeigte.* Ein Sopha, etliche mit Leinwand überzogene Stühle, ein Glaß-Schrank mit einigem Porcellän, ein Büreau, das sein Silber und vorräthiges Geld befaßte, nebst einem Wärmemesser und einer Console (ich weiß nicht mehr, ob unter einem Spiegel, oder unter einer Büste) waren alle die Moeubeln, die einen Theil der weißen Wände deckten. Und so drang man durch eine ganz einfache, armselige Thür, in das eben so ärmliche Sans-Souci, zu dessen Betretung man beym Anpochen, durch ein frohes »herein« eingeladen wurde. (Wie schlug mir das Herz, als dies das erstemahl geschah!) Das ganze Zimmer athmete Einfachheit und stille Abgeschiedenheit vom Geräusche der Stadt und Welt. 2 gemeine Tische, ein einfacher Sopha und etliche Stühle, worunter sein Studier-Sitz war, (kleine grünseidene Vorhänge an den kleinscheibigen Fenstern, mochten noch das Kostbarste seyn) und eine Commode unter einem mäßigen Spiegel, ließen in der Mitte einen leeren Raum übrig, vermittelst dessen man zum Baro und Thermometer kommen konnte, die er fleißig consulirte. Hier saß der Denker auf seinem ganz hölzernen Halbcirkel-Stuhle, wie auf dem Dreifuß, entweder noch am Arbeits-Tische, oder schon nach der Thür gekehrt, weil ihn hungerte, und er seine Tisch-Gäste sehnlich erwartete. Von da kam er seinem Gaste, fast bis auf die lezte Zeit, entgegen, machte die Thür etwas auf, und bewillkommte ihn herzlich. Man mochte ihn übrigens treffen, wie und wo man wollte, so war, wenn er auch sonst die gespannte Erwartung dessen, der ihn zum erstenmahl sah, nicht ganz erfüllte, sein Gesicht heiter, sein Auge lebhaft, seine Miene freundlich und, sprach er, so gab er wirklich Orakel von sich, und bezauberte. Nun mahnte er den Bedienten zum Anrichtenlassen, gab die silbernen Löffel (das *Silber* genannt) selbst aus dem Büreau, und eilte mit allem, was er zu sprechen hatte, so bald als möglich, an den Tisch, damit es da Unterhaltung gäbe. Seine Gäste gingen voran in die Eß-Stube, die eben so ungeschmückt und prachtloß war, wie die andern. Man sezte sich ohne Weitläufigkeit an den Tisch, und wenn man Anstalten zum Beten machen wollte, so unterbrach er sie, durchs Nöthigen zum Sitzen. Hier war alles reinlich und sauber; nur 3 Schüßeln, aber sehr gut und wohlschmeckend zubereitet, 2 Bouteillen Wein, und, war's die Jahreszeit, so kündigte der Neben-Tisch auch Obst und Nach-Tisch an. Alles hatte hier seine angewiesene Ordnung: Nachdem die Suppe vertheilt und zum Theil verzehrt war, wurde das Fleisch, (gewöhnlich mürbes Rindfleisch) geschnitten, wozu er, so wie zu den mehresten Speisen, englischen Senf nahm, den er selbst präparirte. Das Mittel-Gericht mußte eine seiner Leib-Gerichte seyn (fast jeden Tag in der Woche dasselbe) und davon aß er, bis auf die lezte Zeit, so stark und viel, daß er sich, wie er sagte, den Bauch davon füllte, und vom Braten oder 3ten Gerichte nicht viel genoß. Saß er nun einmahl an der Suppe, und fand er das Suppenfleisch recht mürbe, so war ihm ungemein wohl (wo nicht, so schalt er, und war etwas verdrüßlich) und dann sagte er: »Nun, meine Herren und Freunde! lassen Sie uns auch etwas sprechen! Was giebt's guts Neues?«

Ob er nun gleich gern die Essens-Zeit der Erhohlung gewidmet wissen wollte, von gelehrten Sachen gern abstrahirte, und sich dergleichen Berührungs-Punkte sogar verbat; dagegen sich am liebsten von politischen Dingen, in denen er fast schwelgte, von Stadt-Neuigkeiten und Sachen des gemeinen Lebens unterhielt, und unterhalten seyn wollte: so fielen ihm doch, aus seinen früheren Jahren, unwillkührlich *Gegenstände* ein, über die er nachgedacht, und die er durchs Nachdenken genauer erforscht hatte; diese Beobachtungen brachte er gleich an, und knüpfte damit einen Faden an einen Haltungs-Punkt, von dem er, wider seinen Willen wünschte, daß er fortgesponnen würde. Und wurde er gleich seit 1801 merklich kraftloser, und waren seine Gedanken nicht mehr so geordnet wie sonst; so fuhren ihm doch nicht selten helle Einsichten, wie Blitz-Strahlen, durch den Kopf, die von seinem ungemeinen Scharfsinn zeigten, und werth waren, aufgefaßt zu werden. so hatte ich kaum einige Wochen regelmäßig bey ihm gespeißt, als ich bemerkte, daß er gern *etymologisire*; sey es nun daß er mir damit ein Vergnügen machen wollte, weil er wußte, daß ich ein Freund der Etymologie war; (inzwischen haben mich doch andere seiner Tisch-Freunde versichert, daß er es in ihrem Beyseyn auch gethan hätte), oder daß er einen natürlichen *Hang* dazu hatte, welches daraus erhellte, daß er diese Etymologieen, so oft das Wort vorkam, mit eben denselben Ausdrücken wiederholte. Den Hang zur Etymologie konnte ich mir übrigens sehr gut erklären. Gewohnt als bündiger Systematiker, bey jedem Worte etwas bestimmtes zu denken, und es nach seinem innern Gehalte zu erschöpfen, maß er auch jedes, das er im gemeinen Leben brauchte, nach dem Begriffe genau ab, den es andeuten sollte; und ihn sprach jedes fremde Wort so an, daß er es nicht losließ, bis er es in seiner wahren Abkunft, so viel ihm möglich war, erforscht hatte. Daher that ihm in seinem System, zur genauen Bezeichnung der feinen Unterschiede der Begriffe, weder die Mutter- noch die lateinische Sprache Genüge; er wandte sich zu der reichen, bedeutsamen und gerundeten griechischen: und dadurch gelang es ihm, die subtilsten und feinsten Unterschiede mit einem einzigen Worte (z. E. Antinomie, Analysis, Synthesis, Amphibolie, Kategorie, Empirie, Phaenomenon, Naumenon u. s. w.) zu zergliedern und zu bezeichnen. Von solchen Adäquirungen des Ausdrucks, will ich jezt einige populäre Beyspiele aus seinen Tisch-Reden anführen, die um so belehrender sind, weil ihm hier seine so ausgebreiteten Lebens-Kenntniße, die er aus der Lektüre, und bey Wörtern ausländischer Sprachen (z. E. der arabischen, hebräischen, die er nicht verstand) aus Reisebeschreibungen geschöpft hatte, so herrlich zu Statten kamen.

Wenn man im Sommer bey heißer Witterung etwa zu ihm sagte: »Die Hize macht einen doch ganz *schachmatt* so faßte er gleich das letzte Wort auf, und sagte: »*matt in* Schachmatt ist gar nicht das deutsche Wort *matt*, sondern das orientalische *mât, sterben, tod; Schach, Scheich*** ist bekanntlich der persische Regent oder König. Wenn daher im Schach-(Königs-)Spiel gesagt wird, *Schachmat*, so heißt es, Tod dem König. Es dürfte also *Schachmat*, und nicht Schachmatt zu schreiben und zu sprechen seyn.«

Wenn (frische oder eingemachte) Stachel-*Beere*, die in Preußen (sonderbar genug) *Christor-Beere* heißen, auf den Tisch gesezt wurden, so pflegte er, besonders für Ausländer, das leztere Wort, das er selbst brauchte, fast jedesmahl zu erklären, und sagte: Christobeeren heißen eigentlich Christi Dornen-Beeren. Weil die Stachel-Beere um die Zeit der Creutzes-Feyer Christi ausschlagen, so glaubt der gemeine Mann, daß die Dornen-Krone Christi aus solchen Stachel-Beer-Sträuchen bestanden, und daher sein Haupt so zerrissen habe. Aber dem ist nicht also. Die Dornen-Krone Christi bestand nicht aus Dornen und Stachel-Beer-Sträuchen, sondern aus *Akanth*, d. i. Beerenklau, einem sanften Gewächse, das gar nicht stachelt.« Und nun fieng er an, Trotz dem gelehrtsten biblischen Exegeten, an, über *Akanth* als schönes Laubwerk, das auch bey den Korinthischen Säulen angebracht sey zu commentieren, und mit der bekannten Liebesgeschichte, die den Künstler auf die Idee gebracht habe, zu unterhalten. [18, S. 13–18]

---

* Es galt von ihm durchaus, was Nepos von Atticus sagt: elegans, non magnificus.
** Mut, mât im Hebr. Arab. *sterben, todt* seyn. *Schach*, persisch der *Regent, Scheich*, arab. der *Alte*, Fürst, Anführer.
[1] Hasse, Johann Gottfried (1759–1806), 1786 Prof. f. morgenländische Sprachen (und Griechisch) in Königsberg, 1788 Prof. d. Theologie, 1789 Konsistorialrat. Vgl. über ihn: ADB 10, S. 758 f.; über seine Kant-Biographie: Vorl. KB, S. 30 ff. Seit 1801 ist er wöchentlich zweimal bei Kant zu Gast. Hasses Biographie stieß gleich nach ihrem Erscheinen auf scharfe Kritik. Vgl. die bei Reicke (Kantiana, S. VI) abgedruckte Kritik aus der »Zeitung für die elegante Welt« (21. Juli 1804, Nr. 87); weiterhin: Der Freimütige 1804, S. 139; Scheffner-Briefwechsel (Q, Nr. 53), Bd 5, S. 451/452, vgl. auch Vorl. II, S. 39.

566. *Hasse* ab 1801

Einst sey, als er noch ein Schüler war, (im hiesigen *Collegio Fridericiano*) ein Straßen-Junge zum seel. Inspektor *Schiffert* hereingedrungen, und habe gefragt: Ist hier die Pietisten-Schule? Darauf habe der Inspektor ihm eine tüchtige Tracht Prügel geben lassen, mit den Worten: »Nun weißt du, wo die Pietisten-Schule ist.« —

[18, S. 34]

567. *Hasse* ab 1801

»Es ist ein Gott« rief er einst aus, und bewies das aus dem Benehmen der *Schwalbe* gegen ihre Jungen, die, wenn sie sie nicht mehr ernähren könne, sie aus dem Neste stoße, um sie nicht vor ihren Augen sterben zu sehen. Und dabey sprach er viel zu Gunsten des Physiko-theologischen und teleologischen Arguments für das Daseyn Gottes.

Als ein angehender Philosoph ihm seine Schrift zugesandt hatte, in der auf der Rückseite des Titels ein algebraisches Verhältniß von Gott angegeben war, hatte er mit Bleystift darunter geschrieben: »das wäre ja — o« mit Ausrufungs-Zeichen, und mündlich war er sehr unwillig darüber. [18, S. 26–27]

568. *Hasse* ab 1801

Des Sonntags hielt er sich oft über das Singen in der Kirche auf, »es sey nichts als Geplerre.« Das machte, er hatte den Tag das Singen in dem ihm nahen Gefängniß (der sogenannten *Schützerey*) gehört, an dem freylich nichts sonderlich erbauliches war.

[18, S. 29]

568a. Anonym 1801 (und vorher)

Lautes Beten und Singen war ihm zuwider; er konnte es mit wahrer Andacht nicht reimen, wie er denn jedesmal, wenn er hörte, daß jemand noch zuletzt sich ins Frommseyn geworfen, dies verächtlich fand, und von sich selbst versicherte, daß es Niemand an ihm erleben werde. Dessen ungeachtet ehrte ihn jeder als den rechtschaffensten Mann, und war gedrungen, an diesem Beispiel zu gestehen, daß bei einer gewissen Vernunft alle entlegnere Motive zum Rechtthun und Guthandeln entbehrlich sind.

[64, S. 170]

569. Hasse ab 1801

»Ewigkeit«, rief er einst aus, zwischen *dir* und *hier* ist eine große Kluft befestigt. Mit einem Fuße da, und mit dem andern dort stehen, heißt, dem Engel im Koran gleichen, von dessen einer Augenbraue zur andern 4000 Meilen sind.«*

Aber nicht blos theologische Gedanken bot sein Gespräch dar; diese waren vielmehr die lezten Gegenstände, wenn die politischen, humanistischen und doktrinellen schon erschöpft waren. Nur war in den lezten Jahren sein politisches System etwas zerrüttet, er hatte seine eignen Gedanken, z. E. von Bonaparte, dessen Zug nach Aegypten u. s. w. Die Fortschritte in der Gelehrsamkeit aber und in den Wissenschaften z. E. in der Chemie, von der er voraussagte, daß sie noch Wunder thun würde, u. s. w. fesselten ihn ungemein. Vom Galvanism versprach er sich sehr viel, und man sah die neuesten Schriften darüber auf seinem Tische liegen; dagegen hielt er von der *Schuz-Pocken-Impfung* gar nichts, und meynte, »es sey eine Brutalität mehr, deren wir nicht bedürften.« Die Erfindung der *Thermolampe* in unsern Holzarmen Zeiten, *Gall's* Schädelorganen-Lehre, die Erweiterungen der Geographie**, Aufklärungen in der Geschichte u. intressirten ihn auf das lebhafteste. Als er meine kleine Schrift »Ueber die Zigeuner«[1] gelesen hatte, sagte er: »Die Zigeuner sind gewiß aus Indien; das verräth am mehresten ihre Farbe, die so gelb ist, daß sie das Hemde färbt.«

Was Gelehrte betrifft, so bekümmerte er sich um *Theologen* und *Juristen* fast gar nicht: (Herrn *D. Stäudlin* schäzte er sehr, als Moral-Philosophen; des Herrn Geh. R. *Schmalzens* Beförderung nach Halle, machte ihn auf seine Schriften aufmerksam.) Aerzte hielt er für sich entbehrlich, schäzte sie aber sehr, wenn sie mit *Chemie* (hier stund ihm unser Herr *D.* und Medicinal R. *Hagen* oben an) *Galvanism* und andern neuen Entdeckungen beschäftigten. Daher zog er die hiesigen jungen Aerzte, die von gelehrten Reisen zurück kamen, Herrn *D. Motherby, Reusch, Eisner, Lobmeyer* u. an seinen Tisch, damit sie ihm viel neues erzählen möchten. Von Philosophen gieng ihm *Reinmarus*[2] über alle; unsern Herrn Prof. *Kraus* und Hofprediger *Schulz* hatte er so oft im Munde, daß er es wußte und erzählte, daß ersterer 30, lezterer 15 Jahre jünger sey, als er; über *Reinhold* zuckte er die Achseln; an *Fichte* und dessen Schule durfte man ihm gar nicht denken. Ueber *Herder* urtheilte er fast leidenschaftlich: »er wolle Diktator seyn, und gern Jünger machen.« Die Lehrer der Beredsamkeit standen bey ihm in keinem vortheilhaften Lichte, wie schon seine Anthropologie lehrt; er verglich sie mit den Advokaten. *Dichter* waren nicht seine Lieblinge, ausgenommen *Haller*, dessen Gedichte er fast auswendig wußte, *Wieland, Göthe, Schiller u. s. w.*

Wurde der Herausgabe seiner *physischen Geographie* bey *Vollmer*[3] gedacht, so wurde er fast wüthend, und sagte, es sey alles *Lug* und *Trug*, versicherte auch, er habe seine ächten Papiere dem Herrn *D. Rink* in Danzig übergeben. Als die bekannten »Fragmente zu seiner Biographie«[4] erschienen und ihm zugeschickt waren, so zeigte er das Buch über Tische, mit einer Art von Wohlgefallen, und schien es nicht übel zu nehmen, daß bey seinen Lebzeiten über ihn geschrieben wurde; urtheilte aber weiter nicht darüber, als daß er im Verzeichniß der Druckfehler einen aufsuchte (ich glaube, es war das Wort transcendental) der durch Verbesserung noch schlimmer geworden (oder, wie er sagte »verballhornisirt«) war.

Fast täglich erhielt er Briefe aus den entferntesten Gegenden, z. E. Holland, Frankreich, Schweiz, Italien, in Sprachen und Zungen, die er bisweilen selbst nicht verstand, sondern sich übersetzen lassen mußte (die italienischen hatte ich den Auftrag zu übersetzen) er beantwortete die wenigsten, ließ die wichtigsten durch Herrn Diak. *Wasjanski* beantworten, und zuletzt wurde fast auf keinen mehr gerücksichtigt. Eben so giengs mit denen Gelehrten, die ihm

Exemplare ihrer Schriften zuschickten, oder ihre Bücher dedicirten. Fast die Hälfte seiner Bibliothek,*** besteht aus dergleichen schön gebundenen Büchern; aber zulezt werden die mehresten vergeblich auf eine Antwort oder einen Dank dafür gehoffet haben. Er hatte dafür keinen Sinn mehr.

Inzwischen war er nicht immer so ernsthaft und gespannt, sondern auch erheiternd und vergnügend. Wie oft encouragirte er seine Gäste zum Essen und Trinken, und wünschte nur, daß es ihnen eben so gut schmecken möchte, als ihm! Wie oft brach er selbst von einem ernsthaften Gespräche ab, und fragte von neuem: Was giebt es denn sonst gut's Neues? Bisweilen forderte er so gar, daß man ihn unterhalten solle, und meynte, »so lange er gekonnt habe, sey es ihm angelegenes Geschäft gewesen, andere zu unterhalten, nun aber wünsche er, daß er von andern unterhalten würde.«

Um nun zur Unterhaltung alles beyzutragen, was ihm möglich war, recitirte er oft *Gedichte*, die er aus früheren Zeiten behalten hatte. Dazu brauchte er einen angenehmen Ton, der ihm allein wohl am besten stand: und dabey ward seine Wange röther, sein Auge feuriger, er selbst froher gestimmt, und seine Gäste mit ihm. Und das alles mit der größten Besonnenheit!**** [18, S. 29-32]

---

* Uebrigens hielt er den Catholicism für sehr consequent, und das Verbot des Bibellesens für den Schluß-Stein desselben. *Calvins absolutum decretum* vertheidigte er; — und als er von Schröckhs größerm Werke der Kirch. Geschichte die Theile gelesen hatte, die von Ketzereyen handeln, sagte er: »Man kann in der Lehre von der Gottheit Christi, mit keiner Meynung mehr dazwischen kommen; es ist alles erschöpft.«

** Von *Hornemann's*[5] und v. Humbolds Reisen sprach er so oft, daß ihm auch der Bediente einhalf, wenn ihm der Nahme entfallen war.

*** Sie war gar nicht stark. Denn er schaffte sich nicht leicht Bücher selbst an, sondern ließ sie sich roh aus dem Buchladen geben, las sie, und schickte sie wieder zurück.

**** Am öftersten hörte man ihn ein Hochzeit-Gedicht von einem Dichter- *Richau* recitiren, in welchem, ganz unerwartet, der Ehestand als Wehestand beschrieben, und der Cölibat auf das lebhafteste empfohlen wurde; nur in der lezten Zeile wendete sich die Sache plötzlich. Die Strophen

»Ich selbsten, mit Erlaub zu sagen,
Ich selbsten habe keine Frau.«

und die lezte — »doch *excipe* dies würd'ge Paar« sprach er mit besonderer Grâce, und das erstere gleichsam auf sich deutend, aus[6].

[1] Vgl. zu Kants Interesse an den Zigeunern G, Nr. 333, 334.
[2] Reimarus, Hermann Samuel (1694–1768), Theologe und Philosoph (Lessings »Ungenannter«).
[3] Vollmer, Gottfried Dietrich Lebrecht (1768–1815), Buchhändler, gab Kants Physische Geographie heraus (vgl. Ak 12, S. 343 f.). Zum Streit um die Rechtmäßigkeit der Ausgabe vgl. Ak 9, S. 510 f. und Ak 13, S. 526 ff.
[4] Gemeint: Mortzfelds Biographie (Q, Nr. 42).
[5] Hornemann, Friedrich Konrad (1772–1801), Afrikaforscher, 1797–1800 Reise durch die Sahara
[6] Vgl. G, Nr. 116.

570. *Hasse* ab 1801

Am öftersten erzählte er Anekdoten von Friedrich dem Einzigen, vor dessen Größe er staunte. Keine habe ich aber von ihm öfters erzählen hören, als folgende, die eben nicht so allgemein bekannt ist. Ein Fahnen-Schmidt geht vor dem reutenden König voraus, und scheint ihm nicht aus dem Wege gehen zu wollen. Man schreyt ihm zu, er tritt ein wenig an die Seite, und läßt nicht undeutlich die Worte von sich hören: »Laß den alten R—r reuten.« Der König hört diese Worte selbst, thut aber, als wenn er sie nicht gehört hätte, und reutet fort. Abends beim Ausziehen erkundigt er sich nach dem Manne umständlich, und alle geben ihm in seinem Treiben und Handeln das beste Zeugniß. Aber, sagt der König, er nannte mich doch einen R—r. Man will es ihm ausreden. Der König bleibt dabey, und versichert, er habe es nur zu deutlich gehört. Er hat es aber diesem Manne weder nachgetragen, noch je im geringsten entgelten lassen.« — Die Erzählung dieser Anekdote gelang ihm immer sehr gut.

Bald kam ihm sein Witz und Scharfsinn zu statten, wovon die Proben schon aus seinen Schriften erkennbar sind.* Er machte oft die glücklichsten Impromtüs, die sich aber nicht auffassen liessen, und, aus dem Zusammenhange gerissen, sehr verlieren würden. Und fiel in den Tisch-Reden etwas vor, was der Engländer »a bull« nennt, so gab das zu den frohesten Augenblicken Anlaß, indem er und andere eine Menge solcher bulls erzählten.

Was konnte man aber für Lebens-Weisheit von ihm lernen! *Bestimmtheit* in seinen Grundsätzen, *Stetigkeit* in seinen Handlungen,

Standhaftigkeit in seinen Entschlüssen — *Ordnung* in seinen Unternehmungen (es gieng bey ihm einen Tag wie den andern) *Ergebung* in sein Schicksal, komme es, wie es wolle; und wenn es selbst einem, ohne seine Schuld, nicht nach Wunsch gehe, so rieth er »zum bösen Spiel eine gute Miene zu machen.«

Und wie *leutseelig* war er! Er beleidigte gewiß so leicht kein Kind! Seine ganze Sprache, sein ganzes Benehmen, war von der Art, daß er dessen ganz unfähig zu seyn schien. Ich habe ihn nur dann über die wilde Jugend unwillig gesehen, als Straßen-Jungen mit großen Steinen nach seinem Obste im Garten warfen, und ihn bald erschlagen hätten. Er schickte nach der Polizei, und gieng seitdem selten, oder gar nicht in den Garten.— **

Wie *wohlthätig*! Er gab nicht denen, die ihn auf der Straße angiengen; aber denen, die es bedurften, hauptsächlich seinen armen Verwandten! Ich habe es aus sicherer Hand, daß er jährlich 320 Rthlr. auf Almosen und Unterstüzung seiner Verwandten gewandt hat.

Und so entfalteten sich dem Beobachter täglich die schönsten Züge seines Charakters, so zeigte er sich immer liebenswürdiger; so verstrichen unter Ernst und Scherz, die frohen Stunden, die man an seinem Tische zubrachte. Mit Belehrungen bereichert, mit dem, was gerne gegeben wurde, gesättigt, und gestärkt an Leib und Seele, gieng man, wenn aufgestanden wurde, vor ihm (der noch sein Silber in das Büreau verschloß) her, verweilte noch etwas in der Vor- oder Wohnstube, und empfahl sich dann; (ich gewiß nie ohne Rührung.) [18, S. 29–36]

---

* Seine witzige Vergleichung eines Frauenzimmers: Ein solches muß eine *Thurm-Uhr* seyn (um alles pünktlich und auf die Minute zu thun) und doch keine Thurm-Uhr (nicht alle Geheimnisse *laut* verkündigen;) eine *Schnecke*, (häuslich) und doch keine *Schnecke* (nicht alles das Ihre an ihrem Leibe tragen) u. s. w. ist, wenn ich nicht irre, schon gedruckt; so wie die von der Philosophie, als Magd der Theologie, von der es ungewiß ist, »ob sie lezterer die *Fackel vor-* oder die *Schleppe nachträgt*.«

** Nehmlich, weil diese Jungen, seiner Meynung nach, nicht gehörig bestraft wurden. Er meynte, »es könnte wohl seyn, daß sie erst bestraft würden, wenn sie ihn erschlagen hätten.«

571. Hasse ab 1801

Ein durchreisender Russischer Gelehrter wollte ihn durchaus sprechen; er wurde mit Mühe zugelassen: aber nun wünschte er auch, etwas von seiner Hand, und wenn es nur ein von ihm beschriebenes Blatt Papier wäre, zu besitzen, und bittet den Bedienten, ihm doch ein solches zu verschaffen, und in sein Logis zu bringen. Dieser verspricht ihm, nachzusuchen, findet ein oder ein Paar Blätter, zeigt sie vorher dem Herrn Diak. Wasjanski, ob sie noch etwas zu brauchen wären; und trägt sie auf dessen Verneinung (ich glaube, es war ein Stück Manuscript von seiner gedruckten Anthropologie) zu ihm hin. Der Mann, vor Freuden außer sich, weiß gar nicht, was er dem Bedienten geben soll, zieht seinen eigenen Rock, den er an hat, vom Leibe, und schenkt ihm den. Und diesen Rock trug der Bediente, etwas verändert, aber doch mit den glänzenden, mit dem Russischen Adler prangenden Knöpfen, öffentlich, und erzählte die Sache, zum offenbaren Wohlgefallen Kants, mehrmals bey Tische. — So betrachtete man alle Kleinigkeiten von ihm, als heilige Reliquien. Schon stehen ein Paar Schuhe von ihm in einer Raritäten-Kammer in Dresden; und es war sein Wille, daß sie hingeschickt würden. Und nach seinem Tode riß man sich um die Kleider und Geräthe, die er gebraucht hatte. Sein alter, gewiß 20jähriger, und fast weiß gewordener Tabacks-Hut, der nicht einen Sechser werth war, wurde in der Auktion mit 8 Rthlr. 8 Ggr. und sein ganz simpler Tabacks-Kasten mit einem halben Thaler u.s.w. bezahlt.

[18, S. 41–42]

571a. Scheffner an Lüdecke, 14.1.1802 Januar 1802

Es ist recht gut dass der alte Kant jezt an nichts mehr Theil nimt was über ihn beschlossen wird, der Aenesidemus Schulz[1] mag also immerhin auf ihm herumtrampeln er hat seine Sach wenn nicht Gott, so doch der Zeit heimgestellt, und die nimt und frisst all Menschenkind, von welcher Fakultät die Kinder auch sind.

[53/2, S. 399]

[1] Gemeint: Schulze, Gottlob Ernst (genannt Aenesidemus) (1761–1833), seit 1788 Prof. d. Philosophie in Helmstedt, seit 1810 in Göttingen (Schopenhauers Lehrer). Vgl. ADB 32, S. 776 ff. Sein Beiname rührt her von dem 1792 anonym erschienenen Werk »Aenesidemus oder über die Fundamente der von Herrn Prof. Reinhold in Jena gelieferten Elementarphilosophie (Vgl. Rosenkranz 1987, S. 335 ff.) Scheffners Bemerkung bezieht sich wahrscheinlich auf das gegen Kant gerichtete Buch »Kritik der theoretischen Philosophie«. Hamburg 1800, vgl. Rosenkranz (1987), S. 337.

572. *Wasianski* Ende Januar 1802

In sein häusliches Verhältnis gehört auch sein erster Diener, *Martin Lampe*. Dieser war aus Würzburg gebürtig, Soldat in preußischen Diensten gewesen, und nach erhaltenem Abschiede vom Regiment in den Dienst bei *Kant* getreten, dem er gegen vierzig Jahre vorstand. Anfänglich, bei einer guten Führung, hielt *Kant* sehr viel auf ihn, und bezeigte sich gegen ihn sehr wohltätig. Aber gerade diese Liberalität *Kants* wurde auch die Ursache, warum *Lampe* sich einer üblen Gewohnheit, zu welcher sein reichliches Auskommen ihn mit verleitete, hingab. Er mißbrauchte die Güte seines Herrn auf eine unedle Art, drang ihm Zulagen ab, kam zur unrechten Zeit nach Hause, zankte sich mit der Aufwärterin, und wurde überhaupt mit jedem Tage unbrauchbarer zur Bedienung seines Herrn. Dieses veränderte Betragen brachte eine veränderte Gesinnung *Kants* gegen ihn unvermeidlich zuwege. Er faßte den Entschluß, sich von ihm zu trennen, der mit einem jeden Tage immermehr seiner Ausführung entgegen reiste. Ich hatte Ursache, zu vermuten, daß die Äußerung desselben nicht eine bloße, leere Drohung oder ein Besserungsversuch für *Lampe*, sondern *Kants* wahrer Ernst sei, suchte letztern indessen mit Gründen wieder zu besänftigen und den Aufschub der Ausführung zu bewirken, besonders da ich voraus sahe, daß die Trennung unvermeidlich, aber auch mit großen Schwierigkeiten für *Kant*, mich, *Lampe* und seinen neuen Diener verbunden sein würde. Es sollte ein mit *Kant* grau, aber anstößig gewordener Diener abgeschafft werden. Beide hatten sich aneinander gewöhnt: ich sollte die Mittelsperson zwischen beiden sein. *Kant* hätte der Schritt gereuen und er darauf bestehen können, ihn wieder in sein Haus zu nehmen. — Wie weit wäre dann *Lampes* Brutalität gegen *Kant* und mich gegangen, wenn er einen so deutlichen Beweis seiner Unentbehrlichkeit erhalten hätte? Und wo war so leicht außer der Zeit ein treuer, an Eingezogenheit gewohnter Diener herzunehmen, der in *Kants* lange Gewohnheiten sich zu schicken gewußt haben würde? Ich suchte also diesen drohenden Blitzschlag oft und noch immer unschädlich abzuleiten; obgleich die Bekanntschaft mit *Kants* Charakter mit Sicherheit vermuten ließ, daß, wenn es ihm einmal rechter Ernst würde, *Lampe* zu entlassen, ihn nichts von seinem Vorsatze so leicht abbringen würde, wie dieses auch der Erfolg zeigte.

Mit dem weichsten Herzen verband *Kant* den festesten Charakter aufs innigste. Gab er einmal sein Wort, so war dieses bei seiner unerschütterlichen Festigkeit mehr wert, als Eidschwüre anderer. Und diese Zuverlässigkeit hat es mir oft erleichtert, seinen Wünschen, deren Erfüllung Erkältung, Indigestion oder andere Nachteile für ihn zur Folge gehabt haben würde, eine andere Richtung zu seinem Vorteil zu geben. Ich durfte nach vorgehaltenen Gründen, besonders nach dem, daß sein Körper das, was demselben in frühern Jahren möglich gewesen wäre, in den spätern nicht ertragen könnte, nur sein Wort zur Annahme meines Vorschlages einmal erhalten; und der sehnlichste Wunsch war vernichtet. Er hatte mir sein Versprechen gegeben: mir in nützlichen Dingen zu folgen und — er hielt's.

Einige seiner Tischfreunde behaupteten, daß sie die Beschwerden, die ich mit *Kant* hatte, um alles in der Welt nicht übernehmen wollten, und bedauerten mich; ich aber bedauerte mich selbst nie, und versichere, daß ich den Beistand, den ich *Kant* geleistet habe, keine Beschwerde nennen kann. Bei seiner Schwäche und Hilfsbedürftigkeit war ich ihm freilich Bedürfnis geworden, aber er mir gewiß noch weit mehr. Er sah mich gern, ich ihn gewiß noch lieber, und ich konnte keinen Tag ruhig zubringen, ehe ich ihn gesehen und mich seiner erfreut hatte, besonders in den letzten Jahren seines Lebens. Ich nahm bei seinen Besuchen, auch wenn sein Zustand mir nahe ging, nie einen kleinmütigen Ton an, den der Mann, der standhaft den herannahenden Übeln des alters die Spitze bot, nicht leiden konnte. Er war nicht so weichlich, daß er bedauert werden wollte. Lebhaft und vertrauungsvoll war meine Sprache, die ich gegen ihn führte. Und so bedurfte er keines leidigen Trostes. Mein Zuruf: *Non, si male nunc, sic erit et olim,* war ihm genug. Ein solcher unbefangener, freundschaftlicher Zuspruch erheiterte ihn bisweilen so, daß er mich oft seinen Trost nannte; eine Benennung, die seine Schwäche aus ihm sprach. Rührend war für mich der öftere Anblick in den letzten Zeiten, da er so hinfällig war, daß er nicht mehr lesen und schreiben konnte, ihn mit der Uhr in der Hand die Minute meiner Ankunft erwartend an der Türe sitzen zu finden. Er fühlte nach langer Einsamkeit das Bedürfnis der Unterhaltung sehr dringend. Konnte es da Beschwerde für mich sein, ihn täglich ohne Ausnahme zu besuchen?

Nach so vielen Jahren der Bekanntschaft, des Umgangs und (ich darf der Wahrheit gemäß den Ausdruck brauchen) der Vertraulichkeit, denn er hatte schon längst kein Geheimnis mehr für mich, konnte es nicht fehlen, daß wir uns einander so ziemlich kennen gelernt hatten. Wenn dann nun der Mann von einem auf geprüften Grundsätzen unerschütterlich festgebauten Charakter, mit vollem Bewußtsein dessen, was er sagte, gesetzt, ernst, entschlossen und vertrauungsvoll sich in der Art gegen mich ausdrückte: »Liebster Freund, wenn Sie eine Sache für mich vorteilhaft finden, und ich nicht; wenn ich sie für unnütz und nachteilig halte, Sie sie mir aber anraten, so will ich sie billigen und annehmen«, und wenn dieser Mann das auch wirklich tat, wenn überdem bei gewissen Geschäften, wo die Mitwirkung anderer erfordert wurde, ein jeder dazu Aufgeforderte sich freute und beeiferte, für *Kant* mitzuwirken, wenn seine Aufträge von der Art waren, daß kein redlicher Mann sie auszuführen, auch nur einen Augenblick anstehen und sein Gewissen erst um Rat fragen durfte, wenn kein Widerstand zu fürchten, überall Beistand und Zuvorkommen zu erwarten war; so läßt sich wohl begreifen, daß die Übernehmung der Geschäfte *Kants* nicht eine solche Beschwerde war, als sie es beim ersten Anblick zu sein schien. *Kant* war und blieb der determinierte Mann, dessen schwacher Fuß oft, dessen starke Seele nie wankte.

Daher konnte ein solches kühnes Wagstück, als die Trennung seines alten Dieners von ihm, auch nur bei ihm allein versucht und glücklich ausgeführt werden. Schon ehe diese wirkliche Trennung eintrat, sahe ich die Unmöglichkeit ein, daß *Kant,* der bei der Schwäche seiner Füße oft fiel, der Wartung eines Dieners allein überlassen werden konnte, der sich selbst zu halten oft unvermögend war, und, aus sehr verschiedenen Ursachen, ein gleiches Schicksal mit seinem Herrn hatte. Überdem tat er durch Gelderpressungen, welche er aus Hoffnung, sich Frieden und Ruhe zu erkaufen, bewilligte, Lampens Neigung nur immer mehr Vorschub, und dieser sank tiefer. Hierzu kam noch, daß er durch das Verbot: von keinem andern, als von mir, Geld zu fordern, und durch den Ernst, mit dem ich ihm jeden Übertretungsfall verwies, in eine Art von Hoffnungslosigkeit wegen der Rückkehr des ihm so behaglichen *Status quo* versetzt wurde. Nachher sah er sich fast auf seinen Gehalt eingeschränkt, und er selbst fand nun den Dienst bei *Kant*, im Vergleich mit den vorigen bessern, goldenen Zeiten, nicht mehr so außerordentlich vorteilhaft. Eine andere Vorkehrung, an die ich oben dachte, mag vieles zur Verzweiflung an bessern Zeiten beigetragen haben. Gesetzt aber auch, alle diese Inkonvenienzen hätten nicht stattgehabt, so machte der Umstand, daß die Kräfte des Dieners *Kants* zusehends mehr abnahmen, es notwendig, auf die Besetzung seiner Stelle durch einen rüstigern und kraftvollern Mann bedacht zu werden. Ich hatte in Zeiten gehörige Vorkehrungen gemacht, und stand vor dem Bruche in voller Rüstung; suchte, fand und wählte einen Diener und erhielt ihn in einem Interimsdienst, von dem er sich an jedem Tag losmachen konnte. Oft sprach ich bald sanft, bald ernstlich mit *Lampe* über den immer mehr der Ausführung sich nahenden Entschluß seines Herrn, ihn abzuschaffen, machte ihn auf sein trauriges Los für die Zukunft aufmerksam, gab ihm ziemlich verständliche Winke darüber, daß im Falle seiner guten Aufführung nicht allein er, sondern auch seine Gattin und sein Kind glücklich werden sollten, vereinigte mich mit seiner Gattin, die ihn mit Tränen bat, sein eigenes Wohl zu bedenken. Er versprach, besser zu werden und wurde — schlechter. Endlich kam der Tag im Januar 1802, an dem *Kant* das ihn beugende Geständnis ablegte: *Lampe* hat sich so gegen mich vergangen, daß ich es zu sagen mich schäme. Ich drang nicht in ihn und kenne dieses gewiß grobe Vergehen nicht. *Kant* bestand auf seine Abschaffung, zwar nicht mit Groll, doch aber mit männlichem Ernst. Seine Bitten an mich waren so dringend, daß ich noch früher als der andere Tischgast vom Tische aufzustehen mich gedrungen sah, und den in Bereitschaft stehenden Diener *Johann Kaufmann* holte. *Lampe* weiß von nichts, was vorgeht. *Kaufmann* kommt, *Kant* faßt ihn ins Auge, trifft auf der Stelle seinen Charakter und sagt: Er scheint mir ein ruhiger, ehrlicher und vernünftiger Mensch zu sein. Wenn er sich ganz nach den Anweisungen dieses meines Freundes zu richten gesonnen ist, so habe ich nichts wider ihn; nur alles, was der ihm sagt, muß er pünktlich tun; was der mit ihm abmacht, das billige ich auch, und das soll er richtig erhalten. *Kant* sorgte also bei der ersten Unterredung mit seinem Diener dafür, mich bei ihm in Ansehen zu setzen. Am folgenden Tage wurde *Lampe* mit einer jährlichen Pension entlassen, mit der gerichtlich verschriebenen Bedingung: daß dieselbe von dem Augenblicke an aufhöre, wenn *Lampe* oder ein von demselben Abgesandter, *Kant* behelligen würde.

Der Diener *Johann Kaufmann* war wie für *Kant* geschaffen und hatte bald wahre persönliche Liebe und Anhänglichkeit für seinen Herrn. Bei seinem Eintritt ins *Kant*sche Haus bekam die bisherige Lage in demselben eine ganz andere Gestalt zu ihrem Vorteil. Eintracht mit der Aufwärterin *Kants*, mit der *Lampe* vorhin im ewigen Streite lag, und mit der *Kaufmann*, wie es sein muß, umzugehen verstand, war nun im Hause des Philosophen einheimisch, das vorher durch manche überlaute Auftritte, von denen *Kant* wußte und nicht wußte, entweiht war. Nun konnte er ohne Verdruß, dessen Erregung durch manche ärgerliche Vorfälle auch beim Philosophen unvermeidlich war, seine Tage ruhig verleben. So großmütig er *Lampen* verzieh, so nötig fand er es doch auch, seine bisherige, für *Lampe* fast übermäßig wohltätige Disposition zu ändern, und ihm nur die 40 Rtlr. Pension auf seine Lebenszeit zu sichern. In dem zweiten, deshalb deponierten Nachtrage zu seinem Testamente zeigte er seinen Edelsinn und seine Großmut auf eine auffallende Art. Er veränderte den ihm vorgeschlagenen Anfang desselben, der so lautete: Die schlechte Aufführung des L. machte es notwendig usw. in den Ausdruck: Gegründete Ursachen usw. indem er sagte: »man kann ja den Ausdruck so mildern«. Sechsundzwanzig Tage nach *Lampes* Abschaffung wurde dieser Nachtrag deponiert, und vom gerechten Unwillen war keine Spur in demselben anzutreffen. *Lampe* ließ einen Dienstschein fordern, ich legte ihn *Kanten* vor. Lange sann er nach, wie er die leergelassenen Stellen für sein Verhalten füllen sollte. Ich enthielt mich jedes Rats dabei, welches seinen Beifall zu haben schien. Endlich schrieb er: er hat sich treu, aber für mich (*Kanten*) nicht mehr passend verhalten.

Je länger man mit *Kant* umging, destomehr bisher ungekannte, vorteilhafte Seiten lernte man an ihm kennen, und desto verehrungswürdiger mußte er erscheinen. Das zeigte sich auch bei seiner jetzigen Veränderung. Er war an den kleinsten Umstand durch seine ordentliche und gleichförmige Lebensart eine lange Reihe von Jahren hindurch so gewöhnt, daß eine Schere, ein Federmesser, die nicht bloß zwei Zoll von ihrer Stätte, sondern nur in ihrer gewöhnlichen Richtung verschoben waren, ihn schon beunruhigten, die Versetzung größerer Gegenstände in seinem Zimmer; als eines Stuhles, oder gar die Vermehrung oder die Verminderung der Anzahl derselben in seiner Wohnstube, ihn aber gänzlich störte, und sein Auge so lange an die Stelle hinzog, bis die alte Ordnung der Dinge wieder völlig hergestellt war.

Daher schien es unmöglich zu sein, daß er sich an einen neuen Diener gewöhnen könnte, dessen Stimme, Gang u. dgl. ihm ganz befremdend waren. Aber auch in seiner Schwäche behielt er Geistesstärke genug, sich endlich daran zu gewöhnen, was die einmalige Lage der Dinge, besonders, wenn sie durch sein Wort sanktioniert war, notwendig machte. Nur die laute Tenorstimme, das Schneidende und Trompetenähnliche derselben, wie er es nannte, war ihm an seinem neuen Diener empfindlich. »Er ist ein guter Mensch, aber er schreit mir zu sehr«, das war alles, was er mit einer Mischung von Sanftmut und klagender Ungeduld sagte. In einem Zeitraume von wenigen Tagen hatte dieser sich an einen leiseren Ton gewöhnt, und alles war gut.

Dieser neue Diener schrieb und rechnete gut und hatte in der Schule so viel gelernt, daß er jeden lateinischen Ausdruck, die Namen seiner Freunde und die Titel der Bücher richtig aussprach. Über diesen Punkt richtiger Benennung und Aussprache der Dinge und Wörter, waren *Kant* und *Lampe* stets uneins und lebten in einem ewigen Hader miteinander, der oft zu recht possierlichen Szenen Gelegenheit gab; besonders wenn *Kant* dem alten Würzburger die Namen seiner Freunde und die Titel der Bücher vorsagte.

In den mehr als dreißig Jahren, in denen *Lampe* wöchentlich zweimal die Hartungschen Zeitungen geholt und wieder fortgetragen hatte, und wobei er jedesmal, damit sie nicht mit den Hamburger

Zeitungen verwechselt würden, von *Kant* sie nennen hörte, hatte er ihren Namen nicht behalten können; er nannte sie die Hartmannsche Zeitung. »I was Hartmannsche Zeitung!« brummte *Kant* mit finsterer Stirn. Darauf sprach er sehr laut, effektvoll und deutlich: »Sag Er Hartungsche Zeitung.« Nun stand der ehemalige Soldat geschultert und verdrießlich darüber, daß er von *Kant* etwas lernen sollte, und sagte im rauhen Ton, in dem er einst: Wer da? gerufen, *Hartungsche Zeitung*, nannte sie aber das nächste Mal wieder falsch.

Mit seinem neuen Bedienten kamen nun solche gelehrte Artikel ganz anders zu stehen. Fiel *Kant* ein Vers aus den lateinischen Dichtern ein, so konnte dieser ihn nicht allein ziemlich richtig aufschreiben, sondern lernte ihn auch bisweilen auswendig, und konnte ihn sogar rezitieren, wenn er *Kant* nicht gleich einfiel, welches der Fall mit dem Verse, *Utere praesenti; coelo committe futura*, war, den ich *Kant* in Augenblicken des Mißmuts, was am Ende bei seiner Schwäche mit ihm werden würde, versagte und den *Kant*, weil er ihn vorher nie gewußt hatte, oft wieder vergaß. Diesen sagte ihm sein Diener richtig vor. Ich war ihm bisweilen durch Übersetzung und Erklärung behilflich. Durch diesen Kontrast und auffallenden Abstich von *Lampe* wurde *Kant* zu dem öftern Zeugnis gegen seinen Diener vermocht: »Er ist ein vernünftiger und kluger Mensch.«

Ich hatte diesem neuen Diener den Tag vor dem Antritte seines Dienstes auf einem ganzen Bogen die kleinsten und unbedeutendsten Gewohnheiten und Gebräuche *Kants* nach der Tagesordnung aufgeschrieben, und er faßte sie mit Schnelligkeit. Er mußte mir vorher seine Manövres vormachen und so aufs Tempo geübt, trat er seinen Dienst an. Seine ersten Dienstleistungen gingen daher auch schon so geübt vonstatten, als wenn er jahrelang bei *Kant* serviert hätte. Ich war den größten Teil des ersten Diensttages zugegen, um durch Winke, die er trefflich verstand, alles zu leiten und den kleinsten Verstoß gegen *Kants* Gewohnheiten und Gebräuche zu hindern. Von diesen war ich durch langen Umgang mit ihm sehr genau unterrichtet, nur bei seinem Teetrinken war kein Sterblicher je, außer *Lampe*, gewesen. Um das Nötige anzuordnen, war ich um 4 Uhr morgens schon da. Es war der 1. Februar 1802. *Kant* stand wie sonst vor 5 Uhr auf, fand mich, es befremdete ihn mein Besuch sehr. Vom Schlafe nur erwacht, konnte ich ihm den Zweck meiner Gegenwart anfänglich nicht begreiflich machen. Nun war guter Rat teuer. Keiner wußte, wo und wie der Teetisch gesetzt werden sollte. *Kant* war durch meine Gegenwart, durch die Abwesenheit des *Lampe* und durch den neuen Diener verwirrt gemacht, konnte sich in nichts finden, bis er endlich so recht aus dem Schlafe zu sich selbst kam. Nun setzte er sich den Teetisch selbst hin; aber es fehlte noch immer etwas, was *Kant* nicht angeben konnte. Ich sagte, ich wollte mit ihm eine Tasse Tee trinken und eine Pfeife mit ihm rauchen. Er nahm dieses nach seiner Humanität hoch auf, ich sah ihm aber den Zwang an, den er sich dabei antat. Er konnte sich immer nicht finden. Ich saß gerade über ihm. Endlich kam er darauf und bat mich sehr höflich, ich möchte mich so setzen, daß er mich nicht sehen könne; denn seit mehr als einem halben Jahrhundert habe er keine lebendige Seele beim Tee um sich gehabt. Ich tat, was er verlangte, *Johann* ging in die Nebenstube, und kam nur dann, wenn *Kant* ihn rief.

Nun ging alles mit dem neuen Diener nach Wunsch. *Kant* holte nun freier Luft, lebte ruhig und zufrieden. Schlich sich ein kleiner Fehler in seiner Bedienung ein, so beschrieb er sich selbst, daß ein neuer Diener noch nicht ganz vertraut mit seinen kleinsten Gewohnheiten sein könne.

Ein sonderbares Phänomen von *Kants* Schwäche war folgendes. Gewöhnlich schreibt man sich auf, was man nicht vergessen will; aber *Kant* schrieb in sein Büchelchen: der Name *Lampe* muß nun völlig *vergessen* werden.

Kant fand es anstößig, wie auch schon im Freimütigen bemerkt worden, seinen Diener *Kaufmann* zu nennen, weil er zwei gebildete Kaufleute wöchentlich an seinen Tisch zog.

Bei einem frohen Mittagsmahl wurde daher nach Hersagung eines sehr possierlichen Verses, den ich hier nicht anführen mag und dessen Schluß heißt: »*Er soll Johannes heißen*«, beschlossen, den Diener nicht Kaufmann, sondern *Johannes* für die Zukunft zu nennen.

Um diese Zeit, nämlich im Winter 1802, zeigte sich jedesmal nach dem Essen, auf der rechten Seite seines Unterleibes, eine Erhöhung von einigen Zollen im Durchmesser der Fläche, die sich sehr verhärtet anfühlen ließ und ihn nötigte, jedesmal nach der Mahlzeit seine Kleider zu öffnen, weil sonst der Unterleib zu gepreßt war. Obgleich dieser Zufall keine besondere Beschwerde und Folgen für ihn hatte, so währte er doch ein halbes Jahr; wurde aber ohne alle Heilmittel besser, dergestalt, daß er nach einer mit vielem Appetit geendigten Mahlzeit seine Kleidungsstücke nicht mehr lüften durfte. So schwach auch sein Körper war, so hatte er doch noch Resourzen in sich selbst, um Übeln vorzubeugen und selbst die, die schon Wurzel geschlagen hatten, auszurotten. [29, S. 256–265]

573. Jachmann Februar 1802

Ein merkwürdiger Zug von Zartgefühl und Humanität, womit Kant in seinem ganzen Leben alle seine Handlungen bezeichnete, leuchtet noch aus der Benennung seines zweiten Bedienten hervor. Kant war gewohnt, seine Dienstleute bei ihrem Zunamen zu rufen; weil aber sein zweiter Bedienter Johann Kaufmann hieß und Kaufmann Jacobi u. a. m. öfters bei ihm zu Tische waren, so hielt er es nicht für schicklich, den Bedienten Kaufmann zu nennen, sondern wich lieber von seiner Gewohnheit ab und nannte ihn Johann.

[29, S. 198]

574. Hasse 1784/ab Januar 1802

Bald scherzte er mit seinem Bedienten, fragte ihn, wer König in England wäre, und er mußte antworten »Herr Pitt« * machte sich auch wohl über seinen Nahmen lustig.**

Bald hatte er etliche lustige Reimchen, die man vielleicht für seiner unwürdig halten könnte, ihm aber, in dem unschuldigen und naiven Tone, mit dem er sie vorbrachte, sehr artig liessen, bey der Hand, um seinen Freunden das Zwerchfell zu erschüttern, und sie verfehlten ihre Würkung nicht.***

Zuweilen that er sehr naive Aeusserungen und wurde zulezt etwas derb. Bald erzählte er Anekdoten von sich und andern. Von sich z. E. »er habe einmahl einem jüdischen Künstler, der sein Bildniß habe graviren wollen, sitzen müssen. Da er endlich fertig gewesen, habe er es ihm gezeigt. Er habe es aber schlecht und ganz und gar sich unähnlich gefunden, und es ihm geradezu gesagt. Darauf hätte der Künstler ganz tranquil geantwortet »es *gefallt* mir selber nicht.«[1] [18, S. 33–34]

* Diese Idee sezte sich jedoch nachher bey ihm fest, und er wollte in der That von keinem andern König in Engl. etwas wissen.
** Er war gewohnt, seinen vorigen Bedienten beym Zunahmen (Lampe) zu nennen. Der gegenwärtige hieß *Kaufmann*. »Da, sagte er, würde es unschicklich seyn, ihn so zu nennen, da ich so kenntnißreiche Kaufleute (z. E. Herrn Jakobi) zu meinen Freunden und Tischgenossen habe. Er nannte ihn also mit dem Vornahmen »*Johann*« oder zusammen Johann *Kaufmann*.
*** z. E. »Wer da hat nichts zu thun und zu schaffen
  der kauf' sich eine Uhr,
  der nehm' sich eine H'r,
  der schlage sich mit einem P····n,
  so hat er genug zu thun und zu schaffen.«
Andere Beyspiele der Art lasse ich hier weg, eingedenk des Horazischen: *Ne fidos inter amicos sit qui dicta foras eliminet.*
[1] Der Künstler: Lowe, s. G, Nr. 340 und 346.

575. Hasse ab Januar 1802

Als er aber seinen alten Bedienten (im Febr. 1803)[1] plötzlich abgeschafft hatte, sah er es gerne, wenn man mit ihm in seine Wohnstube gieng, und ihn auskleiden sah. Diese Auskleidung geschah nach einer Regel, und wie an einer Schnur; und was er dabey thun konnte, durfte der Bediente durchaus nicht thun. Nach Abnahme der Perücke, deren Haarbeutel ihm gewöhnlich vorwärts fast bis auf die Brust fiel, und den er immer zurück schleuderte, zog er sich den Rock bis an den Ellbogen ab, dann half der Bediente ihm denselben vollends abstreifen. Hierauf knöpfte er sich die Weste auf, und der Bediente zog sie ihm vollends ab. Jetzt machte er sich das schwarz seidene Hals-Tuch auf, wand es selbst ab, und legte es in die alten Falten, während der Bediente mit einem Papier stand, und es eingewickelt an die angewiesene Stelle legte, (bey der so wenig abgewichen werden durfte, als bey dem Hute, den er früh aufsezte, wenn er Taback rauchte, wahrscheinlich um nicht zu viel auszudunsten, und der immer auf dem Stuhle, worauf er alsdann saß, lag.) Ehe er sein Oberhemd abzog, nahm er sich seine (alte, aber sehr regelmäßiggehende) Uhr aus der Tasche, und hieng sie selbst, zwischen seinen Baro- und Thermometer mit der Kette an einen Nagel, so, daß sie schwebte; woran er lange probirte, und wenn er es so weit gebracht hatte, gleichsam triumphirte. (Er that dies, um alle Zeit- und Witterungs-Bestimmungen beysammen zu haben.) Und nun warf er sich das Hemde links über den Kopf, so daß der linke Arm umgekehrt blieb, den er aber wieder auszog, und so gab er es ausgeschüttelt dem Bedienten, zum legen an seine Stelle. Mittlerweile sezte ihm sein Bediente eine, im Winter zwei, Nachtmützen auf. Hierauf legte er sich sein Nacht-Halstuch an, das er vorher ausglättete und bestrich; hinten mußte es der Bediente, wenn er es umgelegt hatte, fest halten, damit es sich nicht verschöbe und ausgleiche, damit ja nicht Falten entstünden, und dann band er es sich selbst vorn zu, so, daß 2 lange Streifen blieben, die in den darauf angezogenen *Kaftan* (Unter-Schlaf-Rock, der wieder nach dem Sommer oder Winter verschieden war,) eingelegt wurden, worauf der Ober-Schlaf-Rock übergezogen und am Unter-Schlaf-Rock von beyden Seiten von ihm selbst angeknüpft wurde. Alles dieses beschloß eine rothe Leibbinde. Hierauf ging er in die Vor-Stube, um Verdauungs-Pillen (*Trummersche* Pillen) genannt, von einem Arzt *D. Trummer,* der sie ihm als Freund, angerathen hatte,) zu sich zu nehmen; (erst eine, dann zwey u.s.w. zulezt fünf) Weil er sich aber dabey nicht gern sehen ließ; (Er sagte, er mache beym Einnehmen eine gar zu eigene Positur,) so empfahl man sich in dem Zeitpunkte aus der, ohne dies größtentheils sehr heißen Stube; (es wurde im Jahr 9 Monate und drüber geheizt,) und er verabschiedete jeden so freundlich, mit einem leisen Händedruck* als er ihn empfangen hatte. Nach genommenen Pillen rechnete er noch, so lange es gieng, mit seiner Köchin, und ging jezt um 6 auch wohl 5 Uhr Abends zu Bette. Dies waren zwar an sich Kleinigkeiten, aber um bey diesem mechanischen Auszehen, seine warmen Versicherungen, daß er es für ein Freundschafts-Stück halte, daß man auch in dieser Angelegenheit um ihn sey, zu hören, seinen entmagerten Körper zu sehen, den er dabey zeigte, das drang tief in's Herz — und die sanft-wehmüthigen Aeusserungen: »Ach meine Herren! Sie sind noch rasch und jung; aber sehen Sie meine Armseeligkeiten immer mit an. Wenn Sie achtzig Jahre alt werden, (er wollte immer gerne schon achtzig seyn, ehe er es war) so werden sie eben so schwach und kraftlos seyn, wie ich. (Hier zeigte er, klagend, aber nicht kleinmüthig, Hände und Füße) lange kann ich nicht mehr leben; aber ich gehe mit reinem Gewissen, und mit dem frohen Bewußtseyn aus der Welt, Niemanden vorsetzlich Unrecht, oder Leids gethan zu haben.« Als ich hierauf fragte; Aber wie nun? wenn's unter'm linken Knopfloch nicht so richtig ist? antwortete er: »Dann muß man restituiren, repariren und compensiren, damit man es, soviel möglich, wieder gut mache, und die Scharte auswetze«.

Da er etliche Monathe später es wieder nicht gern sah, daß man dabey war, wenn er ausgekleidet wurde, so war stark zu vermuthen, daß sein voriger Bediente bey dieser Gelegenheit, irgend ein Attentat auf ihn gemacht hatte, weil er seinen sonst so treuen *Lampe* (der ihm zwar oft sehr grob begegnete, den er aber warlich auch nicht sanft behandelte, welche Auftritte ich übergehe) so Knall und Fall verabschiedete. Er wünschte sich daher anfangs Zeugen bey seiner Entkleidung; als er aber seinen neuen Bedienten schon genauer kannte, lies es wieder nach. Man konnte ihn übrigens nie dahin bringen, zu sagen, warum er seinen Lampe von sich so schnell entfernt habe; dergestalt, daß er ihm jährlich 40 Rthlr. gab, mit der Bedingung »daß er nie wieder sein Haus betrete.«

Seit 20 Jahren hatte er den Gebrauch des linken Auges verlohren; aber man sah es ihm nicht an, ausser, wenn man es wußte; es hatte einen etwas zu starren Blick. Er sprach darüber nicht einmahl gerne. Nur wenn es ihm thränte, und es der Bediente auswischen mußte, zeigte er es selbst leise an. Er pflegte dabey zu behaupten: »Mit zwey Augen sähe man nicht besser als mit einem; ja es scheine sich die Seh-Kraft des einen, wenn das andere unbrauchbar würde, zu verstärken, wie er aus eigener Erfahrung wisse.« Aber mit Ostern 1803 wurde auch das rechte Auge schwach, er konnte nichts helles mehr sehen, und mußte jedem Sonnen-Strahl den Eingang ins Zimmer verwehren lassen. Von nun an las er keine politischen und gelehrten Zeitungen mehr, gab alle schriftlichen Arbeiten auf, kaum, daß er noch seinen Nahmen (jedoch ohne Zittern) schreiben konnte; und späterhin hörte auch das auf. Zuletzt hatte er nur noch einen Schimmer. Alles was er brauchte, mußte ihm in die Nähe gesezt werden, er fühlte mehr, als daß er sah. In diesem Zustande, den er ganz fühlte, stieß er sehr oft laute Seufzer aus, sprach — abgebrochen — von Vormundschaft, unter der er stehe, von Abhängigkeit — u.s.w. Er wollte sich gern dem Bedienten, der ihn führte, entwinden, allein stehen, gehen, selbst alles thun; der Geist war kräftig, aber der Körper schwach. Wich aber der Unmuth, so erklärte er wieder, daß er sehr gern in allem willig folge — und erkannte die Sorge, die man sich um ihn mache, mit Dank.

[18, S. 36–40]

* Nur mußte man ihm nicht einen harten und starken Gegendruck empfinden lassen, welches ein bekannter Gelehrter versah, dessen Besuche er sich sogar eine Zeitlang verbat, bis jener darüber verständigt, es unterließ; worauf sie sich einander näherten, und Herzens-Freunde wurden.
[1] Richtig: 1802 (vgl. Wasianski G, Nr. 572).

576. *Wasianski* Frühjahr 1802

Im Frühjahr riet ich ihm an, sich Bewegungen zu machen. Schon seit vielen Jahren war er nicht ausgegangen, weil er auf seinen letzten Spaziergängen sehr abgemattet wurde. Öffentlicher, herzlicher Dank sei dem unbekannten Manne von mir gebracht, der so viel Aufmerksamkeit für den schwachen, ermüdeten Greis hatte, daß er gleich nach der gemachten Bemerkung, daß *Kant* sich bei seinen Spaziergängen am Lizent teils vor Ermüdung, teils der Aussicht wegen an eine Mauer lehne, eine Bank für ihn aufschlagen ließ, die *Kant* mit Dank benutzte, ohne zu wissen, von wem sie herrühre. Es war nicht ratsam, ihm wegen der Schwächlichkeit in seinen Füßen eine Bewegung zu Fuß zu empfehlen. Da einige angestellte Versuche nicht den erwarteten Erfolg für ihn hatten, so waren die Bewegungen im Wagen vorzuziehen. *Kant* besuchte seinen Garten, der Regel nach, nie. Als er aber nach vielen Jahren, in denen er ihn nicht gesehen hatte, im Frühlinge 1802 hineingeführet wurde, so war die Erscheinung ihm so neu, daß er sich in demselben gar nicht orientieren konnte. Meine Auskunft, die ich ihm über die Lage desselben und den Zusammenhang mit seinem Hause geben wollte, schien ihm lästig zu werden. Er sagte: Er wisse gar nicht, wo er sei, fühlte sich beklommen, wie auf einer wüsten Insel und sehnte sich dahin, wo er gewesen war. Alle diese Erscheinungen waren Folgen von der Gewohnheit, sich stets unter den Gegenständen seiner Studierstube aufzuhalten, die ihn jetzt nicht umgaben, deren Abwesenheit ihm Sehnsucht nach ihnen erregte und ihn beklommen machte. Zur Erklärung der sonderbarsten Erscheinungen, die von *Kants* Schwäche entstanden, durfte man oft nur einen unbedeutenden Umstand wissen, und alles Rätselhafte dabei löste sich schnell auf. Durch steten Umgang mit ihm, konnte ich mich ihm sehr leicht verständlich machen. Mir waren daher auch diese seine sonderbaren und jeden andern befremdenden Äußerungen in seinem Garten und auch ähnliche nicht auffallend. Obgleich der Aufenthalt in freier Luft nur wenige Augenblicke dauerte, so war er doch von ihr etwas benommen. Indessen war doch schon ein Schritt zur Wiederangewöhnung der Luft getan, die *Kant* so lange nicht eingeatmet hatte. Die wiederholten Versuche waren von besserm Erfolg begleitet. Er trank bisweilen eine Tasse Kaffee, welches er vorher nie getan hatte, in seinem Garten, und fand überhaupt eine Veränderung seiner bisherigen Lage behaglich. Es kam bei ihm nur auf Vorschläge an, die ein anderer ihm machte. Er selbst wäre schwerlich auf den Einfall gekommen, eine Abwechselung zu wagen. [29, S. 265–266]

577. Hasse 15.6.1802

Doch genug hievon! Ich komme zu andern merkwürdigen Aeußerungen, die ich von ihm selbst, die mehresten mehr als einmal, gehört habe, und daher verbürgen kann.

Schon seit mehreren Jahren lag auf seinem Arbeits-Tische ein handschriftliches Werk von mehr als Hundert Folio-Bogen, dicht beschrieben, unter dem Titel: *System der reinen Philosophie, in ihrem ganzen Inbegriffe*, an dem ich ihn oft, wenn ich zum Essen kam, noch schreibend antraf. Er ließ mich es mit Willen mehrere male an- und einsehen, und durchblättern. Da fand ich denn, daß es sich mit sehr wichtigen Gegenständen: *Philosophie, Gott, Freyheit*, und wie ich hörte, hauptsächlich mit dem *Uebergange der Physik zur Metaphysik* beschäftigte.* Bey dem Begriffe der Philosophie schien der erhabene Denker mit sich selbst lange im Kampfe gewesen zu seyn; so sehr war dieser Artickel durchstrichen, überarbeitet und durchgeackert! Einst äußerte ich meine Verwunderung darüber, und so entspann sich an einem mir sehr merkwürdigen Mittage den 15ten Juny 1802 folgende Unterredung:

Ich. Noch sind die Philosophen doch nicht einig darüber, was eigentlich *Philosophie* sey.

Er. Wie können sie das seyn? Sie streiten ja noch, ob es eine Philosophie gebe?

Ich. Aber wie der Nahme »*Philosoph* und *Philosophie*« aufkam, war *Sophos* und *Sophia* schon da. Mit diesem Worte mußten doch die Griechen einen bestimmten Begriff verbinden, und den sollte man aufsuchen; besonders da die Alten mit ihren Worten auch das Wesen der Sache ausdrückten, wenigstens so wie sie es dachten.

Er. Aber hier hilft Etymologie weiter nichts; mit *Sophos* sind wir schon am Ende. Sophos heißt *sapiens*, ein *Weiser*; Philosophie, Weisheitsstudium, wie es Cicero giebt, und damit Punktum!

Ich. Um Verzeihung! *sapiens* ist die bloße Uebertragung vom griechischen *Saphes* (ein Weiser) und nun muß man erst wissen, was dazu gehörte, *Saphes* zu seyn. Die Deutschen nennen den einen *Weisen*, der viel *weiß*, aber ein solcher ist dennoch nicht Philosoph im griechischen Sinne. Cicero übersezt blos das Wort *philosophia* (er sagt selbst: *si interpretari velis*) nachher giebt er eine Sachdefinition, die synthetisch ist, und in dem Worte *sapientia* nicht liegt.**

Er. Nun, etwas besseres giebt's doch nicht.

Ich. Erlauben Sie! Die Griechen waren nicht *Genies inventeurs*, sondern *cultivans*; sie haben die *Philosophie* nicht erfunden und ausgedacht, sondern überkommen und ausgebildet. Man untersuche, von welcher Nation sie die Sache und folglich das Wort her haben, und was es daselbst zuerst bedeute.

Er. Das wären doch nur *Aegyptier* und *Phönicier*.

Ich. Im Koptischen und Aegyptischen findet sich das Wort nicht als inländisch vor; aber im Phönicischen und Hebräischen.

Er. Da kann es durch das Griechische hingedrungen sein. Phönicier und Hebräer sind eben keine Philosophen.

Ich. Sie haben aber doch das Wort; und aus der Gegend, nicht aus Aegypten, ist die Kenntniß eines einzigen Gottes hergekommen, die, wenn man nicht eine übernatürliche Offenbarung zu Hülfe nehmen will, (ich spreche zu einem Philosophen) einen hohen Grad von Philosophie voraussezt. Anzunehmen, daß das Wort *Sophos* aus dem Griechischen nach dem Orient gedrungen sey, streitet wieder die Chronologie. Denn die hebräischen *Propheten* heißen Sophim (Philosophen) zu einer Zeit, wo die Griechen noch wenig wissenschaftliche Cultur hatten, und *Sanchuniathon* hat schon *Zopha Semin* d.i. Himmels-Philosophen (Theologen) zu einer Zeit, als die *Griechen* als solche, noch nicht existirten, und ihre Autochthonen Eicheln fraßen.

Er. Was würde es denn in diesen Sprachen zuerst heißen?

Ich. Das Verbum: *Safah,* heißt im hebräischen *speculari, speculiren*; das Nomen in *concreto* Sofeh (Sophos) ein Spekulateur; und das Abstraktum *Sofiah, Spekulation.*

Er. Das gäbe einen recht guten Grund-Begriff von *Philosophie*. Wollen Sie dieses nicht weiter auseinandergesezt, der gelehrten Welt mittheilen?

Ich. Ich fürchte, daß man es für Wortklauberey und Mikrologie halten werde.

Er. Solche *Recherchen* halte ich nicht für überflüßig. — ***

Es war also den 15ten Jun. 1802, als ich auf diese Unterredung mit ihm kam, und er mir eröffnete, daß er den Morgen viel über den Begriff »Gott« gedacht und geschrieben hätte; es sey ihm aber sehr schwer geworden. Das leitete er aber nicht von einer Schwäche seiner Denkkraft, sondern von der Schwierigkeit des Gegenstandes selbst her. [18, S. 23–27]

---

* Dieses Werk pflegte *Kant* im vertraulichen Gespräche »sein Hauptwerk, ein *Chef d'œuvre*« zu nennen, und davon zu sagen, daß es ein (absolutes) sein System vollendendes Ganze, völlig bearbeitet, und nur noch zu redigiren sey, (welches leztere er immer noch selbst zu thun hofte.) Gleichwohl wird sich der etwanige Herausgeber desselben in Acht nehmen müssen, weil K. in den lezten Jahren oft das ausstrich, was besser war als das, was er überschrieb, und auch viele Allotria (z. E. die Gerichte die für denselben Tag bestimmt waren) dazwischen sezte. Damahls hieß es, daß es unserm Hrn. Prof. *Gensichen* (dem K. auch seine Bibliothek und 500 Rthlr. Geld vermacht hat) zur Herausgabe übergeben werden sollte. Jezt ist es vorläufig dem Hrn. Hofpred. *Schulz* (Kants Commentator, einem competenten Richter) zur Beurtheilung comunicirt, der mich aber versicherte, daß er darinne nicht fände, was der Titel verspräche, und zu der Herausgabe desselben nicht rathen könne.[1]

** Cic. de offic. L. II. c. 2. *Est autem* sapientia *rerum humanarum ac diuinarum caussarumque, quibus hae res continentur, scientia.*

*** Daraus ist eine Abhandlung entstanden, die nächstens im Druck erscheinen wird.

1 Vgl. Ak 22, S. 751 ff. (Geschichte des Opus Postumum).

578. *Rink* an Kant, 13.7.1802   vor dem 13.7.1802

Verehrungswürdigster Herr Professor!
Ew: Wohlgebohrnen verlangen die mir vor 8 Tagen zugesendete Erklärung in Betreff des Buchhändler Vollmer1 zurük, weil Sie die Tages Ihres ehrwürdigen Alters nicht durch persönliche Streitigkeiten beunruhigt wißen wollen. Ihr Verlangen, und Ihre Ruhe sind mir zu heilig, als daß ich nicht eilen sollte, Ihrem Befehle gemäß, das Original Ihrer Erklärung, Ihnen wieder zuzustellen. Aber nun erlauben Sie mir auch dies zu bemerken:

Haben Sie mir nicht die Herausgabe Ihrer physischen Geographie würklich übertragen, und die Erscheinung derselben zu dieser Jubilatemesse gewißermaßen zur Pflicht gemacht? Haben Sie dagegen je den Buchhändler Vollmer bevollmächtigt, eine physische Geographie unter Ihrem Nahmen herauszugeben? Ja, haben Sie es vor einem Jahre nicht offentlich erklärt, daß Sie nur mir, und nicht Vollmer'n den auftrag zur Herausgabe Ihrer physischen Geographie ertheilt hätten? Das haben Ew: Wohgebohrnen und mit Recht gethan! Vollmer will dem Publicum glauben machen, Sie hätten es nicht gethan, und nun wollen Sie Ihre Bescheinigung einer Wahrheit von mir zurücknehmen? Aber mein Brief an Vollmern? der ist wol so beschaffen daß er die Mühe nicht verdient, für mich die Wahrheit zu behaupten? Ew: Wohlgebohrnen erhielten den Antrag eines ungeheuern Honorars von dem Buchhändler Vollmer, wenn Sie ihm Ihre Schriften in Verlag geben wollten. Sie erzehlten uns das bey dem Mittagsessen, und wir Alle waren gleicher Meynung darin, daß er bey einem solchen Honorar kein ehrlicher Mann bleiben könne. »Ich mögte wißen, sagten Ew: Wohlgebohrnen, ob es dem Menschen nur ein Ernst gewesen ist, mit solchen Anerbietungen, oder was er dadurch hat erreichen wollen.« —

[»]Das kann man ja erfahren, sagte ich dagegen, wenn ich wegen der physischen Geographie, (die Sie mir damals gerade übergeben hatten) an ihn schreibe.« Dieses Tischgespräch ward Veranlaßung jenes Briefes, den ich, gerade zur Zeit meiner höchsten Kränklichkeit schrieb, und in dem ich mir leider! die Mühe gab, Vollmern auszuforschen. Ob es dabey meine Absicht seyn konnte, Ew. Wohlgebohrnen zu hintergehen?   [31/Bd. 12, S. 343]

[1] Vgl. G, Nr. 569.

579. Hasse Juli 1802

Um sich in seiner Schwäche aufzurichten, tröstete er sich im Winter und gegen das Frühjahr immer mit dem Sommer. Da wolle er oft ausfahren, einige Tage aufs Land ziehen, sich auf dem Lande einmiethen, und die frische Luft ganz genießen. Es wurde dies auch im Juli 1802 einigermaßen ins Werk gesetzt. Wir fuhren mit ihm nach Tische, an einem schönen Sommertage, in das Sommer-Haus des Herrn Diak. Wasjanski, ¼ Meile von der Stadt; er war sehr mit der Fahrt zufrieden, genoß, wider seine Gewohnheit, eine Tasse Kaffe, etliche Tassen Thee, in den er bald wieder Wasser, bald wieder Thee goß (welches er »plümbern« nannte) rauchte eine Pfeife Taback, und war so vergnügt, daß er nachher das Kaffe- und Thee-Trinken nach dem Essen, auch bey sich eine Zeitlang einführte, schlief drauf gut, und eine solche Fahrt wurde noch einigemal wiederhohlt, jedoch, ohne daß sie ihm merklich aufhalf.

[18, S. 42]

580. Morgenstern[1] 7.10.1802

D. 7ten Nachmittags Besuch bei Consistorialrath *Wald*[2] im Fridericianum und mein letzter Besuch, kurz vor meiner Abreise, bei *Immanuel Kant.* Kant's alte Freunde hatten mir abgerathen hinzugehen, weil Kant schon so schwach sei. Doch ging ich am Ende noch. Man hatte mir gesagt, ich werde ihn nach Tische etwas weniger schwach finden. Ich war nur kurze Zeit bei ihm. Er empfing mich freundlich, und erkundigte sich, als er von Danzig hörte, nach Pott[3], Jäsche[4] etc. Er *habe keine Furcht vor dem Tode,* sagte er. Sein Äusseres vergesse ich nie. Sein Bild von *Vernet,* das ich an Jäsche geschenkt, ist sehr ähnlich. [41, S. 549]

[1] Morgenstern, Karl (1770–1852), seit 1802 Prof. der Ästhetik, Eloquenz und Klass. Philologie an der Universität Dorpat. Vgl.: ADB 22, S. 231 ff.; DBL, S. 528; RN 3, S. 247 ff.; Baltische Monatsschrift 54, 1902, S. 89–91; Mercklin: K. Morgenstern, Gedächtnisrede Dorpat 1853; W. Süß: K. Morgenstern. Dorpat 1928.
[2] Wald, Samuel Gottlieb (1762–1828), Prof. d. Theol. in Königsberg, hielt am 23.4.1804 Gedenkrede auf Kant (vgl. den Abdruck bei Reicke, Q, Nr. 46 und in KZE, S. 50 ff.). Vgl. APB 2, S. 769; ADB 40, S. 659 f.; Schumacher (1948), S. 15 f.
[3] Pott, Peter Emanuel, Geheimer Kommerzienrat, Direktor der Seehandlungskompagnie in Elbing; später Kaufmann in Memel; vgl. APB 2, S. 516.
[4] Vgl. zu Vernet Clasen (1924), S. 19 f.

581. Scheffner an Lüdeke, 7.11.1802   Ende Oktober 1802

Ex propria caussae cognitione hab ich aber mit allen alten Leuten Mitleid — vor 14 Tagen ass ich bey Kant — ach Gott was ist ein Greiss wenn er ein Kind wird! [53/Bd. 2, S. 415]

581a. Anonym   Spätjahr 1802?

Anekdote von Kant.

Kant verfiel gegen das Ende seines Lebens in die sonderbare Gewohnheit laut zu sprechen, ob er gleich das, was er sagte, nur zu denken wähnte. So sagte er einst vor seinen Gästen, deren er immer einige um sich hatte und die diesen Tag vielleicht nicht aufheiternd genug für ihn gestimmt seyn mochten, so als ob er sie nicht bemerkte: »Gott! was hab' ich heut für eine abscheulich langweilige Gesellschaft!«—

Herrlich! — Wenn das immer heraus gesagt werden sollte, wie oft es gedacht werden mag, wie oft würde es gehört werden!

Es werden Anekdoten von Kant gesammelt, nächstens bei Nicolovius herauskommen. [78, Sp. 544]

582. Hasse November 1802

»Heute ist *Buß- und Bettag*,« sagte ich ihm an dem Tage 1802. Anfangs bespöttelte er die Sache etwas, wurde aber bald ernsthaft, und meynte, »es könnte die Anstalt sehr nüzlich werden, wenn jeder an diesem Tage recht lebhaft an seiner Sünden-Schuld erinnert, und zur möglichst größten Restitution alles dessen, was er böses gethan hätte, auf das kräftigste angehalten würde. Matth. 5, 23. »Sey willfährtig deinem Widersacher« u.s.w. (Diese Stelle sagte er ganz ohne Anstoß her) sey dazu ein sehr schicklicher Buß-Text. Er wollte selbst über den Text einst als Kandidat, eine Predigt ausgearbeitet (aber nicht gehalten) haben, die sich noch unter seinen Papieren finden müßte; aber bey allem Nachsuchen wurde nichts vorgefunden.« * [18, S. 27]

---

* Seine Papiere waren damahls schon weg, und es war nichts mehr vorhanden, als einige unbedeutende Scripturen, die wahrscheinlich Herr Diakonus *Wasjanski*, sein intimer Freund, an sich genommen hat. Er bedauerte es bisweilen, sich so ganz entblößt zu haben. Vielleicht finde sich obige Predigt noch bei Herrn *Tieftrunk*, oder *Rink* oder *Jäsche* unter den Papieren, die sie bekommen haben. Sie wäre wenigstens eben so werth, gedruckt zu werden, als manches andere.[1]

[1] Text nicht bekannt.

583. Hasse 1802–1803

In den lezten Jahren wünschte sich der edle Greis oft, wenn er die Alters-Schwächen fühlte, (die auch ein *Sokrates* fürchtete) sehnlichst den Tod. Zwar hieß es noch im Jahre 1802, wenn man ihn fragte: wie er sich befinde? »Ich habe alle vier Requisite!!* eines gesunden Menschen, guten Appetit, guten Schlaf, gute Verdauung und Schmerzlosigkeit. (er klagte nur bisweilen über ein Drücken im Kopfe) Ich bin noch nie in meinem Leben krank gewesen; habe nie einen Arzt nöthig gehabt, und hoffe, ihn nicht nöthig zu haben. — Daß ich so kraftlos werde, rührt wohl von einer Revolution in den Luft-Straten her, die seit einigen Jahren statt hat;** und wenn die sich ändert, und alles wieder ins Geleiß kömmt, so kann ich doch wohl noch aufkommen.« Aber ein Jahr später klang's anders. »Das Leben, sprach er dann, ist mir eine Last; ich bin müde, sie zu tragen. Und wenn diese Nacht*** der Todes-Engel**** käme und mich abrief, so würde ich meine Hände aufheben und sagen: Gott sey gelobt!« »Ich bin, fuhr er dann fort zu sagen, kein *Poltron*; ich habe noch so viel Kraft, mir das Leben zu nehmen, aber ich halte es für unmoralisch. *Wer sich selbst entleibt, ist ein Aas, das sich selbst auf den Anger wirft.* Bey dem Worte *Poltron* etymologisirte er fast jedesmahl also: »*Poltron* ist eigentlich *pollex truncatus* (ein *abgeschnittener Daumen*). Die, die zu Rekruten enroullirt wurden, schnitten sich, aus Furcht vor dem Soldaten-Dienst, den rechten Daumen ab, um das Pulver nicht auf die Pfanne legen zu können, und folglich zum Dienst unbrauchbar zu werden, und davon hießen sie *pol-troncs,* d. i. Poltrons.«

So oft man gelegentlich auf den Persischen *Dualism*, oder *Ormuzd* und *Aryman*, zu reden kam, sezte er gleich hinzu: »*Aryman* ist deutsch, *arger Mann*; die persische Sprache hat viel deutsche Wörter.«+

Wenn weißer Kohl, Weiß-Kraut, *Kumst* genannt, (den er sehr gern aß,) auf seinen Tisch kam, sagte er: »das ist *compositum* (wegen der Lage der Blätter über einander) Kumstum, *Kumst.*« Wurde ein Gericht Fische aufgetragen, und darunter war *Zand*, so erklärte er diesen Nahmen »das ist *Sander,* Zander; das Z. ist Holländisch ein S. also Sand, Zand.«++

War von den Raub-Staaten, Tunis, Tripolis und *Algier* die Rede, so sezte er gleich zu: »Sie heißen eigentlich nicht Raub-Staaten, blos fremde Mächte haben sie so genannt, sondern *Berberen, Barbaresken*; und man muß eigentlich nicht aussprechen: *Aldschier*, sondern *Algier*«, wobey er ein ganz gewöhnliches deutsches g aussprach. +++

Bernstein leitete er, mit mir, und anderen von *Bernen, Börnen*, altpreußisch und schwedisch, *Brennen* her, und hielt ihn für einen Stein, der in der Sonne verhärtet sey. Er war mit meinen Untersuchungen über den Eridanus und den Bernstein sehr zufrieden, und versprach mir sogar, seine Gedanken hierüber aufzusetzen, damit ich sie zur Verbesserung dessen ,was davon in seiner physischen Geographie stehe, gelegentlich bekannt machen könne; aber er vergaß es immer wieder, und, ungeachtet ich ihn öfters daran (seit 1802) erinnerte, so wurde doch nichts daraus.

Seinen Vornahmen *Immanuel* hatte er in besondere Affektion genommen, und sprach mit Wohlgefallen und oft von ihm. Er pflegte mir auch mehr als einmahl die Schmeicheley zu sagen:»Er habe sich sonst *Emanuel* geschrieben; aber von mir belehrt, was es heiße, und wie es geschrieben werden müße, schreibe er sich beständig *Immanuel*.« Ich erwiederte ihm zwar, daß ich mich nie erkühnt hätte, ihn über etwas zu *belehren*, da ich von ihm lernen müßte; daß er sich, meines Wissens, schon *Immanuel* geschrieben habe, ehe ich nach Königsberg gekommen, und das Glück gehabt hätte, ihm bekannt zu seyn; (sezte auch wohl hinzu: *Emanuel* sey, meiner Meynung nach, auch nicht falsch; man könne den ersten Buchstaben (Ain) auch E lesen, wie die jetzigen Juden thäten, und die Verdoppelung des m sey nicht wesentlich, es bedeute doch dasselbe) aber das half alles nichts; er blieb dabey; und bey seiner lezten Geburts-Tags-Feyer (1803) wartete er ängstlich auf mich, damit ich ihm, in Gegenwart aller seiner Tischfreunde, das Wort buchstabirt und syllabirt (*Im*, mit, *Immanu* mit uns, *El* Gott; also *Immanuel*, Gott ist mit uns) in sein Bemerkungs-Büchelchen, das er sich hielt, um die Merkwürdigkeiten des Tages darinne aufzuzeichnen, einschreiben könnte.

Und wie subtil unterschied er! Davon nur einige Beyspiele: Wenn er ausspiee, zu der Zeit, wo er an Obstruktionen litte, sagte er: »Das ist *sputum*, eine Art von Schleim, der zu nichts taugt, und aus dem Körper weggeschaft werden muß; aber die *saliua*, oder die Flüßigkeit im Munde, die aus den Backen-Drüsen quillt, und zur Verdauung der Speisen dient, die muß nicht *excreirt*, sondern verschluckt werden; und die ist's, die mir jetzt ihren Dienst entzieht, daher meine Unverdaulichkeit!« Er meynte auch, der Deutsche habe nicht 2 Wörter, die das vollkommen ausdrückten, und die man ihm dazu vorschlug: *Auswurf (sputum)* und *Speichel (saliua)* fand er, besonders das leztere, nicht adäquat genug.

Wenn man bey Tische, zu der Zeit, als er fast zahnlos, das Fleisch immer zu hart fand, beym Vorschneiden etwa sagte: »heute scheint das Fleisch recht *weich* zu seyn« so konnte er sich nicht halten, den, der dies sagte, zu verbessern und zu sagen: »es muß heißen *mürbe*.« *Weich* geht auf die Natur des Fleisches, *mürbe* aufs Kochen. Rindfleisch ist von Natur *hartes* Fleisch; aber es kann sehr *mürbe* gekocht werden: Kalbfleisch dagegen ist von Natur *weiches* Fleisch; aber ist es nicht *mürbe* gekocht, so ist es immer *hart*.

Ueberhaupt wenn er Ausdrücke und Resensarten erklären, und bis zu ihrem wahren Ursprung zurückführen konnte, so that er es nicht mehr als gerne. So erinnere ich mich, daß er einst auf meine Aeußerung, »daß der Januarius es mit der Kälte mehrentheils sehr ernstlich meyne« erwiederte: O! der Februarius giebt ihm nichts nach, daher sagt man im Sprichwort, »sich einen guten Februarius machen lassen« d. h. einen sehr warmen Rock oder Pelz.++++ — Wenn es ihm recht gut schmeckte, sagte er »man muß essen, was das *Zeug* hält« und das erklärte er richtig so, daß es vom Reuter hergenommen sey, der da reute »bis der *Gurt* springt«.

Angemessenheit des Ausdrucks liebte er ungemein, und das gieng bis auf die gemäße Stimme. Er selbst sprach sehr sonorisch und fein. Sprach einer seiner Gäste etwas stark und zu laut, so mußte er es nicht übel nehmen, wenn er zu ihm sagte: »Sie schreyen mir zu sehr« oder zu *rapid*, so bemerkte er den Fehler gleichfals, und mir selbst gab er zu erkennen, daß ich zu ausländisch (der sächsische Dialekt, der gegen den Preußischen, den Mund zu voll nimmt, war ihm unangenehm) spräche. —

Wie er gewisse Dinge benannte und bestimmte, so mußte man sie genau nachbestimmen, wenn man ihm verständlich seyn wollte. Ein gewisses Aufstoßen, das er bey Tisch bekam, nannte er, wenn er sich deshalb entschuldigte »Blähungen auf dem Magenmunde« und sezte dazu: »sie sind weder säuerlich noch fäulich, sondern bloße, reine Luft.« Gerade diese Worte mußte man hierüber auch brauchen. — Seine Leibgerichte, die er oft nannte, bezeichnete er immer mit denselben Worten, und die Worte in derselben Ordnung, und sie schienen ihm kräftiger zu seyn, wenn man sie so kräftig ihm nachsprach z. E. »getrocknete Pasternack (Pastinak) mit geräuchertem Bauchspeck« (nie, Schweinfleisch) »Dicke Erbsen mit Schweinsklauen« (nie, Schweinsfüßen) »Pudding mit trockenem (getrocknetem) Obst« u. s. w. [18, S. 17–23]

* So sprach und *schrieb*, nach einem Preuß. Provincialism, der trefliche Mann. Er lies das n im Plural weg, wo es stehen sollte, z. E. »die gütige Menschen: eine mächtigere Triebfeder, als alle nur erdenkliche«; sagte es aber auch zu, wo es nicht stehen sollte, wie im obigen Beyspiele. Fast der einzige kleine Flecken in seinem sonst so richtig-deutschen Ausdrucke! Ich nahm mir die Freyheit, bisweilen diesen Punkt leise zu berühren; er nahm meine Gründe an, aber zu der Zeit schrieb er nichts mehr.

** Diese Revolution leitete er von der Zeit des Katzen-Todes in Koppenhagen her, von dem einige Jahre vorher in den Zeitungen viel zu lesen war. — Ueberhaupt sprach er von den Luft-Straten sehr oft und viel, ließ aber die Sache in einem gewissen Hell-Dunkel. Er hielt den Galvanism auch für ein eignes *Luft-Stratum*, wie die Elektricität.

*** Er glaubte immer er würde des Nachts sterben, und gleichsam einschlafen. Die Fürsehung hat es bekanntlich anders beschloßen.

**** Man schließe nicht hieraus auf Aberglauben oder Bigotterie. Der biblische Ausdruck hieng ihm von der frühen Jugend her an; und er dachte sich dabey, die ihm noch unbekannte Ursache der nahen Herbeyführung seines Lebens-Endes. Eben so drückte er das ein andermahl mit den Worten eines Gesangsbuchs-Liedes so aus: »Soll diese Nacht die lezte seyn« ungeachtet er Gesangbücher nicht leiden konnte, und warlich keines las, auch vielleicht nicht besaß.

+ Diese Ableitung, däucht mich, steht schon in der Berliner Monaths-Schrift, April St. 1792.

++ Dabey pflegte er zu erzählen, daß er sich in der Jugend *Cant* geschrieben habe; das hätten einige, zu seinem Verdruß, *Zant* ausgesprochen; und seitdem schreibe er sich *Kant*.

+++ Dies bedarf wohl einer kleinen Berichtigung. *Berberen* heißt eigentlich von *bar* (arabisch und hebräisch) wild, *Barbar, sehr wild, wilde, Barbaren;* und dann ist das Wort in seiner Bedeutung nicht sanfter als Räuber. Und wenn man das g der Araber, auf die Art, wie *Büsching* (Erdbeschreib. Th. 5, Vorrede) lehrt, ausspricht, so ist *Aldschier* richtiger ausgesprochen als *Algier*.

++++ Eine Redens-Art, die ich vorher nie gehört hatte.

584. Wasianski 1803

Am Anfange seines letzten Lebensjahres fiel es ihm, wider seine sonstige Gewohnheit, bisweilen ein, nach vollbrachter Mahlzeit am Tische, noch in der völligen Stellung der Speisenden, mit seinen Tischgästen, besonders aber, wenn ich bei ihm speisete, eine Tasse Kaffee, wobei ich wider meinen Wunsch eine Pfeife Tabak rauchen mußte, zu trinken. Er freute sich schon den Tag vorher auf meine Anwesenheit, den Kaffee und die Pfeife, bei welcher letzteren er aber nie Gesellschaft leistete, außerordentlich. Er sprach über Tische schon oft davon, hatte diesen Umstand sich in sein Büchelchen, das ich ihm statt jener Zettel verfertigen ließ, aufgezeichnet. Da dieser neu erfungene, der Verdauung nicht eben vorteilhafte Nachtisch die Mahlzeit oft verlängerte und mir zu viel Zeit nahm, so suchte ich, wenn's möglich war, demselben auszubeugen. Oft war er bei Tische in Gesprächen so vertieft, daß er es vergaß, daß ich, sein *ex officio* rauchender Gast, am Tische säße. Die Sache blieb dann bisweilen auf sich beruhen, welches ich auch um so lieber sah, weil ich vom Kaffee, diesem ihm ungewöhnlichen Getränke, mehrere Beunruhigung bei ihm in der Nacht befürchtete. Gelang aber der Versuch nicht, den Kaffee ihn vergessen zu machen, so kam die Sache etwas übel zu stehen; besonders, wenn es schon spät an der Zeit war. Die Äußerungen einer doch noch immer sanften Ungeduld waren bisweilen sehr naiv und reizten zum Lächeln. Es sollte der Kaffee *auf der Stelle* (ein ihm gewöhnlicher Ausdruck) geschafft werden. Alle Vorkehrungen waren an dem Tage, an welchem ich bei ihm speisete, schon zur schnellsten Bereitung desselben getroffen. Es durfte an dieses ihm so wichtige Werk zu seiner Vollendung nur die letzte Hand angelegt werden. Pfeilschnell eilte der Bediente, den Kaffee in das schon kochende Wasser zu schütten, ihn aufsieden zu lassen und heraufzubringen; doch währte ihm diese kurze, dazu erforderliche Zeit unausstehlich lange. Auf jede Vertröstung erwiderte er etwas anderes und war über Abänderung der Formeln nie verlegen. Sagte man: der Kaffee wird gleich gebracht werden, so erwiderte er: »*Ja, wird*; das ist der Knoten, daß er erst gebracht werden *wird*.« Hieß es: er kommt bald! so fügte er hinzu: »Ja, *bald*; eine Stunde ist auch bald, und so lange hat es schon nach der Zeit gedauert, als es auch bald hieß.« Endlich sagte er mit stoischer Fassung: »Nun darüber kann ich sterben; und in jener Welt will ich keinen Kaffee trinken.« Er stand auch wohl vom Tische auf und rief zur Türe hinaus und das ziemlich verständlich: Kaffee! Kaffee! Hörte er endlich den Diener die Treppe hinaufkommen, so rief er jauchzend: »Ich *sehe Land*!« wie der Matrose vom Mastkorbe. Auch das Kaltwerden des Kaffees erforderte eine für ihn zu lange Zeit; ob er gleich in mehrere Tassen umgegossen wurde. War er endlich zum Genuß völlig fertig, so hörte man auch wohl ein Heisa Kurage, meine Herren! bei dessen Aussprache, besonders des zweiten Wortes, er das r aus Freude außerordentlich schärfte, und wenn alles genossen war, ein: Und hiemit Basta! welchen Ausdruck er mit einem Tempo, mit dem er die Tasse stark hinsetzte, gewöhnlich begleitete. [29, S. 240–242]

585. *Reusch* 1803

Als ich selbst i. J. 1803, nach einer Reise durch einen Theil Deutschland zurückgekehrt war, traf mich auch die Gunst der Einladung; gewöhnlich am Sonnabend Vormittag richtete der Bediente Johann Kaufmann die Einladung aus, nach welcher man sich einrichten mußte, bald nach drei Viertel auf 1 Uhr in das Vorzimmer zu treten. Sobald der zweite Gast, mit mir gewöhnlich der Pfarrer Wasianski, Criminal-Rath Jensch oder der Bürgermeister Buck[1], Prof. Gensichen, ebenfalls anwesend war, führte der Bediente den Greis aus seinem Studierzimmer, gefolgt von den Gästen, in das jenseits des Hausflurs gelegene Speisezimmer, wo der einfache Tisch mit drei Couverts belegt war, so daß Kant in der Mitte der beiden Gäste, gegen die Fenster, jene an den beiden Seiten des Tisches sich gegenüber saßen.

Die Beschaffenheit seines Tisches und die geistreiche Unterhaltung dabei in früherer Zeit haben Hasse und Wasianski beschrieben. Zu der spätesten Zeit meiner Anwesenheit fing Kant zwar, wie sonst, zu sprechen an, aber sehr leise, undeutlich und unzusammenhängend, und oft in wachende Träumereien übergehend, wenn ihn Schlaflosigkeit oder Magendruck gequält hatte. Gesprochen sollte werden, doch sah es der Greis nicht gern, wenn die beiden Gäste zu einander sprachen, sondern war seit langer Zeit gewöhnt, der

Mittelpunkt und der Leiter der Unterhaltung zu sein; jetzt schwach und schwerhörig war mit ihm keine Unterhaltung möglich, er sprach daher gewöhnlich allein, wobei die Beschaffenheit der Speisen, dunkle Erinnerungen und Meinungen über seinen Krankheitszustand vorzukommen pflegten. Seine alten Freunde wußten ihn auf Erinnerungen aus früherer Zeit zu bringen, worin sich sein Gedächtniß noch treu zeigte; so wußte er noch einige Strophen seines Lieblingsgedichts, welches bei Gelegenheit einer Hochzeit den zureichenden Grund des Satzes ausführt, daß niemand heirathen müsse, und als Uebergang zum Brautpaar dahin schließt: »Die Regel bleibt, man muß nicht freyen, doch *excipe,* solch würdig Paar!« vollständig betont herzusagen, und wenn der Freund voreilig oder einfallend sagte: doch *excipe* ein solches Paar! so berichtigte er ihn jedesmal, besondern Nachdruck auf das Beiwort: *würdig* legend. Eben dies war der Fall bei einem andern Sinngedicht, die Beschneidung Johannes betreffend...; alles wie Hasse und Wasianski es beschrieben haben.[2] Mir schien diese Art von Probe des noch vorhandenen Gedächtnisses bei so sehr gesunkenen Geisteskräften ein Mißbrauch seiner Schwäche, und ich bat oft in der Stille meinen Mitgast, den alten Mann nicht zu belästigen, sie hielten aber dafür, daß dies ein Mittel sei, ihn von seinen Träumereien im wachenden Zustande, von der Idee der ihn quälenden Blähung auf dem Magenmunde und der nächtlichen Spaziergänge abzubringen, die ihm die Ruhe des Schlafs nähmen, und über welche er öfter mit fester Stimme sprach, wie im kathegorischen Imperativ: also, meine Herren, es bleibt dabei, die nächtlichen Spaziergänge müssen abgeschafft werden. Nach einer guten halben Stunde pflegte Kant völlig zu ermüden und wurde in sein Zimmer gebracht, die Tischgenossen schieden mit trübem Gefühl von der sinkenden Größe des Mannes, mit tiefem Nachdenken über das Unterliegen des Riesengeistes unter der von Jugend auf zarten körperlichen Hülle, die er bis gegen das achtzigste Jahr erhalten hatte, wo die Macht des Gemüths der Gefühle nicht mehr Meister werden konnte. Seine Schwäche nahm immer mehr zu, und nur noch die ältern Bekannten wurden zum Mittagessen zugezogen. [48, S. 294–295]

[1] Buck, Samuel Peter Friedrich (1763–1818), Jurist, 1802 Stadtrat, 1814 Bürgermeister.
[2] Vgl. auch G, Nr. 116 und Nr. 569.

586. Wasianski 1803

Nach dieser Ausbeugung lenke ich auf *Kants* Zustand wieder ein. Sein Arzt und von ihm geschätzter Freund besuchte ihn treulich so oft, als es sein Gesundheitszustand erforderte. Da *Kant* nicht eigentlich krank, nur alt und schwach war, so gab er ihm bloß nährende, stärkende und beruhigende Mittel und ging mit einer lobenswürdigen Behutsamkeit zu Werke. *Kant* nahm jetzt jede Arzenei ohne Weigerung ein, welches in früheren Zeiten nicht der Fall gewesen wäre. »Ich will sterben,« sagte *Kant*, »nur nicht *durch* Medizin; wenn ich ganz krank und schwach bin, mag man mit mir machen, was man will, dann will ich alles über mich ergehen lassen; nur keine Präservative nehme ich ein.« Er erinnerte sich dabei der Grabschrift eines Menschen, der im gesunden Zustande fortwährend Arzenei genommen hatte, um nicht krank zu werden, und sich durch übermäßigen Gebrauch derselben das Leben verkürzte. Diese Grabschrift hieß: N. N. war gesund, weil er aber gesunder als gesund sein wollte, so ist er hier. *Kant* tat stolz darauf, daß er keine Medizin nötig habe, übersah es aber von jeher, daß er täglich welche gebrauche; nämlich 3 und späterhin 4 Pillen, die er jedesmal nach dem Essen verschluckte. Sie bestanden aus gleichen Teilen venetianischer Seife, verdickter Ochsengalle, Rhabarber und der Ruffinschen Pillenmasse, die der verstorbene *D. Trummer*, sein Schulfreund, der einzige, mit dem er sich *du* nannte, ihm empfohlen hatte. Mit ängstlicher Sorge, daß ihr Gebrauch nur ja nicht vergessen werde, bat er seine Tischfreunde, ihn daran zu erinnern. *Kant* war sehr heterodox in der Medizin. Er pflegte zu sagen: Alles was in der Apotheke verkauft, gekauft und gegeben wird, *Pharmacon*, *venenum*, und Gift, sind Synonyma. Schon früher hatte er sich zur Orthodoxie in der Medizin hingeneigt, und, um seine Blähungen auf dem Magenmunde los zu werden, einige Tropfen Rum auf Zucker *à la Brown* und die oben angeführten einfachen Mittel genommen, die seine Säure im Magen zersetzen sollten.

[29, S. 291–292]

587. Wasianski 1803?

Gegen das Ende des Winters fing er an, über unangenehme, ihn aufschreckende Träume zu klagen. Oft tönten Melodien der Volkslieder, die er in der frühsten Jugend von Knaben auf der Straße singen gehört hatte, ihm lästig in den Ohren und er konnte sich bei aller angestrengten Abstraktionskraft nicht davon losmachen. Läppische Schulschnurren aus den Kinderjahren fielen ihm oft ein. Darf ich eine anführen? *Vacca*, eine Zange, *forceps*, eine Kuh, *rusticus*, ein Knebelbart; ein *nebulo* bist du. Man will behaupten, daß im höchsten Alter dergleichen Läppereien den Greisen lästig werden und sie durch unwillkürliche Rückkehr martern. Bei *Kant* war dieses der Fall. Sowohl diese als auch ähnliche sinnlose Verse, sowie seine Träume störten ihn des Nachts, jene verzögerten sein Einschlafen, diese scheuchten ihn fürchterlich auf, wenn er noch so fest schlief, und raubten ihm die nächtliche Ruhe, dieses stärkende Erholungsmittel für schwache Greise. Fast in jeder nacht zog er nun die durch die Decke seines Schlafzimmers geleitete Klingelschnur, die die Glocke in der über seinem Bette befindlichen Bedientenstube in Bewegung setzte. So schnell auch der Bediente aufstehen und herabeilen mochte, so kam er doch stets zu spät. Er fand seinen Herrn, der schon aus dem Bette gesprungen war, und der, wie schon erwähnt ist, das Zeitmaß gänzlich verloren hatte...

[29, S. 269]

588. Wasianski 1803

Im letzten Jahre seines Lebens empfand *Kant* Besuche der Fremden sehr unangenehm und lehnte sie so viel als möglich ab. Wenn Durchreisende einen Umweg von mehreren Meilen gemacht hatten, bloß aus der Absicht, ihn zu sehen und sich mit vieler Höflichkeit an mich wandten, so geriet ich oft in Verlegenheit, ihnen den Zutritt zu *Kant* zu verschaffen. Eine abschlägige Antwort kostete mir viel Überwindung und gab das Ansehen, als wenn man sich wichtig machen wollte. *Kant* wurde es schwer, ja es dünkte ihm erniedrigend, sich jetzt, da er zur Unterhaltung nicht mehr fähig war, in seiner Schwäche beobachtet zu sehen. Beispiele von Bescheidenheit und von Zudringlichkeit könnte ich genug anführen. Von ersteren nur eins statt aller. Ein großer Verehrer Kants, der es sehr deutlich gezeigt hat, wie sehr er diesen Mann schätzte, ein durch kollegialische Verbindung an ihn geknüpfter Mann, kam hier an, um seinen wichtigen Posten anzutreten, reichte seine Meldungskarte ein, überwand sich aber, durch persönlichen Besuch Kant auch nur einen Augenblick zu beruhigen. Hätte ich dies vor *Kants* Tod gewußt, so bin ich nach meiner Bekanntschaft mit *Kants* Denkungsart, Bürge dafür, er hätte nach seiner Humanität diesen seinen Kollegen kennen lernen müssen und würde ihn sich zu seinem Tischfreunde erbeten haben. Bisweilen war es mir unmöglich, seinen Verehrern augenblickliche Unterhaltungen mit ihm zu versagen. Gewöhnlich erwiderte er auf das Kompliment, daß man sich freue, ihn zu sehen: »An mir sehen Sie einen alten, abgelebten, hinfälligen und schwachen Mann.« Ich freute mich, daß ich unter den *Kant* besuchenden Durchreisenden den französischen Bürger *Otto*[1], der mit Lord *Hawkesbury* den Frieden schloß, kennen lernte. Ein anderer, der *Kant* in den letzten Zeiten seines Lebens suchte, verdient gleichfalls nicht übergangen zu werden. Es war ein junger russischer Arzt, der sich durch seinen Enthusiasmus für *Kant* auf eine ganz einzige Art auszeichnete.[2] Sehnlich erwartete er den Augenblick, um ihm vorgestellt zu werden. Kaum sahe er ihn, als er von Hochachtung durchdrungen, ihm die Hände küßte, um seine Freude recht lebhaft auszudrücken. *Kant*, den diese Art der Ehrfurchtsbezeugung stets verlegen machte, wurde es auch diesmal und wußte nicht, wie er derselben ausweichen sollte. Am folgenden Tage kommt jener zum Bedienten, erkundigt sich, was *Kant* mache, fragt, ob er auch in seinem Alter sorgenfrei leben könne, und bittet um ein einziges, von *Kants* Hand geschriebenes Blättchen, zum Andenken. Der Bediente sucht auf dem Boden, findet einen Bogen von der Vorrede zu seiner Anthropologie, den er kassiert und anders umgearbeitet hatte. Der Diener zeigt mir das Blatt vor und erhält die Erlaubnis, es fortgeben zu können. Als dieser es dem jungen Arzt in den Gasthof bringt, so ergreift er es mit Freude, küßt es und zieht, vom Enthusiasmus überwältigt, einen Rock und seine Weste vom Leibe, gibt beides auf der Stelle dem Diener und einen Taler obenein. *Kant*, der vor allen exaltierten

Äußerungen und Übertreibungen einen Abscheu hatte und sehr fürs Schlichte, Gerade und Natürliche war, wunderte sich, zwar mit Befremden; aber doch mit einer Art von Behagen über das so seltene Betragen seines jungen Verehrers. [29, S. 283–285]

[1] Otto, Louis Guillaume, comte de Mesloy (1753–1817), französischer Diplomat, als Sekretär von Sieyès 1798 in Preußen, unter Napoleon wichtige diplomatische Tätigkeit an deutschen Höfen.
[2] Vgl. G, Nr. 575.

589. Hasse   Anfang 1803

Zu der Zeit sprach er auch nicht gern fremde Personen und Gelehrte, die ihn sehen wollten. Vorher hatte Jeder freyen Zutritt zu ihm gehabt. Noch im Anfang des Jahres 1803 erzählte er bey Tische, wer den Tag bey ihm gewesen sey, und da hieß es oft »blanke Herren mit Ordensband und Stern«. Er bedaurte, daß er durch seine Schwäche verhindert worden sey, des Herrn Herzogs von Braunschweig Durchlaucht, bey Ihrer Durchreise, persönlich kennen zu lernen. Manche ließen sich aber durchaus nicht abweisen, sie mußten ihn sehen. Dann ließ er ihnen sagen: Sie sollten ihn nur nicht aufhalten. Er stand daher an den Tisch gestüzt, und nöthigte den Fremden nicht zum Sitzen; oder, wovon ich Augenzeuge bin, er ließ sie in der Vorstube stehen, kam einen Augenblick aus seiner Stube heraus, und sagte: »Was sehen Sie doch an mir altem Manne? Ich bin schwach und matt; unser Leben währet 70, wenn's hoch kömmt, so sind's 80 Jahre«. Und damit drehte er sich um, und ging zurück. Ein jüdischer Künstler, der ihn so sahe, faltete seine Hände, und sank in tiefe Bewunderung; wahrscheinlich mehr darüber, daß der große Weise mit der Bibel gesprochen hatte, als über den Eindruck seiner Person. [18, S. 40–41]

590. Scheffner   ca. Februar 1803

So lange *Kant* noch ausging, war er beynah jedesmal unter meinen Gästen, ich aber habe nie zu seinen *commensalibus regularibus* gehört. Es fällt mir hier ein kleiner Zug von ihm bey, der in den vielen: *Ueber Imanuel Kant* nicht steht; um ihn nicht zu vergessen, setz' ich ihn her, wohin er weder der Zeit noch dem Ort nach gehört. Bey einem Besuch, etwa ein Jahr vor seinem Tode, konnte er im Gespräch das rechte Wort zur Erwiederung nicht finden, als ich nun eins helfen wollte, ergriff er meine Hand mit den Worten: »Nein, nein, Freund, helfen sie mir nicht, mein Kopf muß selbst damit heraus« er wandte darauf die Ausdrücke so lange, bis er die ganz richtigen fand, die er mit einem recht zufriedenem »sehen sie wohl, Freund« begleitete. [52, S. 238–239]

591. Scheffner ca. Februar 1803

Ein Jahr vor *Kants* Tode sprachen wir über häusliche Angelegenheiten, und er frug mich, ob ich mir nicht bey Zeiten einen Wasiansky zulegen wollte? »Sie glauben es nicht, wie vortreflich es ist, einen Freund gefunden zu haben, dem man sein ganzes Hauswesen überlassen kann, mit voller Ueberzeugung, er werde es wie sein eignes verwalten,« ich war aber damals so wenig wie jetzt der Meinung des philosophischen Erzvaters, der doch auch manches kleine Hausgeschäft, bis ganz zuletzt, selbst persönlich übernahm, weil ich den bloßen Entschluß zu solcher Hingebung für ein Zeichen halte, daß das Gefühl der höchsten Schwäche zum Durchbruch zu kommen auf dem Sprunge stehe, und daß man diesem so lange als möglich vor oder auszubeugen trachten müsse. Kann nicht in solchem Dienstfordern und Leisten die Freundschaft vom *Forderer* als Herrschaft gemißbraucht werden? Muß Sie nicht den Leister bis zur Dienerschaft erniedrigen? [52, S. 399–400]

592. Hasse 3.3.1803

Den 3ten März 1803 äusserte er den Gedanken »Wäre die Bibel nicht schon geschrieben, sie würde wahrscheinlich nun nicht geschrieben werden.« Jeder Denker wird fühlen, wie viel darinne liege.

Seinen *moralischen Sinn*, den er in seiner »Religion innerhalb der Grenzen der Vernunft,« und in seinem »Streit der Fakultäten« als Erklärungs-Grundsatz der Bibel angenommen hatte, behauptete er steif und feste. »Man müsse, sagte er, »als Theolog und Prediger, den Aussprüchen der Bibel, einen solchen Sinn unterlegen und unterschieben, an sich liege er nicht darinne«. Die Sache ist zu bekannt, als daß sie hier weiter erörtert werden dürfte. Als ich ihm anzeigte, daß gerade nicht Theologen, sondern biblische Philosophen (auf Befragen, welche? nannte ich ihm *Eichhorn*[1], auf den er sonst viel hielt) über den moralischen Sinn viel lesenswürdiger geschrieben, und seiner Behauptung starke Gründe entgegen gesezt hätten, wünschte er es zwar zu lesen, las es aber nicht, und wiederholte immer seine vorige Behauptung.*

Auch über das *radikale Böse* äußerte er sich rigoristisch und fast Augustinisch. »Am Menschen sey nicht viel Gutes. Jeder hasse fast den andern, suche sich über seinen Neben-Menschen zu erheben, sey voller Neid, Mißgunst und anderer teuflischer Laster. *Homo homini* nicht *deus,* sondern *diabolus.* Jeder greife in seinen Bußen!«

[18, S. 28]

* *Prüfet* alles etc. sage man, wenn man seine eigne Meynung nicht sagen könne, oder nicht zu sagen sich traue.

[1] Eichhorn, Johann Gottfried (1752–1827), Prof. d. orientalischen Sprachen in Jena und Göttingen. Vgl. Ak 11, S. 493; Ak 13, S. 362.

592a. Scheffner an Lüdecke, 17.3.1803   Mitte März 1803

Vorigen Sontag ass ich bey Kant, der nicht mehr 3 Wörter im Zusammenhang spricht — Sein Apetit, sein Schlaf p sind noch immer gut, die animam rationalem scheint er schon ganz verlohren zu haben, aber nichts von diesem Verlust zu seiner Beunruhigung zu merken.   [53, Bd. 2, S. 423]

593. Wasianski 22.4.1803

Im Frühling seines letzten Lebensjahres, am 22. April, wurde sein Geburtstag im Kreise seiner gesamten Tischfreunde recht anständig und fröhlich gefeiert. Lange vorher war dieses Fest ein ihn erheiternder Gegenstand unserer Gespräche und es wurde lange vorher nachgerechnet, wie weit es noch entfernt sei. Er freute sich lange voraus auf diesen Tag. Aber auch hier bestätigte es die Erfahrung, daß seine jetzigen Freuden mehr in der Erwartung und angenehmen Phantasie bestanden als im Genusse selbst. Die Hoffnung, seinen alten Freund, den Kriegsrat S.,[1] in dessen Gesellschaft er im Hause des verstorbenen G. R. von Hippel so viele frohe Stunden seines Lebens zugebracht hatte, wieder um sich zu sehen, erheiterte ihn ungemein. Schon die Nachricht, wie weit man in Besorgung des zu diesem Feste Erforderlichen gekommen sei, entlockte ihm den frohen Ausruf: O das ist ja herrlich! Als der Tag kam und die Gesellschaft versammelt war, wollte er zwar froh sein; hatte aber dennoch keinen wahren Genuß von derselben. Das Geräusch bei der Unterhaltung einer zahlreichen Gesellschaft, der entwöhnt war, schien ihn zu betäuben, und man merkte wohl, daß es die letzte Versammlung in der Art und zu diesem Zwecke sein würde. Er kam nur erst recht zu sich selbst, als er ausgekleidet in seiner Studierstube mit mir allein war und mit mir über die seinen Domestiquen zu gebenden Geschenke gesprochen hatte. Denn nie konnte *Kant* froh sein, wenn er nicht andere um sich her zufrieden sah. Daher bestand er bei jeder Spazierfahrt auf ein Geschenk für seinen Diener. Ich wollte ihn nun seine Ruhe genießen lassen und empfahl mich ihm auf die sonst gewöhnliche Art. Er war stets wider alles Feierliche und Ungewöhnliche, wieder alle Glückwünsche bei solchen Gelegenheiten, besonders aber wider ein gewisses Pathos bei denselben, in dem er immer etwas Fades und Lächerliches fand. Für meine geringe Bemühungen bei Anordnung dieses Festes dankte er mir dieses Mal auf eine ganz unproportionierte Art und durch Äußerungen, die nur sichere Beweise einer ihn übermannenden Schwachheit waren. Vielleicht trug der Gedanke, nun ein so hohes Alter erreicht zu haben, zu seiner Rührung bei und erhöhte seinen Dank zu exaltierten Ausdrücken. Unter dem 24. April 1803 schrieb er in sein Büchelchen: »Nach der Bibel:

unser Leben währet 70 Jahr und, wenn's hoch kommt, 80 Jahr und wenn's köstlich war, ist es Mühe und Arbeit gewesen.«

[18, S. 272–273]

[1] Gemeint: Scheffner.

594. Hasse 22.4.1803

Er sah es gar nicht gerne, wenn man von den Gerichten die er so gerne aß, wenig oder gar nichts genoß, und er sprach einem solchen wohl gar den Geschmack ab. Ja, als bey seiner lezten Geburts-Feyer (1803) seine Gäste andere Speisen hatten, so verlangte er doch seine dicken Erbsen. Er fragte darauf seinen Beisitzer (Diak. Wasjanski) ob seine Gäste dies Gericht auch hätten? Auf dessen Verneinung, weil sich heute ein Gericht nicht schicken würde, das nicht alle gern äßen, bediente er sich des naiven Ausdrucks »der muß ja ein O··s seyn, dem das Gericht nicht schmeckt.«

[18, S. 33]

594a. Anonym 22.4.1803

Voriges Jahr feierte er diesen Tag in Gesellschaft von 18 bis 20 Freunden mit einem fröhlichen und liberalen Mittagsmahl. Wie schwach er damals schon war, zeigt der Umstand, daß, als er einen darunter mit einer etwas scharfen und dünnen Stimme reden hörte, er diesen, der freilich nicht zu seinen wöchentlichen Tischgästen gehörte, nicht mehr unterscheiden konnte, weil er den nächst bei ihm Sitzenden fragte: ob ein Frauenzimmer am Tisch wäre? Scherz, zu dem er sonst wohl aufgelegt war, konnte dies nicht seyn; der wäre hier zu unverträglich mit seiner sonstigen Delikatesse gewesen.

[64, S. 169]

595. Hasse Frühjahr 1803

Er hatte sich eine Grasmücke gemerkt, die alle Frühjahr in die Nähe seines Fensters kam, und ihm was vorpfiff; im Frühjahr 1803 kam sie nicht. Das machte ihn betrübt: Er sagte einigemale: »Mein Vögelchen kömmt nicht« mit einer Wehmuth, die anzuzeigen schien, daß auch er kein Frühjahr wieder erleben würde. Und so war es auch.

[18, S. 42]

596. Hasse Pfingsten 1803

Mit Pfingsten desselben Jahres wurde er sichtlich schwächer, ungeduldig, und beynahe kindisch. Alles Lehrreiche in seinen Unterhaltungen fiel weg. Gegen den Herbst und tiefer ins Jahr verlohr er alle Heiterkeit, wollte durchaus aus der Welt geschafft seyn, und seine Sprache wurde sehr unverständlich; er aß aber noch immer recht gut, besonders seine Leibgerichte. Diese und die Butterschnitte, die er in geriebenen Käse einwickelte, und zu üppig genoß; zogen ihm, im December, eine Unverdaulichkeit zu, so, daß sich aller Appetit verlor und zum erstenmal ein Arzt (Herr *D.* und Medicinal R. *Elsner*[1]) zu ihm gerufen wurde. Dieser untersagte ihm jene Gerichte; er aß 8 Tage lang fast gar nichts, während dem auch kein Gast mehr zu ihm geladen wurde. Es fand sich aber der Appetit wieder, und auch etwas Heiterkeit. Er aß vor seinem Bette, wurde an den Tisch geschoben, und sagte dabey, in seiner sonstigen Laune, die Worte: »will er wohl heran« hatte viel Besonnenheit, fragte nach seinen alten Gerichten und Gästen. Jene wurden ihm aus dem Sinne geredet, diese wieder inständigst eingeladen; und als sich einige davon zerstreuet hatten, und er einmal allein essen mußte, wollte er durchaus haben, daß der Bediente ihm von der Straße hohlen sollte, wen er fände; denn »Gäste müsse er haben«.*

[18, S. 43]

---

* Er hatte doch noch immer viel Besinnung. Einst als sein obgenannter Arzt, der damahls eben bey der Akademie *Rector Magnificus* war, zu ihm kömmt, bleibt er immer stehen. Der Arzt nöthigt ihn zum Sitzen. Er thut es nicht,

sondern läßt die Worte mehrmahls von sich hören: »hoher Stand«, Herr Diak. Wasjanski, der dabey ist, deutet sie dahin, daß er wohl meyne, daß sich der Herr Magnificus *erst* setzen solle? »Ganz Recht« sagte er, und nun sezt er sich nach jenem, nieder.

[1] Elsner, Christoph Friedrich (1749–1820), Kants Arzt in den letzten Lebensjahren, immatr. 27.9.1766; 1786 ord. Prof. d. Medizin in Königsberg. Vgl. APB 1, S. 163; ADB 6, S. 67.

597. Hasse   2.6.1803

Den 2ten Junius 1803 sagte er sehr herabgestimmt: »Mit mir kann es nicht lange daure, ich werde täglich schwächer.« Dabey entblößte er seinen Vorder-Arm, und sagte dazu, daß kein Loth Fleisch an seinem ganzen Leibe sey. — Ich fragte ihn, was er sich denn von der Zukunft verspräche? Er antwortete, nach einiger Tergiversation: »Nichts bestimmtes« eine Zeit vorher, als ihn ein anderer fragte: »Von dem Zustande weiß ich nichts« und noch ein andermal erklärte er sich für eine Art von Metempsychose oder *Seelen-Wanderung.*   [18, S. 29]

598. Hasse   Ende Juni 1803

Noch Ende Juni 1803 hatte ich das Glück, ihn in meinem Garten zu sehen. Das Fahren auf dem Pflaster hatte ihn aber zu sehr erschüttert, er war verdrüßlich, kannte fast keinen seiner Collegen, deren etliche ihn umgaben, mehr, und sehnte sich bald wieder nach Hause.   [18, S. 42]

599. Wasianski   Sommer 1803

Der Sommer näherte sich und nun sollten jene projektierten weiten Reisen ins Land und Ausland anfangen. Eines Tages, als ich ihn früh besuchte, wurde ich ganz betroffen, als er mir mit gesetztem

Ernste und anscheinend bestimmter Entschlossenheit auftrug, einen Teil seines Vermögens zu einer bevorstehenden Reise ins Ausland zur Bestreitung der damit verbundenen Kosten einzuziehen. Ich widersprach nicht, forschte aber genauer nach der Ursache seines so schnellen Entschlusses, die sich endlich daher ergab, daß er die ihm lästige Blähung auf dem Magenmunde nicht mehr ertragen könnte. Ich antwortete ihm: *post equitem sedet atra cura*; dies dürfte also auch wohl der Fall mit seiner Blähung auf dem Magenmunde sein, der er nicht so leicht entrinnen würde. Eine Stelle aus den alten Dichtern vermochte viel auf *Kant*, und so veränderte auch diese angeführte sehr schnell seinen Entschluß, den er auch nur, weil er, um seinen Blähungen auf dem Magenmunde zu entgehen, keinen Rat und Ausweg kannte, in seiner Schwäche gefaßt hatte. Das Gespräch über wochenlangen Aufenthalt auf dem Lande in kleinen Bauernhütten; über Teilnahme an ihren gröbern ländlichen Speisen; über Hinwegsetzung der Gesellschaft mit Ratten, Mäusen und Insekten mancher Art in den schmutzigen Wohnungen der Landleute, war nun an der Tagesordnung. Der feste Ernst und die rührende Sehnsucht, mit welcher er mit zusammengeschlagenen Händen und zum Himmel gerichteten Augen sich mehr Wärme zur Begünstigung unserer Reisen erflehte, machten mich ziemlich ungewiß, ob sein Wunsch zu reisen, wenngleich nicht in seinem ganzen Umfange, so doch zum Teil befriedigt werden müßte. Ich schlug das im vorigen Jahre besuchte Landhäuschen vor. »Gut«, war *Kants* Antwort, »wenn es nur weit ist.« Ich erwiderte: Weit kann jeder Weg durch Umwege werden und unser Aufenthalt bis zum Herbste währen. [29, S. 273–274]

600. Wasianski August 1803

Alles schien darauf hinaus zu deuten, daß der jetzt eintretende Sommer der letzte seines Lebens sein würde. Seine letzte Ausfahrt machte er im August, in den Garten seines geschätzten Freundes und öftern Tischgastes, des Hrn. C. R. H.[1], in der Gesellschaft des Hrn. D. M.[2]. Beide waren bei *Kant* zu Mittag, als ihm der Vorschlag von ihnen zu dieser Ausfahrt gemacht wurde. *Kant*, der sich an mich gewöhnt hatte, wollte diese Fahrt ohne mich nicht anstellen. Ich wurde daher mit äußerster Schnelligkeit aufgesucht und nahm Teil an derselben, die ich darum auch nicht gerne versäumt hätte, weil sie die letzte war. Es war bei derselben auf die letzte Zusammenkunft mit seinem würdigen Freunde Hrn. H. P. S.[3] angesehen. *Kant* kam früher in den Garten als sein Freund, war aber wegen seiner Schwäche zur Unterhaltung gar nicht aufgelegt. Nach seinem gänzlich verlorenen Zeitmaß währte ihm die Ankunft seines erwarteten Freundes viel zu lange; er war nicht zu bereden, ihn abzuwarten, um ihn noch zu sehen. Er beschleunigte das Ende seiner letzten Exkursion, wie er seine Spazierfahrten nannte, mit Ungeduld. Der Rest des letzten Sommermonats bot keinen schicklichen Tag zu einer Ausfahrt mehr dar, und so waren sie für *Kants* Leben geschlossen. [29, S. 278–279]

[1] Hippel.
[2] Motherby.
[3] Schultz.

601. Jachmann 1.8.1803

Am ersten August des vorigen Jahres sah ich zum letzten Male meinen großen Lehrer und Freund. Aber welch eine traurige Veränderung hatte sich mit dem großen Manne zugetragen! Meine Freunde in Königsberg hatten mich zwar schon auf einen schmerzhaften Anblick vorbereitet, ja sie hatten mir selbst von meinem Besuche abgeraten, aber ich konnte meinem Herzen nicht widerstehen; ich eilte zu dem Manne hin, der so viele Jahre der Stolz und das Glück meines Lebens gewesen war und fand leider seinen Zustand trauriger als sie, die seine Kräfte allmählich hinschwinden sahen, ihn mir schildern konnten. Mit bangem Vorgefühl betrat ich die Schwelle, die mich einstens zu den höchsten und edelsten Freunden des Geistes einlud; mit einer nie gehabten Empfindung öffnete ich das Studierzimmer des Weltweisen, wo ich sonst in dem engern Kreise seiner Freunde das Glück seines besondern Unterrichts und seiner vertrauten Freundschaft genoß. Aber denken Sie sich mein

Gefühl! Kaum war ich ins Zimmer getreten, so erhob sich der gebückte Greis mit schwankendem Tritte von seinem Stuhle mir entgegen. Ich flog mit wehmütigem Herzen an seine Brust, ich drückte ihm meinen kindlichen Kuß auf seine Lippen; ich bekannte ihm meine Freude, ihn wieder zu sehen und er — er blickte mich mit mattem forschenden Auge an und fragte mich mit einer freundlichen Miene: wer ich wäre. Mein Kant kannte mich nicht mehr! — Er bat sogleich darauf um die Erlaubnis, sich setzen zu dürfen, weil ihm das Stehen zu schwer falle, nötigte mich gleichfalls mit seiner gewöhnlichen Freundlichkeit zum Sitzen und erkundigte sich von neuem: wer ich wäre. Ich führte ihm verschiedene, ihm sonst sehr wohl bekannte Umstände aus meinem Leben an, aber sie waren gänzlich aus seinem Gedächtnis verwischt; ich nannte ihm verschiedene wichtige Dinge, bei welchen wir gemeinschaftlich tätig gewesen waren, aber sie hatten in seiner Seele keine Spur mehr zurückgelassen; ich machte ihn auf Orte und Personen aufmerksam, wo und mit welchen wir öfters zusammengewesen waren, ich führte ihm Handlungen an, die er selbst für mich mit so vieler Teilnahme verübt hatte, aber auch diese konnten mich ihm nicht mehr in Erinnerung bringen. Es war schmerzhaft zu sehen, wie der schwache Greis sich anstrengte, um in die Vergangenheit von wenigen Jahren zurückzublicken und die gegenwärtige Anschauung von mir mit vormals gehabten Vorstellungen zu verknüpfen und doch gelang es ihm nicht.

Um das Gespräch nicht gänzlich sinken zu lassen, erkundigte ich mich bei ihm nach solchen körperlichen Umständen, über welche er sonst gewöhnlich zu sprechen pflegte und es schien ihm angenehm zu sein, daß ich ihn in seinen engen und vertrauten Gedankenkreis zurückführte. Er sprach nun dieselben Sachen und Worte, die ich schon sonst öfters aus seinem Munde gehört hatte, aber auch bei diesem ihm so gewöhnlichen Gespräch blieben ihm die Gedanken stehen und er konnte zu manchem kleinen Satze nicht das Schlußwort finden, so daß seine hochbejahrte Schwester, welche hinter seinem Stuhle saß und dasselbe Gespräch vielleicht schon oft gehört hatte, ihm das fehlende Wort vorsprach, welches er dann selbst hinzufügte.

Während unseres Gesprächs, bei welchem er mich ununterbrochen ansah, rief er einige Male mit einer Äußerung von Freude aus:

ihr Blick wird mir immer bekannter! Ich hoffte mit Entzücken bei diesem frohen Ausruf, daß er sich meiner vielleicht doch noch erinnern würde, aber vergebens. Es blieb bei diesem sich aufhellenden Sinnenbilde, das in keinen Verstandesbegriff mehr umgeformt werden konnte. Ich mußte ihn verlassen, ohne von ihm wieder erkannt zu sein. Der Greis selbst schien über sein geschwächtes Erinnerungsvermögen einige Rührung zu empfinden. Als ich mich zum Abschiede anschickte, so bat er mich einige Male: ich möchte mich doch nur seiner Schwester[1] umständlich erklären, wer ich wäre; sie würde es ihm dann wohl gelegentlich beibringen. Ich tat es, und das gute Mütterchen kannte mich auch aus voriger Zeit noch genug, um mich ihm womöglich noch einmal ins Gedächtnis zurückzurufen. Hierauf umarmte ich meinen großen Lehrer zum letztenmal und schied von ihm mit wehmütigem Herzen und mit tränenden Augen.

Diese Szene meines letzten Besuchs bei Kant hat auf mich einen so rührenden Eindruck gemacht, daß sie sich mir unablässig vor Augen stellt und mich zu traurigen Betrachtungen veranlaßt. Gott, was ist der Mensch und was ist Großes im Menschen? Der größte Geist des Zeitalters, vor dessen Blick nichts verborgen blieb, der mit seiner Kraft die ganze Natur, das ganze Gebiet des menschlichen Wissens umfaßte, der durch das tiefe Dunkel des Irrtums den Sonnenweg zur himmlischen Weisheit bahnte, ein unerschütterliches Gebäude der Philosophie erschuf und die Welt mit heller Wahrheit erleuchtete, dieser Geist konnte viele Monate vor der Trennung von seinem körperlichen Organ nicht mehr wenige Begriffe miteinander verknüpfen und zur Klarheit des Bewußtseins bringen. Der Mann, der durch seine Lehre die Weisen Europens in Erstaunen setzte, mußte sich von seiner alten Schwester, die vormals den Geist und die Sprache ihres Bruders nie begriffen hatte, einzelne Wörter zur Bezeichnung ganz gewöhnlicher Gedanken vorsagen lassen. — Welch eine bedenkliche Abhängigkeit des menschlichen Geistes vom Körperorgan! — Und diese Geistesschwäche des großen Mannes entstand nicht plötzlich durch eine krankhafte Zerstörung der Denkorgane, sondern sie war eine allmähliche Lähmung des Geistes nach Maßgabe der schwächerwerdenden Werkzeuge. Daher sich bei ihm auch keine Spur von Geisteskrankheiten, sondern nichts als Geistesschwäche äußerte, die sich nach und nach vermehrte.

Schon vor acht Jahren fand ich ihn etwas verändert, obgleich er sich an einzelnen Tagen, wenn die Funktionen der Natur gut vonstatten gingen, noch ganz in seiner vormaligen Geisteskraft zeigte. Seit dieser Zeit ward aber die Abnahme seiner Kräfte merklicher. Vor vier Jahren fing er schon an, sich eines Gedankenzettels zu bedienen, auf welchen er die ihn besuchenden Reisenden verzeichnete. Auf diese Blättchen schrieb er endlich jede Kleinigkeit auf, die ihm von andern gesagt oder ihm selbst eingefallen war. Vor drei Jahren mußte ich ihm über meine bevorstehende Amts- und Ortsveränderung Auskunft geben, aber es war ihm schon damals so schwer, mein neues Amt und den damit verbundenen Charakter zu behalten, daß ich ihm alles umständlich in die Feder diktieren mußte. Schon damals fühlte er es und vielleicht unangenehmer als bei noch größerer Schwäche, daß ihm bisweilen die Gedanken ausgingen und er entschuldigte sich selbst, daß ihm das Denken und Begreifen schwer würde, und daß er von dem vorhabenden Gedanken abbrechen müßte.

So schwand allmählich die Kraft des größten Denkers bis zur völligen Geistesohnmacht hin. [29, S. 200–203]

[1] Katharina Barbara, verw. Theyer (Theuer) (1731–1807)

601a. Anonym   17.8.1803

Ueberhaupt hatte er das zarteste und mildeste Gemüth bei aller Strenge in seinen Grundsätzen. Seinem vorigen Bedienten Lampe, den er mehrerer Ursachen wegen gehen lassen mußte, gab er doch noch zehn Gulden monatlich, die diesem nun durch Kant's letzten Willen auf Lebenszeit zugesichert sind. Auch den jetzigen hat er gut bedacht, und schon vorher ihm manches zufließen lassen. Er hielt auf diesen viel, und nannte ihn in den letzten schwachen Tagen seinen Begleiter, seinen Beschützer, seinen Freund. Wie er ihn überhaupt behandelte, läßt sich unter andern aus der Art abnehmen, mit der er diesem einmal (es war den 17. August vorigen Jahres) einen Auftrag einschärfte: »er wird es schon machen, Johann; ich sage nicht, *wenn er* Verstand hat, sondern supponire, *da* er Verstand hat.« An demselben Tage bat er seine Gäste, den Johann doch ja nicht »vil« zu tractiren. Johanns Zuname ist *Kaufmann*. »Ich möchte ihn lieber beim Zunamen rufen,« äußerte er ein andermal; »allein es könnte anstößig seyn, da zwei Herren, die mir die Ehre erweisen bei mir zu speisen, Kaufleute sind.« Bei dem allen litt er nichts, was unrecht oder indiscret war, ob wohl auch dann noch der Unwille gegen einen sonst treuen Diener sich mitunter in baaren Profit für diesen verwandelte. Er hatte bemerkt, daß Johann mit ihm aus Einer Dose schnupfte, und auf der Stelle akkordirte er ihm einen Gulden monatlich zu Taback, um so dieser Gütergemeinschaft ein Ende zu machen. Dabei kann man aber doch nicht sagen, daß er immer gleichmüthig war; zum Glück waren es nur Kleinigkeiten die ihn aus der Ruhe brachten, wenn etwa die Studierstube nicht genau nach dem hiezu angenommenen Thermometerstande geheizt, bei einer Speise etwas versehen, oder sonst etwas ausser Acht gelassen war. [64, S. 171]

602. Wasianski 2. Hälfte September 1803

Nur erst spät im Jahre, gegen den längsten Tag, fuhren wir in jenes Häuschen auf dem Lande. Beim Einsteigen in den Wagen war die Losung: Nur recht weit! aber wir waren noch nicht am Tore, so dünkte ihm der Weg schon zu lang zu sein. Mit genauer Not kamen wir dort halb zufrieden an. Der Kaffee stand bereit, aber kaum nahm er sich so viel Zeit, ihn zu trinken, als wir wieder in den Wagen steigen und zurückfahren mußten. Überaus lange währte ihm der Rückweg, der doch kaum 20 Minuten dauerte. Seine Schwäche, die ihm die Zeit so sehr vergrößert vorstellte, artete in eine Art von Ungeduld aus, die ihn fast überwältigte, wobei er sich doch aber hütete, die Schuld der unternommenen Fahrt oder der zu langen Verzögerung mir zuzuschreiben. *Hat's denn noch kein Ende?* war die in jedem Augenblick wiederholte Frage. Sie wurde mit einem solchen Nachdruck und mit solcher Deklamation erneuert, als wenn er sie nur einmal getan hätte. Ich blieb indessen ganz ruhig dabei, ließ alles geschehen, weil ich wohl wußte, daß, sobald er in seine gewöhnliche ruhige Lage zurückgekehrt wäre, alles vergessen wäre. Welche Freude für ihn, nun einmal sein Haus zu erblicken! Unmutig über die weite Reise und die so lange Abwesenheit, ließ er sich auskleiden, wurde zufriedener, schlief sanft und wurde von keinen Träumen beunruhiget oder aufgescheucht. Bald darauf wurde von Reisen, weiten Reisen, Reisen ins Ausland mit erneutem und vermehrtem Enthusiasm gesprochen; doch waren die folgenden Ausfahrten, mit kleinen Abänderungen jener ersten ziemlich gleich. Etwa acht derselben, entweder in jenes Häuschen oder in meinen Garten und noch einen andern, war alles, was in diesem Jahre unternommen worden war. Dennoch hatten, besonders die Spazierfahrten nach dem Landhäuschen, für ihn ihren großen Nutzen. Sie erneuerten bei ihm solche Ideen aus den frühern Jahren seines Lebens, die ihn oft sehr aufheiterten. Das schon oft erwähnte Landhäuschen liegt auf einer Anhöhe unter hohen Erlen. Unten im Tale fließt ein kleiner Bach mit einem Wasserfall, dessen Rauschen *Kant* bemerkte. Diese Partie erweckte in ihm eine schlummernde Idee, die sich bis zur größten Lebhaftigkeit ausbildete. Mit fast poetischer Malerei, die *Kant* sonst in seinen Erzählungen gerne vermied, schilderte er mir in der Folge das Vergnügen, welches ein schöner Sommermorgen in den frühern Jahren seines Lebens ihm auf einem Rittergute, in der dort befindlichen Gartenlaube an den hohen Ufern der Alle, bei einer Tasse Kaffee und einer Pfeife gemacht hatte.[1] Er erinnerte sich dabei der Unterhaltung in der Gesellschaft des Hausherrn und des Generals von L.[2], der sein guter Freund war. Alles war dem Greise so gegenwärtig, als wenn er jene Aussicht noch vor sich hätte, jene Gesellschaft noch genösse. Um ihn recht zu erheitern, durfte man nur zuweilen dem Gespräche eine Wendung auf diesen Gegenstand geben, so war er sogleich wieder heiter und froh. Überhaupt konnte er durch die angenehmste Unterhaltung nicht so erheitert werden, als wenn man ihm angenehme Ereignisse der Vorzeit erzählte. Die Täuschung, als erinnerte er sich alles dessen von selbst, worauf ein anderer ihn brachte, und das Gefühl eigener Kräfte, das aus derselben entstand, war ihm überaus wohltätig und erheiternd. Dieses ihm so wohltuende Gefühl zu wecken, war ein wahres Verdienst, das alle seine Tischfreunde um ihn hatten. Es war aber auch notwendig, mit seinen Ideen, Wünschen und Ereignissen bekannt zu sein. Vor dem Eintritt in sein Zimmer suchte ich mir daher genaue Nachricht von allem in meiner Abwesenheit Vorgefallenen zu verschaffen. Jeden Traum, den er gehabt, jeden Wunsch, den er geäußert, jeden Vorfall, der sich ereignet hatte, suchte ich vorher zu erfahren. Bei seiner jetzigen Art, sich uneigentlich auszudrücken, war es mir daher möglich, ihn leicht zu verstehen. Ich wußte schon alles, was er sagen wollte. Er klagte mir seine Schwäche bisweilen mit Unmut; aber von jedem unangenehmen Gegenstande brachte ich ihn durch Unterbrechung, wenigstens durch eine Frage aus der Physik oder Chemie ab, suchte dieses neue Objekt des Gesprächs für ihn anziehend zu machen; der unangenehme Gegenstand wurde vergessen und der angenehmere erhielt neues Interesse.

[29, S. 274–276]

[1] Wohnsdorff.
[2] von Lossow.

603. Wasianski 7.–13.10.1803

Ich komme nun zu einer neuen Epoche in *Kants* Leben, die eine völlige Veränderung in seiner ganzen bisherigen Lage machte. Der wichtigste Tag seines bisherigen Lebens war der 8. Oktober 1803. An diesem Tage wurde Kant zum ersten Male in seinem ganzen Leben bedeutend krank. In seinen frühesten akademischen Jahren hatte er ein kaltes Fieber gehabt, das er sich durch einen Spaziergang, den er zum Brandenburgschen Tore hinaus und zum Friedländschen in die Stadt zurück machte, vertrieben hatte. In spätern Jahren meines Umgangs erlitt er eine starke Kontusion am Kopfe durch einen Stoß an der Türe. Wenn man will, mag man diese beiden Unfälle Krankheiten nennen; aber mehr hatte er, soviel er sich zu erinnern wußte, nicht gelitten. Aber der 8. Oktober legte den Grund zur Auflösung seiner physischen Existenz. Ich sehe mich genötigt, einige sonst übergangene Umstände zu berühren, wenn ich seine Krankheitsgeschichte etwas vollständig erzählen soll. In den letzten Monaten war *Kants* Appetit in Unordnung gekommen oder vielmehr ausgeartet. Er fand an keinen Speisen mehr Geschmack, sondern bekam eine heftige Begierde nach Butterbrot, welches er in einzelnen Bissen in geriebenen englischen Käse drückte und mit Gierigkeit genoß. Anfänglich wurde bei den andern Gerichten ihm die Zeit zu lang, und er wünschte, daß nur bald die Reihe an sein Lieblingsgericht kommen möchte; späterhin wartete er die Ordnung nicht mehr ab, sondern ließ zwischen jedem Gericht sich jene für ihn nachteilige Speise geben und genoß sie in starken Portionen. Mehr als jemals war dieses der Fall am 7. Oktober, am Tage vor seiner Krankheit, an dem er zwischen jeder Schüssel, die er verschmähte, übermäßig jene ihm nachteilige Speise genoß. Ich und sein zweiter Tischfreund rieten ihm den häufigen Genuß des fetten, schweren und trocknen Nahrungsmittels ab. Allein hier machte er die erste Ausnahme von seiner sonst so gewöhnlichen Billigung und Annahme meiner Vorschläge. Er bestand mit Ungestüm auf Stillung seines ausgearteten Appetits. Ich glaube nicht zu irren, daß ich zum ersten Male eine Art von Unwillen gegen mich bemerkte, der mir andeuten sollte, daß ich die von ihm mir gesteckte Grenze überschritte. Er berief sich darauf, daß diese Speise ihm nie geschadet habe und nicht schaden könne. Der Käse wurde verzehrt, und — es mußte mehr gerieben werden. Ich mußte schweigen und nachgeben, nachdem ich alles versucht hatte, ihn davon abzubringen.

Der nachteiligste Erfolg, der sich mathematisch demonstrieren ließ, traf ein. Eine unruhige Nacht ging einem traurigern Tage vorher. Bis um 9 Uhr morgens war alles noch so, wie es zu sein pflegte; aber um diese Zeit sank *Kant*, der von seiner Schwester geleitet wurde, von ihrem Arm plötzlich sinnlos zur Erde. Der Diener wurde gerufen, *Kant* schien vom Schlage gerührt zu sein. Das Bett wurde aus dem kalten Schlafzimmer in seine erwärmte Studierstube gebracht. Sobald er hineingelegt war, eilte der Diener zu mir, mit der raschen Anzeige: Sein Herr wäre im Sterben begriffen. Ich schickte sogleich zum Arzt, Herrn M. R. D. E.[1] und eilte sogleich selbst hin, fand *Kant* ohne Bewußtsein, sprachlos und mit gebrochenem Auge in seinem Bette liegen. Er war durch keinen, nach und nach verstärkten Zuruf zum Aufblicken zu bringen. Schnell eilte der Arzt herbei; aber eben vor seiner Ankunft hatte *Kants* durch keine Art von Ausschweifungen geschwächte Natur, sich durch ihm selbst unbewußte Ausleerungen geholfen. Nach etwa einer Stunde kam er zum Aufschlagen der Augen und zum verständlichen Lallen, das gegen Abend, da er sich mehr erholte, in verständlichere Worte überging. Nun blieb er einige Tage zum ersten Male in seinem Leben bettlägerig und genoß nichts. Den 12. Oktober war ich allein bei ihm zu Mittage, er nahm den ersten Löffel Speise zu sich und verlangte Käse und Butterbrot. Ich war fest entschlossen, alles von *Kant* ruhig zu erwarten und über mich ergehen zu lassen, nur ihm keinen Käse mehr zu gestatten. Ich führte ihn durch ernste Gründe von seinem Vorsatz ab, und er folgte mir; besonders da ich ihm die Folgen vorhielt, die der Genuß dieser Speise für ihn gehabt hatte; er wußte aber nichts von seiner Krankheit und fand meine Behauptung, daß die Indigestion, die vom starken Genusse des Käses herrühre, ihm leicht das Leben hätte kosten können, ungegründet und meinen Entschluß, diesen Nachtisch abzuschaffen, hart. Einige Tage darauf wollt er einen Gulden, einen Taler und mehr für ein wenig Käse geben, mit dem Zusatze: Er habe es ja dazu; allein ich setzte mich standhaft dagegen. Er brach in wehmütige Klagen über die Verweigerung des Käses aus und entwöhnte sich endlich desselben; ob er gleich noch oft an ihn dachte. Ich behauptete, das Käsemachen gehöre nun zu den verloren gegangenen Künsten, vom Käse könne nie mehr die Rede sein. Vom 13. Oktober an wurden seine gewöhnlichen Tischgäste wieder eingeladen und er war wieder hergestellt, kam aber selten zu dem Grade von Heiterkeit, wie vor der Krankheit. [29, S. 285–287]

[1] Elsner.

604. Wasianski 8.10.1803

Der 8. Oktober hatte auf *Kants* Kräfte stark gewirkt, aber sie noch nicht zerstören können. Es gab noch immer einige Augenblicke, in denen sein großer Verstand, wenngleich nicht mehr so blendend, wie ehemals, hervorstrahlte, doch noch immer sichtbar war, und in denen destomehr sein gutes Herz hervorleuchtete. Er erkannte in den Stunden, in denen er seiner Schwäche weniger unterlag, jede sein Schicksal ihm erleichternde Vorkehrung mit *gerührtem* Danke gegen mich und mit *tätigem* gegen seinen Diener, dessen äußerst beschwerliche Mühe und unermüdete Treue er mit bedeutenden Geschenken belohnte. Über die Größe und Art derselben nahm er vorher mit mir Rücksprache. Der Ausdruck war ihm zum Sprichwort geworden: »Es muß keine Knickerei oder Kargheit irgendwo stattfinden.« Die Worte sagen nicht viel; aber die Miene des ehrwürdigen Gesichtes, in dem sich jede Muskel zum Ausdruck der tiefsten Verachtung gegen alles verzog, was nur den Anschein von Geiz haben konnte, gab diesen Worten den eigentlichen Nachdruck. Geld hatte in seinem Auge keinen andern Wert, als nur, insoferne es Mittel war, durch weisen und zweckmäßigen Gebrauch desselben Gutes zu stiften. Von seinem Vermögen von 20 000 Rtlr. und den mäßigen Einkünften seiner akademischen Lehrstelle, die in den letztern Jahren aus oben angeführten Ursachen wenig mehr einbrachte, gab er etatsmäßig jährlich zur Unterstützung seiner Familie und zur Armenkasse eine Summe, die nicht so leicht ein Reicherer hingibt; es *waren eintausendeinhundertunddreiundzwanzig Gulden*, die teils vierteljährig, teils monatlich von mir in seiner Gegenwart ausgezahlt wurden, wozu zwar die Pension von 40 Rtlr. für *Lampe*, aber nicht die Unterstützungen mehrerer Armen gehörten, die wöchentlich ihre Gaben abholten. Sonst pflegt dem hohen Alter sehr oft Geiz, wenigstens strenge Sparsamkeit, eigen zu sein; *Kants* Alter zeichnete sich durch edle und weise Freigebigkeit aus. Nur zur Zeit der Vertraulichkeit erfuhr ich erst von ihm die Summen, die seine Verwandten erhielten, und zwar nicht eher, als bis ich sie wissen mußte, bis ich sie selbst auszahlte.

[29, S. 288–289]

605. Wasianski ab 8.10.1803

Im Reden drückte *Kant*, besonders in den letzten Wochen seines Lebens, sich sehr uneigentlich aus. Seit dem 8. Oktober schlief er nicht mehr in seinem ehemaligen Schlafzimmer. Weil dieses Zimmer einen grünen Ofen hatte, so nannte er das Schlafengehen: an den grünen Ofen gehen. Bemerkenswert ist es, daß der große Denker nun keinen Ausdruck des gemeinen Lebens mehr zu fassen imstande war. An seinem Tische herrschte oft dumpfe Stille, wo sonst heitere und anständige Jovialität ihren Wohnsitz hatte. Er sah es nicht einmal gerne, wenn seine beiden Tischgäste sich miteinander unterhielten und er eine stumme Rolle dabei machen sollte; ihn selbst aber ins Gespräch zu verflechten, hatte gleichfalls Schwierigkeiten, denn sein sonst so leises Gehör fing auch an zu schwinden und er drückte sich, ob er gleich richtig genug dachte, sehr unverständlich aus. Einige Beispiele werden den großen Mann nicht verkleinern; freilich erfordert die Erzählung derselben einige aus dem gemeinsten Leben hergenommene Ausdrücke. Die Absicht zu zeigen, wie der große Mann sich zuletzt ausdrückte, wird die Anführung und den Gebrauch dieser Worte entschuldigen. Er sprach sehr uneigentlich; aber bei aller Unvollkommenheit des Ausdrucks war doch eine ganz eigene Ähnlichkeit zwischen dem Worte und der damit bezeichneten Sache. Als beim Tische von der Landung der Franzosen in England gesprochen wurde, so kamen in diesem Gespräche die Ausdrücke: Meer und festes Land vor. *Kant* sagte (nicht im Scherz), es sei zu viel Meer auf seinem Teller und fehle an festem Lande; er wollte damit andeuten, daß er im Verhältnis mit der Suppe zu wenig festere Speise habe. An einem andern Mittage, als ihm gebackenes Obst gereicht und der dazu gehörige Pudding, in kleine unregelmäßige Stücke zerschnitten, vorgelegt wurde, sagte er: Er verlange Figur, bestimmte Figur. Dieses sollte das regelmäßigere Obst bedeuten.

Es gehörte ein täglicher Umgang mit ihm dazu, um diese seine so uneigentliche Sprache zu verstehen; dennoch konnte ihm eine Art von Witz nicht gänzlich abgesprochen werden: ein kleines goldkörnchen schimmerte doch noch immer durch. Fragte man ihn in seiner größten Schwäche, wenn er sich über die gemeinsten Dinge nicht verständlich ausdrücken konnte, über Gegenstände der physischen Geographie, Naturgeschichte oder Chemie, so gab er noch nach dem 8. Oktober zum Erstaunen bestimmte und richtige Antworten. Die Gasarten und die Stoffe waren ihm so bekannt, daß man sich noch in der letzten Zeit seines Lebens, sehr befriedigt von seinen Aufschlüssen, darüber mit ihm unterhalten konnte. Die Kepplerischen Analogien konnte er noch in seiner größten Schwäche hersagen. Am letzten Montage seines Lebens, als seine Schwäche zur tiefsten Rührung seiner Tischgenossen auffallend groß war und er nichts mehr fassen konnte, was man mit ihm sprach, so sagte ich

leise zu dem andern Tischfreunde: Ich darf das Gespräch nur auf
gelehrte Gegenstände lenken, und ich bürge dafür, daß *Kant* alles
versteht und in das Gespräch entriert. Dies schien dem andern
Freunde *Kants* unglaublich. Ich machte den Versuch, und fragte
Kant etwas über die Barbaresken. Er sagte kurz ihre Lebensweise
und bemerkte noch dabei, daß in dem Worte Algier das g auch
wie ein g ausgesprochen werden müßte. [29, S. 294–296]

606. Jachmann Oktober 1803

Soviel von der allmählichen Abnahme der Kräfte und dem Stumpf-
werden seiner Sinne. — Jetzt nur noch ein paar Worte über einen
Zufall, der Kant einige Monate vor dem Tode ziemlich plötzlich
begegnete und einen schnellen Tod fürchten ließ. — Es war nichts
Besonderes vorgefallen, als daß Kant sich vielleicht durch den Genuß unverdaulicher Speisen Schaden getan haben mochte. Plötzlich verfiel er in einen Zustand völliger Bewußtlosigkeit, seine Zunge
lallte wie gelähmt, und wie in einem tief soporösen Schlafe sprach
er immerwährend die Namen von zweien seiner Freunde aus, die
er freilich auch schon seit einigen Wochen, wenn er mitten in der
Unterredung in eine Art von Schlummer verfiel, oft im Munde
geführt hatte. — Wenn man ihn zu wecken suchte und ein Bekannter
ihm hart ins Ohr redete, so schlug er, wie aus einer andern Welt,
die Augen auf und antwortete nur durch Wiederholung jener zwei
Namen. In diesem Zustande blieb er etwa zweimal vierundzwan-
zig Stunden und kam endlich ohne alle Arzeneimittel, ein reizen-
des Klistier ausgenommen, von selbst wieder zu sich und befand
sich nun, indem er viele Ausleerungen bekam, wirklich besser als
lange vorher. Sein Kopf war offenbar klarer und sein Bewußtsein
deutlicher geworden; es fand sich wieder einiger Appetit und alles
war so regulär, als es gewesen war. — Dieser Ausgang war höchst
unvermutet, denn es war der Unfall eines nervösen Schlagflusses
gewesen, der nur mit dem Tode endigen zu können schien.
[29, S. 211–212]

607. Scheffner an Lüdeke, 27.10.1803　　　　　　　Oktober 1803

Kant ist jezt beynah ganz ohne Seele, indessen lebt er noch immer, oft kennt er seine gewöhnliche Haussmenschen nicht.

[53/Bd. 2, S. 436]

608. Wasianski　　　　　　　　　　　　　　　　Dezember 1803

Im Dezember 1803 konnte er kaum seinen Namen mehr schreiben. Er sah so schlecht, daß er den Löffel nicht mehr fand, und wenn ich bei ihm speisete, so zerlegte ich ihm die Speisen, legte sie ihm in den Löffel und gab ihm denselben in die Hand. Ich erkläre mir sein Unvermögen, seinen Namen zu schreiben, auf folgende Art. Er sah den Buchstaben nicht mehr, den er gemacht hatte und sein Gedächtnis war so schwach, daß er den Buchstaben, den er nur nach dem Gefühl zeichnete, wieder vergaß, welches, wenn er ihn noch hätte sehen können, nicht der Fall gewesen wäre. Auch das Vorsagen der Buchstaben war von keiner Wirkung, denn es fehlte ihm an Einbildungskraft, sich die Figur derselben vorstellen zu können. Schon am Ende des Novembers sah ich dieses sein Schicksal schleunig auf ihn zueilen. Ich schrieb daher die Quittungen für seine um Neujahr fallenden Zinsen schon um diese Zeit und er zeichnete seinen Namen noch recht sauber unter dieselben. Bei spätern Unterschriften war sein Name so unleserlich geschrieben, daß ich Monita über die Echtheit seiner Hand von höhern Behörden befürchten mußte. Er entschloß sich, mir eine Generalvollmacht ausfertigen zu lassen. Die Unterschrift unter diesem Protokoll ist der letzte Federstrich, den *Kants* Hand gemacht hat.[1] Nur die höchste Notwendigkeit drang mich zu dieser Maßregel, von der ich aber auch nur den spätesten Gebrauch machte.　　[29, S. 292]

[1] Vgl. Arthur Warda: Der letzte Federstrich I. Kants. Königsberg 1919.

609. Hasse Januar 1804

Im Jan. 1804 konnte er nur noch wenig genießen, fand alles zu hart und Geschmacklos, mußte sich von seinem Bedienten alles vorschneiden, klein machen, und reichen lassen, lallte nur noch am Tische (im Bette sprach er deutlicher) gieng vom Tische gleich zu Bette, brachte aber die Nacht größtentheils unruhig, und schlaflos zu, und man sahe aus allem: Es gieng mit ihm zu Ende.

[18, S. 43–44]

610. Wasianski Januar 1804?

So schwach *Kant* jetzt schon war, so war er doch noch bisweilen zum Frohsein fähig. Jedesmal erheiterte ihn die Erinnerung an seinen Geburtstag, und ich rechnete ihm fleißig vor, wie lange es noch währen würde, bis sein 80stes Jahr zu Ende ging. Einige Wochen vor seinem Tode war dieses auch der Fall. Ich suchte ihn durch Vorerinnerung an denselben aufzuheitern. Dann werden, sagte ich, Ihre Freunde sich wieder alle um Sie her versammeln und ein Glas Champagner auf ihr Wohl trinken. »Das muß heute auf der Stelle geschehen«, war seine Antwort; er ließ nicht ab, bis sein Wille erfüllt wurde, trank auf seiner Tischfreunde Wohl und war an dem Tage recht froh.

[29, S. 293]

610a. Anonym Ende Januar 1804

Ungefähr drei Wochen vor seinem Ende, wurde an seinem Tische erzählt: ein bekannter Criminalverbrecher, der auf einem Dorfe bei der Stadt, seinen Kameraden durch einen Schlag mit der Sense getödtet hatte, habe endlich, als des Vorsatzes unüberwiesen, sein Urtheil auf acht Jahre nach der Festung erhalten, und sey darüber bei der Publikation vor Freude so außer sich gewesen, daß er die Richter gebeten, ihn doch nur gleich dahin zu schicken, damit es nicht wieder geändert würde, aus welchem Grunde er denn auch von der zur Milderung dieser Strafe ihm noch frei gelassenen Appellation, nichts wissen noch hören wollen. »Erzählen Sie mir doch das noch einmal,« sagte Kant; und als er das Erzählte recht gefaßt hatte, bemerkte er nach seiner trocknen Art: »der Mensch ist ein Poltron.« [64, S. 169]

611. Wasianski Februar 1804

Nun kam der Februar, von dem er sagte, wie oben bemerkt worden, daß in ihm wegen der geringeren Anzahl seiner Tage die kleinste Last getragen werde. Er ertrug in demselben die meisten seines Lebens, aber er hatte für ihn auch nur 12 Tage. Sein Körper, von dem er sonst sagte: Er sei das *Minimum* in der Magerzeit, den er seine Armseligkeit nannte, nahm ganz außerordentlich ab. Wenngleich der Tod keine Grade gestattet, so könnte man doch fast von *Kant* sagen, er sei einige Tage vor seinem Ende schon halbtot gewesen. Er vegetierte kaum mehr, und dennoch gab's Augenblicke, wo er noch bemerkte und reflektierte. [29, S. 297]

612. Jachmann Februar 1804

Kant sah bis auf die letzten Lebenswochen scharf und deutlich und las, obgleich selbst schlechte Schrift, noch ohne Brille; seit einigen Jahren nur mit dem rechten Auge. — Das linke war durch einen grauen Star verdunkelt, den er spät und zufällig bemerkt hatte. Ich lasse mich hier nicht über den Geist und Sinn seines schönen, großen, blauen Auges aus. Zeuge einer reinen, innern Klarheit war es zugleich Ausdruck von Herzensgüte und Wohlwollen und besonders schön strahlte es aufwärts, wenn Kant bei Tische nach einem Augenblicke von Nachdenken in gebückter Stellung plötzlich den Kopf erhob und jemanden anredete. Es war, als ob ein ruhiges Licht aus ihm strömend sich über seine Worte verbreitete und alles um sich erhellte und zur Aufmerksamkeit heftete.

Traurig war es daher zu sehen, wie zuletzt das Auge, ohne seinen geistigen Glanz zu verlieren, doch matter wurde und ihn endlich so verließ, daß er bei Tische nicht Messer und Gabel, nicht einmal die ihm vorgelegte Speise, finden konnte. Falsch greifend bemerkte er oft nicht seinen Irrtum und verzehrte die unpassendsten Dinge miteinander, ohne durch die Zunge eines andern belehrt zu werden.

Ich besuchte ihn kurze Zeit vor seinem Tode eines Abends und fand ihn unstet und rastlos im Zimmer, an dem Arm seines Bedienten umherirren, ohne einen eigentlichen Zweck zu haben. Meine Gestalt erschien ihm nur undeutlich vor Augen und er fragte ohne Aufhören nach den dunkeln Gründen vor sich. Was er hier durch Gründe gemeint habe, ist mir immer unbekannt geblieben; denn als er meine etwas kühlen Hände faßte, so schrie er auf über die kalten Gründe, die er nicht begriffe. [29, S. 209]

613. Wasianski 1804

Er fing an, alle, die um ihn herum waren, zu verkennen. Bei seiner Schwester war es früher, bei mir später, bei seinem Diener am spätesten der Fall; dieser tiefe Grad seiner Schwäche war für mich sehr schmerzend. Verwöhnt durch seine sonst so gütigen Äußerungen, konnte ich seine jetzige Gleichgültigkeit gegen mich kaum ertragen, ob ich gleich wußte, daß er mir seine Gewogenheit nicht entzogen hatte. Aber desto erfreulicher war für mich der Augenblick, wenn seine Besinnungskraft zurückkehrte; nur war es traurig, daß solche Augenblicke so selten kamen. Es war ein rührender und betrübender Anblick für jeden seiner Tischfreunde, ihn in seiner Hilflosigkeit zu erblicken. Der Mann, der an stete Arbeitsamkeit gewohnt war, und jeder Art von Bequemlichkeit gern auswich, der sonst auf einem gewöhnlichen Stuhle den größten Teil seines Lebens zugebracht hatte, konnte sich kaum auf einem Armstuhle mit Kissen ausgefüllt erhalten. Gekrümmt, in sich gefallen, wie im Schlafe, saß er nun am Tische, ohne am Gespräche der Gesellschaft teilnehmen zu können; und zuletzt auch sogar ohne allen Anspruch, sich unterhalten zu lassen. Er, der in den größten Gesellschaften die vornehmsten und gelehrtesten Männer so lehrreich und angenehm unterhalten hatte, faßte nicht mehr die gewöhnlichen Gespräche und wiederholte sich selbst. Ein durchreisender Gelehrter aus Berlin[1] machte ihm im vorletzten Sommer die Visite und sagte nachher: Er habe nicht *Kant*, sondern nur *Kants* Hülle gesehen; und was war damals *Kant*, und was jetzt? [29, S. 296–297]

[1] Wahrscheinlich Karl Morgenstern (s. G, Nr. 580).

614. Wasianski 3.2.1804

Am 3. Februar schienen alle Triebfedern des Lebens gänzlich erschlafft zu sein und völlig nachzulassen, denn von diesem Tage an aß er eigentlich nichts mehr. Seine Existenz schien nur noch die Wirkung einer Art von Schwungkraft nach einer 80jährigen Bewegung zu sein. Sein Arzt hatte mit mir Abrede genommen, ihn um eine bestimmte Stunde zu besuchen und dabei meine Anwesenheit gewünscht. Hatte *Kant* es behalten oder vergessen, daß ich ihm gesagt hatte: sein Arzt habe alle Belohnung großmütig verbeten und selbst die ihm schon insinuierte mit einem sehr rührenden Billett zurückgesandt, das weiß ich nicht. Genug, *Kant* war vom Gefühl der Hochachtung und Dankbarkeit gegen seinen Kollegen tief durchdrungen. Als er ihn neun Tage vor seinem Tode besuchte und *Kant* beinahe nichts mehr sehen konnte, so sagte ich ihm, daß sein Arzt käme. *Kant* steht vom Stuhle auf, reicht seinem Arzte die Hand und spricht darauf von *Posten*, wiederholt dies Wort oft in einem Tone, als wolle er ausgeholfen sein. Der Arzt beruhiget ihn damit, daß auf der Post alles bestellt sei, weil er diese Äußerung für Phantasie hält. *Kant* sagt: »Viele *Posten, beschwerliche Posten*, bald wieder *viele Güte, bald wieder Dankbarkeit*«, alles ohne Verbindung, doch mit zunehmender Wärme und mehrerem Bewußtsein seiner selbst. Ich erriet indessen seine Meinung sehr wohl. Er wollte sagen, bei den vielen und beschwerlichen Posten, besonders bei dem Rektorat, sei es viele Güte von seinem Arzt, daß er ihn besuche. »*Ganz recht*«, war Kants Antwort, der noch immerfort stand und vor Schwäche fast hinsank. Der Arzt bittet ihn, sich zu setzen. *Kant* zaudert verlegen und unruhig. Ich war mit seiner

Denkungsart zu bekannt, als daß ich mich in der eigentlichen Ursache der Verzögerung hätte irren sollen, weshalb *Kant* seine ermüdende und ihn schwächende Stellung nicht änderte. Ich machte den Arzt auf die wahre Ursache, nämlich die feine Denkungsart und das artige Benehmen *Kants* aufmerksam und gab ihm die Versicherung, daß *Kant* sich sogleich setzen würde, wenn er, als Fremder, nur erst würde Platz genommen haben. Der Arzt schien diesen Grund in Zweifel zu ziehen, wurde aber bald von der Wahrheit meiner Behauptung überzeugt und fast zu Tränen gerührt, als *Kant* nach Sammlung seiner Kräfte mit einer erzwungenen Stärke sagte: *Das Gefühl für Humanität hat mich noch nicht verlassen.* Das ist ein edler, feiner und guter Mann! riefen wir, wie aus einem Munde, uns zu.

Es war Zeit zum Tisch zu gehen und der Arzt verließ uns. Der zweite Tischgast kam. Nach dem zu urteilen, was ich eben von ihm gehört hatte, glaubte ich auf einen recht frohen Mittag rechnen zu können; aber vergebens. *Kant* hatte schon seit einigen Wochen alle Speisen geschmacklos gefunden. Ich bemühte mich, ihren Geschmack durch unschädliche Gewürze, als Muskatnüsse oder Kaneel nach Maßgabe der Speisen zu erhöhen. Die Wirkung war kurz und vorübergehend. Jetzt an diesem Tage half nichts, der Löffel mit Speisen wurde in den Mund genommen und nicht verschluckt, sondern wieder aus demselben weggeschafft. Auch leichte Lieblingsspeisen, Biskuit, Semmelkrume, alles wollte nicht schmecken. Von ihm selbst hatte ich in frühern Zeiten gehört, daß einige seiner Bekannten, die am eigentlichen Marasmus gestorben waren, sich zwar völlig schmerzlos gefühlt, aber in 3–5 Tagen weder Appetit noch Schlaf gehabt hätten und dann so sanft zum Tode eingeschlummert wären. Ein Ähnliches fürchtete ich auch von ihm. Am folgenden Sonnabend hörte ich die lauten Zweifel seiner Tischgäste, je wieder mit ihm zu essen, mit Bedauern an und stimmte ihrer Meinung bei. [29, S. 297–299]

615. Wasianski ab 5.2.1804

Sonntags, den 5. Februar, speiste ich mit seinem Freunde Hrn. R. R. V.[1] *Kant* war so schwach, daß er ganz zusammenfiel. Ich legte bei Tische, da er auf eine Seite sank, ihm die Kissen zurecht und sagte: Nun ist alles in der besten Ordnung. »*Testudine et Facie*«, sagte *Kant*, »wie in der Schlachtordnung.« Ganz unerwartet kam uns dieser Ausdruck, der auch das letzte lateinische Wort war, das er aussprach. Er aß auch jetzt nichts, die Speisen hatten dasselbe Schicksal wie in den beiden vorigen Tagen. Montag, den 6. Februar, war er um vieles schwächer und stumpfer; verloren in sich selbst, saß er mit starrem Blick da, ohne etwas zu reden. Ohne alle Teilnahme an Gesprächen schien er selbst uns zu fehlen, nur sein Schatten war noch in unserer Mitte, und doch gab er noch bisweilen, sobald es auf wissenschaftliche Dinge ankam, Zeichen, daß er da sei.

Von nun an wurde *Kant* um vieles gelassener und sanfter. In den frühern Zeiten des Kampfes mit seiner Geistesstärke und guten Natur von der einen und dem immer weiter rückenden Alter von der andern Seite, war *Kant* des Lebens und jeder Freude desselben satt, konnte nichts mit sich und seiner Zeit anfangen, und war nicht imstande, sich verständlich auszudrücken. Er erhielt daher Dinge, die er nicht haben wollte, mußte einige entbehren, die er gern gehabt hätte und nur nicht nennen konnte. Diese Irrungen machten es, daß er seinen Exklamationen einen zu harten Nachdruck gab und sie in Worten ausdrückte, die er früher für plebej gehalten haben würde. Der Mann, der in den frühern Jahren seines Lebens so fein und human auch für sich selbst dachte, daß, wenn er auf Zetteln, die nicht leicht einem andern, als nur ihm allein, zu Gesicht kamen, sich eine Gefälligkeit, um die er seine Freunde bitten wollte, aufzeichnete, es in keiner andern Art tat, als: Hr. N. N. wird gebeten, die Güte zu haben usw., der Mann verdient gewiß schonende Nachsicht, wenn er in seinem höchsten Alter seinen Ausrufungsformeln einen etwas grellen, ich will nicht sagen, rauhen Anstrich gab. Sie hatten nur eine minder polierte Außenseite, nie waren sie böse gemeint. Der Kampf seiner Natur mit seinem Alter hatte manches, doch immer begrenztes, Aufbrausen verursacht; jetzt war die völlige Scheidung und Zersetzung seiner Kräfte vollendet, das etwanige Aufbrausen hörte auf, wie bei jedem chemischen Prozeß dieser Art. Fuhr er sonst bisweilen gegen seinen Diener auf; so war auch in demselben Augenblicke wieder alles gut. Man sah es ihm zu deutlich an, daß er mit nichts in der Welt weniger zurecht komme, als mit dem Bösewerden. Er nahm sich dabei so links, daß es unverkennbar war, er sei an diese ihm unnatürliche Rolle gar nicht gewöhnt. Dieses Bösesein wollen und nicht können, gab ihm eine besondere Art von Liebenswürdigkeit; denn zu den tief eingeprägten Zügen der Gutmütigkeit auf seinem sanften, menschenfreundlichen Gesichte wollte die Miene des Unwillens immer nicht recht passen. Sein Diener wußte sehr gut, wie er mit ihm daran war und was er von seinem augenblicklichen Unwillen zu halten hatte. In den letzten Tagen seines Lebens war keine Spur der Unzufriedenheit bemerkbar, die einige Monate vorher stattfand.

[29, S. 299–300]

[1] Vigilantius.

616. Hasse 7.2.1804

Am 7ten Februar waren wir zum letzten mal als Gäste bey ihm. Er hatte sich kaum an den Tisch schieben lassen, und einen Löffel Suppe genoßen, als er schon wieder nach dem Bette verlangte. Der Bediente zog ihm sein Negligée ab, und wollte ihn *aufs* Bette legen, er aber gab Winke, ganz ausgezogen zu seyn, und im Bette liegen zu wollen. Da sahe man sein armes Gerippe; der ausgezehrte Körper sank, wie ins Grab. Wir blieben da, und aßen fort; es gesellete sich Herr Diakonus Wasjanski zu uns, der uns sehr viel von ihm erzählte. Er merkte es, daß wir von ihm sprachen, und sagte ganz deutlich aus dem Bette »Zustand, Zustand« welches wir ihm so erklärten: Sie meynen wohl, Herr Professor! daß wir von Ihnen sprechen? Ja, »ganz Recht« erscholl es noch; und das war das lezte Wort, das ich von ihm hörte; das war das lezte Mahl, das ich ihn sah. Von diesem Lager stand er nicht wieder auf; am 12ten Februar Mittags 11 Uhr sank das theure Haupt in den Todes-Schlummer.

[18, S. 44]

617. Wasianski 7.2.–10.2.1804

Jetzt besuchte ich ihn täglich dreimal, ging daher auch über dem Essen zu ihm und fand seine beiden Tischfreunde, Dienstag den 7. Februar am Tische allein; *Kant* aber im Bette. Diese Erscheinung war neu und vermehrte unsere Besorgnisse, daß sein Ende nicht mehr fern sein dürfte. Noch wagte ich es nicht, ihn, der sich so oft erholt hatte, am folgenden Tage ganz ohne Mittagsgesellschaft zu lassen, bestellte bloß eine Suppe und wollte sein alleiniger Tischgast sein. Ich erschien um 1 Uhr, sprach ihm herzhaft zu, ließ auftragen; er nahm zwar, wie seit dem 3. Februar gewöhnlich, einen Löffel mit Suppe in den Mund, behielt ihn aber nicht, sondern eilte ins Bett und stand aus demselben nicht mehr auf, als wenn Bedürfnisse es für einige Augenblicke notwendig machten.

Donnerstag, den 9. Februar, war er zur Schwäche eines Sterbenden völlig herabgesunken und die Totengestalt stellte sich schon bei ihm ein. Ich besuchte ihn oft an diesem Tage, ging noch abends um 10 Uhr hin und fand ihn im Zustande der Bewußtlosigkeit. Er gab auf keine Fragen Antwort. Ich verließ ihn, ohne ein Zeichen erhalten zu haben, daß er mich kenne, und überließ ihn seinen beiden Verwandten und seinem Diener.

Freitag Morgens um 6 Uhr ging ich wieder zu ihm. Es war ein stürmischer Morgen und ein tiefer Schnee in dieser Nacht gefallen. Diebe hatten in derselben sein Gehöft erbrochen, um durch dasselbe bei seinem Nachbar, einem Goldarbeiter, einzubrechen. Als ich vor sein Bett trat, wünschte ich ihm einen guten Morgen. Unverständlich und mit gebrochener Stimme erwiderte er meinen Gruß auf gleiche Weise und sagte: *Guten Morgen*. Ich freute mich, ihn wieder bei Bewußtsein zu finden, fragte ihn, ob er mich noch kenne, er antwortete: Ja, reckte die Hand aus und strich mir mit derselben liebewoll über die Backe. Bei den übrigen Besuchen an diesem Tage schien er kein Bewußtsein zu haben.

[29, S. 300 f.]

618. Anonym 11.2.1804

Daß er Bewustseyn sogar bis fast zum letzten Augenblick gehabt, beweist sich auch dadurch, daß, als man, den Tag vor seinem Ende, aus einem Lechzen seines Mundes schloß, er müsse Durst haben, und ihm folglich ein Paar Löffel voll Wasser mit Wein gemischt einflößte, die mit Mühe herunter gingen, und immer wieder zurück wollten, er die Hand aufhob, und sich den Mund damit zuhielt, um diese Erquickung desto sicherer bei sich zu behalten. Als er es empfangen hatte, sagte er mit gebrochener Stimme: »gut, gut!«

[64, S. 170]

619. Wasianski 11./12.2.1804

Sonnabend den 11. lag er mit gebrochenem Auge, aber dem Anschein nach ruhig. Ich fragte ihn, ob er mich kenne? Er konnte nicht antworten, reichte mir aber den Mund zum Kusse. Tiefe Rührung durchschauderte mich, er reichte mir nochmals seine blassen Lippen. Fast darf ich die Vermutung wagen, er habe es auf einen Abschied von mir und Dank für vieljährige Freundschaft und Beihilfe angelegt. Mir ist nicht bekannt, daß er je einem seiner Freunde einen Kuß anbot, ich habe es wenigstens nie gesehen, daß er irgend einen derselben geküsset hätte. Ich habe nie einen Kuß von ihm erhalten, außer wenige Wochen vor seinem Tode, da er mich und seine Schwester küßte. Doch schien er mir damals in seiner Schwäche nicht zu wissen, was er tat. Nach allen Umständen zu urteilen, bin ich in Versuchung, sein letztes Anerbieten für ein wirkliches Zeichen der, durch den Tod nun bald geendeten Freundschaft, zu halten. Dieser Kuß war aber auch das letzte Merkmal, daß er mich kannte.

Der ihm oft gereichte Saft ging nun schwer und mit einem Getöse, wie solches mit Sterbenden häufig der Fall ist, hinunter; es trafen alle Kennzeichen des nahen Todes zusammen. Es war ein schauerlicher Auftritt, den das Sterbebett des großen Mannes, vom schwachen Lichte der eben verfinsterten Sonne beleuchtet, gewährte.

Ich wünschte bei ihm auszuharren, bis er enden würde, und da ich

Zeuge eines Teils seines Lebens gewesen war, auch Zeuge seines Todes zu sein; daher entfernten mich bloß meine Amtsgeschäfte von seinem Sterbebette. Da ich aus allen Umständen und dem Urteile seines ihn nun täglich besuchenden Arztes wußte, daß sein Leben seinem Ende entgegen eile, so bestimmte ich mich, so lange ihm beizustehen, als es möglich war, mit Freundes Hand sein letztes Labsal ihm zu reichen und mit derselben sein Auge zuzudrücken. Ich blieb die letzte Nacht an seinem Bette. So bewußtlos er an diesem Tage lag, so gab er am letzten Abende doch noch ein verständliches Zeichen, gewisser Bedürfnisse wegen, das Bett zu verlassen, doch war seine dadurch bewirkte Aufstörung fruchtlos, und er wurde zum letztenmal in sein Bett, welches, während der Zeit seines Aufenthalts außer demselben, mit äußerster Schnelligkeit in Ordnung gebracht wurde, getragen. Zur kleinsten Mithilfe waren seine Kräfte schon zu schwach. Er schlief nicht, sein Zustand war mehr Betäubung als Schwäche. Den mit Saft ihm dargereichten Löffel stieß er oft weg; aber in der Nacht um 1 Uhr neigete er sich selbst nach dem Löffel. Ich schloß daraus auf seinen Durst und reichte ihm eine versüßte Mischung von Wein und Wasser. Er näherte den Mund dem Glase, und als dieser aus Schwäche den Trunk nicht mehr halten konnte, so hielt er mit der Hand sich den Mund zu, bis alles mit Getöse hinunter war. Er schien noch mehr zu wünschen; ich wiederholte mein Anerbieten, so oft, bis er durch diese Erquickung gestärkt, zwar undeutlich, doch mir noch verständlich sagen konnte: *Es ist gut.* Dies war sein letztes Wort. [29, S. 300–302]

RÜCKSCHAU

620. Poerschke

Vorlesung bey Kants Geburtsfeyer,
den 22sten April 1812.
Von Herrn Professor Poerschke

Wir feyern den Geburtstag Kant's, nicht sowohl des grossen, als des liebenswürdigen Mannes. Den grossen Mann, wenn wir seine tief- und weitwirkende Thätigkeit im Gebiete der Menschheit erkennen, müssen wir verehren: wenn er aber auf unsre Blumenbeete tritt, (die Verwüstung unsrer Saaten verzeihen wir ihm eher,) so wird er gehasst. Nur verachten müssen wir keinen grossen Mann, einen welterschütternden Geist, sonst machen wir uns selbst verächtlich, denn wir beweisen, dass wir seine Formen nicht begreifen und, ohne irgend mit ihm verwandt zu seyn, zur Kleinheit, verurtheilt werden. Dem grossen Manne, welchen nicht allein der Kopf, sondern auch das Herz gross macht, wird es leicht, sich auch beliebt zu machen; sein Kopf wird den Nebenmenschen ein Tyrann, und reisst uns wider unsern Willen fort; sein Herz beraubt uns weniger unsrer Thätigkeit, und führt uns doch mit sanfter, aber unwiderstehlicher Gewalt zu seinem Ziele hin. Der Mann von warmem, wohlwollendem Herzen stellt sich allen seinen Mitmenschen gleich; er macht sie zu treuen Bundesgenossen, wo der Kopf sie nur zu Werkzeugen eines mächtigen Willens ausbildet.

Die Eigenschaft, durch welche Kant seinen genauern Bekannten so lieb wurde, war seine *Kindlichkeit*, der offene, frische, muntere, rein auffassende Sinn, die herzliche, freundliche und vertrauensvolle Hingebung, voll Achtung jeder Menschenkraft in Andern, mit Lernbegierde, entspringend aus dem stets weiterstrebenden, sich immer erneuernden Geistesvermögen, mit Bescheidenheit gegen alles Edle, und mit Liebe zur Natur. Die Kindlichkeit wird am häufigsten bey Gelehrten von Profession, welche mit Liebe immer fort lernen, und überall bey sanft genialischen, in ihrer Geisteswelt lebenden, Menschen, angetroffen; am seltensten bey kalten Berechnern der sich auf den Hals werfenden centnerschweren Wirklichkeit, auch nicht bey den Urtheilssprechern, die wenigstens für eine Partey keine Segenssprecher sind, welche sich an ihre unabänderlichen, unerschütterlichen Formeln, wie an den Caucasus, doch ganz unähnlich dem schöpferischen, großherzigen Prometheus, mit vertrockneter Leber selbst anschmieden.

Ich rede hier nur von *einer* musterhaften Form der Geselligkeit Kant's, durch die er seinen Freunden so angenehm blieb, wie ich sie an ihm wahrnahm.

Sein Herz war kindlich, sein Kopf männlich; dieser herrschte zwar über seine Gefühle, doch bestimmten sie auch bisweilen den festen Mann. Ein bloß männliches Herz mag wohl seinen Besitzer mit einer undurchdringlichen Rinde überziehen und ihn in einen Ruhestand versetzen; es ist aber ein veraltendes, untergehendes Herz, welches ganz unpoetische, rauhe, prosaische, an Händen und Füßen gefesselte, Wesen macht. Die wahre Poesie des Lebens in uns, oder der Kunstgeist, ist die ewige Jugend der Menschheit, eröffnet uns die Unendlichkeit, und treibt uns rastlos weiter, der Vollkommenheit nachzustreben.

Was ich als Beweise der Kindlichkeit Kant's vorbringe, meine ich an ihm in einem sieben und zwanzig jährigen Umgange gefunden zu haben. Ich erzähle nur meine Ansichten von dem Manne, der gegen mich immer ohne Zurückhaltung und Mißtrauen handelte.

Seine nie ermattende Liebe der Natur ließ ihn alle ihre Werke mit Herzlichkeit umfassen. Von der Fürsorge der Thiere für die Jungen sprach er oft mit Rührung: wer ihn nicht kannte, hätte ihn für empfindelnd halten können. Jede neue Bemerkung der Physiker regte sein Inneres auf; mit tiefem Dichtersinne ergriff er alles und eignete es sich zu. Die letzten Schriften, welche er las, waren physikalische. Vielleicht dient auch dieses zum Beweis seiner immer jugendlichen und milden Natur, daß er die einfachsten, von dem Gewächsreiche ihm dargebotenen, Dinge immer gern genoß.

Der Freund der Natur und Kunst, der auch Verehrer der Wahrheit ist, wird auch ein Verehrer und Freund der Gottheit. *Kant* hatte ein Herz voll Religiosität, nicht einer solchen, welche sich durch Tonsur und Kapuze, noch durch das Rothwälsch eines Fastnachtspiels des Lebens, sondern durch die gewissenhafteste Wahrhaftigkeit offenbaret. Nie verstellte er die Wahrheit; er ließ sich durch keine Umstände oder Laune verleiten, eine Darstellung zu vergrößern oder zu verkleinern, auch sie nur zu einem angenehmen Zwecke auszuputzen. *Er* erzählte gern aus seiner Vergangenheit und ich hörte ihn oft manche Sache zwanzig mal erzählen, nie aber veränderte er den kleinsten Umstand in seiner Erzählung. Seine Ehrfurcht vor den moralischen Gesetzen war tief und herzlich.

Seine Urtheile über verdienstvolle Männer, seine Bescheidenheit und Hochachtung alles Würdigen mußte ihm aller Herzen gewinnen. *Er* suchte in jedem lieber das Gute, als das Schlechte auf. Seine Bescheidenheit gegen Gelehrte von großem Rufe artete beynahe in Schüchternheit aus. Kästner mißdeutete daher einen innigen ehrerbietigen Brief Kant's an ihn, und erklärte sich darüber unschicklich genug gegen einen Gelehrten, wie dieser es mir schrieb. *Kant's* Theologie und Religionslehre mißfiel Kästnern, der den verordneten Kirchenglauben verfocht, zur Vertheidigung der Bequemlichkeit und seiner Tyranney über die Gemüther, welche er verachtete und sie nicht für werth hielt, klüger zu werden. Wie ganz anders verstand der kindliche und geistvolle Lichtenberg den Geist Kant's; dieses legte er nicht allein in seinen Schriften dar, sondern auch in Briefen an unsern Weisen, die dieser mir mittheilte. Auch Kant's Schüler, welche seinen nähern Umgang genossen, wurden zur Bescheidenheit gebildet; sein Beyspiel mußte jede Spur von Aufgeblasenheit, jede Neigung zur Wegwerfung Andrer, auch die Unverträglichkeit mit den Nebenmenschen vertilgen. Wie ungleich war er einem Gelehrten, welcher so gern Andre unter die Füße trat, der es wohl bemerkt haben mochte, daß ihm bey dem gemeinen Haufen das verachtende Urtheil mehr als das rühmende, ein hohes und weises Ansehn gebe, und der seine Jünger durch verschwendetes Erheben ihrer Talente schwindlig machte, bis zu einer Art von Geistesverrückung aus Hochmuth. *Kant* hatte dessen schneidendes Urtheil über schriftstellerischen Ruhm vernommen; obgleich er tief gekränkt über die ihm widerfahrne Herabsetzung redete, so blieb er doch gerecht und lobte den unverdienten Widersacher. Es ist wahr, daß die Kantianer ein hochmüthiges, rechthaberisches, unleidliches Volk waren; dieses sagte ich Kanten mehr als Einmal; sie waren ihres bescheidenen Meisters unwürdig, die auf niemand hörten, wenn sie seine, des Meisters, Sprache nachredeten, als ob ein Kobolt aus ihnen schwatzte. *Kant* war frey und selbstdenkend; auch seine bessern Verehrer erhielten sich frey und selbstdenkend, und redeten ihre eigene Sprache. Er wäre auch vielen Auswärtigen ehrwürdiger geblieben, wenn er weniger wilde und blinde Bewunderer und Anbeter gehabt hätte, die auf seine, doch von ihm nie behauptete, Unfehlbarkeit, und auf ihre mühselig errungenen Lorbern, für ihr vermeintliches Verstehen seiner Schriften, der mit wüster Gläubigkeit umfaßten Apokalypsen, laut trotzten, den Führer orthodox bekannten, der an ihrem Eintrommeln des tausendjährigen Reiches unschuldig war. Seine Kindlichkeit entdeckte man besonders in dem hohen Ansehen alles dessen, was sich ehemals seine Verehrung erworben hatte. Seiner Mutter gedachte er bis an das Ende seines Lebens mit inniger Rührung, und dankte ihr die Grundlage seiner Liebe zur Moralität. Von den ihm ehrwürdig gewesenen Aussprüchen der Bibel, bis auf die Worte der Klassiker, galt bey ihm keine Appellation; er ergab sich denselben ohne Widerrede. Da es ihm gegen das Ende seines Lebens, wie andern tödtlich Kranken, erging, er nirgends mehr Ruhe fand, und immer von Fortreisen sprach, so brachte ihm ein Freund diese Grille aus dem Kopfe, durch den Spruch: Post equitem sedet atra cura.

Werden wir nicht wie die gutgearteten Kinder, so kommen wir nicht in das klassische Himmelreich. Wir sind die Kinder, die Zöglinge der Vorfahren; wir eignen uns ihre Weisheit zu und verehren sie, damit man einst auch von uns lerne und uns achte. Die edle Kindheit ist die wahre Pietät.

Die Weichheit seiner Gemüthsart ließ ihn zu keiner steifen Männlichkeit im Handeln, noch zur vollendeten Meisterschaft gelangen. Er bildete sich in den Jahren seiner Kraft nie ein, die Bearbeitung einer Disciplin ganz erschöpfen zu können; er wußte wohl (außer in den Zeiten der Kraftlosigkeit, da auch er bisweilen ein Kantianer wurde,) daß er die Vollendung der Philosophie, wenn sie ja zu vollenden möglich wäre, und sie nicht immer die freye veredelteste Thätigkeit des menschlichen Geistes bleiben müßte, den Geistern aller Zukunft zu überlassen hätte. Er schien sich vor der durch Vollendung herbeygeführten Ruhe des Geistes zu fürchten; oft erklärte er sich gegen mich, ihm sey der Gedanke einer Ewigkeit ohne Fortschreiten der Geistesentwickelung, die ununterbrochene Einerleyheit, und wäre sie auch hohe Glückseligkeit, ein schrecklicher Gedanke. Er verließ die Schule nie, er lernte immer fort, er erneuerte sich täglich. Auch er hat in seinen Werken nicht seine ganze Geistesfülle niedergelegt. Die eigentlich gelehrten Schriften sind fast allenthalben gelehrter als ihre Verfasser; Schriften origineller Selbstdenker enthalten nie den ganzen Geist derselben: jene sind über ihre Urheber, diese unter ihnen. *Kant* war in seinen Vorlesungen weit geistvoller als in seinen Büchern. Er hat bey Tische einen unermeßlichen Ideenreichthum verschwendet; er warf genialische Gedanken zu tausenden aus, deren er sich nachher selten mehr bewußt war; oder er hatte auch nicht Stätigkeit genug, sie weiter auszuführen. In ihm sah man, wie Kindlichkeit und Genialität mit einander verwandt waren, sein Geist trug neben den herrlichsten Früchten zahllose Blüthen, welche oft nur auf Augenblicke ergötzten und nützten. Er wurde nie ein solcher Alter, der die Neuerungen in den Wissenschaften verachtet und hasset. Seine unerschöpfliche Heiterkeit, die ungetrübte Aussicht in die Zukunft, die hohe Verehrung der in Gesellschaft nur auf ihn Horchenden, welche jeden Andern bis zum Übermuthe verzogen hätten, begeisterten ihn zur rücksichtlosen Mittheilung und nie stockenden Gesprächigkeit, unterstützt durch seine über alle Gegenstände ausgebreiteten Kenntnisse und durch ein willig, fast immer treu darbringendes Gedächtniß. *Er* glich auch hier einem Kunstwerke, das nicht sowohl durch seine Materie, als durch die Form, wodurch die innre Menschheit aufgeregt wird, den hohen Werth erhält.

Unter den Tausenden von gutmüthigen und glücklichen Menschen seiner Zeit, war er gewiß der Glücklichste; damals war die Aussicht ins Leben nicht so verfinstert wie jetzt. Die traurigste Vergangenheit, wenn Ehrgefühl und Gewissen nicht verwundet worden, können uns nicht elend machen; diese ist nicht mehr; aber in die Zukunft müssen wir durchaus hinein; die ungewisse Nothwendigkeit beraubt uns unsrer Heiterkeit. Kant blickte hoffnungsvoll, es werde sich das Menschengeschlecht immer mehr veredeln, in die (Zukunft) Nachwelt; zwar erkannte er die jetzige Nichtswürdigkeit der Völker, doch erhielt ihm die Meinung von anwachsender Menschenherrlichkeit nicht nur sein menschenfreundlicher Sinn, als auch die Religiosität, daß es im Plane des Weltregierers liegen müsse, die Menschen zu höherer Vollkommenheit zu führen.

Seines Freyheitssinnes und eifrigen Bestrebens, allein sich anzugehören, ungeachtet, unterwarf er sich mit strengem Gehorsam aller menschlichen Ordnung: mit einer Art Furchtsamkeit vermied er es, sich von den Formen des gemeinen Lebens, wenn sie nur nicht geschmackwidrig waren, zu entfernen; er erklärte sich bey jeder Gelegenheit wider die »Singularität«. Auch in seiner in jüngern Jahren höchst zierlichen, und bis an sein Lebensende sehr reinlichen Kleidung, wie in seiner einfachen, zweckmäßigen häuslichen Lebensweise, war er musterhaft. Wo es ihm nur möglich war, wollte er von dem großen Haufen nicht abzugehen seinen, er würde sonst auch an dem Gebäude seiner Wissenschaft mehr abgeändert haben. Seine große Nachgiebigkeit offenbarte sich besonders in seiner Rechtslehre, wo er sich zu Inconsequenzen verleiten ließ, indem er zwischen den mit jugendlich schüchterner, hingebender Achtung aufgenommenen positiven Gesetzen, und seinen männlich kühnen, aller Welt gebietenden Ideen, eine Coalition zu Stande bringen wollte. Hier handelte er vielleicht sophistisch, und gegen seinen großen Namen feindselig.

Kant ist gewiß über vierzig Jahre die Seele und schönste Zierde der glänzenden Tafelgesellschaften gewesen, zu welcher er wie ein freundlicher, seelenweidender Genius eingeladen wurde. Er selbst würde unsre jährliche Feyer seines Geburtstags als höchst zweckmäßig billigen, und sein Geist würde um uns seyn. Die Erinnerung an sein sanftes, alle Welt mit Wohlwollen umfassendes, reiches Herz, vereinige auch uns in achtungsvoller Freundschaft, und führe unsrer Gesellschaft immer neue Verehrer und Freunde seines Kopfes und Herzens zu, daß sie gleich den durch Achtung und Liebe mit einander vereinigten Anhängern des gutgearteten, edeln Epikurs, bis in die künftigen Jahrhunderte, erhalten werde.

[80, S. 536–544]

SIGLEN

Q	Quelle
G	Gespräch
ADB	Allgemeine deutsche Biographie. Leipzig 1875 ff.
AGPh	Archiv für Geschichte der Philosophie (Berlin)
AK	Kant's Gesammelte Schriften. Akademie-Ausgabe (Berlin 1902 ff.)
ALZ	Allgemeine Literaturzeitung (Jena)
AM	Altpreußische Monatsschrift (Königsberg)
APB	Altpreußische Biographie. Bd. 1. Hrsg. v. Christian Krollmann. Königsberg 1941; Bd. 2. Hrsg. v. Christian Krollmann fortgesetzt von Kurt Forstreuter und Fritz Gause, Marburg 1967; Bd. 3. Hrsg. von Kurt Forstreuter u. Fritz Gause, Marburg 1975.
BM	Berlinische Monatsschrift
DBL	Deutsch-Baltisches Lexikon 1710–1960. Hrsg. v. Wilhelm Lenz. Köln-Wien 1970
EPh	Les Etudes Philosophiques (Paris)
JK	Jahrbuch der Albertus-Universität Königsberg
KF I	Kant-Forschungen. Bd. I. Hamburg 1987
KrV	Kant: Kritik der reinen Vernunft
KS	Kant-Studien (Berlin)
KZE	Immanuel Kant zu ehren. Hrsg. v. J. Kopper u. R. Malter. Frankfurt 1974
NBM	Neue Berlinische Monatsschrift
NDB	Neue deutsche Biographie. Berlin 1953 ff.
NeK	Neuer Nekrolog der Deutschen. Hrsg. von Friedrich August Schmidt, Ilmenau 1824 ff./Weimar 1836 ff.
NOA	Nordost-Archiv (Lüneburg)
NPPB	Neue Preußische Provinzial-Blätter (Königsberg)
PhB	Philosophische Bibliothek
RN	Allgemeines Schriftsteller- und Gelehrten-Lexikon der Provinzen Livland, Esthland und Kurland. Bearb. v. Johann Friedrich von Recke und Karl Eduard Napiersky. Mitau 1827 (Ndr. Berlin 1966)
Sch ³1986	Immanuel Kant. Briefwechsel. Auswahl und Anmerkungen von Otto Schöndörffer, bearbeitet von Rudolf Malter. Mit einer Einleitung von Rudolf Malter und Joachim Kopper. Dritte, erweiterte Auflage. Hamburg 1986. (PhB, Bd. 52 a/b)

ABGEKÜRZT ZITIERTE LITERATUR

Albinus, Lexikon: Robert Albinus: Lexikon der Stadt Königsberg Pr. und Umgebung. Leer 1985.
Adickes, Bibliogr.: Erich Adickes: A Kantian Bibliography, in: Philosophical Review (Boston) 1895/96 (Ndr. Würzburg o. J.).
Arnoldt (1746) II: Daniel Heinrich Arnoldt: Ausführliche und mit Urkunden versehene Historie der Königsbergischen Universität. II. Teil. Königsberg 1746.
Arnoldt, Schriften: Emil Arnoldt: Gesammelte Schriften. Hrsg. v. Otto Schöndörffer. Berlin 1907 ff. (6 Bde.).
Arnoldt, Jugend: Emil Arnoldt: Kants Jugend und die fünf ersten Jahre seiner Privatdozentur im Umriß dargestellt in: Schriften Bd. III,2, S. 103 ff.
Arnoldt, Vorlesungen: Emil Arnoldt: Möglichst vollständiges Verzeichnis aller von Kant gehaltenen oder auch nur angekündigten Vorlesungen ..., in: Schriften, Bd. V, S. 173 ff.
von Baczko: Ludwig von Baczko: Versuch einer Geschichte und Beschreibung der Stadt Königsberg. Königsberg 1787–1790.
Beck (1987): Hamilton H. H. Beck: The Elusive »I« in the Novel, Hippel, Sterne, Diderot, Kant. New York-Bern-Frankfurt-Paris 1987.
Blanke (1959): Fritz Blanke: Johann Georg Hamann, Sokratische Denkwürdigkeiten erklärt. Gütersloh 1959.
Clasen: Karl-Heinz Clasen: Kant-Bildnisse. Königsberg 1924.
Dobbek (1961): Wilhelm Dobbek: J. G. Herders Jugendzeit in Mohrungen und Königsberg. Würzburg 1961.
Dorow, Erlebtes: Wilhelm Dorow: Erlebtes aus den Jahren 1790–1827. 3. und 4. Teil. Leipzig 1845.
Erdmann (1876): Benno Erdmann: Martin Knutzen und seine Zeit. Ein Beitrag zur Geschichte der Wolfischen Schule und insbesondere zur Entwicklungsgeschichte Kant's. Leipzig 1876 (Ndr. Hildesheim 1973).
Erdmann (1904): Benno Erdmann: Literarische Untersuchungen über Kants Prologemena. Halle 1904 (Ndr. Hildesheim 1975).
Ferrari (1979): Jean Ferrari: Les sources françaises de la philosophie kantienne. Paris 1979.
Fromm (1894): Emil Fromm: Immanuel Kant und die preußische Zensur. Hamburg und Berlin 1894.
Gause II: Fritz Gause: Geschichte der Stadt Königsberg. Bd. II. Köln-Graz 1968.

Gause (1959): Fritz Gause: Kants Freunde in der Königsberger Kaufmannschaft, in: JK 9, 1959, S. 49–67.
Gause (1974): Fritz Gause: Kant und Königsberg. Leer 1974.
Gawlick/Kreimendahl: Günter Gawlick — Lothar Kreimendahl: Hume in der deutschen Aufklärung. Umrisse einer Rezeptionsgeschichte. Stuttgart–Bad Canstatt 1987.
Gildemeister: C. H. Gildemeister: Johann Georg Hamann's, des Magus im Norden Leben und Schriften. Gotha Bd. 1–3, ²1875; Bd. 4, 1863; Bd. 5, 1868, Bd. 6, 1873.
Goldbeck, Johann Friedrich: Nachrichten von der Königlichen Universität zu Königsberg in Preussen und den daselbst befindlichen Lehr- und Erziehungs-Anstalten. Königsberg 1782.
Güttler: Hermann Güttler: Königsberger Musikkultur im 18. Jahrhundert. Kassel 1925.
Hamann, SW: Johann Georg Hamann: Sämtliche Werke. Historisch-kritische Ausgabe von Josef Nadler. Wien 1949ff.
Haym 1: Rudolf Haym: Herder Bd. 1 (1877) Berlin 1958.
Jauch (1988): Ursula Pia Jauch: Immanuel Kant zur Geschlechterdifferenz. Aufklärerische Vorurteilskritik und bürgerliche Geschlechtsvormundschaft. Wien 1988,
Jolowicz: H. Jolowicz: Geschichte der Juden in Königsberg. Posen 1867.
Joergensen (1976): Sven-Aage Joergensen: Johann Georg Hamann. Stuttgart 1976.
Kisch: Guido Kisch: Immanuel Kant im Medaillebild. Sigmaringen 1977.
Kohnen (1983): Joseph Kohnen: Theodor Gottlieb von Hippel 1741–1796. L'homme et l'oeuvre. 2 Bde. Bern-Frankfurt 1983.
Konschel: Paul Konschel: Beiträge zur Geschichte der Predigt des Pietismus in Ostpreußen. Königsberg 1917.
Krüger (1966): Hans-Jürgen Krüger: Die Judenschaft von Königsberg in Preußen 1700–1812. Marburg 1966.
Kuhrke (1924): Walter Kuhrke: Kant und seine Umgebung. Königsberg 1924.
Malter (1986): Rudolf Malter: Königsberg und Kant im »Reisetagebuch« des Theologen Johann Friedrich Abegg (1798), in: JK 26/27 (1986), S. 5–25.
Mendelssohn: Werke: Moses Mendelssohn: Gesammelte Schriften. Jubiläumsausgabe Stuttgart 1971.
Metzger (1804): Über die Universität Königsberg. Königsberg 1804.
Meusel: Das Gelehrte Teutschland oder Lexikon der jetzt lebenden Teutschen Schriftsteller. Angefangen von Georg Christoph Hamberger. Fortgesetzt von Johann Georg Meusel. Lemgo ⁵1796ff.
Motekat: Helmut Motekat: Ostpreußische Literaturgeschichte mit Danzig und Westpreußen. München 1977.

Mühlpfordt (1964): Herbert Meinhard Mühlpfordt: Welche Mitbürger hat Königsberg öffentlich geehrt? In: JK 14, 1964, S. 66–198.
Mühlpfordt (1981): Herbert Meinhard Mühlpfordt: Königsberger Leben im Rokoko. Bedeutende Zeitgenossen Kants. Siegen 1981.
Nadler: Josef Nadler: Johann Georg Hamann 1730–1788. Der Zeuge des Corpus mysticum. Salzburg 1949.
Riedesel: Erich Riedesel: Pietismus und Orthodoxie in Ostpreußen. Königsberg-Berlin 1937.
Ritzel: Wolfgang Ritzel: Immanuel Kant. Zur Person. Bonn 1975.
Rosenkranz (1987): Karl Rosenkranz: Geschichte der Kant'schen Philosophie (1840). Hrsg. v. Steffen Dietzsch. Berlin 1987.
Sauer (1982): Werner Sauer: Österreichische Philosophie zwischen Aufklärung und Restauration. Beiträge zur Geschichte des Frühkantianismus in der Donaumonarchie. Würzburg 1982.
Schlichtegroll: Friedrich von Schlichtegroll: Nekrolog auf das Jahr.... Enthaltend Nachrichten von dem Leben merkwürdiger in diesem Jahre verstorbener Deutscher. Gotha.
Schumacher (1948): Bruno Schuhmacher: Geschichte des Friedrichs-Kollegiums zu Königsberg (Pr.) 1698 bis 1945. Hamburg 1948.
von Selle (1956): Götz von Selle: Geschichte der Albertus-Universität zu Königsberg. Würzburg 1956.
Sembritzki: Johannes Sembritzki: Die ostpreußische Dichtung 1770–1800, in: AM 45, 1908, S. 217–335, 361–440.
Stark/Ludwig (1986): Immanuel Kant: Metaphysische Anfangsgründe der Rechtslehre. Metaphysik der Sitten. Erster Teil. Neu hrsg. v. Bernd Ludwig (mit einem Anhang zur Einleitung von Werner Stark). Hamburg 1986.
Stavenhagen: Kurt Stavenhagen: Kant und Königsberg. Göttingen 1948.
Ulbrich II: Anton Ulbrich: Geschichte der Bildhauerkunst in Ostpreußen von Ende des 16. Jahrhunderts bis gegen 1870. 2 Bde. Königsberg 1926–29.
Vorl., KB: Karl Vorländer: Die ältesten Kant-Biographien. Eine kritische Studie. Berlin 1918 (Ndr. Vaduz 1978).
Vorl. I, II: Karl Vorländer: Immanuel Kant. Der Mann und das Werk. (1924). Zweite, erweiterte Auflage. Hrsg. v. Rudolf Malter. Hamburg 1977 (2 Bde. in 1 Band).
Vorl. (^{4}1986): Karl Vorländer: Immanuel Kants Leben (1911). Neu hrsg. von Rudolf Malter. Hamburg ^{4}1986.
Waschkies (1987): Hans-Joachim Waschkies: Physik und Physikotheologie des jungen Kant. Die Vorgeschichte seiner Allgemeinen Naturgeschichte und Theorie des Himmels. Amsterdam 1987.
Zippel: Gustav Zippel: Geschichte des Kgl. Friedrichskollegiums 1698–1898. Königsberg 1898.

QUELLEN

1. Johann Friedrich Abegg: Reisetagebuch von 1798. Hrsg. von Walter und Jolanda Abegg in Zusammenarbeit mit Zwi Batscha. Frankfurt 1976 (^{2}1977, als Inseltaschenbuch ^{1}1987).
2. Ludwig von Baczko: Geschichte meines Lebens. Bde. 1–3. Königsberg 1824.
3. Aus Jens Baggesen's Briefwechsel mit Karl Leonhard Reinhold und Friedrich Heinrich Jacobi. Hrsg.: Karl und August Baggesen. Erster Teil. Dezember 1790 bis Januar 1795. Leipzig 1831.
4. Johann Bernoulli's Reisen durch Brandenburg, Pommern, Preußen, Curland, Rußland und Pohlen, in den Jahren 1777 und 1778. Dritter Band: Reise von Danzig nach Königsberg, und von da nach Petersburg im Jahr 1778. Leipzig 1779.
5. Literarische Zustände und Zeitgenossen. In Schilderungen aus Karl Aug. Böttiger's handschriftlichem Nachlasse. Hrsg. v. K. W. Böttiger. Erstes Bändchen. Leipzig 1838.
6. Ludwig Ernst Borowski: Ueber die allmählichen Fortschritte der gelehrten Cultur in Preussen bis zur Kantischen Epoche. Eine Vorlesung, in: Preussisches Archiv. Hrsg. v. d. Königl. Deutschen Gesellschaft zu Königsberg in Preussen. Vierter Jahrgang. Erster Band. Königsberg 1793, S. 95–166.
Borowski-Biographie s. Nr. 29.
7. Johann Christian Brandes: Meine Lebensgeschichte (3 Bde. 1799–1800). München 1923.
8. Magnus Freiherr von Braun: Weg durch vier Zeitepochen. Limburg ^{3}1956.
9. (Hans Vaihinger) Der Graf von Bray über Kant, in: Kant-Studien 6, 1901, S. 123.
10. Von Preußens Befreiungs- und Verfassungskampf. Aus den Papieren des Oberburggrafen Magnus von Brünneck. Von Paul Herre. Berlin 1914.
11. K. A. Varnhagen von Ense: Ausgewählte Schriften. 15. Band, 2. Abteilung: Biographische Denkmale, 9. Teil (3. vermehrte Auflage): Denkwürdigkeiten des Philosophen und Arztes Johann Benjamin Erhard. I. Leipzig 1874.
12. J. G. Fichte: Briefwechsel. Hrsg. v. Hans Schulz. Bd. I. Leipzig 2. Aufl. 1930 (Repr. Ndr. Hildesheim 1967).
13. Johann Gottlieb Fichte: Nachgelassene Schriften 1780–1791. Hrsg.

v. Reinhard Lauth und Hans Jacob unter Mitwirkung von Manfred Zahn. Stuttgart-Bad Canstatt 1962 (= Gesamtausgabe II/1).
Johann Gottlieb Fichte: Briefwechsel 1775–1793. Hrsg. v. Reinhard Lauth und Hans Jacob unter Mitwirkung von Hans Gliwitzky und Manfred Zahn. Stuttgart-Bad Canstatt 1968 (= Gesamtausgabe III/1).

14. Briefe von und an Friedrich von Gentz. Auf Veranlassung und mit Unterstützung der Wedekind-Stiftung zu Göttingen hrsg. v. Friedrich Carl Wittichen. Erster Band: Briefe an Elisabeth Graun, Christian Garve, Karl August Böttiger und andere. Berlin 1909. Zweiter Band: Briefe an und von Carl Gustav von Brinckmann und Adam Müller. München-Berlin 1910.

15. Rudolf Reicke: Briefe von T. Gisevius an L. E. Borowski, in: AM 37, 1900, S. 31.

16. Johann Georg Hamann: Briefwechsel. Hrsg. v. Walther Ziesemer und Arthur Henkel. Insel Verlag. Bde. 1–7, 1955–1979.

17. Wilhelm Lang: Von und aus Schwaben. Geschichte, Biographie, Litteratur. Siebentes Heft. Gottlob David Hartmann. Ein Lebensbild aus der Sturm- und Drangzeit. Stuttgart 1890.

18. Der alte Kant. Hasse's Schrift: Letzte Äußerungen Kants und persönliche Notizen aus dem opus postumum. Hrsg. v. Artur Buchenau und Gerhard Lehmann. Berlin-Leipzig 1925.

19. Johann Gottfried Herder: Briefe zur Beförderung der Humanität. Hrsg. v. J. G. Herder. Sechste Sammlung. Riga 1795, Brief Nr. 79, in: Johann Gottfried Herder: Sämtliche Werke, Bd. XVII. Hrsg. v. Bernhard Suphan. Hildesheim 1967 (= Reprogr. Ndr. der Ausgabe von 1881).

20. Johann Gottfried Herder: Anhang zu den Briefen zur Beförderung der Humanität. Anhang. Zurückgehaltene und »abgeschnittene« Briefe. Erste Sammlung nach der ursprünglichen Anlage vom Jahre 1792. Briefe 20–22. Kant und seine Schule, in: s. Nr. 19, Bd. XVIII.

21. Johann Gottfried Herder: Kalligone. Vom Angenehmen und Schönen. Leipzig 1800, in: s. Nr. 19, Bd. XXII.

22. Johann Gottfried von Herder's Lebensbild. Sein chronologisch-geordneter Briefwechsel, verbunden mit den hierhergehörigen Mittheilungen aus seinem ungedruckten Nachlasse, und mit den nöthigen Belegen aus seinen und seiner Zeitgenossen Schriften. Hrsg. v. seinem Sohne Dr. Emil Gottfried von Herder. Ersten Bandes erste Abtheilung. Erlangen 1846.

23. Erinnerungen aus dem Leben Joh. Gottfrieds von Herder. Gesammelt und beschrieben von Maria Carolina Herder, geb. Flachsland. Hrsg. durch Johann Georg Müller, in: Johann Gottfried von Herder's sämmtliche Werke. Zur Philosophie und Geschichte. Stuttgart 1830, 20.–23. Teil.

24. Aus Herders Nachlaß. Ungedruckte Briefe von Herder und dessen Gattin. Hrsg. v. Heinrich Düntzer und Ferdinand Gottfried von Herder. Frankfurt, Bd. 1, 1856, Bde. 2 und 3 1857.
25. Charakteristik Johann Gottfried von Herders. Hrsg. v. J. G. Gruber. Leipzig 1805.
26. Biographie des Königl. Preuß. Geheimenkriegsraths zu Königsberg, Theodor Gottlieb von Hippel, zum Theil von ihm selbst verfaßt. Aus Schlichtegrolls Nekrolog besonders abgedruckt. Gotha 1801 (Repr. Ndr. Hildesheim 1977).
27. Th. G. v. Hippel's sämmtliche Werke. Hrsg. v. Th. G. v. Hippel. 12. Band: Hippel's Leben, Berlin 1835; 13. Band: Hippel's Briefe, Berlin 1838; 14. Band: Hippel's Briefe. Berlin 1839 (Repr. Ndr. der Werke Berlin 1978).
28. Mémoires du Général Dirk van Hogendorp, publiés par son petit-fils M. le Comte D. C. A. van Hogendorp. La Haye 1887, S. 15–16.
29. Immanuel Kant. Sein Leben in Darstellungen von Zeitgenossen. Die Biographien von L. E. Borowski, R. B. Jachmann und A. Ch. Wasianski. Hrsg. v. Felix Groß, Berlin 1912 (Repr. Ndr. Darmstadt 1968 u.ö.).
30. Jenisch, Daniel: Diogenes' Laterne. Leipzig 1799.
31. Kant's gesammelte Schriften. Hrsg. v. d. Königlich Preußischen Akademie der Wissenschaften. Zweite Abteilung: Briefwechsel. Bde. 10–12, 2. Auflage, Berlin und Leipzig 1922; Bd. 13, Berlin und Leipzig 1922.
32. Briefe eines reisenden Russen, von Michailowitsch (Nikolai) Karamsin, aus dem Russischen von Johann Richter. Erstes Bändchen. Leipzig 1799.
33. Das Leben des Professor Christian Jacob Kraus..., aus den Mitteilungen seiner Freunde und seinen Briefen. Dargestellt von Johannes Voigt. Königsberg 1819 (Ndr. Bruxelles, Aetas Kantiana, 1970).
34. Beiträge zum Leben Christian Jakob Kraus. Hrsg. v. Gottlieb Krause, in: AM 18, 1881, 53–96; 193–224.
35. Johann Heinrich Liebeskind: Rückerinnerungen von einer Reise durch einen Teil von Teutschland, Preußen, Kurland etc. Straßburg 1795.
36. Selbst-Biographie des Friedrich Freiherrn von Lupin auf Illerfeld. Erster Theil. Weimar 1844, S. 247–252.
37. Versuch einer Lebensbeschreibung J. H. L. Meierotto's. Hrsg. v. Friedrich Leopold Brunn. Berlin 1802.
38. (Johann Daniel Metzger): Äußerungen über Kant, seinen Charakter und seine Meinungen. Von einem billigen Verehrer seiner Verdienste. O.O., o.J. (Königsberg 1804).
39. Andreas Meyer: Briefe eines jungen Reisenden durch Liefland, Kur-

land und Deutschland an seinen Freund, Herrn Hofrath K. in Liefland. Erlangen 1770 (Text nach: Herbert Meinhard Mühlpfordt: Königsberg im Spiegel von Reisenden des 18. und 19. Jahrhunderts, in: Preußenland 2, 1964, Nr. 4.
40. Einige Nachrichten aus dem Leben des Herrn Hauptmann von Miloszewski, in: Denkwürdigkeiten und Tagesgeschichte der Mark Brandenburg. Hrsg. v. Kosmann und Heinsius. Bd. 1, Berlin 1796, S. 553–654.
41. Professor Karl Morgensterns Tagebuch einer Reise von Danzig nach Dorpat 1802, in: AM 52, 1916, S. 549.
42. J. Ch. Mortzfeld:) Fragmente aus Kants Leben. Ein biographischer Versuch. Königsberg 1802.
43. (Wenzel Johann Gottfried von Purgstall): Ein Brief über Kant. Mitgeteilt von Karl Hugelmann, in: AM 16, 1879, S. 607–612.
44. Arthur Warda: Aus dem Leben des Pfarrers Christian Friedrich Puttlich, in: AM 42, 1905, S. 253–304.
45. Über C. F. Neanders Leben und Schaffen. Eine Skizze von C. E. C. Freyin von der Recke, gebornen von Medem. Berlin 1804.
46. Reicke, Rudolph: Kantiana. Beiträge zu Immanuel Kants Leben. Königsberg 1860.
47. Reicke Rudolph: Lose Blätter aus Kants Nachlaß.
48. Christian Friedrich Reusch: Kant und seine Tischgenossen. Aus dem Nachlaß des jüngsten derselben, des Geh. Ob.-Reg.-Rats Dr. Chr. F. Reusch. Königsberg o.J (= Sonderabdruck aus den Neuen Preußischen Provinzialblättern, Königsberg, VI, 1848, S. 288 ff.) (Ndr. Bruxelles, Aetas Kantiana, 1973).
49. Vorlesungen über die theoretische und praktische Philosophie, welche Maternus Reuß ... seit dem Jahre 1789 gehalten und ... im Grundrisse zum Drucke befördert hat. Würzburg 1797 (Ndr. Bruxelles, Aetas Kantiana, 1968).
50. Friedrich Theodor Rink: Ansichten aus Immanuel Kant's Leben. Königsberg 1805 (Ndr. Bruxelles, Aetas Kantiana, 1973).
51. Friedrich Theodor Rink: Mancherley zur Geschichte der metacritischen Invasion von Johann George Hamann genannt Magus in Norden, und einigen Aufsätzen, die Kantische Philosophie betreffend. Nebst einem Fragment einer älteren Metacritik. Königsberg 1800 (Ndr. Bruxelles, Aetas Kantiana, 1968).
52. Johann George Scheffner: Mein Leben, wie ich, Johann George Scheffner, es selbst beschrieben. Leipzig (gedruckt 1816) 1823.
53. Briefe an und von Johann George Scheffner. Hrsg. v. Arthur Warda, Bd. 1, München-Leipzig 1918; Bd. 2, ebd. 1926; Bd. 3, ebd. 1927/28; Bd. 4, hrsg. v. Arthur Warda und Carl Diesch, ebd. 1931; Bd. 5, hrsg. v. Arthur Warda und Carl Diesch, Königsberg 1937.

54. Der Briefwechsel zwischen Friedrich Schiller und Wilhelm von Humboldt. Bd. I. Berlin 1962.
55. (Hans Vaihinger): Das Original von Schnorrs Kantbild, in: KS 14, 1909, S. 143.
56. Christian Gottfried Schütz. Darstellung seines Lebens, Charakters und Verdienstes nebst einer Auswahl aus seinem literarischen Briefwechsel mit den berühmtesten Gelehrten und Dichtern seiner Zeit. Hrsg. von Friedrich Karl Julius Schütz. Erster Band. Halle 1834. Zweiter Band. Halle 1835.
57. J. L. Schwarz: Denkwürdigkeiten aus dem Leben eines Geschäftsmannes, Staatsmannes, Dichters und Humoristen. Leipzig 1828.
58. Paul von Lind: Eine erfüllte Prophezeiung Kants (zu F. A. Stägemann), in: KS 3, 1899, S. 168–175.
59. Konrad Stang: Reise nach Königsberg 1792 (Hschr.).
60. A. F. J. Thibaut: Über die sogenannte historische und nicht-historische Rechtsschule (Abdruck aus: Archiv für civilistische Praxis, XXI. Bandes 3. Heft). Heidelberg 1838.
61. Tagebücher von K. A. Varnhagen von Ense. Elfter Band. Bern, neu verlegt bei Herbert Lang 1972, S. 187.
62. Autographen-Sammlung des Kammerherrn und russischen Gesandten Baron Karlson Knorrig (181 an 1870). Der schriftliche Nachlaß von Professor Dr. Paul Kristeller (1863–1931), Stammbücher, Manuskripte, Briefsammlungen usw. Versteigerung ... durch Ulrico Hoepli/Mailand und Henning Oppermann/Basel (28.–30. Mai 1934).
63. Paul Czygan: Wasianskis Handexemplar seiner Schrift: Immanuel Kant in seinen letzten Lebensjahren, in: Sitzungsberichte der Altertumsgesellschaft Prussia, 17. Heft, Königsberg 1892.
Wasianski Biographie, s. Nr. 29.
64. Der Freimüthige oder Scherz und Ernst. Hrsg. v. A. V. Kotzebue und G. Merkel. Berlin 1804.
65. August Hagen: Kantiana, in: NPPB 6, 18, S. 1–16.
66. Daniel Jenisch: Ueber Grund und Werth der Entdeckungen des Herrn Professor Kant in der Metaphysik. Moral und Aesthetik. Nebst einem Sendschreiben an Herrn Professor Kant über die bisherigen günstigen und ungünstigen Einflüße der kritischen Philosophie. Berlin 1796 (Ndr. Bruxelles, Aeatas Kantiona, 1968).
67. Der Kosmopolit. Jänner 1798.
68. (Ludwig Friedrich Wilhelm von Kerzen): Auszug aus dem Tagebuch eines Russen auf seiner Reise nach Riga. o.O. (Riga?) 1783.
69. Hermann von Boyen: Denkwürdigkeiten und Erinnerungen 1771–1813. Neubearbeitete Ausgabe. 1. Bd. Stuttgart 1899.
70. (Johann Brahl): Nachrichten Im Betreff des verewigten Professor

Kraus, in: KF I, S. 182–191 (s. Anm. 1 zu Gespräch Nr. 396).
71. Fünf Briefe an Christian Jakob Kraus. Mitgeteilt von Alfred Schulze, in: AM 57, 1920, S. 67–83.
72. Der Briefwechsel zwischen Goethe und Zelter. Hrsg. v. Max Hecker. Zweiter Band: 1819–1827. Leipzig 1915.
73. Georg Paleikat: Ein Kuriosum aus Kants Lehrtätigkeit, in: KS 24, 1920, S. 415–417.
74. Friedrich Leopold Graf zu Stolberg: Briefe. Hrsg. v. Jürgen Berens. Neumünster 1966.
75. Johann Georg Feder: Leben, Natur und Grundsätze. Zur Belehrung und Ermunterung seiner lieben Nachkommen, auch Anderer die Nutzbares daraus aufzunehmen geneigt sind... Leipzig-Hannover-Darmstadt 1825 (Ndr. Bruxelles, Aeatas Kantiona, 1970).
76. Kants Leben. Eine Skizze. In einem Brief eines Freundes an seinen Freund. Altenburg 1799.
77. (Meissner, Julius Gustav): Charakterzüge und interessante Szenen aus dem Leben denkwürdiger Personen der gegenwärtigen und verflossenen Zeit. Hrsg. v. Julius Gustav Meißner. Wien 1800.
78. Zeitschrift für die elegante Welt, 1804.
79. Johannes Kamintius: Kant in Salzburg. Sein Einfluß auf die Aufklärung im Erzstift Salzburg, in: Salzburger Jahrbuch für Philosophie X/XI, 1966/67, S. 433–453.
80. Karl Ludwig Pörschke: Vorlesung bey Kants Geburtstagsfeyer, den 22sten April 1812, in: Königsberger Archiv für Philosophie, Theologie, Sprachkunde und Geschichte (Königsberg) 1812, S. 536–544.

ZEITTAFEL

Neben den auf Kant bezogenen Daten sind auch wichtigere Ereignisse aus dem zeitgenössischen philosophischen und politischen Leben vermerkt.

1724 22. April: Immanuel Kant in Königsberg geb.
       Die drei selbständigen Städte Königsberg (Altstadt, Kneiphof und Löbenicht) werden zu der einen Stadt Königsberg zusammengeschlossen.
1728 Wolff: Philosophia rationalis sive Logica.
1729 Mendelssohn geb.
       Lessing geb.
       Wolff: Philosophia prima sive Ontologia.
1730 Hamann geb.
1732 Kant besucht (bis 1740) das Collegium Fridericianum.
       Friedrich Wilhelm I. ruft über 15 000 aus konfessionellem Grunde aus Salzburg vertriebene Protestanten ins nördliche Ostpreußen.
1735 Kants Bruder Joh. Heinr. geb.
1736 Gründung der Universität Göttingen
1737 Kants Mutter gest.
1739 Hume: A Treatise on Human Nature.
1740 24. September: Kant wird immatrikuliert.
       Regierungsantritt Friedrich II.
1744 Herder geb.
1746 Tod von Kants Vater.
       Kant verläßt die Universität.
       Gedanken von der wahren Schätzung der lebendigen Kräfte (erschienen 1749).
1747 Beginn der Hauslehrerzeit (Judtschen, Arnsdorf, Rautenburg?).
1748 Hume: Philosophical Essays Concerning Human Understanding (dt. 1755).
1749 23. August: die beiden frühesten erhaltenen Kant-Briefe (an Haller [?] und an Euler).
       Die *Gedanken* erscheinen im Druck.
       Swedenborg: Arcana caelestia (−1756).
       Goethe geb.
1750 Rousseau: Discours sur les Sciences et les Arts.
       Oeuvres du Philosophe de Sans-Souci.

1751 Knutzen gest.
Hume: The Principles of Morals.
Die »Encyclopédie« beginnt zu erscheinen.
1753 Berkeley gest.
1754 *Untersuchung der Frage, ob die Erde in ihrer Umdrehung um die Achse...einige Veränderung...erlitten habe.*
Die Frage, ob die Erde veralte, physikalisch erwogen.
Wolff gest.
1755 *Allgemeine Naturgeschichte und Theorie des Himmels.*
12. Juni: Promotion zum Magister: Schrift: *Meditationum quarundam de igne succincta delineatio.*
27. September: Habilitation; Schrift: *Principiorum primorum cognitionis metaphysicae nova dilucidatio.*
Rousseau: Discours sur l'origine et les fondements de l'inégalité parmi les hommes
1756 Januar—April: Drei Schriften zum Erdbeben von Lissabon.
8. April: Bewerbung um Knutzens a.o. Professur.
10. April: Disputation über die Schrift: *Metaphysicae cum geometria iunctae usus in philosophia naturali, cuius specimen I. continet monadologiam physicam.*
25. April: Programm für Sommersemester: *Neue Anmerkungen zur Erläuterung der Theorie der Winde*
Beginn des Siebenjährigen Krieges.
1757 Programm für das SS: *Entwurf und Ankündigung eines Collegii der physischen Geographie nebst dem Anhange...Ob die Westwinde in unseren Gegenden darum feucht seien, weil sie über ein großes Meer streichen.*
1758 Programm für SS: *Neuer Lehrbegriff der Bewegung und Ruhe.*
Dezember: Bewerbung um Kypkes Professur (Ak Nr. 7,8,9).
1759 Programm für WS: *Versuch einiger Betrachtungen über den Optimismus.*
Früheste überlieferte Kant-Hamann-Korrespondenz.
Voltaire: Candide.
Schiller geb.
Schlacht bei Kunersdorf.
1760 *Gedanken bei dem frühzeitigen Ableben des Herrn Johann Friedrich von Funk.*
Rousseau: La Nouvelle Héloïse (dt. Übers. im gleichen Jahr).
1762 *Die falsche Spitzfindigkeit der vier syllogistischen Figuren.*
Rousseau: Émile.
Rousseau: Contrat social (dt. 1763).
Fichte geb.

Herder als Schüler Kants in Königsberg (bis 1764).
Baumgarten gest.
1763 *Der einzig mögliche Beweisgrund zu einer Demonstration des Daseins Gottes.*
Versuch den Begriff der negativen Größen in die Weltweisheit einzuführen.
Friede von Hubertusburg.
1764 Ablehnung der Professur für Dichtkunst.
Beobachtungen über das Gefühl des Schönen und Erhabenen.
Versuch über die Krankheiten des Kopfes.
Rezension von Silberschlags Schrift: Theorie der am 23. Juli 1762 erschienenen Feuerkugel.
Preisschrift der Akademie Berlin: *Untersuchung über die Deutlichkeit der Grundsätze der natürlichen Theologie und der Moral.*
Lambert: Neues Organon.
1765 Programm für Wintersemester: *Nachricht von der Einrichtung seiner Vorlesungen in dem Winterhalbenjahre von 1765–1766.*
Oktober: Bewerbung um die Stelle des Subbibliothekars an der Kgl. Schloßbibliothek.
Beginn des Briefwechsels mit Lambert.
Leibniz: Nouveaux essais sur l'entendement humain (1704).
Begründung der Allgemeinen Deutschen Bibliothek durch F. Nicolai.
Joseph II. Kaiser (–1790).
1766 April: Subbibliothekar an der Schloßbibliothek (bis Mai 1772).
Träume eines Geistersehers, erläutert durch Träume der Metaphysik.
Erste erhaltene Korrespondenz mit Mendelssohn (Febr.).
1767 Mendelssohn: Phädon.
Wilh. v. Humboldt geb.
1768 *Von dem ersten Grunde des Unterschieds der Gegenden im Raume.*
Schleiermacher geb.
1769 Oktober: Ruf nach Erlangen (Ak. Nr. 43–48)
Dezember: Ablehnung des Rufes.
Napoleon geb.
1770 Januar: Ruf nach Jena (Ak. Nr. 49).
März: Bewerbung um das Ordinariat für Logik und Metaphysik.
31. März: Ernennung zum Prof. ordin. der Logik und Metaphysik durch Kabinetsordre Friedrich II.
Inaugural-Dissertation: *De mundi sensibilis atque intelligibilis forma et principiis;* Verteidigung am 21. August (Respondent: M. Hertz).
d'Holbach: Système de la nature.
Hegel geb.
1770–1781 Entstehung der *Kritik der reinen Vernunft.*

1771 *Rezension* von Moscatis Schrift: *Von dem körperlichen wesentlichen Unterschiede zwischen der Struktur der Tiere und Menschen.*
Lambert: Architektonik.
1772 Entpflichtung von der Tätigkeit als Subbibliothekar (Ak. Nr. 71).
Herder: Vom Ursprung der Sprache.
1. Teilung Polens.
1775 Programm für Sommersemester: *Von den verschiedenen Racen der Menschen.*
Schelling geb.
Crusius gest.
Beginn des amerikanischen Freiheitskrieges.
1776 *Aufsätze, das Philanthropin betreffend.*
Kant zum ersten Mal Dekan.
Herbart geb.
Hume gest.
Unabhängigkeitserklärung der amerikan. Kolonien; Erklärung der Menschenrechte.
1777 Tetens: Versuche.
Lambert gest.
1778 Berufung nach Halle; Ablehnung (Ak. Nr. 129, 132, 134).
Voltaire gest.
Rousseau gest.
Mitglied des Senats der Königsberger Universität.
Lessing: Die Erziehung des Menschengeschlechts.
1781 Mai: *Kritik der reinen Vernunft.*
1782 Anzeige des Lambertischen Briefwechsels.
Nachricht an Ärzte.
1783 *Prolegomena.*
Rezension von Schulz's Anleitung zur Sittenlehre.
Kant kauft sich ein eigenes Haus.
Mendelssohn: Jerusalem.
1784 November: *Idee zu einer allgemeinen Geschichte in weltbürgerlicher Absicht.*
Dezember: *Beantwortung der Frage: Was ist Aufklärung?*
Herder: Ideen zu einer Philosophie der Geschichte der Menschheit.
Diderot gest.
1785 Januar (und November): *Rezension* von Herders Ideen.
März: *Über die Vulkane im Monde.*
April: *Grundlegung zur Metaphysik der Sitten.*
Mai: *Von der Unrechtmäßigkeit des Büchernachdrucks.*
November: *Bestimmung des Begriffs einer Menschenrace.*
Streit Jacobi-Mendelssohn.

Mendelssohn: Morgenstunden.
1786 Januar: *Mutmaßlicher Anfang der Menschengeschichte.*
Ostern: *Metaphysische Anfangsgründe der Naturwissenschaft.*
Sommersemester: Rektor der Universität.
Rezension von Hufeland: Versuch über den Grundsatz des Naturrechts.
Bemerkungen zu Jakobs Prüfung der Mendelssohnschen »Morgenstunden«.
Oktober: *Was heißt: Sich im Denken orientieren?*
7. Dezember: Kant auswärtiges Mitglied der Berliner Akademie (Ak. Nr. 518, 526).
Reinhold: Briefe über die Kantische Philosophie.
Mendelssohn: An die Freunde Lessings.
Mendelssohn gest.
August: Friedrich II. gest.
September: Huldigung zu Ehren Friedrich Wilhelms II.
1787 *Kritik der reinen Vernunft.* 2. Auflage.
Kant richtet sich einen eigenen Haushalt ein.
1788 *Kritik der praktischen Vernunft.*
Januar: *Über den Gebrauch teleologischer Prinzipien in der Philosophie.*
Sommer: Kant zum zweiten Mal Rektor.
Schmid: Wörterbuch zum leichteren Gebrauch der Kantischen Schriften.
Schopenhauer geb.
Hamann gest.
Juli: Wöllnersches Religionsedikt.
Dezember: Neues Zensuredikt.
1789 Reinhold: Über die bisherigen Schicksale der Kantischen Philosophie; Versuch einer neuen Theorie des menschlichen Vorstellungsvermögens. Joh. Schultz: Prüfung der Kantischen Kritik der reinen Vernunft.
Ausbruch der Französischen Revolution.
1790 *Kritik der Urteilskraft.*
Über eine Entdeckung, nach der alle neue Kritik der reinen Vernunft durch eine ältere entbehrlich gemacht werden soll.
Über Schwärmerei und die Mittel dagegen.
Maimon: Versuch über die Transzendentalphilosophie.
Gründung des Jakobinerclubs.
1791 September: *Über das Mißlingen aller philosophischen Versuche in der Theodizee.*
1792 April: *Über das radikale Böse in der menschlichen Natur.*
14. Juni: Verbot der Fortsetzung der in der Berlin. Monatschr. be-

gonnenen Artikelserie (Ak. Nr. 518, 526).
Schulze: Aenesidemus.
Fichte: Kritik aller Offenbarung.
Herder: Humanitätsbriefe.
März: Verschärfung des Zensuredikts in Preußen.
Frankreich wird Republik.
1793 Ostern: *Die Religion innerhalb der Grenzen der bloßen Vernunft.*
September: *Über den Gemeinspruch: Das mag in der Theorie richtig sein, taugt aber nicht für die Praxis.*
Beck: Erläuternder Auszug aus den critischen Schriften des Herrn Prof. Kant.
Schiller: Über Anmut und Würde.
Hinrichtung Ludwig XVI.
1794 Mai: *Etwas über den Einfluß des Mondes auf die Witterung.*
Juni: *Das Ende aller Dinge.*
Juli: Aufnahme in die Petersburger Akademie (Ak. Nr. 638).
Oktober: Maßregelung durch Friedrich Wilh. II. und Verteidigung Kants (Ak. Nr. 640, 642).
Fichte: Grundlage der gesamten Wissenschaftslehre.
Maimon: Versuch einer neuen Logik.
Preußen: Allgemeines Landrecht.
Hinrichtung Robespierres.
1795 *Zum ewigen Frieden.*
Schiller: Über die ästhetische Erziehung des Menschen; Über naive und sentimentalische Dichtung.
Schelling: Vom Ich als Prinzip der Philosophie.
Friede zu Basel.
1796 *Anhang zu Sömmering: Über das Organ der Seele.*
Mai: *Von einem neuerdings erhobenen vornehmen Ton in der Philosophie.*
23. Juli: Kants letzte Vorlesung.
Oktober: *Ausgleichung eines auf Mißverstand beruhenden mathematischen Streits.*
Dezember: *Verkündigung des nahen Abschlusses eines Traktats zum ewigen Frieden in der Philosophie.*
Fichte: Grundlage des Naturrechts.
Beck: Einzig möglicher Standpunkt.
1797 Anfang: *Metaphysische Anfangsgründe der Rechtslehre.*
14. Juni: Ehrung Kants durch die Studentenschaft anläßl. seines 50jährigen Schriftstellerjubiläums.
(Metaphysische Anfangsgründe der Tugendlehre) Die Metaphysik der Sitten.

Über ein vermeintes Recht, aus Menschenliebe zu lügen.
Schelling: Ideen zu einer Philosophie der Natur.
Regierungsantritt Friedrich Wilh. III. (bis 1840).
Friede von Campo Formio.

1798 *Der Streit der Fakultäten.*
Anthropologie in pragmatischer Hinsicht.
Über die Buchmacherei.
Erklärung gegen Schlettwein.
Fichte: System der Sittenlehre; Über den Grund unseres Glaubens an eine göttliche Weltregierung.
Schelling: Von der Weltseele.

1799 August: Erklärung gegen Fichte.
Fichte: Appellation an das Publikum.
Herder: Metakritik.
Sturz des Direktoriums durch Napoleon.

1800 Februar: Joh. Heinr. Kant gest.
Logik hrsg. v. Jäsche.
Vorrede zu R. B. Jachmann: Prüfung der Kantischen Religionsphilosophie.
Nachschrift zu Mielckes Littauisch-Deutschem und Deutsch-Littauischem Wörterbuch.
Herder: Kalligone.
Schelling: System des transzendentalen Idealismus.

1801 14. November: Letzte amtliche Erklärung Kants.
Hegel: Differenz des Fichteschen und Schellingschen Systems.
Friede zu Lunéville.

1802 *Physische Geographie,* hrsg. v. Rink.
Hegel: Verhältnis des Skeptizismus zur Philosophie; Glauben und Wissen;
Über die wissenschaftliche Behandlungsart des Naturrechts.
Schelling: Bruno.

1803 *Über Pädagogik,* hrsg. v. Rink.
9. April: Letzter erhaltener Brief Kants.
Oktober: Erkrankung.
Herder gest.
Reichsdeputationshauptschluß

1804 12. Februar: Kants Tod.
18. Februar: Kants Begräbnis.
23. April: Gedächtnisfeier der Universität.
Mai: Herausgabe der *Fortschritte der Metaphysik* durch Rink
Schelling: Nachruf auf Kant.
Feuerbach geb.

Napoleon Kaiser.
Code civile.

Bei der Zusammenstellung der Daten wurde u.a. auch die Zeittafel in Vorländers kleiner Kantbiographie benutzt (3. Auflage, Hamburg 1974, PhB Nr. 126). Dort ist fälschlicherweise das Veröffentlichungsdatum der »Verkündigung des nahen Abschlusses...« von Vorländer mit Juli 1797 (statt Dezember 1796) angegeben worden.

REGISTER

1. Personenregister

Das Register enthält die Namen von Personen, die für Kant historisch oder als Zeitgenossen von Bedeutung sind und von denen sich biographische Mindestdaten (Vorname, Geburts-, Todesjahr) ermitteln ließen (bzw. allgemein bekannt sind, z.B. Lessing).

Zahlen im Kursivdruck bezeichnen die Gesprächsnummern von Quellentexten, im Fettdruck die Gesprächsnummer, in der über die genannte Person biographische Angaben gemacht werden, im Normaldruck die Gesprächsnummer für das bloße Vorkommen eines Namens im Text.

Abegg, J.F. *93, 109a, 332, 394, 514–521*, **514**
Abramson, A. **235**, 278, 563
d'Alembert, J.L. 154
Ammon, Ch.F. **6**, 88, 117
Andersch (Pfarrersfamilie) 245, 466
Aristoteles 228, 543
Arndt, Ch.G. *43, 469a, 497*, **43, 469a**, 469
v. Auerswald, H.J. **183**, 143

Bacon, F. 48a
v.Baczko, L. *122–124, 241, 274, 280, 404*, **122**
Baggesen, J.P. *453*, **449**
Baumgarten, A.G. 47, 48, 122, 248 (s. auch Reg. Nr. 5)
Bause, J.F. 477
Beck, J.S. *474, 510*, **267**, 432, 517, 526
Becker, Pfarrer 471
Becker, J.G. 74, 84, 275, 277
Berens, G. **35**, 41, 209, 408
Berens, J.Ch. 213, 214
Berens, J.H. 213, 214

Bering, J. **410**
Bernoulli, J. *154*, **154**, 239
Biester, J.E. **160**, 163, 220, 334, 373, 422, 459
Blair, H. **234**
Blumenbach, J.G. 490
Bobrik, J. **223**, 348
Bode, J.E. 490
Bock, F.S. 154
Bock, K.G. **50**, 49, 57, 97
Boenke, J.W. 478
Böttcher, J.G. **254**, 299
Bonaparte 437, 516, 517, 520, 535, 569
Bondeli, J. **403**
Bonnet, Ch. 426
Born, F.G. **388**, 371
Borowski, L.E. *8, 10–13, 18–23, 25, 31, 33, 58, 78, 79, 141, 224–235, 242, 284, 286, 355, 393, 411a, 428, 435, 444, 454, 482, 484, 485, 487, 503, 526, 561*, **5**, 45, 49, 77, 129, 210, 455
v. Boyen, H. *412a*, **412a**
Brahl, J. **396**, 282, 1, 357, 369, 386, 514–516

Personenregister

Brandes, J.Ch. *236*, **236**
v. Bray, F.G. *524*, **524**
v. Braxein, F.A. **66**, 368, 386
v. Brünneck, W.M. *443*, **443**
Brydone, P. 246
Buck, F.G. **33**, 26
Buck, S.P.F. 585
Bürger, G.A. 246
Büsching, A.F. 130
Burckhardt, C.G. 272

Cäsar 522, 556
Calvin, J. 569
Canth, C.F. 114
v. Carmer, J.H.Ch. **422**
Chladny, E.F.F. **486**
Christiani, C.A. **170**, 171
Christus 453, 569
Cicero 238, 302, 522, 556, 577
Cleß, D.J. **71**
Collin, P.H. **235**, 221
Courtan, S.M. **177**, 198, 201
Cruse, K.W. *196*, *197*, **196**
Crusius, Ch.W. 47, 48
Cujacius, J. **475**
Cunde, J. **5**, 115, 232

Denina, C. 11
Deutsch, Ch.W. **306**, 298, 506a
v. Dillon, F. *46*, **46**
Duisburg, F.K.G. *295*, **295**
Dunker, J.A. **332**, 518

Eberhardt, J.A. 74
Ehrenboth, F.L. **242**, 1, 437
Eichhorn, J.G. 592
v. Elditten, E.L. **310**, 311
Elkana, R. **365**
Elsner, Ch.F. **596**, 560, 569, 603
Erasmus v. Roterdam 6, 233
Erhard, J.B. *449*, **449**, 110, 450–452, 455, 493, 497
Ernesti, J.A. 233
v. Erthal, F.L. 465
Erxleben, J.Ch.P. 248
Ewald, J.L. **129**
Ewerbeck, Ch.G. *354*, **354**
Eytelwein, J.A. **557**

Fahrenheid, J.F. **254**
Fahrenheid, R.F. **146**
Feder, J.G. *505*, **167**, 266, 302, 383, 406
Fichte, J.G. *455–458*, **454**, 432, 510, 511a, 514, 517, 520, 526, 569
Fielding, H. 61
Fingerlos, M. **511a**
Fink v. Finkenstein, K.W. **422**
Fischer, C.K. **342**, 369
Fischer, K.G. **256**, 491
Forster, E.W.G. *63*, **63**
Friedländer, D.F. **183**, 105, 120a, 195
Friedrich II. v. Preußen 100, 248, 332, 423b, 570
Friedrich Wilhelm II. von Preußen 226, 378, 413, 485
Friedrich Wilhelm III. von Preußen 514, 516, 522
Frisch, J.CH. 84
Fulda, J.F.K. **135**
v. Funk, J.F. **137**

Gall, F.J. 560, 569
de la Garde, F.Th. **419**, 459
Garve, Ch. 74, 238, 266, 268, 275, 277–279, 281, 383, 535
Gensichen, J.F. **466**, 1, 455, 577, 585
Gentz, J.F. *193*, **193**
Gentz, F. *238*, **237**, 193
Gervais, B.K.L. **185**

Gisevius, T. *129*, 129
Glave, K.G.G. **332**
Gleim, J.W.L. 275
Göckingk, F. **422**
Goeschen, J.J. **88**, 92, 97, 385
Goethe, J.W. 423b, 479, 514, 569
Goeze (Götze), J.M. 482a
Graun, E. 506
Green, J. **11**, 1, 7, 62, 65, 87, 90, 142, 179, 215, 221, 311, 330, 370, 485, 539
Groeben, W.-L. 97

v. Hagedorn, F. 246
Hagemann, C.G. **564a**
Hagen, A. *65a*, **65a**, 525a
Hagen, C.A. **145**, 1, 569
Hahn, J.B. 14
v. Haller, A. 57, 233, 569
Hamann, J.G. *29, 30, 35, 36, 38–41, 57, 57b, 64, 66–72, 75, 90, 92, 102, 108, 109, 128, 130, 135, 147, 148, 161, 164–167, 170–181, 194, 195, 198–209, 211, 213–215, 218, 221, 223, 263, 266, 268, 269, 271, 275–279, 281, 283, 285, 287–294, 297, 298, 301, 307–312, 314–328, 336–344, 346–348, 352, 353, 357–359, 361, 365–367, 379, 381–383, 385, 388–390, 397–399, 401–403, 405,* **29**, 57, 65, 88, 131, 183, 275, 281, 368, 384, 518
Hamann, J.M. **357**, 364
Hamann, M.K. **506a**
Hamann, M.S. **506a**
Hartknoch, J.F. *480*, 179, 181, 194, 215, 275, 285, 306, 352
Hartung, G.L. **293**, 175, 200, 209, 454, 457
Hasse, J.G. *331, 434, 565–571,*

575, 579, 582, 583, 585, 589, 593, 595–598, 609, 616, **565**, 1, 398, 528, 545, 585, 591
Haydn, J. 495
Heilsberg, Ch.F. *6, 7, 9,* **6**, 356, 463
Heinicke, S. **287**
Heintz, K.R. **160**
Helvetius, C.A. 48
Hemsterhuis, F. **276**, 297, 405
Herder, J.G. *47, 48a, 50–57a, 69,* 47, 49, 57c, 75, *129*, 138, 217, 219a, 233, 425, 514, 569
Hermes, K.D.E. 459
Herz, M. *81, 84–86, 104, 105, 120a, 157, 411,* 80, 163, 355, 357, 358, 365, 370, 431, 514
v. Herzberg, E.F. **379**
v. Heß, J.L. **561**
Heydenreich (Lehrer am Fridericianum) 115, 484
Heyne, Ch. G. 490
Hill, J.Ch. **337**
Hinte, J.F. **135**, 306
Hippel, R. 357
v. Hippel, Th.G. *26, 94–99, 131, 191, 299, 364, 404, 422, 425, 476, 481,* **26**, 1, 65, 88, 93, 108, 137, 138, 138a, 142, 144, 161, 178, 194, 215, 236, 254, 259, 270, 271, 280, 286, 298, 306, 307, 318, 323, 333, 357, 365, 368, 370, 377, 385, 398, 425, 461, 466, 487, 495, 502a, 503, 518, 559, 593, 600
Hoffmann, C.Ch. **415**
van Hogendorp, D. **182**, 205
van Hogendorp, G.K. 182
v. Holstein-Beck, F.K.L. **248**, 1
Holzhauer, G.H. **422**, 372
Homer 378, 522, 556

Horaz 536, 574
Hornemann, F.K. **569**
Huart (= V. Garcia de la Huerta) **88a**
v. Hül[le]sen, B.F. 245
Hufeland, G. 410
v. Humboldt, A. 569
v. Humboldt, W. 496
Hume, D. 22, 47, 48, 57a, 61, 87, 178, 194, 195, 201, 206, 209, 426
Hutcheson, F. 22

Jachmann, J.B. 1, 242, 357, 412
Jachmann, R.B. *1, 3, 15, 91, 127, 142, 243, 261, 329, 330, 360, 363, 378, 395, 412, 413, 429, 442, 446, 471, 498, 500–502, 504, 507, 536–539, 558, 559, 573, 601, 606, 612,* 1, 242, 445, 466, 516
Jacobi, F.H. *400,* **41**, 398, 431
Jacobi, F.K. 388, 444, 573, 574
Jacobi, J.H. **473**
Jacobi, J.K. 41, 1
Jacobi, M.Ch. geb. Schwinck **91**, 96, 97
Jaesche, G.B. *551a,* **448**, 16, 487, 580, 582
Jakob, H.L. **381**, 382, 383, 424a
Jean Paul 514
Jenisch, D. *169, 169a,* 432, **169**, 357, 369
Jensch, Ch.F. **61**, 1, 247, 385, 520, 585
Jerusalem, J.F.W. 234, 337, 358
Jester, W.B. **124**
Joel, A.J. **85**, 171
Jung-Stilling, J.H. 389

Kästner, A.G. 490, 620
Kahle, D.W. **274**
Kallenberg, Ch.B. **6**
Kalman, J.W.J. **493**
Kant, J.H. **21**
Kanter, J.J. **49**, 65, 79, 97, 107, 123
Karamsin, N.M. *426,* **426**
Kaufmann, Ch. **147**
Kaufmann, J. 572–574, 585, 601a
Kayser, Ch. **24**
Kepler, J. 47, 183, 544
Kerzen, L.F.W. *219a*
v. Keyserling, Ch.A. **125**, 126, 150, 273, 422
v. Keyserling, H.Ch. *162,* **97**, 1, 14, 99, 125, 127, 147, 154, 273, 366, 389a, 407
Keyserling (Familie) 182, 205, 215, 314, 389a, 398, 399, 461
Kiesewetter, J.G.K.Ch. *414–421, 423a, 447,* **413**, 363, 459, 562
v. Klingspor, Ch.A. *30a,* **30a**
Klopstock, F.G. 8, 110, 233
Knutzen, M. **6**, 11, 117
Köhler, J.B. **337**
Koshman, M. 78
Kowalewski, C. **6**, 233
Kraus, Ch. J. *110–120, 121, 140, 143, 150, 153, 155a, 183–190, 332–334, 368, 384, 386, 391, 395, 405, 409, 410, 423a, 424a, 431,* **110**, 124, 125, 135, 155, 156, 158, 160, 163, 170, 183, 191, 196, 280, 288, 316, 317, 328, 336, 345, 358, 369, 370, 373, 377, 388, 390, 394, 396, 399, 400, 412a, 425, 472, 515, 544, 569
Kreutzfeld, J.G. **126**, 178, 368
Krickende, J.S. *107,* **107**
Kypke, G.D. 30
Kypke, J.D. **33**, 232

Lambert, J.H. 72, 199, 435, 520
Lampe, M. 108, 183, 257, 260, 437, 441, 491, 515, 522, 524, 541, 556, 572, 574, 575, 604
Langhansen, Ch. 233
Laubmeyer, J.B. **560**
Laudien, C.L. **6**
Lauson, J.F. **178**
Lavater, J.C. 426, 518
Lavoisier, A.L. **145**
Lehmann, I.H. **424**, 433, 459a, 463, 466
Lehndorff, E.A.H. *477*, **477**
Lehndorff, H. *509*, **509**
Leibniz, G.W. 47, 48, 48a, 61, 126, 426
Leo[n], G.E. **78**
Lessing, G.E. 166, 174, 183, 306, 357, 396, 515, 520
Lichtenberg, G.Ch. 180, 233, 490, 620
Liebeskind, J.H. *492*, **492**
Lilienthal, Th.Ch. **51**
Linck, J.K. **473**
Lindner, J.G. 37, 88, 97, 131, 298
Lips, J.H. **74**
Liscov, Ch.L. 233
Livius 460
v. Lossow, D.F. **14**, 1, 65, 74, 461, 602
Lowe (Loewe), M. 340, 346, 353, 574
Lucretius 116, 460, 491
Lübeck, E.E. *89*, **89**
Lüdecke, J.E. *76, 77,* **76,** 229
Luise (Königin) 516
v. Lupin, F. *490,* **490**

Maclean, J.M. **146**
Malebranche, N. 426
Mangelsdorff, C.E. **220**, 280, 412a, 534

v. Massow, J.E.W.E. 413
Mattersberger, J. 421
Matthes, Ph.F.Th. **403**
Meckel, Ph.F.Th. **512**, 86
Mehmel, G.E.A. **424**
Meier, G.F. **150**, 122, 248, 461, 493
v. Meier (Meyer), K.F. **14**, 1, 64, 65, 65a
Meierotto, J.H.L. *462*, **462**, 463, 464
Meiners, Ch.M. 386, 520
Meißner, A.J. *556*, **556**
Mellin, C.A.F. **557**
Mellin, G.S.A. *557*, **557**
Mendelssohn, M. *80*, **80**, 102, 149, 150, 160, 235, 288, 317, 318, 320, 323, 326, 328, 335, 336, 339, 341, 344, 347, 357–359, 365, 370, 423, 426, 495, 556
Metzger, J.D. *144, 145, 430, 527, 528,* **144**, 306, 319, 320, 350
Meyer, A. **106**
v. Miloszewski, G.S. *239, 240,* **239**
Milton, J. 233
Miltz, A. **372**, 320
Mohr, F.S. **283**
Montaigne, M. 6, 61
Morgenbesser, E.G. **248**
Morgenstern, K. *580,* **580**, 613
Mortzfeld, J.Ch. *16, 17, 65, 126, 139, 482a, 529, 565,* **16**
Motherby, R. **1**, 65, 107a, 142, 146, 255, 330, 393, 402, 513, 515, 537
Motherby, G. 24
Motherby, W. 560, 569

Nagel, R.U. **483**
Newton, I. 47, 48, 329, 556

Nicolai, F. 519 (Sohn 377, 519)
Nicolovius, F. **442**, 219, 303, 380, 387, 506a, 515, 529
Nicolovius, Th.B. **506a**
Nitsch, F.A. **315**

Oeser, A.F. **425**
Olbers, W. **437**
Otto, L.G. **588**

Paul I. (Rußland) 514, 518, 520
Persius 233
Pfeffel, G.K. **241**
Pfeifer, J.G. **459**
Philippi, W.A.F. **121**
Piazzi, G. **437**
Pitt, W. **574**
Planck, G.G. **234**
Plato 60, 170, 460, 556
Plinius 348
Plessing, F.V.L. **194**
Poerschke, K.L. *508, 512, 517, 620,* **470**, 1, 159, 159a, 190, 248, 436, 522
Pope, A. 233
Pott, P.E. **580**
Purgstall, G.W. *493,* **493**
Puttlich, Ch.F. *212, 219, 222, 262, 264, 282, 300, 303–305, 313, 380, 494,* **212**

Rabener, G.W. 233, 520
Reccard, G.Ch. **99**, 100
v.d. Recke, E. *273,* **273**, 422
Regge, F.W. **146**
Reichardt, F. *73, 74,* **73**, 50
Reimarus, H.S. 569
Reinhold, K.L. *451, 452,* **451**, 110, 432, 449, 453, 493, 517, 569
Reusch, C.D. **479**, 280, 560, 569
Reusch, Ch.F. *387, 479, 488, 560, 585,* **387**, 124, 280, 345, 412a

Reusch, K.G.W. **560**
Reuß, M. *465, 467,* **465**, 413, 516
v. Rhod, J.F. **220**
Richardson, S. 61
Richey, M. **116**, 569
Riesemann, J.F. *44,* **44**
Rink, F.Th. *2, 4, 14, 57c, 168, 270, 345, 350, 351, 362, 460, 491, 530–535, 555, 578,* **2**, 1, 16, 487, 569, 582
Robespierre, M. 332
Rode, A. *42,* **42**
Rousseau, J.J. 22, 25, 47, 48, 55, 57a, 87, 217, 518
Ruffmann, W.L. **25**, 1, 142, 330, 357, 370, 476
Ruhnken, D. **5**, 232, 460

Sack, F.W. 21
v. Sahlfeldt, G.F. **197**
Schadow, J.G. **564a**
Scheffner, J.G. *87, 138a, 397, 571a, 581, 590, 591,* **87**, 1, 88, 161, 183, 298, 368, 385, 459, 487, 506a, 519, 564a, 592a, 593, 607
Schiffert, Ch. **49**, 244, 566
Schiller, F. 490, 569
v. Schimmelmann, H.E. **449**
Schlegel, G. 24
Schlosser, J.G. 514
Schmalz, Th.A.H. **445**, 412a, 455, 466, 516, 520, 569
Schmohl, J.Ch. 211
Schnorr v. Carolsfeld, V.H. *425,*
v. Schön, Th. 455 [**425**
Schopenhauer, A. 571a
Schorn, L.H.V. **241**
Schröckh, J.M. **234**, 569
v. Schrötter, F.L. (Staatsminister) 1, 413
v. Schrötter, K.W. (Kanzler) **413**

Schütz, Ch.G. 290, 343, 352, 369
Schultz, F.A. 2, 7, 33, 118, 224, 234, 244
Schultz, J. (Oberhofprediger) 403, 191, 312
Schultz[z], J. (Hofprediger, Mathematiker) *511*, **263**, 110, 137, 177, 196, 248, 266, 269, 275, 278, 327, 353, 357, 368, 424a, 439, 440, 457, 466, 491, 510, 517, 520, 544, 569, 577, 600
Schulze, G.E. (Aenesidemus)
Schwarz, J.L. **314**   [**571a**
Schwenckner, Ch.W. **483**
Schwinck, J.Ph. **97**
Segner, J.A. **124**
Selle, Ch.G. **518**
Semler, J.S. 95d, **234**
Seneca 116
Shaftesbury, A. 48a
Shakespeare, W. 110
Sieyès, E.J. 429, 514, 518
Simpson, J.S. **146**
Simson, J. **403**
Sokrates 26, 453, 475, 583
Solon 497
Sommer, G.M. **210**, 1, 455, 491, 518, 520
Spalding, J.J. **234**, 8, 266
Spener, J.K.Ph. **181**, 195, 202, 203
Spinoza, B. 316, 317, 326
Stägemann, F.A. *506*, **506**
Stäudlin, C.F. **569**
Stang, K. *460, 465, 468*, **465**
Stapfer, J.F. **234**
Starck, J.A. **422**, 518
Sterne, L. 55
Stolberg, F.L. *506a*, **506a**, 507
Süvern, J.W. **188**

Sulzer, J.G. **76**
Swedenborg, E. **57c**

Teller, W.A. **234**
Teske, J.G. **117**
Tetens, J.N. **167**
v. Textor, J.Ch. **557**
Theodor (Jude) **365**, 370
Theyer, B. **2**, 183, 601, 603, 619
Thibaut, A.F.J. **475**, 475, 450
Tieftrunk, J.H. **582**
Tittel, G.A. 369
Toussaint, Ch. 1 (Gemahl: 160,
Townley, C. 340, 493   [**522**)
Trescho, S.F. **51**, 56
Trummer, J.G. 6, 116, 503, 539, 575, 586

v. Ungern-Sternberg, W.F. **489**
Varnhagen von Ense, K.A. 427
Vergil 37, 50
Vernet, C. 74, 580
Vigilantius, J.F. **560**, 1, 563, 615
Vollmer, G.D.L. **569**, 578
Voltaire, J.F. 74

Wald, S.G. **580**, 455
Wannowski, St. *34, 349*, **34**, 137, 335
Wasianski, E.A.Ch. **2**, *438–441, 486, 499, 525, 540–554, 563, 564, 572, 576, 584, 586–588, 593, 599, 600, 603–605, 608, 610, 611*, **2**, 183, 235, 425, 435, 437, 479, 495, 569, 570, 579, 582, 585, 591, 594, 596
Weiß, R.F. **216**
Werner, A.G. **400**
Werthes, F.A.C. **283**
Wezel, J.K. **131**
Wieland, Ch.M. 30a, 110, 233, 256, 493, 514, 569

Wielkes, H.G. *32*, **32**
Wilpert, C. **51**
Wizenmann, Th. **392**, 374
Wlömer, J.H. 6, 7, 423b, 460, 504
Wobser (Oberförster) 225, 235
Wöllner, J.Ch. **417**, 420
Wolff, Ch. 16, 47, 48, 61, 122

Wolson, J.Ch. 30

Young, E. 48a, 233

v. Zedlitz, K.A. *152*, **150**, 153, 155a, 163, 170, 171, 413
Zelter, C.F. 423b
Zimmermann, Ch.G. *302*, **302**

2. Sachregister

Abendmusik, studentische 355
Aberglaube 422, 583
Ärzte 569
Ästhetik 256, 328
Adel 520
Allgemeine Literatur-Zeitung (Jena) 290
Amerikaner 142
Antike Dichtung 233
Arme 227, 522
Astronomie 90, 257
Aufklärung 422
Auge (Erblindung) 351, 527, 575
Augenoperation 45
Aussehen Kants 154, 261, 493, 522, 556

Begriff, synthetischer 57c
Beredsamkeit 233, 256
Berliner Akademie 278, 379,
Bernstein 516, 583   [518
Bestimmung des Menschen 426
Besucher 571, 588, 589, 599
Bettler 270, 531
Bibel 517, 520, 589, 593, 620
Bibliothek 529, 577
Bier 535
Bildung 515
Billiard 6
Biographie 502

Blatternimpfung 535
Blitzableiter 280
Böses, radikales 592
Bogenflügel 495
Briefe 569
Buchdruck 351

Capustigal 111, 112, 124
Charakter Kants 47, 48, 127, 182, 346, 350, 357, 378, 423a, 442, 493, 520, 522, 542, 558, 570, 572, 573, 620
Chemie 145, 569, 605
Chiliasmus 298
Christen 336
Christentum 160, 224, 482, 517
Collegium Fridericianum 2, 51, 57, 95, 122, 232, 244, 439, 440, 460, 484, 566, 580

Dekan 139, 140, 141, 248
Denk- und Erinnerungszettel 231
Dialekte 549, 583
Dichter 246, 569
Dichtung 233, 256

Egoismus 144
Ehe 9, 144, 228, 255, 471, 569,
Ehrenzeichen 228   [585
Einbildungskraft 426

Einheit 57c
Elektrizität 525, 583
England 219a, 470, 520
Engländer 142, 518, 520
Englisch-amerik. Krieg 142
Erziehung 2, 244
Epikuräismus 491
Essen/Trinken 1, 259, 490, 515, 523, 583
Etymologie 233, 249, 263, 565, 577, 583
Eudämonismus 490

Familie/Herkunft 111, 114, 224, 244, 460; Eltern: 2, 3, 4, 224, 244, 620; Bruder, s. Reg. Nr. 1 Schwestern: 244 (Barbara Theyer s. Reg. Nr. 1)
Fortdauer, ewige 257
Frankreich 215, 422
Franzosen 518
Französische Revolution 1, 226, 228, 427, 428, 429, 430, 430a, 437, 472, 514, 516, 518, 530, 535
Frauen 4, 9, 17, 30a, 121, 126, 144, 251, 259, 479, 556, 570
Freiheit 577; akademische F. 139
Freimaurerei 138, 518
Freundschaft 30a, 91, 254, 330, 543, 544, 591

Galvanismus 560, 569, 583
Garten 284
Gebet 95b
Geburtstag K.s 183
Gedächtnis 19, 246, 326, 525, 529, 530
Gedichte (auf K.) 363
Geiz 522
Geld 187, 444, 485, 563, 604
Geographie 364, 556, 569, 605

Geschichte 364, 569
Gesellschaft (Unterhaltung, Tischgespräche) 1, 17, 74, 144, 183, 247, 253, 256, 273, 295, 326, 331, 389a, 391a, 393, 394, 423a, 437, 443, 453, 461, 462, 490, 506a, 515, 516, 520–523, 552, 556, 563, 565, 569, 605
Gesellschaft der Freunde Kants 87
Gesundheit/Alter 258, 491, 500, 513, 525, 533, 535, 538, 539, 555, 572, 586, 599, 603
Gichtelianer 520
Glaube 517 (s. Gott, Religion, Theologie)
Gott 257, 426, 482, 491, 514, 567, 577
Griechen 577
Grundbegriffe, metaphysische 57c
Gutmütigkeit 250

Haus (Prinzessinstraße) 275, 281, 286, 426, 565
Hausbuch 2
Haushalt, eigener 1, 270, 390, 391, 391a, 395, 396
Hauslehrer (Hofmeister) 30a, 112, 125, 245, 466, 505
Höflichkeit 31
Honorar 20, 27, 190, 296, 479
Humanität, Gefühl für 614

Ideen, metaphysische 57c
»Immanuel« 583

Jacobi-Mendelssohnscher Streit 357, 373
Jahreszeit 545
Juden 166, 183, 359, 363, 370, 518, 553, 563, 583
Judtschen 245

Kaffee 576, 579, 584
Kalkül 520
Kant-Bilder 74, 84, 125, 198, 221, 235, 278, 340, 346, 353, 421, 425, 477, 493, 563, 564a
Kantersche Zeitung 137
Kartenspiel 74
Kategorischer Imperativ 490
Katholizismus 357, 422, 511a, 517, 569
Katzentod 500, 525, 535, 539, 583
Kinder 537
Kinderphysik 40
Kirchengeschichte 234
Kleidung/Mode 18, 256, 387, 391, 453
Kochkunst 259
Königsberg 34, 46, 378, 384
Kohlen 520
Kraft 368
Krieg 535
Kurland 125, 136
Kurländer 422

Landrecht, Preußisches 516
Lateinische Dichtung 525, 536, 572
Leben 437
Leben, künftiges 426, 514
Lehrer 168
Leipziger Biographie 555
Lektüre 22, 61, 74, 322, 364, 393
Litauer 6
Logik 493 (s. Vorlesungen)
Logodädalie 382
Logomachie 382
Lüge 525a
Luftelektrizität 500, 535, 539
Luftschifferei 422

Malerei 25
Mathematik 160, 364
Medizin 7
Menschenkenntnis 493, 544
Metakritik (Herder) 57c
Metaphysik 57c, 426, 514
Metempsychose 597
Metereologie 506a
Methode 160
Mineralogie 333, 386
Mittagsbüchlein 525, 546
Moditten 225
Möglichkeit/Unmöglichkeit 57c
Moral 24, 105, 120a, 257, 460, 482a
Moskowitersaal 516
Musik 25, 256, 259, 335, 495
Mystik 207, 559

Naturgeschichte 605
Neptunismus 490
Notwendigkeit 57c

Obrigkeit 411a
Offenbarung 344, 357

Pantheismus 409
Papst 422
Patriotismus 429
Pfeife/Tabak 579, 584, 602
Philanthropin 89, 143, 146, 213
Philosophie 1, 12, 13, 108, 160, 254, 364, 493, 503a, 570, 577
Pietismus 4, 224, 244, 559, 566
Pockenimpfung 569
Politik 1, 429, 556, 569
Popularität 160, 204, 502a
Prediger 233
Predigt 8, 254, 582
Preußen 219a
Professorwürde 228
Promotion 10, 14

Protestantismus 422
Prüfungen 139–141
Pünktlichkeit 20

Raum 57c, 493
Recht 426, 516
Rechtsgelehrsamkeit 145
Reformation 520
Reisen/Reisebeschreibungen
  22, 74, 364, 426, 556, 569, 599,
  602
Rektor 140, 141, 248, 345, 346,
  353, 360, 361, 363, 364, 387
Religion 3, 33, 95d, 145, 159a,
  226, 234, 350, 359, 378, 387,
  417, 423, 453, 457, 482a, 491,
  514, 520, 559, 568, 568a, 569,
  582, 620
Religionsedikt 226, 380, 411a,
  422
Republikanismus 429
römische Klassiker 484
Russen 34, 46, 422
Rußland 422, 518

Sachsen 422
Salzburg 511a
Saturgusscher Garten/Naturalienkabinett 154
Schloßbibliothek (Königsberg) 154
Schotten 520
Schwärmerei 95b, 559
Schweizer 520
Selbstbewußtsein 23
Selbstgefühl, edles 378
Selbstmord 491, 525b, 583
Senator 345, 387
Sinnsprüche 479
Spaziergang 17, 304, 387, 393,
  522, 531, 556, 576
Spekulation 57c
Sprache 251

Synthesis/synthetische Sätze a
  priori 57c
System der reinen Vernunft 201

Tagesablauf 331, 441, 515
Tee 572, 579
Terminologie 565
Testament 563, 564
Theologie 7, 8, 145, 159, 233,
  520, 570, 592, 620
Theodizee 55
Tiere 545, 549
Tod 426, 437, 495, 514, 525, 606
Träume 587
Transzendentalphilosophie 201
Türken 520

Universalgeschichte 491
Universität (Königsberg) 6, 10,
  162, 188, 238
Unsterblichkeit 491

Vergeßlichkeit 523
Vollkommenheit 493
Vorlesungen, s. Register Nr. 5
Vorsehung 257
Vorstädtische Hospitalschule 244
Vorstellungsart, dogmatische 57c
Vulkanismus 490

Wahrheitsliebe 251
Werke K.s s. Register Nr. 4
Wohnungen K.s 79, 397, 522

Zeit 57c, 493
Zigeuner 333, 569
Zufälligkeit 57c

3. Kanttexte als Gesprächsquellen

37, 45, 59, 82, 83, 103, 132, 146, 149, 155, 158, 160, 220, 237, 424, 463, 464, 473, 478, 502a, 503a

4. Werke Kants

Gedanken von der wahren Schätzung der lebendigen Kräfte 10, 22
Allgemeine Naturgeschichte und Theorie des Himmels 14, 233
Principiorum primorum metaphysicae cognitionis nova dilucidatio 11, 13, 33
Gedanken bei dem frühzeitigen Ableben des Herrn von Funk 137
Die falsche Spitzfindigkeit der vier syllogistischen Figuren 48a, 423
Der einzig mögliche Beweisgrund zu einer Demonstration des Daseins Gottes 28, 48a, 60, 423
Versuch, den Begriff der negativen Größen in die Weltweisheit einzuführen 48a, 54
Beobachtungen über das Gefühl des Schönen und Erhabenen 25, 48a, 225
Untersuchung über die Deutlichkeit der Grundsätze der natürlichen Theologie und Moral 48, 223
Träume eines Geistersehers 54, 59
De mundi sensibilis atque intelligibilis forma et principiis 57c, 102, 137
Kritik der reinen Vernunft 74, 110, 128, 142, 154, 167, 172, 173, 174, 195, 199, 200, 204, 206, 207, 208, 210, 228, 266, 268, 275, 293, 323, 346, 353, 383, 388, 405, 406, 489, 490, 502a, 503a, 511a, 522, 556
Prolegomena 204, 218, 223, 263, 268
Rezension von Herders »Ideen« 290, 301, 319
Grundlegung zur Metaphysik der Sitten 173, 174, 176, 211, 279, 287, 291, 292, 306, 307, 369, 422, 493
Was heißt: Sich im Denken orientieren? 317, 371, 374, 375
Bemerkungen zu Jakobs Prüfung der Mendelssohnschen »Morgenstunden« 317, 382
Metaphysische Anfangsgründe der Naturwissenschaft 173, 174, 312, 328, 348, 353, 490
Kritik der praktischen Vernunft 388, 426, 493
Kritik der Urteilskraft 256, 328, 424a, 493
Die Religion innerhalb der Grenzen der bloßen Vernunft 129, 497, 592
Zum ewigen Frieden 57, 497
Von einem neuerdings erhobenen vornehmen Ton in der Philosophie 507
Die Metaphysik der Sitten 426, 493, 511, 514, 520

Der Streit der Fakultäten 145, 420, 514, 522, 535, 556, 592

Anthropologie in pragmatischer Hinsicht 1, 12, 125, 247, 420, 514, 569, 570, 588

Vorrede zu R.B. Jachmann: Prüfung der Kantischen Religionsphilosophie 559

Opus postumum 487, 498, 499, 577

Geplante Schriften: 277, 323, 324, 357

Übersetzungen: 223, 388 (Lateinisch), 522 (Polnisch)

5. Vorlesungen (und Kompendien)

Allgemein: 12–16, 28, 37, 47–49, 52, 53, 57c, 74, 78, 104, 122, 124, 136, 141, 149, 157, 161, 168, 188, 234, 247, 248, 270, 302, 312, 344, 350, 357, 393, 420, 441, 459, 475, 479, 485, 502a, 522, 620

Philosophische Enzyklopädie 158

Logik 11, 13, 16, 28, 34, 74, 100, 155, 157, 168, 212, 248, 306, 309, 424, 447, 479, 493, 502a, 503a

Metaphysik 11, 13, 16, 27, 28, 34, 51, 52, 61, 74, 100, 122, 155, 158, 168, 219, 248, 424, 479, 503a;
Prolegomena 158;
Ontologie 157, 158;
Cosmologie 157;
Empirische Psychologie 156, 158, 163;
Rationaltheologie 16, 28, 34, 248, 266

Moralphilosophie 13, 28, 34, 51, 74, 222, 248, 256, 424, 502a, 503a

Naturrecht 11, 74, 248, 424, 502a, 503a

Pädagogik 248, 424, 479, 490, 493, 569

Anthropologie 11, 13, 16, 28, 74, 123, 132, 156, 168, 182, 219, 248, 262, 412a, 424, 455, 502a, 503a

Physische Geographie 11, 12, 13, 16, 28, 51, 52, 60, 64, 65a, 74, 152, 154, 168, 212, 248, 262, 264, 303, 305, 306, 309, 313

Mathematik 14, 34, 64, 65a

Physik 11, 16, 28, 74, 132, 248, 306, 424, 503a

Astronomie 52

Fortifikation 27, 34; Architectura militaris 34; Pyrotechnik 34

Immanuel Kant in der Philosophischen Bibliothek

Ausgewählte kleine Schriften
PhB TA 24. 1969. Kt. 16,-

Kritik der reinen Vernunft
PhB 37a. Kt. 32,-; Ln. 42,-

Systematisches Handlexikon zu Kants Kritik der reinen Vernunft
PhB 37b. 1972. Kt. 28,-

Kritik der praktischen Vernunft
PhB 38. 1985. Kt. 18,-

Kritik der Urteilskraft
PhB 39a. Kt. 24,-

Erste Einleitung in die Kritik der Urteilskraft
PhB 39b. 1990. Kt. 16,-

Prolegomena
PhB 40. 1976. Kt. 18,-

Grundlegung zur Metaphysik der Sitten
PhB 41. 1971. Kt. 12,-

Anthropologie in pragmatischer Hinsicht
PhB 44. 1980. Kt. 32,-

Die Religion innerhalb der Grenzen der bloßen Vernunft
PhB 45. 1990. Kt. 28,-

Kleinere Schriften zur Geschichtsphilosophie, Ethik und Politik
PhB 47/I. 1973. Kt. 24,-

Der einzig mögliche Beweisgrund zu einer Demonstration des Daseins Gottes
PhB 47/II. 1974. Kt. 18,-

Briefwechsel
PhB 52a/b. 1986. Ln. 138,-

Der Streit der Fakultäten
PhB 252. 1975. Kt. 24,-

Träume eines Geistersehers. - Der Unterschied der Gegenden im Raume
PhB 286. 1975. Kt. 20,-

Geographische und andere naturwissenschaftliche Schriften
PhB 298. 1985. Kt. 28,-

Immanuel Kant in Rede und Gespräch
PhB 329. 1990. Ln. 128,-

Metaphysische Anfangsgründe der Rechtslehre.
(Metaphysik der Sitten. Erster Teil).
PhB 360. 1986. Kt. 32,-

Metaphysische Anfangsgründe der Tugendlehre
(Metaphysik der Sitten. Zweiter Teil).
PhB 430. 1990. Kt. ca. 36,-

FELIX MEINER VERLAG · HAMBURG

G. W. F. Hegel in der Philosophischen Bibliothek

Neue Studienausgaben auf der Grundlage der historisch-kritischen Edition "G.W.F. Hegel - Gesammelte Werke" (G.W.)

Jenaer Kritische Schriften (I)
Differenz des Fichteschen und Schellingschen Systems der Philosophie. Rez. aus der Erlanger Literatur-Zeitung. - Maximen des Journals der Deutschen Literatur. Nach dem Text von G.W., Bd. 4. PhB 319a. 1979. XXVII, 180 S. Kt. 24,-

Jenaer Kritische Schriften (II)
Wesen der philosophischen Kritik. - Gemeiner Menschenverstand und Philosophie. - Skeptizismus und Philosophie. - Behandlungsarten des Naturrechts. Nach dem Text von G.W., Bd. 4. PhB 319b. 1983. XXXIX, 212 S. Kt. 32,-

Jenaer Kritische Schriften (III)
Glauben und Wissen
Nach dem Text von G.W., Bd. 4. PhB 319c. 1986. XXII, 156 S. Kt. 28,-

Jenaer Systementwürfe I
System der spekulativen Philosophie - Fragmente aus Vorlesungen zur Philosophie der Natur und des Geistes. Nach dem Text von G.W., Bd. 6. PhB 331. 1986. XXXVII, 286 S. Kt. 38,-

Jenaer Systementwürfe II
Logik, Metaphysik, Naturphilosophie. Nach dem Text von G.W., Bd. 7. PhB 332. 1982. XXXIV, 388 S. Kt. 38,-

Jenaer Systementwürfe III
Naturphilosophie und Philosophie des Geistes
Nach dem Text von G.W., Bd. 8. PhB 333. 1987. XXXVII, 319 S. Kt. 38,-

Wissenschaft der Logik. Erster Band. Die objektive Logik. Erstes Buch. Das Sein (1812)
Nach dem Text v. G.W., Bd. 11. PhB 375. 1986. LIII, 320 S. Kt. 28,-

Wissenschaft der Logik. Erster Teil. Die objektive Logik. Erster Band. Die Lehre vom Sein (1832) Nach dem Text von G.W., Bd. 21. PhB 385. 1989. XLI, 509 S. Kt. 28,-

Phänomenologie des Geistes
Nach dem Text von G.W., Bd. 9. PhB 414. 1988. XC, 631 S. Kt. 24,-; Ln. 48,-

FELIX MEINER VERLAG · HAMBURG